PARANOÏA

LUIGI ZOJA

PARANOÏA

La folie qui fait l'histoire

Traduit de l'italien par Marc Lesage

PARIS

LES BELLES LETTRES

2018

Titre original : *Paranoia. La follia che fa la storia.*

© 2011 Bollati Boringhieri editore, Torino

© 2018, pour la traduction française,
Société d'édition Les Belles Lettres
95, boulevard Raspail, 75006 Paris

ISBN : 978-2-251-44815-2

À Elisabeth, qui a haussé les épaules
quand, à l'école, on a écrit mexican *dans son dos.*

Et à Louis Dermigny, historien français,
qui apprenait l'allemand à ses enfants, en 1945.

Préface à l'édition française

Le 11 septembre 2001, lorsqu'une attaque terroriste détruisit les Twin Towers, j'habitais New York. Je me suis mis à étudier tout ce qui avait trait à la paranoïa avant de me lancer dans la rédaction de ce livre, car j'étais bouleversé. Mais pas seulement par cette attaque : on connaissait déjà l'existence d'un fondamentalisme islamique paranoïaque et il était possible de lire les déclarations d'Oussama Ben Laden sur Internet. On pouvait être préparés à ça.

Non, ce qui était nouveau, c'était cette paranoïa collective qui m'a cerné en l'espace d'un instant. Ce que Jung appelle l'*infection psychique* a contaminé tout le monde – même moi, même mes confrères psychanalystes, malgré nos efforts pour garder notre lucidité. Ont aussitôt commencé à circuler ces rumeurs qui prennent spontanément vie dans les situations d'affolement et de danger collectif. Un retour involontaire à la civilisation orale, déjà étudié par Marc Bloch lors de la Première Guerre mondiale. La maison où je demeurais était en dehors de Manhattan, dans une zone boisée. Non loin de là se trouvait un grand réservoir qui constituait l'une des principales sources d'eau de la ville. Les « rumeurs » soufflèrent que les terroristes y avaient jeté un poison surpuissant. Peu après, le récit se modifia : les criminels avaient eu recours non pas à du poison, mais à du LSD, ce qui risquait de faire sombrer la plus grande ville d'Amérique dans la folie. Une idée évidemment plus intéressante du point de vue de l'imaginaire collectif.

Au final, que s'est-il passé ? Rien, si ce n'est que les vendeurs d'eau minérale ont vu leurs bénéfices s'envoler. La rumeur était donc sans fondement mais elle m'a paru involontairement vraie sur le plan symbolique : les habitants de New York semblaient vivre entourés d'hallucinations, même s'ils n'avaient pas concrètement ingéré de LSD.

En dehors du 11 septembre, les États-Unis n'avaient jamais subi d'attaque d'une telle ampleur sur leur territoire, à aucun moment de leur histoire [1]. Si aucun attentat terroriste d'une gravité comparable n'a eu lieu depuis, cet événement n'a pas été sans conséquences car les États-Unis sont allés faire la guerre dans deux pays lointains, l'Irak et l'Afghanistan. La première a officiellement pris fin le 18 décembre 2011, l'autre le 31 décembre 2014. À ce jour, ces conflits sont les plus longs jamais menés par l'Amérique (qui possède pourtant la moitié des forces militaires à l'échelle mondiale). Par ailleurs, près de deux décennies après le début des opérations militaires, la situation de ces pays semble toujours aussi fragile.

Ce constat nous conduit d'emblée au cœur du problème. Si elle se manifeste non pas sur le plan individuel et clinique mais au sein de la mentalité collective, la paranoïa se diffuse par le biais d'une *infection psychique* et fait perdre le sens de la mesure. La communication orale aggrave les choses car son caractère extrêmement variable sème la panique. En théorie, les grands moyens de communication seraient susceptibles d'améliorer la qualité de l'information. Mais dans la pratique, les *mass media* sont la propriété de grands patrons qui souhaitent avant tout accroître leur pouvoir. Ils appartiennent parfois à de véritables tyrans qui se servent des médias pour contrôler la population et non pour l'instruire – un cas de figure qui est rare en Europe, mais plus fréquent dans d'autres continents. L'arrivée d'Internet a fait voler en éclats les monopoles de l'information, ceux de la presse, de la radio et de la télévision. Désormais, les messages ne séparent plus hermétiquement ceux qui les produisent et ceux qui les reçoivent, ils naviguent dans les deux directions et n'importe qui peut s'y immiscer. En principe, l'usage d'Internet élargit presque à l'infini l'accès au savoir. Dans les faits, l'absence de limites conduit à *ab-user* et à relativiser la vérité.

---

1. Le 26 février 1993, le World Trade Center avait déjà fait l'objet d'une attaque terroriste. Ce jour-là, un véhicule piégé garé dans le parking de la tour Nord avait fait six morts et plus d'un millier de blessés.

Plus qu'un problème clinique, la paranoïa est un problème éthique : voilà comment elle mérite d'être traitée. Le plus ancien des mécanismes de défense psychique consiste à chercher systématiquement les origines des maux *autour* de nous, et pas *au fond* de nous. En conséquence, on préfère falsifier les faits en les attribuant à un bouc émissaire. Le reflet de ce processus sur le plan moral est si universel qu'il concerne toute l'humanité, toutes époques confondues. Il va des simples disputes en famille (où l'on s'accuse mutuellement entre mari et femme ou entre parents et enfants) aux phénomènes historiques monstrueux où les Juifs et les « bourgeois » sont accusés (par Hitler et par Staline, respectivement) d'ourdir un complot en vue de prendre le pouvoir. Un complot qu'on ne tente même pas de démontrer car le résultat escompté n'est pas politique mais psychologique : il s'agit de libérer l'agressivité de la masse.

Face à une force aussi dévastatrice, la possibilité de bâtir des digues, c'est-à-dire des processus *anti-paranoïaques*, est fondamentale. Hélas, le mal est capable de se diffuser quasi instantanément, par *infection psychique* – surtout dans les rassemblements de masse et à travers ces moyens de communication grossiers et simplificateurs qu'on qualifie aujourd'hui de « populistes ». Mais du fait qu'il s'agit d'un problème moral, lequel demande une prise de conscience, s'opposer à lui relève d'abord d'un processus d'éducation : il exige du temps et se traduit par des parcours individuels. Est-il également possible de combattre la paranoïa à travers des initiatives collectives ? Cela n'est évidemment pas exclu : le pianiste et chef d'orchestre Daniel Barenboim a bien créé une formation constituée de musiciens israéliens et palestiniens, le West-Eastern Divan Orchestra. De la même manière, après des périodes historiques émaillées de nombreux massacres, des Commissions de vérité et de réconciliation ont encouragé un retour à la coexistence dans différents pays. Tous ces événements ont nécessité la présence de leaders animés d'une grande force morale. Sortir de la paranoïa collective n'est pas qu'une question de technique, la preuve.

Voilà de nombreuses années qu'on se penche sur une spécificité des États-Unis : le « style paranoïaque » présent dans le champ politique[2].

---

2. Nous renvoyons notamment à l'ouvrage de Richard Hofstadter, *Le style paranoïaque. Théories du complot et droite radicale en Amérique*, trad. J. Charnay, Paris, François Bourin Éditeur, 2012.

Une manifestation typique de la paranoïa qui consiste à soupçonner des complots. Comme dans d'autres domaines, l'influence culturelle des USA a aussi pénétré l'Europe sur le plan du « style narratif » de la sphère politique. Au lieu de discuter des faits réels et vérifiables, le discours politique s'occupe de complots hypothétiques et secrets. « Est-ce qu'il ne vaudrait pas mieux parler de ceux qu'on peut connaître et vérifier ? », demandera l'observateur raisonnable. « Non, répondra le politicien paranoïaque – une figure de plus en plus répandue, à l'heure actuelle. Car les complots dangereux sont les complots *secrets*. Malheureusement, du fait qu'ils sont secrets, nous n'avons pas d'informations sur eux. » Une tautologie creuse et un cercle vicieux qui finissent par dominer ce qu'on appelle la *post-démocratie*[3], tandis que les dernières années ont vu le terrorisme international se manifester en Europe. De quoi renforcer les vociférations paranoïaques.

Dans cette étude, je reparcours des événements historiques où une présence de la paranoïa s'avère particulièrement évidente. Pendant dix ans, j'ai travaillé à ce livre, paru en Italie en 2011. Hélas, depuis le jour de l'attentat contre le World Trade Center, le terrorisme, mais aussi la paranoïa, a pris une place de plus en plus centrale dans nos conversations. Un phénomène qui continue de prendre de l'ampleur, ce que le lecteur français n'aura pas manqué de constater. Si, dans les décennies précédentes, le mot de paranoïa se limitait avant tout au champ de la psychiatrie et de la psychanalyse, il s'est désormais solidement implanté dans le langage politique, au niveau national et international. En 2012, le livre de Richard Hofstadter, *Le style paranoïaque*, partiellement publié en français a été loué pour son actualité par la critique[4]. En 2015, *Le Monde diplomatique* a remarqué qu'outre les événements strictement politiques, des phénomènes comme les tremblements de terre commençaient à être expliqués par des complots[5].

---

3. Voir C. CROUCH, *Post-démocratie*, trad. Y. Coleman, Paris, Diaphanes, 2013.

4. Voir L. BOLTANSKI, « Une épidémie de paranoïa ? », *Le Monde*, 7 septembre 2012, p. 7.

5. « Vous avez dit "complot" ? » : voilà la question sur laquelle s'ouvrait la une du numéro 735 du *Monde diplomatique* du mois de juin 2015. Un titre qui renvoyait à un dossier intérieur consacré à ce sujet (de la page 17 à la page 23) et qui représentait un quart du mensuel. En réalité, la paranoïa y occupait une place encore plus importante. Malgré la bonne qualité de ses informations, la publication n'échappait pas au « style paranoïaque », elle non plus. À titre d'exemple, la page 7 attribuait la crise grecque à un *complot* des institutions financières internationales. Depuis, la Grèce s'est redressée grâce à des accords entre le gouvernement Tsipras et les « comploteurs ».

Mais revenons aux États-Unis. Dès le mois de novembre 2003, un grand article du Conseiller à la sécurité nationale de l'administration Carter avait mis en garde contre ces menaces psychologiques, cachées derrière la prééminence apparente des menaces terroristes[6]. Il n'empêche : telles des paladins en armure face à une colonne de tanks, les voix de la raison ont été balayées par la paranoïa. Une paranoïa devenue planétaire, avec la mondialisation. Au mois de mars 2017, celle-ci a fini par faire les gros titres du *New York Times*. « Les théories du complot ont remplacé les idéologies au cœur de la politique » (*Conspiracy theories have replaced ideologies at the heart of politics*) : c'est sur cette phrase que s'ouvre l'article du politologue bulgare Ivan Krastev, révélateur de toute une époque[7]. Je pourrais certes me féliciter d'avoir dressé le même constat dès l'année 2001, mais je suis surtout inquiet de constater que la perception des dangers du monde où vivront nos enfants témoigne d'une telle perte du sens de la mesure. En 2016, le terrorisme était responsable de 238 morts parmi les 28 pays de l'Union Européenne, selon les données du Global Terrorism Database. Un chiffre atroce, surtout quand on le compare à l'époque, très récente, où il n'y avait presque pas de terroristes en Europe. Malgré tout, celui-ci ne représente que 0,7 % du nombre total des victimes du terrorisme. Par ailleurs, nous sommes loin, très loin du nombre de décès dus à la pollution. Selon les scientifiques de l'EEA (European Environment Agency), dès 2012, les 28 pays de l'UE ont vu mourir 400 000 personnes à cause de la seule présence de microparticules dans l'air, laquelle n'est qu'une source de pollution parmi tant d'autres, même si elle est la plus importante au demeurant[8].

La raison pour laquelle nous ne nous préoccupons pas de ces hécatombes est d'abord psychologique. Comme je le rappelle dans ce livre – encore que l'anthropologie nous l'ait dit dès sa naissance –, les hommes ont besoin de pointer du doigt des boucs émissaires rituels. La mauvaise information et la mauvaise politique se chargent du reste.

---

6. Voir Z. BRZEZINSKI, « To lead, U.S. must give up paranoid policies », *International Herald Tribune*, 15-16 novembre 2006, p. 4. Le sous-titre était encore plus clair : « *Americans are going to live in an insecure world. Like everyone else, we have to learn to live in it.* »

7. « The ascent of paranoia in politics », *The New York Times*, 16 mars 2017.

8. *Air Quality in Europe. 2015 Report*, Luxembourg, Publication Office of the EU, 2015.

Certes, le terroriste s'adapte très bien au rôle du méchant. Mais s'agissant de la pollution, c'est bel et bien vers nous-mêmes que nous devrions pointer notre doigt. Qui n'a pas utilisé sa voiture ou allumé son chauffage alors que ce n'était pas forcément nécessaire ? Hélas, ce questionnement obligerait à une plus grande autocritique, ou simplement à réfléchir un peu plus. Ce qui ne plaît guère à la majorité des citoyens, qui cherchent dans les médias un moyen de se divertir, et non de s'informer. Mécaniquement, les propriétaires de journaux et de chaînes de télévision y sont réfractaires eux aussi. Une attitude qui produit une distorsion, y compris au sein de l'opinion publique des pays à la tradition démocratique solide, comme la France. D'après *Le Monde*, le nombre de gens convaincus que les problèmes cruciaux, comme l'immigration, cachent un complot d'une élite quelconque sont en augmentation [9]. En outre, le pourcentage de « complotistes » est encore plus élevé chez les jeunes : il risque donc de s'accentuer dans le futur. Pour le Français moyen, la principale préoccupation n'est désormais plus le chômage, mais le terrorisme [10]. Une hiérarchie des peurs assez similaire à celle de mon pays, l'Italie, alors même que les décès dus à la pollution de l'air sont presque deux fois plus nombreux que ceux survenus en France, et que le terrorisme n'a pratiquement fait aucune victime. Jusqu'ici, c'est surtout notre équilibre psychique qui a le plus pâti de cette situation.

---

9. « Les théories du complot bien implantées au sein de la population française », *Le Monde*, 7 janvier 2018.

10. « Le terrorisme, première source de préoccupation des Français devant le chômage », article consultable sur le site www.francetvinfo.fr.

INTRODUCTION

LA FOLIE D'AJAX

> Avec l'aide d'un dieu, père, cette victoire, même un homme de rien la pourrait obtenir.
> C'est sans les dieux que, pour ma part, je suis bien sûr de ramener la gloire.
>
> SOPHOCLE, *Ajax*, v. 767-769.

Quand commence la pièce, l'irréparable a déjà eu lieu.

Ajax sait que le dénouement est proche, il s'imagine déjà triompher. Avec une force et un courage sans pareils, son bras a rempli son devoir de guerrier. Il a massacré ses ennemis. Pourquoi leur destruction ne serait-elle pas son triomphe ? Parce que son bras a suivi son esprit, et son esprit s'est laissé guider par la suspicion. Dès lors, le héros a renoncé aux faits et à la raison.

Ajax n'a qu'une motivation : être reconnu comme étant le plus fort. N'ayant qu'un but, et ne vivant qu'à travers lui, il a pour mode de vie la solitude. Et se nourrit de pensées solitaires [1]. Mais l'absence de personnes et d'intérêts est contraire à la nature de la psyché qui réagit à ce vide en le remplissant. Peu à peu, les présences exclues au sein de la réalité réapparaissent dans l'esprit. Rejetées en tant que réalités, elles resurgissent sous forme de cauchemars et d'obsessions. Elles se transforment en méfiance. C'est le retour victorieux de ce qu'on voulait nier. La vie mentale d'Ajax s'apparente à une suspicion prête à exploser.

Pour autant, ce qui, à nos yeux de modernes, ne sont que des images intérieures sont, pour les Grecs de l'Antiquité, des apparitions des dieux. Et les dieux n'aiment pas ce personnage, fort mais entêté, loyal mais simple. Trop simple, même, comme l'est sa manière de se croire dans le vrai. Les dieux, s'ils souhaitent anéantir un homme, commencent par lui faire perdre le sens de la mesure. Ajax semble ne pas avoir besoin d'eux. Il refuse leur aide.

Un tel personnage – seul sur la terre comme au ciel – court de graves dangers. La raison doit s'incliner devant les forces supérieures.

---

1. SOPHOCLE, *Ajax*, v. 614.

La toute-puissance n'est pas humaine. Souverain, détaché des hommes et des dieux, sans rien pour le contenir ou le retenir, l'esprit peut s'égarer.

Dès le début de la tragédie que lui a consacrée Sophocle, les dieux ont laissé l'esprit du héros grec s'envoler, libéré de toute attache, pareil à cet oiseau puissant, dédaigneux et solitaire (*aietós* ou *aetós*, l'aigle) auquel, d'après Pindare, il devait son nom, grâce à Zeus [2].

Pindare aimait Ajax, et pas qu'un peu – ce qui peut se comprendre car les sentiments du monde classique sont à la fois très éloignés et très proches de nous. Homère, Pindare, Sophocle sont les auteurs de ce monde héroïque ; ils en sont aussi les héros, les protagonistes. Ulysse et Ajax, de même qu'Homère, Pindare et Sophocle se confondent. Impossible d'avoir une image de ces personnages en excluant celle de leurs auteurs. Pindare bataille avec Homère tout comme Ajax croise le fer avec Hector. À plusieurs reprises, il s'en prend à l'auteur de l'*Iliade* et de l'*Odyssée*, en lui reprochant d'avoir exalté Ulysse et dévalorisé Ajax [3].

Ajax est un personnage compact, direct, uniforme. Il n'aurait pas pu se fondre dans les innombrables variations d'un poème épique. Au gré de la transmission réciproque d'émotions entre Homère et Ulysse – entre auteur et personnage –, ce dernier a fini par incarner la complexité, la variabilité, l'adaptation. « Chaque fois que l'on a besoin de telle ou telle espèce d'hommes, je suis de l'espèce qu'il faut », se décrit-il en dehors de l'*Odyssée* [4] : c'est ce que disait la tradition. Le roi d'Ithaque est le héros d'un long poème, avec une perpétuelle alternance de chants et de thèmes. Il ne devait pas simplement être un combattant viril comme Ajax : il lui fallait également une sensibilité féminine. Une qualité qu'il pousse au plus haut degré et qui consiste d'abord à avoir à l'esprit plusieurs choses, toutes différentes. Pas à se fixer sur une seule. Ulysse est complexe et un peu pervers, comme les dieux antiques. Il les respecte et les craint parce qu'il les comprend.

Ainsi naquit l'*Odyssée*.

Une épopée composée autour du personnage d'Ajax, une *Ajacée*, n'aurait pas été possible – pas plus qu'une pièce musicale bâtie autour

---

2. PINDARE, *Isthmiques*, VI, v. 49-54.
3. PINDARE, *Néméennes*, VII, v. 20-30 ; VIII, v. 24 *sq.* ; *Isthmiques*, IV, v. 35 *sq.* ; VI, v. 49 *sq.*
4. SOPHOCLE, *Philoctète*, v. 1049.

d'un seul motif. Le fils de Télamon méritait qu'on lui consacre non pas une épopée entière, mais une tragédie, synonyme d'unité de temps, de lieu et d'action [5] : un récit compact, comme lui. Bref et intense. Voilà pourquoi celui qui fut sans doute le plus grand de tous les poètes tragiques lui consacra celle qui fut sans doute la toute première de ses pièces (*ca.* 445 av. J.-C.)

Pour ses débuts en tant qu'auteur, Sophocle décrit dans une seule pièce la grandeur et l'impossibilité de la pensée tragique.

La pensée tragique et la pensée paranoïaque ne sont pas compatibles. Ce sont deux opposés. En plus de divertir, la tragédie voulait éduquer, enseigner que la vie est contradictoire : l'homme veut le bien mais contribue au mal ; la volonté n'est rien parce qu'elle ne sait pas ce qu'elle souhaite vraiment.

Ajax ne se trompe pas parce qu'il se trompe, mais parce qu'en cédant à la paranoïa il se retrouve dominé par une seule et même idée, sourde à la complexité humaine. Dès l'instant où cette idée fixe lui est révélée, il croit avoir compris l'essentiel. Il ne devient lui-même – c'est-à-dire un vrai caractère, doté d'une personnalité – qu'au moment où, pour la première fois, il accomplit un choix au lieu de remplir un devoir. Un moment inévitablement bref puisqu'il décide de mourir.

Pour créer son personnage tragique, Sophocle a gonflé la force et la morgue d'Ajax jusqu'à lui donner des proportions titanesques [6]. C'est à lui que Pindare aurait dû adresser des reproches plutôt qu'à Homère : pour l'auteur de l'*Iliade*, Ajax n'est jamais arrogant avec les dieux.

L'*Ajax* de Sophocle s'ouvre sur le camp des Grecs au cours du siège de Troie. Sur la scène, nous ne voyons pas le protagoniste mais Athéna et Ulysse. Celui-ci raconte à la déesse que les animaux de l'armée ont été massacrés. Cheptels et troupeaux, tout baigne dans un lac de sang. On dit que c'est l'œuvre d'Ajax.

Calmement, Athéna prend en main la situation.

À la mort d'Achille, il a fallu confier ses armes au meilleur des Grecs. Le choix s'est aussitôt restreint à Ajax et Ulysse. C'est ce dernier qu'a préféré le jury, dominé, il est vrai, par Agamemnon et Ménélas,

---

5. ARISTOTE, *Poétique*, 7, 18.
6. M. POHLENZ, *Der hellenische Mensch*, Göttingen, Vandenhoeck & Ruprecht, 1947.

ses alliés de toujours. Athéna a voulu faire gagner le plus habile, pas le plus fort [7]. Une fois encore, le fait d'être seul a desservi Ajax. La solitude alimente la suspicion, et la suspicion accroît le nombre et l'importance des ennemis qu'on pense avoir. Le culte exclusif de la force, quant à lui, met en compétition l'individu avec tout le monde, et accentue son isolement. La méfiance s'autoalimente, en circuit fermé. Pour survivre dans la solitude, on ne s'en remet qu'à la force guerrière dont les armes d'Achille étaient le symbole suprême. Peu à peu, l'esprit d'Ajax ne voit plus d'alternatives. Les armes du héros défunt ne sont plus une récompense, une possibilité : elles sont une nécessité. Les armes sont tout. Et les armes se rachètent par les armes.

À la nuit tombée, Ajax est sorti de sa tente, l'épée au clair, pour tuer les trois autres – Ulysse, Agamemnon et Ménélas. Pas question d'attendre. La paranoïa est convaincue qu'il y a des ennemis partout. Mais surtout, elle a un ennemi qui n'est pas un être de chair : le temps. Une fois qu'elle a élaboré l'idée qui l'accapare, elle souhaite agir sans délai. Elle refuse les vides, dans le temps comme dans la pensée. Elle ne veut pas remettre à plus tard.

Mais alors, comment se fait-il que les trois ennemis d'Ajax soient en vie et que les bêtes aient péri dans ce bain de sang ? Tout simplement parce qu'Athéna a rempli son esprit d'images fausses. Elle l'a poussé, dit-elle, au fond du filet du délire et de la mort [8].

Le paysage mental d'Ajax, dépeuplé par ses habitudes de solitaire, avait besoin d'images humaines. La déesse Athéna les lui a fournies.

---

7. K. KERÉNYI, *Die Heroen der Griechen*, Zürich, Rhein-Verlag, 1958.

8. À nos yeux de modernes, Athéna est un symbole millénaire du fonctionnement de l'esprit. Et la première des règles qui le gouvernent veut qu'il n'y subsiste aucun vide. Comme la nature physique, la nature psychique a horreur du vide. Ces espaces inoccupés deviennent des éponges qui aspirent des images tirées de l'inconscient. Même l'esprit au repos, durant le sommeil, se remplit d'images. Nous les appelons des rêves. Il va sans dire que ces besoins de l'esprit sont connus depuis toujours. Mais nous avons aujourd'hui tendance à les ignorer. Nous cherchons à organiser les activités psychiques pour plus d'efficacité et pas à comprendre. Nous éliminons de plus en plus l'imagination et la méditation – deux activités où l'esprit « vide » se laisse remplir – par crainte de tomber nez à nez avec des images pénibles tirées de notre monde intérieur. Nous prévenons les vides mentaux avec des objets extérieurs – écrans, jeux vidéo, magazines – qui nous fournissent des quantités inépuisables de représentations stéréotypées et préfabriquées. Ainsi, nous tenons éloignées leurs pendants intérieurs et les sentiments intenses qui leur sont associés. Nous ne voulons pas vivre. Nous voulons regarder, écouter des choses qui imitent la vie. Nous évitons d'être les acteurs de nos vies.

Mais ce sont des images factices. Ajax a tué les animaux au lieu de ses ennemis. Celui qui s'abandonne trop à la solitude et à la suspicion finit par se tromper lui-même : tel est le piège qu'elle lui a tendu.

C'est désormais en souriant qu'Athéna s'adresse à Ulysse : « Eh bien ! quoi de plus doux : rire d'un ennemi[9] ? » La paranoïa rend ridicule. On peut cependant renverser la perspective : les rires des autres réveillent la paranoïa en sommeil. N'importe quel individu peut céder à l'angoisse si les autres rient de lui sans qu'il sache pourquoi. Le rire contamine le groupe exactement comme l'agressivité. Bien souvent, il s'agit d'une agressivité transformée. Lorsque la suspicion voit des ennemis, le plus atroce est celui qui a pour arme non pas une épée mais un éclat de rire[10]. Mais la suspicion *découvre*-t-elle ou *crée*-t-elle des ennemis ? Une chose est sûre : l'incapacité à rire est le plus ancien indicateur de la paranoïa. La capacité à y parvenir est la défense la plus instinctive contre ce mal[11]. Sourire après avoir été volé, c'est voler à son tour son voleur, a dit Shakespeare[12].

Les dramaturges grecs cherchaient un équilibre en alternant la douleur, sublimée dans la sagesse triste de la tragédie, et les conflits, sublimés dans le rire libérateur de la comédie. Le *kómos* (dont vient le mot *comédie*) était le *groupe* (à l'origine de jeunes noctambules quelque peu éméchés) *contaminé par un enthousiasme collectif*. L'équilibre de la comédie réside également dans sa manière de transformer la moquerie destructrice en sourire sage et bienveillant.

Dans le drame d'Ajax, en revanche, la dérision ne peut être rachetée par le sourire. En tant que spectateurs de la tragédie, nous savons que l'esprit d'Ajax prête à rire. Il manque d'introspection, de curiosité, de sensibilité féminine – il est vide, ou presque. Puisqu'une loi de la nature exige que ce vide soit comblé, une sensation se fait jour en lui : il se

---

9. SOPHOCLE, *Ajax*, v. 79.

10. Des siècles plus tard, Dante exprimera à son tour une angoisse de persécution similaire : « Soyez hommes, et non folles brebis, / afin que le Juif, parmi vous, ne rie de vous » (*Paradis*, chant V, v. 80-81). L'erreur du chrétien, avant même la punition divine, attire la moquerie du juif.

11. Il n'y a donc rien d'étonnant à ce qu'elle soit traditionnellement un instrument de défense pour un peuple victime d'attaques paranoïaques comme le sont les juifs.

12. SHAKESPEARE, *Othello*, I, 3, v. 207-208 : « Rire au voleur lui vole son larcin, / Il se vole tout seul qui pleure en vain » (*The robbed that smiles / steals something from the thief / he robs himeself that spends a bootless grief*).

passe quelque chose. Une nouveauté inconnue, dont l'esprit se méfie, mais qu'il embrasse parce qu'il en a besoin. Entre-temps, l'angoisse grandit. Le moment venu, il suffira de lui présenter un ennemi et le simple se sentira, paradoxalement, davantage en paix. Ou plutôt, en guerre : à ses yeux, c'est désormais la même chose. L'important est de ne plus vivre dans l'incertitude. De ne plus avoir à faire l'effort atroce de comprendre. La machine simplificatrice de la logique paranoïaque sera en mesure de fonctionner sans rencontrer d'obstacles : la présence de l'ennemi explique tout. Le soupçon d'un complot est devenu une certitude.

La déesse fait alors sortir Ajax de sa tente :

> ATHÉNA : Holà, Ajax ! voilà deux fois que je t'appelle. [...] As-tu bien, dis-moi, trempé ton épée à ton aise dans le sang des guerriers d'Argos ?
> AJAX : Oui, je puis m'en vanter, je ne le nierai pas. [...] Ils n'humilieront plus Ajax, désormais. [...] Qu'ils viennent donc me prendre mes armes, maintenant.
> ATHÉNA : Fort bien ! Mais du fils de Laërte qu'est-il donc advenu ?
> AJAX : Il est chez moi, assis et enchaîné. Je ne veux pas qu'il meure encore, [...] avant que, ligoté au pilier de mon toit, [...] il n'ait, le dos en sang, succombé sous le fouet [13].

Sur ces mots, Ajax regagne sa tente. Athéna ne souhaitait pas lui parler mais simplement le montrer à Ulysse. La scène se clôt sur un bref dialogue entre ce dernier et la déesse. Un dialogue qui ne concerne plus Ajax mais le destin de chaque homme.

Ajax semblait mener une vie juste. Et pourtant, en un instant, son existence a été brisée par les dieux. Nous ne sommes que des ombres, qu'un simple geste suffit à effacer. Ne jamais s'enorgueillir de ce qu'on est ! À travers le sort de son ennemi, c'est le sien qu'Ulysse admet pleurer [14].

La nuit est passée. La lumière revient sur la plage et les rivages de l'esprit. Tecmesse, la compagne d'Ajax, est au courant du carnage mais ne sait pas à qui appartenaient les bêtes massacrées. Le chœur formé par les marins d'Ajax a la réponse, il ignore cependant qui les a tuées.

---

13. SOPHOCLE, *Ajax*, v. 89-117.
14. *Ibid.*, v. 118-133.

Tecmesse et les marins dialoguent, ils finissent par tout savoir. Ainsi, la vérité tragique est complète.

En voyant tout ce sang et ces animaux découpés en morceaux, Ajax commence à se demander ce qui s'est passé. Sa compagne l'informe. Désormais, son honneur de guerrier est lui aussi taillé en pièces. Couvert de ridicule. Le bras le plus fort de l'armée grecque a brandi son épée face à des chèvres et des agneaux. « Voyez donc quelle vague est venue tout à l'heure, sous la poussée d'une tourmente meurtrière, m'assaillir et m'envelopper. [...] Allez, allez, aidez-moi donc à me détruire [15] » : tout lui est insupportable, à commencer par l'idée que ses ennemis soient en train de rire de lui.

Ajax ne s'arrache à sa paranoïa qu'après le massacre : ce réveil ne le libère pas mais l'enferme dans l'éternelle prison du remords.

Le héros demande alors à Tecmesse de lui amener son fils. Il lui parle avec douceur, en lui souhaitant d'avoir les mêmes qualités que son père, mais meilleure fortune que lui. Tecmesse dialogue avec son compagnon, lui rappelle la douceur de la famille, des choses sûres, de l'affection. Autant d'éléments qui se nourrissent de la relation et dans la relation : s'il venait à mourir, il ne resterait que la douleur et la honte à cette femme et à son enfant. Mais ce sont là des mots humains, les mots d'individus qui vivent au sein de la complexité humaine et de leurs semblables. Des considérations doublement extérieures à Ajax. D'abord parce que celui-ci ne vit pas parmi les hommes mais seul, plongé dans la méfiance et dans le culte d'une seule et unique chose. Vivre parmi les hommes, c'est vivre avec les valeurs collectives qui les unissent – les valeurs communes, comme le respect de la famille. Celui qui vit dans la méfiance n'est pas entouré d'hommes, mais d'adversaires. Le seul devoir qu'il a vis-à-vis d'eux, c'est de les battre.

Ajax nie également toutes les qualités psychiques que nous appelons féminines : il ne peut ni comprendre une femme, ni tirer du fond de son âme des sentiments qui ne soient pas guerriers. La pièce de Sophocle exprime cette situation avec des symboles clairs. Comme souvent dans la société mycénienne, Tecmesse a été une prise de guerre avant de devenir la compagne d'Ajax et la mère de son fils. Mais le héros grec la traite encore comme une esclave. Il lui donne des ordres. S'il cherche du réconfort auprès d'elle, il n'imagine pas avoir avec elle un dialogue – qu'il

---

15. *Ibid.*, v. 350-360.

jugerait peut-être déshonorant. De même que l'union avec sa femme est le fruit d'une contrainte, le rapport entretenu par Ajax avec les parties les plus féminines de sa personnalité n'est qu'une question de force, de domination. Elles doivent être soumises à la volonté virile, la seule autorisée à se manifester. Lui ne se préoccupe pas de ces volontés féminines à la recherche de liens, d'esthétique ou d'amours, de rencontres ou de rites. Bref, de ce que les Grecs eux-mêmes avaient créé pour chasser la douleur de la vie, à en croire Périclès [16].

Après toute cette souffrance, la tragédie semble se purifier [17]. Ajax nous surprend. Il se parle à lui-même avec sagesse. Il faut respecter les sentiments familiaux, dit-il, faire ce qui est juste pour ses proches. Tout est relatif. La tempête cède le pas au calme. La nuit, au jour ; l'été, à l'automne. C'est ainsi que l'ennemi peut devenir un ami, et l'ami, un ennemi.

Le héros aurait voulu par-dessus tout que les armes d'Achille lui soient offertes par les Grecs – par les siens. Au lieu de quoi, c'est un ennemi, Hector, qui lui a fait son dernier présent : une épée [18]. Un symbole des plus éloquents : c'est uniquement la relation avec son adversaire qui conduit l'esprit d'Ajax à s'ouvrir et à recevoir quelque chose. Pas l'amitié ou l'amour. Il entend l'enterrer sur la plage, dans un lieu secret. Recevoir des cadeaux de la part de ses ennemis est une honte, ajoute-t-il. Mais est-ce vraiment le cas, pour nous qui l'écoutons ?

Avec ces mots, la tragédie suscite chez le spectateur des sentiments paradoxaux, ambivalents. Fidèle à sa vocation, l'ironie tragique s'exprime dans une tirade qui autorise des interprétations divergentes.

Ajax ne parle plus de mort et de sang. Serait-il en train de faire la paix avec le destin ? Avec lui-même ? Renonce-t-il à se tuer ? Le guerrier parle de manière allusive, ambiguë. C'est ce que fait souvent la tragédie pour tenir notre attention en éveil. Mais il y a ici une raison plus profonde. La folie d'Ajax est celle de la solitude et de la suspicion. Pour la comprendre, il nous faut, comme elle, saisir chaque indice et accepter la distance. Entrer dans la logique de ses allusions, de ses

---

16. THUCYDIDE, *La Guerre du Péloponnèse*, II, 38, I.
17. SOPHOCLE, *Ajax*, v. 646 *sq.*
18. HOMÈRE, *Iliade*, VII, v. 206-310. Après un duel à la loyale, Hector avait reçu en cadeau la ceinture d'Ajax et lui avait offert son arme en échange.

ambiguïtés, de ses références indirectes plutôt qu'écouter ce qui est dit explicitement.

Cette fois, il se pourrait que l'humanité se soit glissée chez Ajax et le pousse à regarder d'un œil bienveillant sa famille, son ennemi loyal (Hector), ses alliés-ennemis (Ulysse, Agamemnon, Ménélas). À l'image des saisons, il convient que les sentiments se suivent et ne se ressemblent pas. Celui qui n'éprouve qu'un seul et même sentiment est anormalement seul : s'il retrouve la compagnie des hommes, il éprouvera tantôt de la colère, tantôt de l'amour.

Pour autant, les mots du personnage de Sophocle pourraient être ceux d'un homme qui s'est définitivement abandonné à la suspicion et à la mort. Après la révélation de la vérité, le pire ennemi d'Ajax n'est autre qu'Ajax lui-même. Dans son monde simple, compact, il est nécessaire d'avoir un ennemi à anéantir. Dès lors qu'on lève le voile sur une erreur aussi monumentale et ridicule, la honte et l'honneur exigent que celui qui l'a commise soit anéanti. Un homme, rappelle Ajax, doit « ou vivre noblement ou noblement mourir, voilà la règle pour qui est d'un bon sang » [19]. À nous de nous demander si cet homme en est un dès l'instant où les lois qui le font vivre ou mourir ne regardent que lui, et pas une communauté ou un sentiment.

Très vite, la tragédie nous laisse entendre que l'épée d'Hector doit être plantée dans le sable afin que quelque chose – pas un homme, mais le rivage, la terre, la nature à laquelle la mort nous ramène – la maintienne quand Ajax courra s'empaler dessus. Il faudra enterrer la poignée de l'arme avant d'en faire autant avec son maître. Nous voilà désormais certains d'une chose : ce qui vient d'être dit sur l'alternance perpétuelle des choses est un éloge de la finitude, mais aussi de la fin. Ajax est déjà seul avec sa mort et ne voit que le caractère éphémère de tout ce qui l'entoure.

Tandis que le héros s'éloigne le long de la plage, un messager arrive. Il nous rappelle que la brièveté des choses peut aussi être un bien. Le devin Calchas a dit que la colère d'Athéna, aussi changeante que les sentiments des dieux, ne persécutera Ajax que le temps d'une journée. Il lui suffit de rester en vie jusqu'au lendemain. Alors, il sera libre.

Pour l'heure, la déesse est encore blessée qu'Ajax ait offensé les dieux. En quittant la demeure familiale, le père du héros lui avait

---

19. SOPHOCLE, *Ajax*, v. 479.

adressé ce conseil : « Mon fils, [...] au combat souhaite la victoire, mais toujours la victoire avec l'aide d'un dieu. » À quoi il avait répondu : « Avec l'aide d'un dieu, père, cette victoire, même un homme de rien la pourrait obtenir. C'est sans les dieux que, pour ma part, je suis bien sûr de ramener la gloire [20]. » Sur le champ de bataille, à Athéna qui s'était approchée pour l'encourager, il avait dit : « Va assister les autres Argiens, ce n'est pas là où je suis que le front craquera [21]. » Ces réflexions dépassent la mesure humaine, un dieu ne saurait les accepter.

Tout s'accomplit très rapidement. Avant que le bord du jour ne touche la nuit, selon la croyance antique, Ajax enfonce dans le sable à la fois son épée et son destin. Il salue les plages et la nature qui l'entourent : c'est un homme qui n'a pas à dire adieu aux autres hommes. Il demande aux dieux que Teucros, son frère, trouve son cadavre et qu'Agamemnon soit puni, tout comme Ménélas. Puis il se tue. La suspicion, la solitude et la recherche de la domination guerrière pour seul but ont rendu l'esprit d'Ajax uniforme : alors qu'il quitte la vie, il souhaite encore la mort.

Hector, voilà quelqu'un qui essayait d'opposer la mort à la vie ! Hector était l'être le plus humain au sein du monde cruel de l'épopée. Il était fort, très fort l'épée à la main, mais partait au combat bardé de ses sentiments. Exemple unique parmi les guerriers de l'*Iliade*, il combattait moins pour la gloire que pour protéger la ville de Troie, les femmes et les enfants du massacre que les Grecs y auraient perpétré. Hector succombe, mais ses sentiments lui survivent. Pourquoi ? Parce qu'ils ont vaincu la solitude, et la suspicion qui l'accompagne toujours. L'épée d'Hector est donc un symbole grandiose. Ajax plante pourtant sa poignée dans le sol et pointe sa lame vers lui : l'usage qu'il fait de cette arme est inversé. Le *renversement des processus symboliques* est une récurrence tragique chez les paranoïaques, toutes époques confondues : chez les esprits animés par la suspicion, la force de création des symboles devient force de destruction, le processus vital, un processus mortel. Et c'est l'histoire, plus que la psychiatrie, qui nous en donne la confirmation, à de nombreuses reprises.

Ajax permet à son honneur de revivre mais se livre à une mort définitive : il renonce à l'attention des autres qu'il cherchait peut-être

---

20. *Ibid.*, v. 767-769.
21. *Ibid.*, v. 774-775.

inconsciemment quand, par-dessus tout, il voulait être admiré. Dans le duel décrit par l'*Iliade*, Hector et lui partagent un même destin de mort. Le premier parce qu'il fait partie des Troyens, destinés à être vaincus et massacrés. L'autre parce qu'il s'est séparé des Grecs, qui sont pourtant les vainqueurs.

Les présents qu'ils ont échangés deviennent eux aussi des accessoires de la mort. L'épée d'Hector, qui gardait en vie les enfants troyens en les défendant, donne la mort au guerrier grec. Quant à la ceinture de l'invincible Ajax, Achille l'arrache du corps du héros troyen, vaincu, et s'en sert pour l'attacher à son char, en faire un trophée comme s'il était un animal, puis le traîner par terre au galop, pour le supplicier jusqu'à la mort [22].

Il reste encore quelques scènes avant d'arriver à la conclusion. Teucros, le demi-frère d'Ajax, entre en scène, il pense aux rituels sacrés en vue de l'enterrement. Tecmesse hurle, désespérée, sur le cadavre de l'homme qu'elle aimait. Nous éprouvons nous aussi de la compassion, presque de l'amour pour cet homme si peu capable d'aimer. Et si, au lieu de défier les dieux, il avait tenté d'embrasser les hommes ? Mais peut-être que personne ne l'avait jamais embrassé, ne serait-ce que symboliquement. Teucros a peur d'apporter la nouvelle à son père, Télamon, « lui qui même à un fils vainqueur n'accorderait pas sans doute plus doux sourire pour cela » [23]. Quelques mots qui nous laissent deviner la triste famille où a grandi ce géant monolithique, la froideur affective qui a nourri sa suspicion jusqu'à le rendre minuscule face au moindre sentiment.

Agamemnon rappelle alors que c'est la force de l'esprit, pas celle du corps, qui fait un homme [24]. Avec son frère Ménélas, il refuse qu'on enterre dignement celui qui voulait les tuer. Les chiens et les oiseaux n'ont qu'à le déchiqueter ! C'est là qu'intervient Ulysse, l'adversaire le plus radical d'Ajax. Le roi d'Ithaque sait que la mort attend tout un chacun. Face à elle, les rites funéraires sont le dernier moyen, aussi fragile soit-il, de s'en libérer. Avec une bienveillance inattendue, il prie ses deux interlocuteurs de ne pas les refuser et les convainc de n'offenser ni le mort, ni la mort.

---

22. *Ibid.*, v. 1029-1033. La version racontée par Sophocle est plus cruelle que celle rapportée au chant XXII de l'*Iliade*.
23. *Ibid.*, v. 1011.
24. *Ibid.*, v. 1250 *sq.*

CHAPITRE 1

QU'EST-CE QUE LA PARANOÏA ?

La paranoïa individuelle (clinique)

> La prise en considération attentive des facteurs psychiques a de l'impor-
> tance pour l'instauration de l'équilibre, non seulement dans l'individu,
> mais aussi dans la société, sinon les tendances destructrices prennent le
> dessus.
>
> C. G. JUNG, *Réflexions théoriques sur la nature du psychisme*

> Rien ne dit que l'ennemi existe vraiment. [...]
> Pourtant ce n'est pas l'indispensable ennemi qui est la cause de la guerre,
> mais l'imagination.
>
> J. HILLMAN, *A Terrible Love of War*

« Paranoïa » est un vieux mot grec. *Nóos* est la pensée, *para-*, le fait
d'aller au-delà. En théorie, il ne renvoyait qu'à un esprit qui *déborde* de
son champ habituel [1] : pour les Grecs de l'Antiquité, ce concept indi-
quait déjà une pensée délirante, sans avoir pour autant l'importance
qu'il revêt aujourd'hui. C'est la psychiatrie allemande du XIXe siècle
qui l'a introduit dans la pensée moderne.

En politique, nombreux sont ceux qui utilisent le mot de « paranoïa » pour critiquer un adversaire, même si la plupart seraient bien en
peine d'expliquer ce qu'il signifie. À l'inverse, ce concept n'a que très
rarement été un instrument d'autocritique, ce qui arrivait parfois dans
les assemblées étudiantes en 1968. Dans les moments de confusion
générale, on pouvait entendre crier : « Camarades, ne cédons pas à la
paranoïa ! » Si cette exhortation, cette autocritique homéopathique, ne
ramenait pas nécessairement le calme, elle créait un semblant de

---

1. Cette différence a été reprise de façon originale par John C. Hampsey. Celui-ci
distingue *paranoidic*, un état de peur et de délire, et *paranoic*, une condition plus générale de l'esprit, créative, expansive, visionnaire et capable de se porter au-delà ses limites
habituelles. Voir son ouvrage *Paranoia and Contentment. A Personal Essay on Western
Thought*, Charlottesville-Londres, University of Virginia Press, 2004.

consensus. Quoi qu'il en soit, personne ne répondait jamais : « Camarade, c'est quoi, la paranoïa ? »

Définitions

Dans l'ensemble, la psychopathologie s'est accordée sur la description de ce trouble. Parcourons les formules les plus connues.

D'après l'article que lui consacre *The American Heritage Stedman's Medical Dictionary*[2], la paranoïa est :

> 1) un trouble psychotique caractérisé par des délires systématiques, majoritairement de persécution ou de supériorité, en l'absence d'autres troubles de la personnalité ;
> 2) une forme extrême et irrationnelle de méfiance à l'égard des autres[3].

Le manuel de Bleuler rappelle quant à lui la chose suivante :

> En dehors du système délirant et de tout ce qui s'y rapporte, la logique du paranoïaque et le fil de ses idées apparaissent inaltérés au regard de nos outils d'analyse. [...] Le diagnostic de la paranoïa n'est pas toujours évident. Les malades savent quelles réflexions sont considérées comme pathologiques et sont capables de les dissimuler ou les atténuer de manière à trouver des gens prêts à jurer qu'ils sont sains d'esprit[4].

Dans le traité tout aussi fondamental de Jaspers, on lit également :

> Chez le paranoïaque, [...] une pleine différenciation, une critique précise, une faculté de réflexion remarquable n'empêchent pas sa foi dans le contenu des idées délirantes [...]. Il ne lui manque pas la différenciation nécessaire pour *distinguer* les différentes sources de notre connaissance. Mais il s'appuie sur *sa* source, surnaturelle ou non[5].

---

2. Boston, Houghton Mifflin, 2002 (nouvelle édition).

3. Une autre publication américaine de premier plan souligne que « dans la paranoïa, le système délirant est parfaitement systématisé et logique » (M. DAY, E. V. SEMRAD, « Schizophrenic Reactions. Paranoia and Paranoid States », dans A. NICHOLI (dir.), *The Harvard Guide to Modern Psychiatry*, Cambridge (Mass.), The Belknap Press of Harvard University Press, 1978, chapitre VIII, p. 245.

4. E. BLEULER, *Lehrbuch der Psychiatrie*, Berlin-Göttingen-Heidelberg, Springer, 1955, p. 554-558.

5. K. JASPERS, *Psychopathologie générale*, trad. A. Kastler et J. Mendousse, Paris, Librarie Félix Alcan, 1933 [1928], p. 153-154.

La psychiatrie française emploie des mots similaires :

> Ce type de personnalité est caractérisé par la clarté et l'ordre de la vie
> psychique, [...] par la structure systématique et "raisonnante" de la
> fiction [6].

Malheureusement, la paranoïa est « la mal-aimée de la psychiatrie », prévient un autre texte, qui ajoute :

> Étant donné que le sujet paranoïaque est mû uniquement par le désir
> de confirmer chacun de ses soupçons, ses capacités intellectuelles, normales
> ou supérieures à la moyenne la plupart du temps, ne sauraient garantir de
> véritables jugements réalistes [7].

Pour finir, rappelons que dès 1895, c'est-à-dire bien avant de fonder
la psychanalyse, Freud définissait la paranoïa comme « un mésusage
d'un mécanisme psychique très courant, celui du déplacement ou de la
projection ». Et d'ajouter :

> Toutes les fois que se produit une transformation intérieure, nous
> pouvons l'attribuer soit à une cause intérieure, soit à une cause extérieure.
> Si quelque chose nous empêche de choisir le motif intérieur, nous optons
> en faveur du motif extérieur. En second lieu, nous sommes accoutumés à
> voir nos états intérieurs se révéler à autrui (par l'expression de nos émois).
> C'est ce qui donne lieu à l'idée normale d'être observé et à la projection
> normale. Car ces réactions demeurent normales tant que nous restons
> conscients de nos propres modifications intérieures. Si nous les oublions, si
> nous ne tenons compte que du terme du syllogisme qui aboutit au dehors,
> nous avons une paranoïa avec ses exagérations relatives à ce que les gens
> savent sur nous et à ce qu'ils nous font – ce qu'ils connaissent de nous et
> que nous ignorons, ce que nous ne pouvons admettre. Il s'agit d'un mésu-
> sage du mécanisme de projection utilisé en tant que défense [8].

---

6. H. EY, P. BERNARD, C. BRISSET, *Manuel de psychiatrie*, Issy-les-Moulineaux,
Elsevier/Masson, 2010 [1960] (nouvelle présentation de la 6ᵉ édition de 1989).
7. G. B. PALERMO, *Il fenomeno della paranoia. Aspetti storico-culturali, psicologici,
psichiatrici e legali*, Rome, Magi, 2004, p. 37.
8. S. FREUD, « Manuscrit H », dans *La naissance de la psychanalyse*, trad.
A. Berman, Paris, PUF, 1956, p. 100.

Chacune de ces définitions, pourtant tirées des écoles psychiatriques les plus variées, nous renvoie à celle que les Français utilisaient déjà au début du XIXᵉ siècle : *folie raisonnante** ou *folie lucide** [9]. Une définition aussi immuable et inébranlable que la paranoïa elle-même. Toute réflexion sur la paranoïa nous rappelle qu'elle appartient simultanément à deux systèmes de pensée : celui de la raison et celui du délire. *La paranoïa est infiniment plus difficile à débusquer que d'autres troubles mentaux car elle sait se dissimuler à la fois au sein de la personnalité du paranoïaque (lequel, dans son ensemble, est tout sauf fou) et parmi les sujets qui l'entourent.* Ce que nous voyons est la pointe minuscule d'un iceberg de déraison contre lequel peuvent venir s'échouer tous les bateaux de la rationalité.

Les troubles mentaux ne sont pas des blocs rigides de folie. Ce sont plutôt des « styles déraisonnants » qui, à travers d'innombrables variations, vont de la normalité à la folie. C'est d'ailleurs dans le cas de la paranoïa que cette contiguïté est particulièrement préoccupante. Loin de s'opposer à la raison, elle fait semblant de collaborer avec elle. Il n'y a donc pas un fossé entre les malades mentaux et les personnes saines d'esprit mais une continuité. Ajoutons que la pensée du fou tend, la plupart du temps, à glisser graduellement de la « normalité » au délire – et que ce passage peut être particulièrement imperceptible chez le paranoïaque. L'observateur croit souvent être dans une zone de sécurité réconfortante. Pourtant, c'est tout l'inverse.

Plus que n'importe quel autre trouble mental, la paranoïa n'est visiblement pas fonction de facteurs organiques. Les traitements auront donc peu de chance de fonctionner. Par ailleurs, étant de nature psychologique, son origine est très difficile à reconstituer : les vies psychiques sont aussi variables que les existences individuelles sont différentes les unes des autres.

Enfin, la paranoïa se manifeste plus tard que les autres troubles mentaux. Le paranoïaque, être fragile, déplace dans le temps un problème vital qu'il n'arrive pas à affronter. Tant que c'est possible, il le fait glisser devant lui, vers le futur. Puis, au moment où il devrait finalement prendre conscience que sa vie ne changera plus, c'est en direction de l'extérieur qu'il pousse son mal, en inventant des obstacles

---

9. Les mots ou expressions suivis d'un astérisque (*) sont en français dans le texte original (*N.d.T.*).

et des oppositions – ou en leur attribuant des dimensions disproportionnées. Bien souvent, la paranoïa ne se manifeste donc qu'à quarante ans ou plus, chez des personnes qui se sont déjà fait une place dans l'existence. S'il leur arrive de se montrer soupçonneux, leur attitude, prudente et utile, est généralement valorisée. En quoi est-ce un mal si un assureur d'âge mûr sait dresser par le menu la liste de ce que risquent ses clients ? Ou si un médecin avec des années d'expérience a peur de maladies invisibles et nous conseille une interminable série d'examens ? À nos yeux, leur méfiance n'est pas une réflexion pathologique mais une forme de professionnalisme. Leur paranoïa est intégrée à leur vie.

La cafetière de la vieille dame

Dans certains cas, la déformation de la pensée se manifeste particulièrement tard, comme l'illustre cet exemple.

En plus de ses problèmes personnels, une femme de quarante ans s'occupe avec tendresse de sa grand-mère. Celle-ci est veuve et habite un petit village au milieu de nulle part. Avec le temps, elle a fini par s'isoler. Pour que la vieille dame ne manque de rien au quotidien, sa petite-fille lui rend visite et propose à de jeunes femmes de s'installer chez elle. Pourtant, aussi disponibles soient-elles, toutes finissent par être victimes de la méfiance de la petite vieille. Afin de créer un lien et de briser le silence de cet appartement perdu en pleine campagne, ces jeunes femmes s'extasient devant une cafetière exposée dans une petite vitrine. De quoi éveiller aussitôt les soupçons de la dame âgée et lui donner envie de la cacher : « Cette cafetière lui plaît trop, à celle-là, elle pourrait me la voler. » Les jours passent ; la petite vieille finit par vouloir un café. Et par habitude, comme souvent chez les personnes âgées, c'est dans la petite vitrine qu'elle cherche sa cafetière.

Que nous montre cette anecdote ? Que le trait paranoïaque du comportement de cette dame est secondaire et sporadique, mais pas seulement. Les soupçons qui l'ont poussée à cacher cette cafetière sont un événement récent, sans grande importance : il n'y a donc rien d'étonnant à ce qu'elle l'ait oublié aussi facilement. La personnalité paranoïaque profite alors de ce trou de mémoire pour resurgir et confirmer les hypothèses qu'elle a elle-même créées : « Si ma cafetière n'est plus là, c'est qu'on me l'a volée. » En un sens, il s'agit bel et bien d'un vol : l'objet a été subtilisé par la part « malhonnête » de cette vieille dame – qui se trompe elle-même, sans en avoir conscience.

Il ne lui reste plus qu'à accuser ces jeunes femmes d'être des voleuses. Et demander à sa petite-fille de lui trouver quelqu'un d'autre.

Hypothèses sur les causes

La psychiatrie suppose que la paranoïa touche surtout des gens en apparence adaptés mais fragiles intérieurement. Une fragilité qui pourrait remonter à une petite enfance marquée par une froideur affective ou des conflits (nous les retrouverons dans la vie d'Hitler et de Staline). Face à ce genre de souffrances, beaucoup réagiraient de façon compensatoire, en développant des processus de raisonnement logique – rigides, froids, souvent éloignés de la réalité.

Selon Melanie Klein, l'esprit passe d'une *position schizo-paranoïde* à une *position dépressive* au cours de la première année de vie. Si, les premiers mois, l'enfant exprime sa colère ou pleure assez librement, il commence à se retenir à l'approche de la seconde partie de l'année. D'après cette théorie, l'enfant *cesse de projeter toute son agressivité* : il en redirige une partie vers lui pour construire intérieurement les bases de son futur sentiment de culpabilité – mais aussi de responsabilité, auquel chaque adulte est tenu de se confronter. Il s'agit néanmoins de *positions* psychologiques, non de *phases* strictement déterminées. Que faut-il en conclure ? Tout d'abord que cette évolution (le passage à la position dépressive) peut ne pas réussir. Et que l'idée de positions s'apparente à celle des archétypes sur laquelle nous nous fondons : il ne s'agit pas de simples moments appelés à être dépassés définitivement mais de potentiels psychologiques auxquels des situations spécifiques peuvent ramener, même chez l'adulte. Pour ce qui concerne le sujet qui nous occupe, des circonstances violentes, similaires à celles qui étaient intolérables au cours de la petite enfance, sont susceptibles de réactiver des comportements schizo-paranoïdes. Quand cela se produit, le sujet devient agressif et projette tous les maux sur les autres du fait qu'il a du mal à assumer personnellement ses responsabilités.

Cette théorie anticipe le thème sur lequel nous retomberons sans cesse au cours de cet ouvrage : l'homme ordinaire, à chaque phase de son existence, quelle que soit la société où il se trouve, présente un potentiel paranoïaque [10]. Un potentiel que son environnement est susceptible de déclencher. Voilà le danger dont ces pages souhaiteraient s'occuper : « Les monstres existent, mais ils sont trop peu nombreux pour être vraiment dangereux ; ceux qui sont plus dangereux, ce sont les hommes ordinaires [11]. »

Omniprésence de la paranoïa

En règle générale, nous percevons les maladies mentales comme un phénomène étranger et effrayant. Il nous arrive d'éprouver de la compassion pour ceux qui en souffrent, mais également un sentiment de différence et de méfiance. Pourtant, dans les premiers instants où nous entrons en contact avec elle, la paranoïa est susceptible de nous apparaître comme la continuation de notre mode de pensée normal – et plus précisément de notre besoin d'explications. La paranoïa, ou du moins une version plus nuancée, s'achète et se vend chaque jour en bas de chez nous, pas au sein de l'institution psychiatrique. Ce n'est pas une pensée radicalement différente de la nôtre. Tous les processus mentaux spécifiques sont potentiellement présents en nous. La tentation de refuser nos responsabilités et de rendre les autres responsables du mal ne fait pas exception. Une voix intérieure suggère que nous avons intérêt à le faire. Aussi faible, aussi dissimulée soit-elle, elle existe en chacun de nous [12].

C'est donc comme une possibilité présente au sein de chaque individu, et non une maladie, qu'il nous faudra considérer la paranoïa. Comme un archétype, dans le sens que donne Carl Gustav Jung à ce terme. La paranoïa a fourni au mythe des figures telles qu'Ajax ou Othello et à l'histoire, des personnages tels qu'Hitler ou Staline. Mais

---

10. Rappelons ici le mot du grand philosophe Bertrand Russell : « Chaque individu [peut] découvrir en lui les éléments de la manie de persécution (dont presque tout le monde souffre à un degré plus ou moins grand) » (*La conquête du bonheur*, trad. N. Robinot, Paris, Payot & Rivages, 2001 [1949], p. 104-105).

11. P. LEVI, *Si c'est un homme*, trad. M. Schruoffeneger, Paris, Pocket, 2003 [1987], p. 311.

12. Les rares études sur la présence de pensées paranoïaques au sein de la population normale laissent entendre qu'elles peuvent être aussi fréquentes que les pensées obsessionnelles ou les symptômes anxieux. Sur ce point, voir D. FREEMAN *et al.*, « Psychological Investigation in the Structure of Paranoia in a Non-clinical Population », *The British Journal of Psychiatry*, CLXXXVI, mai 2005, p. 427-435.

n'oublions pas que ce trait psychologique peut se manifester chez n'importe qui, n'importe quand. Tel un petit Hitler au fond de nous.

Le paranoïaque possède généralement des moyens intellectuels et toujours un « sens critique ». Il lui arrive même de se montrer caustique. Son mal originel étant un manque d'estime de soi, ses critiques sont néanmoins à sens unique, inflexibles. Il peut verser dans le sarcasme, et même dans la haine, mais pas retourner son ironie contre lui : en se critiquant, il aurait peur de se détruire. S'il ne revient jamais sur ses positions, c'est parce qu'il basculerait dans le néant. Voilà pourquoi il est incapable de pardon : ce geste impliquerait une liberté qu'il n'accepte ni pour les autres, ni pour lui-même [13].

Voici la description que propose Bleuler d'un de ces individus [14] : un jeune homme, ambitieux mais peu sûr de lui ou peu doué, passe son existence à rêver de faire carrière. Les années qui défilent devraient l'amener à reconnaître que ses chances de succès s'éloignent. Sa fragilité intérieure ne lui permet pas de voir clair en lui et de prendre acte de ses insuffisances personnelles. Dans le même temps, l'exercice compensatoire du raisonnement intellectuel, cultivé dès l'enfance, l'encourage à projeter ces obstacles vers l'extérieur, à construire la « logique » de leur mécanisme. Résultat : il tend à interpréter les comportements des autres à travers le prisme de la méfiance. L'esprit du paranoïaque classe les détails avec toujours plus de précision. Bien souvent, son attitude nous semble être la marque d'un caractère obsessionnel, pas davantage. S'il connaît ces innombrables détails, c'est qu'il leur attache beaucoup d'importance. Une expertise qui suscite notre admiration mais peut nous empêcher de mesurer les risques qu'elle cache. Dieu gît dans les détails, dit un vieil adage. Le diable également.

Lorsqu'on l'interroge, le paranoïaque est en mesure de fournir des informations détaillées s'il se croit capable de convaincre son interlocuteur. La plupart du temps, il se limitera à de simples allusions : lui « sait la vérité », laisse-t-il entendre. Pourtant, conscient que les autres risquent de mal interpréter ses propos, il évitera de s'exposer inutilement. Petit à petit, il perd ses sentiments et devient une machine de plus en plus perfectionnée, jusqu'à construire un système rationnellement

---

13. Voir E. CANETTI, *Masse et puissance*, trad. R. Rovini, Paris, Gallimard, coll. « Tel », 2013 [1966], chapitre 7.6 (« La puissance du pardon »).
14. E. BLEULER, *Lehrbuch der Psychiatrie, op. cit.*, 2ᵉ partie, chapitre III, 3 b.

plausible avec, à son centre, un complot fomenté contre lui par une coalition d'ennemis toujours plus nombreux – ou « pseudo-communauté paranoïde », selon le mot de Norman Cameron [15].

Caractéristiques

Avant d'aller plus avant, résumons les traits caractéristiques de la paranoïa.

Le paranoïaque profond construit une théorie du complot pour tenter de donner un sens à sa souffrance et compenser, dans le même temps, certaines faiblesses de fond. En premier lieu, la *solitude*. À la fois cause et conséquence de sa suspicion, dans un mouvement circulaire, elle est brisée par le fantasme d'être au centre de l'intérêt de tous (ou délire de relation). En second lieu, le *sentiment de médiocrité individuelle*. Longtemps nié, celui-ci trouve une solution en apparence définitive dans un fantasme de grandeur qui en est l'exact opposé : les personnes conscientes de sa valeur étant de plus en plus nombreuses, l'individu paranoïaque les croit liguées par jalousie pour empêcher que ses mérites soient reconnus. Dans ce cas spécifique viennent se greffer les composantes « secondaires » les plus fréquentes de la paranoïa : la *mégalomanie* et l'*envie*, attribuées aux rivaux mais appartenant au sujet.

La *suspicion* s'empare invariablement du paranoïaque. Sans être nécessairement infondée, celle-ci est excessive et déformée. Sa cible peut être un adversaire réel, mais celui-ci fomente-t-il pour autant un complot pour détruire la personne qui se méfie tant de lui ? En règle générale, la présence des ennemis et leur nombre tendent à s'accroître même en l'absence de motifs véritables. Dans ses formes les plus graves, la paranoïa les voit partout : elle débouche alors sur un *syndrome d'encerclement* et la conviction d'être victime d'un *complot*. Le paranoïaque à qui on a fait du tort répond de façon *disproportionnée* : si sa réaction est exagérée, c'est parce qu'il est convaincu qu'il s'agit là du début d'une *persécution*.

Chaque forme de paranoïa totale est une construction logique bâtie à partir d'un *noyau délirant* et d'un *postulat de base falsifié*. On peut discuter avec un paranoïaque de la partie logique de sa pensée. Pour

---

15. « Paranoid Conditions and Paranoia », dans S. ARIETI (dir.), *American Handbook of Psychiatry*, New York, Basic Books, 1959.

autant, le noyau central, même s'il est clairement faux, ne souffre aucune discussion ou correction. Il précède la logique. Il ne dépend pas de la rationalité mais de l'élan vital : c'est une condition que le sujet exige pour vivre. Il peut vivre sans logique – ce que font beaucoup de gens –, pas renoncer à la vie. Il possède une vérité immédiate qui ne demande pas de justifications mais qui justifie tout.

L'*inversion des causes*, quant à elle, est un phénomène particulier mais fréquent de la falsification du postulat de base. Comme nous l'avons vu dans l'exemple évoqué plus haut, c'est par suspicion paranoïaque que la vieille dame avait fait disparaître sa cafetière. Ce qui lui avait fourni la preuve, absurde, que quelqu'un l'avait volée : cette disparition, conséquence de sa méfiance, en était devenue la cause. Dans les cas les plus graves, cette inversion se stabilise, elle devient une *circularité* permanente. Au lieu de la démentir, *les preuves du contraire l'alimentent dans un cercle vicieux*.

L'interprétation paranoïaque procède ainsi par accumulation : ce qui pourrait la contredire se heurte à une *logique renversée* et devient une confirmation. C'est alors qu'entre en jeu une autre caractéristique de ce mal, l'*autotrophie* : une fois enclenchée, la paranoïa a la capacité de s'alimenter toute seule.

La *projection persécutoire* est une autre caractéristique décisive qui consiste à attribuer la force destructrice du paranoïaque à son adversaire [16]. Ce faisant, elle justifie formellement un geste agressif tout en soulageant le sentiment de culpabilité du sujet délirant si d'aventure il venait à le commettre.

Dans cette phase, il est probable qu'il garde ses interprétations pour lui. Voilà une autre caractéristique du paranoïaque : le *secret* quasi « religieux » dont il entoure ses convictions, sa « foi ». Une variante du secret est l'*allusion* (*innuendo* dit la langue anglaise qui a emprunté une expression latine signifiant « faire un signe discret », même sans ouvrir la bouche), un élément déjà évoqué plus haut et que nous retrouverons surtout chez Staline. Si elle laisse perdurer l'ambiguïté et ne ferme aucune interprétation, l'allusion paranoïaque ne se limite cependant

---

16. D'après Canetti, le paranoïaque a toujours besoin d'évacuer le potentiel destructeur qui l'habite (voir « Hitler, d'après Speer », dans *La Conscience des mots*, trad. R. Lewinter, Paris, Albin Michel, 1984, p. 203-234). Melanie Klein dirait quant à elle qu'il reste dans la position schizo-paranoïde de la petite enfance.

pas à « dire sans dire » : elle contient également une menace et un défi. « Parmi ceux qui m'écoutent, sous-entend le sujet, figure mon ennemi. Il sait que c'est à lui que je parle et que je le combattrai. » Dans sa solitude, le paranoïaque cherche inconsciemment des individus qui lui ressemblent. Ce discours lui sert à les débusquer : chaque membre soupçonneux à l'extrême de son auditoire se convaincra que l'allusion s'adresse à lui, même si rien ne le relie au paranoïaque qui la prononce. Le sujet délirant a ainsi trouvé son semblable.

Comme nous l'avons vu chez Ajax, le vrai paranoïaque semble avoir reçu une *illumination interprétative* : les explications qu'il donne sont érigées au rang de foi [17]. L'idée délirante est une vérité parce qu'elle est de la même nature que la révélation religieuse [18]. Et la vérité révélée d'une religion ne saurait être modifiée, de quelque manière que ce soit : il ne s'agirait pas d'une correction mais d'une hérésie.

Prenons un exemple, simple mais terriblement éloquent. Dans *Mein Kampf*, Hitler prétend que les mélanges entre races déclenchent stérilité et maladies, sans même se donner la peine d'en apporter la preuve [19]. Au reste, rien ne permettait de l'affirmer – et il a aujourd'hui été démontré qu'une proportion insuffisante de brassage génétique peut engendrer des pathologies au sein de la population. Cela n'empêche pas *Mein Kampf* de procéder, chapitre après chapitre, de manière obsessionnelle, à une analyse d'événements historiques et politiques qui sous-entend toujours cette vérité. Hitler avait besoin d'un postulat de base aussi monolithique. Celui-ci renferme son credo conscient mais aussi sa peur inconsciente la plus inébranlable : comme de nombreux paranoïaques, il nourrissait une *phobie de la contamination*. La différence lui était difficilement supportable (à l'image de son rapport minimaliste aux femmes, *l'autre* sexe). Éloigner la différence et, éventuellement, l'anéantir : voilà le but de la phobie paranoïaque.

---

17. James Hillman a proposé de corriger radicalement « la notion de révélation et de délire qui entretient une distinction entre ces deux éléments pour [partir] du postulat que le délire est toujours une révélation et la révélation, toujours un délire » (« On paranoia », *Eranos Jahrbuch*, LIV, 1985).

18. Voir O. MARIANI, « Intuizione, delirio e rivelazione », dans L. AVERSA (dir.), *Psicologia analitica e teorie della mente. Complessi, affetti, neuroscienze. Atti del XII convegno nazionale del CIPA*, Milan, La Biblioteca del Vivarium, 2005, p. 411-430.

19. *Mein Kampf*, chapitre 11.

Du fait qu'il existe une continuité entre les processus mentaux normaux et paranoïaques, une véritable illumination peut naturellement s'accompagner de traits persécutoires. Dans sa *Confession* de 1879, Tolstoï retrace le changement intérieur qui s'opéra en lui après ses cinquante ans et fit de lui, peu à peu, un chrétien fondamentaliste mais anticlérical, communiste et environnementaliste avant la lettre. Au plus fort de cette crise, alors qu'il ne voyait pas encore d'éclaircie, l'écrivain fut tourmenté par une véritable paranoïa existentielle. Avant de parvenir à formuler son nouveau credo et de faire corps avec lui, au moment où sa vie n'avait plus aucun sens à ses yeux, il avait l'impression qu'il s'agissait là d'une farce sadique, ourdie par un ennemi caché et pervers [20].

Tous les symptômes de la paranoïa entretiennent un rapport de dépendance réciproque et sont susceptibles de s'alimenter les uns les autres, en resserrant toujours davantage le cercle vicieux. Le *secret* peut être la conséquence de la *suspicion* inspirée par les mauvaises intentions prêtées à quelqu'un. L'un et l'autre déclenchent une autre caractéristique régulièrement observée : l'*obsession minutieuse* avec laquelle le paranoïaque échafaude des plans pour vaincre ses ennemis. Automatiquement, ces programmes destructeurs sont projetés sur un adversaire censé *comploter*. Naît alors la nécessité de le détruire, ou plutôt d'attaquer en premier pour prévenir ses intentions. Dans l'esprit du paranoïaque, l'*attaque préventive* est la tactique qui permettra de prendre de court son adversaire en même temps que se faire justice par avance : dans un face-à-face, les armes à la main, une personne non paranoïaque aurait le réflexe d'attaquer un instant plus tôt. La paranoïa est néanmoins capable de voir beaucoup plus loin. En poussant sa conviction à l'extrême, elle peut également en venir à l'infanticide préventif. L'élimination de l'enfant mâle susceptible de devenir roi est même un récit fondateur dans les mythologies païenne et monothéiste : Ouranos repousse les nouveau-nés dans le ventre de leur mère, Chronos les engloutit, Hérode ordonne le massacre des Innocents.

Le paranoïaque peut attendre le moment propice pour attaquer son « ennemi » avec une patience infinie. Mais au moment de passer à

---

20. C'est ce qu'il explique au chapitre 4 (trad. L. Jurgenson, Paris, Pygmalion, 1998 [1887]).

l'action, cette patience que l'observateur risque d'avoir pris pour de la modération, se transforme en impatience. Une impatience elle-même exagérée, comme s'il voulait être dédommagé d'avoir attendu. L'*empressement paranoïaque* est la conséquence de cette suspicion exacerbée et de cette projection inconsciente, longtemps retenues. Une fois cette étape franchie, l'agressivité ne tarde guère à exploser [21].

Le *plan incliné* est une autre image suggérée par l'accélération paranoïaque. Ce chemin sait où il va : il suit une pente, dans tous les sens du terme. Même abordée à vitesse réduite, celle-ci finit par être trop marquée : incapable de s'arrêter, le sujet se précipite en contrebas sans que rien ne vienne freiner sa course.

Les processus mentaux du paranoïaque sont dominés par la *raideur*. Son monde intérieur est pétrifié ; son identité est entièrement dépendante de l'extérieur. Ce qui implique également une *fragilité* : il ne peut pas se permettre de céder un pouce de terrain à ses adversaires. Autrement, il aurait la sensation de ne plus exister.

Fondée sur des postulats erronés, la paranoïa est une tromperie originelle dont le sujet est l'auteur et la victime. Entre sa conviction, indiscutable dès l'aube de la conscience, et les actes de folie qui suivront, il existe une *cohérence absurde*. Tant que survivent les rapports de cause et de conséquence qui la structurent, la paranoïa suit les ornières de la vie quotidienne sans être dérangée. Mais un jour, brusquement, l'enfant modèle, respectueux des conventions sociales et des attentes parentales, tue son père et sa mère *pour qu'ils ne souffrent pas* d'apprendre qu'il a fait semblant de réussir ses examens et décrocher son diplôme. Et l'employé irréprochable qui craint de perdre son poste tire sur son chef avant de se donner la mort, *pour éviter d'être licencié*.

Si la paranoïa est, pour ainsi dire, plus antipsychologique que tous les autres troubles mentaux, c'est parce qu'elle est la seule forme de

---

21. Dans ses premières études sur l'instinct agressif (*L'agression. Une histoire naturelle du mal*, trad. V. Fritsch, Paris, Flammarion, coll. « Champs sciences », [2010] 1969), Konrad Lorenz s'était servi d'un « modèle hydraulique » : l'agressivité serait comme de l'eau contenue par un barrage et subitement relâchée. Cependant, vu l'excès et la rapidité de la réponse paranoïaque, c'est le « modèle du feu » qui s'adapte le mieux au phénomène qui nous occupe : une étincelle-pilote déjà allumée embrase au moment opportun toute la charge de combustible. Voir également S. MENTZOS, *Der Krieg und seine psychosozialen Funktionen*, Göttingen, Vandenhoeck & Ruprecht, 2002 [1993].

pensée effective qui élimine vraiment l'autocritique. Cette pensée est tout à la fois logique et improbable, cohérente et contradictoire, humaine et inhumaine. C'est un masque tragique qui couvre non pas le visage d'un héros mais celui d'un être animé par un sentiment d'insécurité radical et qui va jusqu'à se tromper lui-même. Un lien de parenté qui nous suggère de nous tourner vers les personnages de la tragédie, en plus des traités psychiatriques, pour comprendre ses processus.

Il n'est pas rare de repérer une *hésitation tragique*, mortelle, chez les paranoïaques soumis à des choix que leur pensée simplifiée voudrait éviter. Et c'est Créon qui nous offre une illustration de cet état. Dans l'*Antigone* de Sophocle, le mythique roi de Thèbes projette d'abord sur ses gardes, puis sur le devin Tirésias, une avidité qui est exclusivement la sienne. Il se persuade ainsi qu'ils mentent – et qu'ils ont été payés pour mentir. Il ne peut accepter la vérité qu'ils lui disent. De cette façon, il se libère aussi bien de leur vérité, en la niant, que de sa propre malhonnêteté, en l'attribuant aux autres.

Les événements finissent pourtant par le pousser dans ses retranchements. « Céder pour moi est terrible », reconnaît-il en toute sincérité [22]. De fait, cela l'obligerait à admettre son manque d'autocritique, son caractère inutilement destructeur, sa solitude existentielle. Le « syndrome de Créon » est une hésitation qui mène au bord de la folie. En règle générale, celle-ci ne se résout pas en faveur de la vérité, si ce n'est quand les circonstances l'imposent inéluctablement. Même dans ce cas de figure, le paranoïaque peut encore préférer quitter la scène, en mourant ou en sombrant définitivement dans la folie. Créon n'est pas complètement paranoïaque, contrairement à Ajax. Il habite entre deux mondes qui se frôlent. Le syndrome qu'il illustre – et qui consiste à hésiter entre un discernement qui ramène à la réalité et une interprétation paranoïaque qui conduit à l'isolement – est tragiquement humain : tout le monde ou presque peut se reconnaître dans des expériences similaires.

Ce doute paralysant, nous le croiserons également au carrefour décisif de l'histoire moderne. En juillet 1914, les puissances européennes doivent prendre la décision de se limiter à la diplomatie ou déclencher la Première Guerre mondiale. Dans la description qu'en donne Soljenitsyne [23], le tsar

---

22. SOPHOCLE, *Antigone*, v. 1096.
23. *La roue rouge. Premier nœud : Août 1914*, trad. A. et M. Aucouturier, P. Nivat, J.-P. Sémon, Paris, Fayard, 1983 [1972].

Nicolas II est un personnage à la fragilité humaine, constamment en proie à une forme d'angoisse naïve face à la souffrance qu'entraînerait le conflit. Vaut-il mieux poursuivre le dialogue avec son cousin Guillaume, l'empereur d'Allemagne, ou mobiliser l'armée, comme le demandent ses ministres et les membres de son état-major ? Livré à lui-même, le tsar ne cesse d'échanger des télégrammes avec Berlin jusqu'à ce que les pressions le poussent vers l'endroit où la pente est trop forte. Impossible, dès lors, de revenir en arrière. Le Nicolas de Soljenitsyne est, en un sens, un anti-Créon qui, dans le doute, voudrait écouter l'autre autant que lui-même. Il renferme ainsi le potentiel double de l'homme : le sentiment de responsabilité et, hélas, la méfiance qui conduit à projeter la faute sur l'adversaire ; le désir de faire triompher l'un et la faiblesse qui amène, au bout du compte, à céder à l'autre. Parce que c'est tellement plus simple.

Aspects culturels et moraux

La difficulté n'est pas de définir les troubles mentaux, mais de les comprendre. Pour ce faire, il est nécessaire de s'identifier à eux et de sentir qu'ils peuvent aussi être les nôtres. Si nous avons cité les définitions des meilleurs manuels de psychopathologie, celles-ci apparaîtront peut-être dépassées dans deux générations. De fait, les descriptions de la paranoïa données par la psychiatrie nous semblent essentiellement négatives – comme autant de tableaux peints par un observateur effrayé par le mal, qui a renoncé à comprendre. Dès lors qu'il ne s'agit pas d'une maladie répondant à des lois chimiques, immuables dans le temps, mais peut-être une réponse psychologique à des circonstances difficiles, nous chercherons à étudier ses relations avec l'histoire. Même si les troubles mentaux ne sont pas nécessairement le produit d'une société donnée, leurs descriptions, elles, le sont. Cette relativité est particulièrement importante dans le cas de la paranoïa qui, précisément, s'épanouit dans des conditions historiques déterminées et se manifeste par une distorsion du rapport à autrui. Cependant, comme nous sommes en train de le voir, la plupart des définitions psychiatriques de la paranoïa se situent, hélas, en dehors de l'histoire.

Le monde est un mystère à expliquer. Depuis que l'œil de Dieu ne le scrute plus pour chacun de nous, il est devenu nécessaire de se poser des questions et de hasarder des hypothèses auparavant superflues. Les liens de causalité que le paranoïaque construit sans arrêt sont d'abord une légitime réponse à un légitime besoin de comprendre [24]. C'est peu à peu seulement qu'ils perdent le sens de la mesure, qu'ils s'inventent des dogmes, des vérités décrétées par ce Dieu qu'ils remplacent. À cet instant, la voix divine privatisée quitte l'histoire de la théologie pour intégrer celle de la psychiatrie.

Dans cette perspective, la paranoïa est également un résidu irrationnel et impossible à intégrer des révolutions positivistes et psychanalytiques. Exaltées par leur succès, celles-ci ont voulu tout voir et tout expliquer – même ce qui ne se voit pas, même si l'explication est réductrice (c'est-à-dire lorsqu'elle restreint le sens des événements au lieu de l'élargir). De nombreuses révolutions cognitives ont agi comme une drogue, dont on devient dépendant. Nos processus mentaux continuent à en consommer. Sont souvent paranoïaques des individus qui abusent des explications causales et ne peuvent plus s'en passer.

La véritable paranoïa souffre d'une disproportion évaluatrice et interprétative qu'il est impossible de corriger et projette, en partant de cette base déformée, les nœuds émotionnels à l'extérieur du sujet. C'est particulièrement le cas chez les personnes très disciplinées ou puritaines, éduquées à ne pas montrer leurs conflits intimes, pas même à elles-mêmes. Passé un certain seuil, celles-ci commencent à transformer leurs déchirements intérieurs en fantasmes qui, à leur tour, pensant être des raisonnements objectifs, évacuent toute responsabilité vers l'extérieur. Néanmoins, dès lors que nous parlons de *responsabilité*, et non d'absence de responsabilité, comme on le fait souvent avec les maladies, nous devons reconnaître que nous nous écartons des explications psychiatriques pour nous en remettre aux explications morales. Nous reviendrons sur ce thème dans le dernier chapitre.

Comme la calomnie, avec qui elle est structurellement apparentée sur le plan moral, la paranoïa a des effets visibles, surtout à mesure que le temps passe. Elle s'accompagne de responsabilités concrètes, qui sont immenses. Plus qu'une maladie à guérir, son développement met au jour une immoralité à corriger. La calomnie est un type de mensonge particulièrement grave, destiné à diffamer et agresser, mais

---

24. Voir J. HILLMAN, *Re-visioning Psychology*, New York, Harper & Row, 1975.

se range plus directement parmi les problèmes moraux : en règle géné-rale, le calomniateur est conscient de mentir [25]. La paranoïa, elle, est un mensonge auquel le sujet croit et par lequel il se trompe tragique-ment lui-même. Le raisonnement paranoïaque peut certes contenir de nombreux éléments de vérité, mais il ment essentiellement sur la nature humaine en niant à l'adversaire sa qualité d'homme pour en faire un coupable. Et campe sur cette position.

Le mensonge a les jambes courtes, dit le vieil adage : il a du mal à faire son chemin. Comme le menteur, le paranoïaque redoute lui aussi que l'attente ne dévoile sa tromperie. Le temps est son adversaire : s'il peut brièvement lui donner raison, il finira tôt ou tard par lui opposer les faits et le démentir.

La paranoïa collective (historico-culturelle)

> La démence est rare chez les individus, elle est la règle en revanche dans un groupe, un parti, un peuple, une époque.
>
> NIETZSCHE, *Par-delà bien et mal*, aphorisme n° 156.

> Le prince doit tout soupçonner.
>
> BALZAC, *Maximes et pensées de Napoléon*, maxime n° 276.

La contamination paranoïaque au sein de la société

La paranoïa collective est, hélas, *un processus possédant des analo-gies avec la culture populaire moderne*. À la différence, par exemple, de la culture populaire médiévale, le consumérisme de masse que nous connaissons aujourd'hui n'encourage ni l'autosuspicion ni le sentiment

---

25. La tradition judéo-chrétienne condamne d'ailleurs la calomnie avec la plus grande sévérité : « Ne te montre pas calomniateur de ta parenté et ne porte pas une accusation qui fasse verser le sang de ton prochain » (*Lévitique*, 19, 16). Notons qu'une fois encore, Hitler nous offre un exemple extrême de projection et de circularité para-noïaque. Au chapitre 7 de *Mein Kampf*, après avoir passé des chapitres entiers à calomnier les juifs, il affirme qu'inventer des contre-vérités pour calomnier est l'un des caractères traditionnels du judaïsme. Il est très difficile, chez Hitler, d'identifier la fron-tière entre la contre-vérité inventée de mauvaise foi et la contre-vérité fondée sur une conviction réelle. Voir *infra*, au chapitre 8, pour le concept de *pseudologie fantastique*.

de culpabilité, mais leur contraire. Profitons de tous les biens que l'époque met à notre disposition, suggère-t-elle en sous-entendant que nous en avons le droit parce que nous avons la conscience tranquille. Le deuil est pour elle impossible car elle n'est pas préparée au renoncement. La modernité, forte en économie et en technologie, révèle ici sa faiblesse morale. Ses doutes ne sont pas élaborés avec profondeur et patience. Ils ne seront donc pas éliminés mais simplement refoulés.

Douter est pourtant une exigence humaine universelle. À la première occasion concrète, *la suspicion refera surface mais, par manque d'éducation autocritique, ne pourra être que projetée sur les autres.* À cet instant, elle aura pour complice le ciment le plus solide de la société actuelle : les moyens de communication de masse, populistes par nature. Au lieu d'encourager un examen intérieur qui conduirait à prendre ses responsabilités, ces derniers poussent à chercher des coupables à l'extérieur.

Dans l'histoire, la contamination mentale de masse a souvent fonctionné comme un gigantesque amplificateur des comportements paranoïaques.

L'occupation allemande pendant la Seconde Guerre mondiale l'illustre à la perfection. La Convention de Genève avait beau prévoir qu'une autorité occupante puisse appliquer des sanctions martiales pour maintenir l'ordre public, les nazis fusillèrent un nombre croissant de personnes pour chaque Allemand tué, faisant ainsi progresser la haine, la terreur et la paranoïa, dans leurs rangs comme au sein des populations opprimées. Le 24 mars 1944, dix otages furent éliminés pour chacun des 32 soldats allemands tués la veille à Rome, via Rasella, signe que la *disproportion absurde* produit des avalanches de maux qui grossissent d'elles-mêmes – et sont donc *autotrophes.* Pour autant, le massacre des Fosses ardéatines ne venait pas de nulle part : les Européens avaient eu recours à ces pratiques disproportionnées pour terroriser les esclaves africains comme les natifs des autres continents [26]. Cette capacité à exterminer des populations différentes, sans

---

26. Ce fut le cas des puissances coloniales mais aussi des Américains lors de la conquête de l'Ouest. Pour accélérer l'élimination des indiens Yukis, 240 membres de cette tribu sont massacrés en 1859 en guise de représailles, après qu'un cheval a été abattu. Parmi eux, des hommes, des femmes et des enfants. Sur cet épisode, voir B. KIERNAN, *Blood and Soil. A World History of Genocide and Extermination from Sparta to Darfur*, New Haven-Londres, Yale University Press, 2007, p. 355-356.

culpabilité apparente, présupposait justement qu'on les mette sur une balance où on ne pèse pas d'autres hommes, mais des marchandises ou des animaux. Hitler et les nazis, dont l'idéologie répétait constamment son intention de se débarrasser *préventivement* de l'ennemi, ont consciemment décalqué ces exemples mêmes s'ils ne sont pas toujours parvenus à les égaler [27].

Comme nous le verrons dans le chapitre consacré à la Grande Guerre et aussi dans celui sur Hitler, la *phobie de l'encerclement* eut un impact décisif sur le militarisme allemand du siècle dernier. Mais également sur la déportation des Arméniens par l'Empire ottoman, laquelle conduisit à leur génocide.

Au cours du XIXe siècle, dans le sillage du darwinisme social, les théories de sélection des peuples (*fondement illégitime* d'une paranoïa collective rampante parmi les Blancs) qui ont nourri l'hitlérisme et le stalinisme annonçaient que les races « inférieures » étaient destinées à disparaître. Néanmoins, c'est précisément en les annonçant qu'elles mettaient déjà en branle une « sélection négative » (faite de colonisations, d'expropriations, d'expulsions, de massacres) qui favorisait cette disparition. Ce qui était loin d'être le fruit du hasard : la violence historique qui dérivait du dogme de départ a finalement servi à démontrer sa justesse, *de façon circulaire*.

On s'aperçoit ainsi que la paranoïa politique, plus encore que la paranoïa individuelle, est dominée par une *inversion des causes*. Offerte aux masses puis rendue par les masses, celle-ci devient une *circularité*. La dimension collective l'amplifie et la transforme en catastrophe sans fin.

En 1938, de nombreux académiciens allemands commencèrent à tirer profit de l'exclusion des juifs qui, jusqu'alors, occupaient des postes de prestige au sein de l'Université. Ils se persuadèrent rapidement que les juifs étaient un corps étranger et se rangèrent en faveur d'une « science aryenne » [28]. Puis la circularité s'empara des événements militaires.

---

27. Voir R. A. PLUMELLE-URIBE, *La férocité blanche. Des non-blancs aux non-aryens*, Paris, Albin Michel, 2001. Pour l'influence directe des génocides du passé sur Hitler, en particulier l'extermination des populations natives d'Amérique du Nord, voir *infra*, chapitre 4, note 19, et chapitre 8.
28. Voir I. KERSHAW, *Hitler. 1936-1945*, trad. P.-E. Dauzat, Paris, Flammarion, 2000, chapitre 3 ; V. KLEMPERER, *Mes soldats de papier. Journal 1933-1941*, trad. G. Riccardi, Paris, Seuil, 2000, note du 12 juillet 1938.

En septembre et en octobre 1939, les troupes allemandes achevèrent la conquête de la Pologne. Hitler suivit avec attention les rapports de leur avancée et se rendit personnellement dans les territoires occupés. Il se persuada sans difficulté que la misère et le désordre où vivaient les habitants étaient la preuve de leur infériorité : ces deux *conséquences* de l'occupation devinrent ainsi la *cause* des expropriations et des répressions qu'il ordonna de mettre en œuvre [29]. Goebbels regarda les films tournés dans les ghettos, où la situation des juifs était encore pire que celle du Polonais ordinaire, et en tira la confirmation de leur inimaginable dégénération [30]. En conséquence, il inséra une grande partie de ces prises de vue dans le film de propagande nazie *Le Juif éternel*, en plus d'autres informations fantaisistes [31]. Fournies par les plus hautes instances, celles-ci proposèrent des postulats erronés qui permirent la construction d'une paranoïa collective : à les croire, les juifs, même s'ils représentaient 1 % seulement de la population mondiale, contrôlaient 47 % des jeux de hasard, 82 % des vols organisés et 98 % de la prostitution (qui, comme nous le verrons, était une idée fixe pour l'être asexué qu'était Hitler).

Staline, qui s'inspira de nombreuses manœuvres d'Hitler, ne fut pas en reste : les deux dictateurs lancèrent les opérations les plus sensationnelles *en secret*, quitte à basculer dans l'obsession.

Au mois de mai 1941, en plein conflit mondial, le dauphin d'Hitler, Rudolf Hess, s'envola secrètement pour la Grande-Bretagne avec le projet illusoire de sceller une alliance avec les Anglais. Aux yeux du très soupçonneux dictateur soviétique, cette alliance n'était pourtant pas un éventuel *résultat* de ce voyage. Elle en était la *cause* : un pacte anglo-allemand avait déjà été conclu dans son dos et le voyage de Hess en était à la fois la preuve et la conclusion. Staline se méfiait des Anglais mais, paradoxalement, faisait davantage confiance à Hitler, peut-être parce qu'il était affecté par une pathologie similaire. Quand les services britanniques l'informèrent que l'Allemagne se préparait à l'attaquer, ses convictions erronées se trouvèrent *absurdement confirmées*. C'était les Anglais qui avaient des intentions hostiles à son égard, preuve en

---

29. Voir I. KERSHAW, *op. cit.*, chapitre 6.
30. *Ibid.* Kershaw juge « presque génocidaires » les conditions des ghettos polonais.
31. Produit par la Deutsche Film Gesellschaft et réalisé par Fritz Hippler, il est sorti en 1940.

était le fait qu'ils *essayaient de le désinformer*. De cette *paranoïa personnelle* dériva l'un des plus célèbres *événements historiques* : l'incroyable impréparation militaire d'un des pays les plus armés de tous les temps, l'Union Soviétique.

Avec une « folie lucide » très proche, les groupes révolutionnaires armés qui opéraient en Italie dans les années 1970 et 1980 justifièrent le recours à l'assassinat. Ils savaient que la communication de masse était leur interlocutrice, elle pouvait amplifier la paranoïa ou ramener à la raison. Résultat : ils abattirent des journalistes. Celui de droite, parce qu'il était de droite, mais aussi l'autre, qui n'était pas de droite parce qu'il « se [cachait] derrière des étiquettes de "démocrate" ou "de gauche" et s'en [servait] pour créer de la confusion au sein des masses et les infiltrer » [32].

La paranoïa a déjà décidé qu'il y a partout des ennemis : nous aurons l'occasion d'y revenir au cours des réflexions de l'avant-dernier chapitre. Quoi qu'il en soit, ce type de raisonnement demeure étonnamment similaire à celui de Staline [33]. Par-delà les frontières et les décennies, la cohérence absurde survit en tant que *système mental fermé*, compact et incapable de compréhension, à tous les sens du terme, puisque ses dogmes fondateurs lui permettent déjà d'épuiser toutes les possibilités, *in abstracto*.

Se trouver dans la « nécessité » de massacrer plus de gens que prévu est typique du comportement criminel. Sur le plan individuel, *Crime et châtiment* nous en donne une description magistrale : Raskolnikov a planifié le meurtre de l'usurière mais est contraint de tuer également une visiteuse inattendue. De prime abord, on serait tenté de penser qu'il s'est produit peu ou prou la même chose avec Hitler et Staline qui, une fois les massacres commencés, ne sont plus parvenus à s'arrêter. Cependant, ces deux personnages n'étaient pas seulement des délinquants, c'était aussi des paranoïaques. Ils n'avaient même pas les « circonstances atténuantes de Raskolnikov ». Ces massacres, l'un et

---

32. BRIGATA XXVIII MARZO, « Rivendicazione dell'attentato mortale contro Walter Tobagi », 28 mai 1980, dans M. R. PRETTE (dir.), *Le parole scritte*, Rome, Sensibili alle foglie, 1996, p. 393-398.

33. Voilà qui semble confirme une célèbre formule de Rossana Rossanda : un « album de famille » rapprocherait les bandes armées du vieux communisme stalinien (« Il discorso alla DC », *Il manifesto*, 28 mars 1978).

l'autre les avaient conçus dès le début. Ce n'étaient pas des conséquences inattendues, des crimes *consécutifs* – puisqu'il est difficile de
s'arrêter une fois le sang versé. C'était des meurtres *préventifs*.

Origine de l'impulsion paranoïaque

Dès son origine, dans le monde animal, l'activité psychique doit
faire usage de la méfiance et de la suspicion.

Le chevreuil quitte d'un bond la clairière pour les taillis dès qu'une
ombre traverse son champ de vision. Neuf fois sur dix, ce ne sera
qu'une branche agitée par le vent, pas un prédateur. Mais la nature
veut justement que l'animal ait une réaction disproportionnée : ces
neuf retraites inutiles sont sa réserve de sûreté. S'il se trompe neuf fois
en s'enfuyant alors que ce n'est pas nécessaire, il en est quitte pour une
petite frayeur ; s'il se trompe une fois en omettant de s'enfuir alors que
c'est nécessaire, il le paie de sa vie.

La paranoïa peut être la poursuite d'une fonction animale de notre
esprit. Chez l'homme, elle devient également une tentative pour se
mettre à distance du mal en l'attribuant à un ennemi. Les « accessoires culturels » que nous rajoutons à l'instinct peuvent être infinis
– que ce soit les raisonnements qui « démontrent » la nécessité de
détruire préventivement l'adversaire, la propagande qui le présente
comme non-humain, et ainsi de suite.

À mesure qu'il a progressé vers son fonctionnement actuel, au cours
de l'évolution, l'esprit a cherché à créer des connexions entre les
perceptions, les stimuli, les images qui se forment en lui. Les associations mentales ont ainsi fini par évoluer vers des explications, des liens
de causalité. Au fur et à mesure, les stimuli ont suscité non plus des
réactions automatiques mais des réponses conscientes et rationnelles,
en apparence du moins. Sur la base d'un instinct soupçonneux, la paranoïa se construit au travers d'une série relativement élaborée de
concaténations mentales. Pour autant, de telles réflexions, même parta-
gées par une majorité, ne constituent en rien une vérité : n'a-t-on pas eu
largement tendance à soupçonner certaines femmes d'être de véritables
« sorcières », pendant des siècles et des siècles ?

Si la violence paranoïaque des masses diffère de la violence individuelle, c'est d'abord parce que la confirmation réciproque annule la

perception du crime et le sentiment de culpabilité : « La passion collective est une impulsion de crime et de mensonge infiniment plus puissante qu'aucune passion individuelle. Les impulsions mauvaises, en ce cas, loin de se neutraliser, se portent mutuellement à la millième puissance. La pression est presque irrésistible, sinon pour les saints authentiques », écrivait Simone Weil [34].

La condition de l'homme dans une société pré-moderne n'est pas si différente de celle de l'animal sauvage, contraint de se méfier pour survivre. L'instinct de survie lui suggère de regarder d'un œil soupçonneux cette nature plus forte que lui, quoi qu'il arrive. Pour autant, au fur et à mesure que la civilisation se constitue au-dessus de la nature, comme une nouvelle couche, « l'état de fait », c'est-à-dire la loi du plus fort, continue longtemps à prévaloir sur l'état de droit. Et si ce dernier parvient malgré tout à se généraliser, il ne s'agit que d'un droit autorisant le plus fort à prévaloir sur le plus faible par des moyens « légaux ».

Les chemins qu'emprunte l'homme pour sortir de l'état de nature n'imposent donc pas de renoncer à la suspicion. Bien au contraire, ils la diversifient et la raffinent.

Dans une première phase, l'homme doit progressivement transférer sa méfiance, dont les cibles étaient jadis les prédateurs et la nature en général : il devient l'un des rares animaux qui tuent les membres de leur propre espèce. Le marcheur s'appuie sur son bâton. Il cherche néanmoins à voir loin pour éviter de croiser le marcheur qui s'appuie sur sa lance. Comme le chevreau, l'homme se tient à l'orée de la clairière mais, contrairement à lui, ne se fie pas qu'à cet instinct qui le ferait reculer d'un bond, droit dans les taillis. Il ne se contente pas de réagir et calcule même à l'avance comment éviter les routes où l'on risque le plus de faire de mauvaises rencontres. *Prévenir le danger* occupe de plus en plus de place dans l'évolution de l'esprit.

Dans la seconde phase, au sein de civilisations complexes, organisées et régies par d'innombrables lois, le risque d'être tué en pleine rue diminue. Mais on voit naître de nouvelles menaces, qui ne sont pas liées à la seule force physique : être marginalisé, exploité ou trompé sur le plan social, économique, culturel. Voilà l'homme pris entre deux feux : protégé, d'un côté, par des lois simples qui préservent son intégrité physique, il doit apprendre à avoir confiance, à ne pas descendre dans

---

34. *Note sur la suppression générale des partis politiques*, Paris, Allia, 2017 [1957].

la rue armé ; de l'autre, il doit développer une méfiance constituée de stratégies préventives de plus en plus compliquées. Les nouveaux marcheurs croisent des risques nouveaux au sein même de la complexité qui réglemente la vie économique et sociale, les transports, les aliments et les soins qui lui sont fournis. À l'heure actuelle, les normes des contrats ou les règles du Code de la route, les procédures anti-incendie, les clauses d'une assurance, la notice d'un médicament, la liste des ingrédients de ce que nous mangeons s'allongent tellement qu'il s'y niche, à nos yeux, quelque chose d'inattendu et d'incompréhensible. Et c'est ainsi que des règles nées pour prévenir des dangers semblent elles-mêmes se muer en dangers indéfinissables.

Comment la condition urbaine actuelle déforme les instincts

L'une des missions de la psychologie devrait être de nous rappeler que l'homme est un être social. Notre psyché a un besoin inné de s'intéresser à d'autres hommes, d'établir des liens. Si nous sommes séparés des autres (une condition encouragée par l'individualisme actuel et facilitée par la technique), cet instinct conduit l'esprit à s'occuper d'eux quand même, mais sous la forme de fantasmes détachés de la réalité, d'autant plus incontrôlables et dangereux, où l'on préjuge plus qu'on ne juge [35].

Un individu isolé est artificiel. Mais la condition des peuples qui prévaut aujourd'hui l'est aussi. Notre corps a été produit par l'évolution naturelle pour vivre en petits groupes. Le système nerveux de l'homme n'a pas eu le temps de s'adapter à la vie urbaine. Dans les communautés peu nombreuses, il lui est possible d'entrer plus facilement en résonance avec les enthousiasmes ou les peurs des autres et, ainsi, de remplir pleinement une fonction sociale. L'évolution *culturelle*, elle, a produit de grandes concentrations d'individus, anonymes et en rien naturelles, qui inhibent la confiance et la coopération tout en risquant d'amplifier les élans destructeurs.

Le fait d'appartenir au groupe du « nous » et de construire des fantasmes autour du groupe des « autres » autorise, comme le dit la psychologie collective décrite par Le Bon, Freud, Jung, Canetti et Weil, des comportements agressifs, couverts par l'anonymat de la foule, pour

---

35. Voir L. Zoja, *La morte del prossimo*, Turin, Einaudi, 2009.

lesquels il manque des inhibitions naturelles. L'une des missions de la neurophysiologie sera de décrire quels neurones deviennent fous au sein de ces immenses amas contre-nature ou de leurs reproductions virtuelles, que la technique est en train de rapidement perfectionner.

Une paranoïa diffuse mais prédominante

Les véritables formes individuelles de paranoïa délirante sont plus rares que les autres maladies psychiatriques. On estime généralement leur fréquence inférieure à 0,03 %[36], ce qui expliquerait en partie l'attention insuffisante qu'on leur porte. En revanche, il se pourrait que le délire collectif et historique ait reçu peu d'attention pour la raison inverse : il est si fréquent qu'il correspond à la norme, pour reprendre la formule de Nietzsche.

Si la paranoïa clinique et individuelle a donc une présence assez stable et plutôt négligeable au sein de la société, les choses sont beaucoup plus complexes en ce qui concerne la paranoïa collective (non clinique) : dans des circonstances historiques précises, la possession paranoïaque de la masse n'est pas l'exception, mais la norme.

En plus de rapprocher des phases parfois très différentes de la vie d'un individu, ce trouble est capable d'unir l'ensemble d'une collectivité qui a connu des expériences extrêmes. Les traumatismes collectifs sans précédent, en brisant à la fois l'existence de la société et celle de l'individu, ont les moyens d'empêcher un processus partagé de deuil et de réadaptation. Dans des cas extrêmes, l'angoisse de mort n'est plus dépassée : la psyché se fige dans cet instinct naturel qui enjoint de répondre à la destruction par autant d'agressivité. La « paranoïa du survivant » (*survivor paranoia*) : c'est ainsi que Robert Jay Lifton a appelé cet état irréductible dans ses études sur les victimes des bombardements atomiques[37].

Les définitions cliniques de la paranoïa contribuent donc autant que les études portant sur son potentiel épidémique à sous-évaluer ce qui nous occupe.

---

36. Voir S. GROVER, N. GUPTA, S. K. MATTOO, « Delusional Disorders. An Overview », *The German Journal of Psychiatry*, IX, 2006, p. 63-72.

37. *Death in Life. Survivors of Hiroshima*, Chapel Hill-Londres, University of North Carolina Press, 1991 [1967], chapitre 12.

Les traités de psychiatrie taisent cette vérité que la tragédie raconte :
dans des circonstances propices, Iago peut convaincre Othello et transformer un héros généreux en un monstre paranoïaque, comme l'a
montré Shakespeare de façon définitive. Certaines situations historiques, dont nous discuterons quelques exemples éloquents, ont ceci de
particulier que le climat collectif émotionnellement exacerbé, la conden-
sation de la masse et les vociférations des *mass media*, avec le nivellement
par le bas de l'intelligence qu'ils impliquent inévitablement, peuvent être
le porte-voix d'Iago. Dans de telles conditions, le moi rationnel de l'individu se laisse dominer par la voix du conseiller sournois. Et, dans un
cercle vicieux, son émotion contamine à son tour ses voisins.

Psychopathie

Les circonstances à même de susciter des paranoïas de masse
peuvent également réveiller au sein de ces groupes une *psychopathie
collective* – en d'autres termes, une disparition de la logique et, dans le
même temps, des principes moraux. Le lien entre ces deux pathologies
existe mais n'a pas été assez exploré : on déshumanise l'adversaire,
traité à son tour comme une masse uniforme et attaqué collectivement.
Le fait que certains membres du groupe visé soient parfois coupables
ne change rien à l'affaire : cette attitude demeure toujours injuste.
Pendant des siècles, cette projection négative et radicale fut appliquée
aux peuples colonisés, sans guère susciter de culpabilité : elle se diffusa
jusqu'en Europe au XIXe siècle avant de s'épanouir pleinement au
siècle suivant.

Des phénomènes comme le pogrom ou ce qu'on appelle la « guerre
totale » se traduisent par une perte de tout sens critique. Au sein de la
masse, les individus s'échauffent les uns les autres, en détruisant tout ce
qui a été imaginé comme étant l'ennemi. La projection agressive est
entière – au sens où elle implique tout le monde et où l'on rejette ses
propres élans destructeurs pour les attribuer au groupe adverse. Il existe
aussi des cas extrêmes où tout le monde devient à la fois paranoïaque
et psychopathe : ces circonstances portent le nom d'*atrocity producing
situations* [38].

---

38. Nous devons, là encore, cette expression à Robert Lifton, auteur de nombreuses
études sur les psychopathologies collectives les plus tragiques de l'époque récente
(*Home from the War. Learning from Vietnam Veterans*, New York, Other Press, 2005
[1973], p. 146-147).

À l'entrée des Ottomans dans la Première Guerre mondiale, aux côtés de l'Allemagne, Enver Pacha, chef militaire courageux mais égocentrique et trop pressé, lança une attaque risquée contre les Russes. Leur réponse fut implacable. Le commandement turc se mit alors à expliquer la défaite comme étant l'œuvre d'un *encerclement* et d'un *complot*. Au cours de son avancée vers le nord, dans le Caucase, les soldats s'étaient trouvés pris en étau – par la mer, à l'est et à l'ouest, par l'armée tsariste, au nord, et par les Arméniens, sujets ottomans mais soupçonnés de pactiser avec les Russes, au sud. Faute de pouvoir modifier la géographie, les nationalistes turcs acquirent la conviction qu'il devenait urgent de « déplacer » (ou d'« éliminer », d'une façon ou d'une autre) cette minorité chrétienne qui habitait leur empire depuis des siècles, malgré les pogroms – mais surtout, qui se trouvait maintenant *dans le dos* de leur armée. C'est ainsi qu'au mois d'avril et de mai 1915, le gouvernement ottoman décréta la déportation des Arméniens dans des conditions terribles. De fait, on ne fournit pas les moyens nécessaires aux personnes chargées d'exécuter ces ordres, en dehors des armes réglementaires à leur disposition. Il manquait de quoi transporter, nourrir, abriter et aider ces populations. Au final, des cadres de l'armée, de simples soldats et des collaborateurs issus de différentes ethnies contribuèrent, pêle-mêle, à ce massacre. Difficile de croire que les autorités n'avaient pas eu la moindre intention de les exterminer. Toutefois, à la différence des nazis qui planifièrent l'élimination de tous les juifs à la Conférence de Wannsee, celle des Arméniens ne fut pas formellement exprimée : l'extermination des juifs découla de la *conscience collective* de l'appareil nazi et de ses plans *préventifs* (dont la motivation pathologique était inconsciente) quand celle des Arméniens naquit avant tout de l'*inconscient collectif*. Pour autant, si le cheminement de ces deux paranoïas et les responsabilités des uns et des autres furent bien différents, leurs résultats ne furent pas si éloignés.

Paranoïa et communication de masse

Si les *mass media* ont apporté la vérité à un public plus large, ils ont aussi facilité la diffusion de « contaminations psychiques collectives ». En ce sens, il faut attribuer à leur développement un rôle croissant dans l'imbrication de paranoïas politico-culturelles au cours du XXe siècle.

« Le journal sue le crime » : Baudelaire, déjà, pressentait ce danger [39].
Les moyens de communication modernes canalisent la paranoïa. Une
fois confié au pouvoir amplificateur des médias de masse, le fait d'être
haï, au lieu d'être l'occasion d'une autocritique, vient démontrer qu'il
est légitime de haïr les autres : c'est ainsi que l'*inversion des causes*
prend des dimensions continentales et des effets apocalyptiques. Les
mouvements de masse sont susceptibles d'êtres manipulés pour transformer cette absurdité en credo. C'est ce que nous rappellent deux
slogans parmi les plus célèbres du XXᵉ siècle. « Beaucoup d'ennemis,
beaucoup d'honneur », disait une formule fasciste quand Mao Tsé-
toung affirmait : « Être attaqué par l'ennemi est une bonne et non une
mauvaise chose [40]. »

À la fin du XVIIIᵉ siècle et pendant tout le XIXᵉ, le nationalisme,
auquel s'ajoutent, dans la seconde moitié du XIXᵉ siècle et la première
moitié du XXᵉ, le darwinisme social, l'eugénisme et le racisme viennent
affaiblir les ressources morales de la société, en les remplaçant par un
égoïsme individuel ou de groupe [41]. Si ces « inhibiteurs d'humanité »
deviennent une doctrine officielle dans les états fascistes, cette idéologie, née dans le sillage de la solidarité radicale, produit des
abominations tout aussi radicales dans les pays communistes.

Notons enfin qu'une déformation similaire parvient à s'insinuer
jusque dans les sociétés libérales, sans que personne ne la condamne
vraiment : durant la Seconde Guerre mondiale, la propagande américaine représente les Japonais comme des animaux (majoritairement des
singes) en invitant à les tuer, comme on le fait avec les bêtes, précisément [42]. Tout naturellement, le plus prestigieux magazine illustré
américain publie l'image d'une ravissante jeune femme blonde en train

---

39. « Tout, en ce monde, sue le crime : le journal, les murailles et le visage de
l'homme » (*Mon cœur mis à nu*, XLIV, dans *Œuvres complètes* (I), éd. dir. par C. Pichois,
Paris, Gallimard, coll. « Bibliothèque de la Pléiade », 2006 [1975], p. 706).

40. *Citations du président Mao Tsé-toung*, Paris, Seuil, 1967. Des siècles auparavant,
Périclès lui-même, maître de la communication directe sur la place publique, avait
affirmé qu'il fallait apprécier la haine à l'égard des Athéniens au motif qu'elle faisait la
démonstration de leur puissance. Voir THUCYDIDE, *La Guerre du Péloponnèse*, II, 63,
V, 95.

41. Voir J. GLOVER, *Humanity. A Moral History of the Twentieth Century*, New
Haven, Yale University Press, 2000 [1999], partie I, chapitres 4 et 5.

42. Voir J. W. DOWER, *War without Mercy. Race and Power in the Pacific War*, New
York, Pantheon Books, 1986, chapitre II B.

d'écrire à son fiancé pour le remercier de lui avoir envoyé le crâne d'un soldat japonais. Un crâne qui trône sur son bureau et auquel elle sourit [43]. Les SS d'Auschwitz n'ont donc pas été les seuls à collectionner d'effroyables objets humains. Ce cliché nous emmène à Phoenix, dans l'Arizona, au cœur de la classe moyenne blanche qui souffre le moins de la guerre. Loin, très loin du nazisme et des champs de bataille. C'est même une femme qui y tient le premier rôle. Et pourtant, le bacille de la haine s'est posé jusque sur ce bureau – avec une telle légèreté et, aurait-on envie de dire, un tel sens esthétique qu'il faut fournir un effort pour percevoir la violence sous-jacente. D'un point de vue formel, la contemplation d'un crâne posé sur une table pourrait rappeler les méditations sur la finitude humaine, caractéristiques des XVIe et XVIIe siècles [44]. En réalité, c'est tout le contraire. Ces réflexions anciennes aidaient à introjecter la mort, à prendre conscience du fait qu'elle nous concerne personnellement. Mais ici, la furie guerrière et raciste tente de la projeter le plus loin possible. Par rapport à la femme qui l'observe, la mort est autre chose. Plus exactement : *le mort* est autre chose, il ne peut que mériter de mourir. La compassion est remplacée par la scission.

L'impossibilité à distinguer le délire d'une raison lucide rend l'individu paranoïaque plus difficile à reconnaître que tout autre malade mental. Un phénomène très similaire se vérifie également au sein de la société dans son ensemble : la paranoïa collective est presque indécelable à l'intérieur d'une masse qui la couve en silence. Une hypothèse qui semble être, elle aussi, un fantasme paranoïaque, mais qui est pourtant des plus sensées. L'homme au cœur de la foule qui réclame à grands cris la mort d'une minorité est celui qui, un peu plus tôt, aidait ses enfants à faire leurs devoirs. La masse où chacun est échauffé par l'agressivité des autres sent qu'il est possible de dévier le caractère

---

43. C'est cette photo de Ralph Crane, parue dans *Life* le 22 mai 1944, qui apparaît sur la couverture de l'édition originale de cet ouvrage. Voir N. FERGUSON, *The War of the World. History's Age of Hatred*, Londres, Penguin, 2006, p. 546-547 ; M. HASTINGS, *Retribution. The Battle for Japan, 1944-1945*, New York, Knopf, 2007, p. 8.

44. Sur ce sujet, voir R. KLIBANSKY, E. PANOFSKY, F. SAXL, *Saturne et la mélancolie. Études historiques et philosophiques : nature, religion, médecine et art*, trad. F. Durant-Bogaert et L. Évrard, Paris, Gallimard, 1989.

tragique de la condition humaine. Rien ne dit que l'on doive mourir,
on peut transférer la mort sur ses adversaires : « L'ennemi arrive à
point nommé [...] C'est toujours l'ennemi qui a commencé. S'il n'a pas
été le premier à le dire, il l'a projeté, et s'il ne l'a pas projeté, il y a
pensé [45]. » Même au sein de la « masse atomisée » moderne (qui
n'éprouve pas des émotions collectives parce qu'elle se rassemble sur la
place publique mais parce qu'elle reçoit les mêmes messages exaltants
par écrans interposés), le paranoïaque croit être en mesure de remédier
à sa solitude et trouver d'innombrables confirmations de son besoin
d'attaquer préventivement : précéder l'attaque « ennemie » signifie
éviter la mort en l'administrant à l'adversaire. L'empressement paranoïaque devient un *Todableiter*, un « pare-mort ». Le paranoïaque,
nous le savons, abhorre le vide : la masse excitée l'élimine, aussi bien
du temps, en attaquant tout de suite, que de l'espace, en se renforçant
pour se rassurer.

La « normalisation » de la paranoïa se produit de deux façons. Si
un délire paranoïaque impossible à corriger peut prospérer, une fois
fabriqué, à l'intérieur de processus mentaux raisonnables et considérés
comme sains *par tout le monde, ces mêmes personnes*, pour peu qu'elles
maintiennent ce consensus réciproque, peuvent cultiver une paranoïa
collective sans la considérer comme telle. La seule condition nécessaire
est d'insérer le délire – originel et incorrigible – dans un système de
raisonnement collectif dont les étapes successives respectent la logique
formelle. Une condition inévitablement facilitée par les idéologies totalitaires.

En 1942, année des plus significatives, Simone Weil écrit : « Un
vouloir injuste commun à toute la nation [ne saurait être] aucunement
supérieur au vouloir injuste d'un homme. [...] Si une seule passion
collective saisit tout un pays, le pays entier est unanime dans le
crime [46]. » De toute évidence, ce qui est appelé ici « passion collective »
correspond en grande partie à la paranoïa de masse qui nous occupe.
En Allemagne, le nazisme a créé une situation similaire à celle décrite
par Simone Weil : « Quand il y a passion collective dans un pays, il y
a probabilité pour que n'importe quelle volonté particulière soit plus

---

45. E. CANETTI, *Masse et puissance, op. cit.*, chapitre 1.22 (« La masse double.
La guerre »).
46. *Note sur la suppression générale des partis politiques, op. cit.*

proche de la justice et de la raison que la volonté générale, ou plutôt que ce qui en constitue la caricature [47] », ajoute-t-elle.

Pour l'économie psychique, faire appel à la paranoïa revient à investir un capital dans une spéculation sauvage. On peut tirer une rente rapide et démesurément élevée d'un investissement réduit. Un investissement qui demande éventuellement de savoir calculer, mais pas une véritable intelligence. Cette « rente disproportionnée » est encore plus forte dans le cas de la paranoïa collective : la masse tend vers une psychologie proche de celle du troupeau là où l'individu s'apparente peu à l'animal [48]. Dans les réactions collectives immédiates, la rente de la paranoïa augmente encore à mesure que diminue celle de la raison. La masse humaine paranoïaque tend à s'accroître d'elle-même en entraînant dans son sillage ceux qu'elle vient à croiser, comme un éboulement le long d'une pente [49].

Grâce à un mélange pervers de progrès en matière d'armement et dans les médias, la modernité a offert à des politiciens psychopathes et paranoïaques toujours plus d'occasions de déclencher des événements irréversibles. Il s'agit de faire couler le premier sang et de le faire savoir : dès lors, et pendant un certain temps, ces chefs pervers pourront compter sur une *rente paranoïaque* au sein de la société.

Comme nous l'avons vu, le point de départ de la paranoïa individuelle correspond à une réaction d'inquiétude qu'on observe même chez les animaux. Celle de la masse n'est pas si différente : le troupeau excité et alarmé sait communiquer son émotion à toutes ses composantes, en un clin d'œil et sans un mot. Toutefois, pour qu'un ensemble

---

47. *Ibid.*

48. L'exemple le plus éloquent de cette convergence avec le comportement animal est le phénomène désigné, en langue anglaise, par le vocable *stampede* (« débandade »). Apparu aux États-Unis avant d'être ramené en Europe, ce mot (employé en Grande-Bretagne mais aussi en Allemagne) a été emprunté à l'espagnol colonial (*estampida*) : à l'origine, celui-ci ne renvoyait qu'à un groupe de bêtes affolées. De façon tout à fait significative, il s'est désormais étendu aux êtres humains et décrit une foule fuyant dans la plus grande confusion, en entraînant parfois la mort de nombreuses personnes, piétinées dans la bousculade.

49. Il est intéressant de voir comment cette métaphore du processus mental collectif, impossible à endiguer, a été utilisée pour décrire le début de la Première Guerre mondiale par le chancelier allemand de l'époque, Bethmann-Hollweg, comme par Hitler : « La pierre [a] commencé à rouler et [...] il ne saurait plus y avoir d'arrêt pour elle», s'exclame le futur Führer avec un enthousiasme débordant, sans une once d'inquiétude (*Mein Kampf, op. cit.*, chapitre 5).

d'êtres humains arrive à accomplir ce qu'on appelle des « crimes contre l'humanité », toute origine instinctive ou « naturelle » devra se greffer sur un système de pensée avant d'être relayée par les moyens de communication. Le groupe opte comme un seul homme pour l'agressivité ou la fuite (pour l'heure, la différence ne nous importe pas) : la contagion est d'ordre psychique, mais elle survient sans l'aide des mots.

Dans la société moderne, la communication est véhiculée par les médias de masse et filtrée par les institutions qui les président. Ce filtre, pourtant censé retenir ce que la pensée a d'impur, tend souvent à l'amplifier. Soupçonner, imaginer des complots, déceler voire inventer un projet destructeur derrière certains événements : ce sont là des fonctions constantes des médias de masse.

C'est avec le temps, et lui seul, que la raison tend à s'affirmer. Le temps redresse les pentes trop inclinées. « À la longue, aucune institution humaine ne peut se soustraire à l'influence d'un examen critique justifié », a écrit Freud [50]. Mais comme nous le verrons, le temps nécessaire pour que cela se produise est parfois tragiquement long. Dans l'intervalle, la déraison a les coudées franches pour provoquer des bains de sang qui, à leur tour, sont susceptibles d'alimenter de nouvelles paranoïas [51].

La paranoïa, base psychopathologique de nombreuses calomnies, colporte certes des explications, susceptibles d'être démenties par les faits, mais aussi un style de pensée qui laisse des traces au fil du temps. Richard Hofstadter, l'un des plus brillants analystes de la vie politique américaine, ne remarquait-il pas : « La notion même de style paranoïaque n'aurait que peu de valeur historique ou de pertinence pour nous actuellement si elle n'était appliquée qu'à des personnes profondément déséquilibrées. C'est l'usage même de modes d'expression paranoïaques par des individus plus ou moins équilibrés qui donne toute son importance au phénomène [52]. »

---

50. « Résistances à la psychanalyse », dans *Résultats, idées, problèmes. 1921-1938*, trad. J. Altounian, Paris, PUF, 1998 [1985], p. 132.

51. Freud lui-même regarda d'un œil enthousiaste le début de la Grande Guerre. Chez lui aussi, il fallut de nombreux deuils avant que la « vision critique » ne s'impose à nouveau.

52. *Le style paranoïaque, op. cit.*, p. 43.

Crimes collectifs

Les plus grandes vagues de paranoïa collective peuvent traverser trois stades, profondément liés les uns aux autres [53].

1. L'*agression collective* locale (ou restreinte géographiquement et ethniquement à certaines communautés). Entré en usage à partir d'une époque assez récente, le terme russe *pogrom* a fini par être employé de façon rétroactive pour décrire les massacres survenus au cours de l'Antiquité. Tout comme l'expression d'*ethnic riot*, également utilisée pour désigner le même concept, ces définitions présupposent que la communauté soit subdivisée en au moins deux groupes appartenant à des ethnies ou des religions différentes et que l'agression, même encouragée par des politiques et des idéologues qui répandent la haine, soit d'une certaine manière « spontanée ».

2. L'*expulsion collective*, la plupart du temps accompagnée de violences et de massacres, d'une population ou d'une ethnie entière, qui peut aussi prendre la forme, plus organisée, d'une *déportation*. C'est pour décrire ce phénomène, en référence aux guerres des années 1990 dans l'ex-Yougoslavie, que s'est répandu le terme d'*épuration ethnique*, lequel reprend le concept nazi de *völkische Flurbereinigung* [54]. S'agissant d'une opération de grande ampleur, aux aspects logistiques complexes, celle-ci peut, certes, être favorisée par une haine collective à

---

53. La catégorisation historico-politique de ces phénomènes est intéressante à plus d'un titre vu le sujet qui nous occupe, mais elle constitue désormais un domaine d'étude si vaste que nous pouvons nous contenter d'y renvoyer indirectement le lecteur. Pour me documenter, j'ai consulté les textes suivants : F. R. CHALK, J. JONASSOHN (dir.), *The History and Sociology of Genocide. Analyses and Case Studies*, New Haven-Londres, Yale University Press, 1990 ; J. SÉMELIN, *Purifier et détruire. Usages politiques des massacres et génocides*, Paris, Seuil, coll. « Points Essais », 2012 [2005] ; E. BOUDA, *Crimes et réparations. L'Occident face à son passé colonial*, Bruxelles, André Versaille, 2008 ; R. GELLATELY, B. KIERNAN (dir.), *The Specter of Genocide. Mass Murder in Historical Perspective*, Princeton, Princeton University Press, 2002 ; O. BARTOV, P. MACK (dir.), *In God's name. Genocide and Religion in the Twentieth Century*, New York-Oxford, Berghahn Books, 2001 ; G. BENSOUSSAN, *Europe, une passion génocidaire. Essai d'histoire culturelle*, Paris, Mille et une nuits, 2006 ; B. KIERNAN, *Blood and Soil, op. cit.* ; M. LEVENE, P. ROBERTS (dir.), *The Massacre in History*, New York-Oxford, Berghahn Books, 1999 ; R. J. LIFTON, E. MARKUSEN, *The Genocidal Mentality. Nazi Holocaust and Nuclear Threat*, New York, Basic Books, 1990.

54. Voir B. KIERNAN, *Blood and Soil, op. cit.*, p. 440. Si le terme *völkisch* peut correspondre à « ethnique », la *Flurbereinigung* est, au sens premier, l'élimination de la végétation improductive par laquelle on prépare une terre agricole en vue de la cultiver.

la base de la société mais nécessite toujours une autorité pour la guider. En raison de son caractère protéiforme, outre sa récente catégorisation, ce type de crime collectif n'a pas encore de définitions historique et juridique satisfaisantes [55].

3. L'*extermination* proprement dite d'une population ou d'une ethnie. Appelé *génocide* par Raphael Lemkin en 1943, celle-ci est entrée dans la législation internationale avec la Convention pour la prévention et la répression du crime de génocide, adoptée par les Nations Unies en 1948. Le génocide a été divisé en sous-catégories, en fonction des buts qu'il poursuit : (a) éliminer un danger, réel ou imaginaire ; (b) terroriser un ennemi, lui aussi réel ou imaginaire ; (c) s'emparer de certains biens ; (d) appliquer une théorie, une conviction, une foi [56]. Cette subdivision n'est pas exclusivement théorique ou juridique. Elle concerne également la psychopathologie. À l'exception du point (c), celle-ci reconnaît un rôle essentiel aux motivations inconscientes et à la paranoïa collective. Voir un ennemi dans un autre peuple peut relever du fantasme ; pour autant, s'il débouche sur un programme d'extermination concret, ce fantasme aura des conséquences absurdes, mais bien réelles. Par ailleurs, le point (d) confirme ce que Soljenitsyne et Glover ont souligné : au XXᵉ siècle, l'idéologie est au moins aussi puissante que la technique dès qu'il s'agit d'amplifier les massacres.

Plus encore que les deux premiers types de crime collectif, le génocide nécessite des autorités politiques ou militaires pour être organisé. En règle générale, celles-ci mettent en œuvre une propagande fondée sur la haine, mais sans aller jusqu'à déclarer ouvertement que leur but est d'anéantir toute une population – ce à quoi s'opposent aussi bien les pulsions animales que les pulsions strictement humaines. Même les nazis n'ont pas osé faire une chose pareille.

Le concept de génocide est aujourd'hui si central dans des domaines comme l'historiographie, la politique ou le droit international qu'il a donné naissance à d'importantes sous-catégories, elles aussi considérées comme de nouvelles définitions des crimes contre l'humanité. À titre d'exemple, des régimes communistes comme celui

---

55. Voir D. BRANDES, H. SUNDHAUSSEN, S. TROEBST (dir.), *Lexikon der Vertreibungen. Deportation, Zwangsaussiedlung und ethnische Säuberung im Europa des 20. Jahrhunderts*, Vienne-Cologne-Weimar, Böhlau, 2010, p. 693 *sq.*

56. Voir F. R. CHALK, J. JONASSOHN (dir.), *The History and Sociology of Genocide, op. cit.*, I, p. 29 *sq.*

de Mao, mais surtout ceux de Staline et de Pol Pot, ont pratiqué une forme d'extermination fondée sur l'appartenance à une classe, appelée *classicide* en langue anglaise [57]. Par analogie, on a ensuite parlé de *biocide* pour indiquer l'anéantissement d'espèces animales dans le sillage de phénomènes liés à cet eurocentrisme qui a conduit à l'élimination des populations natives de certaines zones géographiques [58].

Ces classifications et l'intérêt que la communauté internationale y a porté sont la marque du XXe siècle : c'est seulement au cours des dernières générations que les hommes ont produit systématiquement de telles folies collectives et les ont justifiées idéologiquement. C'est d'ailleurs à cette même période qu'on a essayé de les étudier et de les prévenir – une démarche qui reste avant tout théorique, alors que ces horreurs sont bien réelles.

Les nombreuses perspectives adoptées pour décrire ces crimes s'accordent sur un point : il est facile de passer d'un stade à un autre – que ce changement soit planifié ou qu'il ne figure pas dans les intentions initiales. Dans les faits, les deux premières étapes de persécutions présentent de façon latente ce que Norman Cohn a appelé un *warrant for genocide*. En d'autres termes, une autorisation, un permis d'engager un génocide. Au cours des événements du premier ou du deuxième groupe, des actes de cruauté qui n'ont pas été programmés par le pouvoir commencent à se produire sous l'effet d'un engouement collectif : ils sont tolérés, voire encouragés. On glisse ainsi imperceptiblement du premier au deuxième ou du deuxième au troisième degré de persécution, sans qu'on puisse déterminer clairement quand s'est enclenché ce changement ou qui en a décidé. À ce titre, il n'est pas anodin que les formes meurtrières d'*ethnic riot* (c'est-à-dire de crimes de première catégorie) soient classées comme proto-génocide ou « incitation au génocide » [59]. L'épuration ethnique (un délit appartenant à la seconde catégorie) se traduit elle aussi par un nombre croissant d'humiliations, de viols et de meurtres dont est victime la population

---

57. Voir M. MANN, *The Dark Side of Democracy. Explaining Ethnic Cleansing*, Cambridge, Cambridge University Press, 2005, p. 17 et 321 *sq.*

58. P. COATES, « "Unusually Cunning, Vicious and Treacherous." The Extermination of the Wolf in United States History », dans M. LEVENE, P. ROBERTS (dir.), *The Massacre in History, op. cit*, p. 164.

59. Ces deux définitions figurent dans D. HOROWITZ, *The Deadly Ethnic Riot*, Berkeley, University of California Press, 2000, chapitre 11.

déportée. On glisse ainsi peu à peu vers le génocide proprement dit. Certains chercheurs font remarquer que la majorité des exemples historiques ne permettent pas de tracer une véritable ligne de démarcation : le génocide semble en effet représenter le visage extrême, souvent non programmé mais inévitable, de l'épuration ethnique [60]. D'autres auteurs emploient de façon synoptique un concept large d'*ethnic cleansing* (« épuration ethnique ») en y rangeant tout à la fois les génocides à proprement parler, les *class cleansing* (l'élimination de certaines classes sociales dans les régimes communistes) et les formes de *murderous cleansing* (« l'épuration par le meurtre ») – et ainsi de suite [61].

De notre point de vue, la difficulté à contenir la violence au sein d'une seule des trois catégories et de les délimiter réciproquement en tant que concepts correspond à ce que la paranoïa collective peut avoir de mouvant et de contagieux.

Plus que le phénomène individuel, la paranoïa de groupe est profondément liée à des comportements psychopathes : elle rompt le vivre-ensemble pour frapper cruellement un bouc émissaire. Malgré tout, l'acte lui-même étant un rituel entériné par l'ensemble du groupe, celui-ci n'est pas ressenti comme pervers. En étendant nos catégories cliniques aux événements historiques, on notera avec effroi que la quasi-totalité de l'Europe centrale et orientale a souffert de *pandémies paranoïaques* au cours de la première moitié du siècle dernier mais aussi, d'une manière plus souterraine seulement, durant la guerre froide et ses interminables répercussions.

C'est tout sauf un hasard si ce mot de *persécution* est employé pour désigner le syndrome de paranoïa individuelle comme la conséquence la plus tragique de la paranoïa collective. Celui qui aura la sensation d'être persécuté tentera de réagir en éliminant le plus vite possible son « persécuteur ». Si le motif conscient est de prévenir la destruction, le motif inconscient est d'éliminer la sensation de persécution en attribuant cette intention à d'autres individus : il s'agit là de construire un *Todableiter* au sens qu'en a donné Canetti. Une projection aussi extrême et dévastatrice demande une profonde inconscience. Mais au

---

60. Voir D. CHIROT, C. MCCAULEY, *Why Not Kill Them All ? The Logic and Prevention of Mass Political Murder*, Princeton, Princeton University Press, 2006, chapitre 1.

61. Voir à nouveau M. MANN, *The Dark Side of Democracy*, *op. cit.*, en particulier les chapitres 1 et 2.

cœur de la masse déchaînée par la démagogie, la présence des autres, au lieu de favoriser l'autocritique, renforce et achève de plonger la conscience dans le noir.

Climats paranoïaques

À certaines époques et dans certains lieux, le potentiel persécutoire que nourrit chaque sujet s'active dans toute la population, générant un véritable *environnement paranoïaque*. Cette « perturbation houleuse de la psyché collective » peut prendre les directions les plus imprévisibles. Une seule chose est sûre : la suspicion subsistera.

Comme nous le rappellerons plus loin, dans le chapitre consacré aux « persécuteurs naïfs », le naufrage du *Maine*, un cuirassé américain, à la fin du XIXᵉ siècle, fut imputé aux Espagnols. La guerre qui en découla promut les États-Unis au rang de puissance intercontinentale et expulsa l'Espagne de la région en l'espace de seulement quelques semaines. Les interprétations de la catastrophe, elles, perdurèrent près d'un siècle, jusqu'à ce qu'une enquête de la marine américaine établisse que le *Maine* avait explosé, selon toute vraisemblance, à la suite d'une erreur commise par l'équipage.

La Première Guerre mondiale a, dit-on, éclaté en guise de représailles après l'assassinat de l'héritier au trône de l'Empire des Habsbourg, François-Ferdinand. En réalité, après un relatif consensus sur le fait que l'Autriche avait été victime d'un crime, les soupçons réciproques de toutes les grandes puissances ne firent que croître tandis que leurs gouvernants n'avaient plus aucune prise sur leurs décisions. François-Ferdinand ayant été contesté par les milieux conservateurs de son pays, la rumeur selon laquelle certaines personnes à Vienne avaient eu vent de l'attentat et n'avaient rien fait pour l'empêcher ne cessa jamais de courir. Nous en discuterons dans le chapitre centré sur la Grande Guerre.

Enfin, comme nous le verrons dans la partie de cet ouvrage consacrée aux bombardements, le procès de Tokyo où furent jugés les crimes de guerre des Japonais (1946-1948) fut l'occasion pour le juge indien Radhabinod Pal d'affirmer que les États-Unis avaient eux aussi commis un crime international sans précédent en se servant de la bombe atomique. Mais pas seulement : ils étaient aussi responsables que les Japonais du déclenchement de la guerre. On fit taire Pal et on interdit ses écrits. Pourtant, en l'an 2000, l'historien américain Robert Stinnett a démontré que Franklin D. Roosevelt avait été prévenu à l'avance de l'attaque nipponne à Pearl Harbor mais qu'il l'avait laissée avoir lieu. Précisément pour que les États-Unis puissent entrer en guerre[62].

En novembre 1963, un fusil à lunette trancha net la vie du président John F. Kennedy. Le monde était encore sous le choc quand son assassin fut abattu ; puis ce fut le tour de l'assassin de l'assassin, et ainsi de suite. Cet événement produisit une quantité de théories complotistes jamais encore observée dans l'histoire. Même s'il s'agit là d'une caractéristique de la droite américaine, ce genre de « révélations » a pour particularité de provenir majoritairement de la gauche.

Dans les années qui suivirent, de nombreux membres des mouvements étudiants, en Italie et en Allemagne de l'Ouest, perdirent l'espoir de réformer l'État de l'intérieur et s'enrôlèrent dans la lutte armée. Cette défiance radicale, justifiée sur la base de syllogismes abstraits (comme nous le rappellerons au cours des réflexions finales), était particulièrement vive en Allemagne. Un an avant l'explosion des révoltes françaises, le 2 juin 1967, l'étudiant Benno Ohnesorg mourut d'une balle tirée par la police au cours d'une manifestation. Une enquête avait classé le dossier en incident de service. Pourtant, tout laissait penser le contraire. Le jeune homme avait été frappé à la tête par un agent de la police criminelle, Karl-Heinz Kurras, un personnage au profil néofasciste : réfugié des territoires de l'Est, fils d'un policier mort au combat, il avait été blessé alors qu'il participait aux dernières poches de résistance nazie, face aux Soviétiques, à dix-sept ans seulement. Kurras était également un tireur d'élite qui dépensait une partie considérable de son salaire pour s'entraîner au champ de tir. Un an plus tard, en 1968, ce fut au tour d'un des plus célèbres leaders étudiants, Rudi Dutschke, d'être grièvement blessé par balles. On acquit alors la conviction qu'il existait un complot de l'État bourgeois et capitaliste pour éliminer le mouvement par la violence. De nombreux jeunes de l'extrême-gauche allemande (et, très vite, d'autres pays) décidèrent alors qu'il leur fallait prendre les armes à leur tour.

---

62. R. STINNETT, *Day of Deceit. The Truth about FDR and Pearl Harbor*, New York, Touchstone, 2000.

En 2009, une chercheuse qui étudiait le Mur de Berlin dans les archives de la défunte Allemagne de l'Est tomba sur un dossier au nom de Kurras : à partir de 1955, le tireur d'élite avait été régulièrement rémunéré par la Stasi, les services secrets de l'Allemagne communiste [63]. Même si rien dans ces documents ne laissait penser que ses « patrons » lui avaient donné l'ordre d'assassiner Ohnesorg, on a aussitôt vu naître l'hypothèse d'un complot communiste, tout comme on s'était convaincu qu'il existait un complot capitaliste. Sans la moindre preuve.

Si le délire collectif a été douloureusement fréquent, son analyse est restée étonnamment rare. À titre d'exemple, l'ouvrage classique d'Erich Fromm, *La passion de détruire* [64], ne s'occupe pas de la paranoïa collective national-socialiste mais de la personnalité narcissique d'Adolf Hitler. Ce faisant, ce texte historique enferme la psychanalyse dans un dialogue avec elle-même. Des pères froids et des mères hyperprotectrices comme l'ont été, respectivement, Alois Hitler et Klara Pölzl peuvent certes donner naissance à un enfant narcissique. En revanche, la paranoïa de masse qui a uni cet enfant narcissique à des millions d'autres esprits est un événement unique en son genre.

Pour se réaliser, la paranoïa nécessite des *substitutions fantasmatiques* : c'est que nous avons observé chez Ajax lorsqu'il prend des animaux pour ses ennemis. Dans le cas de la masse, une confusion illusoire s'avère encore plus essentielle. Ce qui nous place à nouveau devant un paradoxe : du fait de la contamination psychique réciproque, un groupe nombreux semble plus facilement se tromper lui-même qu'un individu. Comme pour la paranoïa individuelle et clinique, le péché originel de la paranoïa collective et extra-clinique réside dans l'incapacité à établir une distinction entre la réalité et la conviction fantasmatique. À ceci près que ce phénomène prend une forme double : l'absence de différenciation entre la pensée des individus qui composent la masse et celle du leader reproduit la façon dont l'esprit du leader échoue à distinguer la pensée normale du délire. Il s'agit là d'une révélation qu'on entend ou qu'on voit. Une fois de

---

63. Voir B. ULRICH, « Der 68er Komplex », *Die Zeit*, 28 mai 2009, p. 49-51.
64. *La passion de détruire. Anatomie de la destructivité humaine*, trad. T. Carlier, Paris, Robert Laffont, 2001 [1973].

plus, la paranoïa est un déficit d'autonomie – vis-à-vis des personnes qui entourent le sujet, à l'extérieur ; vis-à-vis de ses fantasmes, à l'intérieur. Preuves en sont les *rumeurs*, fondamentales dans la paranoïa clinique et dans son pendant collectif.

Les voix de la rumeur

Si la langue française emploie le mot de *rumeurs* pour désigner des informations invérifiables ou dont l'origine reste incertaine (l'anglais, lui, dit *rumors* et l'allemand, *Gerüchte*), la relative pauvreté lexicale de l'italien oblige à utiliser le vocable *voci*. Cette pauvreté apparente s'avère pourtant être une richesse car elle établit un rapport immédiat entre les deux formes de paranoïa, clinique et extra-clinique. En effet, les hallucinations d'un psychotique sont rarement des visions mais surviennent presque toujours sous la forme de « voix » – *voices* en anglais, *Stimmen* en allemand et *voci* en italien. L'individu psychiatriquement malade et la masse politiquement malade se laissent l'un et l'autre guider par des « voix ». Celles-ci racontent des événements qui finissent par constituer leur révélation. À ce titre, les pages de *Mein Kampf* où Hitler décrit les « rumeurs » (*Gerüchte*) angoissantes qui ont changé sa vie sont particulièrement significatives [65]. Admis à l'hôpital de Pasewalk après une attaque au gaz de l'armée anglaise, Hitler avait temporairement perdu la vue. Toute sa personne était concentrée sur les voix qui parvenaient jusqu'à sa chambre – des voix humaines, certes, mais aussi celles des rumeurs. L'armistice, l'abdication du Kaiser, le chaos, l'avènement de la République et les nouvelles qui décrivaient la chute du pays entre les mains des bolcheviks : les informations se complétaient ou se contredisaient. Mais leur accumulation était tragique. Pour la première fois depuis la mort de sa mère, Hitler pleura. Et pensa que si la guerre et l'Empire étaient perdus, ses camarades étaient morts en vain, par millions.

Si la psychiatrie peut considérer comme fou un individu qui entend des « voix », la masse souffre elle aussi d'hallucinations, presque

---

65. . Voir A. HITLER, *Mein Kampf, op. cit.*, chapitre 7 ; I. KERSHAW, *Hitler. 1889-1936*, trad. P.-E. Dauzat, Paris, Flammarion, 1999, p. 171-176 ; J. FEST, *Hitler. Jeunesse et conquête du pouvoir (1889-1933)*, trad. G. Fritsch-Estrangin avec la collaboration de M.-L. Audiberti, M. Demet et L. Jumel, Paris, Gallimard, 1974, partie I, chapitre 5.

toujours auditives, et y croit. C'est ce qui se produit spécifiquement lors d'une guerre, où nul n'ignore que les autorités cachent des nouvelles cruciales à la population. À une échelle plus vaste, ces voix/rumeurs confirment que la paranoïa naît d'un besoin universel de vérité et d'explications. Elles peuvent s'opposer à la réalité mais aussi se fondre en elle, voire la dépasser, formant ainsi un mariage tourmenté entre réalité et fiction. Comme dans chaque couple, la relation quotidienne reste constante tandis que l'amour se transforme souvent en hostilité avant de se manifester à nouveau en tant qu'harmonie. Les « voix » collectives correspondent à une production excessive d'explications, et donc à une *activation de la partie paranoïaque de la psyché*, non pas celle d'un esprit malade, mais celle d'une grande majorité de personnes qui finiront par revenir à la pensée normale. De façon très significative, les rumeurs ont eu un rôle déterminant dans tous les massacres ethniques « spontanés » [66].

Signe que le mystère de la psyché n'en finit jamais d'apparaître dans toute sa complexité, la paranoïa retrouve parfois sa fonction originelle en menant au salut ceux qui la suivent et à la mort les personnes raisonnables qui, en l'absence de preuves concrètes, refusent de se laisser contaminer par les fantasmes qu'elle déclenche. En 1940, un an avant que les nazis commencent *dans le plus grand secret* à donner l'ordre d'éliminer les juifs, en plus de les expulser [67], et au moins deux ans avant que la Conférence de Wannsee ne débouche sur la « solution finale », une rumeur court parmi les Juifs d'Europe : les informations qui annonçaient leur déportation révélaient en réalité qu'ils devaient être exterminés [68].

Chez les Alliés, il se disait au début du conflit que les pilotes japonais étaient enfermés à clé dans l'habitacle de leur avion pour les empêcher d'utiliser le parachute qui les aurait sauvés. Une nouvelle sans fondement mais qui, là encore, anticipait une réalité : la mort certaine des kamikazes. Il courait même tellement de légendes au sujet des armes secrètes d'Hitler que les commandements alliés eurent vent des premiers missiles V1 et V2 sans oser y croire. À leurs yeux, ce

66. Voir D. HOROWITZ, *The Deadly Ethnic Riot*, *op. cit.*, chapitre 3.
67. Voir I. KERSHAW, *Hitler. 1936-1945*, *op. cit.*, chapitre 10.
68. Voir P. FUSSELL, *À la guerre. Psychologies et comportements pendant la Seconde Guerre mondiale*, trad. P. Chemla, Paris, Seuil, 2003 [1992], p. 66.

n'était qu'une fable parmi tant d'autres : les rumeurs populaires qui faisaient appel à l'imagination collective étaient, sous certains aspects, mieux « informées » que les états-majors qui se fiaient à des services d'espionnage sophistiqués.

Dès l'époque de la Première Guerre mondiale, les informations incontrôlables avaient acquis suffisamment d'influence pour que les gouvernements créent des bureaux spécifiquement chargés de répandre des rumeurs pour semer la panique dans le front adverse. Des années plus tard, en juillet 1945, la Morale Operation Section des services de renseignement américains (OSS), dont la mission était de démoraliser l'ennemi, fit courir le bruit que le Japon serait durement frappé au début du mois suivant. Cette rumeur s'accompagnait de « preuves » fondées sur la signification de certains nombres. Ce fut une prophétie involontaire : la construction des bombes atomiques était encore un secret absolu. La Morale Operation Section elle-même ignorait que deux de ces engins dévasteraient le Japon le 6 et le 9 août 1945 [69].

Pour finir, rappelons que les personnes présentes à l'intérieur des Twin Towers de New York au moment des attentats du 11 septembre 2001 réagirent de deux façons différentes. Si les plus rationnels se fièrent à ceux qui les priaient de rester calmes et d'attendre l'ordre d'évacuer les bâtiments, les plus méfiants désobéirent en se précipitant dans les escaliers. Ils furent presque les seuls à sortir du World Trade Center sains et saufs [70].

Prémices modernes de la diffusion de la paranoïa

Les chapitres suivants seront l'occasion de revenir sur certaines évolutions de la paranoïa collective au cours de l'histoire. À mesure que nous nous rapprocherons chronologiquement de notre époque, nous verrons entrer en jeu des facteurs qui, s'ils n'existaient pas auparavant, ont favorisé la paranoïa de masse. Le point de vue majoritairement psychanalytique que nous adopterons ne nous permettra pas de développer l'ensemble des autres perspectives mais nous tâcherons de ne pas trop nous en éloigner.

---

69. *Ibid.*
70. Voir L. ZOJA, « 11 settembre. Riflessioni sui due lati dell'Atlantico », dans L. ZOJA (dir.), *L'incubo globale. Prospettive junghiane a proposito dell'11 settembre*, Bergame, Moretti & Vitali, 2002, p. 27-69.

D'un point de vue religieux, l'affaiblissement des dogmes a habitué l'homme moyen à être plus rationnel. Dans le même temps, il s'est vu confier également une nouvelle mission que de nombreuses personnes ne sont pas en mesure de remplir : reconstituer les causes de ce que la foi amenait jadis à accepter. C'est notamment le cas des grandes catastrophes, auparavant vécues comme une volonté – ou une punition – de Dieu. L'homme d'aujourd'hui, lui, a appris qu'il existe un droit à la justice : il désire donc connaître la cause ou la personne responsable des maux qui le frappent. Une démarche qui avive la suspicion.

En matière de philosophie, les Lumières, le scientisme, le positivisme (y compris les doctrines psychologiques qui ont tendance à ne pas respecter le mystère, comme les formes de psychanalyse freudienne la plus orthodoxe) habituent les nouveaux possesseurs du savoir – les scientifiques, les intellectuels – à assumer la responsabilité de tout expliquer.

Politiquement parlant, l'extension structurelle de la démocratie attribue à l'ensemble de la population un droit nouveau – le droit de connaître et d'être convaincue de ce qu'on lui demande. Auparavant, la masse ne recevait que des ordres. Désormais, le pouvoir est obligé de l'émouvoir et de la manipuler pour la convaincre : il s'agit là du mécanisme que nous appelons le populisme. Le pouvoir absolu de l'*ancien régime** n'avait pas besoin de s'allier à la paranoïa. Le pouvoir moderne, pour sa part, est tenté par le style paranoïaque qui aide à mobiliser la masse.

D'un point de vue médiatique, les moyens de communication doivent d'abord suivre la loi des grands nombres à mesure qu'ils se développent et deviennent ces médias de masse que sont les quotidiens, la radio ou la télévision. Leur diffusion, qui était jadis le *moyen* de la communication, est devenue sa *fin*, suivant l'axiome de Marshall McLuhan : *le message, c'est le médium*. Les médias doivent se faire écouter, se vendre à des millions de consommateurs, ce qui les différencie toujours davantage des produits culturels. Dans la majorité des cas, l'information paranoïaque (en apparence logique mais inspirée, en réalité, par une méfiance destructrice) contribue plus largement à leur diffusion que l'information critique. Peter Sloterdijk a entièrement raison de dire qu'à l'ère de la postmodernité, la masse qui descend dans la rue (telle que l'a décrite Elias Canetti) a été remplacée par une

« masse moléculaire » composée de personnes isolées [71]. Malgré tout, s'agissant de ce qui nous intéresse, à savoir la paranoïa collective, la réalité effective n'est pas si différente. Peut-être est-elle même encore plus tragique. C'est ce que tend à montrer l'ancien Empire britannique des Indes. À partir de 1947, année de sa décolonisation, le pays fut périodiquement dévasté par des pogroms réciproques entre hindous et musulmans. Au cours des décennies qui ont immédiatement suivi, les informations circulaient lentement à travers ce vaste territoire. Si d'aventure la foule d'une autre localité avait vent d'un massacre, les esprits rationnels et les autorités étaient donc potentiellement préparés à affronter les risques d'infection psychique. En revanche, depuis que la télévision arrive partout, la contamination paranoïaque est devenue instantanée : la foule déchaînée descend en temps réel dans la rue même si la télévision a évoqué les violences pour les condamner et non les encourager [72].

D'un point de vue éthique, la masse désunie (moléculaire) post-religieuse, post-politique, individualiste et consumériste d'aujourd'hui se trouve dans un vide moral. La responsabilité morale n'est cependant pas une idée abstraite et historiquement relative dont il est possible de se débarrasser sur commande : c'est une expérience primordiale de la psyché, archétypale et inévitable. Du fait qu'il est impossible d'en faire directement l'expérience, faute de valeurs conscientes, la responsabilité est projetée vers l'extérieur. Niée, elle réapparaît sous la forme d'un mal commis par les autres. Ainsi, lorsque les choses tournent court, l'impatience et l'irresponsabilité prédominantes accentuent la tentation de trouver aussitôt des responsables, de dévoiler un complot.

Enfin, d'un point de vue socio-économique, la chevauchée triomphale du secteur tertiaire a inventé de nouvelles activités qui prospèrent, précisément, par le biais de la paranoïa. Une part toujours croissante de la « société des victimes et du dédommagement » où nous vivons fournit des produits immatériels qui se vendent d'autant mieux que le style paranoïaque se confond avec le style normal : les avocats des parties civiles, les assureurs mais aussi les défenseurs des droits et

---

71. Voir P. SLOTERDIJK, *Die Verachtung der Massen. Versuch über Kulturkämpfe in der modernen Gesellschaft*, Francfort, Suhrkamp, 2000, chapitre 1.

72. Cet élément m'a été personnellement communiqué par Sudhir Kakar, auteur de très nombreuses analyses sur les massacres interethniques en Inde.

les prédicateurs populistes s'en nourrissent et le nourrissent. Une partie du système de santé peut même, inconsciemment, se rendre complice de cette tendance victimaire. Comme de nombreux textes bien intentionnés, la Constitution de la République italienne « protège *la santé* en tant que droit fondamental »[73] : grâce à un raccourci logique quasiment sans précédent (et qui nous laisse penser que Dieu a été introjecté par la loi laïque), elle proclame non pas le droit d'être soigné mais le droit d'être *en bonne santé*. Ainsi, toute personne malade est invitée à se sentir victime d'une injustice si elle se trouve privée de son intégrité physique – et non privée de soins. Pour la paranoïa, la boucle est bouclée : diffusée au sein de la société par les amplificateurs culturels et techniques modernes, elle regagne la sphère privée en restant une paranoïa collective. Du fait qu'elle est pratiquée par de trop nombreuses personnes, elle n'est pas reconnue comme telle.

Le manque d'intérêt pour la paranoïa collective

« Même les erreurs d'une personne saine sont très souvent incorrigibles, mais surtout en vertu d'une généralité de l'erreur, qui l'amène à se sentir sûre d'elle. Le fondement de cette conviction n'est pas la notion mais le sentiment du "nous tous"[74] » : si l'erreur à laquelle la psychopathologie donne le nom de délire est un événement individuel, l'erreur paranoïaque d'une masse entière n'est pas définie de la même manière. Seul l'un des plus grands ouvrages psychiatriques consacre quelques paragraphes à ce sujet :

Toute entreprise humaine qui encourage la possibilité d'incriminer les autres, une conception de la vie fondée sur l'affrontement ou la tendance à se voir comme une victime qui souffre peut attirer des individus prédisposés à la paranoïa en fournissant des exutoires apparemment rationnels à leurs frustrations et à leurs ambitions réprimées. Certains de ces individus sont en mesure de devenir des leaders de mouvements religieux ou politiques. Dès lors, ils peuvent être considérés comme charismatiques et imperméables aux reproches et à la compréhension de l'individu moyen. Leurs problèmes psychologiques sont complètement négligés : on les voit comme des personnages uniques en leur genre.

---

73. Constitution de la République italienne, article 32.
74. K. JASPERS, *Psychopathologie générale, op. cit.,* p. 443.

Si les syndromes paranoïaques sont perçus comme un ensemble de troubles mentaux depuis un peu plus d'un siècle, cela fait seulement quarante ans que les chercheurs ont commencé à discuter du rôle qu'ils étaient susceptibles de jouer dans l'ensemble de la sphère politique, dans les mouvements de masse et dans les événements impliquant une agressivité et des actes de violence à une grande échelle. L'humanité a été forcée d'établir une distinction – sans doute plus souvent qu'on a voulu le reconnaître – entre le paranoïaque et le vrai leader inspiré [75].

Le glissement de la pensée normale à la pensée paranoïaque, et de la paranoïa individuelle à la paranoïa de masse, est souvent enclenché par des personnages ayant particulièrement réussi socialement. Les comportements paranoïaques les plus adaptés, les « folies les plus raisonnantes » ne sont pas seulement difficiles à ranger parmi les troubles mentaux. Souvent admirés et copiés, ils font l'objet d'une contamination psychique en apparence positive. La mégalomanie, déjà fréquente chez les paranoïaques, est ici renforcée de façon circulaire par la foule auprès de qui le leader l'exprime [76]. Contrairement aux autres pathologies psychiques, les vies de ces personnages ne s'apparentent pas à des échecs mais à des *success stories* – des histoires d'un mécanisme de défense contre le mal particulièrement efficace. « Le mal, c'est les autres », enseigne au peuple le paranoïaque affirmé, plus sartrien que Sartre, en paraphrasant la réplique finale de *Huis clos*.

Pour la masse qui le suit, le leader paranoïaque n'est pas uniquement le chef d'une secte ou d'un groupe politique. Il est, plus profondément, un *maître en défenses psychiques*. Il apprend un nouvel ordonnancement intérieur à des gens moyens qui n'en disposent pas. Chaque membre du groupe délirant retrouve un équilibre temporaire en attribuant son déséquilibre à un autre groupe ou à un individu qui représente une synthèse de l'altérité. Bien que fondée sur des postulats erronés, cette *psychothérapie renversée* – qu'on a, hélas, bien trop peu étudiée, compte tenu de ses conséquences – peut se poursuivre assez longtemps tant qu'elle dispose d'un ennemi à agresser et tant que ses excès ne suscitent pas de réactions assez fortes pour la balayer.

75. A. NICHOLI (dir.), *The Harvard Guide to Modern Psychiatry, op. cit.*, p. 251.

76. À partir de l'analyse d'Hitler, qu'il développe, Canetti affirme que la paranoïa a deux visages : la persécution et la mégalomanie (« Hitler, d'après Speer », dans *La Conscience des mots, op. cit.*).

En plus d'une fonction naturelle de prévention du danger, l'activation de la méfiance a donc un autre but pour le groupe : en s'accentuant, celle-ci débouche sur une paranoïa collective et permet à la fois d'expulser le mal et de rétablir l'équilibre au sein de la communauté. On ne saurait en dire autant pour les autres troubles décrits dans les manuels de psychiatrie. Ces maladies doivent leur notoriété au fait qu'elles sont théoriquement plus fréquentes mais surtout qu'elles restent sous le contrôle des institutions psychiatriques, leur genèse et leur traitement restant individuels. À l'inverse, la paranoïa que nous avons appelée collective et extra-clinique naît et se communique dans le cadre de dynamiques sociales.

À titre de comparaison, la schizophrénie a un coût tragique dans la mesure où elle frappe une masse équivalente à 1 % de la population – une masse toujours plus exclue d'une société où tout le monde doit être productif et utile. Les troubles alimentaires, comme la boulimie et l'anorexie, augmentent avec le développement du consumérisme, de l'éducation à l'avidité et au besoin de paraître. Mais ils ne font que suivre le cours de l'histoire, ils ne la déterminent pas, là où la paranoïa pourrait affirmer à bon droit : « L'histoire, c'est moi. »

La psychiatrie et les écoles psychanalytiques ont une responsabilité précise dans cette situation. Jalouses de leur rôle, elles s'enferment dans un territoire privé, synonyme de spécialisation et de séparation, où l'on étudie presque exclusivement l'individu et sa pathologie. C'est oublier que l'homme réel implique un comportement individuel *et* collectif, un fonctionnement correct *et* pathologique.

Dans l'un des manuels les plus usités, on trouve la chose suivante :

> La pensée paranoïaque n'est pas pathologique en soi [...] : la position schizo-paranoïaque est une modalité fondamentale d'organisation de l'expérience qui perdure dans la psyché humaine pendant toute la durée du cycle vital. [...] Cette modalité est facilement observable dans tous les types d'expériences de groupe tels que les assemblées politiques, les événements sportifs et les dynamiques institutionnelles. À certains moments de l'histoire, des cultures entières ont été imprégnées par la pensée paranoïaque comme lors de la « chasse aux sorcières » à l'époque de McCarthy, aux États-Unis [77].

---

77. G. O. GABBARD, *Psychodynamic Psychiatry in Clinical Practice*, Londres-Washington, American Psychiatric Press, 2000, p. 401.

Le nombre exonère-t-il la paranoïa de son caractère pathologique ? Voilà une question qu'il serait intéressant de poser aux victimes du maccarthysme (aussi nombreuses que leurs persécuteurs).

Ce même manuel poursuit en affirmant ce qui suit :

> Le trouble de personnalité paranoïde est une entité pathologique distincte : *indépendante de tout facteur culturel, elle ne se constitue pas comme une phase transitoire produite en lien avec des dynamiques de groupe* [78].

Au nom d'un formalisme conceptuel, l'auteur rejette les formes les plus alarmantes de paranoïa par-delà son horizon d'étude. Pour que le trouble paranoïde constitue une « entité pathologique », il convient, à ses yeux, de satisfaire quatre des sept critères listés par le DSM (*Diagnostic and Statistical Manual of Mental Disorders*, l'évangile statistique de la psychiatrie américaine officielle), mais aussi qu'il soit *indépendant* de la pression de la société et des groupes.

Si un point de vue délirant s'est déjà imposé en tant que norme, la psychiatrie hésite à le ranger parmi les maladies alors même qu'il est beaucoup plus dangereux qu'une maladie mentale ordinaire. Ce faisant, la psychopathologie risque d'adopter un critère pour ainsi dire « darwinien » en respectant une variante de pensée qui s'impose dans les faits en dépit de son caractère injuste, irrationnel et mentalement malsain. La paranoïa tombe ainsi dans la catégorie des événements sans nom – et sans bibliographie. N'appartenant ni aux disciplines psychopathologiques ni aux disciplines historico-politiques, elle ne forme pas un domaine d'étude à part entière. Il apparaît donc urgent de l'arracher à cet anonymat.

À ce titre, le cas d'Hitler est très révélateur. Sur les sept critères indiqués par le DSM au sujet du trouble paranoïaque, seul le dernier de cette liste (« Doute de façon récurrente, sans aucune justification, de la fidélité de son conjoint ou de son partenaire sexuel ») ne semble pas s'appliquer au dictateur : de fait, les partenaires sexuels n'ont occupé qu'une place restreinte dans sa vie. Il est pourtant évident que son trouble dépendait largement de facteurs historico-culturels et s'était développé en lien avec les dynamiques de la société où il vivait. Dans

---

78. *Ibid.*, p. 402 et tableau 14.1 – nous soulignons.

ses rares parenthèses de vie privée, Hitler semble avoir eu des comportements prévisibles, simples, majoritairement dépourvus de tout aspect agressif ou persécutoire – en d'autres termes, des comportements qui témoignent de la « banalité du mal » décrite par Hannah Arendt. Cependant, d'après les critères de Gabbard, le trouble paranoïde d'Hitler, étant lié à des facteurs culturels et collectifs, ne saurait être considéré comme tel, même s'il a causé des millions de morts.

Que faut-il en conclure ? Que la psychopathologie aurait tort de ne s'occuper que d'« entités pathologiques » déjà définies par ses manuels. Et pour cause : les « entités pathologiques » ne sont pas des entités existant *a priori* mais des hypothèses de travail. Ce sont des créations pragmatiques des manuels, susceptibles, en tant que telles, de subir des modifications. On sait notamment qu'en 1973, face à un nombre grandissant de critiques, l'American Psychiatric Association (APA) a éliminé l'homosexualité de la liste des pathologies dressée dans le DSM II (la deuxième version du DSM, publiée en 1968). Les manuels sont parfois contraints d'admettre que leurs définitions peuvent précisément être une source d'exclusion et de pathologie. Ajoutons à cette remarque que l'exclusion des manuels, à l'inverse, peut encourager les pathologies politiques. La classification psychiatrique est en partie une conséquence de la réalité que nous observons mais elle la précède en partie et en constitue la cause, au travers des processus sociaux. Cette circularité est nettement plus évidente pour la paranoïa que pour d'autres troubles mentaux : contrairement à eux, celle-ci « circule » au sein de la société en profitant des nouvelles impulsions qu'elle lui donne.

Même si elle sait manier l'art de la persuasion, une patiente anorexique aura du mal à amener les gens de son entourage à devenir anorexiques à leur tour. Comme la majorité des troubles mentaux, l'anorexie ressemble à une pierre posée au milieu d'une plaine : il faudra continuer de la pousser pour qu'elle entraîne d'autres pierres dans son sillage. Malgré tout, elle ne fera certainement bouger que celle qui se trouve juste à côté, pas davantage. À l'inverse, un paranoïaque doublé d'un orateur habile aura de fortes chances d'emporter l'adhésion d'autres personnes. La paranoïa collective, nous l'avons vu, est un caillou posé en haut d'une pente pierreuse : un simple coup de pied peut suffire à déclencher un éboulement. En un sens, le leader paranoïaque déplace l'ensemble de la population sur le *plan incliné*.

Autrement dit, la paranoïa est le seul trouble mental doté d'*autotrophie*, c'est-à-dire d'une force autonome d'amplification et de contamination. Seule la paranoïa a un rapport circulaire avec l'histoire : elle est simultanément la cause et la conséquence d'événements de masse. C'est la seule maladie capable de faire l'histoire.

La paranoïa a fait couler trop de sang pour être laissée aux seuls psychiatres. Le psychiatre peut arrêter la main du fou qui attrape un couteau, pas celle d'Hitler, de Staline et des masses qui les ont suivis. Les textes de psychiatrie nous ont convaincus d'ouvrir les grilles de l'étroite enceinte où sont soignées les maladies mentales et d'en sortir. La paranoïa classée comme clinique fait certes douloureusement souffrir un sujet et ses proches, mais au-delà de ces grilles, la paranoïa intégrée à la vie quotidienne, essaimée aux quatre coins de la société, a exterminé plus de masses humaines que les épidémies de peste ; elle a humilié et mentalement anéanti plus d'hommes que la colère de Dieu. Mais peut-être est-ce la colère de Dieu qui choisit les hommes les plus irrationnels et les plus obstinés pour en être les exécuteurs.

CHAPITRE 2

LES DÉBUTS. MYTHE ET HISTOIRE

Beaucoup d'entre nous, individus ou peuples, sont à la merci de cette idée, consciente ou inconsciente, que « l'étranger, c'est l'ennemi ». Le plus souvent, cette conviction sommeille dans les esprits, comme une infection latente ; elle ne se manifeste que par des actes isolés, sans lien entre eux, elle ne fonde pas un système. Mais lorsque cela se produit, lorsque le dogme informulé est promu au rang de prémisse majeure d'un syllogisme, alors, au bout de la chaîne logique, il y a le Lager.

P. LEVI, Préface de *Si c'est un homme.*

L'envie de Caïn

L'histoire du style paranoïaque coïncide avec l'histoire de l'homme. On la croise dès le début des Écritures Saintes.

Le Seigneur agrée les offrandes d'Abel, pas celles de Caïn. La mentalité moderne, après des millénaires de morale chrétienne, peine à comprendre ce Dieu biblique, aussi irrationnel que les dieux de l'Antiquité grecque. Mais les récits de la Bible enseignaient à accepter le caractère imprévisible de la vie à des hommes qui n'étaient pas encore éduqués à l'idée de libre arbitre.

Ce rapport patient à la volonté du ciel – ou, si nous renversons la carte du monde dans une dimension psychologique, au destin individuel –, Caïn semble l'ignorer. Les représentations de cet épisode montrent que la fumée de ses offrandes, contrairement à celles de son frère, ne monte pas vers Dieu. Pourtant, au lieu de s'interroger, de se demander s'il n'a pas fait une erreur, il s'indigne [1] : il trouve une responsabilité extérieure. C'est là, plus que dans une agressivité homicide, que réside son problème. Il ne se donne ni le temps ni la possibilité de comprendre.

---

1. « Le Seigneur dit à Caïn : "Pourquoi t'irrites-tu ? Et pourquoi ton visage est-il abattu ? Si tu agis bien, ne le relèveras-tu pas ? Si tu n'agis pas bien, le péché, tapi à ta porte, te désire. Mais toi, domine-le" » (*Genèse*, 4, 6-7).

Caïn semble avoir deviné, avec la conviction inébranlable de celui qui laisse une vérité révélée lui ouvrir les yeux, que le Seigneur et Abel ont comploté contre lui. Il ne lui reste qu'une chose à faire : frapper le premier. Sans chercher d'explications : ce serait alarmer l'adversaire. Bien avant de tuer, il est déjà dans l'erreur. Une erreur mentale que nous pouvons faire tous les jours, mais qui peut se solder par un fratricide. Le péché originel de Caïn n'est pas l'assassinat, mais la paranoïa. Des milliers d'années avant de devenir un problème psychiatrique, elle est déjà un problème moral dont la dimension envieuse découle de la suspicion.

Pour lui, la « révélation » de l'accord entre Dieu et Abel devient un motif pour agresser son frère. Le meurtre d'Abel ne survient pas dans un moment de colère : il est planifié dans la solitude et en catimini. Seul et sur la pointe des pieds : c'est précisément ainsi qu'Ajax était sorti de sa tente pour assassiner les Atrides. Caïn et Ajax sont les métaphores mythiques de la suspicion, son décor juif et grec.

Comme le guerrier grec, Caïn sentira qu'il a manqué sa cible et plongera dans le désespoir. Quelle alternative avait-il ? Se laisser humilier ? Agresser Dieu lui-même ? La route de la paranoïa est toujours bloquée : l'attaque engagée est absurde mais les autres solutions semblent impossibles. Définitivement seul, Ajax choisit le suicide ; Caïn, pour sa part, a au-dessus de lui un Dieu qui ne lui permet ni de se tuer ni d'être tué : le Seigneur imprime sur lui la « marque de Caïn » qui le rendra reconnaissable et empêchera que d'autres mettent fin à sa vie [2]. Sa condamnation est différente. Expier n'est pas mourir, mais survivre avec la conscience de l'erreur.

L'attitude paranoïaque accomplit une scission et une projection : le mal est violemment coupé de soi et attribué à l'adversaire. Mais le mal devrait se racheter et la projection, être ramenée au sujet. Pour la mentalité classique et tragique, la rédemption consiste à reconnaître le mal comme faisant partie de soi, puis en assumer la responsabilité et le prix, à travers l'autosacrifice. Ajax possède cette sagesse simple. Pour lui aussi, l'erreur paranoïaque était une erreur morale, à expier par le suicide pour retrouver son honneur.

Cette porte de sortie est bloquée par le Dieu unique, juif et chrétien, qui pose sur la vie un tabou absolu. La vie appartient à Dieu. L'homme

---

2. « Le Seigneur lui dit : "Eh bien ! Si l'on tue Caïn, il sera vengé sept fois." Le Seigneur mit un signe sur Caïn pour que personne en le rencontrant ne le frappe. » (*Genèse*, 4, 15).

est en continuité avec Dieu, il en est une extension. Le tribunal ultime est au ciel, ce qui rend impossible la prise de responsabilité radicale qu'implique le fait de se tuer, un geste de rachat que le monde classique pouvait pratiquer. Au-delà de son intention d'amour, la christianisation du monde gréco-romain rouvre un chemin à la paranoïa. Les responsabilités radicales peuvent être pardonnées, mais plus expiées radicalement. Si elles finissent par devenir insoutenables, elles seront à nouveau projetées vers l'extérieur.

Un cap supplémentaire sera franchi par le protestantisme : le besoin de pureté (le puritanisme) pousse à expulser le mal encore plus loin de soi. Dans cette recherche d'absolu, le protestantisme s'en prend aux figures imparfaites. Il élimine les images des églises, les saints des textes sacrés, tout ce qui rappelle les mythes païens ambigus. Ce faisant, il élimine aussi les symboles, les compositions qui tiennent le bien et le mal ensemble (ce qu'indique le préfixe *syn-*), comme c'est le cas des hommes de cette terre. Dans le perfectionnement puritain du monothéisme, être juste est de plus en plus nécessaire, mais également de moins en moins réel, de moins en moins humain.

L'ennemi dans l'*Énéide*

Où plongent les racines de l'Occident paranoïaque ?

Pendant une longue période de l'histoire, les rapports entre les États, tout comme l'attribution du pouvoir au sein de chaque société, sont loin de suivre des schémas logiques : c'est sur la tradition ou le simple respect de la force qu'ils se fondent. Guerroyer contre ses voisins ou tenter de prendre le pouvoir n'a rien d'inhabituel, bien au contraire. Ce qui induit une grande différence par rapport aux guerres et aux massacres modernes : on ne cherche pas de justifications rationnelles pour affirmer la nécessité du conflit[3]. S'il se transforme parfois en guerre totale et en extermination, il se contente généralement de battre et soumettre l'ennemi. Les peuples primitifs et les empires extra-européens donnent à la guerre une valeur liée à la personnalité du chef, rituelle et symbolique.

---

3. Voir A. PAGDEN, *Peoples and Empires. A Short History of European Migration, Exploration and Conquest, from Greece to the Present*, New York, The Modern Library, 2001.

Les historiens de l'Occident classique – Thucydide et Tite-Live, Polybe et Tacite – racontent des nécessités politiques et militaires, pas encore des affrontements entre le bien et le mal. Si l'on exterminait des populations, c'était en sous-entendant que les autres auraient fait la même chose s'ils avaient été à la même place.

De façon similaire, pour l'épopée, la guerre n'implique pas un conflit psychologique aussi impitoyable que le conflit armé. L'*Iliade* décrit avec la même admiration et la même affection aussi bien les Grecs que leurs ennemis troyens. À l'inverse, l'*Énéide* commence à établir une distinction entre Énée, le héros pur, et Turnus, l'ennemi impur. Indirectement, le poème de Virgile inaugure une scission puritaine.

L'esprit européen fait ses premiers pas hésitants vers la rationalité. Elle commence à décrire son monde non plus avec le langage du mythe mais celui de la justice. C'est à la fois une nouvelle conquête et un nouveau motif d'anxiété. Celui qui s'écarte de la justice se sent *menacé de mort morale*, un risque auparavant lointain. Il la rejette alors sur son ennemi. Celui-ci ne doit pas seulement être tué : il doit aussi être détesté. Lui attribuer la qualité non seulement d'adversaire mais aussi de mal moral répond à deux nouveaux besoins : tandis qu'on habille de rationalité la nouvelle prétention d'être, tout à la fois, des vainqueurs et des justes dans le monde extérieur, on contrôle l'angoisse de mourir moralement à l'intérieur de la psyché.

Le pollen de la paranoïa commence à flotter sur les champs de bataille, en déshumanisant l'affrontement. Virgile, cela va sans dire, se sert non pas de ces mots mais du langage mythique de la religion romaine. Dans le monde grec, les Érinyes étaient des divinités très anciennes, sans doute le reliquat d'un ordre matriarcal révolu depuis. Personnifications de la justice féroce, expressions du remords de celui qui avait commis un crime, elles le tourmentaient avec leur faciès noir, en agitant des serpents. À Rome, leur équivalent sont les Furies, la déesse Furina, le dieu Furor – autant de noms inspirés par leur couleur sombre (*furvus*). Ce sont des formes primordiales du caractère destructeur et du mal psychique. De façon assez similaire, la psychologie de Jung a qualifié d'« ombre » cette partie réprimée de la personnalité.

Dans l'*Iliade*, les Érinyes ne s'occupent pas des hommes. Elles n'interviennent que pour faire taire le cheval d'Achille qui, étant doué de parole, pourrait détourner le héros du combat [4]. Les Furies, à l'inverse,

---

4. HOMÈRE, *Iliade*, XIX, v. 418.

participent si activement à l'action de l'*Énéide* qu'elles mettent une population entière sens dessus dessous. Le livre VII est dominé par leur haine, une qualité psychique irrésistiblement contagieuse.

Junon veut la destruction d'Énée et des Troyens. Pour réaliser son plan, elle renonce à convaincre les autres dieux d'en haut et s'adresse aux divinités des Enfers qui règnent sur la destruction et la mort. « *Flectere si neque superos, Acheronta movebo.* Si je ne puis fléchir les dieux d'en haut, je mettrai en branle ceux des Enfers », dit la déesse [5]. Le choix de Junon illustre si nettement les pulsions obscures de l'homme que Freud la plaça en épigraphe de *L'Interprétation des rêves.*

Junon transmet donc son plan et sa haine à la Furie Alecto. Celle-ci communique à son tour sa colère à la reine des Latins, Amata, qui finit par traverser la ville en proie à une intense agitation et empoisonne les femmes latines avec des pensées mortifères. La chaîne de commandement de la haine brûle jusqu'à son dernier maillon. La part réprimée et sombre de la société, dont les valeurs lumineuses sont masculines, est associée inconsciemment au féminin. Alecto se rend auprès de Turnus pendant son sommeil et l'exhorte à partir au combat sans attendre. Conscient de sa virilité guerrière, le jeune homme se moque d'elle. La Furie s'empare alors de lui pour mettre son esprit sens dessus dessous et le transformer en une marionnette écrasée par une frénésie meurtrière [6]. Voilà l'une des plus anciennes descriptions symboliques du délire qui s'impose à la conscience. La paranoïa se communique ensuite à toute la collectivité et la domine. La raison se couche comme un buisson face à l'ouragan de haine qui dévaste le Latium. Pendant des centaines de vers, l'*Énéide* est parcourue de hurlements bestiaux, de serpents venimeux et de torches enflammées qui sèment la mort. Sous l'effet de cette force inhumaine, tout pénètre instantanément le cœur des hommes et fait d'eux des bêtes sauvages.

Les Furies romaines ont conservé l'autonomie irrésistible des Érinyes grecques mais n'ont qu'un pouvoir destructeur. Elles semblent même avoir perdu tout rapport avec la justice. Si le remords que représentaient les Érinyes, même si son expression prenait des aspects terrifiants, était une fonction morale déformée, la Furie est synonyme

---

5. VIRGILE, *Énéide*, VII, v. 312.
6. *Ibid.*, VII, v. 415-466.

d'injustice même quand elle est modérée : elle est une ivresse destructrice qui n'a plus d'autre fin qu'elle-même, et non plus la punition
d'une faute – un parcours étonnamment similaire à celui de la paranoïa qui prétend d'abord rétablir la justice avant de n'exprimer qu'une
volonté destructrice.

Développement des liens entre paranoïa et politique

La naissance des institutions démocratiques marque aussi, paradoxalement, la naissance d'institutions paranoïaques. Lorsque Athènes remet
le commandement au peuple, elle lui donne également le pouvoir
d'ostraciser. Pour la première fois, tout le monde est libre de s'exprimer
et d'aspirer aux différentes charges. Mais on voit également apparaître,
au sein du peuple tout entier, le devoir de penser et la liberté de se méfier.
Soupçonner quelqu'un de vouloir abuser du pouvoir donne le droit
d'envoyer *préventivement* cette personne en exil pendant dix ans. Lors
d'un vote à bulletin secret, on écrit sur des tessons de poterie (appelés
ostrakà, d'où le nom d'« ostracisme ») les noms des personnes à bannir.
On donne ainsi un rôle juridique à la méfiance. Les fantasmes autour de
faits potentiels – et non les faits eux-mêmes –, les arguments du futur
– et non ceux du présent – reçoivent une valeur légale [7].
Une institution psychologiquement similaire survivra en France
jusqu'à la Révolution. La *lettre de cachet** donne au roi la possibilité
d'envoyer en prison ou en exil un citoyen sans qu'un tribunal ait
prononcé une sentence ou sans qu'une autorité ait mené une enquête
à ce sujet. Soupçonner quelqu'un de devenir un ennemi suffit à le
considérer comme tel. En conséquence, cette mesure préventive encourage sans cesse des intrigues de cour pour se débarrasser de ses
adversaires.

Dans l'imaginaire européen, l'an mil est associé à des légendes de
cataclysmes et de fin du monde. Il est difficile, aujourd'hui, de reconstituer l'état d'esprit des populations de l'époque en le tenant à l'écart des
manipulations des gouvernants et des ajouts postérieurs. L'inconscient

---

7. Voir L. ZOJA, *Storia dell'arroganza. Psicologia e limiti dello sviluppo*, Bergame,
Moretti & Vitali, 2003, chapitre 5.

collectif devait quoi qu'il en soit être habité par un sentiment de culpabilité. Ce rapport à la responsabilité semble néanmoins opposé à celui de la paranoïa. Dans l'*attitude dépressive* qui prévalait, la faute était ressentie comme venant de soi : on élaborait son implication morale sans nécessairement l'attribuer à un ennemi.

De l'autoanalyse collective naîtra peu à peu un monde renouvelé. On passera du monde méditatif du haut Moyen Âge à une chrétienté plus active, qui évangélisera l'est de l'Europe, créera les communications, repoussera les limites de sa curiosité[8].

Ces résultats pourraient être la preuve qu'une attitude dépressive l'a emporté sur l'attitude paranoïaque. Comme nous l'avons rappelé, la paranoïa cherche souvent des résultats immédiats dans sa rationalité apparente ; avec le temps, l'empressement initial est cependant appelé à payer l'erreur cachée derrière le postulat de départ. À l'inverse, l'attitude dépressive consiste à revendiquer une responsabilité de façon parfois excessive et à l'élaborer intérieurement, quitte à ce qu'on ne puisse discerner aucun effet extérieur pendant une longue période. À la différence de l'attitude paranoïaque, celle-ci peut conduire à une maturation au fil du temps.

Au Moyen Âge, le comportement à l'égard de ceux qu'on estimait porteurs du mal s'avère parfois très simple : la prééminence de la théologie permet de dépasser les doutes. En 1209, la croisade contre les Albigeois fait tomber la ville de Béziers. Au cours du massacre final, les croisés demandent au représentant du pape, Armand Amaury, comment distinguer les hérétiques des catholiques. Et lui de répondre : « Tuez-les tous, Dieu reconnaîtra les siens. »

Progressivement, la rationalité finit elle aussi par revendiquer un rôle. De nouvelles formes de savoir se développent en dehors de la théologie. Les universités voient le jour. La scolastique veut faire du christianisme une vérité de foi mais aussi de raison. Une démarche qui implique de tenter de définir plus rationnellement les infidèles et les porteurs de mal afin de s'en différencier.

Le XIVe siècle marque une étape fondatrice dans l'histoire de la paranoïa européenne. Partiellement en lien avec certains événements catastrophiques – guerres, famines, épidémies de peste –, la société est agitée par des vagues monstrueuses de suspicion. En l'espace d'une

---

8. Voir G. DUBY, *L'An Mil*, Paris, Gallimard, coll. « Folio histoire », 1993 [1967].

seule journée, le 14 février 1349, 2 000 juifs sont brûlés vifs à Stras-
bourg. De nombreux préjugés dont les minorités font déjà l'objet, qu'il
s'agisse des musulmans, des juifs, des lépreux ou des femmes perçues
comme des sorcières, se généralisent, se systématisent, se soudent aux
tentatives visant à trouver une explication à ces calamités [9]. C'est à
cette époque que commence à se célébrer le mariage entre politique et
paranoïa. À la différence de ce qui pouvait se produire au cours des
persécutions antérieures, le groupe qui sert de bouc émissaire n'est pas
seulement accusé – ou n'est plus accusé – de pratiquer les rituels malé-
fiques qui ont provoqué le désastre : on le tient désormais pour
responsable d'événements aux contours plus concrets et rationnels
– comme d'avoir empoisonné l'eau d'une ville. C'est donc du rite
ancien du bouc émissaire qu'on commence à tirer les théories du
complot moderne.

Dès cette époque, la reconstitution de ces « conjurations » fait
l'objet d'études affichant une forme surprenante – mais seulement
apparente – de procédure légale et d'analyse proto-scientifique. À titre
d'exemple, le mal n'est pas défini comme un fléau divin mais reçoit –
avec une précocité notable – le nom d'*epydimie**, exactement comme
dans la médecine moderne [10]. Ces enquêtes sont même tellement
complexes et détaillées que la minutie obsessionnelle de ces documents
est, entre-temps, devenue un acte d'autoaccusation et nous a permis de
reconstituer le crime commis par les enquêteurs eux-mêmes – ce sera
également le cas au XXᵉ siècle avec les archives nazies. La calomnie
n'est pas moins fausse qu'auparavant : l'agression de la minorité, dési-
gnée coupable avant l'enquête, est d'ailleurs plus complète et violente.
Dans le même temps, le préjugé et la persécution se rationalisent et
marchent vers la modernité au bras de la paranoïa.

---

9. Voir C. GINZBURG, *Mythes, emblèmes, traces. Morphologie et histoire*, trad.
M. Aymard, C. Paoloni, E. Bonan et M. Sancini-Vignet, Paris, Verdier, 2010 [1989]
(nouvelle édition) ; R. GIRARD, *Le Bouc émissaire*, Paris, Librairie générale française,
coll. « Le Livre de Poche-Biblio essais », 1986 [1982] ; N. COHN, *Histoire d'un mythe.
La « conspiration » juive et les protocoles des sages de Sion*, trad. L. Poliakov, Paris,
Gallimard, coll. « Folio histoire », 1992 [1967] ; D. NIRENBERG, *Violences et minorités
au Moyen Âge*, trad. N. Genet, Paris, PUF, 2001.
10. Voir R. GIRARD, *Le Bouc émissaire*, op. cit.

Le délire de Christophe Colomb

À cheval entre les temps anciens et les temps modernes, rien n'ébranle autant l'histoire et l'esprit de l'homme que la découverte de ce pan de la planète dont il ignorait tout. L'année 1492 représente la ligne de partage des eaux et le trône de Castille et d'Aragon, l'autel où est pratiqué le rituel.

Quand Christophe Colomb foule pour la première fois le Nouveau Monde, il célèbre une cérémonie-modèle qui fait office de *justification préventive* des massacres à venir. La multiplication des débats théologico-politiques a fait naître un embryon de normes internationales. La rationalisation de la suspicion demande alors qu'on soit capable de justifier d'emblée tout conflit éventuel et de se ranger du côté de ceux qui ont raison.

L'amiral débarque avec des étendards et des épées, bien conscient qu'il doit également défendre juridiquement les rois espagnols : il faut s'assurer que la faute retombera sur les victimes si l'on doit faire usage des armes. Ce rituel est un pont jeté entre la modernité religieuse du Moyen Âge et la mentalité juridique du monde moderne. Christophe Colomb dicte à Roberto de Escobedo, le notaire de l'expédition, la formule par laquelle il prend possession de cette terre par droit divin et au nom des rois catholiques. Et appelle les membres de l'expédition présents sur place pour être les témoins de cet acte aux implications juridiques immenses. Pas les natifs qui viennent d'accourir – et à qui cette terre appartient [11].

Cette même année, le royaume de Grenade, le dernier État musulman d'Europe occidentale, est défait par les armées catholiques et ses représentants embarquent pour l'Afrique. C'est également en 1492 qu'est accomplie la première épuration ethnico-religieuse moderne, organisée rationnellement et appuyée par des dispositions juridiques : les juifs sont eux aussi chassés d'Espagne ou forcés à se convertir. Enfin, sur ordre des souverains catholiques, Antonio de Nebrija publie la première grammaire d'une langue nationale, le castillan. La principale épée culturelle en vue des batailles entre les

---

11. C. COLOMB, *Journal de bord*, 11 octobre 1492. Pour une édition française intégrale, voir le volume *La découverte de l'Amérique*, trad. J.-P. Clément, S. Estorach, M. Lequenne et J.-M. Saint-Lu, Paris, La Découverte, 2015.

peuples modernes est ainsi forgée. Au cours des siècles suivants, l'apparition d'études sur les langues nationales européennes s'attachera à
l'aiguiser toujours davantage. La rationalisation du monde progresse à
travers la construction d'archives claires et précises, capables de délimiter la catégorie du « nous » et celle des « autres ».

La découverte du nouvel hémisphère est si immense qu'elle remplit
jusque dans leurs moindres recoins les esprits de ceux qui y participent.
De même qu'il a autorité sur les vaisseaux qu'on a mis à sa disposition,
Christophe Colomb voudrait rester l'amiral de son esprit. C'est pourtant impossible. Il devine confusément que la dimension et la nature de
ces nouvelles terres lui échappent. Il se bat contre lui-même pour ne
pas se laisser dominer par l'évidence.

Edmundo O'Gorman a analysé la façon dont le navigateur s'est
progressivement trompé lui-même et s'est retrouvé au bord de la
folie [12]. Pour des mentalités aussi dogmatiques que la sienne, il ne
pouvait y avoir d'autres continents en dehors de ceux dont on connaissait déjà l'existence. Les Écritures ne disaient-elles pas que la bonne
nouvelle avait déjà été entendue à travers la terre entière [13] ? Christophe
Colomb devait donc renoncer à la vérité révélée où il avait grandi ou
à l'évidence qui s'imposait à lui. Comme prisonnier de la paranoïa, il
s'agrippa à ce *faux postulat de base* et construisit graduellement une
série de *substitutions fantasmatiques*.

Le jour de sa rencontre avec les indigènes, Christophe Colomb en
dresse un portrait idyllique. Ils sont d'un caractère doux, écrit-il aux
souverains espagnols. Ils n'attendent que de devenir chrétiens [14]. Les
rapports avec les chefs locaux, qu'il reconnaît formellement, sont bons.
Avant de rentrer, l'explorateur laisse un contingent de trente-neuf
hommes à Haïti, alors appelée Española [15].

L'amiral atteint pour la seconde fois ces nouvelles terres le
27 novembre 1493. Moins d'un an s'est écoulé mais tout a changé. Les
trente-neuf Espagnols ont été tués par les natifs parce qu'ils s'empa-
raient des femmes par la force. Un instant a suffi à décider des siècles

---

12. *L'invention de l'Amérique. Recherche au sujet de la structure historique du
Nouveau Monde et du sens de son devenir*, trad. F. Bertrand González, Laval, Presses de
l'université de Laval, 2007.

13. « Par toute la terre a retenti leur voix et jusqu'aux extrémités du monde, leurs
paroles », rapporte saint Paul (*Épître aux Romains*, X, 18).

14. C. COLOMB, *Journal de bord*, 12 octobre 1492 (mais daté du 11).

15. *Ibid.*, 2 janvier 1493.

à venir. Les rapports entre les indigènes et les Blancs sont déjà passés de la curiosité à la persécution. À la différence de la paix, celle-ci s'alimente d'elle-même. Si le sentiment chrétien n'est qu'une flèche qui passe, le racisme est un chêne qui s'élève vers le ciel en plongeant très profondément ses racines dans tout le deuxième millénaire de l'ère du Christ.

L'écriture par l'Europe de l'histoire de l'Amérique vient à peine de commencer. Pourtant, comme dans la Bible, la paranoïa a déjà rédigé le premier d'une longue série de chapitres où figurent le viol collectif, la guerre totale et le génocide. Lors du premier voyage d'exploration, les trente-neuf hommes que Christophe Colomb avait laissés à Haïti étaient devenus les tout premiers colons, anticipant ainsi le programme de la *Conquista* espagnole. Les immigrants sont des hommes, la croissance démographique de la nouvelle société est confiée à la violence exercée sur les femmes indiennes, à l'extermination de ceux avec qui elles vivent, au concubinage forcé et à la naissance de bâtards. De quoi empêcher pendant des siècles la formation d'une société stable en Amérique Latine, contrairement à ce qui se produira dans les colonies anglo-saxonnes du nord du continent.

À partir de son deuxième voyage, les descriptions que donne Colomb des Indiens sont marquées par la méfiance. Voilà que la *projection* et la *suspicion* font leur apparition. L'amiral encourage désormais la violence à l'égard des natifs. Il demande à l'Espagne des chiens de guerre pour les tailler en pièces. D'après certaines estimations, 1 100 000 Taïnos (et même 8 millions selon d'autres sources [16]) vivaient sur l'île d'Haïti à l'arrivée des Espagnols, en 1492. Ils ne sont plus que 60 000 en 1507. À peine 1 000 en 1520. Quelques années plus tard, ils ont tous disparu [17].

Au cours de ses quatre voyages transatlantiques, l'amiral est en proie à une contradiction grandissante. Il doit rester fidèle au programme optimiste qui lui a permis de séduire les rois d'Espagne mais aussi mener des conquêtes et maintenir l'ordre par la violence. Il doit prétendre qu'il est arrivé en Asie, comme il le croit encore, mais

---

16. Voir la préface de D. E. STANNARD, *American Holocaust. Columbus and the Conquest of the New World*, Oxford-New York, Oxford University Press, 1992.

17. Voir Y. BÉNOT, « La Destruction des Indiens de l'aire caraïbe », dans M. FERRO (dir.), *Le Livre noir du colonialisme. XVIe-XXIe siècle : de l'extermination à la repentance*, Paris, Fayard, coll. « Pluriel », 2010 [2003], p. 41-53.

décrire des terres que les cartes ignorent. Colomb devient incompréhensible à ses propres yeux. Il projette l'altérité qu'il a en lui sur les autres. Toutes ses relations, avec les indigènes comme avec la cour, reposent désormais sur la *suspicion*, jusqu'à ce qu'il soit destitué de toute charge, en 1500.

Alors que les cartes de Vespucci décrivent déjà un nouveau continent appelé Amérique, Christophe Colomb meurt seul et aigri, en s'accrochant comme un incompris à la *certitude originelle* d'avoir atteint l'Asie depuis l'Occident.

Le dogme était tout dans la vie du navigateur. Il voulait donner aux rois de nouveaux sujets, convertis au catholicisme. À la différence des conquistadors qui vinrent après lui, il ne cherchait pas de simples avantages matériels (même s'il permettait à son équipage d'être assoiffé d'or et de femmes). L'insistance qu'il exprimait à l'endroit de la conversion, aussi messianique et totalitaire que celle de saint Paul, mais sans sa dialectique, accrédite la théorie selon laquelle les Colomb auraient été des juifs convertis. Comme souvent, ils pourraient avoir embrassé leur nouvelle religion de façon particulièrement rigide, en cherchant de la stabilité après ce dramatique changement de foi.

Les rapports de force déséquilibrés ont toujours encouragé une agressivité bestiale dans les conflits humains. Chez le loup de la fable comme dans l'inconscient du plus fort, la décision d'attaquer tend à être prise d'emblée. Mais depuis que le christianisme se diffuse, et plus encore depuis qu'on commence à discuter de droit international, il devient nécessaire de trouver des motifs formels pour agresser les plus faibles. Cette mission est déléguée à une interprétation paranoïaque qui autorise l'*attaque préventive* : dans les faits, celle-ci est enclenchée précisément par cet état de droit qui devrait la prévenir.

Dès les versions antiques de la fable, le loup ne doute jamais de pouvoir dévorer l'agneau, même s'il doit payer un prix modeste : justifier, c'est-à-dire « rendre juste », son acte. Il recourra ainsi à une attitude victimaire, puis au raisonnement logique et, pour finir, à la paranoïa. La seule qui, étant composée de certitudes absolues, puisse clore définitivement le dialogue. Reprenons les mots de Phèdre :

« Pourquoi, lui dit-il, as-tu troublé mon breuvage ? » L'animal porcelaine répondit tout tremblant : « Comment puis-je, je te le demande, ô loup, faire ce dont tu te plains ? c'est de toi que descend vers moi pour m'abreuver le liquide. » Repoussé par la force de la vérité, le loup reprit : « Il y a six mois maintenant, tu as médit de moi. — Moi ? repartit l'agneau. Je n'étais pas né. — Parbleu, dit le loup, c'est ton père qui a médit de moi. » Et là-dessus il saisit l'agneau et le déchire, meurtrier contre toute justice [18].

La paranoïa du loup ne se limite pas à mettre des torts fantasmés sur le dos des plus faibles : elle y voit même des crimes originels et transforme ainsi ses actes agressifs en conséquence du mal qu'elle leur a attribué.

Une voix qui crie dans le désert. Le frère Antonio Montesinos

Le défi naval et militaire qu'affrontent les rois catholiques avec la *Conquista* est immense. Sans précédent dans l'histoire humaine. En quelques décennies, les Espagnols s'emparent pourtant d'une grande partie de l'Amérique du Nord et de l'Amérique du Sud en laissant les restes au Portugal, à l'Angleterre et à la France. Mais les dimensions du défi philosophique, juridique et culturel posé par la rencontre avec le Nouveau Monde sont telles que des siècles vont s'écouler sans qu'il soit résolu. Les natifs sont-ils des hommes au même titre que les Européens ? Pourquoi le Seigneur n'a-t-il pas fait parvenir l'Évangile jusqu'à eux ? À quel titre les nouvelles terres obéiront-elles à la couronne de Castille et d'Aragon ? De quelle façon ces nouveaux peuples deviendront-ils chrétiens ?

Pour l'observateur moderne, ce qui s'est produit a été décidé par les rapports de force. Ce n'était pas le cas pour les contemporains. Ou du moins, ce n'était pas uniquement le cas. De fait, les autorités ecclésiastiques et la cour étaient en proie à une hantise obsédante qui avait trait à la légalité et à la rigueur des procédures. L'invincible besoin catholique d'absolution et la cohérence morale de certains religieux firent de l'Espagne le seul empire de l'histoire à avoir mis en doute son droit à la « conquête ». Il ne s'agit pas là d'une révision intervenue *a posteriori* mais d'un débat qui déchira ce pays dès le premier jour de la colonisation.

---

18. PHÈDRE, *Fables*, I, 1.

La flamme de l'incendie est allumée dans le couvent dominicain d'Española [19]. Ce dimanche 4 décembre 1511, le frère Antonio Montesinos prend la parole en rappelant la voix divine criant dans le désert [20]. Puis il pointe du doigt les notables espagnols venus assister à la messe et se lance dans le sermon le plus violent de l'histoire de l'Église. « Vous êtes, vous vivez et vous mourrez en état de péché mortel », les accuse-t-il face aux horribles traitements infligés aux natifs.

Parmi l'auditoire se tient Bartolomé de Las Casas. À l'époque, ce prêtre assez tiède n'est pas encore devenu dominicain. Foudroyé, il se convertit à la cause des *Indios*. Il passera sa vie à les défendre, dans des textes où figurent un certain nombre d'exagérations.

Diego Colomb, fils de l'explorateur et amiral par héritage, comme d'autres aventuriers ou émissaires royaux qui se trouvaient là, crient leur indignation. Ils convoquent alors le supérieur des moines et exigent que Montesinos se rétracte : après tant de services rendus à la couronne et à l'Église, ces mots viennent mettre en doute leurs droits sur cette terre et sur les *naturales,* comme on appelait alors les indigènes.

Le dimanche suivant, Montesinos remonte en chaire pour cette « rétractation ». Les moines, annonce-t-il, ont pris une décision commune. Ils refuseront de confesser et de donner l'absolution aux colons espagnols, comme on le fait avec les brigands. Dieu ne leur dira pas un mot tant qu'ils ne changeront pas de vie. Qu'ils écrivent à Madrid. Les dominicains servent Dieu et le roi, eux aussi.

La croix et l'intérêt

Le combat s'étend jusqu'à l'Espagne et s'embrase. Deux facteurs ne cessent, semble-t-il, de faire pencher la balance en faveur des droits des natifs : d'un côté, l'intelligence supérieure et la force morale de leurs

---

19. Les informations suivantes sont principalement tirées de H. THOMAS, *Rivers of Gold. The Rise of the Spanish Empire, from Columbus to Magellan*, New York, Random House, 2003, chapitre 4. Voir aussi les sites latinamericanhistory.about.com, www.newadvent.org, www.digitalhistory.uh.edu et www.redescristianas.net.

20. *Évangile selon saint Matthieu*, 3, 3.

défenseurs ; de l'autre, la conscience naïve mais tourmentée des souverains. Dès 1495, la reine Isabelle avait été profondément indignée par un « cadeau » de Christophe Colomb. Le navigateur avait en effet ramené d'Amérique quelques centaines de *naturales* pour les lui offrir. Mais la souveraine avait aussitôt ordonné de reconduire les survivants sur leurs terres [21].

Après un voyage de Montesinos en Espagne, et sous l'influence croissante de Las Casas, les droits des indigènes sont codifiés dans les Lois de Burgos (1512). À ces lois vient s'ajouter le *Requerimiento*, un document doté d'une valeur légale que les Espagnols étaient tenus de porter à la connaissance des indigènes lorsqu'ils arrivaient sur de nouvelles terres dont ils comptaient s'emparer. Mais nous ne tarderons pas à voir dans quelle mesure cette procédure relevait d'une forme de méfiance, sans donner de véritables garanties aux intéressés.

Ces mêmes années, l'université de Salamanque devient l'axe culturel de l'Espagne et le modèle de nouveaux centres du savoir en Amérique Latine, comme les universités de Saint-Domingue, de Lima et de Mexico. La pensée du père Francisco de Vitoria, pionnier du droit international et du droit naturel, semble triompher [22]. Contrairement à ce que voudraient certaines reconstitutions banales, la question n'est pas de savoir si les natifs sont des hommes et s'ils ont une âme : rares étaient ceux qui avaient osé en douter, la bulle papale *Sublimis Deus* de 1537 s'étant d'ailleurs définitivement rangée en faveur des indigènes. De fait, le problème est ailleurs. Pour Vitoria, les indigènes ont aussi *un droit naturel sur leur pays*. Les terres du Nouveau Monde ne sont pas des extensions de l'Espagne. Ce sont des royaumes à part entière, *temporairement* administrés par la couronne espagnole pour le bien de ces territoires, en vue de l'éducation et de la christianisation de ses habitants. N'oublions pas que le XVIe siècle est aussi celui de la Réforme protestante. Le traumatisme de la scission au sein de la chrétienté encourage la théorie de la « compensation » en Amérique Latine : la découverte de l'Amérique, le plus grand événement de la

---

21. Voir Y. BÉNOT, « La Destruction des Indiens de l'aire caraïbe », art. cit.
22. Voir L. PEREÑA VICENTE, « El proceso a la conquista de América », dans L. ROBLES (dir.), *Enciclopedia Iberoamericana de Filosofía*, I, Madrid, Trotta, 1992, p. 193-222.

Création après la naissance du Christ, a été guidée par la Providence pour compenser le schisme provoqué par Luther[23].

En 1542, les pressions de Las Casas conduisent aux *Leyes Nuevas*, les « lois nouvelles ». On donne désormais aux *conquistadores* le nom de *descubridores*. Le mot de *conquista* est aboli, la progression au cœur des nouvelles terres ne peut être que pacifique. La controverse de Valladolid (1550-1551), qui oppose les thèses conservatrices et impérialistes du dominicain Juan Ginés de Sepúlveda à celles, radicales et libertaires, de son confrère Las Casas, conduit officiellement à la victoire de ces dernières. Un autre célèbre théologien, le frère Bartolomé Carranza, disciple de Vitoria, contribue au triomphe des théories de Las Casas et va même jusqu'à prédire que l'Espagne renoncera à son pouvoir sur les terres américaines et sur les natifs en l'espace de deux décennies[24].

Le 13 juillet 1573, Philippe II décrète les *Ordenanzas de Nuevos Descubrimientos y Poblaciones*. Ces normes semblent culminer dans une incarnation très précoce des droits universels de l'homme. C'est le triomphe du *pactisme* promu par Las Casas et Vitoria. Le pape lui-même est incapable d'imposer l'obéissance à un roi étranger. Pour être soumis à l'Espagne, les natifs doivent librement souscrire à des accords[25].

Mais que se passe-t-il réellement sur le terrain ? À un rythme exponentiel, les indigènes succombent. Comme les Taïnos sur les îles, plusieurs populations du continent ont déjà disparu quelques décennies après l'arrivée de Christophe Colomb. Au cours du XVIᵉ siècle, près de 98 % des habitants disparaissent dans des régions entières de l'Amérique centrale. À l'échelle du continent, on estime que la population indigène a diminué de 88,1 % entre 1492 et 1633[26].

---

23. Voir E. C. FROST, « La visión providencialista de la historia », dans *ibid.*, p. 331-354.

24. Voir H. URBANO, « Ídolos, figuras, imágenes. La representacíon como discurso ideológico », dans G. RAMOS et H. URBANO (dir.), *Catolicismo y Estirpación de Idolatrías, siglos XVI-XVIII. Charcas, Chile, México, Perú*, Cuzco, Centro de Estudios Regionales Andinos « Bartolomé de Las Casas », 1993, p. 7-30.

25. Voir A. LEVAGGI, « Los tratados entre la Corona y los indios, y el plan de conquista pacífica », *Revista Complutense de Historia de América*, vol. 19, 1993, p. 81-91.

26. Voir N. D. COOK, « Epidemias y dinámica demográfica », dans F. PEASE et F. MOYA PONS, *Historia General de América Latina*, II, Paris-Madrid, UNESCO-Trotta, 1999, p. 301-318 ; M. MANN, *The Dark Side of Democracy, op. cit.*

Les émissaires de la couronne et les colons augmentent tout aussi rapidement. Significativement, leur richesse, leur pouvoir, leur contrôle du territoire s'accroît – de façon exponentielle, à nouveau. Dans le même temps, la flamme des moines s'éteint – un sort commun à tous les mouvements intellectuels.

L'empire aztèque brisé, son administration est réorganisée, dès 1530, en suivant des critères radicalement nouveaux. Presque tous les documents originaux ayant été détruits au cours de la *Conquista*, les indigènes (ré-)écrivent (en *náhuatl*, mais en utilisant l'alphabet latin et dans une perspective hispano-centrée) les *Titulos primordiales* et les Codes, nécessaires juridiquement pour accéder aux terres et psychologiquement pour permettre à une identité collective de survivre [27].

Ce « nettoyage » des origines est une falsification retentissante (et inédite) de l'histoire officiellement établie. Sous la pression politico-économique des institutions qui dominent le continent, Dominicains et Franciscains tombent en discrédit et sont remplacés par le docile clergé séculier et les fonctionnaires d'État. À ce titre, le sort de Carranza est très révélateur. En 1559, l'Inquisition le soumet à un procès. Il ne sera acquitté qu'en 1576, juste à temps pour mourir.

Dans la seconde moitié du siècle, à Lima, le vice-roi Toledo effectue une réforme territoriale radicale sur les vestiges de l'empire inca, allant même jusqu'à accuser les ordres religieux de *conspiration séparatiste* [28].

Ce que n'ont pu faire les épées, les maladies y ont pourvu. Avec les navires en provenance de l'Europe sont arrivés le typhus, la rougeole, la variole. Si la majorité des colons possédaient des anticorps et s'en sortaient assez bien, les natifs n'avaient aucune défense immunitaire et sont tombés comme des mouches : d'après un chroniqueur de l'époque, le franciscain Motolinia, la seule épidémie de 1545-1548 a fait perdre au Mexique central entre 60 et 80 % de sa population [29]. Faute de connaissances médicales, une telle hécatombe a offert aux conquistadors la possibilité d'un exercice d'*inversion des causes* providentiel, au

---

27. Voir E. FLORESCANO, « Conceptiones de la historia », dans L. ROBLES (dir.), *Enciclopedia Iberoamericana de Filosofía*, I, *op. cit*, p. 309-329.

28. Voir V. ABRIL CASTELLÓ, « Experiencias evangelizadoras en los Andes en el siglo XVI. ¿ Quién pagó las consecuencias ? », dans G. RAMOS et H. URBANO (dir.), *Catolicismo y Estirpación de Idolatrías, siglos XVI-XVIII. Charcas, Chile, México, Perú, op. cit.*, p. 69-88.

29. Voir N. D. COOK, « Epidemias y dinámica demográfica », *art. cit.*, p. 309.

sens premier du terme : loin d'avoir été provoquée par une maladie amenée par les Européens, ce désastre était plutôt une punition de la Providence exercée sur les aborigènes idolâtres et barbares.

Le droit paranoïaque

Comme nous l'avons déjà vu au sujet du premier voyage de Christophe Colomb, les aventuriers sans scrupules prennent le pas sur les idéalistes. Un phénomène courant dans ce genre d'expéditions et que vient reproduire le processus psychologique qui s'engage au sein de la personnalité des colons. Les situations de fait déterminent le droit, pas le contraire. La nouvelle classe dirigeante blanche, de moins en moins encline à assumer ses responsabilités et à faire son autocritique, est de plus en plus encline – signe d'une attitude paranoïaque – à chercher un bouc émissaire dans l'idéalisme des moines ou dans l'infériorité « naturelle » des indigènes. Emportés par le besoin de survivre, voire par une « identification avec leur agresseur », ces derniers contribuent tragiquement à confirmer ces opinions : la rédaction des *Titulos primordiales* constitue une introjection collective de la paranoïa des colons et crée, à son tour, ce faux postulat dont chaque processus persécutoire a besoin pour être mené à bien.

De ce point de vue, le *Requerimiento*, ce texte crucial dont la proclamation permet de prendre possession des nouvelles terres, synthétise cette perversion.

Suivant le modèle inauguré par Christophe Colomb le jour même de son arrivée, en 1512, Juan López de Palacios Rubios rédige le document juridique destiné à accompagner la découverte de nouvelles terres et de nouveaux peuples. Dans les faits, il les place sous l'autorité des rois d'Espagne, non pas au terme d'un accord, mais de façon préventive. Acte de confiance apparente, le *Requerimiento* est le produit d'une méfiance. Et même une injonction :

> Au nom de Sa Majesté catholique et impériale, [...] je vous fais savoir [...] que Dieu notre Seigneur, unique et éternel, a créé le ciel, la terre, un homme et une femme, desquels nous et vous ainsi que tous les hommes du monde, passés et présents, nous sommes descendants. [...] Il a été nécessaire [...] qu'ils se divisassent dans un grand nombre de royaumes et de

provinces [...]. Dieu, notre Seigneur, a chargé un de ces hommes, nommé saint Pierre, d'être le souverain de tous les hommes, dans quelque pays qu'ils habitassent et quelles que fussent leurs lois et leur religion. [...] Les hommes qui vivaient à cette époque ont obéi à ce saint Pierre et [...] ont considéré de même tous ceux qui, par la suite, ont été promus au pontificat. [...] Un des pontifes passés [...] a fait don des îles et de la terre ferme qui se trouvent au-delà de la mer de l'océan aux dits empereur et reine, [...] comme cela a été arrêté dans certains actes [...] dont vous pouvez prendre connaissance si vous le voulez. [...] La plupart ou presque de toutes ces îles [...] leur ont obéi et leur obéissent comme le doivent faire des sujets, de leur plein gré ; de bon cœur et librement, sans indemnité, ni condition aucune, ils se sont faits chrétiens et [...] vous êtes tenus et obligés de faire de même. [...] On ne vous forcera pas à embrasser le christianisme, mais [...] si vous ne le faites pas et si par malice vous tardez à consentir à ce que je vous propose, [...] je vous ferai la guerre ; [...] je m'emparerai de vos personnes, de celles de vos femmes et de vos enfants, je vous réduirai en esclavage, je vous vendrai et disposerai de vous suivant les ordres de Sa Majesté, je prendrai vos biens, je les ravagerai [...]. Je vous signifie que ce ne sera ni Sa Majesté, ni moi, ni les gentilshommes qui m'accompagnent qui en seront cause, mais vous seuls. J'enjoins au notaire présent et aux autres personnes qui l'accompagnent d'être témoins de ce que je vous signifie [30].

Le *Requerimiento* doit être lu de façon audible et dans une langue compréhensible à l'arrivée dans chaque nouvelle terre. Des conditions irréalisables vu qu'on ignore la plupart du temps l'emplacement des principales installations humaines, la langue qu'on y parle et l'identité des représentants légitimes.

Plus que son aspect juridique, c'est l'aspect paranoïaque de ce document qui nous intéresse ici. Le texte de Palacios Rubios est d'abord l'expression d'une *cohérence absurde* : il impose des conditions qu'il est, tout à la fois, obligatoire et impossible de respecter. Comme la paranoïa, ce document part de *postulats erronés mais inébranlables*. La bulle papale de 1493 a tracé sur la Terre une séparation imaginaire entre l'Espagne et le Portugal : les nouvelles terres se trouvant à l'ouest de cette ligne, elles sont espagnoles [31].

---

30. La traduction intégrale est consultable dans A. LEMISTRE, « Les origines du *Requerimiento* », dans *Mélanges de la Casa de Velásquez*, VI, Paris, de Boccard, 1970, p. 161-163.

31. On dit que le roi de France avait alors demandé d'un ton sarcastique qu'on lui montre le testament d'Adam sur lequel cette bulle se fondait.

Le *Requerimiento* n'entre pas en relation avec ces nouveaux interlocuteurs à travers un dialogue, mais à travers la *suspicion*. La position de l'adversaire n'est pas déduite des faits mais fantasmée préventivement : celui-ci se retrouve alors privé par l'auteur de toute possibilité d'exposer son point de vue, de répliquer ou d'effectuer d'autres choix. Le texte de Palacios Rubios brûle d'un *empressement* retenu et prépare déjà une *projection* radicale de la faute et une *attaque préventive* : les choses sont prédisposées de manière à ce que la victime soit forcément responsable de son sacrifice. Le conflit n'est pas seulement avec l'adversaire, dont on prévoit la destruction ; c'est aussi, de façon encore plus tragique, le conflit intérieur du paranoïaque, entre sa bonne foi simpliste et ce mal qu'il a en lui, sans le reconnaître.

Le *caractère obsessionnel* des détails évoque l'absence de sentiments qui se cache derrière un raisonnement logique : qu'importe si la cession des terres indigènes au roi de Castille est contenue dans un document écrit puisqu'elle a été faite à l'insu des indigènes eux-mêmes ? Qu'importe la présence d'un notaire et de témoins pour le *Requerimiento* si celle-ci n'a pas été négociée par les deux parties mais extorquée par l'une d'elles ?

Le style du texte de Palacios Rubios reproduit la structure du discours tenu par le loup à l'agneau qui devient ici le postulat du génocide des natifs. Les différents passages s'enchaînent mais leur légitimité dérive d'une affirmation initiale qui n'est ni démontrée, ni démontrable. Et pour cause, puisqu'il s'agit d'une révélation originelle : où est la preuve que Dieu a conféré au pape de Rome une juridiction universelle qui inclurait aussi les Amériques ? Même le croyant catholique d'aujourd'hui demanderait une telle preuve.

Le *Requerimiento* nous apparaît comme une réponse absurde et formaliste aux doutes qui tourmentaient la théologie et la philosophie espagnoles. Malgré tout, donner une réponse superficielle à des doutes profonds n'a pas permis d'enrayer la tendance séculaire du catholicisme à l'*autoparanoïa* qui pousse le sujet à douter de soi-même et à l'avouer. Cette *autoparanoïa* a survécu au passage des siècles et sans doute empêché – malgré l'Inquisition, les injustices sociales extrêmes et l'incapacité à respecter toute forme de droit – la diffusion au sein des colonies espagnoles de modèles mentaux *hétéro-paranoïaques* comme le darwinisme social, l'eugénisme ou le racisme formel qui s'implantèrent plus au nord.

En rédigeant des procédures légales, l'esprit paranoïaque révèle toujours une crainte obscure de se confronter à une autre dimension, à un véritable adversaire. Voilà pourquoi il tente, en ayant recours à des prétextes théoriques, de créer un système refermé sur lui-même et auto-suffisant. Bien conscient qu'il sera anéanti quoi qu'il arrive, le sujet paranoïaque – de façon absurde, grotesque, bestiale – tente auparavant d'amener son ennemi à se lier à lui en s'assurant sa *coopération*. La destruction de l'adversaire est loin de ne remplir qu'une fonction politique, sociale, militaire : le pouvoir paranoïaque lui confie également un rôle symbolique profond et une finalité psychothérapeutique inconsciente.

Si le paranoïaque nous semble immoral, il n'est pourtant pas aussi indifférent ou amoral que le psychopathe. Sa quête obsessionnelle de justice révèle un besoin angoissé de remporter la bataille de la responsabilité, quitte à la mécaniser jusqu'à la vider de tout sens.

Un sentiment de solitude abyssal l'habite en permanence. S'il hait, et s'il tue, c'est aussi parce qu'il cherche une relation. Incapable de la construire par le sentiment, il en crée une forme perverse, renversée, mais une relation quand même, aussi inconsciente soit-elle. C'est pour cette raison que la victime doit collaborer le plus activement possible.

Le modèle paranoïaque est atemporel, archétypal. Son besoin de relation et de coopération refait surface dans les circonstances les plus diverses. Dans les procès qu'on leur a intentés, les sorcières ou les *engraisseurs*, ces personnes qu'on accusait de répandre volontairement la peste, doivent « spontanément » avouer. Et c'est tout aussi « spontanément » que les habitants des terres où ont débarqué les conquistadors doivent se convertir. Les procès staliniens exigent que l'accusé prenne une partie active dans la construction des calomnies qui l'anéantiront. Les nazis forcent les organisations juives à remplir des listes de personnes à envoyer dans les camps d'extermination avant de former, à l'intérieur du camp, des équipes de détenus chargés d'assurer le fonctionnement des fours crématoires. Lors des procès intentés contre leurs opposants, les nazis ne demandent pas à leurs victimes d'adhérer à la logique de la condamnation mais exigent qu'ils participent financièrement à leur propre exécution. Il suffit de se rendre aujourd'hui à la prison de Berlin-Plötzensee, transformée en mémorial, pour trouver la liste des frais de leur mise à mort, minutieusement dressée sur une facture qu'on envoyait à leurs proches et qui incluait même le coût de l'affranchissement postal.

Au-delà de l'ironie tragique de ces procédures, on devine chez le paranoïaque un désespoir sous-jacent. Son esprit reposant sur une fracture originelle et une insécurité infantile irrémédiables, il tente, par tous les moyens, de reconstituer cette unité qu'il n'a jamais eue et cette confirmation qu'il n'a jamais reçue.

CHAPITRE 3

LE NATIONALISME EUROPÉEN.
DE LA RENAISSANCE CULTURELLE À LA PARANOÏA

Pour le sage, toute la terre est accessible, l'univers entier est la patrie d'une âme honnête.

> DÉMOCRITE, Fragment n° 247.

Je suis nécessairement homme et ne suis français que par hasard.

> MONTESQUIEU, Pensée n° 350.

Le chemin de la nouvelle culture va / de l'humanité / à la bestialité / en passant par la nationalité.

> GRILLPARZER, *Épigramme.*

Surveiller et se méfier

Suivant les idées démocratiques portées par les Lumières, le XIXᵉ siècle provoque un tournant radical. On élimine les exécutions et les tortures en place publique tout en proposant de rééduquer le condamné. Cette démarche aurait pu endiguer une expression traditionnelle de la paranoïa collective : jusqu'alors, on créait une cohésion au sein du peuple en élisant un symbole du mal avant de l'écarteler aux yeux de tous, tel un bouc émissaire. Dans les faits, les idées nouvelles intensifient l'intervention des autorités sur les prisonniers, certes, mais aussi sur tous ceux qui leur sont soumis.

Cette genèse du système carcéral moderne, Michel Foucault l'a retracée dans l'un de ses plus célèbres ouvrages, *Surveiller et punir* [1]. Difficile de ne pas y voir un signe éloquent dans la perspective qui nous occupe tant les écarts de conduite au sein d'une société sont définis institutionnellement et soumis à un contrôle paranoïaque.

---

1. Paris, Gallimard, coll. « Tel », 1993 [1975].

Alors que le condamné était jadis enfermé dans des souterrains obscurs où l'on finissait presque par l'oublier, le philosophe anglais Jeremy Bentham propose un nouveau modèle de réclusion, le *Panopticon*. Autour d'une tour centrale, d'où un gardien peut surveiller seul l'ensemble du complexe, d'innombrables cellules se déploient en arc de cercle, ouvertes au centre mais fermées sur les côtés. Si les prisonniers ne sont pas en mesure de se voir les uns les autres, le gardien peut les observer en permanence. Bentham rêve même de compléter cette construction inédite par des conduits auditifs reliant chaque cellule au surveillant de façon à ce qu'il puisse écouter l'ensemble des détenus, à tout instant. Le but de ce bâtiment est de cloîtrer les criminels mais aussi les malades mentaux que la psychiatrie commence à classer, les ouvriers des nouvelles productions en série, et ainsi de suite : il s'agit là d'un modèle de surveillance total pour un pouvoir à l'attitude totalitaire, désireux d'organiser et de contrôler les activités des citoyens, jusque dans les moindres détails. Cette nouvelle société projette des bâtiments dont la conception repose sur la méfiance. Si la rééducation du condamné, l'attention portée au malade mental et au travailleur manuel sont des innovations humanistes, elles ont pour contrepartie une percée du style paranoïaque.

Fierté et méfiance des nations

Hors des frontières de chaque société, les rapports entre États témoignent d'une paranoïa grandissante.

Pour donner plus d'éclat à la gloire qui pouvait s'offrir à eux, Napoléon rappelait à ses soldats qu'ils avaient un bâton de maréchal dans leurs havresacs. En réalité, le paquetage que les armées françaises transportaient à travers l'Europe contenait quelque chose de plus important : la culture qui avait accompagné leur enrôlement. Et avec elle, le nationalisme. Ces soldats ont ainsi diffusé l'idée de l'État de droit, la voix des citoyens – mais aussi un « nous » dont le découpage a suivi des lignes ethniques, de façon toujours plus marquée. Et pour cause : si les *droits des individus*, proclamés par les révolutions française et américaine, ne sont pas toujours en phase avec le pouvoir des gouvernants (tentés, à commencer par Napoléon lui-même, de les mettre de côté), les *droits de la nation*, une fois sacralisés, constituent non plus un simple lien mais une véritable ressource pour ses chefs. À ce titre, le nationalisme européen est la version, propre à ce continent et à cette époque, de la *rente paranoïaque*.

Pour autant, ces droits nationaux prennent difficilement la forme d'un document porteur de garanties et valable pour tous comme la *Déclaration des droits de l'homme et du citoyen*. Loin de limiter le pouvoir des gouvernants, ils l'exaltent, en leur fournissant de nouveaux biais pour manœuvrer les masses. Pour s'en tenir au cas de la France, les droits individuels ont connu différentes interruptions depuis 1789 jusqu'à nos jours. Pas le nationalisme.

Avant la Révolution, les Lumières commencent à discuter du droit de chaque nation à être reconnue en tant que telle et à se gouverner elle-même. Paradoxalement, c'est surtout le Romantisme – contrepoids de la culture des Lumières – qui complète cette idée juridique en la parant d'atours esthétiques et en accélérant son évolution.

Le Romantisme allemand s'offre comme une alternative aux Lumières. Il amène un équilibre en contrebalançant les excès du rationalisme par l'intensité des sentiments. Mais le nationalisme allemand, qui s'est nourri de ce nouveau mouvement, vient reprendre et accentuer l'agressivité du nationalisme français. La déception de Schiller et Beethoven face au nouvel ordre porté par Napoléon a été la noble avant-garde d'un cheminement ignoble, appelé à glisser sur un plan incliné et devenir paranoïaque. De fait, il ne s'agissait, les premiers temps, que d'une réaction compréhensible à l'occupation française au terme de la campagne militaire de 1806-1807 : elle a prouvé l'existence d'une idée nationale qui s'est, tout à la fois, inspirée de la France et opposée à elle, en éveillant un nationalisme allemand qui se réclamait de droits éternels. Et qu'importe si cet État allemand national et unitaire ne comptait aucun précédent historique. Si rien n'a autant enrichi l'Europe que la confrontation culturelle entre l'Encyclopédisme et le Romantisme, rien ne l'a autant dévastée que la confrontation nationaliste entre la France et l'Allemagne.

Plus les Lumières brillent fort, plus les ombres sont noires. Et l'ombre de ces grands courants culturels a été le nationalisme destructeur.

Les mouvements culturels se transmettent d'un pays à l'autre en tant que contenus conscients mais aussi par « contagion psychique » inconsciente. La contamination entre émotions collectives qui survient à la formation d'une foule se répète à une échelle beaucoup plus vaste.

En ce sens, l'idée, exaltante, de *droits de l'homme* peut se transmettre à de nouveaux peuples après celui qui l'a développée. Elle ne crée pas de conflits entre nations mais un terrain commun : même si elle s'est opposée à Napoléon, la majorité des pays européens s'est définitivement appropriée l'idée de droits de l'homme empruntée à la France au terme des guerres napoléoniennes. De la même manière, les *droits des peuples*, qui sont à la base du nationalisme, sont tout aussi exaltants et tout aussi transmissibles par contagion psychique. Le résultat fait cependant peine à voir : l'idéal ne se diffuse pas *par identification* mais *par contraposition*. « Nous sommes tous *égaux*, nous avons les mêmes droits », disent les droits de l'homme ; « Chaque peuple a le droit de se gouverner lui-même mais aussi d'être reconnu en tant que peuple à part entière, et donc *différent* », disent quant à eux les droits des peuples. Et si l'on insiste pour demander « Pourquoi êtes-vous différents ? », chaque peuple répondra tôt ou tard : « Parce que nous sommes supérieurs. »

Naît ainsi le comportement que le psychanalyste Erik Erikson et l'éthologie humaine appellent « pseudo-spéciation »[2]. Ce que l'homme perçoit d'abord chez l'autre, outre les éléments immédiatement visibles (la couleur de peau, notamment), ce sont précisément les différences culturelles, comme les tenues vestimentaires. Chez les humains, le corps est en grande partie recouvert d'habits qui varient parfois beaucoup d'un pays à l'autre, voire d'un groupe social à un autre, ce qui nous empêche de remarquer la grande similitude entre notre apparence physique et celle de notre semblable : il nous devient alors *étranger*, au sens le plus fort du terme.

Les animaux, eux, ne connaissent pas cette difficulté : ils savent reconnaître leurs semblables et s'identifier entre eux sans jamais se

---

2. Voir *Adolescence et crise. La quête de l'identité*, trad. J. Nass et C. Louis-Combet, Paris, Flammarion, coll. « Champs essais », 2011 [1972]. Nous reprendrons ce concept (*infra*, chapitre 8) lors de notre analyse de *Mein Kampf*.

tromper [3]. Il suffit à un chien de renifler un congénère inconnu pour savoir qu'ils sont de la même espèce, même s'ils appartiennent à deux races très différentes. À l'inverse, nous nous arrêtons aux apparences : à ce titre, la civilisation a conduit à une distorsion et une confusion des instincts et des sens. Ce n'est d'ailleurs pas un hasard si l'odorat est le sens le moins développé chez l'homme (et de loin). On le considère même comme une caractéristique animale, ce qui explique pourquoi on juge inconvenant de se tenir trop près de quelqu'un. Le cas de l'ouïe est encore plus radical : tandis que le chien aboie en réponse au jappement d'un de ses congénères, même s'ils ne sont pas de la même race, l'homme ne sait pas comment répondre à une langue étrangère et la considère d'instinct comme une différence insurmontable, comme si elle était génétique, comme si ce locuteur d'une autre langue n'appartenait pas à l'espèce humaine.

Ces différentes façons de percevoir la diversité conduisent très vite à perdre toute inhibition à faire du mal à l'autre et même en venir à le tuer, comme on le fait avec les animaux. De fait, la majorité des croyances nous autorise à tuer et à utiliser les bêtes comme des objets, simplement parce qu'elles appartiennent toutes à des espèces différentes de la nôtre.

Sous l'influence inconsciente de la « pseudo-spéciation » sont donc nées au sein des sociétés des conventions, voire des lois, qui constituent l'exemple le plus éloquent de paranoïa collective. Inconsciemment jugés monstrueux, comme le serait l'union d'un humain avec un animal, les rapports sexuels avec une personne d'une « race » différente (selon la terminologie alors employée) ont ainsi pu être assimilés à un délit puis interdits, signe de l'effet pernicieux des différences culturelles. Les faits ont depuis prouvé que le patrimoine génétique de l'ensemble de l'espèce humaine est identique et que l'union d'êtres humains issus d'horizons variés est on ne peut plus naturelle et féconde. Ce que montrent les centaines de millions – si ce n'est les milliards – d'individus métis.

---

3. Les individus d'une autre espèce ont toutefois du mal à être acceptés dans un groupe et n'ont pour ainsi dire jamais de rapports sexuels avec ses membres. Si d'aventure un accouplement a lieu, il ne débouche pas sur une grossesse, signe que la nature n'a pas prévu ce cas de figure (l'exception qui confirme la règle étant le mulet, issu de deux espèces différentes, mais stérile). L'appartenance à la même espèce se définit précisément par « l'interfécondité », c'est-à-dire la possibilité de s'accoupler avec les autres individus et d'engendrer.

Il est difficile d'évaluer à quel point cette sensation d'étrangeté est un trait caractéristique du peuple européen, que la colonisation a fait entrer en contact avec des cultures très différentes et qui les a humiliées. À titre d'exemple, on n'a pas encore suffisamment étudié les relations directes, c'est-à-dire nées sans l'entremise des conquérants européens, entre les communautés d'anciens esclaves africains et les populations natives d'Amérique. Après leur découverte par les explorateurs, la partie septentrionale de l'Amérique du Sud et les Caraïbes ont vu d'importants groupes de *cimarrones* – c'est le nom qu'on donnait aux esclaves africains qui s'étaient enfuis – se réfugier à l'intérieur des terres et entrer en contact avec les populations indigènes. Des sociétés autonomes virent alors le jour, ainsi que de véritables États. D'après certains chercheurs, les *cimarrones* et les indigènes qui, dans l'ensemble, ont vécu pacifiquement les uns à côté des autres, ont pratiqué de nombreux échanges mais peu de mariages mixtes[4]. Mais à en croire d'autres études, les situations étaient trop protéiformes pour permettre la moindre généralisation[5]. Malheureusement, l'historiographie de l'agression par l'Europe des autres continents existe parce qu'elle concerne les Européens : le manque de recherches sur les rapports directs entre les Afro-américains et les populations natives d'Amérique, longs d'un demi-millénaire, tout comme la colonisation européenne, est donc d'autant plus regrettable.

L'idée de nation telle que nous la connaissons aujourd'hui appartient à l'Europe et à la modernité. Il existait auparavant des empires plurinationaux ou des États – des États de fait – gouvernés par un roi qui avait reçu son royaume d'autres rois ou d'un dieu, pas d'une volonté nationale. Le roi se préoccupait d'avoir des sujets fidèles, pas des citoyens appartenant à une nation homogène. À partir de l'Europe, l'idée moderne de nation s'est diffusée à travers le monde. Cette exportation du nationalisme a suscité une fraternité nouvelle au sein de chaque pays mais aussi de nouvelles occasions de conflit entre les peuples. À titre d'exemple, les fondateurs d'Israël ont opéré avec succès

---

4. Cette information m'a été communiquée personnellement par Mme Zayda Sierra, professeur au département d'Anthropologie de l'université d'Antioquia (Colombie).

5. Voir J. THORNTON, « Contactos forzados. Africa y América », dans F. PEASE et F. MOYA PONS, *Historia General de América Latina, op. cit.*, p. 253-268.

une régénération après les persécutions subies par les juifs : cette régénération a pris la forme d'une refondation nationaliste même si
l'existence d'un État d'Israël remontait à des millénaires. L'une des
conséquences de ce succès a été la naissance d'un nationalisme palesti-
nien même s'il n'avait jamais existé d'État arabe de Palestine. De
l'opposition au colonialisme français est né un inébranlable nationalisme algérien, malgré l'absence de toute Algérie indépendante plus tôt
dans l'histoire. Soekarno a, certes, transformé en mythe national la
lutte pour rendre la liberté à l'Indonésie dominée par les Pays-Bas ;
pour autant, l'union politique de l'archipel et l'*idée* même d'Indonésie
avaient précisément vu le jour avec la colonisation hollandaise.

Si nous savons aujourd'hui que les choses ont tourné ainsi, c'est que
de nombreux historiens, vers la fin du XXᵉ siècle, ont retracé la façon
dont le nationalisme a déformé les mentalités. Dès 1882, Ernest Renan
avait cependant écrit : « L'oubli, et je dirai même l'erreur historique,
sont un facteur essentiel de la création d'une nation. [...] L'essence
d'une nation est que tous les individus aient beaucoup de choses en
commun, et aussi que tous aient oublié bien des choses [6]. » Toutes les
nations nouvelles se réclament de « droits historiques » : leur justification réside néanmoins dans un *futur* à créer par la politique plus que
dans un *passé* hérité de l'histoire.

En outre, le nationalisme remplace souvent la réalité par l'imagination – pas seulement quand ses idéaux se perdent au fil du temps, mais
d'emblée. Cette fiction agressive a la fonction inconsciente d'identifier
un ennemi et de le rendre responsable de tout. Elle répète donc à une
grande échelle les mécanismes du bouc émissaire et de la paranoïa.
Dans la plupart des cas, il existe à l'origine une violence subie, bien
réelle, certes, mais à laquelle on répond également par la violence. Au
bout du compte, la principale différence réside dans le fait que l'injustice initiale pouvait s'apparenter à une exception, là où sa reproduction
par réaction la transforme en norme.

Cette vision méfiante et agressive des rapports entre les peuples n'est
d'ailleurs pas qu'*une* lecture possible de l'histoire : elle correspond à
l'origine même de l'histoire. Pour Hérodote, le premier historien, la rivalité entre Phéniciens et Grecs, puis entre Asie et Europe, puis entre
Orient et Occident, découlait d'une offense originelle et des représailles

---

6. *Qu'est-ce qu'une nation ?*, Paris, Mille et une nuits, 1997 [1882], chapitre 1.

qui s'ensuivirent. La graine de la discorde fut plantée par les Phéniciens
lorsqu'ils enlevèrent plusieurs femmes d'Argos. Parmi elles, Io, la fille du
roi. Plus tard, les Grecs ravirent Europe, fille du roi de Tyr, puis Médée,
fille du roi de Colchide. De femme en femme, on arriva au rapt
d'Hélène [7]. Chaque enlèvement faisait grandir la plante de l'honneur
collectif bafoué mais se réclamait d'un enlèvement antérieur. Par
rebonds successifs, les offenses faites au groupe finirent par déclencher
la guerre de Troie, puis les guerres médiques. Bref, la plupart des conflits
« normaux ».

L'Occidental s'est habitué à l'idée que la décolonisation a débouché
sur la violence, et non sur la démocratie, et en retire souvent un sentiment de supériorité méfiante alors qu'il faut voir dans ces descentes
aux enfers la conséquence d'un des éléments les plus problématiques
que l'Europe a prêtés au monde : le nationalisme.

Les fantasmes aux racines du droit national

Il serait naturellement réducteur de n'évoquer que ces aspects.
Le nationalisme n'est pas qu'une réaction intolérante à une difficulté
ou – pourrions-nous presque dire – à une « névrose historique et
collective ». C'est un mouvement culturel extrêmement complexe.
L'exaltation qu'il suscite, surtout à sa naissance, possède un grand
potentiel créateur. Il donne la conscience d'une culture et d'une histoire
communes (ou les invente, mais le résultat est le même), offre un
nouveau sentiment d'identité, encourage une maturation psychique et
fertilise les esprits qui produisent des chefs-d'œuvre littéraire ou artistique d'inspiration nationale.

En un sens, le fondateur du nationalisme allemand moderne fut
Johann Gottfried Herder (1744-1803). Disciple de Kant, il rêvait d'une
renaissance littéraire. S'il citait Tacite, qui avait décrit les Germains
comme des êtres invincibles et libres tout en les opposant aux Romains,
c'était pour promouvoir un mouvement culturel, et certainement pas
un nationalisme agressif comme celui qui dévasterait l'Europe des
décennies plus tard. Pasteur protestant, influencé par le piétisme, il
croyait que l'amour de la langue nationale était la première étape d'un

---

7. Voir HÉRODOTE, *Histoires*, I, 1-3.

amour chrétien envers l'humanité tout entière. Une position aux anti-podes de l'attitude persécutrice et paranoïaque.

À cette redécouverte du patrimoine linguistico-national partici-pèrent également Goethe, les frères Grimm, Humboldt. À la longue, le nouvel espace qu'ils ouvrirent vit pourtant le nationalisme l'emporter sur la culture, et les partisans de la haine sur ceux de l'amour.

À en croire les travaux qui font autorité en la matière [8], l'existence d'une nation a rarement donné naissance au nationalisme. Bien souvent, c'est l'éclosion du nationalisme, en se communiquant rapidement à diffé-rents milieux, qui a convaincu les individus que la nation était une entité préexistante. Ce faisant, il l'a créée. Comme nous commençons à l'entre-voir, ce n'est donc pas un hasard si nationalisme et paranoïa collective ont souvent marché main dans la main : l'un et l'autre pratiquaient sans retenue l'*inversion des causes*.

Les auteurs et, pour ainsi dire, la littérature elle-même étaient jadis largement cosmopolites [9]. Souvent polyglottes, ils pouvaient parfois choisir la langue dans laquelle ils écrivaient. À partir de la Renaissance, le développement rapide de l'imprimerie – et celui d'une bourgeoisie qui avait les moyens d'acheter des livres et de les lire – permit d'*accorder* une histoire et une langue communes. Cette histoire et cette langue étaient rarement redécouvertes mais simplement inventées par ce qu'on imprimait. En plus des livres qui se faisaient l'écho, par écrit, des cultures nationales préexistantes, de nombreuses « communautés imaginaires » [10] commencèrent à vivre en reproduisant dans la société

---

8. Voir B. ANDERSON, *L'imaginaire national. Réflexions sur l'origine et l'essor du nationalisme*, trad. P.-E. Dauzat, Paris, La Découverte, 2006 [1996] ; E. GELLNER, *Nations et nationalisme*, trad. B. Pineau, Paris, Payot, 1989 ; E. J. HOBSBAWM et T. RANGER (dir.), *L'invention de la tradition*, trad. C. Vivier, Paris, Éditions Amsterdam, 2012 [2006] ; E. J. HOBSBAWM, *Nations et nationalisme. Programme, mythe, réalité*, trad. D. Peters, Paris, Gallimard, coll. « Folio histoire », 2001 [1997] ; P. J. GEARY, *Quand les nations refont l'histoire. L'invention des origines médiévales de l'Europe*, Paris, Flammarion, « Champs histoire », 2011 [2004] ; B. MICHEL, *Nations et nationalisme en Europe centrale. XIXe-XXe siècle*, Paris, Aubier, 1995 ; W. PFAFF, *The Wrath of Nations. Civilization and the Furies of Nationalism*, New York, Simon & Schuster, 1993. Voir également les articles « Nationalité » et « Origines et renaissances » dans S. KOTT et S. MICHONNEAU (dir.), *Dictionnaire des nations et des nationalismes dans l'Europe contemporaine*, Paris, Hatier, 2006.

9. Voir S. DAHL, *Histoire du livre*, Paris, Lamarre-Poinat, 1967 [1933].

10. Voir B. ANDERSON, *L'imaginaire national*, op. cit.

les thèmes relayés par les livres. La puissance et la moralité ambiguë des moyens de communication ne datent donc pas d'aujourd'hui : elles existent depuis la diffusion des premiers livres.

En plus d'imposer certaines reconstitutions du passé plutôt que d'autres, ces derniers ont privilégié une langue commune par rapport aux dialectes ou aux idiomes trop minoritaires pour créer un marché éditorial [11]. Bien souvent, la langue commune était strictement véhiculaire, à l'origine, du moins. L'usage littéraire et l'impulsion des intellectuels romantiques firent d'elle la langue nationale dominante. Ce ruisseau grossit et devint un fleuve impétueux dans la seconde moitié du XIXe siècle. En 1874, l'écrivain Jan Neruda se rappelait qu'à peine cinquante ans plus tôt, à Prague, on entendait « le meilleur allemand du monde ». Mais qu'en moins de deux générations, emportée par une vague nationaliste alors plus poétique que politique, la grande ville s'était mise à parler tchèque [12].

L'affirmation d'une bourgeoisie nationale fut, en même temps, la cause et la conséquence de la prééminence d'une culture commune. Son rôle social et économique croissant s'imposa sur celui, déclinant et immobiliste, de l'aristocratie et des familles régnantes. Celles-ci, détachées verticalement de la bourgeoisie et du peuple mais liées transversalement aux souverains et à la noblesse d'autres pays, utilisaient majoritairement des langues internationales comme le latin ou le français, différentes des langues locales. La cour de Vienne a parlé italien au XVIIe siècle, français au XVIIIe. On ne céda que plus tard à la pression du parler prédominant dans la capitale et c'est ainsi que s'imposa l'allemand [13].

Le nationalisme éclot sur un lieu commun : depuis un temps immémorial, il existe un peuple auquel il manque un État. Le peuple finit par acquérir une conscience. Les premiers pas dans cette direction sont pacifiques et éclairés. Les linguistes redécouvrent les idiomes locaux et établissent leurs grammaires. On recueille fables et mythes. Peu à peu, on retrace la démographie, l'histoire, la géographie. Lieux, événements

---

11. Rappelons qu'à cette époque, l'Européen qui savait écrire maîtrisait presque toujours deux ou trois langues !

12. Citation dans B. MICHEL, *Nations et nationalisme en Europe centrale*, *op. cit.*, p. 51.

13. *Ibid.*, p. 32.

et peuples doivent coïncider pour modeler, le long de l'horizon du temps, une « acquisition primordiale » de territoires et de droits qui possède, aujourd'hui encore, une valeur morale.

Fleurissent alors des poèmes, des musiques, des tableaux qui se font l'écho de ce réveil. En réalité, c'est le réveil lui-même qui constitue une sorte de « révélation primordiale » dans l'esprit de certains intellectuels. Dans la très grande majorité des cas, des travaux postérieurs à la phase d'exaltation initiale arrivent à la conclusion que différents peuples pourraient revendiquer les mêmes terres. De fait, il n'existe guère d'horizon historique absolu : chaque précédent renvoie à un autre, selon le mot de l'auteur serbo-croate Danilo Kiš [14]. Par ailleurs, il fut un temps où faire vivre ensemble différents peuples au sein des mêmes frontières était une pratique courante. Il arrivait alors que le critère d'appartenance ethnique ne soit pas territorial.

Un cas typique nous est offert par l'Empire ottoman, où prévalait le *millet* (le « groupe religieux » en langue turque, le mot étant lui-même proche de l'arabe *millah*, « la confession religieuse »). Dans de nombreux cas de figure, d'ordre administratif et juridique, les sujets étaient répartis en communautés non pas géographiques mais religieuses [15]. Si chacune jouissait d'une autonomie non négligeable, elles devaient en contrepartie assurer certaines prestations sociales. Appartenir au *millet* ne demandait pas d'habiter dans une province spécifique mais d'être soumis à différentes autorités religieuses, le patriarche ou le grand rabbin d'Istanbul, par exemple. Pendant des siècles, les classifications officielles ont donc tenu compte de plusieurs communautés, sans toutefois les assigner à un territoire en particulier. À ce titre, la difficulté à résoudre de nombreux conflits dans les Balkans a dérivé, y compris au XXIe siècle, de sentiments d'appartenance à des lieux impossibles à définir. À l'heure actuelle, notamment du fait de l'affaiblissement des liens religieux, la séparation géographique l'emporte sur la séparation confessionnelle, permettant ainsi à différents peuples, devenus entre-temps de plus en plus étrangers les uns aux autres sous l'impulsion du nationalisme, de revendiquer en toute bonne foi le même territoire. « Le nationalisme est d'abord une *paranoïa*. Une paranoïa collective et individuelle », rappelle à juste titre Danilo Kiš [16] : sans surprise, c'est à elle que profite cette situation.

---

14. Voir *Homo poeticus*, trad. P. Delpech, Paris, Flammarion, 1993.
15. Voir par exemple B. KIERNAN, *Blood and Soil*, *op. cit.*, chapitre 10.
16. Voir *Homo poeticus*, *op. cit.*

Comme le suggérait déjà Renan, « l'acquisition primordiale » ou des motifs fondateurs similaires constituent un événement psychologique plus qu'un fait historique, ce qu'ont d'ailleurs souvent confirmé les recherches historiques modernes. Cet événement correspond à l'intuition qui amène les fondateurs d'une nation à « décider » que le moment est venu de faire naître sa culture. Comme pour toutes les *révélations*, ce moment relève souvent d'une exaltation. Une fois institué ce postulat de base, inébranlable à défaut d'être démontré, les étapes suivantes s'enchaînent logiquement, à une vitesse qui interdit tout retour en arrière. Le processus de renaissance nationaliste a donc d'autres affinités souterraines avec celui de la paranoïa : il se fonde sur une interprétation qui devient une *vérité monolithique*, même quand elle est arbitraire.

En tant que mouvement culturel, le nationalisme peut se limiter à créer des œuvres théoriques, artistiques et littéraires. Mais en tant que mouvement politique, c'est la guerre qu'il produit. Si la guerre traditionnelle servait l'honneur du roi ou des notables, le nationalisme lui donne pour fonction de déplacer les frontières afin d'y inclure des « frères de sang » injustement écartés. Souvent, la rédemption est plus que discutable et engendre d'autres conflits. Les affronter de façon irréversible (encore un nouveau trait paranoïaque) conduit à s'engager sur le *plan incliné* : pas à pas, mais sans intermittence, on commence à prendre en considération la possibilité de chasser des populations entières (en d'autres termes, d'opérer une épuration ethnique) ou de décréter un génocide.

Au cours du XIXe siècle, la généralisation de la conscription de masse et des forces armées populaires constituent, de façon circulaire, une autre conséquence *et* une autre cause des nationalismes [17]. Jusqu'à 1880 environ, les mouvements éclairés prévalent au sein des nationalismes européens [18]. Mais à l'approche de la fin du siècle, la composante libérale et intellectuelle des origines diminue tandis que se diffuse un populisme agressif [19]. En règle générale, les tendances

---

17. Voir T. BASTIAN, *Das Jahrhundert des Todes. Zur Psychologie von Gewaltbereitschaft und Massenmord im 20. Jahrhundert*, Göttingen, Vandenhoeck & Ruprecht, 2000, p. 44-61.

18. Voir E. J. HOBSBAWM, *L'ère des empires. 1875-1914*, Paris, Fayard, coll. « Pluriel », 2012 [1989], chapitre 6.

19. Voir E. J. HOBSBAWM, *Nations et nationalisme, op. cit.*, chapitre 4.

persécutoires s'imposent car elles font grandir le mouvement plus vite que les tendances modérées : de fait, l'émotion a un pouvoir de « contagion collective » bien supérieure au raisonnement.

Le nouveau droit à l'information et les nouveaux moyens de communication rendent les masses partie prenante de ces courants. Le nationalisme bénéficie ainsi d'une onde de choc et d'une *rente de position paranoïaque* inconnue jusque-là. La présence d'un tel potentiel au sein de chaque individu et sa capacité à s'approprier des paradigmes mentaux rationnels puis à se fondre dans la norme permettent à la paranoïa d'*amplifier le nationalisme* et, de façon circulaire, au nationalisme d'amplifier la paranoïa, sans qu'elle soit reconnue comme telle.

Cette monstruosité n'a rien d'occasionnel, contrairement à ce que pourraient faire penser les excès qu'elle a déclenchés, à commencer par le nazisme. Il s'agit, hélas, du principal aboutissement de la culture nationaliste : « Voilà ce qu'est une nation, un monstre. Tout le monde devrait la craindre. C'est une chose horrible. Comment peut-elle avoir un honneur, une parole ? », rappelle Carl Gustav Jung [20].

Les frontières, apparemment définitives aujourd'hui, des États européens et l'homogénéisation des populations qui y vivent se décident avant la seconde moitié du XXe siècle. Mais le prix à payer pour opérer ces délimitations et ces homogénéisations est celui du nationalisme lui-même. Il inclut deux conflits mondiaux, des épurations ethniques, des génocides et cette forme de violence nationaliste dissimulée où a sombré le stalinisme, tous étroitement liés les uns aux autres. Chaque nouvelle agression prétend rétablir enfin la justice en réaction à une agression antérieure mais provoque, en réalité, de nouvelles injustices. Aucun conflit ne peut donc être considéré comme un épisode isolé : chacun est responsable des autres conflits qu'il déclenche et se dénie le droit d'être perçu comme une « guerre juste ».

Les nouvelles nations, notamment celles nées de la désagrégation des empires, comme les anciennes colonies espagnoles, au début du XIXe siècle, et les États européens apparus au début du siècle suivant, sont souvent inventées par les traités internationaux et la rhétorique

---

20. « Diagnostic des dictateurs », dans *C. G. Jung parle. Rencontres et interviews*, W. McGuire et R. F. C. Carrington (éd.), trad. M.-M. Louzier-Sahler et B. Sahler, Paris, Buchet Chastel, 1985, p. 111.

nationaliste. Ils sont artificiels et fortuits, à l'image de cette patrie que décrit Montesquieu. Pourtant, une fois qu'elles glissent sur le plan incliné de la paranoïa, elles deviennent incontournables et millénaires, comme celle rêvée par Hitler. Prêtes à épouser la mort pour des frontières nées de façon arbitraire mais proclamées sacrées. Étonnamment, les frontières séparent rarement des langues, des religions ou des ethnies diverses, contrairement à ce que voudrait l'idéologie nationalise. C'est par exemple le cas dans les anciennes colonies espagnoles d'Amérique du Sud où l'on trouve, *au sein même de ces pays*, de grandes différences ethniques, sociales ou culturelles. Le *libertador* Simón Bolívar mourut dans la solitude et le désespoir après avoir dit que s'efforcer de construire l'Amérique Latine revenait à labourer la mer. Quelques décennies plus tard, l'une des guerres sud-américaines les plus insensées opposa le Paraguay à l'Uruguay, à l'Argentine et au Brésil : elle se termina en 1870 et vit périr *80 % de la population masculine* du Paraguay, composée essentiellement d'indigènes qui ignoraient quelles étaient ces différentes nations. Et pour cause : ils ne parlaient pratiquement pas espagnol [21].

À l'image de la première mondialisation (produite, sans le savoir, par les galions espagnols qui avaient fait le tour de la terre au XVIᵉ siècle), la deuxième mondialisation, survenue entre le milieu du XIXᵉ siècle et la Première Guerre mondiale, avec la *Belle Époque**, les dernières explorations et l'explosion des relations commerciales, a soudainement rendu le monde petit et fini. Tout en mettant en contact, sans médiation, des peuples très différents, elle a ainsi donné naissance à des préjugés et des racismes qui s'épanouirent au XXᵉ siècle. À l'instar des Japonais, de nombreux Chinois croyaient que le monde à l'extérieur de leurs frontières ne se composait que de quelques îles éparses. La confrontation avec la mondialisation et le colonialisme européen, encouragé par la chute de leur empire millénaire, fut dévastatrice et alimenta un nationalisme qui attendit le XXIᵉ siècle pour prendre sa revanche.

Il va sans dire que les affrontements au sein d'une même nation n'ont pas été un phénomène unique en son genre et isolé. De

---

21. Voir L. CAPDEVILA, *Une guerre totale. Paraguay, 1864-1870*, Rennes, PUR, 2007 ; T. HALPERIN DONGHI, *Histoire contemporaine de l'Amérique latine*, trad. A. Amberni, Paris, Payot, 1972, chapitre 4.

nombreuses guerres de religion se sont apparentées à des génocides et le communisme a lui-même fini par appliquer le modèle destructeur des guerres civiles à la lutte des classes et à l'internationalisme, celui d'une épuration ethnique renversée. La guerre de religion est un phénomène ancien, mais son histoire se concentre largement dans les phases d'expansion des monothéismes chrétien et musulman. Même le conflit de classe est relatif, et récent qui plus est : la mobilité sociale le rend souple et perméable. À l'inverse, la présence stable d'une attitude paranoïaque est plutôt une caractéristique prépondérante du conflit nationaliste et raciste moderne. Si l'opposition de classe peut graduellement s'orienter vers des formes de médiation tolérantes et démocratiques, comme c'est le cas dans les pays scandinaves, le conflit nationaliste cherche, lui, des émotions inconscientes plus que des objectifs économiques. De nombreux calculs viennent naturellement s'y mêler. Malgré tout, tant qu'il n'est pas contraint de se confronter à la relativité de l'histoire, il appartient largement au monde absolu des mythes.

La race imaginaire

Comme le nationalisme, le racisme apparaît à ses débuts paré d'atours culturels. Seuls des chercheurs participent au débat : on parle alors de « racisme scientifique ». Mais très vite, l'aristocrate français Joseph Arthur de Gobineau publie son *Essai sur l'inégalité des races humaines* (1853-1855) dont la notoriété finit par dépasser les frontières de la France. La théorie sur l'origine des espèces de Charles Darwin (1859) est progressivement prise en otage pour exprimer, au nom de la science, des formes inconscientes d'envie, une méfiance paranoïaque, des instincts destructeurs. Depuis quelques années déjà, Herbert Spencer a commencé à diffuser le concept de *survival of the fittest* (la « survie du plus adapté »). Avec lui ont fleuri les nouveaux idéaux du *laisser-faire**, la forme radicale de la libre initiative économique. L'humanité, affirme-t-on alors, est avant tout une espèce animale : à ce titre, elle ne suit pas les lois de Dieu, d'ordre théologique, mais celles de la nature, d'ordre scientifique. Il est donc temps que les hommes obéissent aux commandements de la nature plutôt qu'aux commandements judéo-chrétiens.

À la même époque, on en vient à estimer que la solidarité avec les plus faibles (et, par conséquent, leur survie) permet aux tares génétiques des plus « adaptés », qui se trouvent être les plus forts, de perdurer. Ce faisant, elle nuit à l'évolution et au progrès. C'est dans ce contexte que Francis Galton encourage l'étude de l'hérédité, dans le prolongement de Spencer et Darwin[22]. Cette perspective dépasse pourtant celle de ce dernier, dont les recherches s'étaient limitées aux animaux et aux spécificités physiques. Convaincu que l'intelligence est elle aussi une caractéristique innée, Galton, par ailleurs cousin de Darwin, propose un « eugénisme positif ». Il s'agit là d'opérer une sélection des qualités humaines supérieures en amenant des personnes qui possèdent des dons particuliers (intellectuels, notamment) à se marier entre eux et en organisant une immigration sélective[23]. Étant donné la complexité de ce programme et son intrusion violente dans la vie privée, Galton ne voit pas d'autre solution que de le confier à l'État. Il va sans dire que de telles idées auraient besoin de plusieurs générations avant d'être vérifiées. Malgré cette absence de preuves, elles n'en constituent pas moins un *fondement indiscutable* pour l'auteur et les autres théoriciens idéologiquement proches de lui.

À la base de l'eugénisme élaboré par Galton[24], nous retrouvons donc d'importantes caractéristiques avec lesquelles l'analyse de la paranoïa nous a familiarisés. Tout d'abord un postulat faux, aucunement étayé, mais inébranlable et colporté avec une ferveur religieuse. À ce postulat viennent se mêler une angoisse de contamination – que nous observerons chez Hitler – et un besoin de *séparer* ce qui est positif de ce qui est négatif. Le fondateur de l'eugénisme était convaincu que la construction d'un être humain meilleur était possible en croisant les caractères génétiques positifs entre eux : le fait qu'une endogamie excessive puisse renforcer les caractères négatifs latents, comme on l'a régulièrement constaté depuis, ne l'avait même pas effleuré – pas plus qu'il n'avait effleuré l'auteur de *Mein Kampf.* Par ailleurs, les intérêts et le caractère de cet homme de science laissent entrevoir différents traits

---

22. Voir *Hereditary Genius. An Enquiry Into Its Laws and Consequences*, Londres, Macmillan, 1869.
23. Voir G. MOSSE, *Towards the Final Solution. A History of European Racism*, Londres, Dent & Sons, 1978, p. 74. À noter que les juifs sont inclus dans les « races » acceptables.
24. Voir *Probability. The Foundation of Eugenics*, Oxford, Clarendon, 1907.

typiques du paranoïaque, comme la mécanicité et la déshumanisation :
tout devait devenir mesurable, et s'il s'intéressait aux êtres humains,
c'était surtout quand il pouvait les classer (c'est en grande partie à lui
que nous devons la découverte des empreintes digitales) et leur attribuer des numéros. Pour lui, le savoir consistait d'abord à lire à fond les
données en notre possession afin de prévoir et de prévenir les maux
auxquels la nature risquait de laisser libre cours.

Remédier à la cruauté de la nature : voici précisément ce qu'essaient
de faire toutes les politiques, toutes les législations sociales – c'est
d'ailleurs loin d'être un hasard si cette période marque leur éclosion.
Chez les hommes primitifs, ceux qui n'avaient pas de dents mouraient,
faute de pouvoir s'alimenter. Dans les sociétés civilisées, on fabrique
des dentiers pour tenter de rétablir une égalité de principe, le droit pour
chacun de se nourrir. Pour cette nouvelle idéologie, ce choix aurait été
comme garder en vie des individus parasites tout en réduisant les
réserves de nourriture à la disposition de la population saine.

Se diffuse ainsi une nouvelle pensée, très vite appelée « darwinisme
social », qui applique les lois naturelles découvertes par Darwin à la
société humaine en reliant, de façon transversale, les sciences naturelles, la philosophie, l'économie, la politique. Autant de disciplines
dont les distorsions se renforcent les unes les autres. Pareil à une pierre
dévalant une pente, ce « darwinisme » finit par devenir la pseudo-
science auquel on donne le nom d'eugénisme [25].

Économiquement parlant, la multiplication des échanges internationaux conduit cette doctrine à prendre la forme du libre marché : le
plus fort en matière commerciale est libre d'écraser le plus faible. Dans
le même temps, ces principes autorisent le colonialisme à piller les
derniers pays non occidentaux à avoir conservé leur indépendance. Les
milieux cultivés des pays développés acceptent, sans la remettre en
question, l'existence d'une sélection à la fois ethnique (c'est-à-dire
culturelle) et raciale (c'est-à-dire biologique). Signe qu'on peine à les
distinguer, les deux concepts sont presque considérés comme synonymes [26]. On se méfie trop des inférieurs pour se rapprocher d'eux et

---

25. Voir notamment G. MOSSE, *Towards the Final Solution, op. cit.* ; E. BLACK,
War Against the Weak. Eugenics and America's Campaign to Create a Master Race, New
York, Thunder Mouth Press, 2003.

26. Même *Au-dessus de la mêlée*, le célèbre essai antinationaliste de Romain
Rolland qualifie d'emblée de *race* l'Allemagne et sa culture (Paris, Payot, coll. « Petite
bibliothèque Payot », 2013 [1916]).

s'assurer qu'ils sont génétiquement ou culturellement différents : l'un ne saurait aller sans l'autre. L'hérédité est une cage et la naissance, la source d'insurmontables différences, pense-t-on alors. Des zoologues comme Ernst Haeckel, des philosophes comme Carl Gustav Carus, mais aussi des criminologues comme Cesare Lombroso, un juif éclairé, la féministe américaine Victoria Woodhull et, à sa façon, Friedrich Engels lui-même : chacun croit, sans la moindre hésitation, à une science résultant d'un mélange de statistique, de biologie et d'anthropologie. Une science dont le dogme remplace celui de la religion et qui tient compte, avant tout, des lois de l'évolution récemment découvertes. De même qu'on ne se sentait pas coupable d'exterminer au nom de la foi au cours des siècles précédents, on peut désormais le faire au nom des sciences.

À cette époque, penser que la « race aryenne » (ou « blanche », « européenne ») sera, à moyen terme, la seule à survivre est une croyance répandue. De façon analogue, on estime nécessaire de poursuivre, au sein des races supérieures, la sélection qui éliminera les individus tarés : les handicapés physiques et mentaux, mais aussi les bons à rien, les individus tendant à la transgression, les ignorants. Un jugement sans le moindre fondement : être analphabète ou sans emploi ne correspond en rien à des tares génétiques, l'éducation et des mesures sociales pouvant influer sur ces situations. Malgré tout, cette opinion tend à devenir un *dogme de base indiscutable*, dérivé d'une conviction « scientifique ».

Les faux postulats ainsi formés suivent alors une logique meurtrière. L'inconscient de cette idéologie « scientifique » est habité par la méfiance et des projections négatives. Plus on évite les mélanges, plus le genre humain est sain, croit-on. L'union avec des personnes ethniquement ou racialement différentes est donc perçue comme une erreur individuelle, certes, mais aussi contraire aux intérêts de l'espèce humaine. Cet excès d'angoisse est renforcé par la multiplication des contacts avec des peuples lointains et le sentiment de culpabilité produit par la domination exercée sur eux – une domination d'ailleurs hâtivement rationalisée au nom du progrès comme une sélection compétitive inévitable. Une telle altération psychologique, n'étant pas reconnue, devrait impliquer un affaiblissement du moi de chaque sujet. Pour autant, du fait même que ce symptôme concerne l'ensemble, ou presque, de la population, il perd son caractère pathologique et devient un credo qui, à y regarder de plus près, est aussi un héritage de l'inconscient collectif, vieux de plusieurs millénaires. De fait, il calque certaines prescriptions de la Bible : dans le *Lévitique* (19, 19), Dieu ordonne à Moïse de ne pas accoupler des animaux différents, de ne pas semer dans le même champ deux variétés de blé et de ne pas porter des vêtements tissés de deux fibres différentes [27].

Inviter à aider les perdants, c'est encourager une dangereuse « sélection négative » ou « régressive ». C'est, d'une certaine façon, être soi-même taré, présume-t-on. Vers la fin du siècle, avec Gustave Le Bon, ces affirmations deviennent des « vérités » psychologiques et, avec Nietzsche, des vérités philosophiques : « Beaucoup trop d'hommes viennent au monde : l'État a été inventé pour les superflus. [...] Voyez-les donc, ces superflus ! Ils sont toujours malades, vomissent leur bile et l'appellent journal [28]. »

Le délire des méfiances nationalistes, qui atteindra son paroxysme au XXe siècle, révèle un paradoxe tragique. Si, du point de vue idéologique, le nationalisme le plus destructeur de tous les temps, celui de l'Allemagne hitlérienne, a été fortement influencé par un Français, le comte de Gobineau, et un Anglais germanisé, Houston Steward Chamberlain, épigone de Galton et d'autres « extrémismes néodarwiniens » anglais [29], d'un point de vue pratique, les expériences atroces menées par le docteur Mengele à Buchenwald et à Auschwitz ont poursuivi les recherches engagées des années plus tôt grâce à des fonds américains où figuraient les prestigieuses fondations Rockefeller et Carnegie [30].

Entre le milieu du XIXe siècle et le milieu du XXe, la conviction que les « Aryens », les « Européens » ou les « Caucasiens » sont supérieurs

---

27. Des études récentes ont confirmé que c'était également la conviction de Thomas Jefferson, l'un des esprits les plus élevés parmi les Pères fondateurs des États-Unis. Cela ne l'a pas empêché d'avoir avec une esclave sept enfants illégitimes qu'il a d'ailleurs élevés dans des conditions relativement confortables, sans nier sa paternité. Une démarche exceptionnelle, pour l'époque. Voir A. GORDON-REED, *The Hemingses of Monticello. An American Family*, New York-Londres, Norton, 2008.

28. *Ainsi parlait Zarathoustra*, trad. M. de Gandillac, Paris, Gallimard, 1971.

29. Voir G. MOSSE, *Les racines intellectuelles du Troisième Reich. La crise de l'idéologie allemande*, trad. C. Darmon, Paris, Seuil, coll. « Points Histoire », 2008 [2006], chapitre 5 ; J. FEST, *Hitler. Jeunesse et conquête du pouvoir*, op. cit., partie I, chapitre 3 et partie III, chapitre 1.

30. Voir E. BLACK, *War Against the Weak*, op. cit., p. 7.

est à son apogée. Comme souvent quand des découvertes importantes et récentes sont diffusées au sein de la masse, la théorie de Darwin sur l'évolution des espèces a convaincu, mais aussi grisé. En Europe, on organise des expositions de spécimens coloniaux. Dans un seul et même « espace exotique », on présente des plantes, des animaux et des « sauvages » [31]. On propose ainsi une confirmation concrète des étapes de l'évolution jusqu'à l'homme blanc, qui reste tout de même à l'extérieur de l'enclos, en simple spectateur. Cette séparation spatiale et ce destin temporel étant imposés par une loi de la nature, la foule européenne ne s'émeut pas de voir disparaître les sauvages. Bien au contraire : elle court les voir tant qu'il en est encore temps.

Aux États-Unis, ces nouvelles doctrines servent inconsciemment à alléger le sentiment de culpabilité suscité par le génocide des natifs et l'oppression des Noirs. Le darwinisme social se transforme alors en eugénisme et infiltre la politique. Planifier la pureté génétique d'un pays composé d'émigrés tient cependant de la gageure. Quand, vers la fin du XIXe siècle, l'immigration venue du sud de l'Europe l'emporte sur celle du nord, on tente de contrôler les entrées en adoptant des quotas et des filtrages eugéniques. On craint en effet un trop-plein d'immigrés de « race » inférieure et de religion catholique – ces deux aspects sont parfois assimilés, même s'il n'existe aucun lien démontrable entre eux. Le risque d'un « suicide racial » est même évoqué [32]. Dans vingt-trois États de l'Union, on adopte des lois qui imposent la stérilisation pour différents motifs. Peu à peu se développe ainsi l'autre visage des idées de Galton, l'« eugénisme négatif ». Celui-ci ne se contente plus de favoriser les bons caractères génétiques : il s'emploie également à éliminer les mauvais. Ces lois resteront en vigueur au XXe siècle, pendant plusieurs décennies, et recevront les éloges du Parti national-socialiste allemand et d'Hitler en personne. Celui qui donnera à l'« eugénisme négatif » une dimension inédite exprimera dans *Mein Kampf* un certain respect pour les habitants d'Amérique du Nord : il les jugera même génétiquement supérieurs aux Latino-Américains au motif qu'ils auraient évité les mélanges entre races, contrairement à leurs voisins [33].

---

31. Voir N. BANCEL et al. (dir.), *Zoos humains et exhibitions coloniales. 150 ans d'invention de l'Autre*, Paris, La Découverte, 2011 [2002].
32. Voir E. BLACK, *War Against the Weak, op. cit.*, p. 22-23.
33. A. HITLER, *Mein Kampf, op. cit.*, chapitre 11.

La mentalité sociale-darwinienne ne se limitera pas aux pays fascistes au cours du siècle suivant : dans les pays libéraux, c'est notamment la composante coloniale qui lui permettra de survivre. Le 2 juillet 1931, Paul Reynaud, ministre des Colonies, inaugurera la fastueuse Exposition coloniale de Paris avec ces mots : « La colonisation est un phénomène qui s'impose, car il est dans la nature des choses que les peuples arrivés à leur niveau supérieur d'évolution se penchent vers ceux qui sont à leur niveau inférieur pour les élever jusqu'à eux. [...] La colonisation est le plus grand fait de l'Histoire [34]. » À noter qu'il n'est pas question d'un niveau supérieur de culture, mais bien d'*évolution*, au sens social-darwinien.

La place des Juifs

Si les relations entre l'Occident et le monde colonial, le degré le plus bas de l'évolution, sont claires, un nouveau problème commence à se poser au cœur des pays occidentaux. Un problème qui conduira à une explosion de l'intolérance et de la paranoïa. De fait, les relations entre la majorité chrétienne et la minorité israélite, marquées par une forme de distance et de méfiance mais limitées, jusqu'ici, au champ social et religieux, commencent également à être envisagées dans cette nouvelle perspective « scientifique ».

Tout au long du XIXᵉ siècle, les juifs luttent avec succès pour s'émanciper socialement et légalement dans une grande partie de l'Europe et sont accueillis aux États-Unis. Majoritairement favorables à l'assimilation, ils ne sont pas enclins à se décrire comme une minorité. Ce qui semble les destiner à perdre le rôle de « bouc émissaire » que l'Europe leur a réservé pendant des millénaires. Mais la paranoïa, qui prend plaisir à se cacher dans l'inconscient collectif et se nourrit des nouveaux moyens de communication, ne saurait se priver d'un atout précieux. En l'occurrence, le cheval de bataille séculaire de l'anti-sémitisme.

---

34. Ce « Discours inaugural de l'Exposition coloniale » est consultable sur le site histoirecoloniale.net/l-exposition-coloniale-de-1931,176.html.

« L'affaire »

C'est dans ces conditions qu'entre en scène l'affaire Dreyfus.

Après l'humiliante défaite infligée par les Prussiens en 1870 et les bouleversements qui l'ont accompagnée, la France recherche un nouvel équilibre. La communauté juive française est maintenant assimilée, prospère et assez influente politiquement. Les milieux conservateurs, pourtant, résistent à sa progression dans les forces armées.

À la fin du mois de septembre 1894, une femme de ménage de l'ambassade d'Allemagne à Paris découvre dans une poubelle une lettre adressée à l'attaché militaire allemand et la remet au service de renseignement de l'armée française. Elle est manuscrite et contient des informations secrètes sur l'armement français.

L'enquête préliminaire oriente immédiatement les soupçons sur le capitaine d'artillerie Alfred Dreyfus. De confession juive, il porte un nom allemand. Le premier examen graphologique ne donne rien. Mais un second indique que la lettre a été écrite par Dreyfus. La procédure est constamment faussée par le fait que les enquêteurs, au lieu de se forger leur propre conviction, se conforment aux opinions préconçues qu'ils ont reçues. Le 20 décembre de cette même année, le commandant Henry, représentant le service de renseignement de l'armée, livre sa déposition : le coupable ne peut être que Dreyfus. Deux jours plus tard, le Conseil de guerre, qui a reçu en sous-main un dossier secret infamant sur l'accusé, le condamne unanimement à la dégradation et à la déportation à vie. Tandis que la presse s'empare de l'affaire avec fracas, l'opinion publique ne semble pas avoir de doutes sur la culpabilité de Dreyfus.

La *substitution fantasmatique* et la *projection* paranoïaques ont gagné. Dreyfus a été jugé coupable parce qu'on l'a d'emblée identifié comme tel. Son humiliation va faire de lui le bouc émissaire dont le pays a besoin pour se réunifier.

En janvier 1895, la dégradation est exécutée en grande pompe dans la cour principale de l'École militaire. Les insignes de Dreyfus sont arrachés, son épée, brisée. Les comptes rendus de la cérémonie font le tour de la France. L'ancien capitaine est envoyé en Guyane et mis en détention dans la forteresse de l'île du Diable.

Au printemps 1898, le lieutenant-colonel Picquart, nommé à la direction du service de renseignement militaire après la condamnation

de Dreyfus, découvre une correspondance entre l'attaché militaire allemand et un officier français, le major Esterhazy, descendant d'une
famille d'aristocrates hongrois. Il mène une vie dissolue et est criblé de
dettes. En comparant les écritures, Picquart acquiert la conviction que
la lettre à l'origine de l'affaire a elle aussi été écrite par Esterhazy. Mais
au moment de communiquer la nouvelle à ses supérieurs, il est évincé
du service de renseignement puis progressivement éloigné avant d'être
muté en Afrique du Nord.

Entre-temps, le frère et la femme de Dreyfus, qui ont plaidé pour
une révision du procès, voient leurs efforts porter leurs premiers fruits.
En plus de nombreux intellectuels, une partie de la presse et de la classe
politique prend position en faveur d'une nouvelle enquête. Émile Zola,
écrivain déjà réputé, marche sur les traces du père Montesinos, quatre
siècles après lui, et pointe du doigt les calomniateurs et la masse qui les
suit passivement. Le titre de son article est sans ambiguïté :
« *J'accuse...!* » Publié dans *L'Aurore* le 13 janvier 1898, il dresse avec
aplomb la liste des responsables. La tribune de presse est devenue la
nouvelle chaire. Zola est condamné pour diffamation ; sous le coup de
nouvelles accusations, il s'installera à Londres pour éviter la prison.
Esterhazy est acquitté, Picquart survit à un duel avec Henry avant
d'être arrêté.

Au mois d'août de cette même année, la Cour de Cassation finit par
annuler le jugement de 1895. Rentré en France pour le nouveau procès,
Dreyfus est à nouveau jugé coupable, mais condamné à une peine
réduite à dix ans, au titre des circonstances atténuantes. Au sein de la
classe politique comme au sein de la presse, les divergences sont
désormais incontrôlables. Il n'y a plus une mais deux France, irrémédiablement divisés entre *dreyfusards** et *antidreyfusards**. L'amnistie est
la seule issue possible. Tous les camps soutiennent unanimement cette
décision, y compris la famille Dreyfus et la quasi-totalité des
*dreyfusards**.

*De cette façon, la liberté du prévenu est troquée contre l'acceptation
de sa culpabilité.* En un sens, les paranoïaques ont gagné. Le délire, qui
a activement prospéré sur des présupposés faux, a imposé une *substitution fantasmatique* d'après laquelle Dreyfus est coupable : on ne peut
désormais qu'atténuer les conséquences de ce « pré-jugé » (le mot
prend ici tout son sens) et laisser l'officier en liberté, sans qu'il ait à
purger sa peine. Même les anti-paranoïaques ont fini par accepter

comme normal un processus mental paranoïaque qui a su s'autoalimenter, grâce à la nouvelle caisse de résonance offerte par une presse agressive.

Zola, rentré en France en 1899, meurt subitement trois ans plus tard, asphyxié par une conduite de cheminée bouchée. Alfred Dreyfus, lui, n'est entièrement réhabilité qu'en 1906. Cette même année, les députés approuvent le déplacement au Panthéon des cendres de l'écrivain, alors inhumé au cimetière de Montmartre. Entre résistances et atermoiements, la cérémonie ne se déroule qu'en 1908, en présence de Dreyfus. Louis-Anthelme Grégori, journaliste d'extrême-droite, fils d'un modeste immigré italien, comme Zola, tire deux balles à bout portant sur Dreyfus, mais ne parvient qu'à le blesser. Quelques semaines plus tard, Grégori sera acquitté.

De nombreuses années s'écouleront jusqu'à ce que les services secrets allemands confirment eux-mêmes l'innocence pleine et entière de Dreyfus [35].

---

35. Pour de plus amples informations, voir *L'affaire Dreyfus*, paru sous la direction de Michel Drouin (Paris, Flammarion, 2006 [1994]), une encyclopédie riche de plus de 1 100 références bibliographiques. Écrite à chaud par l'un des protagonistes de l'événement, l'*Histoire de l'affaire Dreyfus* de Joseph Reinach, publiée entre 1901 et 1905, est le texte le plus classique consacré à ce sujet. Très complète, cette *Histoire* dépasse les 2 400 pages dans sa récente édition de 2006 (Paris, Robert Laffont, coll. « Bouquins », 2 vol.). Il existe également une Société Internationale d'histoire de l'affaire Dreyfus (affaire-dreyfus.com) et de très nombreux sites Internet.

CHAPITRE 4

LES PERSÉCUTEURS NAÏFS

Les persécuteurs naïfs *ne savent pas ce qu'ils font*. Ils ont trop bonne conscience pour tromper sciemment.

R. GIRARD, *Le Bouc émissaire.*

Les fabricants d'inéluctabilité croyaient profondément dans leur produit.

R. HOFSTADTER, *Le style paranoïaque.*

La particularité de l'Amérique

L'Europe ne présente guère de séparation nette entre des institutions éclairées et la paranoïa tapie dans l'ombre qu'elles projettent. L'histoire européenne est longue et appartient à de nombreux peuples : les immenses vagues de persécution rebondissent l'une sur l'autre en formant des salmigondis indistincts de méchanceté et de créations démocratiques.

À l'inverse, c'est en toute bonne foi qu'un sentiment persécutoire s'est niché au cœur des origines des États-Unis. Le mythe progressiste, optimiste et sincère qui a accompagné leur fondation a conservé deux facettes antithétiques, comme tout idéal : vital en tant que fantasme, il peut s'avérer mortel une fois mis en pratique. Il se distingue du mal de façon nette, s'en détache et le projette le plus loin possible – sur d'autres sociétés. L'inconscience du mal qui habite chaque être humain peut devenir extrême et la tendance à la suspicion, particulièrement forte.

David E. Stannard a assimilé à un long génocide les siècles de colonisation américaine, même s'il n'a pas toujours été conscient et systématique[1]. Si l'on inclut les morts liées aux épidémies, involontaires, certes, mais importées et exploitées par les conquérants, la colonisation aurait fait dix fois plus de victimes que le génocide nazi

---

1. Voir *American Holocaust, op. cit.*

dès le siècle qui avait suivi la découverte du continent, même en l'absence d'armes modernes. Les victimes avaient beau être disséminées sur des étendues immenses et parfois inaccessibles, on estime qu'il restait 10-12 % seulement de la population originelle en 1630 et moins de 10 % vers 1700, sur l'ensemble des deux continents[2].

La destruction de populations et de cultures natives commença dans ce qui est l'Amérique latine actuelle, sans être aussi radicale qu'en Amérique du Nord. En Amérique centrale et au Pérou, l'Espagne avait croisé la route de civilisations grandioses. Malgré des affrontements d'une âpreté dévastatrice, quelque chose avait survécu et avait été accepté : à titre d'exemple, on avait accordé aux natifs issus de familles régnantes ou de la noblesse un certain rôle et un certain respect – à la condition qu'ils restent naturellement une « noblesse secondaire » par rapport à la noblesse européenne. Revendiquer une autorité précoloniale autonome suffisait pour qu'on vous extermine : même si près de trois siècles s'étaient écoulés depuis l'arrivée de Christophe Colomb, José Gabriel Condorcanqui fut écartelé par quatre chevaux sur la place publique. Il s'était présenté comme un descendant des Incas, sous le nom de Túpac Amaru.

Au fil du temps, les Espagnols et les Portugais ont bâti des sociétés largement métissées. Même si leurs colonies avaient été fondées avant celles des Anglais, le métissage provoqué par les naissances illégitimes et le mélange de cultures en contradiction les unes avec les autres ne s'est pas contenté de provoquer de graves retards (en matière de développement économique et d'alphabétisation, notamment) : il a aussi ralenti la naissance de sentiments nationaux. En Amérique latine, la formation de sociétés et d'États locaux s'est concrétisée de différentes façons et à diverses époques – un phénomène qui n'a d'ailleurs pas fait l'objet d'études approfondies jusqu'ici.

En revanche, les événements survenus en Amérique anglo-saxonne se sont concentrés au cours de deux derniers siècles et sont largement connus. Le nationalisme des États-Unis – d'emblée relativement développé, même s'il ne s'étendait pas à l'ensemble de la population – a commencé avec la guerre d'Indépendance et s'est poursuivi sans interruption, en avance sur son pendant européen.

---

2. Voir *ibid.*, annexe 1 ; N. D. COOK, « Epidemias y dinámica demográfica », art. cit. ; et *supra*, chapitre 3.

La Légende noire

Longtemps, les grands récits de colonisation espagnole – écrits par des conquistadors, des voyageurs, des moines – n'ont presque pas été traduits en anglais, à l'exception notable de l'œuvre de Bartolomé de Las Casas. Grand défenseur des indigènes, ce religieux avait, rappelons-le, décrit les exactions des colonisateurs espagnols. Les Anglais ont donc tout naturellement traduit et diffusé les passages qui soulignaient le plus leur cruauté, dans un but diffamatoire.

Au final, la Grande-Bretagne a remporté une guerre maritime contre l'Espagne, mais aussi une guerre de propagande en forgeant une culture marquée par une méfiance radicale et un ensemble de préjugés à l'égard de sa rivale. L'histoire de la *Conquista* espagnole a été décrite de façon si sombre et sinistre qu'on lui donne aujourd'hui encore le nom de « Légende noire » (*Black legend*)[3]. Noire, et c'est tout sauf un hasard, comme le visage des Furies antiques. Cette Légende, le mouvement français des Lumières s'en est emparé et l'a alimentée : il ne s'agissait pas d'établir des reconstitutions véridiques mais de vaincre la résistance de la politique espagnole à la modernité. À ce titre, le fait que la première vraie culture européenne moderne ait ainsi contribué à une forme d'obscurantisme et de paranoïa politique constitue un paradoxe qui mérite d'être interrogé.

La Légende noire survécut au fil des siècles et se transmit des sujets des colonies britanniques à ceux qui devinrent les citoyens des États-Unis d'Amérique, sans solution de continuité. La construction de deux Amériques différentes, profondément séparées aujourd'hui encore, s'est donc nourrie de l'histoire économique, certes, mais aussi de ce préjugé historique du continent anglo-saxon à l'égard du continent latin.

À l'inverse de la frontière terrestre des États-Unis, qui a purifié ce qu'elle venait d'engloutir en se déplaçant vers l'ouest, la ligne de conquête espagnole formait un *anneau* maritime qui s'était resserré quelques années à peine après l'arrivée de Christophe Colomb et avait assujetti au roi de Castille et d'Aragon l'immense espace qui se trouvait

---

3. Voir C. GIBSON, *Spain in America*, New York, Harper & Row, 1966 ; C. GIBSON (dir.), *The Spanish Tradition in America*, New York, Harper & Row, 1968 ; T. HALPERIN DONGHI, *Histoire contemporaine de l'Amérique latine, op. cit.*

à l'intérieur de ce périmètre – un périmètre qui, en plus de ne pas avoir été purifié, n'était même pas connu. Par ailleurs, aucune famille ne figurait parmi ces groupes d'immigrés venus d'Europe, contrairement aux fondateurs des États-Unis. De fait, les *conquistadores* étaient des hommes et des guerriers. Sans surprise, ils ont fondé une *culture de conquête*[4]. Une fois les indigènes de sexe masculin éliminés, ils ont formé *de facto* des familles avec celles qui avaient survécu.

La société ainsi constituée a introjecté les critiques sévères des religieux. Et pour cause : le chaos, le péché, la violence étaient endémiques. Cette société était consciente d'être habitée par le mal et a cultivé au fil des siècles une image qui reflétait le préjugé de la Légende noire. Ainsi, l'Amérique latine a gardé une piètre opinion d'elle-même, jusqu'à aujourd'hui.

Les États-Unis ont donc hérité de cette méfiance à l'égard des natifs et de l'Amérique espagnole dès leurs origines anglaises. Les Puritains se considéraient comme un peuple à part (un sentiment connu, aujourd'hui encore, sous le nom d'*American exceptionalism*) au motif qu'ils étaient les gardiens directs du verbe divin. À ce titre, ils se méfiaient de ceux qui obéissaient à des hiérarchies ecclésiastiques complexes et avaient quitté l'Europe en rupture avec l'Église de Rome comme celle d'Angleterre, irrémédiablement politisées et hiérarchisées. Leurs communautés voulaient pratiquer une démocratie directe, en refusant les plaisirs superflus et les jeux de pouvoir. Garder leur pureté les conduisit *a fortiori* à ne pas se mélanger avec les natifs et à maintenir une frontière qui les séparait d'eux, avant de la repousser progressivement, de plus en plus à l'ouest. De cette double séparation – vis-à-vis du mal, intimement, et de groupes humains différents, à l'extérieur – a découlé un sentiment de méfiance pérenne.

Le continent vide

Selon toute vraisemblance, savoir si une terre possède de vastes étendues inhabitées et cultivables est un facteur déterminant dans la

---

4. Voir G. FOSTER, *Culture and Conquest. America's Spanish Heritage*, New York, Wenner-Gren Foundation for Anthropological Research, 1960 ; C. E. FABREGAT, « Mestizaje y aculturación », dans F. PEASE et F. MOYA PONS, *Historia General de América Latina, op. cit.*

décision d'immigrer. Pour des millions d'Européens en proie à la famine, cette information aurait dû être cruciale. Mais les choses ne sont pas passées exactement de cette manière. L'estimation du nombre d'indigènes présents en Amérique du Nord à l'arrivée des Européens, au lieu d'être une *cause* de la colonisation, a souvent été l'une de ses *conséquences*. On faisait de vagues calculs, qui reprenaient parfois des estimations antérieures, pour ensuite les revoir à la baisse afin de corriger des « imprécisions » supposées. Cette démarche avait une double finalité juridique : si, d'un côté, on diminuait l'ampleur du génocide qui s'opérait lentement, de l'autre, on tentait de montrer que la terre, à l'origine, était peuplée de nomades disséminés sur des étendues immenses et vides, ce qui rendait la colonisation légitime, d'après les critères alors en vigueur. Cette manipulation n'était pas nécessairement consciente, mais elle a atteint son but.

Selon des calculs traditionnellement acceptés, la population de l'ensemble de la Nouvelle-Angleterre comptait seulement 25 000 indigènes au moment de la découverte du continent. Par ailleurs, on estimait qu'ils se déplaçaient fréquemment, même si ce n'était pas à proprement parler des nomades. Pour sa part, le célèbre anthropologue Alfred Louis Kroeber limitait à 1 million la population précolombienne vivant sur la totalité du continent au nord du Mexique [5]. On pouvait certes opposer que de nombreux natifs (des territoires de l'Est, notamment) étaient agriculteurs, ce qui expliquait qu'ils possèdent durablement des terres, mais on résolvait cette objection en avançant l'hypothèse d'une économie partagée entre agriculture et pratique de la chasse. À en croire l'estimation de Kroeber, les natifs laissaient *plus de 99 % du territoire inutilisé*. Des décomptes qui permettaient d'affirmer « légalement » que les colons s'étaient installés dans un *vacuum domicilium* [6].

L'image des sauvages à l'écart de la civilisation comme de la société, menant une vie d'errance et de solitude proche de l'état animal, correspondait aux préjugés occidentaux exprimés par le darwinisme social. D'après ce fantasme, prédominant dans la seconde moitié du

---

5. Voir A. G. KREBER, *Cultural and Natural Areas of Native North America*, Berkeley-Los Angeles, University of California Press, 1939.
6. Voir F. JENNINGS, *The Invasion of America. Indians, Colonialism and the Cant of Conquest*, Chapel Hill, University of North Carolina Press, 1975 ; D. E. STANNARD, *American Holocaust, op. cit.*, annexe 1.

XIXe siècle, c'est le chaos, et non une forme différente de société, qui règne en marge de la civilisation européenne [7]. Cette conviction habitait même les auteurs progressistes : c'est à partir d'un fantasme de ce genre qu'Engels a retracé les origines de la famille, de la propriété privée et de l'État.

En 1881 parut *Un siècle de déshonneur* d'Helen Hunt Jackson, première critique forte des massacres qu'on commettait dans le pays. Pour autant, ce texte était lui aussi inspiré par un inébranlable nationalisme et ne reconnaissait aux natifs qu'un droit d'occuper le territoire – le droit de souveraineté revenant, lui, à l'État américain. Par ailleurs, l'auteure était bien consciente de défendre des peuples *inférieurs* : « On ne peut douter qu'il soit juste de tenir que la souveraineté ultime appartienne à l'explorateur civilisé et non au barbare sauvage [8]. »

Il fallut attendre le XXe siècle (et plus exactement l'*Indian Citizenship Act* de 1924) pour que les États-Unis accordent la citoyenneté aux natifs qui habitaient depuis toujours le territoire américain. Et c'est tout récemment qu'ont été effectuées de nouvelles évaluations du nombre d'aborigènes présents aux différentes époques. Avec la seconde moitié du XXe siècle, au moment où les chercheurs se sont pleinement consacrés à ce sujet, ces chiffres ont bondi : de façon presque soudaine, l'estimation de la population précolombienne a été multipliée par dix par rapport aux estimations traditionnelles. Difficile de ne pas voir dans ce phénomène la naissance d'une mentalité nouvelle, moins dans les réserves indiennes que dans les milieux universitaires et la sphère politique. Ces calculs furent accueillis avec méfiance et farouchement contestés par les conservateurs. Leurs *fantasmes* au sujet des natifs, longtemps *substitués* à la réalité, étaient devenus un dogme. Le *faux postulat* de la terre en grande partie vide et de ses indigènes vagabondant au hasard a en effet autorisé la rhétorique nationaliste de la civilisation née en dépassant la nature sauvage ; il a également alimenté un mépris, même statistique, pour les barbares ; mais surtout, il a évité une possible accusation de génocide : de

---

7. Une absurdité quand on sait qu'au sein même du monde animal, les groupes de singes ou de loups forment des communautés régies par des règles complexes.

8. *Un siècle de déshonneur*, trad. É. Viel, Paris, 10/18, 1997 [1972], p. 230. Notons que c'est une femme qui a attiré l'attention de l'opinion publique sur les actes de cruauté subis par les natifs. De la même façon, la dénonciation du traitement réservé aux Afro-Américains a commencé avec Harriet Beecher Stowe et sa *Case de l'oncle Tom*, parue pour la première fois en 1852.

fait, la population native qui comptait environ 7 à 10 millions de personnes avant la colonisation était réduite à 250 000 individus à la fin du XIXe siècle[9]. Au final, ces massacres ont « simplement » été qualifiés de crime international par les Nations Unies en 1948. En grande partie sous la pression des Américains eux-mêmes.

« American exceptionalism »

Sous bien des aspects, le caractère exceptionnel du destin de la nation américaine et le privilège divin qui lui aurait été accordé ne sont qu'un prolongement de la culture que les Pères fondateurs avaient emporté dans leurs bagages dès leur premier voyage. Si d'aucuns pensent que l'alliance entre les États-Unis et Israël est le résultat des récentes évolutions de la politique internationale, il faudrait leur rappeler que les colons américains étaient convaincus, bien avant l'Indépendance, d'avoir reçu leur destinée de Dieu, comme les juifs dans la Bible[10].

Les colons avaient laissé derrière eux le vieux monde et ses injustices et ne reconnaissaient que l'autorité de la Providence. *Ils ne faisaient confiance à personne d'autre.* Ce point mérite qu'on s'y attarde quelques instants. De fait, ce qu'on a appelé le « style paranoïaque de la politique américaine »[11], après la vague maccarthyste, ne concerne ni les dernières décennies, ni la seule droite radicale : il en constitue un élément originel. La *righteousness* (un terme difficilement traduisible qui désigne la conviction d'être dans son bon droit) est la face cachée d'un principe politique indiscutablement plus éclairé et honnête que la *Realpolitik* européenne. Si les États-Unis ont défendu des institutions internationales méritoires au XXe et au XXIe siècle, ils s'en sont finalement détournés. Cette méfiance ne doit pas nous surprendre : il ne

---

9. Voir D. E. STANNARD, *American Holocaust, op. cit.*, annexe 1 ; J. WILSON, *La terre pleurera. Une histoire de l'Amérique indienne*, trad. A. Deschamps, Paris, Albin Michel, 2002, prologue.

10. Voir A. STEPHANSON, *Manifest Destiny. American Expansion and the Empire of Right*, New York, Hill & Wang, 1995, chapitre 1. Pour la notion d'American exceptionalism, voir S. M. LIPSET, *American exceptionalism. A Double-Edged Sword*, New York, W. W. Norton & Company, 1997.

11. Voir R. HOFSTADTER, *Le style paranoïaque, op. cit.*

s'agit pas d'un calcul politique à moyen terme mais d'une réserve que le cours des siècles n'a pas su modifier.

Un tel pacte divin, toujours sous-jacent au sein de la culture dominante, encourage des choix audacieux. Reste que l'exercice quotidien de la politique a pour acteurs des êtres humains, et pas Dieu. Face à des jeux de pouvoir parfois banals et prévisibles, ceux qui se considèrent comme des êtres justes peuvent se sentir horriblement trahis et sombrer presque irrémédiablement dans la méfiance. Même si les institutions politiques américaines ont un solide fondement démocratique, la fierté puritaine bafouée y introduit une part latente d'agressivité, d'intolérance et de méfiance qui perdurera au fil des siècles. À titre d'exemple, les normes pour immigrer aux États-Unis sont un exemple historique de démocratie. Et pourtant, le formulaire I-94 W du 29 mai 1991, à remplir pour entrer dans le pays, demande encore, aux points B et C : « Demandez-vous l'entrée pour prendre part à des entreprises criminelles ou immorales ? [...] Êtes-vous impliqué dans des actes d'espionnage ou de sabotage, dans des activités terroristes ou dans un génocide ? »

Moby Dick

C'est tout sauf un hasard si, en Amérique, Homère s'appelle Melville et si *Moby Dick* est son *Odyssée*. À la différence d'Ulysse, capable de s'adapter aux circonstances en tuant ou épargnant son ennemi, Achab, le navigateur dont l'objectif n'est pas Ithaque mais une force maléfique à anéantir, éprouve une haine à laquelle rien ne saurait l'arracher : il ne croit qu'à une vérité, la vengeance. Tout le reste en découle, quel qu'en soit le prix. Même si cette guerre à mort implique la mort d'Achab lui-même.

Dans le monde antique, c'était aux êtres humains d'être persécutés par les dieux, comme Ulysse par Poséidon. L'homme était héroïque en refusant de laisser cette persécution devenir son inévitable destinée et en parvenant à y survivre. L'homme était l'homme. Le dieu, persécuteur irrationnel, était la force irrépressible de l'inconscient qui profitait de la moindre zone d'ombre pour agresser l'homme, mais sans l'empêcher de vivre.

Avec *Moby Dick*, tout change : l'homme a reçu des Lumières une illumination. Les rôles peuvent être inversés. L'homme reproduit l'histoire du monde au sein de son parcours individuel : après avoir été victime de la baleine, il devient son persécuteur tandis que le monstre, la toute-puissante divinité marine, est désormais le persécuté. La lutte est totale, le mal à combattre a définitivement contaminé le caractère du combattant. La conscience humaine s'est appropriée la dimension persécutrice de l'inconscient qui la gouverne désormais de l'intérieur, en la rendant absurde à son tour. À ce monde, Achab adresse un adieu shakespearien. Il n'a pas d'alternatives, et il le sait. Tout a déjà été décidé « un milliard d'années avant que ne roulent les eaux de cet océan », dit-il avant d'ajouter : « Je suis le lieutenant des Parques et je n'agis que sur ordres [12]. » La paix ne reviendra qu'au moment où il sombrera avec l'inconscient, dans l'inconscient, en retrouvant l'inconscient. La conscience, contaminée par la paranoïa, est devenue masochiste, elle a cessé de vouloir vivre, elle s'est désagrégée en tant que conscience.

Principes fondateurs et pureté

La Déclaration d'Indépendance du 4 juillet 1776 sous-entend une alternative drastique entre confiance en Dieu et défiance radicale à l'égard des autres sociétés, soupçonnées de comploter. Elle développe ainsi un sujet central : la kyrielle d'abus commis par le roi de Grande-Bretagne « marque le dessein de soumettre [les colons] au despotisme absolu ». L'observateur d'aujourd'hui pourrait trouver qu'une telle interprétation se laisse quelque peu emporter par des émotions partiales. Certes, des abus ont indiscutablement eu lieu. Mais ils étaient l'expression normale et, en grande partie, « légitime » du libre arbitre dont usait le souverain dans l'exercice de ses fonctions, notamment dans une colonie. Elles ne sous-entendaient pas nécessairement un *dessein* maléfique à l'égard des colons. Quant au despotisme imposé par le roi, il n'était ni *absolu* ni plus dur que celui exercé au cours d'autres aventures coloniales. Les treize colonies américaines et la

---

12. H. MELVILLE, *Moby-Dick*, dans *Œuvres*, III, trad. P. Jaworski, Paris, Gallimard, coll. « Bibliothèque de la Pléiade », 2006, p. 607.

Grande-Bretagne avaient désormais des intérêts trop divergents et devaient se séparer : tout le problème était là.

Dans les années qui suivirent l'indépendance, le débat autour de la Constitution des États-Unis d'Amérique fait rage. On notera que les émotions les plus exacerbées exprimées dans les lettres et les articles de l'époque témoignent déjà d'un « style paranoïaque ».

Dès les débuts de la démocratie nord-américaine, l'idéalisme puritain invite à se méfier des relations diplomatiques (les relations commerciales faisant, elles, l'objet d'une plus grande souplesse), notamment celles avec l'Europe qui présenteraient un risque de contamination [13]. Au moment d'abandonner sa charge, le président-fondateur, George Washington, lance un appel vibrant contre « les ruses sournoises de l'influence étrangère ». Et d'ajouter : « L'Europe a des intérêts qui ne nous concernent aucunement, ou qui ne nous touchent que de très loin. [...] Pourquoi, unissant notre destinée à celle d'une quelconque nation européenne, sacrifierions-nous notre paix et notre prospérité à l'ambition, à la rivalité, aux intérêts, aux passions et aux caprices des puissances de l'Europe ? Notre véritable politique doit être de n'avoir aucune alliance permanente [14]. »

Tandis qu'au XVIIIe et au XIXe siècle plusieurs guerres européennes modifient les cartes géographiques sans déplacer les populations et donnent naissance à des États pluriethniques, la formation progressive des États-Unis constitue d'emblée une ambition cohérente de créer un pays homogène, ethniquement et culturellement. De fait, la mentalité *puritaine* préfère, comme nous le rappelle le terme lui-même, ne pas

---

13. Pour s'en convaincre, il suffit de parcourir les titres de quelques documents écrits à tout juste quelques semaines d'intervalle : « Philadelphiensis », « Diabolical Plots and Secret Machinations to Destroy Your Liberties », 19 décembre 1787 ; Hugh Leddlie à John Lamb, « Beware, Beware, Beware, for I Apprehend a Dreadful Snare », 15 janvier 1788 ; « Centinel » XII [Samuel Bryan], « The Federalists Conspiracy Detected : "The Most Odious System of Tyranny That Was Ever Projected... A Crime of the Blackest Dye", *Independant Gazetteer*, 23 janvier 1788 ; « Publius, » The Federalist XLVI [James Madison], « Federal Tyranny : "The Incoherent Dreams of a Delirious Jealousy" », *New-York Packet*, 29 janvier 1788 ; « A Conspiracy Detected To Obliterate Debts Owed to the Public », 26 février 1788, et ainsi de suite. Pour l'ensemble de ces documents, voir B. BAILYN (dir.), *The Debate on the Constitution. Federalist and Antifederalist Speeches, Articles and Letters during the Struggle over Ratification*, New York, The Library of America, 2 vol., 1993.

14. G. WASHINGTON, *Farewell Adress*, 19 septembre 1796.

mélanger les différences : l'immigré est assimilé au plus vite et de la façon la plus complète possible. Pour autant, les natifs n'existent qu'en qualité d'ennemis. La Déclaration d'Indépendance elle-même, jalon décisif dans la naissance des droits de l'homme, les désigne uniquement comme des persécuteurs : ce sont des « sauvages impitoyables », incités par le roi d'Angleterre à massacrer les colons. « Les Afro-Américains sont-ils des personnes ou des biens ? », va-t-on même jusqu'à se demander [15].

La formation de cet État national homogène est menée à son terme au cours du XIXe siècle. La frontière glisse vers l'ouest. Elle défriche le territoire en éliminant la nature et les natifs qui n'ont pas intégré la civilisation des colons. Un phénomène précurseur, à très grande échelle, de la *gentrification line* qui, en suivant une volonté de purification similaire, délimitera les quartiers bourgeois des villes américaines – une ligne sans cesse en mouvement du fait qu'elle réhabilite et récupère des zones à l'abandon, mais toujours précise et affûtée.

Cette ligne est *destinée* à atteindre la côte du Pacifique. Elle inclut ce qui est suffisamment pur. De même que notre ombre avance au rythme de nos pas, sans que nous puissions jamais la rattraper, l'ombre psychologique est repoussée de plus en plus loin. Mais le rapport de forces entre conquérants et conquis est si déséquilibré que l'histoire avance trop vite. Au lieu d'opérer une épuration totale, cette *gentrification frontier*, pourrait-on dire par analogie, se contente de rendre invisible l'altérité qu'elle englobe. Les tribus indigènes sont enfermées dans des réserves, les Mexicains et les Afro-Américains, dans des *slums*.

Dès le milieu du XIXe siècle, l'observateur avisé se rend compte que l'espace ne va pas tarder à manquer. Avancer vers le couchant, c'est se rapprocher de la côte du Pacifique : il ne sera plus possible de déplacer les natifs vers l'ouest. Le Département d'État propose alors de renoncer aux déportations et de choisir l'une des deux solutions restantes : l'assimilation ou l'extermination [16]. Après d'innombrables débats, l'idée de l'assimilation l'emporte. Les conditions économiques et culturelles sont cependant si défavorables qu'il devient difficile de

---

15. Voir « Publius, » The Federalist, LIV [James Madison], « Are Slaves Property or Persons ? », 12 février 1788, citation dans B. BAILEY (dir.), *The Debate on the Constitution*, *op. cit.*, II.

16. Voir J. WILSON, *La terre pleurera*, *op. cit.*, p. 355.

faire la différence entre ces deux options. Il n'est plus nécessaire de faire appel aux militaires comme le général Philip Sheridan, héros de la guerre de Sécession, pour qui un bon Indien était un Indien mort : on s'en remet aux éducateurs comme Richard Henry Pratt, fondateur d'une école exclusivement destinée aux Indiens, dont le but est de déplacer cette violence sur le plan psychologique. Assimiler signifie désormais « tuer l'Indien pour sauver l'homme »[17].

L'année 1900 commence. Le président Theodore Roosevelt fait entrer ces préjugés frontaliers dans le nouveau siècle : « Je n'irais pas jusqu'à penser que les bons Indiens soient seulement les Indiens morts, mais je crois que c'est vrai dans neuf cas sur dix, et je ne tiens pas trop à me pencher sur le cas restant[18]. »

Quelques années plus tard, l'un des plus fervents partisans du racisme, essentiellement passé à la postérité en qualité de dictateur, écrit, non sans admiration, que l'Amérique du Nord a su atteindre un niveau élevé de civilisation car elle est composée en grande partie d'immigrés de souche germanique. Des immigrés qui ne se sont mêlés ni aux natifs, ni aux descendants d'esclaves, là où les unions mixtes pratiquées en Amérique latine ont plongé le continent dans la misère[19]. De fait, la « solution finale du problème juif » semble en partie s'être inspirée de l'extermination historique des Indiens d'Amérique[20] et des grands débats portant sur leur élimination, nourris par la presse[21].

La séparation des continents et la destinée manifeste

Tandis que les natifs sont effacés au sein de ses frontières, les États-Unis aspirent à la pureté en matière de politique internationale également. La « doctrine Monroe », énoncée pour la première fois le 2 décembre 1823, se résume généralement par la formule : l'Amérique aux Américains. Le président Monroe répète le message de son

---

17. *Ibid.*, p. 381.
18. Citation dans D. E. STANNARD, *American Holocaust, op. cit.*, p. 389.
19. Voir A. HITLER, *Mein Kampf, op. cit.*, chapitre 11.
20. Voir B. KIERNAN, *Blood and Soil, op. cit.*, p. 422.
21. *Ibid.*, p. 329 *sq.*

prédécesseur, George Washington, mais plus fort, pour que les gouvernements européens l'entendent eux aussi. Dans le deuxième paragraphe de ce document, la *destinée* est citée comme l'un des leviers de la politique américaine. Une première. Les Américains comptent se désintéresser de l'Europe, mais que les Européens se gardent bien d'intervenir dans les deux Amériques ! Les deux parties du continent sont en effet considérées comme une même sphère d'influence exclusive, même si New York se situe deux fois plus loin de la Terre de Feu que de Londres.

Par ailleurs, les notions employées dans ce document reposent sur une ambiguïté aussi dangereuse que des sables mouvants. Si les « Américains » évoqués désignent les citoyens des États-Unis, le terme d'« Amérique » utilisé dans ce texte renvoie à l'ensemble du double continent. Même si c'est dans une perspective négative, Monroe ne peut pas s'empêcher de s'intéresser à la politique des Européens : Espagnols et Portugais sont sommés de ne pas intervenir dans leurs anciennes colonies d'Amérique latine. Si les actes des hommes politiques américains n'ont pas encore voyagé au-delà de leurs frontières, c'est désormais le cas de leurs pensées.

Avant la moitié du XIXe siècle, le développement démographique et économique des États-Unis est déjà lancé au galop. Leurs désirs d'expansion se focalisent sur l'Ouest et le Sud, c'est-à-dire en direction du Mexique. Après avoir reçu son indépendance, en 1836, l'ancienne colonie espagnole est un pays gigantesque, avec d'immenses ressources peu exploitées. Sa superficie et sa population sont, à cette époque, presque équivalentes à celles des États-Unis [22].

Les obstacles à une invasion sont avant tout psychologiques. Les États-Unis sont nés en se rebellant contre les logiques de pouvoir des dynasties européennes : conquérir militairement de nouvelles terres fait donc l'objet d'une inhibition originelle. Si c'est possible, ils les achètent. En outre, le Mexique s'est battu pour se libérer de l'Espagne, en prenant précisément pour modèle les États-Unis qui lui ont alors exprimé leur sympathie. Malgré tout, les démocrates sont globalement

---

22. Voir J. Z. VÁZQUEZ (dir.), *México al tiempo de su guerra con Estados Unidos. 1846-1848*, Mexico, Secretaría de Relaciones Exteriores-El Colegio de México-Fondo de Cultura Económica, 1997 ; E. SCHUMACHER (dir.), *Mitos en las relaciones México-Estados Unidos*, Mexico, Secretaría de Relaciones Exteriores, 1994.

favorables à l'expansion, y compris d'un point de vue géographique, car ils ont une conception unitaire du progrès : ceux de la démocratie avanceront au même rythme que ceux de l'économie, de la technologie, de la civilisation.

John L. O'Sullivan était un intellectuel de premier plan au sein de ce courant progressiste. En tant que journaliste, il se battait pour les droits des femmes, des travailleurs, des minorités religieuses. En 1839, il publia le manifeste de l'expansionnisme et de la « destinée manifeste » sous le titre *The Great Nation of Futurity*. « Les faits, écrit-il, démontrent à quel point notre place est sans rapport avec celle des autres pays[23]. »

Ce purisme est dans le droit fil de celui des Pères fondateurs et de George Washington. Pour autant, il ne se fonde pas sur les « faits » (*facts*), contrairement à ce que prétend O'Sullivan, qui ne prend même pas la peine d'en dresser une liste, mais sur un dogme subjectif, proposé comme fondement interprétatif des faits eux-mêmes : « La naissance de notre nation a été le début d'un genre d'histoire nouveau. [...] Notre pays est destiné à être la grande nation du futur. Et s'il est destiné à le devenir, c'est parce que le principe à partir duquel une nation s'organise détermine son avenir[24]. »

O'Sullivan part d'un postulat qu'il ne démontre même pas. Il énonce des visions, comme un prophète frappé par une illumination. De cette illumination, tel un esprit paranoïaque, cette fois, il fait dériver les autres passages en recourant à un argument circulaire : si les États-Unis sont destinés à être le grand pays du futur, c'est parce que le principe qui régit ses origines (en d'autres termes, cette perception fantasmée du passé, le dogme de base de O'Sullivan) décide de son futur (en d'autres termes, de sa destinée). Ce genre de tautologie peut vouloir tout dire, et donc ne rien dire du tout. En tous les cas, elle ne devrait souligner qu'un lien temporel, pas une justification morale. Et pourtant, ce truisme cousu de fil blanc a été l'arme idéologique des conquêtes intervenues après coup. La conclusion auquel il souhaite parvenir est en réalité son point de départ : la conquête de populations jugées moins civilisées, de leurs territoires et de leurs richesses.

---

23. J. O'SULLIVAN, « The Great Nation of Futurity », *The United States Democratic Review*, 1839, VI, 23, p. 426-430.
24. *Ibid.*, p. 426.

Ce raisonnement exprime un mépris envers les autres pays mais aussi envers une grande partie de l'histoire humaine, désormais « autre » – si ce n'est envers le passé dans son ensemble : « Quel ami de la liberté et de la civilisation humaines peut poser le regard sur l'histoire passée des monarchies et des aristocraties sans regretter qu'elles aient existé ? Nos annales ne donnent pas à voir d'atroces scènes de massacre », écrit O'Sullivan – pour qui l'extermination des indigènes ne compte manifestement pas. Avant d'ajouter : « Nous ne nous intéressons aux scènes de l'Antiquité que pour apprendre à éviter à peu près tous leurs exemples [25]. »

Ce rejet du passé oblige le discours de O'Sullivan à décrire le futur comme la révélation d'intentions divines : « La nation composée de nombreuses nations est destinée à montrer à l'humanité l'excellence des principes divins. [...] C'est pour cette mission bénie que l'Amérique a été choisie parmi les nations du monde [26]. »

Guerre de conquête

Le Mexique incluait alors le Texas et l'ouest des États-Unis actuels. Dans ce climat d'optimisme futuriste, regarder par-delà les frontières cessa peu à peu d'être un tabou. Afin de venir en aide à la « destinée manifeste », de nombreux Américains commencèrent à immigrer au Texas. Avant de proclamer son indépendance de l'intérieur. Finalement, ils demandèrent et obtinrent un rattachement aux États-Unis en 1845. Le Texas entra effectivement dans une phase de progrès économique. Une notion par ailleurs très souple : c'est pour soutenir le progrès grâce à une main-d'œuvre bon marché qu'on introduisit l'esclavage, auparavant interdit par la loi mexicaine.

Dans ce contexte, les incidents à la frontière entre les États-Unis et le Mexique étaient désormais monnaie courante : il s'agissait majoritairement d'incursions américaines sur le territoire de leur voisin [27]. On vit ainsi se multiplier les accrocs diplomatiques qui fournirent des

---

25. *Ibid.*

26. *Ibid.*, p. 426 et 430.

27. Voir G. G. CANTÚ, *Las invasiones norteamericanes en México*, Mexico, Fondo de Cultura Económica, 1996. Le texte liste et discute 286 violations de la souveraineté mexicaine par les États-Unis.

prétextes aux partisans de la guerre et de l'expansion impériale. Au bout du compte, les Américains envahirent le Mexique en 1846-1848 et occupèrent sa capitale.

Les fondamentalistes de la « destinée manifeste » commencèrent alors à demander le rattachement de tout le territoire aux États-Unis. L'enthousiasme populaire, manifestement sans limites, contamina même le plus grand poète national, Walt Whitman. Sous l'impulsion d'une ferveur similaire, c'est depuis la lointaine Europe que Friedrich Engels applaudit la conquête américaine dans la *Neue Rheinische Zeitung*, phare de la presse progressiste :

> Est-ce un malheur que la splendide Californie soit arrachée aux Mexicains paresseux qui ne savaient qu'en faire ? Est-ce un malheur que les énergiques Yankees [...] concentrent en peu d'années sur cette rive éloignée de l'Océan Pacifique une population dense et un commerce étendu ? [...] L'« indépendance » de quelques Californiens et Texans espagnols peut en souffrir, la « justice » et autres principes moraux peuvent être violés çà et là, mais qu'est-ce en regard de faits si importants pour l'histoire du monde [28] ?

Comme O'Sullivan, Engels était incapable de résister à l'une des grandes tentations de son époque : diagnostiquer le futur sur la base de dogmes qui assimilaient au progrès scientifique la domination des plus faibles par les plus forts.

La victoire des États-Unis avait été écrasante, mais il restait le problème de la population mexicaine. Les théories du darwinisme social naissant avaient la certitude que les peuples inférieurs se réduiraient comme peau de chagrin du fait de leurs faiblesses génétiques et culturelles innées. Reste que la majorité des Américains, fidèles à leurs idéaux de pureté, abhorrait l'idée d'habiter dans le même pays que des millions d'*Indios* et de Latinos. Paradoxalement, ce sont donc ces préjugés raciaux et cette angoisse ancestrale de la contamination qui évita au Mexique d'être rayé des cartes géographiques [29].

---

28. F. ENGELS, « Der demokratische Panslawismus », *Neue Rheinische Zeitung*, 15-16 février 1849.
29. Voir R. E. RUIZ, « Raza y destino nacional », dans E. SCHUMACHER (dir.), *Mitos en las relaciones México-Estados Unidos, op. cit.*, p. 233-251.

Espagne et catholicisme

Le XIXe siècle voit le nationalisme américain s'unir aux violents mouvements anticatholiques naissants [30]. C'est dans ce contexte qu'en 1835, Samuel F. B. Morse, déjà célèbre pour ses peintures et son invention du télégraphe, publie *Foreign Conspiracy against the Liberties of the United States* [31]. Ce livre, au succès retentissant, décrit un complot piloté par les jésuites et l'empereur d'Autriche, désireux de monter sur le trône des États-Unis. L'année suivante paraît *Awful Disclosures* de Maria Monk [32], un récit autobiographique où figurent d'atroces orgies survenues dans des couvents catholiques. On apprendra bien après que l'auteure est une menteuse pathologique et une voleuse, avec de nombreux problèmes psychologiques et plusieurs condamnations judiciaires à son actif, mais il est trop tard. Dans l'intervalle, le livre a intégré cet ensemble de préjugés jamais prouvés et difficile à effacer de l'inconscient collectif. Et il est très certainement devenu le texte américain le plus lu, avant *La Case de l'oncle Tom* !

Comme nous l'avons vu au chapitre précédent, les préjugés traditionnels à l'endroit de l'Europe du Sud ont été exagérément grossis par un fait nouveau : l'immigration issue des pays catholiques a dépassé l'immigration protestante et altéré les équilibres religieux au sein de la population américaine. On en est même venu à soupçonner le pape de vouloir progressivement dominer les terres où s'épanouit la nouvelle liberté.

L'origine et l'archétype des maux que les États-Unis observent en Amérique latine est donc l'Espagne, monarchique, catholique et corrompue. En 1898, celle-ci semble être le dernier pays d'Europe à ne pas être entré dans la modernité : elle est même occupée à massacrer les rebelles de sa dernière vraie colonie, Cuba. Une attitude, là encore, fort peu moderne. C'est alors que le général espagnol Valeriano Weyler y Nicolau (rapidement baptisé *Butcher Weyler*, « Weyler le boucher », par la presse américaine) invente vraisemblablement les premiers camps de concentration (*reconcentrados*) de l'époque moderne [33]. Dans

---

30. Voir R. HOFSTADTER, *Le style paranoïaque, op. cit.*, chapitre 1.
31. New York-Boston, Leavitt-Crocker & Brewster, 1835.
32. Philadelphie, Peterson, 1836.
33. Voir l'article « Campi » dans M. DERIU, *Dizionario critico delle nuove guerre*, Bologne, EMI, 2005.

sa tentative pour garder l'île sous contrôle, Weyler « concentre », dans des lieux prévus à cet effet, des groupes épars d'habitants parmi lesquels des rebelles sont susceptibles de se cacher. L'organisation est totalement improvisée, la mortalité liée à la famine et aux maladies, très élevée. Les quotidiens américains grossissent encore davantage la moindre information, quitte à oublier que les natifs de leur territoire ont eux-mêmes été « concentrés » dans des réserves.

Pour des raisons en apparence idéalistes, l'opinion publique est très vite favorable à une alliance avec les rebelles : on assistait, semblait-il, au dernier combat contre la monarchie et le colonialisme. Le monde de la politique et des affaires est pourtant divisé. Il ne se laisse séduire que progressivement par les arguments expansionnistes. Le président McKinley choisit une voie médiane et envoie à Cuba le *Maine*, l'un des meilleurs vaisseaux de guerre de l'époque, pour protéger les intérêts américains.

Le 15 février 1898, le *Maine* explose alors qu'il est au mouillage dans le port de La Havane. Personne ne s'attendait à cette tragédie. Au moment où elle survient, l'opinion publique américaine a néanmoins été préparée à la haine. Par un battage incessant, mené par le *New York Journal* de William Randolph Hearst, le *World* de Joseph Pulitzer et toute la fameuse *yellow press*[34], certes, mais aussi par des siècles de préjugés.

Étant donné le déséquilibre absolu des forces sur le terrain, l'hypothèse selon laquelle l'Espagne aurait coulé le *Maine* pour s'offrir la possibilité d'entrer en guerre avec les États-Unis est aussi plausible que de voir un agneau mordre un loup. Reste que la majorité des hommes politiques et de l'opinion publique américaine ne pouvait plus se permettre cette considération élémentaire : ils n'étaient plus disposés à renoncer à la guerre, même si les Espagnols étaient désormais prêts à négocier la cession de Cuba sans combattre. *Faire la guerre pour libérer Cuba* : tel était le slogan prédominant. Mais entre les deux, c'est à la guerre que pensait l'inconscient de la masse, plus à la liberté.

---

34. La « presse jaune » de ces années-là était une presse populaire et de masse. La façon dont elle s'est irrésistiblement imposée rappelle le phénomène de la *télé trash*, à cent ans d'intervalle. Des Unes, des extraits, des illustrations des quotidiens de l'époque, en plus de nombreuses informations sur la chronologie, sont consultables sur le site historicalthinkingmatters.org.

La « guerre des journaux »

Le 16 février 1898, la Une du *Journal* clame : « *The Warship Maine was split in two by an Enemy's Secret Infernal Machine* » (« Le cuirassé *Maine* brisé en deux par une machine infernale secrète de l'ennemi »). Sans attendre la guerre, on qualifie déjà l'Espagne d'« ennemi » ; sans attendre une enquête sur les causes de l'explosion, on l'attribue à des armes « secrètes » et à un projet « infernal ». Signe que le journal n'a pas besoin d'informations puisqu'il dispose de *révélations*, la moitié de la page est occupée par un dessin illustrant la « machine infernale » qui aurait été placée sous la coque du *Maine*.

Au fil des jours, la tonalité des articles ne fait que s'exacerber. Même la presse la plus objective commence à se laisser entraîner. Le 18 février, l'Associated Press est obligée de publier un communiqué mettant en garde contre les « rumeurs tapageuses » (*sensational rumors*) qui circulent désormais en nombre dans les quotidiens.

Le 21 mars, une enquête américaine affirme que le *Maine* a été coulé par une mine. Le lendemain, une enquête espagnole arrive, elle, à la conclusion que le vaisseau a été victime d'une explosion interne. Cette enquête a beau avancer plusieurs preuves crédibles (l'impossibilité de s'approcher du bateau, l'absence de poissons morts et de gerbe d'eau qui auraient dû accompagner une explosion survenue à l'extérieur de la coque, en mer), la presse américaine la discrédite complètement. L'escalade vers l'hystérie, toujours plus haut, ne connaît, semble-t-il, aucune limite.

Le président William McKinley, personnage prudent et sans agressivité, mobilise les troupes, mais hésite à déclarer la guerre. Les Unes des journaux, grisées par le nombre toujours croissant d'exemplaires vendus et la sensation d'avoir plus de pouvoir que le Président, rêvent de révoltes de la population et des deux Chambres contre lui. Le 12 avril, l'*Examiner* titre : « *Americans look to Congress to save the Nation's honor* » (« Les Américains se tournent vers le Congrès pour sauver l'honneur de la nation »). Une façon de souligner que McKinley s'était révélé incapable de le défendre.

Les forces armées américaines désormais déployées, l'Espagne envoie une déclaration de guerre le 23 avril. Celle des États-Unis est approuvée le 25, mais antidatée au 21 pour rendre « légitime » le blocus

naval qui a déjà commencé à cette date. Comme nous le verrons plus
loin, « anticiper » une attaque jugée imminente de l'ennemi est typique
de la paranoïa, tout comme le thème de l'encerclement, consubstantiel
à la paranoïa militaire. Le bon sens conduirait à reporter la déclaration
de guerre pour attribuer plus facilement la faute à l'adversaire : ici,
chaque partie joue des coudes pour être la première à la publier.

L'*Examiner* peut finalement titrer : « *The triumph of new journalism* »
(« Le triomphe du nouveau journalisme »). Beaucoup surnommeront la
guerre hispano-américaine *the newspaper war*, la « guerre des journaux ». En plus des manchettes, les illustrations ont joué un rôle
important dans la création de ce climat d'agressivité. La photographie
existait, mais elle manquait de pratique, et le journalisme ne s'était pas
encore doté de règles d'objectivité élémentaires. Il s'agissait en grande
partie de dessins qui, nous l'avons vu avec la « machine infernale », laissaient toute latitude à l'imagination et à la calomnie. Des dessinateurs
qui ne s'étaient jamais rendus à Cuba ont même représenté des enfants
cubains en train de mourir de faim dans les *reconcentrados*. De quoi
susciter de très vives émotions chez les lecteurs.

William Randolph Hearst a néanmoins envoyé sur l'île un illustra-
teur : le célèbre Frederic Remington, dont les peintures ont
immortalisé l'épopée de l'Ouest. Arrivé à Cuba au moment où le
conflit n'a pas encore éclaté, il semble s'être plaint à son employeur
parce qu'il n'assistait pas à une véritable guerre. Hearst aurait
répondu : « Occupe-toi des illustrations, je m'occupe de la guerre[35]. »
Avec beaucoup d'avance sur son temps, Remington a également eu
l'intuition d'offrir au lecteur, mêlé à l'indignation agressive, un peu de
ce *porno soft* qui assurera les ventes de nombreuses publications au
siècle suivant. De fait, un de ses dessins représente des fonctionnaires
espagnols profitant de l'excuse du contrôle à la frontière pour dénuder
des Américaines avant de les autoriser à débarquer à Cuba.

Le préjugé à toute épreuve de la Légende noire s'unit à la *cohérence
absurde* et à l'*autotrophie* : un processus circulaire conduit à demander
au gouvernement américain le blocus naval de Cuba mais également à
mettre les conséquences de ce même blocus sur le dos de l'Espagne. Au
final, le conflit de 1898 a été la première guerre construite par les *mass*

---

35. Par la suite, les esprits les plus fantaisistes iront même jusqu'à penser que le
Maine a explosé à cause d'une mine installée à la demande de Hearst lui-même.

media qui se sont enivrés de leur propre succès. Leur triomphe a conditionné l'histoire des moyens de communication et inauguré, très précocement, ce qu'on a appelé la « société post-factuelle » dans l'Amérique contemporaine[36]. Au moment où s'achève le débat sur la nécessité de la guerre parce que la guerre a été déclarée, la *substitution fantasmatique* de la paranoïa a été menée à terme. Dans le cas qui nous occupe, on a oublié la question : y a-t-il eu une responsabilité de l'Espagne dans la catastrophe du *Maine* ? Le problème s'est restreint à l'éventuelle nécessité de répondre à l'agression espagnole, et à la façon de procéder. Et pour cause : cette agression ne faisait aucun doute.

La guerre entre les deux puissances intercontinentales n'a duré que dix semaines. L'agneau n'a pas eu le temps d'attaquer le loup. Pire : il ne tenait même pas debout. Certes, l'armée espagnole présente à Cuba s'élevait à environ 200 000 hommes, un chiffre non négligeable, mais elle était organisée de manière déplorable. Résultat : sur les 274 000 militaires américains envoyés contre eux, il n'y eut que 379 morts au combat, soit moins de 0,15 % du contingent total, peut-être le pourcentage le plus bas de l'histoire des conflits[37]. Si d'autres statistiques indiquent un nombre de morts légèrement supérieur, ce n'est absolument pas le fait de la combativité des Espagnols : les décès sur le champ de bataille ont été moins nombreux que les morts liées à des maladies ou des incidents, à commencer par des intoxications dues à des rations de viande faisandée[38].

Les États-Unis débarquent en Asie

En mer, le principal affrontement survient aux Philippines.

Même la presse la plus sensationnaliste ne s'est pas intéressée à cette lointaine colonie ibérique. De son côté, la marine américaine sait que la flotte espagnole d'Orient est au mouillage à Manille. Celle-ci est en si

---

36. Voir F. MANJOO, *True Enough. Learning to live in a Post-Fact society*, Hoboken, Wiley, 2008.

37. Voir E. J. HOBSBAWM, *L'Ère des empires, op. cit.*, chapitre 13.

38. Voir R. B. MORRIS (dir.), *Encyclopedia of American History*, New York, Harper & Row, 1996 [1982]. Les statistiques confirment que 90 % des décès sont dus à des « maladies » là où les 10 % restants sont survenus sur le champ de bataille. Voir le site spanamwar.com.

piteux état qu'elle ne pourrait même pas espérer affronter les vaisseaux modernes américains. Et pour cause : il lui serait difficile d'affronter la seule traversée du Pacifique. Ce qui n'empêche pas les hauts commandements américains, par crainte de la voir appareiller pour la Californie, d'envoyer leur flotte à sa rencontre. C'est ainsi que les Philippines, étrangères à ce théâtre de guerre, se retrouvent impliquées du fait d'une *suspicion* irrationnelle et de l'action *préventive* qui en est la conséquence logique. Cette intelligence et ces vies humaines gâchées coûteront à l'archipel asiatique une longue soumission aux États-Unis.

L'amiral George Dewey entre dans la baie de Manille où mouille ce qui reste des navires espagnols, dominateurs sur les océans pendant des siècles. Les maîtres des lieux n'ont même pas su mettre en place les moyens de défense les plus logiques, à savoir miner l'embouchure du golfe. Même l'artillerie fait état d'un déséquilibre : les canons américains ayant une portée bien supérieure, Dewey s'approche suffisamment pour tirer mais reste à l'abri des obus espagnols. Il coule leur flotte, sans difficulté ni pertes, en offrant même une pause à ses marins pour qu'ils puissent se restaurer. Au bout du compte, il ne perd ni navire, ni homme [39].

Avec cette bataille, la marine américaine qui, jusqu'ici, ne figurait aucunement parmi les puissances navales se retrouve à la tête d'une colonie non négligeable, mais sans avoir un seul militaire sur la terre ferme : Dewey se retrouve prisonnier de sa victoire. Par crainte d'une attaque terrestre, les États-Unis engagent alors une *seconde action préventive* en envoyant des forces d'infanterie pour lui venir en aide. Et c'est ainsi que l'Amérique débarque également aux Philippines où ils n'avaient jamais voulu venir.

On exige des Espagnols une reddition sur tous les fronts. Pourtant, les patriotes cubains que l'Amérique a souhaité aider en entrant en guerre ne sont pas invités autour de la table pour la signer. À l'exception de quelques intellectuels, personne n'émet de protestation. L'opinion publique qui, à l'origine, s'était mobilisée pour la liberté des

---

39. À en croire la doctrine militaire de l'*overwhelming force*, il ne faut accepter le combat qu'à la condition de disposer de forces nettement supérieures. Ceux qui prétendent qu'elle a été appliquée dans les forces armées américaines par le général Colin Powell durant le mandat de George W. Bush devraient méditer ces précédents.

Cubains les a oubliés pour ne s'intéresser qu'à la guerre. Cette mémoire courte et cette trahison morale doivent en grande partie être imputées au nouveau protagoniste qui s'est imposé sur le devant de la scène : la presse populiste, le nouveau médium de masse.

À partir de cette époque, les États-Unis sont les maîtres de tous les restes de l'empire colonial espagnol. Pourtant, alors que des débarquements à Cuba et à Porto Rico sont prévus, personne n'a songé aux lointaines Philippines. Sans se référer à un quelconque projet politique (ce que confirmeront *a posteriori* les analyses historiques), les États-Unis, motivés par le seul besoin d'anticiper les manœuvres espagnoles, occupent cet archipel asiatique, en mer et sur terre. Ils ont découvert les avantages secondaires de la paranoïa, ou du moins ceux réservés aux plus forts : peut-on rêver d'une destinée plus manifeste ?

Oubliant que le postulat de tous ces événements était la solidarité anticolonialiste, les expansionnistes demandent à présent l'annexion de Porto Rico et de Cuba. Mais les Philippines ? L'archipel se trouve en Asie : l'incorporer au territoire national serait contredire cette « doctrine Monroe » qui leur permet de s'emparer des deux îles situées sur le continent américain. Or McKinley est un homme de bon sens. Il ne peut ni contrevenir le cœur léger à la « doctrine Monroe », pilier de la politique extérieure américaine, ni renoncer, avec tout autant de légèreté, à une manne aussi importante – et, désormais, gratuite.

La façon dont a été prise la décision de garder les Philippines a, dit-on, été évoquée par McKinley lui-même devant un groupe de prêtres en visite à la Maison Blanche. Le Président est rongé par l'angoisse : rendre les Philippines à l'Espagne serait déshonorant mais accorder aux habitants le droit de se gouverner eux-mêmes – chose jugée impensable puisque ces îles ne comptent aucune population blanche – pourrait avoir des conséquences encore plus graves qu'une administration espagnole. Précédemment, McKinley n'était pas certain qu'il faille intégrer l'archipel philippin aux possessions américaines. Mais le fait qu'il soit tombé entre leurs mains comme un don du ciel l'a déstabilisé. Après avoir consulté en vain de nombreux hommes politiques, il passe des nuits entières sans dormir. Alors qu'il erre dans les appartements présidentiels, il tombe à genoux et cède à la tentation de prier Dieu pour qu'il l'éclaire. Dieu l'éclairera, même si le Président s'avouera incapable de relater comment. Il ne lui restera plus qu'à aller se coucher et à dormir sur ses deux oreilles [40].

Sur l'autel de Dieu, le destin a épousé le devoir. De fait, il s'agissait là de prendre en charge les Philippins, les christianiser, les civiliser, les éduquer : une véritable responsabilité. « *Duty determines destiny* », « Le devoir décide de la destinée », se serait même exclamé le Président, enrichissant à son tour l'apport de ce que Richard Hofstadter a appelé la « littérature circulaire » [41].

Les reconstitutions des historiens confirment que les Philippins n'ont pas reçu la même illumination divine : s'ils n'avaient même pas un semblant d'armée, ils ne souhaitaient plus avoir de maîtres. Leur résistance a été désespérée. Les Américains ont mis trois ans pour prendre le contrôle de l'archipel éclaté, soumis depuis des siècles à une force européenne en voie de décrépitude, anéantie en dix semaines.

L'historiographie ne dispose pas d'informations complètes sur l'affrontement. Plus qu'une guerre, ce fut d'abord un massacre : alors qu'on était à peine au milieu du conflit, un général américain de retour au pays a estimé qu'un sixième de la population de Luzon (l'île principale, où se trouve Manille) avait trouvé la mort dans les affrontements ou les catastrophes qui en avaient découlé.

À partir du concept de paranoïa clinique, nous avons donné, par extension, le nom de *paranoïa historico-culturelle* à une conviction collective fondée sur des postulats erronés. En 1976, Hyman Rickover, amiral de la marine américaine, a conduit une enquête sur le naufrage du *Maine* [42]. Il n'y avait aucune preuve d'un sabotage : une combustion interne spontanée a très vraisemblablement été à l'origine de l'explosion qui a touché le vaisseau. Dans les faits, la version espagnole s'est trouvée confirmée et la version américaine, démentie. Il y a tout à la fois quelque chose de réconfortant et de perturbant dans ce dénouement. La paranoïa peut prendre l'allure d'un éboulement qui s'alimente tout seul au gré de sa course, même si le temps peut, à défaut

---

40. Voir H. ZINN, *Une histoire populaire des États-Unis. De 1492 à nos jours*, trad. F. Cotton, Marseille, Agone, 2003, chapitre 12.

41. Le chapitre « Cuba, the Philippines and Manifest Destiny » n'ayant pas été repris dans l'édition française du livre de Richard Hofstadter, je renvoie le lecteur à l'original de *The Paranoid Style in American Politics and Other Essays*, Londres-Cambridge (Mass.), Harvard University Press, 1996 [1965].

42. Voir H. ZINN, *Une histoire populaire des États-Unis, op. cit.*, chapitre 12.

des torts, redresser le plan incliné qui est dévalé. Près de quatre-vingts ans avant l'enquête de Rickover, l'Espagne avait perdu la guerre et ses colonies : un fait aussi irréversible que la mort de tous ses soldats. Pour autant, on a reconnu que les gouvernants américains s'étaient comportés en « persécuteurs naïfs ». L'histoire se répétera au XXIᵉ siècle quand les troupes envoyées par George W. Bush attaqueront l'Irak pour punir ce pays de posséder des armes de destruction massive qu'on ne trouvera jamais.

Le fardeau du Blanc

Le préjugé collectif dont témoignent ces événements possède malgré tout un autre aspect. Un aspect plus insidieux que l'hystérie militaire car il se pare d'atours esthétiques et ne saurait être ni déconstruit par une enquête de spécialistes, ni balayé en même temps que la poussière du temps, comme ce fut le cas des articles de la *yellow press* et comme c'est aujourd'hui le cas d'à peu près tous les programmes télévisés.

Au terme de la guerre hispano-américaine, le 12 février 1899, le populaire *McClure's Magazine* publie *The White Man's Burden*, écrit par l'un des plus grands poètes de tous les temps, Rudyard Kipling. *The United States and the Philippine Islands*, indique le sous-titre. L'homme blanc, dit le poème, subira des critiques tandis qu'il versera des larmes et du sang. Mais il doit apporter la civilisation aux peuples de couleur, parfois par la force, parfois malgré lui. L'invocation exprimée par le poème possède de surprenantes similitudes avec le conseil donné par Dieu au président McKinley. Car c'est précisément pour le bien de ces peuples incapables de se gouverner qu'il convient d'accomplir ce sacrifice.

WHITE MAN'S BURDEN

Take up the White Man's burden –
Send forth the best ye breed –
Go bind your sons to exile
To serve your captives' need ;
To wait in heavy harness,

On fluttered folk and wild –
Your new-caught, sullen peoples,
Half-devil and half-child.

Take up the White Man's burden –
In patience to abide,
To veil the threat of terror
And check the show of pride ;
By open speech and simple,
An hundred times made plain
To seek another's profit,
And work another's gain.

Take up the White Man's burden –
The savage wars of peace –
Fill full the mouth of Famine
And bid the sickness cease ;
And when your goal is nearest
The end for others sought,
Watch sloth and heathen Folly
Bring all your hopes to nought.

Take up the White Man's burden –
No tawdry rule of kings,
But toil of serf and sweeper –
The tale of common things.
The ports ye shall not enter,
The roads ye shall not tread,
Go make them with your living,
And mark them with your dead.

Take up the White Man's burden –
And reap his old reward :
The blame of those ye better,
The hate of those ye guard –
The cry of hosts ye humour
(Ah, slowly !) toward the light : –
« Why brought he us from bondage,
Our loved Egyptian night ? »

Take up the White Man's burden –
Ye dare not stoop to less –
Nor call too loud on Freedom
To cloak your weariness ;
By all ye cry or whisper,
By all ye leave or do,
The silent, sullen peoples
Shall weigh your gods and you.

Take up the White Man's burden –
Have done with childish days –
The lightly proffered laurel,
The easy, ungrudged praise.
Comes now, to search your manhood,
Through all the thankless years
Cold, edged with dear-bought wisdom,
The judgment of your peers !

LE FARDEAU DU BLANC

Ô Blanc, reprends ton lourd fardeau –
Mande au loin ta plus forte race,
Mets en exil tes fils, plutôt,
Pour servir ton captif fugace,
Afin qu'en lourd harnois il serve
La gent sauvage, au cœur mouvant,
Fraîche conquise, sombre et serve,
Mi-diable et mi-enfant.

Ô Blanc, reprends ton lourd fardeau –
Attends patiemment, et sache
Voiler menace et dur credo,
Alors que tout orgueil se cache ;
Par des mots clairs de franc apôtre,
Dont la clarté cent fois a lui,
Cherche le bon profit d'un autre,
Et fais le gain d'autrui.

Ô Blanc, reprends ton lourd fardeau –
La paix, avec sa lutte ogresse –
Repais la Famine, et, bientôt,

Ordonne au mal rongeur qu'il cesse ;
Et quand tu crois ta fin bien tienne,
Qu'un but d'autrui se fait bien voir,
Vois l'âpre Sottise païenne
Briser tout ton espoir.

Ô Blanc, reprends ton lourd fardeau –
Non pas quelque règle royale,
Mais le travail de serf, bedeau,
La tâche commune et banale.
Les ports où nul ne te convie,
La route où tu n'auras nul bord,
Va, construis-les avec ta vie,
Marque-les de tes morts.

Ô Blanc, reprends ton lourd fardeau –
Tes récompenses sont mignardes –
Blâme de qui eut ton cadeau,
Haine de ceux-là que tu gardes,
La foule aux grondements funèbres
Qui va (par toi) vers la clarté :
« Pourquoi dissiper nos ténèbres,
Nous mettre en liberté ? »

Ô Blanc, reprends ton lourd fardeau –
À rien de moins tu ne t'abaisses,
Et tu n'oses vêtir pour manteaux
La Liberté, sur tes faiblesses,
Par tous les cris de tes cent bouches,
Par tout ce que tu fais – ta loi,
Les peuples sombres et farouches
Pès'ront tes dieux – et toi !

Ô Blanc, reprends ton lourd fardeau –
Finis, les jeux des jours graciles,
Le laurier qu'on t'offrait tantôt,
Et les louanges trop faciles.
À présent vient, perçant ta guise,
Sous les ans nus, tout au travers,
Froid, doublé de Sagesse acquise,
Le jugement des pairs !

CHAPITRE 5

L'EUROPE DANS LES TÉNÈBRES

En soi, tous les gouvernements et la grande majorité des peuples sont censés être pacifiques, mais le contrôle est perdu et la pierre s'est mise à rouler.

T. VON BETHMANN-HOLLWEG, chancelier allemand, 30 juillet 1914.

Comte, vous êtes un homme d'armes : comment est-il possible d'arrêter une mobilisation qui a pris de la vitesse ?

NICOLAS II au comte de Pourtalès, ambassadeur d'Allemagne, 1er août 1914.

Grande est la Guerre

En incluant le génocide arménien, la Première Guerre mondiale a tué environ 15 millions d'hommes et fait, en outre, au moins 20 millions de victimes indirectes entre la famine et les maladies, dont l'épidémie de grippe « espagnole ». Pourquoi a-t-elle éclaté ?

Plus exactement : pourquoi a commencé cette guerre de Trente Ans moderne [1], dont la seconde partie a fait 40 millions de victimes directes supplémentaires (en incluant celles de la Shoah) et un nombre incalculable de victimes indirectes [2] ? Pourquoi la « longue guerre du court XXe siècle » a-t-elle englouti cinquante ans d'histoire avec, au total, entre 60 et 80-90 millions de morts ? Mieux : pourquoi avons-nous été violentés par la « guerre du monde » [3] qui, en comptant d'autres conflits liés « uniquement » à la décolonisation (et par conséquent vite oubliés par les Européens) ainsi que les « autogénocides » de l'Union

---

1. Nous reprenons ici le titre d'une œuvre de Paul Claudel. Voir *Poèmes et paroles durant la guerre de Trente ans*, dans *Œuvre poétique*, éd. J. Petit, Paris, Gallimard, coll. « Bibliothèque de la Pléiade », 1977.
2. La seule famine du Bengale, en 1943, a causé entre 3,5 et 3,8 millions de morts.
3. Nous reprenons ici le titre d'un ouvrage de Niall Ferguson (*The War of the World*, *op. cit.*).

Soviétique sous Staline, de la Chine sous Mao et du Cambodge sous Pol Pot, a ravagé la quasi-totalité du siècle et anéanti entre 167 et 188 millions de vies [4] ?

Les campagnes napoléoniennes qui avaient balayé l'Europe, les nouvelles guerres nationalistes et le conflit franco-prussien de 1870 avaient certes été des événements sans précédent. Malgré tout, le « long XIXe siècle » [5] a vu mourir à la guerre 5 500 000 personnes, pas davantage [6] – une publication de l'époque estimait même que les victimes de l'ensemble des guerres ne totalisaient que 6 860 000 personnes depuis le début de l'histoire humaine [7]. Mais à compter de l'été 1914, rien ne fut plus comme avant : « Les hommes ont perdu dans la guerre ce qu'ils avaient de contrôle sur leur histoire [8]. »

De nombreux historiens ont été jusqu'à considérer le premier et le second conflit mondial comme une seule et même guerre civile entre Européens. Une guerre que d'autres relient aux conflits postérieurs, à savoir la guerre froide et les bains de sang de la décolonisation. Paradoxalement, malgré d'innombrables études, il n'existe pas d'interprétation commune, ni même largement partagée, de l'origine de toutes les origines – en d'autres termes, des causes de la Première Guerre mondiale. Nous pouvons cependant dire avec certitude que la paranoïa y a joué un rôle central.

Le monde, et a fortiori l'Europe, traversait, semblait-il, une période de prospérité, de paix et d'enrichissement culturel extraordinaire.

---

4. Voir V. R. BERGHAN, « Introduction », dans P. CAUSARANO (dir.), *Le XXe siècle des guerres*, Paris, Les Éditions de l'Atelier-Éditions Ouvrières, 2004 ; P. BAIROCH, *Victoires et déboires. Histoire économique et sociale du monde du XVIe siècle à nos jours*, Paris, Gallimard, 1997, partie 3, chapitre 24 ; N. FERGUSON, *The Pity of War*, New York, Basic Books, 1999 ; N. FERGUSON, *The War of the World*, op. cit. ; E. J. HOBSBAWM, *L'Âge des extrêmes. Histoire du court XXe siècle*, trad. A. Leasa, Bruxelles, André Versaille, 2008 [1999] ; G. HIRSCHFELD, G. KRUMEICH et I. RENZ (dir.), *Enzyklopädie erster Weltkrieg*, Paderborn, Schöningh, 2003 ; R. BARTH et F. BEDÜRFTIG, *Taschenlexicon zweiter Waltkrieg*, Munich, Piper, 2000.

5. La stabilité de cette période, qui a perduré jusqu'en 1914, a inspiré cette formule à Eric Hobsbawm, par opposition au « court XXe siècle ». Voir *L'Âge des extrêmes*, op. cit.

6. Voir P. BAIROCH, *Victoires et déboires*, op. cit., partie 3, chapitre 24.

7. Voir B. VINCENT (dir.), *Haydn's Dictionary of Dates and Universal Information Relating to All Ages and Nations*, Londres, Ward, 1892, article « War ».

8. F. FURET, *Le Passé d'une illusion. Essai sur l'idée communiste au XXe siècle*, Paris, Robert Laffont-Calmann-Lévy, 1995, p. 70.

Rétrospectivement, cette époque a été considérée comme le paradis perdu de la société libérale. Jusqu'au surgissement de la catastrophe, on circulait sans passeport d'un pays d'Europe à un autre, ce qui avait d'ailleurs frappé Borges, arrivé de la lointaine Argentine.

L'ennui et l'attente

La paix peut paraître longue et même un peu ennuyeuse avant que l'heure de la pleurer n'ait sonné. Si le XXe siècle nous a appris à avoir peur d'être contaminé par la violence, les intellectuels de l'époque semblaient surtout préoccupés par la contagion de l'*ennui** [9]. Les observateurs attentifs auraient pourtant dû entrevoir, caché derrière les célébrations du progrès auxquelles se livrait chaque pays, un double potentiel : celui de la suspicion et des pulsions destructrices.

Lorsqu'ils reviendront sur ces années, beaucoup diront qu'ils avaient éprouvé un « sentiment d'attente » : sans le savoir, l'Europe attendait *le premier mort*. Ce premier mort déclenche une contagion totalisante, un sentiment de menace auquel nul ne peut échapper [10]. En mourant, il inocule la paranoïa au sein de la masse. Il a une infinité de significations, il ne s'appartient plus à lui-même, chacun l'investit d'un sens. À l'inverse, la première vie ou les millions d'autres sauvées par la paix n'ont potentiellement aucune signification car personne ne les invoque. Tant qu'il ne voit pas la mort lancée au galop, l'homme a la certitude que la vie est l'état normal des choses : il ne s'en soucie donc pas. C'est seulement dans les tranchées, au moment où il est trop tard pour rentrer chez soi, qu'on s'aperçoit que la vie est précaire. Exactement comme une hospitalisation vient nous rappeler qu'on appartenait jusque-là à la catégorie des gens bien portants.

Si la paix et la vie suivant son cours sont synonymes de silence et d'anonymat, la guerre et la mort qui l'accompagne font du bruit et ont un nom : la Fureur et la Renommée, deux divinités de l'Antiquité. La communication de masse favorise leur alliance et accentue cette

---

9. Voir G. STEINER, *Dans le château de Barbe-Bleue. Notes pour la redéfinition de la culture*, trad. L. Lotringer, Paris, Gallimard, coll. « Folio essais », 1986 [1973].

10. Voir E. CANETTI, *Masse et puissance, op. cit*, chapitre 3.5 (« Sur la dynamique de la guerre. Le premier mort »).

asymétrie entre la paix et la guerre. Les médias de masse, que la modernité voit émerger, font l'éloge de la paix et de la vie mais ne sont que l'antithèse de leur silence et de leur anonymat ; ils sont structurellement plus proches de la guerre et de la mort (qu'ils font mine d'abhorrer) car c'est la Renommée et la Fureur qui les font vivre. Celui qui souhaite la guerre dispose, grâce aux moyens de communication modernes, de nouveaux outils pour relayer et amplifier les émotions. Des outils qui manquent à la paix et au silence. Depuis toujours, *le mal dispose d'un avantage, d'une force asymétrique par rapport au bien* [11]. Les élans de paix ne s'accompagnent pas d'émotions fortes là où les élans destructeurs, eux, sont grisants, surtout au sein d'une foule qui dilue les responsabilités et renforce les émotions.

Dans ses mémoires [12], Stefan Zweig décrit un épisode du printemps 1914, à l'heure où peu de gens osent penser qu'une guerre va éclater. Il se trouve alors en France, dans un cinéma de Tours. Les actualités défilent sur l'écran. Après un événement sportif, le bulletin d'information passe à la visite rendue par le Kaiser à l'empereur d'Autriche-Hongrie. Le vieux François-Joseph marche vers un train, un peu voûté, d'un pas hésitant. Les gens rient gentiment. Puis la porte du wagon s'ouvre et apparaît le Kaiser, Guillaume II. Soudain, un véritable tohu-bohu éclate parmi ce public éduqué (rappelons qu'à l'époque, le cinéma est un passe-temps relativement coûteux). Même les enfants vocifèrent, sans savoir pourquoi. Cette scène ne dure qu'un instant mais révèle à Zweig toute la haine qu'a su accumuler la propagande. Les bourgeois de Tours ignorent qui est cet homme ; ils savent, pourtant, avec une *inébranlable certitude* qu'il est le mal incarné et qu'il faut le haïr. Quelques secondes plus tard, ils rient de bon cœur devant d'autres images.

La flèche de Pandare et le premier mort

Dans l'*Iliade*, Grecs et Troyens parviennent laborieusement à ce qu'une trêve interrompe la guerre [13]. Hélas, presque en cachette,

---

11. Voir L. ZOJA, *Contro Ismene. Considerazioni sulla violenza*, Turin, Bollati Boringhieri, 2009, chapitre 7.

12. Voir *Le Monde d'hier. Souvenirs d'un Européen*, trad. J.-P. Zimmermann, Paris, Les Belles Lettres, 2013, chapitre 8.

13. Voir HOMÈRE, *Iliade*, IV, v. 81 *sq.*

Pandare décoche une flèche et en quelques instants, tout recommence. Le guerrier grec est le modèle idéal des paranoïaques, insignifiants mais ambitieux, cachés un peu partout dans la société : il n'a quasiment rien fait, mais il a quasiment tout fait. Il n'a rien créé, mais il a tout détruit. Sans qu'un vrai chef l'ait décidé, tout le monde a repris les armes et le sang a coulé de plus belle. La *rente de position paranoïaque* peut donc également être appelée *rente de Pandare*.

Les premiers morts sont la conséquence de la flèche de Pandare et font toujours office de caisse de résonance. Au lieu d'inspirer l'horreur qu'on serait en droit d'attendre chez un citoyen normal, ils suscitent en lui la même réaction qu'au sein de la meute contaminée par une émotion animale : ces hommes ne doivent pas être « morts en vain » ! Nous retrouverons cette conviction dans une lettre absurde envoyée par Hitler à Mussolini.

À cet événement fondateur succèdent alors d'innombrables morts dont on pourra dire, *a fortiori*, qu'elles étaient inutiles et évitables. À chaque nouvelle disparition, une famille se trouve en deuil et passe du côté du nationalisme et de la paranoïa : la « rente de Pandare » s'encaisse rapidement. Tout finit par tomber en ruines. Une situation problématique dès lors qu'il devient nécessaire de rebâtir quelque chose à partir de ces décombres, matériels et mentaux.

Au-delà des intentions conscientes, ces premiers morts étaient attendus par un fantasme collectif inconscient. En 1914, celui-ci s'est enclenché, comme pour tenir une promesse faite à ces individus lorsqu'ils étaient encore en vie.

Le 28 juin 1914, Sarajevo attend la visite de François-Ferdinand, héritier du trône d'Autriche-Hongrie. Pour les Serbes, il s'agit d'un jour de deuil national qui marque l'anniversaire de la défaite de Kosovo Polje, synonyme de soumission aux Turcs. Un moment où la rancœur est particulièrement prégnante. Plusieurs jeunes gens appartenant à la Main noire (*Crna Ruka*, appelé également L'Unité ou la Mort, un groupe serbe formé pour commettre des actes de terrorisme contre l'Autriche) se trouvent en Bosnie, alors rattachée à l'Empire austro-hongrois, et plus exactement à Sarajevo. Ils ont la conviction que cette visite vise à bafouer intentionnellement l'honneur serbe. Ils commencent par se tromper de cible : au lieu de l'archiduc François-Ferdinand, ils blessent deux officiers. Alors que tout semble perdu,

Gavrilo Princip voit le futur empereur passer devant lui – et le tue. Princip a alors 19 ans et c'est un lecteur naïf de Nietzsche. Il n'est pas conscient d'avoir fait de François-Ferdinand le « premier mort », d'avoir déplacé le premier caillou d'un éboulement qui entraînera l'Europe dans son sillage, des décennies durant. Il ignore qu'il a accompli le geste de Pandare.

L'ensemble du continent voit naître des débats, mais pas encore la discorde. Au début de ce siècle, les attentats, surtout ceux perpétrés par des anarchistes, sont assez fréquents. La presse des pays qui combattront l'Autriche condamne elle aussi le terroriste. L'empereur, dit-on, est même secrètement soulagé par la mort de François-Ferdinand [14]. Et avec lui, de nombreux sujets, parmi les Hongrois et les conservateurs, notamment : l'Empire austro-hongrois ne passera pas entre les mains de cet homme impulsif [15]. Les Slaves de l'Empire, eux, ont de quoi nourrir une certaine insatisfaction : l'un des projets, jugés peu prudents, du défunt héritier au trône était de transformer la double couronne d'Autriche-Hongrie en triple monarchie, ce qui aurait enfin mis les Slaves sur un pied d'égalité avec les Autrichiens et les Hongrois [16]. Comme à notre époque, ceux que les terroristes voulaient alors éliminer étaient moins leurs ennemis jurés que les intermédiaires potentiels – en d'autres termes, ceux qui voulaient jeter des ponts entre des camps opposés et mettre ainsi les extrémistes hors-jeu.

L'Autriche compte naturellement demander réparation à la Serbie à la suite de cet événement : on sait en effet que les membres de la Main noire s'entraînent en territoire serbe. Mais les puissances européennes sont habituées à désamorcer les crises, après une escalade verbale rituelle.

---

14. Voir M. GILBERT, *First World War*, Londres, Weidenfeld & Nicolson, 1994, p. 32-33 ; N. DAVIES, *Europe. A History*, New York, HarperCollins, 1998 [1996], chapitre 10.

15. L'écrivain et journaliste viennois Karl Kraus rappelle cet état de fait au début de sa pièce *Les Derniers Jours de l'humanité* (trad. J.-L. Besson et H. Christophe, Marseille, Agone, 2005, I, 1). Notons qu'un autre citoyen autrichien détestait le futur empereur « slavophile » : Adolf Hitler.

16. Voir A. J. MAY, *The Habsburg Monarchy. 1867-1914*, Cambridge (Mass.), Harvard University Press, 1951, « Épilogue » ; M. GILBERT, *First World War, op. cit.*, chapitre 2 ; R. A. KANN, *A History of Habsburg Empire. 1526-1918*, Chicago-Londres, University of California Press, 1974.

La suspicion grandit

En 1914, un pays n'a pas intérêt à entrer dans une guerre généralisée : l'Allemagne, dont la politique est alors tournée vers un réarmement agressif de façon plus marquée que chez ses voisins. Dans l'ensemble, si la Triple Alliance (composée de l'Autriche-Hongrie, de l'Italie et de l'Allemagne) possède des forces terrestres inférieures à celles de la Triple Entente [17] (France, Grande-Bretagne et Russie), les projections de l'époque montrent que l'Allemagne est en train de devenir la plus grande puissance d'Europe. Grâce au réarmement, son armée dépasse désormais celle de la France. En construisant sa nouvelle flotte d'après les plans de l'amiral Tirpitz, elle pourrait presque faire jeu égal avec la Grande-Bretagne sur les flots. Le projet avance cependant au ralenti et la flotte anglaise reste deux fois plus importante. Par ailleurs, du fait que les Autrichiens sont infiniment plus faibles que les Français et les Russes, le handicap naval des Empires centraux est encore plus grave que leur handicap terrestre. L'Allemagne peut également être isolée du monde par un blocus maritime. Une situation décisive en cas de guerre prolongée. Ce que la suite des événements a démontré.

Comme nous le savons, la peur de l'*encerclement* s'associe facilement à la paranoïa [18]. Dans le cas qui nous occupe, cette crainte part d'une réalité puisque le handicap de l'Alliance en matière de forces terrestres continue de s'accentuer. Avec son immense population, la Russie peut appeler sous les drapeaux des millions de réservistes [19]. Le cauchemar d'une guerre sur deux fronts étant la hantise des généraux allemands, les plans pour *la prévenir* se transforment en *dogme de base paranoïaque*. Il a aujourd'hui été confirmé que l'Entente avait encerclé militairement l'Allemagne [20]. Mais cela ne veut pas dire qu'une attaque était imminente.

Le ministre des Affaires étrangères britannique, Lord Grey, a interprété *a posteriori* le déclenchement de la guerre comme une

---

17. Il faut par ailleurs retrancher à ces forces terrestres celles de l'Italie, réticente à l'idée d'aider ses alliés allemands et autrichiens en cas de conflit. Et pour cause : le royaume de Victor-Emmanuel III a davantage d'intérêts communs avec l'Entente, ce que les faits ont confirmé.

18. Voir E. CANETTI, *Masse et puissance, op. cit.*, chapitre 6.

19. Voir N. FERGUSON, *The Pity of War, op. cit.*, statistiques 1-5, tableaux 7-13.

20. Voir *ibid.*, chapitre 4.

conséquence de la course au réarmement qui avait désormais acquis une dimension autonome et irréfrénable. Notons que la métaphore de « course à l'armement » ne correspond à aucune volonté humaine : c'est l'expression moderne de la divinité antique de la guerre, un engouement collectif qui déchaîne les Furies, comme l'a éloquemment décrit James Hillman [21]. Cette obsession souterraine inspire désormais la pensée consciente des hauts commandements militaires mais aussi, chose plus grave encore à ce moment précis, la pensée inconsciente d'une large masse d'hommes politiques ou d'hommes de la rue. *Nombre de ceux qui étaient sincèrement convaincus de vouloir la paix glissent à leur tour vers une attente inconsciente qui considère la guerre comme inévitable.* Hélas, cette prédisposition au conflit et la prédisposition à la pensée paranoïaque ne font qu'un : l'attitude qui conduit à une guerre généralisée et celle qui conduit à la paranoïa collective sont structurées de façon largement analogue.

Tout comme la paranoïa, il suffit que la guerre (et la course à l'armement qui en est la forme préparatoire, de façon sous-jacente) fasse le premier pas pour vouloir aller jusqu'au bout – et qu'importe si ce premier pas s'accompagne de la destruction du sujet qui choisit consciemment le conflit. Dit autrement, la personnalité paranoïaque et la personnalité guerrière traditionnelle partagent, dans les faits, la même *cohérence absurde* capable d'*autotrophie*. La mort de l'individu chez qui s'incarne cette personnalité est secondaire. Comme nous l'avons vu à propos de la pathologie individuelle, ce qui compte pour lui (qu'il soit un leader ou un simple individu) est le respect de la *cohérence absurde* qui permet au projet paranoïaque ou guerrier de se développer jusqu'à son terme. En l'absence d'une grande curiosité intellectuelle, d'une profonde intégrité morale ou d'une personnalité nuancée, le leader militaire devient paranoïaque et ne parvient pas à s'arrêter, même quand un œil extérieur estime sans hésiter qu'il aurait tout intérêt à le faire. Certes, c'est l'honneur qui pousse le guerrier à aller toujours plus loin, nous expliquera-t-on. En réalité, il est difficile de tracer une frontière nette entre la dimension morale de l'honneur et sa dimension psychopathologique. Car c'est bien la *structure circulaire de ses processus mentaux* qui interdit au sujet de s'arrêter : sous l'effet d'un cercle vicieux, la moindre conclusion devient à son tour un

---

21. Voir *A Terrible Love of War*, New York, Penguin, 2004.

postulat. Dans la quasi-totalité des cas, ces deux éléments se super-posent et coexistent. C'est surtout la perspective de l'observateur qui change.

Une attaque *préventive* : voilà le fantasme qui habite les militaires allemands. Puisque le temps n'influe en rien sur l'avantage concret de leurs adversaires, la tentation de briser ce carcan est forte : en prenant l'initiative à la vitesse de l'éclair et en utilisant au maximum la disci-pline, l'organisation et le dévouement indéniables des troupes, l'état-major allemand a la certitude de surmonter ce handicap numérique. Pour éviter d'être assiégé par les Russes, d'un côté, et par les Français, de l'autre, on envisage une première attaque massive et rapide vers l'ouest : il s'agit de battre la France en quelques semaines pour ensuite acheminer l'armée en direction de la Russie. Un plan qui s'avère loin d'être évident : percer les défenses bâties par les Français le long de la frontière risque de prendre beaucoup de temps. L'hypothèse extrême (le *Schlieffen-Plan*, qui tire son nom de l'ancien chef d'état-major l'ayant élaboré) prévoit alors, pour les contourner, de passer à travers la Belgique, un pays militairement très faible.

La manière dont les généraux allemands se trompent eux-mêmes révèle plusieurs traits éloquemment paranoïaques. Le *postulat de base granitique* est d'éviter un encerclement. Ce qui implique, en suivant cette « logique », de battre d'abord la France, qu'on peut atteindre plus rapidement que la Russie. Pour y parvenir, on envisage néanmoins de violer la neutralité de la Belgique, quitte à provoquer l'entrée en guerre d'autres pays qui auraient pu rester neutres, comme la Grande-Bretagne. Et voilà comment les plans visant à prévenir l'encerclement risquent, imperceptiblement, de le causer. Un comble. Peu à peu, des déductions en apparence logiques transforment l'ensemble du raison-nement en une véritable absurdité qui va à l'encontre des calculs des militaires eux-mêmes.

Lorsque la guerre éclate, en août 1914, le terme de *Septemberpro-gramm* s'impose : le conflit sur le front occidental doit être mené à bien dès le mois de septembre. Un *résultat*, radical et très dur à obtenir, devient le *postulat de départ* de toute autre hypothèse. On a désormais oublié la mise en garde de Helmuth von Moltke. En 1870, le maréchal prussien avait renversé la hiérarchie militaire européenne en battant la France à une vitesse record, ce qui lui avait valu d'être considéré comme le génie absolu de l'histoire militaire allemande. Le prochain conflit européen dégénérera en une « guerre de Sept ans », si ce n'est en une nouvelle « guerre de Trente ans », avait-il pourtant prévenu [22]. Hélas, l'empressement a entre-temps rapproché les généraux allemands du bord du précipice. Le *Schlieffen-Plan* aurait dû rester une solution d'urgence, dans l'hypothèse la plus redoutée – c'est-à-dire au cas où il aurait fallu répondre à un encerclement déjà devenu réalité. Hélas, il a été mûri de manière si obsessionnelle qu'il s'est transformé en dogme de base. L'esprit des militaires est désormais tourné dans cette seule direction, comme s'ils étaient déjà confrontés à un inéluctable complot de l'ennemi. Et ce, alors même que le conflit n'a pas éclaté.

À l'Est, le théâtre des opérations implique des délais plus longs, du fait de l'étendue de l'Empire russe. En contrepartie, la mobilisation des immenses moyens de l'armée tsariste est beaucoup plus lente, elle aussi. Une chance pour les généraux allemands. Les lignes télégraphiques, désormais courantes dans d'autres pays, ne sont pas légion : pour communiquer entre eux, les hauts commandements recourent souvent aux estafettes. Néanmoins, si les ordres écrits doivent passer par des militaires situés plus bas dans la hiérarchie, une nouvelle contrainte se fait jour : étant donné la misère du pays, de très nombreux soldats ne savent pas lire.

Par ailleurs, tout le monde, les alliés de l'Entente et ceux des Empires centraux, connaît Clausewitz comme un prêtre connaît l'Évangile. Cet Aristote de la philosophie guerrière préconisait des attaques rapides, décisives, par surprise [23]. Inévitablement, les états-majors de l'Entente comprennent que l'Allemagne suit ce raisonnement et disposent de quelques informations sur les plans de l'ennemi. À leur tour, avec nettement plus de conviction chez les Français que chez les Anglais, ils envisagent l'éventualité d'une *attaque préventive* pour *prévenir la possible attaque préventive* allemande.

Les faits démontreront que tous ces calculs, à l'image de ceux d'un paranoïaque, étaient sans fondement, toutes les attaques rapides s'étant avérées inutiles.

---

22. Voir W. J. MOMMSEN, *Der erste Weltkrieg. Anfang vom Ende des bürgerlichen Zeitalters*, Francfort, Fischer, 2004, chapitre « Die Kontinuität des Irrtums. Das Deutsche Reich an der Schwelle zum totalen Krieg ».

23. Voir, en plus des textes déjà cités, J. GLOVER, *Humanity, op. cit.*, chapitre 21 ; B. J. TUCHMAN, *Août 1914*, trad. R. Jouan, Paris, Presses de la Cité, 1962, chapitres 1-7.

À la suite de l'assassinat de François-Ferdinand, gouvernements et ministres des Affaires étrangères multiplient frénétiquement les contacts pour faire face à la tension entre Autriche et Serbie. La population et l'« opinion publique » exprimée par les journaux, elles, ne semblent guère s'alarmer. Pourtant, dans l'inconscient collectif, les engrenages de la paranoïa se sont bel et bien enclenchés.

En cet été 1914, le citoyen austro-hongrois Stefan Zweig part pour un séjour en Belgique [24]. La plage, près d'Ostende, grouille d'Allemands. Un frisson désagréable parcourt l'écrivain lorsqu'il aperçoit des soldats la traverser. Ces derniers transportent des mitraillettes sur de petits chariots traînés par des chiens. Un passant qui en caresse un est vertement rabroué par un officier, comme s'il avait offensé la dignité de l'armée.

Une intense conversation s'engage alors entre Zweig et un groupe d'artistes belges qui, même s'ils sont des amis, sont aussi de potentiels ennemis par le simple fait de leur nationalité. Pourquoi des soldats au milieu des parasols ? En cas de guerre, on dit que les Allemands tenteront de passer par la Belgique. L'écrivain se tourne vers les milliers de touristes allemands qui se pressent sur le front de mer et répond qu'il n'en croit pas un mot. Voyant son interlocuteur insister, il désigne un réverbère : s'il se trompe, il n'aura qu'à mourir pendu à cet endroit précis.

Zweig était trop sensible, trop raisonnable, trop peu paranoïaque pour deviner la pente sur laquelle le monde était en train de glisser. Son inconscient avait néanmoins formulé une plaisanterie atrocement prophétique. Juif autrichien laïc, cosmopolite et polyglotte, il avait pour foi la culture et la littérature en langue allemande. Hélas, c'est précisément cette religion qui l'a trahi et tué. Après la désillusion de la Première Guerre mondiale, Zweig était à l'abri, au Brésil, quand a éclaté la Seconde. Il s'est suicidé en 1942. Pas pour éviter de tomber aux mains des nazis, comme Walter Benjamin, mais parce qu'il s'était senti irrémédiablement trahi en voyant, une fois de plus, les bottes allemandes piétiner la Belgique.

La pensée paranoïaque poursuit son œuvre. L'ambivalence tragique qui, nous allons le voir, tenaille les principaux acteurs, conserve une

24. Voir *Le Monde d'hier, op. cit.*, chapitre 9.

rationalité apparente. En réalité, personne n'arrive à prendre de décision raisonnable. Le moi des protagonistes est désormais impuissant face à la toute-puissance de la paranoïa et bascule dans le « syndrome de Créon »[25].

Le 2 juillet 1914, François-Joseph envoie au Kaiser une très longue lettre qui survole la situation internationale pour mieux se faire l'écho des opinions des hautes sphères politiques et militaires d'Autriche-Hongrie[26]. Ces lignes, mélancoliques et pessimistes, reflètent également la personnalité du vieil homme : elles expriment d'abord la conviction – loin d'être infondée – qu'il existe un « *complot* bien organisé » (*ein wohlorganisiertes « Komplott »*) remontant jusqu'à Belgrade et se terminent par la nécessité d'arracher les fils de cette toile d'araignée (encore une image d'*encerclement*) que les ennemis de l'Autriche-Hongrie veulent tisser autour de son chef.

Chez un homme, l'intuition est une qualité. Chez les politiciens, la patience en est généralement une autre. En revanche, chez les militaires, c'est surtout la capacité à agir rapidement qui s'apparente à une vertu. Dans une crise comme celle déchaînée par le meurtre de l'héritier au trône d'Autriche, l'intuition du personnel politique perd de sa valeur à mesure que chaque jour amène un peu plus de confusion. Dans le même temps, l'impatience des militaires est prise pour un signe d'intuition. Plus la crise se prolonge et se complique, plus le rôle des forces armées s'accentue.

À ce stade, aucun de ces pays n'a fait un pas vers la mobilisation. Malgré tout, l'absence de solutions correspond, pour Vienne, à une absence de réparations après le grave attentat qui a touché l'Empire. De quoi renforcer les voix les plus agressives devant ce nouvel affront fait au prestige national.

Dans chaque État, les chantres de la guerre prétendent sans relâche qu'ils représentent la totalité de la nation. Difficile de ne pas être d'accord. Le message de paix et de raison demeure plus volontiers le fait d'individus qui ne s'additionnent pas dans une foule. Parfois les médias de masse guident l'éboulement le long de la pente, parfois ils

---

25. Voir *supra*, chapitre 1.
26. Les documents concernant le déclenchement de la Première Guerre mondiale sont consultables sur différents sites Internet. Voir notamment le site de la bibliothèque de la Brigham Young University, lib.byu.edu.

se laissent guider. Tardivement, une fois la guerre finie et les émotions apaisées, on s'apercevra enfin que le désir de paix était loin d'être minoritaire. Pour l'heure, on n'assiste qu'à l'agrégation et à la régression de l'intelligence individuelle au sein de la masse, où l'esprit évolue à un niveau incroyablement plus bas. « Si l'on choisit cent personnes de la plus grande intelligence et qu'on les met ensemble, cela devient une cohue stupide », dira l'un des plus fins observateurs de cette période, Carl Gustav Jung[27].

Mobilisations préventives

Le 23 juillet, un premier pas est fait sur une fine couche de glace : un ultimatum assorti de conditions très dures est remis par l'Autriche-Hongrie à la Serbie. On interfère lourdement dans les affaires intérieures du royaume balkanique en demandant à la fois la punition des conjurés et d'importantes garanties en prévision du futur – à travers des opérations d'information de la population et de répression de l'extrémisme anti-autrichien. Si une grande partie de ces exigences sont objectivement justifiées, mettre l'adversaire dos au mur et l'empêcher de sauver la face risque néanmoins de l'amener à se sentir encerclé, d'exclure la rationalité de la confrontation et de le pousser vers la haine.

Inconsciemment, le gouvernement de Vienne s'est laissé guider par la paranoïa. Un postulat qui est précisément le contraire d'un bon calcul, le temps donnant corps aux fantasmes qu'on redoute le plus. En coulisses, l'Allemagne et la Russie viennent quant à elles verser de l'huile sur le feu en garantissant, respectivement, leur appui à l'Autriche et à la Serbie.

Le 25, la Serbie répond en accédant à l'ensemble de ces requêtes, à une exception près : il n'est pas question que la police autrichienne participe directement à l'enquête. Par comparaison aux humiliations plus lourdes qui ont tout de même été acceptées, cette réserve peut sembler marginale. Malgré tout, elle a certainement contribué à susciter des *soupçons persécutoires* : en un sens, elle poussait Vienne à croire qu'on empêchait sa police d'enquêter et, par conséquent, de

---

27. Voir « Diagnostic des dictateurs », dans *C. G. Jung parle, op. cit.*, p. 111.

trouver des pistes conduisant aux membres les plus haut placés du gouvernement serbe. Sans compter que ce dernier avait ordonné la mobilisation générale trois heures avant de donner sa réponse [28].

Au même moment, le chef d'état-major de l'armée serbe termine une cure thermale en Autriche. Sur le chemin du retour, il est bloqué par les Hongrois – chose inadmissible aux yeux de François-Joseph qui le fait libérer tout en mettant à sa disposition un train spécial [29]. Ce geste aurait pu être le début d'une série de comportements anti-paranoïaques et désamorcer la crise. Mais il reste circonscrit aux plus hautes sphères, les militaires et la masse n'étant pas en condition de l'apprécier.

Un deuxième pas est rapidement fait sur ce sol de plus en plus fragile. En Russie, on commence à discuter de la mobilisation. Dans ce genre de situation, l'intention déclarée est naturellement de ne pas se retrouver en mauvaise posture en cas d'appel effectif des troupes. Ce qui revient à lancer concrètement la mobilisation. D'un point de vue psychologique, la fuite en avant paranoïaque visant à « prévenir l'adversaire » a arraché les rênes des mains du personnel politique, qui ne les récupérera plus.

Les monarques et les hommes politiques traditionnels des deux pays les plus forts (l'Allemagne et la Russie) ont des motifs historiques pour ne pas croire à une hostilité réciproque. Durant une grande partie du XIXe siècle, l'un et l'autre entretiennent de très nombreux échanges, la Baltique constitue en grande partie un bassin culturel germanique, l'allemand est l'une des langues parlées à la cour du tsar (avec le français) et les deux couronnes mènent une politique commune hostile au libéralisme comme au nationalisme polonais [30]. Mais avec la fin du siècle, les choses changent. Le cosmopolitisme des familles régnantes cède le pas à la droite moderne, nourrie par un populisme agressif et des moyens de communication ultranationalistes qui répandent la haine à l'endroit de l'Empire voisin. Sans compter qu'avec le développement rapide des médias de masse, l'opinion publique a toujours davantage de poids.

28. Voir M. GILBERT, *First World War, op. cit.*, p. 39.
29. *Ibid.* Voir aussi D. STEVENSON, *1914-1918. The History of the First World War*, Londres, Penguin, 2005, p. 72.
30. *Ibid.*, p. 27.

Le matin du 28 juillet, le Kaiser lit la réponse de la Serbie à l'ulti-matum autrichien et écrit au bas du document que la crise est désormais résolue. À midi, l'Autriche déclare la guerre à la Serbie mais sans ordonner la mobilisation générale. Le lendemain, la Russie entre-prend d'autres démarches pour mobiliser les réservistes tandis que l'Empire de François-Joseph pilonne Belgrade depuis l'autre rive du Danube [31].

De nombreuses personnes pensent encore que les événements peuvent se réduire à de vigoureuses représailles et, surtout, se limiter aux Balkans. Ce même jour, le frère du Kaiser se trouve en Angleterre pour participer à une régate. Il en profite pour rendre une visite de courtoisie à son cousin, le roi George V, qui lui aurait assuré qu'il n'avait aucunement l'intention d'entrer en guerre. Si le Kaiser plaide pour que sa cour assure la médiation entre la Russie et l'Autriche, le tsar Nicolas II choisit celle des Pays-Bas. Celui-ci bascule dans l'angoisse alors que la situation lui échappe : il voudrait prendre au sérieux toutes les propositions et repousser la mobilisation. Mais les militaires, les politiciens – et même quelque chose au fond de lui – l'empêchent de le faire.

De ces quelques instants qui ont décidé du destin du monde, Soljenitsyne a laissé une reconstitution fictive mais psychologiquement très crédible [32]. Le tsar est tourmenté par des problèmes de conscience – hélas, les problèmes d'image sont encore plus écrasants. Il ne saurait trahir ce que son peuple et ses ministres attendent, pense-t-il, de lui. Le ministre des Affaires étrangères, Sergueï Sazonov, veut lui faire signer l'ordre de mobilisation. Nicolas, pour sa part, préférerait une mobilisation partielle : pas question de perdre la confiance de l'empe-reur Guillaume, son cousin et ami, avec lequel il est en négociation. Mais il apprend avec effroi qu'il n'existe aucun moyen pour appeler une partie de l'immense armée russe sous les drapeaux : c'est tout ou rien. Il s'en prend alors aux chefs militaires. À ce stade, il est néanmoins forcé de franchir un autre cap : le risque de guerre étant bien présent, il accepte de donner des directives à l'armée. Contraint et forcé, il signe la mobilisation générale. De toute manière, le rassure-t-on, cette signa-ture n'est qu'une précaution préalable : pour que la procédure

31. À cette époque, la frontière de la Hongrie arrivait beaucoup plus au sud qu'au-jourd'hui, devant la capitale serbe.
32. Voir *La roue rouge. Premier nœud : Août 1914*, *op. cit.*

s'enclenche, il faudrait le paraphe de trois autres ministres et l'approbation du Sénat.

Le lendemain matin, le tsar est soulagé par le message de l'ambassadeur allemand. L'empereur Guillaume II garantit qu'il usera de son influence pour convaincre l'Autriche de calmer le jeu vis-à-vis de la Serbie. À condition, cela va sans dire, que la Russie en fasse autant – c'est-à-dire en se gardant d'engager dès maintenant une mobilisation massive. Nicolas II se lance alors dans un échange de télégrammes de plus en plus frénétique avec le Kaiser jusqu'à ce qu'une nouvelle tombe : *son* ministre de la Guerre a déjà lancé l'ordre de mobilisation tandis que *son* ministre des Affaires étrangères a déjà transmis l'information à la France et à la Grande-Bretagne. Le tout sans le tenir au courant. Et l'approbation des ministres et du Sénat ? On l'a obtenue pendant qu'il discutait. *Par précaution*, puisqu'il fallait *s'empresser* d'agir. Le tsar devient de plus en plus hésitant : *peut-il encore faire confiance à son entourage* ? Pour ne pas se laisser vaincre par la méfiance, il reporte ses espoirs sur Berlin mais ses échanges avec Guillaume II sont si rapides que les télégrammes ont fini par se mélanger. Les messages qui lui parviennent n'ont pas grand sens car ils ne répondent pas au dernier texte envoyé, mais au précédent. La confusion conduit la suspicion du tsar, auparavant projetée sur les ministres et les militaires, à s'orienter vers son cousin allemand et tout son peuple. Les événements se précipitent, ils avancent tout seuls, désormais. Il n'y a plus rien à faire : Nicolas II s'aperçoit qu'au fond, se laisser aller, cesser d'agir, lui procure le soulagement qu'il espérait tant.

Le 31 juillet, alors que le chancelier allemand recommande à son homologue autrichien de ne pas attaquer la Russie, le chef d'état-major, le général Helmuth von Moltke, neveu du héros de la guerre de 1870, conseille de lancer la mobilisation. Ce que fait alors l'Autriche. Chez les uns et les autres, on estime normal que les décisions soient déléguées aux militaires. L'*empressement* l'a emporté sur la prudence.

Si les représailles sont actuellement confiées aux missiles, toujours pointés vers leur cible, il était autrefois nécessaire d'envoyer l'armée aux frontières ; on était convaincu qu'en arrivant trop tardivement, on risquait de manquer le premier choc dévastateur – décisif, à en croire les manuels militaires. Dans le doute, on avait largement tendance à mobiliser et à envoyer les troupes au front, même quand la perspective d'une guerre était encore lointaine. Sans le savoir, Clausewitz avait inoculé la paranoïa à l'Europe sous la forme d'une théorie militaire. Pour beaucoup, un sentiment d'honneur national, nourri d'arrogance, s'est également ajouté à ce calcul.

Sans qu'une volonté humaine ne la guide vraiment, l'*autotrophie* de la paranoïa a progressé : la chose qu'on souhaitait éviter – à savoir un affrontement entre des masses de soldats, inédit dans l'histoire – s'est rendue d'elle-même inévitable. Un nombre d'hommes immense était déjà militairement entraîné mais se trouvait en grande partie chez eux, temps de paix oblige : 6 millions en Russie, 5 millions en Allemagne et en France, 3 millions en Autriche-Hongrie [33]. À eux seuls, les quatre belligérants ont dû envoyer au front, le plus vite possible, une masse correspondant à neuf fois la population de Paris *intra-muros*. Un projet titanesque qui risquait d'écraser le réseau ferroviaire élémentaire de l'époque.

Des horaires fatidiques ?

À en croire le grand historien anglais Alan Taylor, la guerre a éclaté à cause de la rigidité des horaires de chemin de fer, elle-même liée à la rigidité des plans militaires [34]. Des plans conditionnés par les expériences du siècle précédent, qui prévoyaient des guerres brèves, aux mouvements rapides, concentrées sur des théâtres d'opérations restreints. Pourtant, ce qui se profile à ce moment-là est bien un conflit généralisé, dont les fronts ne bougeront presque pas pendant plus de quatre ans. Personne n'est préparé à une chose pareille.

À l'origine, la seule intention claire est celle de l'Autriche-Hongrie, désireuse de porter un coup à la Serbie pour la punir. L'Empire hésite néanmoins à mobiliser ses troupes contre l'ennemi balkanique. Les trains, quoi qu'il en soit insuffisants pour acheminer l'armée, devraient rouler vers le sud. Pour autant, si les Russes venaient, entre-temps, à attaquer, il faudrait les envoyer au nord-est. La mobilisation reste donc longtemps en suspens : on se limite aux bombardements sur le Danube.

---

33. Voir N. FERGUSON, *The Pity of War, op. cit.*, tableau 10.
34. Voir *La Guerre des plans. 1914, les dernières heures de l'ancien monde*, trad. M. Fougerousse, Lausanne, Éditions Rencontre, 1971.

Côté russe, la mobilisation a initialement pour but de dissuader l'Autriche, mais les militaires prennent le pas sur le tsar, trop incertain : mobiliser l'armée sur la seule frontière austro-hongroise reviendrait à éloigner les trains des limites du territoire allemand tout en restant à découvert sur le front le plus redouté. On passe ainsi de la paix à la mobilisation totale – en annihilant au passage la possibilité d'un conflit limité sur laquelle tout le monde comptait.

On a reproché à l'explication de Taylor d'être réductrice. Et pourtant, au-delà de ces questions de trains, la *rigidité* pointée par l'historien est tout à fait significative. Le manque de flexibilité de ces plans et de ce système ferroviaire n'est que le reflet extérieur des convictions paranoïaques en train de s'imposer. Étant justifiées par des circonstances « objectives », elles sont tentées de s'allier à la pensée militaire plutôt qu'à l'idéal politique, trop malléable. En ce sens, la *fausseté des convictions fondamentales des militaires de l'ensemble des pays impliqués* prélude au massacre à grande échelle qui s'enclenche en Europe. Les hauts commandements partent de postulats qu'ils ont eux-mêmes imaginés mais qui sont faux – comme la guerre de mouvement et, partant, l'importance du premier affrontement, le théâtre de guerre limité et, *in fine*, la brièveté du conflit. Les conséquences qu'ils en tirent constituent des étapes logiques ; elles n'en restent pas moins désastreuses et sanglantes, sans précédent dans l'histoire humaine. Et pour cause : elles correspondent à des applications *rigides et dictées par une forme d'empressement* de ces postulats erronés.

Une responsabilité particulière pèse sur l'état-major allemand dont les plans étaient fondés sur une idée de mouvement. Ils partaient en effet du principe qu'une guerre sur deux fronts serait impossible à supporter. C'est pourtant ce qu'a fait l'Allemagne pendant plus de quatre ans. Elle a même été à un cheveu du succès : si elle a cédé, c'est parce qu'elle a épuisé ses ressources là où les Alliés ont obtenu celles, quasiment infinies, de l'Amérique. Si le front intérieur s'est écroulé, cela n'a pas été le cas du front militaire extérieur qui n'a pas reculé, si ce n'est dans les dernières semaines de guerre. Au moment de l'armistice, celui-ci se situait encore sur des territoires ennemis conquis. La manière dont s'est autoalimentée la frénésie guerrière a donc reflété celle de la paranoïa. À force de crier au loup, on finit tôt ou tard par le voir apparaître pour de bon.

L'illusion d'une action rapide et décisive une fois évanouie des deux côtés, un autre principe de Clausewitz s'est avéré faux – à savoir la supposée continuité entre la politique et la guerre. Aspirés dans l'interminable carnage qui mobilisait les moindres ressources de ces pays, les politiciens ne pouvaient plus penser que la gestion du conflit poursuivait la gestion politique par d'autres moyens. Ils venaient de glisser sur un plan trop incliné, sans pouvoir retrouver l'équilibre – c'est-à-dire revenir à la politique.

La politique de Créon

Alors que la crise débouche sur la guerre, aux deux extrémités de la société, des intellectuels et des mouvements ouvriers, nombreux, se trouvent de plus en plus isolés dans une attitude prudente à laquelle, vu la perspective qui nous occupe, nous pouvons donner le nom d'*antiparanoïa*. Depuis Londres, Lord Rothschild cherche à user de son réseau de relations pour établir un dialogue. Le 31 juillet, il demande par écrit au *Times* de faire montre d'une plus grande prudence au lieu d'attiser le désir de guerre chez les Anglais. Le directeur considère cette initiative comme une « sale combine judéo-allemande » et son journal redouble d'agressivité. Une manifestation de travailleurs allemands en faveur de la paix rassemble un demi-million de personnes ; les socialistes français tentent, eux, de suivre une ligne analogue mais, ce même 31 juillet, Jean Jaurès, le chef du parti, est assassiné par un nationaliste.

Au moment où le tsar, prisonnier de cette hésitation tragique, envoie encore des télégrammes à son cousin Guillaume II, le Kaiser s'est désormais engagé à soutenir l'Autriche. Et c'est ainsi que l'Allemagne ordonne elle aussi la mobilisation générale. La France en fait autant. Le 1er août, le prince Lichnowsky, ambassadeur d'Allemagne à Londres, télégraphie à Berlin que la Grande-Bretagne peut encore rester en dehors du conflit si la France n'est pas attaquée. L'angoisse du Kaiser finit par le faire ressembler à son cousin. Le tsar et l'empereur allemand deviennent, psychiquement, les maillons faibles de la chaîne qui emprisonne peu à peu l'Europe. Ils basculent dans le « syndrome de Créon » et, comme le tyran de Thèbes, n'arrivent pas à le résoudre en s'inclinant au moment opportun. Fléchir aurait signifié faire un choix. Hélas, c'est l'inflexibilité de l'émotion collective et l'incapacité à prendre une position personnelle qui l'ont emporté.

À ce stade, le Kaiser se tourne vers son chef d'état-major et lui dit qu'il souhaite combattre uniquement la Russie. Moltke est un homme mélancolique, résigné en un sens, et qui ne ressemble guère à son oncle. Il répond que le « plan Schlieffen » est désormais enclenché. Guillaume II décide alors de stopper les troupes qui avancent vers l'ouest et dont le premier objectif consiste à s'emparer du nœud ferroviaire du Luxembourg. Il télégraphie à Londres qu'il s'engage à respecter la France si la Grande-Bretagne donne à son tour des garanties. Dans ses mémoires, Moltke avouera s'être retiré pour cacher une crise de nerfs. L'ordre du Kaiser arrive trop tard : la 16e division allemande s'est déjà mise en route et occupe la gare centrale du Luxembourg, mais elle reçoit un ordre de repli moins d'une demi-heure plus tard. La réponse donnée par Londres n'ayant rien d'impérieux, l'empereur se contredit une fois de plus et rend la main à Moltke [35].

Nous savons désormais que la paranoïa a des liens de parenté étroits avec les divinités païennes de l'Antiquité. Comme ces dernières, elle aime jouer des tours cruels aux hommes, qui perdent alors le sourire. Le petit centre ferroviaire luxembourgeois, situé juste derrière la frontière, a été violé deux fois par une invasion, en l'espace de quelques heures. La localité qui a mérité cet étrange privilège s'appelle Troisvierges. Nous la retrouverons.

L'invasion se remet en marche à l'aube du 2 août. Le lendemain, l'Allemagne déclare la guerre à la France. Après le Luxembourg, elle entre en Belgique. Les Allemands envoient au gouvernement du roi Albert Ier un ultimatum en lui demandant de laisser passer leurs troupes. Ils promettent en même temps de respecter sa souveraineté et de réparer les éventuels dégâts. Comme on pouvait s'y attendre, l'ultimatum est rejeté et l'armée la plus organisée au monde engage un plan dont la longue élaboration s'est accompagnée d'ambivalences délirantes. Tout homme devrait pourtant affronter l'ambivalence qui l'habite, même quand il fait mine d'être résolu. N'est-ce pas, déjà, ce que les tragiques grecs nous ont enseigné ? Le temps et, surtout, les états-majors réduisent l'homme à l'état de machine, mais le besoin naturel de voir les différents aspects d'un problème continue de se

---

manifester indirectement, au travers de lapsus et de contradictions au plus haut niveau.

La documentation dont nous disposons aujourd'hui révèle que Moltke et le Premier ministre Bethmann-Hollweg nourrissaient, l'un comme l'autre, des doutes sur l'issue de la guerre et éprouvaient un sentiment de culpabilité à l'idée qu'ils contribuaient à son explosion[36]. Bethmann-Hollweg déclare d'ailleurs au Reichstag que l'Allemagne commet *un tort* qui nécessite d'être réparé. Le 4 août, il informe les gouvernements du Luxembourg et de la Belgique que l'état de guerre oblige à ne pas tenir compte de leurs *légitimes protestations*[37]. Parmi ses innombrables expressions, la paranoïa se nourrit également de la fameuse *cohérence absurde* : on s'impose par la force, on viole la neutralité d'un territoire mais, dans le même temps, on se débat pour ne pas se retrouver en tort. Le pessimisme et la tristesse de Bethmann-Hollweg ont des accents étonnamment similaires à ceux de Lord Grey. Dans ses mémoires, celui-ci a noté : « Les lumières s'éteignent sur l'Europe. Nous ne les verrons plus se rallumer au cours de notre vie[38]. » Si de nombreuses études portant sur le mois d'août 1914 se sont consacrées à l'agressivité hystérique qui se manifestait en place publique, cette mélancolie des palais a presque été passée sous silence, comme s'il existait deux inconscients collectifs : l'un et l'autre ont eu un rayonnement européen, transnational, mais n'ont pas communiqué entre eux. D'où une séparation irrémédiable entre une minorité de personnes lucides et la masse paranoïaque.

Relayée avec fracas par l'ensemble des médias de masse, l'invasion de la Belgique devient le cheval de bataille de la propagande alliée. Lord Grey et l'opinion publique anglaise, la moins compromise jusqu'à cet instant, en viennent eux aussi à accepter l'« inévitable ». La Grande-Bretagne déclare la guerre. À la suite de manœuvres indécises mais de plus en plus pressées, les autorités allemandes ont fait en sorte que le cauchemar auquel ils voulaient échapper devienne réalité : à l'est, à l'ouest, et même en pleine mer, désormais, l'Allemagne est

---

36. Voir N. FERGUSON, *The Pity of War*, *op. cit.*, chapitre 4.

37. Littéralement *über den berechtigten Protest [...] hinwegzusetzen*. Citation dans G. HIRSCHFELD, G. KRUMEICH et I. RENZ (dir.), *Enzyklopädie erster Weltkrieg*, *op. cit.*, article « Luxemburg ».

38. Voir N. FERGUSON, *The Pity of War*, *op. cit.*, p. 177.

encerclée. À force d'être trop souvent invoqué, le loup a bel et bien fini par apparaître.

Des sentiments incontrôlables

Dans le premier volume de son autobiographie, Elias Canetti rappelle un épisode qui révèle, côté autrichien, une haine collective semblable à celle décrite par Zweig en France. Le 1er août, jour où éclate la guerre, il se trouve dans le parc de Baden, tout près de Vienne. L'orchestre de plein air joue l'hymne autrichien puis attaque l'hymne allemand. L'écrivain – Juif cosmopolite et polyglotte, lui aussi – est alors un enfant de neuf ans et a longtemps habité en Angleterre. Il connaît cette musique comme étant le *God save the King* : à l'époque, les familles royales européennes vivaient entre elles dans une tour d'ivoire, elles étaient du même sang et partageaient, entre autres choses, des emblèmes, des musiques. Il commence donc à la chanter tout haut et *en anglais*, imité par ses jeunes frères de trois et cinq ans. La foule se jette alors sur les enfants et commence à les frapper. Il faudra toute la force de leur mère, qui se met à hurler en dialecte viennois, pour les protéger [39].

Au même moment, un jeune Autrichien a, lui, quitté son pays pour raisons politiques [40]. Vienne et ses compatriotes germanophones lui

---

39. Pour le récit de cette « expérience d'une masse hostile », voir *Histoire d'une jeunesse. La langue sauvée, 1905-1921*, trad. B. Kreiss, Paris, Albin Michel, 1980, p. 122.

40. « J'avais quitté l'Autriche avant tout pour des raisons politiques. [...] Je ne voulais pas combattre pour l'État des Habsbourg, mais j'étais prêt à mourir à n'importe quel moment pour mon peuple et pour le Reich qui l'incarnait » (*Mein Kampf, op. cit.*, chapitre 5). Le Reich dont parle Hitler est l'Empire alors dirigé par Guillaume II. Grâce aux travaux des historiens, nous savons néanmoins qu'il a également quitté Vienne pour Munich parce que les autorités autrichiennes étaient à sa recherche : il ne s'était pas présenté à la convocation en vue de son service militaire (voir J. FEST, *Hitler. Jeunesse et conquête du pouvoir, op. cit.*, partie I, chapitre 4 ; I. KERSHAW, *Hitler. 1889-1936, op. cit.*, chapitre 2). Hitler trouve juste de refuser la loyauté à son pays, l'Autriche, au motif que son sang est abâtardi, mais il est prêt à donner sa vie en Allemagne car il considère cette nation uniformément et génétiquement germanique. L'*obsession de la pureté* raciale, introuvable dans son pays, la *révélation* (en l'espèce, l'illusion d'avoir trouvé cette pureté à Munich et en Allemagne), le *dogme de base implacable* à partir duquel la moindre réflexion se voit simplifiée : tous les traits de la paranoïa ont déjà éclos et mûri chez le jeune Hitler.

semblent promis à la décadence (en tant que peuple) et à l'anéantissement (en tant qu'État) : cohabiter et mélanger leur sang à celui des
Slaves et des Juifs les a corrompus. Habiter à Munich est une renaissance pour lui. Ce 1er août 1914, il se trouve sur l'Odeonplatz de la
capitale bavaroise. Sur une photo restée célèbre, on arrive à distinguer
son visage extatique et même sa moustache au milieu de cette marée
humaine. « Je n'ai pas honte de le dire aujourd'hui : submergé par la
tempête de l'enthousiasme, j'étais tombé à genoux et mon cœur débordant remerciait le ciel de m'avoir offert le bonheur de vivre à cette
époque », écrit-il [41]. Sans le savoir, il s'identifie à un président américain et à tous ceux qui ne croient pas en Dieu, même s'ils s'inclinent
pour l'adorer lorsque celui-ci « confirme » leurs délires.

Coïncidence intéressante, le futur ennemi d'Hitler, Winston
Churchill, affichera quelque temps plus tard un état d'esprit similaire.
Néanmoins, au lieu de se sentir béni par le ciel, celui-ci avouera le
trouble profond qui l'anime : « Je crois que je mérite d'être maudit car
j'aime cette guerre. Je sais qu'elle bouleverse et détruit la vie de milliers
de personnes, à chaque instant, mais *je ne peux rien y faire* : j'en
savoure chaque seconde [42]. »

La Fureur possède tout le monde, désormais. La différence réside
dans le fait que Churchill est conscient du danger qu'il y a à se laisser
envahir par une frénésie destructrice : il l'analyse et tente de la mettre
à distance. Il sait aussi qu'il aura du sang sur les mains et qu'il s'agit
là d'une perversion humaine (il *savoure*, écrit-il). Il identifie le mal
– mais sans pour autant le justifier et le projeter de façon paranoïaque
sur l'adversaire, contrairement à ce que fait Hitler.

Les révélations inattendues qu'on observe en Angleterre, en
Autriche, en Allemagne, trouvent, en France, un écho dans ce souvenir
de Marc Bloch où la frivolité tragique de ses pensées se teinte d'ironie
vis-à-vis de lui-même :

[Après les événements du 31 juillet], je regardais le soleil se lever, dans
un beau ciel nuageux, et je me répétais à mi-voix ces mots, en eux-mêmes
parfaitement insignifiants et qui me paraissaient pourtant lourds d'un sens
redoutable et caché : « Voici l'aube du mois d'août 1914. » Le tableau

---

41. *Mein Kampf*, *op. cit.*, chapitre 5.
42. Citation dans N. FERGUSON, *The Pity of War*, *op. cit.*, chapitre 7.

qu'offrit Paris pendant les premiers jours de la mobilisation demeure un des plus beaux souvenirs que m'ait laissé la guerre [43].

Ludwig Wittgenstein, qui enseignait alors à l'université de Cambridge et qui aurait pu être réformé à cause d'une hernie, se hâte quant à lui de s'enrôler dans l'armée autrichienne [44] tandis que Sigmund Freud, dont on connaît la sensibilité laïque et prudente, déclare son enthousiasme. L'euphorie naïve de ce qu'on a appelé la « communauté du mois d'août » [45] se répand indistinctement dans toutes les nations au début de la Grande Guerre. Dans les descriptions qu'en donne Zweig [46], la fraternisation spontanée de tous les sujets austro-hongrois efface d'un coup les différences sociales ou linguistiques. Un phénomène remarquable dans une grande entité multinationale comme l'Empire des Habsbourg.

Pareil à une illumination, ce brusque sentiment d'appartenance semble rendre du sens à l'existence et frapper d'insignifiance les préoccupations du quotidien. Cette *révélation* n'en écrase pas moins l'ensemble des autres valeurs, comme la solidarité internationale et le pacifisme chez les chrétiens et les socialistes. Elle apparaît tragiquement apparentée au dogme inébranlable qui forme le socle de la paranoïa : il existe un ennemi absolu. On notera d'ailleurs à quel point Hitler insiste sur cet aspect du début de la guerre. Non content de se décrire comme « né à nouveau », il prétend également que le peuple était enfin « devenu clairvoyant sur son propre avenir » [47]. S'il s'agit là d'une projection du tempérament visionnaire d'Hitler, il y a tout de même une part de vérité dans cette description.

Comme nous le savons, les enfants imitent immédiatement les adultes en train de se bagarrer. À leur tour, les adultes se bagarrent comme des enfants et avec les enfants. C'est la régression à l'état de troupeau : à une époque incertaine, les hommes redécouvrent la certitude de l'instinct et imitent les bêtes. Le poids de la responsabilité, déjà

43. « Souvenirs de guerres », dans *Écrits de guerre. 1914-1918*, Paris, Armand Colin, 1997.
44. Voir M. GILBERT, *First World War*, op. cit., chapitre 3.
45. E. J. LEED, *No man's land. Combat and Identity in World War I*, Cambridge, Cambridge University Press, p. 56-57.
46. Voir *Le Monde d'hier*, op. cit., chapitre 9.
47. *Mein Kampf*, op. cit., chapitre 5.

pénible dans la vie quotidienne, devient insupportable. Laisser les fanfares de la mobilisation engloutir l'individualité apporte de l'enthousiasme et de l'inconscience : on devient léger, instinctif et amoral. Parallèlement, on a l'impression d'entrer en contact avec la dimension altruiste (ou du moins transversale d'un point de vue ethnique et social) de cette ferveur. À l'instar de la dimension destructrice, cette communion surgit en un instant. Mais le cours du temps crée aussitôt une différence entre ces deux élans : si la charge agressive tend à perdurer et à s'amplifier, le doux sentiment de fraternité a une durée de vie limitée. Le maître qui a communié avec le serviteur rentre chez lui bien conscient de son rang. Dès 1915, Freud se repent de son enthousiasme tandis que la presse doit pudiquement inviter les femmes à contrôler ces fraternisations spontanées : on a en effet observé une augmentation gênante du nombre de grossesses illégitimes [48].

Ernst Lissauer était un poète allemand des plus remarquables. À la grande stupéfaction de Zweig, le déclenchement de la guerre lui inspire le *Haßgesang gegen England*, un « chant de haine » anti-anglais qui connaît un immense succès populaire : il est imprimé dans tous les journaux et vaut à son auteur de hautes distinctions. Après la guerre, Lissauer passe directement de la gloire à l'oubli. Avec l'avènement d'Hitler, il sera interdit de séjour et de publication en Allemagne, étant de confession juive.

En réponse à une affiche où un groupe d'intellectuels allemands avait affirmé que la culture était de leur côté, on crie à Oxford et Cambridge que la culture allemande est inexistante. On va même jusqu'à annoncer que « l'époque des notes de bas de page allemandes » [49] est enfin révolue.

La manipulation intentionnelle des enfants est cependant plus grave encore que cette propagande réservée aux adultes. Dans les pays belligérants, la production de jouets s'oriente vers le thème de la guerre. Pendant des années, cartes postales, albums illustrés, jeux d'intérieur et de plein air éduqueront la jeunesse à la haine et à la destruction [50].

---

48. Voir E. J. LEED, *No man's land, op. cit.*
49. « The age of German footnotes is on the wane » (citation dans N. FERGUSON, *The Pity of War, op. cit.*, p. 233).
50. Voir G. HIRSCHFELD, G. KRUMEICH et I. RENZ (dir.), *Enzyklopädie erster Weltkrieg, op. cit.*, article « Kinderspielzeug » ; B. HAMANN, *Der erste Weltkrieg. Wahrheit und Lüge in Bildern und Texten*, Munich, Piper, 2004 ; *14-18. Les traces d'une guerre*, Hors-Série *Le Monde*, 2008.

Quand d'autres voix crient dans le désert

Le 8 août 1914, *The Economist* se hasarde déjà à affirmer que la guerre qui vient tout juste d'éclater est « peut-être la plus grande tragédie de l'histoire humaine »[51].

Si le XIXe siècle avait produit des théories nouvelles qui se proposaient de rendre la politique moins émotive, plus rationnelle, tournée vers l'intérêt commun et l'amélioration des conditions de vie des travailleurs, l'enthousiasme de masse pour la guerre a néanmoins conduit les mouvements ouvriers internationalistes à se laisser rapidement contaminer par le virus du nationalisme. Dès le 4 août 1914, le Parti social-démocrate allemand, la plus grande organisation de travailleurs au monde, vote massivement en faveur des crédits de guerre. Et qu'importe si ses idéaux de justice et de fraternité internationale provenaient de quatre décennies de débats et de conquêtes sociales : de fait, ils étaient le fruit d'un effort de longue haleine, pas un bacille capable de provoquer en un rien de temps des contaminations psychiques collectives et la haine. Il aura pourtant suffi d'un instant pour jeter ces ambitions raisonnables et sans rien d'héroïque aux oubliettes. Ce vote marque le suicide du mouvement ouvrier allemand dont les publications deviennent comme les troupes auxiliaires de la propagande du carnage. Seuls deux parlementaires votent contre le financement de la guerre : Rosa Luxemburg et Karl Liebknecht. Ces deux survivants d'un monde épris de justice seront assassinés dans le désordre qui suivra la fin du conflit[52].

La guerre engagée, seuls quelques écrivains continuent de témoigner en faveur de la raison et à penser de façon anti-paranoïaque. Le 19 septembre 1914, Stefan Zweig publie un article au caractère ambivalent dans le *Berliner Tageblatt* : « *An die Freunde im Fremdland* ». Il y exprime sa tristesse et sa douleur de ne plus être en mesure

---

51. Cette déclaration est consultable sur le site de *The Economist*, www.economist.com.

52. Le Parti socialiste autrichien, lui, avait déjà connu une scission quelques années plus tôt, au moment où les Tchèques avaient fondé leur propre mouvement sur des critères ethniques. Si la guerre a explosé en 1914, elle a été précédée par une longue et lente fermentation des méfiances réciproques. Voir B. HAMANN, *La Vienne d'Hitler. Les années d'apprentissage d'un dictateur*, trad. J.-M. Argelès, Paris, Éditions des Syrtes, 2014 [2001], chapitre 9 ; R. A. KANN, *A History of Habsburg Empire, op. cit.*, chapitre 8.

de croiser tous ses « amis de l'étranger », français, belges, anglais, mais aussi l'impossibilité d'être un *individu* sur le plan affectif : avec la guerre, c'est l'appartenance collective, la nationalité qui passe au premier plan. Le 22 et le 23 septembre, c'est l'un des plus illustres de ces amis, Romain Rolland, qui lui répond dans les pages d'un quotidien suisse, *Le Journal de Genève*, au travers d'un texte solitaire. Celui-ci sera réédité dans un volume à part et deviendra un classique : *Au-dessus de la mêlée.* On y lit notamment : « Ainsi, l'amour de la patrie ne pourrait fleurir que dans la haine des autres patries et le massacre de ceux qui se livrent à leur défense ? Il y a dans cette proposition une féroce absurdité et je ne sais quel dilettantisme néronien, qui me répugnent, qui me répugnent jusqu'au fond de mon être [53]. »

La solitude de l'écrivain, amené, par définition, à s'adresser à un lecteur sans connaître sa réponse, est particulièrement écrasante au cours de cet automne où les rapports humains se délitent. Dès lors, le dialogue entre les deux artistes change de dimension et passe des écrits imprimés aux écrits privés, rédigés la plume à la main. À Romain Rolland, encore présent en Suisse où il s'apprête à lancer une initiative humanitaire en faveur des blessés et des prisonniers de guerre, Zweig écrit une longue lettre personnelle (6 octobre 1914). Il commence par s'excuser de lui écrire en allemand alors qu'ils sont précisément en train de se chercher un terrain commun : les deux amis sont polyglottes et c'est en français que Zweig avait écrit jusque-là. Du fait de la guerre, toute lettre envoyée dans un pays neutre est automatiquement suspecte et peut être ouverte par la censure : si l'on vient à découvrir qu'il écrit en français, *langue ennemie*, l'auteur devient à son tour suspect et peut aller au-devant de graves ennuis. Avec une lucidité douloureuse, Zweig analyse les accents sanguinaires et volontiers paranoïaques désormais adoptés par les journaux français. Il demande à Rolland de le rejoindre dans son combat contre cette hystérie qui n'invite qu'à humilier et à massacrer l'adversaire : dans leur correspondance, l'un et l'autre tâcheront d'éviter le terme d'« ennemis » et de se qualifier d'« Européens ». Dès le 10 octobre 1914, l'écrivain français répond à Zweig en pointant à son tour des exagérations, des rumeurs et des fausses informations paranoïaques dans la presse en langue allemande ; il lui propose également de signaler les autres publications fallacieuses des journaux, d'où

---

53. *Au-dessus de la mêlée, op. cit.*, p. 72-73.

qu'ils viennent, sans exclusive, et de se battre pour les dénoncer auprès de l'opinion publique [54].

Commence dès lors entre les deux hommes une intense correspondance qui ne prendra fin qu'avec la mort de l'auteur autrichien, en 1942. Depuis le siège de la Croix-Rouge Internationale, à Genève, Rolland tâche de localiser les premiers prisonniers de guerre civils. Le monde étant loin, très loin, d'être préparé à l'avalanche de prisonniers de guerre, personne ne s'occupe des civils. Zweig est le premier à être enrôlé par son ami français. Reste que ces recrues ne sauraient former une armée. Ce ne sont guère que des individus qui viennent s'ajouter à d'autres individus : additionnez-les et vous n'obtiendrez jamais que des individus. Ils ne composent pas une masse – et ne peuvent donc pas se multiplier par le biais de contaminations psychiques de grande ampleur.

Évoquons pour finir le cas de Rainer Maria Rilke. Au moment du conflit, celui-ci réside à Paris. En tant que ressortissant d'un État ennemi, en l'occurrence l'Autriche, ses manuscrits et sa correspondance sont mis à l'encan. Gide n'arrive à en sauver qu'une partie [55]. Après la guerre, Rilke se retrouve apatride : Prague, sa ville natale, n'appartenant plus à l'Autriche, il a disparu des registres officiels. Les poètes semblent devenus inutiles. Le monde n'a plus de place pour eux.

Le rôle de la communication de masse

La paix étant une condition potentiellement stable, elle possède une base plane. À l'inverse, la guerre – et son corollaire psychologique, la paranoïa – est une pente qui vous fait glisser irrémédiablement.

Tant que le pouvoir politique restait très centralisé et tant qu'il subsistait des rapports personnels comme les liens de parenté entre les familles régnantes européennes, les représentants des différents pays risquaient aisément de se sentir bafoués mais pouvaient faire marche arrière tout aussi rapidement : il leur suffisait de s'accorder sur une version officielle où personne ne perdait la face.

---

54. Voir R. ROLLAND, S. ZWEIG, *Correspondance*, éd. J.-Y. Brancy, Paris, Albin Michel, 3 vol., 2014-2016.

55. Voir A. BAUER, *Rainer Maria Rilke*, Berlin, Colloquium Verlag, 1998 [1970].

Avec l'avènement d'une plus grande démocratie et des médias de masse, cette porte de sortie a été progressivement condamnée. Ce qui s'était produit aux États-Unis avec la guerre hispano-américaine se répète ainsi dans de nombreux pays. Battre en retraite devant la catastrophe de la guerre devient de plus en plus difficile : le moyen de communication populiste, qui s'adresse à des lecteurs impressionnables et à l'horizon temporel limité s'y oppose. Ceux qui osent parler des coûts moraux et matériels du conflit sont accusés d'intellectualisme, de défaitisme, de manque de courage ou de dignité.

Les revues et le cinéma découvrent alors *la capacité de cacher ce qu'ils devraient justement montrer*. Certes, l'arrivée des médias de masse a incontestablement élargi le débat public et la conscience populaire en endiguant les abus que les dirigeants sont susceptibles de commettre quand l'information est trop parcellaire. Pour autant, elle a aussi accru le nombre de ces « paranoïaques à succès » qui, s'ils défendaient l'honneur national à cor et à cri, pensaient d'abord à leurs carrières.

Les journaux fondent sur les esprits comme une horde de Huns. À une époque où l'étude des *mass media* ne représente même pas l'embryon d'une idée, Karl Kraus accusera la presse de profiter du conflit et de l'alimenter, de façon circulaire, « [en trempant] sa plume dans le sang et les épées dans l'encre » [56]. De même que la réunion d'individus au sein d'une foule abaisse radicalement l'intelligence de ses membres, la démultiplication de la parole écrite dans la presse quotidienne réduit le discours collectif au plus petit dénominateur commun populiste et l'horizon temporel, à la durée de vie de ces publications. En l'occurrence, celle d'une journée. Sur ce champ de bataille, les Anglais figuraient « aux avant-postes » : leur *yellow press* était déjà très développée là où les Empires d'Europe centrale peinaient à se défaire de leurs traditions intellectualistes et pédantes. À titre d'exemple, la propagande belliciste de Lord Northcliffe, un baron de la presse britannique, a pu fasciner Hitler qui le tenait pour « génial » [57].

---

56. *Cette grande époque*, trad. E. Kaufholz-Messner, Paris, Rivages, 1990, p. 170. Ce texte a d'abord fait l'objet d'une lecture publique par Karl Kraus, le 19 novembre 1914, avant d'être publié dans la revue *Die Fackel*, cette même année.

57. Citation dans N. FERGUSON, *The Pity of War, op. cit.*, chapitre 8.

On a estimé qu'un demi-million de poèmes visant à exalter la guerre ont été écrits en Allemagne au mois d'août 1914[58]. D'autres sources évoquent même le chiffre de 50 000 textes par jour, ce qui porterait le total à 1 150 000. En Grande-Bretagne, ce sont 3 000 volumes de poèmes en faveur de la guerre qui ont été publiés[59]. Un déluge de papier qui n'a pas alimenté l'histoire de la littérature mais celle de la psychopathologie.

La grande nouveauté de la Première Guerre mondiale est donc l'effervescence propagandiste. Unie à la mobilisation de masse et aux progrès technologiques, elle inaugure l'impressionnante industrialisation du conflit. Une dimension qui se doit d'ailleurs d'être totale et sans scrupule puisqu'elle se trouve liée, de façon circulaire, à la diffusion de lieux communs propagandistes tout aussi totalisants et dénués de scrupules. Nous sommes aujourd'hui bien conscients de la relation étroite qui lie le marché de masse et la manipulation des individus. Si celle-ci se vérifie en temps de guerre comme en temps de paix, c'est la Grande Guerre qui lui a conféré son caractère structurel. À ce titre, le concept de guerre totale, que nous faisons généralement remonter à l'époque du nazisme et au discours tristement célèbre prononcé par Goebbels le 18 février 1943, est en réalité entré en usage dans la presse du pays des Lumières, la France, dès 1917[60]. En un sens, une guerre où l'on arrive à haïr jusqu'aux notes de bas de page est déjà totale, même si elle n'emploie pas encore ce terme.

La guerre sème la mort au front mais aussi à l'arrière. Le problème est particulièrement marqué en Autriche-Hongrie : l'Empire de François-Joseph est composé d'une vingtaine de groupes ethniques dont la plupart, comme les Serbes, les Roumains, les Italiens, peuvent se sentir liés à un État « ennemi » (les royaumes de Serbie, de Roumanie, d'Italie) plus qu'à leur patrie officielle. Si de fausses rumeurs d'exécutions capitales sont initialement démenties par les Autrichiens[61], très vite, l'éboulement qui dévale le plan incliné entraîne de véritables condamnations à mort : sur le front de l'Est, on craint que des espions,

---

58. Voir T. BASTIAN, *Das Jahrhundert des Todes*, *op. cit.*, chapitre 4.

59. Voir N. FERGUSON, *The Pity of War*, *op. cit.*, chapitre 8.

60. Voir G. HIRSCHFELD, G. KRUMEICH et I. RENZ (dir.), *Enzyklopädie erster Weltkrieg*, *op. cit.*, article « Totaler Krieg ».

61. Voir par exemple l'annonce impériale du 27 octobre 1914 dans B. HAMANN, *Der erste Weltkrieg. Wahrheit und Lüge in Bildern und Texten*, Munich, Piper, 2004, p. 102.

susceptibles d'œuvrer dans le dos de l'armée, ne se cachent au sein de la population. La suspicion laisse place à l'hystérie : on passe alors aux exécutions sommaires. C'est ainsi qu'au mois de juillet 1916, le socialiste italien Cesare Battisti est reconnu coupable de haute trahison. Il avait profité de son statut de membre du Parlement viennois pour étudier les cartes d'état-major autrichiennes avant de déserter, franchir la frontière et s'engager dans l'armée italienne [62]. La photographie de son exécution circule dans tout l'Empire. Le cliché parvient aussi en Italie, où il est largement reproduit pour montrer la barbarie de l'Autriche. Celle-ci interdit alors la circulation de la photographie qu'elle a elle-même diffusée. On y voit le bourreau et une grande partie de l'assistance se serrer pour être photographiés avec le cadavre. Le détail n'a pas échappé à Karl Kraus [63], qui mettra cette image en couverture de ses *Derniers jours de l'humanité*. Un choix qui n'a rien d'anodin tant cette affaire illustre la dépendance aux moyens de communication dont il a été l'un des premiers grands analystes. Au final, cette photographie sera, successivement, née en Autriche, passée en Italie et revenue à son point de départ. Aussi changeante et fluctuante que les États eux-mêmes, elle aura survolé les fronts par deux fois, en leur délivrant des messages antithétiques et en les unissant dans une même certitude : la mort [64].

Les mensonges sans retenue, l'emploi d'armes interdites, les violences à l'encontre de la population civile : tout cela sera perfectionné au cours de la Seconde Guerre mondiale mais est inauguré dès

---

62. Voir ibid. ; M. THOMPSON, *The White War. Life and Death on the Italian Front*, 1915-1919, Londres, Faber & Faber, 2008, p. 98.

63. L'exécution ayant eu lieu à Trente, tout porte à croire que ce public était issu de la minorité italienne rattachée à l'Empire austro-hongrois. Voir K. KRAUS, *Les Derniers Jours de l'humanité*, op. cit., IV, 29. D'après l'écrivain autrichien, il y eut entre 11400 et 36000 condamnations à mort.

64. Le *topos* de la foule souriant autour du « corps expiatoire » d'un « condamné » parcourra tout le siècle et sera souvent photographié. Les émotions une fois désamorcées, nombreux seront ceux qui chercheront à faire disparaître ces images. Malgré tout, celles-ci circuleront suffisamment pour remplir des ouvrages édifiants, mais pour des raisons diamétralement opposées aux intentions des photographes de l'époque. Dans le Sud des États-Unis, les photographies des lynchages connaîtront même une diffusion non négligeable, sous la forme de cartes postales. Voir A. HOLZER, « Der lange Schatten von Abu Grahib », *Mittelweg 36. Zeitschrift des Hamburger Instituts für Sozialforschung*, XV, 1, 2006, p. 4-21 ; J. ALLEN, H. ALS, J. LEWIS, L. F. LITWACK, *Without Sanctuary. Lynching Photography in America*, Santa Fe, Twin Palms, 2000.

le conflit de 1914-1918. Même les réclames pour toutes sortes de produits, les cartes de vœux et, nous l'avons dit, les jouets sont largement transformés dans le seul but d'alimenter la haine. Les responsables politico-militaires, au gré des événements, justifient chacun des moyens auxquels ils recourent. Ils alimentent leur propre fanatisme en estimant la guerre nécessaire pour mettre un terme à toutes les guerres. Ce faisant, ils coupent les ponts derrière eux. Chaque nouvelle conscription, qui arrache des masses innombrables à l'adolescence pour les jeter au cœur du carnage, est toujours la dernière. Chaque nouvel emprunt public, qui racle le fond des bas de laine, est toujours le dernier, pour que toutes les autres économies ne soient pas « mortes en vain ». Encore un dernier coup de boutoir : les fronts sont immobiles, mais la poussée décisive finira par faire pencher la balance du bon côté.

Ce qu'on demande est de plus en plus fou mais *s'agrège* aux précédentes décisions insensées et les *rachète* par le biais d'une *cohérence absurde*. Le dogme qui voit dans la victoire, et non dans le compromis, le seul but envisageable donne à la guerre une supériorité que la paix ne saura jamais égaler. De cette manière, il justifie la suite logique de ce raisonnement. Pourquoi combattre et périr ? Parce que les combats et les pertes humaines ont déjà dépassé la mesure. La ruse est la même qu'à l'époque d'Ulysse. *C'est précisément parce qu'on a tant lutté qu'il faut encore se battre* : il serait honteux de revenir les mains vides [65] !

Soupçons, exagérations, rumeurs

La Belgique est le théâtre d'un affrontement qui, avant d'occuper les champs de bataille, se joue sur le terrain de la propagande. Une fois occupé, ce pays deviendra une sorte de serre où sera cultivée la violence quotidienne qui fera sombrer l'Europe dans l'horreur au cours de la Seconde Guerre mondiale. Les scrupules de Bethmann-Hollweg poussent initialement les Allemands à entretenir un semblant de relation avec la population. Ils n'en demeurent pas moins des militaires, acteurs d'une occupation en tout point illégale, cernés par l'hostilité latente des civils.

---

65. Voir HOMÈRE, *Iliade*, II, v. 299.

La propagande alliée exploite la souffrance de la Belgique à grand renfort d'exagérations et de lieux communs. On réimprime de vieilles photos de pogroms survenus en Russie en les faisant passer pour des actes de cruauté commis par les Allemands au moment de l'invasion du pays[66]. Une illustration va même jusqu'à représenter la Belgique comme une petite fille en larmes, nue et coiffée d'un casque à pointe, suggérant ainsi une violence pédophile exercée par l'occupant[67]. Même si le viol n'a pas été pratiqué aussi massivement qu'au cours d'autres conflits[68], on a vu circuler chez les Alliés des dessins inventés de toutes pièces où des soldats allemands étaient représentés en train de violenter des femmes incapables de se défendre[69]. Parallèlement, le refus de cette culpabilisation affiché par l'Allemagne se poursuivra même après le conflit et prendra la forme d'un déni paranoïaque qui sèmera les graines du nazisme.

Les relations entre population et occupants se dégradant rapidement, une dérive paranoïaque s'engage sans qu'il soit possible de revenir en arrière. La plante tentaculaire qui infestera l'ensemble des fronts de la Grande Guerre peut alors se développer, aussi tenace que du lierre : la « rumeur ».

D'après l'historien français Marc Bloch, les rumeurs prennent naissance là où des hommes issus de différents groupes viennent à se rencontrer. Elles représentent également une revanche inconsciente et spontanée du peuple face aux manipulations de la presse et à la morgue des hauts commandements : « L'opinion prévalait aux tranchées que tout pouvait être vrai à l'exception de ce qu'on laissait imprimer[70]. »

La solitude et la peur panique de la mort poussent à parler à ses voisins de tranchée, voire à échanger quelques phrases avec l'ennemi, à la faveur de la proximité des positions de chacun. Dans l'anonymat et l'immoralité de ce bain de sang, c'est un commandement judéo-chrétien, celui d'aimer son prochain comme soi-même, qui réapparaît

---

66. Voir N. FERGUSON, *The Pity of War*, op. cit., p. 232.
67. Voir B. HAMANN, *Der erste Weltkrieg*, op. cit.
68. Ce phénomène tient au fait que les occasions propices sont rarissimes : les fronts sont pratiquement bloqués en pleine campagne et ne comptent que des hommes.
69. Voir B. HAMANN, *Der erste Weltkrieg*, op. cit.
70. « Réflexions d'un historien sur les fausses nouvelles de la guerre », dans M. BLOCH, *L'Histoire, la Guerre, la Résistance*, éd. A. Becker et É. Bloch, Paris, Gallimard, coll. « Quarto », 2006, p. 313.

inconsciemment [71]. Malgré des punitions draconiennes et l'obligation de tirer sur ceux qui leur font face, les simples soldats communiquent souvent avec le camp d'en face, de vive voix, sans haine. Les artilleurs parviennent même à ritualiser leurs tirs de manière à ce que leurs adversaires, préalablement avertis, puissent à leur tour les aider en leur faisant comprendre quel sera le rythme de leurs coups de canon. Un pacte tacite qui évite les mauvaises surprises. Cette situation inédite, presque humaine, commence à dissiper la paranoïa. Au passage, un nouveau sommet d'absurdité est atteint : c'est aux rugissements des canons qu'est confié un message silencieux de solidarité.

Les états-majors imposent alors des bombardements inopinés et des raids nocturnes imprévisibles. Ces attaques éclair impliquent de passer de l'autre côté des barbelés, au cœur des tranchées ennemies, et servent officiellement à rassembler des informations ou des objets dont l'utilité échappe entièrement aux soldats. C'est ainsi que le poète anglais Edmund Blunden reçoit l'ordre de ramener des échantillons de sous-vêtements appartenant à des militaires allemands [72]. Pour ce faire, il doit naturellement disposer de cadavres. En réalité, le véritable but de ces raids semble être d'aviver un sentiment de persécution permanent. On cherche à mobiliser les troupes y compris la nuit, à maintenir la tension de cet affrontement à mort jusque dans les moments de silence, alors que les tirs ont cessé, alors que tout le monde dort.

Il est également question de cadavres dans une information mensongère évoquée par l'historien Paul Fussell [73]. Les Allemands étant isolés par le blocus naval, toutes sortes de produits viennent à manquer de façon toujours plus criante. On utilise ainsi le corps des chevaux morts pour récupérer de la graisse. En occupant une tranchée allemande, les Anglais découvrent des instructions rédigées dans ce sens. Néanmoins, comme le mot « charogne » se dit *Kadaver* en allemand, une « rumeur » commence à circuler chez les Britanniques : l'Allemagne aurait imaginé un plan monstrueux pour recycler les soldats morts. Le *faux postulat* de la paranoïa (l'ennemi est différent et

---

71. Voir L. ZOJA, *La morte del prossimo, op. cit.*, chapitre 3.
72. Voir E. BLUNDEN, *Undertones of War*, Londres, Penguin Books, 2000 [1928], chapitre 16.
73. Voir P. FUSSELL, *The Great War and Modern Memory*, Oxford-New York, Oxford University Press, 2013 [1975], chapitre 4.

toujours inhumain) *est rendu vrai par une simple hypothèse linguistique, fausse elle aussi*[74].

La presse russe, déjà peu fiable en temps de paix, se révèle particulièrement encline à recueillir puis à relayer des témoignages : là encore, *les rumeurs deviennent des informations* une fois promues par l'autorité de l'écrit. Les « nouvelles » évoquant les actes de cruauté des Allemands sont particulièrement prisées. L'une des plus fantaisistes rapporte que les soldats russes, même légèrement blessés, sont soumis à des opérations chirurgicales lorsqu'ils se constituent d'eux-mêmes prisonniers. Dans le plus grand secret, on coupe leurs tendons pour qu'ils ne puissent plus tenir une arme. L'auteur de l'article ne se demande pas où les Allemands trouvent les cohortes de chirurgiens nécessaires pour mettre ce plan à exécution : il tient surtout à montrer que ces opérations se font *en cachette* et, ainsi, adresser un message *allusif* aux soldats russes. Qu'ils prennent bien garde à ne pas tomber entre les mains de l'ennemi[75] !

Des professeurs de médecine vont même jusqu'à contribuer à l'animalisation de l'adversaire en expliquant qu'il est génétiquement différent. À en croire les articles prétendument scientifiques de certaines publications françaises, les êtres humains normaux risquent de mourir d'asphyxie dans les tranchées contrôlées par les Allemands : ces derniers ne sont même pas des hommes car leurs corps produisent des excréments semblables à ceux des animaux, et dans des quantités similaires[76].

Sous l'impulsion des moyens de communication et de la propagande, dont le premier but est d'alimenter la haine, la pensée paranoïaque s'étend des groupes minoritaires et violents à la majorité de la population, et du monde militaire au monde civil. Si les soldats capables de penser en toute indépendance demeurent une minorité au sein des tranchées, ils arrivent encore à exprimer leurs émotions et à se sentir compris au cœur de ces trous boueux. Pourtant, après avoir quitté deux fronts opposés pour rentrer chez eux, l'Allemand Erich Maria Remarque et l'Anglais Robert Graves vont éprouver un même

---

74. Notons cependant que cette fiction a inconsciemment imaginé, bien avant l'heure, les expériences répugnantes menées sur des cadavres par les nazis.

75. Voir A. SOLJENITSYNE *La roue rouge. Premier nœud : Août 1914, op. cit.*, chapitre 7 (collage d'extraits de la presse russe de l'époque, sans indication des sources).

76. Voir G. BENSOUSSAN, *Europe, une passion génocidaire, op. cit.*, p. 61-62.

sentiment angoissant d'aliénation : leurs parents, qui ont adopté la
rhétorique féroce et stupide des journaux, ne les comprennent plus [77].

Chez les Allemands entrés en Belgique, les souvenirs de la
campagne de 1870 et les mesures prises par les états-majors pour éviter
tout danger font naître la peur des tireurs embusqués. Dans les faits,
aucune véritable guérilla ne s'organise contre les envahisseurs et les
affrontements avec l'armée belge restent limités. Il n'empêche : sous
l'impulsion de la panique grandissante déclenchée par les communiqués militaires, les Allemands se mettent à tirer sur des adversaires
invisibles, et en partie inexistants, à la moindre occasion. Ce qui finit
par entraîner des morts accidentelles au sein même des troupes allemandes. Aujourd'hui fréquent à cause du perfectionnement
technologique extrême des armes de guerre, le *friendly fire* était alors
rare. Tout naturellement, on explique ces accidents liés aux « tirs
amis » en supposant que des fusils ennemis cachés dans l'ombre ont
ouvert le feu. C'est-à-dire en créant d'autres rumeurs. De façon circulaire, ces explications accentuent la tendance des occupants à tirer à
l'aveuglette, augmentent les morts suspectes, les rumeurs, et ainsi de
suite. Mais surtout, elle inspirera la pratique tragique qui consistera à
bombarder ou à raser les habitations civiles d'où proviendraient ces tirs
ennemis [78].

Marc Bloch a mis en relief le rôle souvent fondamental des « fausses
nouvelles » en temps de guerre et en temps de paix. Aujourd'hui
encore, ses observations restent d'actualité [79]. Si la « fausse nouvelle »
est, effectivement, « le miroir où la "conscience collective" contemple
ses propres traits », le terme de *conscience* peut à bon droit être
remplacé par celui d'*inconscient collectif*, un concept désormais passé
de la psychanalyse au langage commun. Au fond de leur inconscient,
les occupants savent qu'ils inaugurent une série de violations du droit

---

77. Voir J. GLOVER, *Humanity, op. cit.*, p. 214.

78. Lors d'un autre incident, jamais élucidé, la Bibliothèque de l'université de
Louvain est partie en fumée : un événement où la propagande alliée a vu un geste volontairement anticulturel des Allemands.

79. Voir « Réflexions d'un historien sur les fausses nouvelles de la guerre » et
Apologie pour l'histoire ou Métier d'historien, dans M. BLOCH, *L'Histoire, la Guerre, la
Résistance, op. cit.* Voir également son analyse des événements de l'été 1789, « L'erreur
collective de la Grande Peur comme symptôme d'un état social », dans *ibid.*, p. 437-441.

des peuples. Malheureusement, la pression des interprétations officielles les empêche de l'admettre, même en eux-mêmes. Comme nous le savons, cette situation est typiquement de celles qui suscitent des réactions de défense paranoïaques et poussent à appuyer sur la gâchette pour un oui ou pour un non : le besoin de détruire l'ennemi imaginaire est trop fort. Parmi les soldats allemands circulent des histoires de Belges incendiaires, d'hommes chargés d'achever les blessés, de tireurs embusqués à tous les coins de rue, de femmes et de prêtres qui attirent les militaires dans des pièges mortels. La chose est rapidement reprise par la presse et revient jusqu'au front en réalimentant, avec un semblant de crédibilité, les sources qui l'ont créée de toutes pièces. Le postulat de départ erroné – « Les Belges sont des fourbes et des assassins » – se trouve confirmé par ce passage de la culture orale à la culture écrite qui transforme le mensonge en vérité. Une fois encore, le mouvement circulaire de la paranoïa en sort vainqueur.

Le mécanisme de diffusion d'une fausse nouvelle, écrit Bloch, ne saurait être reproduit expérimentalement par les psychologues, en laboratoire. Celle-ci ne se propage que si elle correspond à des attentes collectives préexistantes et à des émotions fortes. Les exemples donnés par l'historien français présentent ces deux éléments. L'émotion collective est évidemment fournie par la guerre. « *Kommt der Krieg ins Land, dann gibt es Lüge wie Sand* », « Quand le pays est en guerre, il y a autant de mensonges que de grains de sable », dit un proverbe allemand. Cette attente, d'un point de vue psychologique, relève typiquement de l'éducation moraliste des simples citoyens allemands qui composent les troupes : leur profond malaise, provoqué par l'occupation illégale et en rien héroïque d'un petit pays, se trouve allégé si l'ennemi est mesquin et criminel, c'est-à-dire plus coupable qu'eux. Faut-il pour autant y voir une stratégie retorse de la part des autorités allemandes ? Non : ces dernières ne font qu'exploiter des croyances déjà présentes en pensant qu'elles stimuleront la combativité des soldats.

Le cercle vicieux de la paranoïa s'est déjà enclenché au moment où les déclarations de guerre sont encore en voie d'acheminement. Très vite, une rumeur circule : l'aviation française aurait bombardé Nuremberg. Certes, il se peut qu'un avion civil français ait effectivement survolé la ville le 1er août 1914, mais il n'a en aucun cas largué des bombes, estime

Marc Bloch[80] : l'angoisse suscitée par l'imminence du conflit et l'immense nouveauté que représentait l'apparition des avions (jamais utilisés au cours d'une guerre puisqu'ils n'avaient été inventés que huit ans plus tôt) ont conféré à l'événement des proportions gigantesques et donné naissance à une légende. Les autorités allemandes, elles, n'ont rien créé : loin de démentir cette information, elles se sont simplement contentées de l'exploiter. Deux jours plus tard, celle-ci est citée dans la déclaration de guerre adressée à la France, mais sans être investie d'une importance décisive.

Bloch rapporte également deux exemples qu'on croirait tirés d'un manuel de pathologie paranoïaque tant ils naissent de la conviction, fausse et déjà bien enracinée, d'*être espionné*[81]. Un jour, les Français viennent à capturer un militaire allemand à qui ils ordonnent de décliner son identité. Celui-ci prétend habiter Brême. Une certitude se répand au sein des troupes françaises qui connaissent aussi mal la géographie que la langue allemande : le prisonnier n'a pas dit Brême mais *Braisne*, qui est le nom d'une petite ville de Picardie. Tout le monde acquiesce alors d'un air entendu : l'ennemi vivait à quelques kilomètres de là en se faisant passer pour un commerçant ! La rumeur selon laquelle la zone grouille d'espions allemands depuis longtemps se trouve ainsi confirmée, sans laisser la moindre place au doute.

Le second exemple est tout aussi édifiant. L'extérieur de nombreuses maisons belges comporte des trous servant à arrimer des échafaudages au moment des travaux d'entretien. Un dispositif inexistant dans les villages allemands. Les occupants qui défilent dans les rues ont toutefois lu que les Belges ont disposé d'innombrables tireurs embusqués bien avant l'invasion. Très vite, une conviction s'empare d'eux : ces trous prouvent qu'un système de défense, planifié bien avant le début du conflit et contraire aux codes de la guerre, a été confié aux civils qui les attendent dans l'ombre, prêts à tirer ! Les Allemands peuvent ainsi projeter sur les Belges l'illégalité de leur propre conduite militaire. De nombreux bâtiments seront détruits en guise de représailles.

Parmi les soldats anglais et français circulent toutes sortes de racontars : les troupes du Kaiser auraient crucifié des prisonniers ennemis,

---

80. Voir « Réflexions d'un historien sur les fausses nouvelles de la guerre », dans M. BLOCH, *L'Histoire, la Guerre, la Résistance*, *op. cit.*
81. *Ibid.*

violenté des religieuses et commis toutes sortes d'actes sadiques sur des enfants belges – en leur coupant les mains, notamment [82]. Les autorités anglaises usent même de cette forme de mensonge qui consiste à ne pas démentir une fausse nouvelle. Le 29 septembre 1914, *The Evening Standard* publie un récit qui laisse libre cours à l'imagination de son auteur, Arthur Machen : les fantômes des archers anglais qui avaient pris part à la bataille d'Azincourt reviennent pour tuer l'ennemi allemand. En quelques jours, la rumeur les transforme en anges. Machen ne peut même plus rétablir la vérité. Alors que la guerre a tout juste commencé, une légende s'est déjà transformée en solide certitude. Une certitude que ni l'Église anglicane, ni l'état-major n'avaient intérêt à mettre en doute [83].

La crainte paranoïaque d'être pris en tenaille va même jusqu'à trouver une expression renversée dans un fantasme collectif d'« encerclement positif ». Dès la fin du mois d'août 1914, une rumeur se répand chez les Anglais et les Français présents au front : des dizaines de milliers de Russes seraient en train de débarquer pour leur venir en aide, en Écosse selon les uns, à Marseille selon les autres [84].

Au cours des années 1920 et 1930, l'historiographie a progressivement nuancé les accusations portées contre les Allemands et les atrocités qu'ils auraient perpétrées en Belgique, en partie grâce à de nouvelles études venues mettre en lumière l'importance des « rumeurs » au cours du conflit. Reste que ces recherches ont très vite fini aux oubliettes. Et pour cause : l'attention s'est concentrée sur la Seconde Guerre mondiale où les actes criminels ont dépassé les inventions les plus invraisemblables. D'ailleurs, si les Alliés n'ont guère osé croire les premières informations relatives aux camps d'extermination nazis, c'est précisément parce que la description outrancière de la situation en Belgique avait diffusé une forme de scepticisme et un besoin de preuves incontestables [85].

Il faudra attendre le XXIe siècle pour que deux historiens irlandais publient une étude exhaustive sur l'occupation de la Belgique, loin de

---

82. Voir P. FUSSELL, *The Great War and Modern Memory*, *op. cit.*, chapitre 4 et 9.

83. Voir *ibid.*, chapitre 4.

84. Voir M. BLOCH, « Réflexions d'un historien sur les fausses nouvelles de la guerre », dans *L'Histoire, la Guerre, la Résistance*, *op. cit.*

85. Voir P. FUSSELL, *The Great War and Modern Memory*, *op. cit.*, chapitre 9 ; S. POWER, *A Problem from Hell. America and the Age of Genocide*, New York, Perennial, 2002, p. 69.

la légende [86]. Même s'ils ont sans cesse été exagérés, des crimes ont bien été perpétrés au cours de cet événement qui, en un sens, a marqué le début des atrocités commises tout au long du siècle dernier. Selon John Horne et Alan Kramer, la paranoïa des occupants a causé la mort de 6 500 civils [87]. Au final, la Belgique est sortie de la Grande Guerre avec un bilan de 44 000 morts [88]. Alors même que les puissances européennes s'étaient engagées à garantir sa neutralité.

Le martyre de la Belgique

Ces observations relatives au martyre belge ne seraient pas complètes sans deux ultimes considérations ayant trait à un point sensible : la double norme en matière de respect de la légalité internationale.

La première concerne la relation entre le pays agressé et ses sauveurs. Le territoire et le littoral de la Belgique étaient essentiels pour les deux camps. De fait, l'historiographie récente a démontré que *les plans militaires des Anglais envisageaient eux aussi de violer la neutralité de la Belgique*, ou à tout le moins son espace maritime [89]. La plus grave erreur de l'Allemagne, pourrait-on penser avec un certain cynisme, ne serait donc pas d'avoir violé les lois internationales mais d'avoir été la première à le faire, par trop d'empressement. Dans cette perspective, le nouvel ordre mondial décidé au moment de la paix de 1919 comporte une part d'ironie amère. On y attribue à l'Allemagne la responsabilité du déclenchement de la guerre. Une faute dont l'élément central était la violation de la Belgique. Certes, Berlin a incontestablement commis un crime à l'endroit d'un petit État, mais l'ironie tragique de cette paix dérive du fait qu'un autre grand pays avait un plan pour commettre la même agression criminelle. N'ayant eu ni le temps ni l'occasion de le mettre à exécution, la Grande-Bretagne a été portée aux nues pour avoir sauvé la Belgique.

---

86. Voir J. HORNE, A. KRAMER, *1914, les atrocités allemandes. La vérité sur les crimes de guerre en France et en Belgique*, trad. H. Benoît, Paris, Tallandier, 2011 [2005].

87. Niall Ferguson avance, pour sa part, le chiffre de 5 500 décès parmi les civils (voir *The Pity of War, op. cit.*, p. 126).

88. Voir M. GILBERT, *First World War, op. cit.*, p. 651.

89. Voir N. FERGUSON, *The Pity of War, op. cit.*, p. 67.

La seconde considération a également trait aux différentes normes de la légalité mais concerne le pays agressé. La couronne belge, qui régnait sur un pays pacifique et avait tenté de façon méritoire d'éviter la guerre, possédait depuis longtemps une immense colonie en Afrique, propriété personnelle du roi : le Congo. Avec l'exploitation des richesses minières et agricoles (comme la production de caoutchouc), les populations locales étaient soumises au travail obligatoire (en d'autres termes, réduites en esclavage), dans des conditions terribles. Ceux qui résistaient étaient punis : on leur coupait les mains, on incendiait leurs villages, on les tuait. D'après certaines études, le Congo aurait perdu la moitié de ses habitants entre le début de la colonisation (aux alentours de 1880) et la Première Guerre mondiale. Du fait que la population n'était pas recensée, les estimations oscillent entre 3 et 15 millions de morts [90]. Même si ce bain de sang a été violemment dénoncé dès le début du XXe siècle, la Grande Guerre l'a fait passer au second plan et le souverain belge s'est rangé du côté des victimes. Le martyre de la Belgique s'est alors imposé comme un *dogme de base indiscutable* dans l'interprétation de la guerre européenne. Une guerre devenue paranoïaque par son ampleur et sa durée et qui, d'accusation en accusation, continuera sa course vers l'abîme de la Seconde Guerre mondiale, sans pouvoir s'arrêter. Le massacre des Congolais, lui, a dû attendre la fin du XXe siècle pour partiellement redevenir d'actualité, à la suite de certains travaux, comme ceux d'Adam Hochschild [91]. Puisque le pays africain n'était pas en guerre, l'intégralité des victimes étaient des civils. Pourtant, même si le nombre de morts a vraisemblablement été *mille fois supérieur* à celui des civils belges tués par les Allemands, cet événement est resté périphérique, étranger aux affaires dont discutaient les pays civilisés de l'époque. Au final, aucun traité n'est venu réparer les préjudices causés par ce bain de sang aux proportions hitlériennes et aucun de ses responsables ne s'est retrouvé sur le banc des accusés.

---

90. L'ouvrage dirigé par Pietro Causarano avance le chiffre de 12 millions de morts (*Le XXe siècle des guerres, op. cit.*) et celui de Georges Bensoussan (*Europe, une passion génocidaire, op. cit.*), le chiffre de 11 millions.

91. Voir *Les Fantômes du roi Léopold. La terreur coloniale dans l'État du Congo, 1884-1908*, trad. M.-C. Elsen et F. Straschitz, Paris, Tallandier, coll. « Texto », 2007 [1998].

La paranoïa italienne

Au printemps 1915, l'Italie regarde encore les événements de loin : signé en 1882 puis renouvelé en 1891, 1902 et 1912, le traité de la Triple Alliance conclu entre l'Allemagne, l'Autriche et l'Italie engage les trois puissances à n'entrer en guerre que si l'une d'entre elles se retrouve agressée. Les articles 4 et 5 ajoutent l'obligation de venir en aide à l'un des signataires si celui-ci est simplement menacé – on imagine pourtant mal la Serbie représenter une menace sérieuse pour l'Empire d'Autriche-Hongrie, à moins d'inverser le rôle de l'agneau et celui du loup. Par ailleurs, il est stipulé dès la première ligne du premier article que les trois parties ne peuvent ni entrer en guerre contre les autres signataires, ni intégrer une alliance qui leur soit hostile. Une disposition restée assez longtemps absente des manuels scolaires italiens qui omettaient, en outre, de préciser que ce traité était *secret*.

Pour éviter une guerre à laquelle elle s'est de toute manière engagée à ne pas participer, l'Italie demande une compensation au terme, là encore, de négociations secrètes. Une disposition spécifiquement prévue par un article du contrat au cas où l'Autriche viendrait à annexer une partie de la Serbie. Pourtant, dès le début du conflit, Vienne perçoit la requête italienne comme une forme de chantage qui tire profit de la vulnérabilité du pays, déjà mobilisé sur plusieurs fronts. Par ailleurs, ces compensations, largement disproportionnées, ne concernent en rien les zones du territoire serbe que pourrait annexer l'Empire de François-Joseph : il est question du Trentin [92], de la ville libre de Trieste et de différentes îles de l'Adriatique. En d'autres termes, des régions déjà sous domination autrichienne. Très lentement, l'Autriche finit par se laisser amadouer devant la pression constante de l'Allemagne, plus pragmatique et, évidemment, mieux disposée à offrir ce qu'elle ne possède pas.

Ce moment d'hésitation aura des conséquences fatales : entre-temps, l'Italie a conduit d'autres négociations secrètes, à Londres. L'Entente est étrangère à l'Adriatique : promettre à l'Italie tout ce qu'elle souhaite ne lui coûte donc pas grand-chose. Les Allemands

---

92. Un choix qui peut paraître surprenant : originaire de la région, Alcide De Gasperi, qui fut Président du Conseil italien de 1945 à 1953, estimait que la population aurait majoritairement préféré rester autrichienne.

finissent par pousser Vienne à accéder aux requêtes de Rome mais les autorités italiennes n'y prêtent aucune importance : elles viennent en effet de recevoir de meilleures garanties et de signer le Pacte de Londres (26 avril 1915), *secret*, lui aussi. La délégation italienne tient à agir dans la plus grande discrétion et demande que les Serbes ne soient pas mis dans la confidence. Un souhait au demeurant peu réaliste : par ces accords, les Serbes deviennent les alliés des puissances de l'Entente. En outre, ces nouvelles frontières sont également censées devenir les leurs.

Au moment de leur armistice avec l'Allemagne, en 1918, les Russes, informés par les Serbes du contenu de ces accords, les révéleront au grand jour. La découverte du Pacte de Londres accentuera encore davantage la rancœur des anciens alliés de l'Italie à son endroit : en plus de la totalité des régions d'Autriche peuplées d'ethnies italiennes, Rome s'était fait promettre l'annexion de terres habitées par des populations de langues allemande, slovène, croate, albanaise, grecque et même, dans des clauses moins contraignantes, par des populations turques et africaines. De quoi alimenter l'autre versant de la paranoïa.

Même si la majorité de la population et des parlementaires italiens sont opposés à la guerre, la minorité interventionniste organise des manifestations de plus en plus bruyantes. Dans ce mélange bouillonnant d'émotions et d'exigences de plus en plus radicales, l'exaltation commence à l'emporter : une foule toujours plus nombreuse se précipite dans la rue et bascule dans cette forme d'hystérie qui n'autorise aucun retour en arrière. La manœuvre fonctionne et le pays entre en guerre. La propagande de l'époque et, par la suite, de nombreux manuels scolaires prétendront qu'il s'agissait là de la dernière guerre du *Risorgimento* avec, en point de mire, la libération des populations italiennes. Les accords signés avant l'intervention laissent cependant entrevoir un but impérialiste. En l'occurrence, la soumission de populations d'autres nationalités.

Au moment du Pacte de Londres, l'Autriche est désormais prête à céder un pan de son territoire contre une simple signature, sans pousser l'Italie à mener une guerre ou à payer la transgression d'une alliance renouvelée à de nombreuses reprises. Cette dette morale, la paranoïa nationaliste réussira pourtant à s'en acquitter en causant la mort d'un nombre de personnes supérieur à l'ensemble de la population de Trente et de Trieste, ces régions qu'elle souhaitait « libérer ». Malgré la nette supériorité de son armée au début du conflit, l'Italie restera pour ainsi dire clouée au fond des tranchées pendant une grande partie de la guerre et contribuera largement à ce que le pape de l'époque, Benoît XV, appellera « l'inutile carnage ».

Une atrocité et une ampleur inédites

Comme nous l'avons vu plus haut, le début du conflit est marqué (en Belgique, notamment) par des crimes relativement inédits. Au fil des années, ces événements qui auraient pu donner matière à réflexion finissent pourtant par devenir un outil de propagande et contribuent à une *escalade** dans l'agressivité paranoïaque. Des atrocités pratiquement sans précédent dans l'histoire humaine font leur apparition. À ce titre, l'armée allemande sera la première à utiliser des gaz chimiques et à exercer des représailles sur les civils. Un bien triste privilège.

La guerre comporte également un front asiatique, généralement considéré d'une importance moindre. Et pourtant, c'est dans cette zone qu'a eu lieu, en 1915, le génocide arménien, le tout premier du XXe siècle. Un carnage dont l'Allemagne a parfois été jugée indirectement responsable dans la mesure où de hauts gradés de l'armée du Kaiser ont assisté les troupes de leurs alliés ottomans. Par ailleurs, les Jeunes-Turcs, rompant avec la tradition multiethnique de leur pays, avaient construit un nationalisme raciste qui mélangeait, pêle-mêle, Nietzsche, Herder et des penseurs allemands de second plan[93].

Ce théâtre voit surtout deux Empires et deux impérialismes s'affronter, l'un, ottoman, l'autre, britannique. Cette fois, ce sont les Alliés qui pèchent par trop d'empressement. Au moment où le faible gouvernement d'Istanbul entre en guerre aux côtés de l'Autriche et de l'Allemagne, ces derniers décident de lui donner, sans tarder, un coup de poignard en plein cœur. Au lieu d'attaquer les interminables frontières turques, ils déploient directement des Australiens et des Néo-Zélandais venus de l'autre bout du monde (et de l'autre bout de la vie – le plus jeune a 14 ans) sur le Bosphore, dans le détroit des Dardanelles, ainsi que le long du littoral de la péninsule de Gallipoli. Leur objectif : marcher sans tarder sur la capitale ottomane. Les

---

93. Voir B. BRUNETAU, *Le Siècle des génocides. Violences, massacres et processus génocidaires de l'Arménie au Rwanda*, Paris, Armand Colin, 2004, chapitre 2.

membres du corps expéditionnaire seront hélas obligés de creuser des tranchées sur les plages, où ils mourront les uns après les autres[94].

La présence de troupes coloniales (en grande partie indiennes, côté britannique, et africaines, côté français) combine la violence de la guerre à une violence raciste qui atteindra son paroxysme au cours de la Seconde Guerre mondiale. Une rumeur, non dénuée de fondement par ailleurs, circule chez les Allemands : les Sénégalais massacreraient les hommes qui déposent volontairement les armes. La propagande en profite aussitôt pour inviter les troupes à se montrer impitoyables. La pratique qui consistera à tuer les soldats ayant décidé de se rendre finira ainsi par se généraliser, dans un camp comme dans l'autre : elle sera tolérée et même encouragée par les officiers.

À l'image des premiers bombardements aériens effectués par les Anglais et les Allemands sur d'autres cibles que les bâtiments militaires[95], les belligérants n'ont plus aucun scrupule à massacrer les civils. À titre d'exemple, le blocus naval imposé à l'Allemagne fera entre 700 000 et 800 000 victimes, à une écrasante majorité parmi les franges les plus fragiles de la population[96]. À lui seul, ce massacre, qui se poursuivra même après la fin des hostilités pour obliger l'Allemagne à accepter les conditions des Alliés, causera la disparition d'un nombre de civils au moins cent fois supérieur au nombre de civils belges tués par les troupes du Kaiser. En d'autres termes, ce crime pour lequel les Alliés voulaient punir l'Allemagne. Au bout du compte, si les Alliés mettent progressivement à profit leur supériorité économique et militaire dès le début du conflit, ils vont également perdere leur supériorité morale, là encore, peu à peu : se laisser gagner par la paranoïa ne revient pas uniquement à être atteint par un trouble psychique, mais à basculer collectivement dans une pathologie psychiatrique et morale.

---

94. La paranoïa planera encore longtemps sur la région : en 2005, la construction d'une route côtière dans cette zone a provoqué un tollé chez les Australiens. À leurs yeux, la terre où tant de leurs aînés ont versé leur sang est sacrée.
95. Voir D. STEVENSON, *1914-1918*, *op. cit.*, chapitre 16.
96. Voir J. GLOVER, *Humanity*, *op. cit.*, chapitre 10 ; M. GILBERT, *First World War*, *op. cit.*, introduction.

Le silence après les canons

Le 1er août 1917, trois ans jour pour jour après le début du bain de sang, Giacomo Della Chiesa, devenu pape sous le nom de Benoît XV, publie l'un des rares documents courageux de l'histoire millénaire de l'Église romaine. Sa *Lettre aux chefs d'État* des pays en guerre propose en effet de mettre un terme à « l'inutile carnage », sur tous les fronts, et d'engager des négociations où l'ensemble des parties renonceraient à annexer des territoires ennemis. Un cri dans le désert : personne ne lui répond, pas même les dirigeants catholiques. Au lieu de quoi, il est qualifié de *französicher Papst* (« pape français ») par le représentant de l'état-major allemand, Erich Ludendorff, et de *pape boche* par le président du Conseil français, Georges Clemenceau.

En théorie, un armistice aurait pu mettre fin à la guerre en peu de temps. Malgré les nombreux États en guerre et les communications difficiles, des plénipotentiaires auraient été en mesure de se rencontrer à tout moment en terrain neutre. Hélas, la rationalité ne saurait remplacer la paranoïa quand celle-ci est aux commandes. Alors même que le moment de cesser définitivement les hostilités a sonné (en l'occurrence, le onzième jour du onzième mois de l'année 1918, à onze heures), de nombreux soldats sont encore en train de vider leurs chargeurs et de tuer d'autres soldats ; au sein de son régiment d'artillerie, le futur président des États-Unis, Harry Truman, teste un nouveau canon capable d'assurer des tirs plus puissants tandis que, sur un navire américain en train d'acheminer des troupes jusqu'en Europe, des cris de protestation s'élèvent : on ne marche plus vers la mort [97] !

Les soldats ramènent chez eux de nouveaux souvenirs [98] : les images des ennemis qu'ils ont tués. Certes, la nécrophilie a toujours suivi le sillon tracé par la guerre. Pour autant, la large diffusion qu'ont eue ces images à cette occasion ne saurait être attribuée au seul essor de la photographie. Les photos circulent en masse et, bien entendu, sans le moindre scrupule. Au contraire : sur un certain nombre d'entre elles, des crânes, des os et des cadavres à moitié décomposés sont volontairement mis en scène. Reproduites comme s'il s'agissait de simples cartes postales, elles s'accompagnent de phrases dégradantes et racistes : à

---

97. Voir *ibid.*, chapitre 28.
98. Voir N. FERGUSON, *The Pity of War, op. cit.*, tableaux 13-18.

titre d'exemple, on privilégie les termes de *Huns* ou de *Boches* pour désigner les Allemands.

Les ténèbres de l'esprit utiliseront les années de guerre pour s'étendre partout. Et continueront à le faire pendant des décennies.

Le conflit terminé, de nombreux endroits deviennent des emblèmes. Peu de lieux expriment aussi bien que Verdun l'absurdité du monde. 800 000 êtres humains ont dû mourir afin qu'on puisse s'emparer de ce hameau où vivaient 20 000 personnes. Comme sur le reste du front occidental, on s'est battu quatre ans pour faire avancer une ligne qui a refusé de bouger. Les deux armées ont perdu. Le front et la mort inutile l'ont emporté. La disproportion entre les vivants et les morts est telle que le registre des décès ne peut pas remplir sa mission. C'est ainsi que l'ossuaire de Douaumont, près de Verdun, renferme encore 150 000 corps sans nom. Du reste, sur environ 1 400 000 Français morts au combat, moins de la moitié ont été identifiés et seulement 240 000 corps ont été rendus à leurs familles [99]. Néanmoins, si les Français et les Allemands tombés pendant la guerre de 1870 étaient souvent enterrés ensemble, la Grande Guerre a institué l'*apartheid* des cadavres. Ces derniers ayant été enterrés loin de chez eux, on a construit dans chaque ville des monuments aux morts qui se sont imposés aux vivants. Étant anonymes, ils ont cependant été retirés au culte des familles pour être soumis au culte de la politique.

À l'instar de l'explosion du nombre de monuments aux morts, la sacralisation du soldat inconnu est une invention moderne dont la brusque apparition dans l'inconscient collectif survient à la fin de la Première Guerre mondiale [100]. Son but ? Tenter de rendre du sens à un conflit insensé, et de la sacralité à un monde profane et profané. Figure dont on ne peut ni reproduire l'image, ni dire le nom, arrachée au temps et à l'histoire, confiée à l'immortalité et à l'absolu, le soldat inconnu essaie de freiner la déchéance du ciel au sein d'une société qui se sécularise. Peut-il seulement y parvenir ? De fait, celui qu'on commence à vénérer n'est plus là-haut, comme la divinité, mais sous terre, comme les enfers. Silencieusement, il continue d'exister, mélangé aux vers, sur les champs de batailles. Il survit en négatif. Pas dans la vie, mais dans la guerre et la mort.

---

99. Voir G. BENSOUSSAN, *Europe, une passion génocidaire, op. cit.*, p. 55.
100. Voir G. MOSSE, *De la Grande Guerre au totalitarisme. La brutalisation des sociétés européennes*, trad. É. Magyar, Paris, Fayard, 2014 [1999].

Pour autant, tout ce qu'on continue à nous enseigner – à l'école, pendant notre enfance, puis en regardant des écrans, en lisant, en visitant des monuments, des musées et des lieux historiques, à l'âge adulte – correspond encore à la rhétorique de ces batailles glorieuses qu'on nous cite inlassablement en exemple.

CHAPITRE 6

FREUD, KEYNES ET LE PRÉSIDENT NAÏF

Le jugement que l'histoire portera sur [Wilson] dépendra en fin de compte du comportement qu'il adoptera. Si malgré tout il ne montre aucun scrupule à s'attabler avec nos seuls adversaires qui ont déployé tous leurs efforts pour influencer unilatéralement son jugement et sans avoir [...] ne serait-ce qu'*écouté* des personnalités représentatives *allemandes* aux mains propres, cela serait lourd de conséquences.

M. WEBER, *De la culpabilité du déclenchement de la guerre.*

Je ne peux m'empêcher de trouver qu'un homme [...] si sûr d'entretenir des rapports personnels intimes avec le Tout-Puissant n'est pas fait pour s'occuper des hommes ordinaires. [...] Wilson a déclaré souvent que les faits ne signifiaient rien pour lui. [...] Il n'avait donc aucune raison de diminuer son ignorance par l'examen des faits. [...] Les fous, les visionnaires, les hallucinés, les névrosés et les aliénés ont, de tout temps, joué de grands rôles dans l'histoire de l'humanité.

S. FREUD, *Le président T. W. Wilson*, « Introduction ».

Un messie américain

Si la confusion suscitée par la paranoïa aspire à une simplification qui lui permette de construire une réflexion, la pensée de masse n'élabore aucune vérité personnelle : elle reçoit une annonciation de la bouche d'un leader.

Contrevenant aux principes de George Washington, pour qui les Américains ne devaient pas se préoccuper de l'Europe, Thomas Woodrow Wilson, le président des États-Unis, se pose en chantre de valeurs supérieures face au Vieux Continent défait par la guerre, telle une divinité descendue de l'Olympe, tel un Christophe Colomb inversé qui viendrait la redécouvrir, des siècles plus tard.

Son père, Joseph Wilson, était un pasteur presbytérien, gai et naïf : son cœur battait pour la Confédération esclavagiste au cours de la Guerre de Sécession. Né en 1856 en Virginie, terre de plantations et de colonies d'esclaves, Woodrow Wilson grandit dans le Sud provincial et conservateur. Des années plus tard, il devient néanmoins président de l'université de Princeton, phare de la pensée éclairée, et se distingue, en politique, par son charme porteur d'optimisme[1]. Wilson est une personnalité fondamentalement simple et honnête : il remplit donc toutes les conditions nécessaires pour se poser en prophète, mais aussi pour avoir la conviction d'en être un.

À peine nommé président, en 1913, Wilson annonce à l'ambassadeur anglais sa volonté d'apprendre à l'Amérique Latine comment élire de bons hommes politiques. L'optimisme de l'Américain prend souvent la forme d'une *mégalomanie* qui s'accompagne de véritables *postulats de base erronés*. Un sentiment de supériorité l'autorise à traiter l'ensemble du continent au sud des États-Unis comme un enfant. Wilson est clairement convaincu de détenir une *révélation originelle*, laquelle n'est pas métaphorique, comme souvent chez les politiques, mais concrète. La voie qu'il emprunte le conduit à s'assigner à lui-même un rôle digne de Moïse : dans son sillage, l'Europe pourra elle aussi rejoindre la Terre Promise de la démocratie. Hélas, les rôles finiront par s'inverser en cours de route. Au lieu de montrer le chemin, c'est lui qui sera guidé par le cynisme européen. Le *manque d'autocritique* vis-à-vis de ses propres dogmes a sans doute été le prolongement d'un aveuglement grâce auquel son enfance et la figure de son père avaient trouvé refuge au sein des espaces idéalisés de sa mémoire. Le *préjugé monolithique*, présupposé de toute paranoïa, prend chez Wilson une forme particulière. En l'occurrence, celle d'un *délire positif*. Étant convaincu de façon si inébranlable de la validité de ses idéaux, il se croit en mesure de les réaliser et de les imposer à ses alliés. Au moment où il prendra conscience que ce ne sera pas le cas, Wilson réagira en niant la réalité et en la fuyant.

On ne s'étonnera donc pas que Sigmund Freud et William C. Bullitt aient consacré un essai au président américain[2]. Pour les deux auteurs,

---

1. Voir L. AUCHINCLOSS, *Woodrow Wilson*, trad. D. Bouchard, Saint-Laurent (Québec), Fides, 2003.
2. Voir *Le Président T. W. Wilson. Portrait psychologique*, trad. M. Tadié, Paris, Payot, coll. « Petite Bibliothèque Payot », 2005 [1967], chapitre 24. Bullitt était un diplomate américain cultivé et cosmopolite. Il avait été un collaborateur de Wilson lors des négociations de Versailles, avant une rupture dramatique entre les deux hommes. Malgré l'importance de ses auteurs et des thèmes traités, l'ouvrage ne figure pas dans l'édition intégrale des œuvres de Freud. De fait, comme nous le verrons plus loin, il est sorti un demi-siècle après les événements qu'il abordait.

il lui manquait, au fond, une vraie personnalité masculine parce qu'il ne s'était jamais libéré de sa soumission à son père et de son identification avec lui.

Si l'Europe est alors accablée par les dégâts matériels de la guerre, elle l'est aussi par les dégâts de la maladie psychique à laquelle nous nous intéressons. Mais Wilson a un remède à ces maux de l'esprit : il lui suffit de promettre une chose et son contraire. D'un côté, la victoire écrasante des justes ; de l'autre, une paix équitable et exempte de toute sanction. L'application pleine et entière du principe de nationalité et, tout à la fois, la concorde édénique des nations. Ce *postulat erroné* lui permet de ne pas sortir de la paranoïa. Ce *conquistador* inversé qui repart vers l'est depuis l'Amérique est guidé par un délire guerrier transmuté en quête d'harmonie – en d'autres termes, ce que les masses recherchent pour contrebalancer la folie qui les a balayées. Trompées par le mal quatre années durant, elles reçoivent l'illusion du bien. Les hommes politiques européens, eux, ne peuvent qu'acquiescer. Toute simpliste qu'elle soit, cette idée qui promet tout ne leur coûte absolument rien puisque la facture est adressée au nom du seul président américain.

Le 8 janvier 1918, alors que les États-Unis viennent tout juste d'entrer en guerre, Wilson lit une déclaration solennelle devant les deux chambres. Le préambule, incroyablement naïf et moralisateur, contient les mots suivants : « Si nous avons pris part à cette guerre, c'est parce que le droit avait été bafoué. Ces événements nous ont touchés au plus profond de notre chair et empêcheront notre peuple de vivre tant que le monde n'aura pas définitivement la certitude qu'ils ne se reproduiront plus [3]. » Débute alors l'énoncé des critères d'une paix stable, les célèbres *Quatorze points*. Au final, si ce texte a eu l'immense avantage (et l'honnêteté) de profiter d'un discours public et, en apparence, exhaustif pour exposer d'emblée des conditions inspirées par des principes inaliénables et non négociables, il avait le défaut d'être trop vague pour ne pas être équivoque.

Un an plus tard, à l'heure de rejoindre Paris pour les négociations de paix, Wilson campe encore sur ces dogmes abstraits et n'a pas songé à la façon concrète de les mettre en œuvre. D'après Freud et Bullitt, il

---

3. Le texte est consultable sur le site avalon.law.yale.edu.

faut voir là une preuve de l'identification du président américain à ce père qu'il ne pouvait pas et qu'il ne voulait pas dépasser [4] : depuis sa chaire, le révérend Joseph Wilson prêchait passionnément de grands principes mais n'avait pas l'expérience des moyens nécessaires pour les appliquer dans la vie réelle. Un modèle que son fils a suivi au moment de concevoir son propre projet politique. Si ses qualités de prédicateur lui ont permis de susciter l'enthousiasme, il n'a pas sérieusement pensé à la manière de mettre en pratique ses idéaux. Hélas, il n'était pas chargé de prononcer un sermon mais de ramener l'ordre dans le monde après une guerre de dimension mondiale.

Un dogme en quatorze points

Le premier des *Quatorze points* demande des négociations transparentes en vue d'établir la paix. Le deuxième, une totale liberté dans les déplacements par voie de mer. Le troisième, aucune entrave aux échanges commerciaux. Le quatrième, la réduction des stocks d'armement à un niveau minimal mais acceptable pour qu'un pays puisse assurer sa protection. Le cinquième, une définition des contentieux coloniaux qui tienne également compte des intérêts des populations concernées. Les sept points suivants, du sixième au douzième, dressent la liste des conflits territoriaux européens qu'il conviendra de résoudre en créant des frontières correspondant aux différents groupes nationaux. Les deux États multinationaux font donc l'objet d'un traitement particulier. On demande ainsi à l'Empire ottoman de garantir le développement autonome des différentes nationalités présentes au sein de son territoire. L'Empire austro-hongrois reçoit, pour sa part, l'assurance qu'il continuera d'exister et qu'il sera protégé ; en contrepartie, il se trouve dans l'obligation de garantir le développement autonome de ses populations. Le treizième point, enfin, demande que la Pologne renaisse en tant qu'État indépendant et possède un accès à la mer tandis que le dernier appelle de ses vœux la fondation d'une Société des Nations qui régisse la coexistence réciproque entre les grands et les petits pays.

---

4. Voir *Le Président T. W. Wilson*, *op. cit.*, chapitre 2.

Le 11 février 1918, le 17 septembre de cette même année, et à d'autres occasions, Wilson adjoint à ses *Quatorze points* d'autres dispositions qui viennent compléter la base de la négociation : on refuse les annexions territoriales, les demandes de mesures punitives et l'inclusion de points ou d'accords qui n'aient pas été rendus publics. La résurrection de la Pologne est le seul engagement véritablement tenu. Notons cependant qu'en insistant pour lui accorder un accès direct à la mer, Wilson laisse entendre qu'il ne croit guère à ses propres principes de liberté globale en matière d'échanges commerciaux et de transports maritimes (points 2 et 3). Une attitude compréhensible dans la mesure où le monde, après le libre marché de la *Belle Époque**, est en train d'inaugurer une époque marquée par un protectionnisme nationaliste des plus acharnés. Par ailleurs, le « corridor de Dantzig » créé au sein d'un territoire habité par des Allemands met en lumière un autre paradoxe : si le tracé des frontières est d'abord guidé par le besoin de débouchés maritimes, celui-ci vient contredire un autre principe, en vertu duquel chaque peuple a le droit de vivre au sein d'un État qui lui soit propre. Un droit que les *Quatorze points* eux-mêmes déclarent sacré. Le conflit des nationalités s'en trouve ainsi rouvert.

Comme les Grecs de l'Antiquité ont vainement tenté de nous l'enseigner, les intentions des hommes ne sont rien et la réalité relève de la tragédie : c'est précisément le « corridor de Dantzig » qui offrira à Hitler un prétexte (non dénué de fondement) pour entrer en conflit avec la Pologne et qui deviendra, comme Sarajevo en août 1914, l'élément déclencheur de la Seconde Guerre mondiale.

Les traités de paix

Entre-temps, cinq traités de paix marquent formellement la fin de la Première Guerre mondiale : les vainqueurs mènent les pourparlers d'une seule voix mais imposent leurs conditions aux vaincus en les séparant. La paix avec l'Allemagne est signée à Versailles, celle avec l'Autriche, à Saint-Germain, celle avec la Hongrie, à Trianon, celle avec la Turquie, à Sèvres, et celle avec la Bulgarie, à Neuilly. Logiquement, la conférence de Versailles est au centre de toutes les discussions.

La délégation anglaise compte dans ses rangs l'un des génies qui ont marqué le XXe siècle de leur empreinte. Adjoint du chancelier de

l'Échiquier en charge des questions économiques, John Maynard
Keynes participe aux négociations et tente d'y faire entrer une forme
de rationalité. À l'instar de Bullitt, il donne sa démission après avoir
pris acte de l'inutilité de son travail. Il écrit alors un texte au vitriol où
il dénonce la nouvelle course à l'abîme où est en train de se lancer
l'Europe. L'ouvrage suscite un immense engouement, y compris au
sein du public non spécialisé [5].

Du fait que l'Allemagne et les autres pays vaincus sont exclus de la
discussion, ce traité de paix néglige la condition de base de toute négociation, à savoir la présence de tous les signataires. Comme si cela ne
suffisait pas, l'Union Soviétique, elle non plus, n'a pas été invitée alors
même que la majorité des questions territoriales la concernent. La plus
grande révolution de l'histoire a beau avoir transformé le plus grand
pays de la planète, l'Empire tsariste, en Union des républiques socialistes soviétiques, les vainqueurs font comme si rien ne s'était passé, par
crainte d'offrir au nouvel État une reconnaissance internationale. Bien
qu'ils se posent en chantres de la libre concurrence, les gouvernements
alliés ont bloqué l'Allemagne dans sa course vers le rôle de première
puissance économique européenne. Hélas, à peine ont-ils eu le temps
de pousser un ouf de soulagement qu'un autre pays leur inspire des
angoisses paranoïaques : la Russie communiste développe son industrie à marche forcée et propose une nouvelle société qui déstabilise le
modèle bourgeois.

Les Alliés décident alors de satisfaire leurs appétits, quitte à
tromper Wilson sur leur attachement aux principes inaliénables qu'il
défend. Cette manipulation s'avère relativement facile dans la mesure
où ce dernier ne souhaite pas en prendre conscience (pour ne pas
perdre l'approbation du père intérieur, à en croire Freud et Bullitt). Par
ailleurs, sa connaissance de la géographie et des groupes ethniques
européens est celle d'un Sudiste provincial de la fin du XIXᵉ siècle
– autant dire, proche de zéro. C'est ainsi qu'il accepte de nouvelles
frontières qui englobent des millions de germanophones en Tchécoslovaquie et des centaines de milliers d'autres en Italie, en France, en

---

5. Voir *Les Conséquences économiques de la paix*, trad. D. Todd, Paris, Gallimard,
coll. « Tel », 2005 [1920]. Certains sujets feront l'objet d'un traitement plus approfondi
dans la première partie d'un texte postérieur de Keynes, paru en 1931 (*Sur la monnaie
et l'économie*, trad. M. Panoff, Paris, Payot, coll. « Petite Bibliothèque Payot », 2009
[1933]).

Belgique, en Pologne et en Lituanie. Wilson finira par s'apercevoir qu'on a profité de son ignorance. Pourtant, au lieu d'accepter bon gré, mal gré, les engagements qu'on lui avait extorqués, il basculera dans une *méfiance* dont témoigneront ses mouvements d'humeur et s'arc-boutera sur ses principes. L'indice d'une *fausse cohérence*.

Quand Wilson se trompe lui-même

En 1916, alors qu'il avait déjà accédé à la fonction suprême, Woodrow Wilson avait affirmé qu'il y avait plus de 100 millions de Juifs dans le monde. Il n'y en avait pourtant que 15 millions. Il avait fallu qu'on lui présente une publication officielle pour qu'il accepte de revenir sur sa position [6]. Si cette anecdote illustre avec force la façon dont le dirigeant américain s'était approprié les préjugés antisémites des sudistes chrétiens, elle valide également le jugement de Keynes, aussi fin psychologue que Freud : « Il était, après tout, plus difficile de détromper ce vieux presbytérien qu'il ne l'avait été de le tromper, car dans son erreur il avait placé sa conviction et son respect de lui-même [7]. »

Wilson aurait voulu refréner l'avidité des Européens qui allait à l'encontre des valeurs qu'il défendait. Hélas, personne ne le prenait au sérieux. Même si ce constat le dépossédait de ce rôle d'arbitre-prophète dans lequel il s'était investi, le président américain aurait eu intérêt à en prendre conscience. À ses yeux, les grands principes qui lui tenaient à cœur auraient également dû s'appliquer aux vaincus. Des vaincus qui, inconsciemment, lui inspiraient peut-être plus de sympathie que les vainqueurs. S'il s'identifiait à la figure du Christ, Wilson avait égale-ment été marqué par un épisode auquel il avait assisté en compagnie de son père, dans son enfance : le retour du héros sudiste, le général Lee, digne malgré la défaite [8]. Pour autant, le simple fait de mentionner les droits des vaincus a conduit certains à insinuer que son comporte-ment penchait en faveur des Allemands.

6. Voir S. FREUD, W. C. BULLITT, *Le Président T. W. Wilson, op. cit.*
7. Voir J. M. KEYNES, *Les Conséquences économiques de la paix, op. cit.*, p. 67.
8. Voir A. HECKSCHER, *Woodrow Wilson*, New York-Oxford, Scribner's, 1991 ; L. AUCHINCLOSS, *Woodrow Wilson, op. cit.*

Dévoiler les mécanismes secrets d'une paranoïa revient à mettre en lumière d'innombrables corrélations, particulièrement significatives d'un point de vue psychologique. Pour autant, il serait vain de vouloir les pointer du doigt en compagnie de l'intéressé. Les allusions et les insinuations constituent les armes expressives du paranoïaque, qui refuse de laisser les autres s'en servir. Pour cette raison, le fait que Wilson ait été un paranoïaque « positif » rendait ces sous-entendus encore plus intolérables. Si la moindre critique déclenchait en lui une véritable panique, une tempête intérieure, c'est parce qu'elle était susceptible de devenir le prélude à une autocritique, chose dont il était incapable.

Dès 1917, Wilson avait largement pris connaissance des conditions de paix punitives que les Alliés voulaient imposer aux Empires centraux. Il les avait cependant refoulées pour préserver l'illusion pacifiste qui lui a permis de proclamer ses *Quatorze points* en 1918 et de se rendre à Versailles, l'année suivante, avec la conviction qu'ils devaient obligatoirement être à la base des négociations : en plus de se substituer à une autocritique, cette *tromperie dont il était à la fois l'auteur et la victime* était nécessaire pour que sa *détermination fantasmée* et, par conséquent, ses *faux postulats de départ* ne varient pas d'un iota. Un mécanisme qui, pour Freud et Bullitt, a amené le président américain à fuir la réalité.

À ce titre, ces derniers sont parvenus à des conclusions plus moins semblables à celles de Keynes, même si leur perspective (clinique, en l'occurrence) était très différente de celle de l'économiste britannique. Cette tournure paranoïaque de la conduite de Wilson a été confirmée par l'analyse freudienne : inconsciemment, le président des États-Unis s'identifiait avec la figure du Christ et se sentait victime d'une *conspiration* contre le bien, analogue à celle qui s'était soldée par la crucifixion de Jésus. Il finit par renoncer à un comportement viril pour adopter un comportement féminin devant les Alliés : faute d'arguments pratiques, il tenta de les convaincre en les séduisant, en proposant des compromis, en invoquant la beauté des idéaux [9]. Du fait que Wilson ne s'était pas émancipé de son père, cette identification inconsciente lui permettait de tenter la quadrature du cercle : ce Christ-là se présentait au nom du

---

9. Voir S. FREUD, W. C. BULLITT, *Le Président T. W. Wilson*, *op. cit.*, chapitre 24.

Père et professait son entière soumission à Lui mais imposait au monde ses nouveaux idéaux.

En se fondant sur des documents inédits, l'historien Paul Roazen a battu en brèche la conviction selon laquelle *Le président T. W. Wilson* aurait en grande partie été écrit par William Bullitt. Freud ne s'est pas contenté de prêter sa signature, bien au contraire : les interprétations contenues dans l'ouvrage sont l'œuvre du fondateur de la psychanalyse [10]. Bullitt, lui, y a simplement adhéré mais sa contribution à l'ouvrage n'en demeure pas moins contestable dans la mesure où il a écarté du texte définitif une partie des réflexions du maître. Pour Freud, le Christ constitue en effet une synthèse idéale entre une virilité innovatrice et une féminité accommodante, capable de renoncer à l'agressivité et d'embrasser le sacrifice. Tout comme le psychanalyste autrichien, le diplomate américain avait certes une opinion exécrable de Wilson mais sa carrière politique commençait à prendre de l'ampleur. Plutôt que de risquer de perdre l'électorat chrétien, il a fait repousser la publication de ce livre jusqu'en 1967 et a supprimé les pages où Freud interprétait le rôle de Jésus-Christ d'une façon trop psychanalytique.

Bullitt et Freud craignaient l'un et l'autre que les dégâts causés par cette paix punitive, combinés au peu de cas accordé aux promesses idéalistes de Wilson, suscitent des réactions paranoïaques en Allemagne. Ce fut le cas. Par ailleurs, Freud, comme l'a noté Gore Vidal, gardait rancœur au président américain d'avoir démembré son pays, l'Autriche-Hongrie, au mépris de la promesse solennelle qui figurait dans les *Quatorze points.*

Le climat paranoïaque des pourparlers

À Versailles, ce n'est pas au cours des séances plénières où se massent tous les pays victorieux que sont traités les sujets de premier plan, mais au sein d'un groupe restreint auquel ne participent que les « Quatre Grands » : États-Unis, Grande-Bretagne, France et Italie. Le fait que ces réunions se tiennent en petit comité et à huis clos contredit néanmoins les principaux fondamentaux énoncés par

---

10. Voir P. ROAZEN, « Oedipus at Versailles. New Evidence of Freud's Part in a Study of Woodrow Wilson », *Times Literary Supplement*, 22 avril 2005.

Wilson. De quoi provoquer d'emblée une méfiance au sein même des Alliés et priver les négociations de certains soutiens. Aux yeux de l'opinion publique, le leader est forcément celui qui apporte aux négociations un poids moral autant qu'économique, à savoir Wilson. En réalité, un seul homme politique possède une véritable stature et une capacité à contrôler la situation : Georges Clemenceau.

Dans la perspective qui nous occupe, l'aspect linguistique des discussions est particulièrement intéressant[11]. Les rencontres des « Quatre Grands » ont pour langues de travail officielles l'anglais et le français. Deux des participants, Wilson et Lloyd George, partagent la même langue maternelle mais ne parlent pas l'autre langue officielle, ce qui renforce leur entente et chasse la suspicion qui pourrait naître en eux. Tandis que l'interprète traduit officiellement ce qu'ils ont dit, les délégations anglaise et américaine continuent de se parler de façon non officielle. Le climat entre eux s'améliore notablement mais suscite la méfiance chez les autres participants. Quant au représentant de l'Italie, le président du Conseil Vittorio Emanuele Orlando, il ne connaît que le français et ne peut donc parler directement qu'à Clemenceau, sans pour autant avoir la possibilité de s'exprimer dans sa langue maternelle. En plus d'accueillir la Conférence, Clemenceau est aussi le seul à maîtriser couramment une langue étrangère. Par ailleurs, sa personnalité imposante le place au cœur des négociations. C'est le plus sûr de lui.

En un sens, l'état d'esprit de ces réunions – plus déterminant que le contenu des actes officiels – nous laisse entrevoir le futur positionnement des quatre pays sur le plan international : la relation privilégiée entre Américains et Anglais, qui sera au cœur du XXe siècle ; l'exclusion progressive de l'Italie par elle-même, nourrie par un complexe d'infériorité et un provincialisme qui se renforceront de façon circulaire ; et, pour finir, la place à part que la France réussira à conserver malgré des rapports des forces nettement moins favorables. Chacun a désormais tout intérêt à jouer son rôle jusqu'au bout : Wilson, celui du missionnaire ; Lloyd George, celui du démocrate en apparence plus détaché ; Orlando, celui du capricieux avec qui l'on fait mine de traiter

---

11. Voir M. MACMILLAN, *Paris, 1919. Six Months that Changed the World*, New York, Random House, 2001, p. 55-56 ; J. M. KEYNES, *Les Conséquences économiques de la paix*, *op. cit.*, p. 44.

mais qui en vient à s'exclure lui-même, au grand soulagement des uns et des autres ; et Clemenceau, celui de l'homme d'État et du stratège qui finit par imposer à tout le monde sa « paix carthaginoise » pour écraser l'Allemagne. Hélas, comme le martèle Keynes sans la moindre indulgence, aucun d'eux ne s'intéresse un tant soit peu au véritable problème, à savoir le gouffre politique et économique vers lequel fonce l'Europe.

La Commission des réparations établit alors un précédent inédit : elle demande à l'Allemagne de livrer des quantités irréalistes de marchandises et de biens manufacturés (navires, charbon, acier, etc.) mais aussi de payer des sommes qui, en incluant les intérêts et les pénalités prévues en cas de retards (inévitables, au demeurant), risquent de prolonger la disette et les épidémies qui font déjà des ravages au sein de la population allemande. Une population qui aura besoin non pas de décennies mais de générations entières avant de s'acquitter de cette dette. Dans l'intervalle, la souveraineté du pays est appelée à être, *de facto*, suspendue et transmise à une commission siégeant hors d'Allemagne, dont les membres ne connaissent pratiquement pas le pays, n'étant pas allemands [12]. Cette instance détiendra un pouvoir supérieur à celui du Kaiser [13]. Rappelons cependant que la concentration excessive du pouvoir entre les mains de l'empereur avait justement été considérée comme l'une des caractéristiques antidémocratiques qui avaient entraîné le pays dans une politique aventureuse et agressive.

Les articles 231 et 232 du traité de Versailles contiennent, quant à eux, les ferments qui permettront au sentiment de persécution désormais semé de fleurir avec le nazisme. Le premier stipule que tous les dégâts provoqués durant la guerre relèvent indistinctement de la responsabilité de l'Allemagne et de ses alliés. Le second reconnaît, pour sa part, que les ressources effectives du pays ne lui permettent pas de les rembourser, mais signale un peu plus loin que les Alliés demandent « toutefois » à l'Allemagne de réparer les dommages causés aux civils à la suite de son agression – ce qu'elle s'engage à faire, précise ce même

---

12. Sous prétexte d'assurer une totale liberté dans les échanges commerciaux, l'autorité qui réglemente la navigation fluviale en Allemagne doit elle aussi être transférée hors des frontières du pays.

13. Voir J. M. KEYNES, *Les Conséquences économiques de la paix, op. cit.,* chapitre 6.

article. La guerre est terminée, mais la *projection des responsabilités* et la *cohérence absurde* prospèrent.

Comme l'a remarqué Margaret MacMillan [14], les réparations allemandes seront remises en discussion à de très nombreuses reprises. Celles-ci resteront lourdes, certes, mais ne seront plus aussi invraisemblables que celles évoquées par Keynes. Au-delà des dégâts économiques, les dégâts psychologiques sont désormais irréversibles. Le recours à des sanctions économiques particulièrement dures sera perçu comme une arme déloyale visant à parachever la destruction de l'Allemagne, même après l'armistice. Le sentiment d'être victime d'une *machination* s'empare du camp des vaincus et, avec elle, une *méfiance sans précédent* dans la mesure où elle est née de la guerre et concerne directement le traité de paix. Il suffira à Hitler de puiser dans la *rente paranoïaque* que cette humiliation ne cessera de faire grossir.

L'offense

Lors d'une célèbre conférence tenue à l'université de Munich, juste après le conflit, Max Weber invite à s'accorder une fois pour toutes sur le paiement des indemnités au lieu d'insister sans cesse sur la « culpabilité » de la guerre : à la longue, « une nation pardonne les atteintes à ses intérêts, mais non les atteintes à son honneur, d'autant moins lorsqu'elles sont inspirées par cette prétention à avoir toujours raison, digne d'un curé ». De sorte que « tout nouveau document exhumé après des décennies réveille les braillements indignes, la haine et la colère, au lieu que la guerre, une fois finie, soit au moins *moralement* enterrée » [15]. Avec une lucidité tragique, Weber pointe lui aussi un grave danger lié à la psychologie de masse : en refusant de prendre en compte le pouvoir infectieux de la paranoïa, on risque de s'entretenir dans l'illusion qu'un conflit est terminé alors même qu'on pose les bases du suivant.

Le texte de Keynes fait lui aussi mention d'un problème d'honneur (un problème psychologique collectif d'estime de soi, pourrions-nous

---

14. Voir *Paris, 1919*, *op. cit.*, chapitre 30.
15. « La profession et la vocation de politique », dans *Le savant et le politique*, trad. C. Colliot-Thélène, Paris, La Découverte, 2003 (nouvelle édition), p. 188.

dire) tout en mettant en garde sur les malentendus qui finiront par conduire au second conflit mondial. De fait, le jour de l'armistice, l'Allemagne est exsangue d'un point de vue économique mais dans une position favorable (et même victorieuse, en apparence), militairement parlant. Alors que les Alliés sont restés à l'extérieur des frontières allemandes, les troupes du Kaiser occupent une large frange de territoire ennemi – à l'Est, dans les Balkans, et même sur une petite partie du front occidental. Malgré sa désagrégation interne, l'Autriche-Hongrie tient elle aussi ses positions : une bonne partie des territoires « conquis lors de la guerre victorieuse » par les Italiens seront en réalité occupés après l'armistice [16].

Woodrow Wilson supervise lui-même les préliminaires du cessez-le-feu. Après avoir demandé à l'Allemagne d'accepter l'intégralité de ses quatorze points (puis les éléments qui viendront s'y ajouter), il prend l'engagement solennel que les pourparlers se borneront à mettre en application ces principes. Là-dessus, le président américain appelle ses alliés à y participer.

Pendant six mois, les négociations mettent au supplice les idéaux de Wilson : lorsque la version finale du traité est posée sur la table, ils sont méconnaissables. Quelques exemples suffisent à s'en convaincre. L'Autriche-Hongrie qui, d'après le dixième point, aurait dû continuer d'exister, est démembrée en sept pays. On interdit également à la nouvelle république autrichienne de s'unir à l'Allemagne ou à la Hongrie, c'est-à-dire de *renoncer* à son indépendance – une nouveauté sans précédent. Cette décision vient contredire non pas *un* principe mais *le* principe fondamental de ces négociations de paix, à savoir l'autodétermination des peuples. Par ailleurs, même si l'une des dispositions supplémentaires prohibait les annexions, le texte final donne à la Roumanie un territoire deux fois plus grand tandis que celui de la Hongrie est réduit de moitié. Quant aux sommes colossales demandées par le traité, Keynes estime que les réparations destinées à la Belgique dépassent à elles seules la valeur de l'ensemble des richesses du pays.

La délégation allemande proteste, en soulignant que la quasi-totalité du traité va à l'encontre des engagements de Wilson. Si

---

16. De vrais soldats morts au combat ont même été transportés dans ces territoires afin d'y construire des « faux cimetières de guerre » (voir L. MILANI, *L'Obéissance n'est plus une vertu*, trad. F. Hautin, Paris, Le Champ du Possible, 1974).

l'Allemagne avait su quelle était la teneur de ces conditions au moment de discuter l'armistice, elle n'aurait pas déposé les armes – ou du moins, ne se serait pas spontanément retirée des territoires ennemis qu'elle occupait encore. D'après l'économiste [17], le non-respect des engagements pris constitue une violation du droit international aussi grave que l'invasion de la Belgique par l'armée de Guillaume II. Hélas, ces protestations ne servent à rien. L'Allemagne a déjà démobilisé ses troupes et chacune des nationalités de l'Autriche-Hongrie suit désormais sa voie : les Alliés tiennent désormais en otage les anciens Empires centraux. Dès lors, *le désarmement de la paranoïa, qui aurait progressivement dû suivre celui des armées, devient impossible.* Pire : l'Europe entière voit certains de ses corollaires – les certitudes indiscutables, la suspicion, la propension au secret, les tromperies dont les auteurs sont aussi les victimes, la projection, la fausse cohérence – se renforcer largement.

De retour aux États-Unis, Wilson peinera à convaincre ses compatriotes. S'il est le premier surpris par ces difficultés, il a surtout de plus en plus de mal à entretenir cette double fiction, vis-à-vis de l'opinion publique et vis-à-vis de lui-même [18]. « L'illumination d'une compréhension profonde des affaires humaines a brillé sur les délibérations de cette Conférence [...] et je ne crois pas qu'il existe une assemblée d'hommes, quelle que soit sa puissance et son influence, qui puisse faire échouer cette vaste entreprise, une entreprise de miséricorde divine, de paix et de bonne volonté », affirmera-t-il dans un discours tenu le 17 septembre 1919. Sept jours plus tard, enferré dans son délire, il déclarera : « Ce traité est un document unique. J'ose dire que c'est le document le plus remarquable de l'histoire humaine [...]. Toute pensée d'augmentation de leur puissance territoriale ou politique a été écartée par les grandes puissances. » Le lendemain, il parviendra encore à dire : « Les vainqueurs n'ont pas demandé un pouce de terre [19]. » Avant d'être victime d'une attaque cérébrale.

---

17. Voir J. M. KEYNES, *Les Conséquences économiques de la paix, op. cit.*, chapitre 4.

18. Voir L. AUCHINCLOSS, *Woodrow Wilson, op. cit.* ; S. FREUD, W. C. BULLITT, *Le Président T. W. Wilson, op. cit.*, chapitre 33.

19. Ces discours sont rapportés dans *ibid.*, chapitre 34.

L'arrogance

Au terme du conflit, le gouvernement italien souhaite participer à la Conférence pour la paix, mais à la table des Grands. Les exigences italiennes sont alors contrariées par deux faits qui n'avaient pas été prévus à la signature des accords secrets de Londres, en 1915 : la présence dans l'Adriatique du nouveau Royaume des Slaves du Sud (et non plus de la seule Serbie) ainsi que la prééminence sur tous les accords spécifiques des *Quatorze points* de Wilson, lesquels entendent régler les contentieux en appliquant des critères généraux valables pour tout le monde [20].

Le président du Conseil, Vittorio Emanuele Orlando, et le ministre des Affaires Étrangères, Sidney Sonnino, commencent par défendre bec et ongles les précédents accords (Orlando en vient même à pleurer comme un enfant pendant la réunion des Grands) puis quittent Paris, outrés, avant de faire demi-tour : ils ne réussiront qu'à se rendre insupportables aux yeux de leurs ennemis mais aussi de leurs alliés. Ils seront soutenus, sur le territoire national, par des manifestations publiques hystériques tandis que la presse publiera de fausses informations au sujet d'Italiens brutalisés par les Slovènes [21].

À l'époque de la conférence sur la paix, les prétentions territoriales italiennes sont, entre autres, soutenues par le quotidien *Il Popolo d'Italia*, dont le directeur, Benito Mussolini, avait reçu des financements de la part de plusieurs industriels italiens et du gouvernement français. Avoir conduit l'Italie à entrer en guerre au terme d'une campagne de presse agressive sera son grand succès personnel – un succès qu'il se vantera d'ailleurs d'avoir obtenu malgré l'hostilité d'une majorité d'Italiens. Son mépris pour la démocratie en sortira définitivement renforcé [22].

Les germes de la nouvelle paranoïa

Au moment de leur désagrégation, les deux Empires où de nombreuses nationalités avaient coexisté, celui de François-Joseph et

---

20. Notons au passage que les *Quatorze points* voulaient enfin proscrire les traités secrets.

21. Voir M. MACMILLAN, *Paris, 1919, op. cit.*, chapitre 22.

22. Voir D. MACK SMITH, *Modern Italy. A Political History*, New Haven-Londres, Yale University Press, 1997, chapitre 8.

celui de Mehmed VI, le dernier sultan ottoman, laissent place à des États plus petits. Malgré tout, si ces nouvelles entités sont elles aussi plurinationales [23], l'idéologie nationaliste qui les a fait naître s'accompagne d'un conflit idéologique structurel avec les autres nationalités, à l'intérieur comme à l'extérieur de leurs frontières. À ce titre, la présence de plus de 3 millions d'Allemands en Bohême a été l'un des arguments *légitimes* grâce auquel Hitler s'est lancé dans ses actes monstrueux – et *illégitimes*.

En Europe centrale et orientale, les nationalités et les religions sont réparties non pas de façon uniforme, mais en taches de léopard : elles forment des équilibres sédimentés depuis des siècles. Mettre en discussion les frontières revient à ouvrir la boîte de Pandore : le sujet exige une connaissance profonde de leur histoire qu'un provincial comme Wilson est loin, très loin d'avoir. Les masses voient les attitudes paranoïaques se multiplier. S'il est normal que chacun nourrisse une rivalité et un ressentiment à l'égard des autres groupes, la situation au sein des empires multinationaux est assez claire : les différentes ethnies ont pour point de repère le gouvernement impérial et s'emploient à apparaître comme le meilleur peuple. Désormais, l'un de ces groupes peut s'investir d'un rôle d'élu et, puisqu'il se méfie des minorités, sentir naître une crainte nouvelle, celle de l'*encerclement intérieur*. Par ailleurs, ce phénomène est souvent vrai d'un point de vue géographique : les 3 millions de personnes qui composent l'énorme minorité allemande de Tchécoslovaquie sont réparties tout autour des Tchèques. En cas d'appel à la loyauté des citoyens, ils ne se tourneront pas vers la capitale, Prague, mais plus loin, en direction des harangues paranoïaques venues de Berlin. Dans la majorité des cas, ce symptôme en provoquera symétriquement un autre, d'inspiration paranoïaque, lui aussi – à savoir la conviction que l'*expulsion préventive* de toutes les minorités est la vraie solution du problème.

Dans sa synthèse du XXe siècle et, plus largement, du deuxième millénaire, la « Millenium Issue » de *The Economist* (23 décembre

---

23. D'après les différentes estimations, les diverses minorités représentaient entre 25 et 45 % de la population totale en Tchécoslovaquie, et au moins 25 % en Pologne et Roumanie. Voir N. FERGUSON, *The War of the World, op. cit.* ; N. DAVIES, *Europe. A History, op. cit.* ; B. MICHEL, *La Chute de l'empire austro-hongrois*, Paris, Robert Laffont, 1991 ; E. J. HOBSBAWM, *L'Âge des extrêmes, op. cit.*

1999) a qualifié le Traité de Versailles de « crime décisif » (*final crime*). Un jugement sans appel que le cas de la Pologne vient corroborer.

La seule création effective de Wilson a en effet subi des monstruosités sans précédent et été le théâtre d'un nouveau dépeçage des principes du président américain. Entre 6 et 7 millions de civils polonais ont été tués entre 1939 et 1945[24] ; 3 millions d'entre eux étaient juifs. Sur les 6 millions de victimes qu'a comptées la Shoah, ce pays en a fourni, à lui seul, autant que tous les autres réunis. Le pourcentage représenté par la population juive de Pologne était le plus haut du monde, notamment du fait des persécutions et des expulsions précédemment menées par la Russie tsariste. On ne s'étonnera donc pas que les nazis aient construit les principaux camps d'extermination en territoire polonais[25].

Là encore, les atrocités n'ont pas pris fin en même temps que la guerre. La majorité des 14 millions d'Allemands chassés vers l'ouest en 1945 habitaient des régions qui sont subitement devenues polonaises : entre 2 et 2,5 millions de personnes sont mortes pendant l'expulsion[26]. Au moment de la partition de la Pologne entre le régime nazi et l'Union Soviétique, survenue en 1939, c'est à cette dernière qu'était revenue la moitié est du pays. Six ans plus tard, au terme du conflit, ce territoire a de nouveau été rendu à Staline par les Alliés, toujours sans consulter les Polonais : il a donc été nécessaire de trouver une place à ces millions de Polonais en fuite vers l'ouest. Pour la toute première fois dans l'histoire, la moitié du territoire d'un grand pays a été déplacée et plus de 17 % de sa population a été exterminée en un temps record.

Dans le livre qu'il a consacré aux « vies parallèles » d'Hitler et de Staline, Alan Bullock a rappelé la façon dont les deux régimes, *a priori*

---

24. Sans surprise, cette fluctuation des décomptes est due au caractère parcellaire de la documentation et aux évolutions radicales des frontières en 1919, 1939 et 1945.

25. Voir N. DAVIES, *Europe. A History, op. cit.* ; E. J. HOBSBAWM, *L'Âge des extrêmes, op. cit.* ; M. MAZOWER, *Le continent des ténèbres. Une histoire de l'Europe au XXᵉ siècle*, trad. R. Bouyssou, Bruxelles, Éditions Complexe, 2005 ; R. HILBERG, *La destruction des Juifs d'Europe*, trad. M.-F. de Paloméra, A. Charpentier et P.-E. Dauzat, Paris, Gallimard, coll. « Folio histoire », 3 vol., 2006 [1988].

26. Voir R.-D. MÜLLER et G. R. ÜBERSCHÄR, *Kriegsende 1945*, Francfort, Fischer, 1994 (et notamment les tableaux des archives de la République Fédérale d'Allemagne cités dans l'ouvrage) ; N. FERGUSON, *The War of the World, op. cit.* ; N. M. NAIMARK, *The Russians in Germany. A History of the Soviet Zone of Occupation. 1945-1949*, Cambridge (Mass.), The Belknap Press of Harvard University Press, 1995.

aux antipodes l'un de l'autre, pouvaient trouver un terrain d'entente lorsqu'il s'agissait de s'acharner sur la même victime. Reste qu'il a oublié (au moins par omission) d'inclure les Alliés parmi les bourreaux de la Pologne [27]. Courageusement commencée pour défendre le pays, la Seconde Guerre mondiale s'est conclue par une stupéfiante lâcheté : les Alliés ont fêté la victoire avec Staline, l'un des deux tyrans qui l'avaient envahi.

---

27. Voir A. BULLOCK, *Hitler et Staline. Vies parallèles*, trad. S. Quadruppani, Paris, Albin Michel-Robert Laffont, 2 vol., 1994, II, chapitre 15.

CHAPITRE 7

SIEGFRIED

L'Allemagne a des ennemis dans ses murs.

T. MANN, *Considérations d'un apolitique.*

L'armée allemande [a été] poignardée dans le dos par la population civile.

SIR F. MAURICE, général britannique,
interview à la *Neue Zürcher Zeitung*, 17 octobre 1918.

Une explication en forme d'illumination

À la faveur de la catastrophe et du manque de repères qui frappe le pays après l'abdication du Kaiser et le Traité de Versailles, une idée s'assure, par son simplisme, un grand succès populaire en Allemagne : une conspiration aurait œuvré à la défaite. Toute schématique et utilitariste qu'elle soit, cette certitude (que rien n'étaie mais qui explique tout) va empoisonner dans l'œuf la nouvelle République de Weimar alors même que la renaissance de la démocratie et la paix demanderaient de l'engagement, des sacrifices, de la réflexion. En d'autres termes, des processus mentaux incapables d'émouvoir ou de contaminer les masses aussi rapidement.

Précisons cependant que les Alliés vont contribuer par tous les moyens à ce que la suspicion se généralise chez les vaincus. Si la paranoïa se traduit souvent par la conviction inébranlable qu'il existe un complot, même quand les faits démontrent le contraire, le cas de la paix de Versailles voit, hélas, les plus sombres hypothèses se confirmer. L'écroulement des Empires centraux se révèle même bien plus terrible que ne l'ont imaginé les pessimistes au moment de l'armistice. Ainsi, *les pires paranoïaques peuvent clamer qu'ils avaient vu juste.* Leurs arguments plus qu'exaltés font des adeptes parmi les citoyens normaux. Le groupe, en soi restreint, des individus dotés d'un système délirant bien établi est, dès lors, grossi par un très grand nombre de personnes convertics à la mentalité persécutoire. Et pour cause : l'Allemagne, comme les autres pays vaincus, est exclue des négociations de paix qui la concernait au premier chef. Les détails qu'il est possible d'obtenir passent obligatoirement par ce qui finit dans la presse ou par *des indiscrétions et des rumeurs* – bref, des vecteurs plus enclins à diffuser la paranoïa qu'à relayer des informations fiables. À travers ces traités, on demande également aux vaincus de signer un document qui condamne leurs pays respectifs à disparaître, militairement et économiquement. Telle est l'opinion de ceux qui se posent en victimes mais aussi du membre le plus compétent de la délégation anglaise, John Maynard Keynes.

Pour autant, les Allemands (et les Austro-Hongrois avec eux) ont déposé les armes parce qu'ils étaient épuisés par les combats et prêts à faire la paix, pas parce qu'ils ont été vaincus sur le champ de bataille : l'hypothèse d'un complot est donc une conclusion absurde, quoique partagée par un général britannique, Sir Frederick Maurice. Mais alors, qui a élaboré ce mensonge, dans l'ombre ?

La légitimation d'un « droit » nationaliste paranoïaque

Pour le comprendre, rappelons qu'à l'issue du conflit, les vaincus sont à nouveau habités par une haine farouche, cette fois à l'égard du cynisme des vainqueurs, que ce soit en Europe (pour les Empires centraux) ou au Moyen-Orient (pour l'Empire ottoman). Ce dernier n'a pas véritablement été vaincu militairement, lui non plus : il a simplement perdu le contrôle de ses provinces arabes car celles-ci ont cru aux promesses d'indépendance que leur ont faites les Alliés[1]. Par ailleurs, quelques jours avant l'Allemagne, le 30 octobre 1918, Istanbul a accepté un armistice aux clauses vagues. Le mois suivant, dès que les soldats de Mehmed VI ont déposé les armes, les troupes britanniques, françaises et italiennes ont occupé des zones névralgiques du territoire turc. Une décision qui allait à l'encontre de l'idée d'armistice comme des promesses de l'amiral anglais Somerset Gough-Calthorpe qui n'a pas su imposer le respect des engagements qu'ils avaient pris. Exactement comme Thomas Woodrow Wilson au Congrès de Versailles[2].

---

1. En réalité, les territoires en question passent simplement d'une domination turque à une domination anglaise et française.

2. Voir C. FINKEL, *Osman's Dream. The Story of Ottoman Empire, 1300-1923*, Londres, Murray, 2005, chapitre 15.

N'allons cependant pas croire que la paranoïa (que la paix devrait désamorcer) est le fait des seuls vaincus : c'est dans l'Europe entière qu'elle explose sous des formes inédites. En plus de faire prospérer la tribu des trahis, les *Quatorze Points* du président américain ont d'emblée des conséquences désastreuses : en libérant la frange la plus intransigeante des mouvements nationalistes et en les lançant dans une compétition acharnée, les uns contre les autres. Ce courant de pensée entre dès lors dans une nouvelle phase et laisse définitivement ses composantes romantiques et esthétiques derrière lui pour s'agréger au darwinisme social et à son vernis scientifique fallacieux [3]. Parallèlement, on voit fleurir l'une de ses expressions les plus radicales, et encore vivace aujourd'hui : le racisme.

Plus largement, les *Quatorze points* offrent une arme surpuissante aux idéologies nationalistes : grâce à eux, chacune de leurs revendications semble désormais justifiée et réalisable. Avant Wilson, les nationalistes utopistes ne sont que des rêveurs ; les voilà désormais devenus des paranoïaques potentiels qui comptent sur un droit international absolu, érigé en principe par les traités de paix : le bafouer signifie – à leurs yeux – qu'il y a eu une trahison tout aussi absolue.

Wilson s'est personnellement investi mais a ensuite confié à d'autres le soin d'appliquer son programme. À ce titre, on pourrait soutenir, non sans fondement, qu'il s'est rendu coupable d'une trahison à partir du moment où il a hypothéqué ses idéaux. De fait, une interminable liste de catastrophes est imputable aux documents qui ont signé la fin de la Grande Guerre – parmi elles, les guerres dans les Balkans qui ont marqué la fin du XXe et celles au Moyen-Orient qui ont ouvert le suivant. De quoi valider les prophéties de Keynes et de Weber ainsi que le diagnostic de Freud et de Bullitt.

La disparition de la coexistence multinationale

La persistance de la haine de l'ennemi, alors même que la paix a été signée, est un phénomène quasi inévitable des conflits, toutes époques

---

3. Freud et Bullitt iront même jusqu'à critiquer les frontières décidées par Wilson parce qu'elles ne correspondaient ni à la répartition des langues, ni à celle du *sang*. Voir *Le président T. W. Wilson, op. cit.*

confondues. Il n'empêche : après l'armistice de 1918, la nouveauté de la guerre totale et paranoïaque s'exprime en survivant, au sein des pays vaincus, *au travers d'une guerre intérieure, au nom d'une purification nationaliste rapidement devenue raciale.* De fait, les paix « carthaginoises » de la Première Guerre mondiale effacent l'identité collective de deux vieux États multinationaux : de même qu'on glisse de l'ottomanisme au turquisme, à cheval entre l'Europe et l'Asie[4], on passe de l'esprit de la *Mitteleuropa* au nationalisme allemand et hongrois sur les vestiges de l'Empire des Habsbourg. On renonce ainsi à des cultures riches et complexes qui existaient depuis des siècles afin de les remplacer par une nation, qui n'est en bonne partie qu'un pur fantasme, et par une race, elle aussi fantasmée en tant qu'entité confondue avec la nation et en tant que réalité scientifique. Psychologiquement parlant, on passe d'une pensée différenciée et viable à une pensée simplifiée et paranoïaque.

À en croire l'historien de la psychanalyse Henri Ellenberger, l'Empire austro-hongrois n'a peut-être pas disparu parce qu'il était trop vieux mais parce qu'il était trop novateur : c'était, en dépit de ses innombrables handicaps, un modèle de coexistence entre les peuples, une tentative pour réaliser cette intégration européenne dont on a péniblement posé les premiers jalons, près d'un siècle plus tard, et un exemple d'effervescence artistique encouragée par le cosmopolitisme et la rencontre entre les civilisations. Si le vieil Empire des Habsbourg avait été très tôt un véritable laboratoire de la mondialisation actuelle, cette variété nationale qu'il connaissait à l'intérieur de ses frontières avait eu un revers : l'absence de colonies. De fait, l'Autriche-Hongrie était la seule puissance à ne pas s'être lancée dans la soumission de peuples d'autres continents. Il subsistait certes des disparités entre les populations qui composaient l'Empire, ce qui exacerbait leurs nationalismes respectifs. Pour autant, ces différences n'étaient rien comparées

---

4. Durant la courte période qui a suivi la Grande Guerre, la monarchie d'Istanbul est balayée. Avec elle disparaissent différentes pratiques anachroniques mais aussi des traditions de tolérance et de multi-ethnicité. Si, jusque-là, les charges politiques et militaires étaient aux mains de la majorité turque, l'ossature de l'économie était grecque et juive. Alors que l'Empire ottoman avait vu régner la multiplicité, l'arrogance des Occidentaux offre la victoire au nationalisme des Jeunes-Turcs. Une arrogance à laquelle nous devons nombre des incompréhensions qui prospèrent aujourd'hui entre l'Europe et la Turquie.

à la distance incommensurable qui séparait, sur la seule base de critères racistes, les possessions africaines ou asiatiques de leurs métropoles au sein des empires coloniaux [5].

Toujours est-il qu'avec la disparition de l'Autriche plurinationale, la culture de langue allemande finit, comme l'a écrit Franz Werfel, par se résumer à un phénomène national : elle perd l'universalité de Vienne, bascule dans l'orbite opposée, celle de la Prusse, et troque une vocation esthétique séculaire contre l'obsession de l'efficacité implacable qui, plus tard, s'agrégera au militarisme nazi. Plus largement, derrière cette façon de regarder vers le nord en répudiant le sud, on sent se profiler l'attrait de la « race aryenne », blonde et pure, tout comme le refus des mélanges raciaux avec des populations plus basanées et, par conséquent, de cette contamination par laquelle, aux dires des nationalistes, l'Empire des Habsbourg a « payé » le déplacement de ses frontières vers le sud. Dès 1913, Adolf Hitler a d'ailleurs quitté l'Autriche plurinationale pour l'Allemagne mono-raciale [6] : son obsession du sang pur et sa méfiance à l'égard de l'altérité sous toutes ses formes, déjà marquées, ont rendu les échanges ethniques et artistiques de Vienne intolérables à ses yeux.

La Vienne de ce début de XXe siècle était, à cet égard, en avance de plusieurs décennies : la capitale autrichienne était un creuset où s'amalgamaient les ébauches de la « révolution migratoire » qui marquerait l'Europe, de la fin du XXe siècle au début du suivant. Le développement d'une société nouvelle, l'extension de l'Empire austro-hongrois et la libre circulation au sein de ses frontières, la reconnaissance progressive de l'égalité entre les différentes langues et ethnies impliquaient une augmentation continue des « minorités ». Outre l'arrivée de nouveaux immigrés, le nombre d'écoles où l'on enseignait les langues minoritaires n'avait pas cessé de progresser : la fierté d'appartenir à une ethnie donnée – un aspect auparavant passé sous silence – s'en trouvait ainsi renforcée.

---

5. De façon assez similaire à l'Empire austro-hongrois, qui était un prolongement du Saint-Empire romain germanique, l'Empire ottoman était une version remaniée du califat islamique universel : leurs expansions respectives s'étaient faites lentement, en développant une continuité territoriale et non en conquérant des colonies situées dans des mondes complètement différents.
6. Il a néanmoins dû attendre jusqu'en 1932 avant d'acquérir la citoyenneté de son pays d'adoption.

Entre la seconde moitié du XIXe siècle et l'année 1910, le nombre de
Juifs viennois avait par ailleurs été multiplié par quatre : ils représentaient désormais 8,5 % de la population [7], une proportion jamais
observée dans aucune ville d'Europe. Par ailleurs, même s'il restait de
larges groupes de Juifs pauvres, les individus les mieux intégrés
brillaient et avaient tendance à devenir majoritaires au sein des professions les plus respectables (médecins, avocats, professeurs d'université).

Au cours de cette même période, le nombre de Tchèques vivant à
Vienne avait été multiplié par dix : ils avaient ainsi fini par représenter
20 % de la population [8]. Un phénomène absolument inédit pour une
ville européenne. Les Autrichiens germanophones qui, au niveau
national, constituaient environ 35 % de la population [9] risquaient,
pour leur part, de devenir minoritaires au sein de leur propre capitale.
Dans l'autre grande ville d'Autriche, Prague, ce groupe jadis équivalent
à environ 20 % du nombre d'habitants ne représentait plus qu'une part
minime.

Dans le sillage de ces mutations démographiques, des mouvements
populistes de droite ont vu le jour. Là encore, Vienne a développé, bien
avant l'heure, les tendances qui se sont ensuite généralisées sur
l'ensemble du continent : le maire de la ville, Karl Lueger, s'est rendu
populaire auprès des masses fragilisées en imputant aux Juifs les
travers inévitables du développement économique. Plus largement, les
partis de droite comptaient sur les idéologues social-darwiniens qui
proposaient d'enrayer la « sélection négative » de la population. Ils ont
ainsi assuré le triomphe des idées racistes du comte de Gobineau et
celles de Houston Stewart Chamberlain, un Anglais naturalisé allemand qui avait justement élaboré ses théories durant les vingt ans qu'il
avait passés à Vienne.

De même que l'histoire des religions était passée du polythéisme au
monothéisme, une conception plus évoluée de l'État ordonnait désormais de passer du « poly-nationalisme » au « mono-nationalisme » :
telle était la croyance de certains courants de pensée alors populaires.
Ce monothéisme ethnique était, pour ainsi dire, une sorte de nouveau

---

7. Voir J. FEST, *Hitler. Jeunesse et conquête du pouvoir, op. cit.*, partie II.
8. Voir B. HAMANN, *La Vienne d'Hitler, op. cit.*, chapitre 9.
9. Voir *ibid.*, chapitre 2.

*credo laïc au nom duquel on ravivait l'intolérance des anciennes guerres
de religion.* À l'image de toutes les dynamiques paranoïaques, ce glissement de la conscience collective implique une faiblesse psychique, mais
constitue également une dernière tentative pour maintenir une forme
d'équilibre. Le paranoïaque pressent la possibilité d'un écroulement
psychique et s'en défend en simplifiant toujours davantage son horizon
mental, qui trouve ainsi une unité dans le dogme de la pureté absolue.
Sur le plan collectif, l'équivalent de ce moyen de défense est le passage
du nationalisme au racisme.

Cette formation idéologique a également été celle d'Adolf Hitler.
Dans sa biographie du dictateur, la partie que Joachim Fest consacre
à la période viennoise porte un titre éloquent, emprunté à *Mein
Kampf* : « Das granitene Fundament » [10]. C'est de ce *socle de granit*,
constitué de préjugés racistes, que le futur dictateur tirera chacune de
ses décisions les plus importantes, sous l'impulsion d'une *cohérence
absurde* et d'une fidélité sans faille à ces principes – souvent contraires
à ses propres intérêts, d'ailleurs. Ce faisant, il demeurera *imperméable
à toute remise en question fondée sur la réalité.* En 1942, par exemple,
alors qu'il aurait dû s'occuper de tout autre chose dans la mesure où
il était en guerre contre le reste du monde, il trouvera le moyen de se
plaindre qu'à Vienne, en 1914, les 1 800 membres du personnel de la
Cour impériale ne comptaient que 120 germanophones. Tous les autres
étaient tchèques. Les archives qui ont survécu aux deux guerres
mondiales ont cependant permis de déterminer que 75,8 % des
employés ministériels étaient germanophones et que 10,8 % seulement
étaient tchécophones [11]. Ces derniers n'avaient donc pas fait main
basse sur les emplois à la cour : dans la mesure où le pourcentage qu'ils
représentaient au sein de la population était beaucoup plus élevé, ils
étaient donc sous-représentés au sein de l'Empire comme au sein de
l'administration.

Un coup de poignard dans le dos

L'humiliation des vaincus, que le cynisme des vainqueurs a suscitée
à Versailles, commence à être perçue comme la conséquence logique

---

10. Voir J. FEST, *Hitler. Jeunesse et conquête du pouvoir, op. cit.*, partie III. Il en sera
question dans le prochain chapitre.

11. Voir B. HAMANN, *La Vienne d'Hitler, op. cit.*, chapitre 2.

d'une série de plans échafaudés en amont dans le temps mais mis en
œuvre beaucoup plus tardivement, au cœur même des Empires défaits.
Ainsi, les *perdants* se transforment peu à peu en *victimes*. Les théories
paranoïaques de la droite fondamentaliste et ses faux chiffres ne
suffisent pourtant pas à entraîner les masses : il leur faut des symboles
forts, capables de susciter des émotions tout aussi fortes.

À l'époque, tous ceux qui ont fréquenté une école allemande – ainsi
que les analphabètes qui auraient écouté des histoires au coin du feu –
connaissent le mythe de Siegfried. Après avoir tué le dragon, le héros du
cycle des Nibelungen devient invincible en se baignant dans le sang du
monstre, tel Achille dans les eaux du Styx. Malgré tout, de même que le
héros grec était vulnérable au niveau du talon que sa mère n'avait pas
plongé dans le fleuve, une infime partie du corps de Siegfried est restée
hors de ce bain miraculeux. En l'occurrence, un petit bout de son dos
sur lequel s'est posée une feuille. L'épouse du héros, Kriemhild, qui est
au courant de ce détail, charge Hagen, son fidèle ami, de le protéger.
Hélas, le mythe n'est pas un scénario hollywoodien où le *happy end* ne
fait aucun doute. Et c'est ainsi que Hagen, secrètement amoureux de
Kriemhild, plantera sa lame à l'endroit où la mort peut s'emparer de
Siegfried.

La première cassure qui conduira à la paranoïa de masse la plus
dévastatrice de l'histoire humaine est presque fortuite. Au début de
l'automne 1918, la guerre touche à sa fin. La situation allemande est
devenue intenable en peu de temps : les États-Unis déversent leurs
immenses ressources économiques, technologiques et militaires sur
l'Europe tandis que l'Allemagne épuise les siennes. Les soldats du
Kaiser, traditionnellement disciplinés, se rendent par milliers : lors des
trois derniers mois de guerre, les Alliés capturent un quart de l'armée
allemande présente sur le terrain et la moitié de son artillerie [12].
Le pays voit éclater des grèves, des appels à la paix et à la révolution.
Les deux chefs des forces armées, Paul von Hindenburg et Erich
Ludendorff, font pression sur le Kaiser pour trouver une solution politique au conflit. Une bonne partie de la population n'est cependant pas
en mesure de suivre l'enchaînement rapide des événements car la presse
nationale s'autocensure, tout comme le Parti social-démocrate allemand

---

12. Voir M. GILBERT, *First World War*, *op. cit.*, chapitre 27.

lui-même. Les informations qui pourraient laisser présager un écroulement du front ne parviennent pas jusqu'au citoyen moyen. La nouvelle
de l'armistice est donc une surprise pour tout le monde, ou presque.
Dans ce moment de confusion, une phrase d'un général anglais, Sir
Frederick Maurice [13], publiée dans un journal suisse en langue allemande, apporte une réponse en apparence plausible : l'armée n'a pas été
vaincue sur le champ de bataille mais poignardée dans le dos par des
faits survenus à l'intérieur des frontières allemandes.

La paix de Versailles conclue, l'Assemblée constituante de la
nouvelle République de Weimar instaure une commission chargée
d'enquêter sur différents aspects de la guerre. Paul von Hindenburg,
qui est alors en train de se muer en partisan des thèses nationalistes, est
convoqué le 18 novembre 1919. Au lieu de rappeler à quel point la
situation militaire était insoutenable avant l'armistice, le maréchal
préfère citer l'affirmation du général Maurice, que peu de gens ont eu
l'occasion de lire. De façon allusive, tel Iago, Hindenburg déclare qu'il
n'est même pas nécessaire de s'arrêter sur les preuves. Tout le monde
sait désormais de quoi il retourne : « L'armée allemande, affirme-t-il,
a reçu un coup de poignard dans le dos. *Les responsabilités ont clairement été démontrées.* Si d'autres preuves s'avèrent malgré tout
nécessaires, on les trouvera dans la déclaration de ce général anglais et
dans l'immense stupeur que nos ennemis ont éprouvée devant leur
victoire [14]. »
L'année suivante, Hindenburg publie ses Mémoires. Cette fois, il ne
se contente pas de citer les mots de Maurice mais puise dans la force
évocatrice du mythe pour écrire que l'armée est tombée comme Siegfried
sous la lame du perfide Hagen [15]. Soumise à la violence révolutionnaire
et contre-révolutionnaire, à l'inflation la plus dévastatrice de son
histoire, à un chaos social et moral [16], la jeune république cherche son
identité. Pour y parvenir, elle doit savoir de qui elle est la fille. À en croire

---

13. Elle figure *supra*, en exergue de ce chapitre.
14. Citation dans G. HIRSCHFELD, G. KRUMEICH et I. RENZ (dir.), *Enzyklopädie erster Weltkrieg, op. cit.*, article « *Dolchstoßlegende* ». Nous soulignons.
15. Voir *ibid.*
16. En plus de l'essentiel des textes cités jusqu'ici, voir également W. LAQUEUR,
Weimar. Une histoire culturelle de l'Allemagne des années 20, trad. G. Liébert, Paris,
Librairie générale Française, coll. « Le Livre de poche-Pluriel », 1979 [1978].

la presse de caniveau, si c'est une trahison qui a accouché de cette bâtarde, le père n'est autre qu'une version moderne de Hagen. Des explications plus rationnelles n'auraient pas eu autant d'écho et n'auraient pas fait grimper les tirages aussi facilement. En réalité, la société allemande est la fille d'un XIXᵉ siècle intensément romantique et s'avère inconsciemment sensible aux lectures mythiques ou sentimentales. On ne s'étonnera donc pas que la *Dolchstoßlegende*, la légende (ou la théorie) du « coup de poignard dans le dos », ait fini par dominer les moyens de communication.

Ainsi, au lieu de s'occuper de la reconstruction difficile qui l'attend, l'Allemagne se concentre toujours davantage sur les torts qu'elle a subis et oublie la mise en garde de Shakespeare : « Porter le deuil d'un malheur accompli, / C'est d'un malheur nouveau faire le lit [17]. »

Le 6 avril 1920, le futur journal du NSDAP, le *Völkischer Beobachter* [18], qualifie les accords de Versailles de « paix de la syphilis » : une affection née d'une brève pulsion libératrice qui détruit à petit feu le corps et l'esprit du sujet sain [19]. L'année suivante, Matthias Erzberger, le centriste accommodant qui avait signé l'armistice [20] est tué par deux membres d'un groupuscule ultranationaliste. Dans la mesure où les années 1920 et 1930 verront triompher Hitler, Erzberger peut être à la fois considéré comme la dernière victime de la Première Guerre mondiale et comme le « premier mort » de la suivante. Une fois encore, un assassin inconscient a exécuté le geste de Pandare.

Le social-démocrate Friedrich Ebert, né dans une famille de travailleurs, est le premier président élu de la République de Weimar [21]. Sa participation à une grève contre la guerre, en 1918, lui vaut d'être attaqué de toute part et identifié à un membre de la conjuration qui a

---

17. SHAKESPEARE, *Othello*, I, 3, v. 203-204.

18. Avant de devenir l'organe de presse officiel du NSDAP à la fin de l'année 1920, l'hebdomadaire ouvertement antisémite était la propriété d'une société secrète, l'ordre de Thulé.

19. Voir J. FEST, *Hitler. Jeunesse et conquête du pouvoir, op. cit.*, fin de la partie I.

20. Hindenburg et l'état-major auraient dû assumer cette responsabilité mais n'avaient pas voulu se salir les mains.

21. Voir W. MÜHLHAUSEN, *Friedrich Ebert, 1871-1925. Reichspräsident der Weimarer Republik*, Bonn, Dietz, 2006. Le fait que la première vraie biographie d'Ebert ne soit parue qu'au XXIᵉ siècle est révélateur de la façon dont les années de sa présidence ont été refoulées par la conscience collective allemande.

abattu Siegfried. Il se défend en intentant une kyrielle de procès pour diffamation. Mais en 1924, c'est toute la formation politique d'Ebert que le directeur des *Süddeutsche Monatshefte* accuse d'être responsable du coup de poignard. L'année suivante, au terme d'un énième procès, un tribunal allemand acquitte le Parti social-démocrate *de l'accusation d'avoir participé au complot*[22]. On ne cherche désormais plus à savoir si l'idée d'une conjuration est fondée ou calomnieuse : on peut au mieux avoir l'espoir d'être officiellement déclaré étranger à cette conspiration.

Un an plus tard paraît la première édition de *Mein Kampf*. Au chapitre 7, Hitler affirme qu'au moment où ils serraient la main que leur tendait le Kaiser au nom de l'unité nationale, les marxistes cherchaient un poignard de l'autre[23]. Dans ces mêmes lignes, il ajoute que la nouvelle de l'armistice a suscité sa décision de se consacrer à la politique. Dans ces explications, les substantifs « marxistes » et « Juifs » alternent comme s'ils étaient synonymes : répandre des calomnies, écrit-il, fait partie de la tradition juive[24]. L'auteur de *Mein Kampf* pousse ainsi à l'extrême la *substitution fantasmatique* dont est capable la paranoïa en attribuant à ces ennemis imaginaires ce qu'il était précisément en train de faire. Une fois le postulat de base délirant construit, les démonstrations sont superflues.

En 1933, après la prise de pouvoir par le NSDAP, la formule *Dolchstoß von Judentum und Marxismus*, le « coup de poignard judéo-marxiste », devient une doctrine d'État, enseignée à l'école. Le mot composé *Dolchstoßlegende* est effacé des dictionnaires[25], signe que ce « coup de poignard » a été transformé d'autorité en fait historique effectif : des termes comme « légende » ou « théorie » ne peuvent plus y être accolés.

Après la chute du nazisme, le philologue Victor Klemperer décrira la langue créée par le régime comme un empoisonnement grandiose de

---

22. Ebert, qui avait déjà perdu deux fils à la guerre, meurt en 1925 d'une banale appendicite, à 54 ans seulement. Afin de ne jamais être absent lors de son procès, il avait sans cesse repoussé son opération.

23. Sur ce point, voir également les notes de Christian Zentner dans son édition abrégée du texte d'Hitler (Munich, List, 1974), aux pages 70 et 192.

24. Voir *supra*, chapitre 1.

25. Voir G. HIRSCHFELD, G. KRUMEICH et I. RENZ (dir.), *Enzyklopädie erster Weltkrieg, op. cit.*, article « *Dolchstoßlegende* ».

la psychologie collective [26]. Il reprendra également l'image employée par le *Völkischer Beobachter*, mais dans une perspective radicalement opposée – celle d'une affection qui aurait détruit, petit à petit, l'organisme. De fait, ce processus rampant est devenu tout à la fois la conséquence et la cause d'une contamination paranoïaque de masse.

En attendant le retour des ténèbres

Dans l'histoire européenne, l'équilibre entre art politique et art de la guerre avait été une pratique rituelle autant qu'une intuition psychologique : il s'agissait de laisser à l'adversaire une possibilité de céder sans perdre la face. La Première Guerre mondiale y a mis un terme pour de bon. Impossible, désormais, d'imaginer une Europe où les têtes couronnées se déclarent la guerre et s'affrontent avant de faire la paix en célébrant des alliances et des mariages les unes avec les autres. Ce monde, hypocrite mais encore chevaleresque, a fini dans le bain de sang des tranchées. Rares sont ceux qui peuvent encore se montrer arrangeants, dignes, humains, pratiquer l'autocritique ou exprimer une forme de remords : ils sont trop nombreux à être allés trop loin. Même s'ils se croient plus réalistes que leurs prédécesseurs, une grande partie des hommes politiques de l'époque sont rongés par leur orgueil intransigeant et blessé. On inaugure ainsi le monde de la guerre totale et de l'inflexibilité absolue. Un monde qui avait, certes, déjà existé dans le passé mais qui n'avait jamais constitué la seule norme des conflits – le monde du mécanisme paranoïaque, précédemment réservé aux guerres de religion et aux silencieux génocides coloniaux. Désormais, celui-ci s'immisce dans les relations européennes. Mais son scénario ne prévoit qu'une seule issue : la destruction de l'adversaire.

Todorov a raison d'affirmer que le XXᵉ siècle a vu le mal s'amplifier, pas parce que l'être humain serait devenu plus mauvais, mais parce que les relations entre les hommes se sont dépersonnalisées de façon constante [27]. D'un point de vue pratique, les relations continuent d'exister, mais dans un vide psychologique accru. Un espace vacant qui se remplit souvent de fantasmes aux teintes paranoïaques.

---

26. Voir V. KLEMPERER, *LTI, la langue du IIIᵉ Reich. Carnets d'un philologue*, trad. É. Guillot, Paris, Pocket, 2002 [1996].
27. Voir T. TODOROV, *Face à l'extrême*, Paris, Seuil, 1994 [1991], épilogue.

Pour la première fois, une armée américaine a combattu en Europe. Traditionnellement, les institutions des États-Unis sont loin d'être inhumaines, d'autant que leurs racines sont plus démocratiques que les institutions européennes. Leurs instances militaires ont néanmoins une particularité. Les guerres contre les Indiens d'Amérique du Nord n'étaient pas des affrontements entre des monarchies appelées, tôt ou tard, à faire la paix afin d'être en mesure de reprendre les hostilités quelque temps plus tard : c'était des guerres d'anéantissement. Même dans le cas de conflits similaires à ceux qui ont pu survenir en Europe, comme la guerre de Sécession, l'armée des États-Unis visait la domination totale de l'ennemi. En 1918, à peine entrés dans la Première Guerre mondiale, les États-Unis se trouvaient déjà en désaccord sur ce point avec leurs alliés : à la tête de l'American Expeditionary Force, le général John Pershing voulait combattre jusqu'à la reddition sans condition de l'Allemagne là où les Européens, épuisés, souhaitaient simplement que les troupes du Kaiser cèdent sur tous les fronts. Cette différence entre les deux « cultures de la guerre » provenait en grande partie du fait que les Américains n'ont jamais eu à combattre sur leur propre territoire – hier comme aujourd'hui. Leur connaissance de la guerre était plus limitée et leurs fantasmes sur la question, plus nombreux. L'industrie du spectacle (Hollywood, le libre marché des fantasmes) pourvoira en permanence des images guerrières artificielles. De quoi contribuer à accentuer cette disparité entre les États-Unis et l'Europe. Pour autant, si l'imagination collective américaine satisfera ainsi ce besoin universel de héros en faisant appel à des figures factices, elle se mesurera moins aux profondes dépressions que l'expérience intime de la guerre entraîne chez les civils.

De nombreux éléments de continuité entre la Première et la Seconde Guerre mondiale ont été mis en évidence par les historiens. Dans l'intervalle entre les deux conflits, la propagande n'a presque pas déposé les armes tandis que le sentiment de mobilisation permanente a été particulièrement prégnant au sein des populations. Comme nous l'avons déjà laissé entendre, c'est durant la Première Guerre mondiale que s'est instaurée durablement une paranoïa collective. Malgré le besoin quasi universel de paix, celle-ci a perduré – tantôt de façon latente, tantôt de façon évidente – au cours des années 1920, des années 1930 et de la Seconde Guerre mondiale avant de se prolonger avec la guerre froide. Le « choc des civilisations » dont il est question depuis le début du XXIᵉ siècle n'en serait-il pas, d'ailleurs, une nouvelle manifestation ? Il est légitime de se poser la question.

Si nous avons évoqué jusqu'ici plusieurs épisodes historiques majeurs, notre recherche d'une paranoïa collective vient de prendre une dimension particulièrement significative.

La mèche qui a fait exploser la Grande Guerre se composait en effet d'une accumulation d'éléments paranoïaques. En plus d'avoir eu une importance déterminante, ces derniers peuvent nous aider à retracer l'origine de leur diffusion tout au long du XXᵉ siècle. De fait, la contamination psychique dans le cadre de la Seconde Guerre mondiale et des régimes fascistes est encore plus manifeste et se trouve clairement aux sources de la Shoah, illustration d'un crime absolu mais aussi de la paranoïa politique absolue. Sans avoir la prétention de traiter l'ensemble de ces questions, auxquelles d'innombrables travaux ont été consacrés, il nous faudra nécessairement nous pencher sur l'incarnation paroxystique de ce délire persécutoire, Adolf Hitler.

Le mouvement communiste post-bolchevique pourrait également constituer un vaste domaine de recherche. Parti d'un idéal de fraternité qui constituait une modernisation laïque de la morale judéo-chrétienne, il a dégénéré en une monstrueuse série de massacres comparables à une violence d'essence fasciste appliquée à la lutte des classes et, cependant, majoritairement exercée à l'intérieur des frontières nationales. Nous nous intéresserons donc également à l'autre paranoïaque absolu, Joseph Vissarionovitch Djougachvili, dit Staline.

Cette façon de se concentrer sur les figures des deux tyrans pourrait laisser penser que nous retraçons, dans une perspective psychopathologique, le concept de totalitarisme introduit par Hannah Arendt. En réalité, si les sociétés totalitaires sont susceptibles de s'en remettre à la paranoïa d'un chef, les sociétés démocratiques peuvent elles aussi être tentées d'adhérer à un discours politique paranoïaque. Ce qui arrive, fort heureusement, de manière occasionnelle et non constante. Voilà néanmoins ce que les sciences psychologiques et sociales auraient intérêt à étudier dans le futur. Certes, les démocraties libérales semblent avoir remporté la bataille de la mondialisation. Pour autant, si les citoyens occidentaux sont pleinement conscients de l'anormalité et de la folie profondes des processus mentaux d'Hitler et de Staline, ils auraient tort de croire que leurs pays sont largement à l'abri. Car ce n'est pas le cas.

CHAPITRE 8

LE SOCLE DE GRANIT ET L'HEURE DE L'IDIOTIE

L'ensemble du travail pédagogique et éducatif de l'État a pour but suprême la volonté d'instiller le sentiment racial et la logique raciale dans le cœur et dans l'esprit de la jeunesse.

> A. HITLER, au sujet de l'*Ahenpass*, le « document d'identité des ancêtres », nécessaire pour jouir de ses droits au cours de la période nazie.

À cause de la méfiance maladive qu'il finit par vouer à peu près à tout le monde, Hitler se surmenait à vouloir régler lui-même toutes les affaires du Reich.

> A. KESSELRING, *Soldat jusqu'au dernier jour*.

L'antisémitisme exterminateur se manifeste lorsque les Juifs deviennent, pour les imaginations, une incarnation collective du mal conspirant pour ruiner et pour dominer ensuite le reste du genre humain.

> N. COHN, *Histoire d'un mythe*.

Les révélations d'Hitler

On n'insistera jamais assez sur la place centrale des *révélations* dans la vie d'Adolf Hitler. La capacité du dictateur à les tirer de son inconscient avant de les relayer auprès des masses de façon grandiloquente a fasciné jusqu'à Jung. Dans une célèbre interview, celui-ci a déclaré :

> [Hitler] est semblable à un homme qui écoute attentivement un flot de suggestions chuchotées par une source mystérieuse et qui *agit à partir d'elles*. [Il] écoute et obéit. Le vrai chef est toujours *conduit* [1].

Même si cette qualité nous conduit à voir en Hitler un paranoïaque, c'est précisément elle qui, une fois acceptée par la foule et confirmée par des succès éphémères, lui valait d'être considéré comme un

---

1. « Diagnostic des dictateurs », dans *C. G. Jung parle, op. cit.*, p. 100.

prophète. Quand a-t-il néanmoins « découvert » que les Juifs étaient la source de tous les maux ?

Force est de constater que l'ensemble des théories qui attribuent l'antisémitisme d'Hitler à un ressentiment personnel se sont jusqu'ici avérées fausses. Affirmer qu'un professeur juif lui a refusé d'intégrer l'Académie des Beaux-Arts de Vienne ou qu'il a contracté la syphilis auprès d'une prostituée juive est inexact ; estimer Eduard Bloch, le médecin de famille, responsable de la mort de sa mère l'est tout autant[2]. De fait, c'est à Linz qu'Hitler, très jeune, a commencé à être sensible au charme de l'extrême-droite. Il s'agissait néanmoins d'un nationalisme limité et provincial, à l'image de cette ville. La source de tous les maux, c'était les Tchèques, pas les Juifs, au demeurant rares et assimilés : c'est donc plus tard que sa formation politique et son antisémitisme se sont développés. En l'occurrence, à Vienne.

Le rôle de Vienne

Entre la fin du XIXe siècle et le début du siècle suivant, le taux de croissance démographique de la capitale autrichienne était quatre fois supérieur à celui de Londres ou de Paris. Elle ne ressemblait guère à ces métropoles qui se contentaient d'intégrer une population immigrée bien inférieure. Vienne concentrait la mondialisation de la fin du XIXe siècle, le cosmopolitisme de la *Belle Époque** et, surtout, le multiculturalisme de l'Empire austro-hongrois. Comme nous l'avons déjà vu, *les groupes ethniques n'étaient pas des minorités, mais des acteurs de premier plan.* En un demi-siècle, la part représentée par les Tchèques était passée de 2 à 20 % du nombre total d'habitants. Certains y résidaient depuis encore plus longtemps mais n'entraient pas dans ces statistiques parce qu'ils avaient été assimilés ou parce qu'ils se déclaraient germanophones : en les incluant à ce décompte, on atteint quasiment le chiffre d'1 million d'habitants sur les 2 millions que

---

2. Le jeune Adolf a en effet envoyé des cartes postales et même ses aquarelles au docteur Bloch. Plus tard, il a continué à lui témoigner de la gratitude alors même qu'il était déjà devenu dictateur. Voir B. HAMANN, *La Vienne d'Hitler, op. cit.*, chapitre 10 ; I. KERSHAW, *Hitler. 1889-1936, op. cit.*, chapitre 2 ; J. FEST, *Hitler. Jeunesse et conquête du pouvoir, op. cit.*, partie I, chapitres 2 et 3.

comptait la ville au total[3]. Les Tchèques avaient alors leurs journaux, leurs banques, leurs écoles. Ce qui favorisait, en réaction, la multiplication des groupes nationalistes allemands qui animaient des campagnes de communication agressives.

Les documentaires et les livres d'histoire nous ont aujourd'hui habitués à ces photos de l'Allemagne des années 1930 où des magasins juifs étaient couverts d'inscriptions du type : « *Kauft nicht bei den Juden !* », « N'achetez pas chez les Juifs ! », une pratique que nous prenons pour une invention du nazisme. Mais ce n'est pas le cas : les vitrines de la Vienne du début du XXe siècle étaient déjà souillées par des phrases qui invitaient à ne pas acheter chez les Juifs *et chez les Tchèques*. Le jeune Hitler les a certainement vues – et il ne les a pas oubliées.

Si la deuxième ville d'Autriche, Prague, était multilingue, elle aussi, la population de langue allemande avait diminué sous la pression du nationalisme tchèque[4]. Et c'est ainsi que les commerçants germanophones retrouvaient parfois leurs vitrines salies par le slogan : « N'achetez pas chez les Allemands[5] ! » Sous bien des aspects, l'Autriche et sa capitale ont donc connu, dès le début du XXe siècle, à la fois le multiculturalisme et les vagues migratoires qui ont caractérisé le début du XXIe siècle, mais aussi les mouvements populistes qui les refusent, leur intolérance paranoïaque et leur ignorance. Tout comme aujourd'hui, on oubliait qu'immigration et multiethnicité – ces nouveautés tant redoutées – étaient les conséquences inévitables de ce développement économique que tout le monde désirait.

Aucun phénomène comparable ne se produisait dans les autres villes d'Europe. À ce titre, on pourrait supposer, non sans fondement, qu'Hitler n'aurait pas subi une perte aussi profonde de ses repères intimes s'il était passé directement de Linz à Munich, sans ce séjour de cinq ans à Vienne. Il n'aurait peut-être pas été animé par un racisme aussi fanatique et la Shoah, tout comme la Seconde Guerre mondiale, n'aurait peut-être pas eu lieu.

La communauté juive de Vienne, elle, avait une importance toute particulière. La part qu'elle représentait était passée de 2 % du nombre

---

3. Voir B. HAMANN, *La Vienne d'Hitler, op. cit.*, chapitre 9.
4. Voir *ibid.* Celle-ci représentait 18,8 % du total en 1880 et 7,5 % seulement vingt ans plus tard.
5. Voir *ibid.*, chapitre 9.

total d'habitants en 1860 à 10 %, vingt ans plus tard, avant de connaître une légère diminution : il s'agissait quoi qu'il en soit d'environ 200 000 personnes, à savoir le double du nombre de Juifs qui résidaient dans toute la France, à la même époque[6]. Ce groupe n'en demeurait pas moins contrasté. Nombre d'entre eux provenaient de l'est de l'Empire, notamment de Galicie, voire de Russie. Ils étaient pieux et traditionalistes, on les repérait à leur façon de s'habiller et de se coiffer. Même s'ils vivaient, pour l'essentiel, dans une grande pauvreté, ils refusaient farouchement de se laisser assimiler. Les Juifs viennois ou, plus largement, originaires d'Autriche étaient, pour leur part, intégrés : ils avaient d'ailleurs fini par occuper les meilleures positions dans le domaine de la finance, des sciences, de la culture, mais aussi dans certaines professions, comme celle d'avocat, où ils ont été majoritaires dès 1889. Par ailleurs, environ la moitié des étudiants des écoles supérieures étaient juifs, et ce pourcentage était encore plus important à l'université.

Gageons qu'Hitler était impressionné par ce succès qu'il était incapable de chasser de sa tête et qu'il enviait sans relâche. Il n'aura de cesse de reprocher aux Juifs de vivre sur le dos des « Allemands », de les accuser d'accaparer certaines places et certains leviers économiques. Étonnamment, il s'agit là des arguments utilisés aujourd'hui par la propagande populiste vis-à-vis des étrangers. Comme les populistes actuels, les antisémites du début du XXe siècle semblaient ignorer que l'esprit d'entreprise des Juifs n'amoindrissait pas la richesse nationale mais qu'elle en produisait. Défendus par Hitler, ces raisonnements étaient particulièrement contradictoires. Pour lui, la loi qui gouvernait le monde était le darwinisme social[7] : s'il louait l'ascension de l'Allemagne dans tous les domaines au cours du siècle écoulé, il aurait dû également admirer le succès des Juifs et reconnaître que cette sélection soi-disant « darwinienne » faisait la démonstration de leur force et de

---

6. Voilà du moins ce que disaient les données de l'époque. Gageons néanmoins que les Juifs assimilés étaient bien plus nombreux : beaucoup parmi eux renonçaient à leur appartenance religieuse, soit par conviction personnelle, soit pour contracter des mariages mixtes. Quant à leur appartenance linguistique, ils étaient déjà germanophones dans la quasi-totalité des cas.

7. À savoir, « le principe aristocratique de la nature » qui favorise le développement de ceux qui réussissent et l'extinction de ceux qui n'y parviennent pas (*Mein Kampf*, *op. cit.*, chapitre 2).

leurs talents. Pourtant, cette idée ne l'a jamais effleuré : les Juifs qui occupaient les postes de pouvoir ne contribuaient pas à la force de l'économie et de la culture allemandes mais *conspiraient* à leurs dépens. Et comment avaient-ils obtenu ces positions ? *À travers des conspirations internationales* contre les forces nationales. L'argumentation d'Hitler revenait sans cesse à son point de départ, son explication était toujours circulaire.

Mein Kampf

Le seul vrai livre d'Hitler est *Mein Kampf*[8]. Écrit à la première personne et sous une forme autobiographique, ce texte a été disséqué ligne par ligne pour comprendre comment la famille d'un employé de province avait pu donner naissance à l'incarnation absolue de la cruauté. Hélas, ces analyses psychanalytiques *stricto sensu* ont une faille, et non des moindres, car Hitler ne nous donne ces informations privées qu'après les avoir réadaptées au but politique que le texte devait servir. Tout, y compris le récit de ses années d'école, compose un fil qui tisse la trame idéologique du nationalisme et de l'antisémitisme absolus.

Hitler y décrit ces cinq ans passés à Vienne comme « la période la plus triste de [sa] vie[9] ». Il est convaincu d'être un dessinateur d'exception au moment de se confronter à l'examen d'entrée à l'Académie des Beaux-Arts. Son échec est une « révélation négative » qui le prend complètement au dépourvu. Sans surprise, la certitude qu'il avait d'être

---

8. Paradoxalement, bien que ce texte, l'un des plus cités au monde, remonte à une époque relativement récente, il a longtemps été difficile de disposer d'une source primaire. Si différentes traductions ont pu circuler dans le commerce, la publication de l'original a été interdite en Allemagne dès 1945. Parallèlement à l'anthologie parue en 1974 sous la direction de Christian Zentner, et où figuraient quelques extraits commentés, le texte allemand complet était téléchargeable à partir de nombreux sites Internet qui reproduisaient l'édition Eher de 1936. En 2016, alors que l'ouvrage allait tomber dans le domaine public, l'Institut d'histoire contemporaine de Munich a décidé de republier *Mein Kampf*, en l'accompagnant d'un important appareil critique. Une édition critique du texte d'Hitler est également à paraître en France, dans une traduction d'Olivier Mannoni. Le traducteur tient ici à le remercier chaleureusement d'avoir fourni les citations de *Mein Kampf* qui figurent dans cet ouvrage.
9. Voir *Mein Kampf*, *op. cit.*, chapitre 2.

accepté était déconnectée de la réalité : la capacité toute-puissante d'Hitler à se tromper lui-même, qui le conduira à ravager l'Europe, est déjà présente *in nuce* dans cet épisode. Il demande alors un entretien avec le recteur. Celui-ci, très probablement pour calmer ce jeune agité, se dit absolument convaincu que sa voie n'est pas la peinture mais l'architecture. Cette nouvelle tombe également sur Hitler à la façon d'une révélation inattendue – positive, cette fois. À l'instar de certains déséquilibrés mentaux, il met tout juste quelques jours à se persuader qu'il est prédestiné à une carrière d'architecte puis commence à développer une *volonté implacable*, inflexible, à mesure qu'il poursuit ce projet [10]. Cette manie a d'ailleurs laissé des traces – en l'occurrence, ces projets d'urbanisme grandioses, jamais réalisés, et la facilité avec laquelle il a délégué des pouvoirs décisionnels au jeune architecte Albert Speer, vis-à-vis de qui il nourrissait une confiance presque symbiotique.

Mein Kampf et d'autres documents rédigés par Hitler manifestent une lucidité, un « réalisme politique », une capacité de réflexion logique et de synthèse. Mais la conclusion à laquelle parvient le fil de sa pensée ne découle pas de ces caractéristiques : elle est déjà déterminée par un préjugé de départ et les contredit souvent, ouvertement.

Pour Hitler, les Slaves ne sont rien d'autre que des bons à rien et des hypocrites. Pour autant, « de tous les Slaves, le Tchèque est le plus dangereux ». Pourquoi ? « Parce qu'il est dur au mal. Il est discipliné, ordonné. » Mais comment est-ce possible, s'il est slave ? « Il est plus mongoloïde que slave. » En jouant sur les mots (des mots creux, par ailleurs), Hitler effectue une *inversion des causes*. Et c'est ainsi que le plus occidental des peuples slaves devient oriental, voire asiatique. L'idéologie hitlérienne a beau estimer que la race détermine les caractères nationaux, la moindre faille dans le raisonnement suffit à ce que la race dérive du caractère lui-même. Dès lors, la contradiction devient une confirmation. Il faut évidemment se méfier d'un Tchèque car il sait même « cacher ses plans sous une certaine dose de loyauté ». Plus largement, les Tchèques sont « un fragment de race étrangère qui s'est glissé dans [le] peuple ». En résumé, même quand on a affaire à des gens fiables, Hitler sait – grâce à une révélation originelle – qu'il convient de se méfier. Les qualités positives des Tchèques – qui sont à

---

10. *Ibid.*, chapitre 2.

la fois slaves et autrichiens, depuis des siècles – ne leur permettent pas de travailler correctement et d'être de bons citoyens : elles permettent surtout à au futur dictateur de comprendre qu'elles *cachent* des qualités négatives. Les Tchèques sont condamnés, la *cohérence absurde* est sauve [11].

Un processus mental ordinaire permet d'identifier la première étape d'une réflexion et celles qui viennent ensuite. Un raisonnement normal dira : comme il a fait mauvais temps, les récoltes ont été faibles et le prix du blé a, par conséquent, augmenté. À l'inverse, nous savons que les idées paranoïaques obéissent à un mécanisme circulaire : le délire s'alimente tout seul et il devient très difficile de déterminer, après coup, quelle était la première étape du raisonnement. Le paranoïaque affirmera : c'est un complot des spéculateurs qui a fait grimper les prix du blé en se servant du prétexte du mauvais temps. En règle générale, une mauvaise saison entraîne de faibles récoltes, ce qui se traduit nécessairement par une hausse des prix. Il n'empêche : l'enchaînement temporel et causal des événements n'a strictement aucune importance aux yeux de ceux qui s'appuient sur la thèse d'un ennemi caché. De la même manière, une campagne de dénigrement raciste peut attribuer tous les maux de l'économie aux Juifs. Forcés de fuir, ces derniers vendent tous leurs biens, dont la valeur est transformée en or, plus facile à transporter. Il n'en faut pas davantage pour que les racistes s'écrient : les Juifs s'enfuient parce qu'ils nous ont volé notre or ! Ce raisonnement mélange ainsi l'ordre des événements. Si le fil de leurs démonstrations manque de logique, c'est parce qu'elles ne découlent pas de l'observation des faits mais d'un besoin inconscient préexistant. Ce qui les rend quasiment impossible à démonter. Le racisme est toujours paranoïaque et *il n'existe pas de remèdes préventifs contre la paranoïa*. De fait, elle est déjà persuadée d'être la prévention des préventions.

---

11. Voir B. HAMANN, *La Vienne d'Hitler*, op. cit., chapitre 9, p. 376-384. Les rumeurs nazies n'ont pas cessé de décalquer le prototype hitlérien pour créer le même genre de faux syllogismes (ou paralogismes). Pour Himmler, les postes-clé du régime russe étaient occupés par des Juifs. Pourtant, au moment d'expliquer, à la fin de l'année 1942, pourquoi l'armée soviétique s'était montrée aussi forte, celui-ci a subitement soutenu que ses chefs avaient forcément d'anciennes racines germaniques (dont il n'avait jamais parlé auparavant). Sur ce point, voir P. LONGERICH, *Himmler*, trad. R. Clarinard, Paris, Perrin, 2013 [2010].

Dans la pensée d'Hitler, la génétique est tout : à ce titre, il devrait se fonder sur un positivisme matérialiste absolu. Ce qui ne l'empêche pas, de temps à autre, de parler de l'esprit des peuples comme s'il ne s'agissait pas d'une métaphore mais d'une véritable structure dont se compose la société. Tantôt il soutient des combats pour imposer la langue allemande, tantôt, à l'inverse, il critique le racisme illogique de ceux qui donnent trop d'importance à cette dernière. Il admire également le maire de Vienne, Karl Lueger, car celui-ci est un antisémite déclaré. Pourtant, quand l'édile projette d'enseigner l'allemand aux minorités et de rendre sa pratique obligatoire, Hitler s'y oppose. Dans sa pensée inflexible, Tchèques et Juifs resteront toujours génétiquement différents. S'ils apprenaient l'allemand, la société se remplirait d'ennemis *difficilement reconnaissables*. Comment ne pas y voir une préfiguration de cette angoisse paranoïaque de contamination qui, à force de croître, obligera les personnes « différentes » à porter une étiquette, comme l'étoile jaune pour les Juifs ? Pour autant, imposer d'en haut et par la contrainte une langue et une culture (un projet typique du nationalisme de l'époque, en somme) est contre-productif aux yeux d'Hitler : il ne s'agit pas là d'un vecteur de « germanisation » mais, bien au contraire, de « dé-germanisation ». La culture n'est qu'une couche superficielle : seule la race est profonde et immuable [12]. Le sol est l'unique réalité qu'il sera possible de germaniser [13]. À terme, ces postulats implacables ne mèneront qu'à un seul but : la conquête territoriale, assortie de la déportation ou de l'extermination des populations locales.

Au final, ces années viennoises ont composé chez Hitler « une image du monde et une vision du monde [*Weltanschauung*] qui devinrent le

---

12. À titre d'exemple, le christianisme est assimilé à une branche du judaïsme, tournée vers la féminité et peu fiable. « Qu'il s'agisse de l'Ancien Testament ou du Nouveau [...], tout cela n'est qu'un seul et même bluff judaïque. Une Église allemande ? Un christianisme allemand ? Quelle blague ! On est ou bien chrétien ou bien Allemand, mais on ne peut pas être les deux à la fois », aurait déclaré Hitler (citation dans H. RAUSCHNING, *Hitler m'a dit*, trad. A. Lehman (revue et corrigée par R. Girardet et M. Pauline), Paris, Pluriel, 2012 [1939] (nouvelle édition), p. 92. Ce recueil de conversation avec Hitler a alimenté une grande partie des biographies du dictateur. On estime aujourd'hui qu'il contient bon nombre d'inventions. Pour autant, le portrait psychologique du Führer qu'on y trouve est particulièrement cohérent. Par ailleurs, ce texte évoque des traits de caractère et des projets politiques qui n'étaient pas encore de notoriété publique au moment de la publication, en 1939.

13. Voir *Mein Kampf*, *op. cit.*, chapitre 11.

socle de granit de [son] action »[14], en plus de lui ouvrir les yeux sur les deux grands dangers de ce monde : le marxisme et le judaïsme[15].

L'apparition du Juif

L'événement qu'Hitler décrit comme décisif est une « apparition »[16] (*Erscheinung*) qui le frappe alors qu'il flâne dans Leopoldstadt, le quartier juif du centre de Vienne. Il voit alors une étrange silhouette, avec un caftan et de longues boucles noires. Sûrement un Juif orthodoxe appartenant à l'une de ces communautés venues d'Europe orientale. « Est-ce là aussi un Juif ? », se demande spontanément Hitler avant de comparer cet homme à ses souvenirs. À Linz, les Juifs étaient différents (« Ils ne ressemblaient pas à ça », selon ses propres mots), peu nombreux et habillés d'une façon qui n'attirait pas l'attention. Une seconde question prend donc forme dans son esprit : « Est-ce là aussi un Allemand[17] ? » À partir de l'*apparence*, sa pensée tente arbitrairement de tirer une *essence*.

Contrairement aux animaux, l'homme ne se sert pas de son odorat ou de l'ensemble de ses sens pour percevoir ses semblables. Il utilise surtout la vue et des idées abstraites. Au fil du temps, l'immense complexité des cultures, accompagnées de leurs innombrables différences, est venue se superposer à l'instinct. La culture étant devenue une seconde nature, il suffit que l'autre s'habille différemment et parle d'une manière apparemment incompréhensible pour qu'il nous devienne *étranger*. Comme s'il appartenait à une autre espèce. À ce phénomène, rappelons-le, les spécialistes ont donné le nom de « pseudo-spéciation »[18]. Reste que cette étrangeté de l'autre est susceptible, aux yeux de notre instinct, de nous autoriser à l'éliminer, de la

---

14. *Ibid.*, chapitre 2, nous soulignons. Par la suite, il eut « peu de choses à ajouter et rien à modifier ».

15. *Ibid.*

16. *Ibid.*

17. *Ibid.* N'oublions pas qu'Hitler emploie le mot *Deutscher* dans l'absolu, comme une hypostase de la germanité, sans faire de distinction entre le citoyen d'Allemagne ou d'Autriche, et sans préciser s'il se réfère à une « race » ou à une distinction linguistique et culturelle (ce qui serait plus correct).

18. Voir *supra*, chapitre 3. Après Erik Erikson, ce concept a été repris par Irenäus Eibl-Eibesfeldt, spécialiste en éthologie humaine (voir *Die Biologie des menschlichen Verhaltens. Grundriß der Humanethologie*, Munich, Piper, 1984, I et IV).

même façon que nous éliminons habituellement les membres des autres espèces, à savoir les animaux, sans nous sentir coupables, ou presque. Telle est la conclusion extrême du raisonnement raciste.

C'est dans ce type d'état confusionnel que se trouve Hitler tandis qu'il observe ce Juif orthodoxe qui lui semble si différent. À partir de là, le jeune Autrichien petit-bourgeois commence à glisser sur le *plan incliné*. En proie à une agitation fébrile, il parcourt la ville en se procurant tout ce qui peut le renseigner sur le judaïsme. *Il a l'impression,* raconte-t-il, *de voir des Juifs partout* [19]. Hélas, les opuscules qu'il achète ne lui apportent aucune réponse : ils partent d'un pré-jugé raciste déjà rebattu, sans offrir la moindre démonstration convaincante. Ce que ses capacités de réflexion lui permettent de comprendre. Hitler n'a même aucun mal à prendre conscience de leur fausseté et souffre de ce qu'il appelle des « rechutes » : il entre dans un état « anxieux et peu assuré », face à la crainte de commettre « une injustice » [20]. Ce moment de la vie d'Hitler a peut-être été le seul où son « socle de granit » a vacillé. Victime du syndrome de Créon, il s'aperçoit qu'il a des sentiments ambivalents, comme la plupart des êtres humains.

N'allons pourtant pas croire que cette description ait été une coquetterie inventée après coup pour mettre en évidence un grand souci moral. Il se peut que les choses se soient exactement passées de cette façon. Pourquoi le déchirement devrait-il se manifester chez l'antique roi grec et pas chez Hitler alors qu'il constitue le trait le plus humain de l'esprit paranoïaque ? Hélas, il résout généralement cette indécision en choisissant la haine.

À travers cet épisode, c'est la *tendance négative fondamentale* d'Hitler qui se révèle. Alors que les écrits antisémites le persuadent du contraire de ce qu'ils prétendent, ce sont précisément *les écrits juifs* qui – à en croire son récit – le convainquent de la perversion des Juifs. Il lit avidement jusqu'aux textes sionistes et remarque que la bourgeoisie juive libérale prend ses distances avec ce courant auquel les Juifs les moins cultivés adhèrent plus facilement. Voit-il pour autant dans ces opinions divergentes un exemple de pluralité démocratique ? Non.

---

19. Voir *Mein Kampf, op. cit.,* chapitre 2. Au sujet de cet épisode, voir également B. HAMANN, *La Vienne d'Hitler, op. cit.,* chapitre 10 ; J. FEST, *Hitler. Jeunesse et conquête du pouvoir, op. cit.,* partie I, chapitres 2 et 3 ; A. BULLOCK, *Hitler et Staline, op. cit.,* I, chapitre 2 ; I. KERSHAW, *Hitler. 1889-1936, op. cit.,* chapitre 1.

20. *Mein Kampf, op. cit.,* chapitre 2.

C'est même tout le contraire [21]. En réalité, les Juifs des classes supérieures ne s'intéressent guère au sionisme parce qu'il occupe une place secondaire par rapport à leurs valeurs cosmopolites – ou parce qu'il s'y oppose. Dans l'esprit d'Hitler, qui projette sur eux le « socle de granit » de son nationalisme, cela n'est pas possible : à ses yeux, les Juifs cultivés *cachent* leurs sympathies sionistes. Ils tentent ainsi de passer inaperçus en tant que groupe national pour mieux réaliser leurs projets de domination. Une fois cette pente empruntée, les faux syllogismes d'Hitler se déroulent sans rencontrer d'obstacle. Si les Juifs pauvres sont, eux, plongés dans la misère la plus noire et la promiscuité sexuelle, c'est nécessairement le fait d'une *souillure morale*. Quant au fait que de jeunes Juives venues de l'Est soient aussi nombreuses à tomber dans la prostitution et quant aux carences des familles dont elles sont issues en matière d'hygiène, il ne s'agit pas là d'une *conséquence* de leur marginalisation extrême, bien au contraire : ces phénomènes impliquent une *cause* (d'ordre *originel*) irrémissible, une infériorité génétique. Nous ne sommes qu'au deuxième chapitre de *Mein Kampf* mais la distorsion des processus mentaux hitlériens est déjà très claire. Le livre aura beau circuler dans le monde entier, de nombreux chefs d'État n'hésiteront pas à signer des accords avec Hitler, comme s'ils ignoraient qu'ils prenaient des engagements avec un fou.

Autres raisonnements « logiques » de *Mein Kampf*

Hitler souffrait certainement de phobies sexuelles. On s'étonnera donc de voir autant de pages consacrées à la syphilis dans le dixième chapitre de son livre (« Ursachen des Zusammenbruchs »), alors même que cette section du livre devrait traiter des éléments politiques et militaires qui ont conduit l'Allemagne à la défaite en 1918 ! Dans la mesure où l'évocation de ces sujets finit toujours par mentionner le judaïsme, on a souvent émis l'hypothèse qu'Hitler aurait eu des relations homosexuelles ou contracté des maladies vénériennes auprès de prostituées juives. Reste qu'il n'existe aucune preuve allant dans ce sens. Si cette obsession a toujours eu un rôle déterminant dans les actes d'Hitler,

---

21. Voir *ibid.*

force est d'admettre qu'il est impossible de l'imputer à des causes spécifiques. Pour cette raison, nous sommes tentés de la qualifier, simplement, de « paranoïa primaire ».

Hitler reconnaît, à juste titre, que l'intense dynamisme de Vienne, sa dimension multiculturelle et l'importance des populations immigrées font de la capitale autrichienne un lieu idéal pour appréhender la question sociale mais aussi un laboratoire sans équivalent de cette nouvelle culture en train d'émerger [22]. Pour autant, l'idée que le marxisme et la social-démocratie puissent être une *conséquence* des problèmes sociaux, voire une piste pour les résoudre et le produit de cette culture, ne l'effleure pas, tant s'en faut. Pour lui, ces valeurs sont *à l'origine des maux*, des instruments du judaïsme et de ses projets de domination. La production culturelle viennoise est, elle aussi, dégénérée : elle porte la marque de cette perversion juive (synonyme de laideur, de souillure, d'obscénité) qui souhaite la diffuser afin de dénationaliser et affaiblir le peuple. Tout comme le socialisme, la culture juive est contaminée par l'internationalité. Le concentré de tous ces éléments forme l'Empire austro-hongrois, un mélange bâtard, un « État fictif », une « momie d'État » [23]. L'argumentation de *Mein Kampf*, menée au pas de charge et souvent émaillée de métaphores efficaces, est sans cesse faussée par des paralogismes et des *inversions des causes*, mais aussi par des présupposés erronés.

Ces derniers sont particulièrement visibles dans le chapitre fondamental consacré à l'idéologie raciale [24]. Hitler part d'une vieille croyance, établie dès le XIXe siècle et fondée non pas sur des preuves mais uniquement une « phobie de l'altérité », qui injecte des préjugés paranoïaques. Celle-ci suppose que le métissage est contre-nature et affaiblit les organismes vivants alors que les unions au sein d'une même race, à l'inverse, les fortifient. À l'époque où la pensée hitlérienne prend forme, nombreux sont ceux qui expliquent la décadence des peuples forts de l'Antiquité (comme les Spartiates, les Romains) en affirmant qu'ils n'étaient pas parvenus à préserver la pureté de leur sang [25]. Mais

---

22. Voir *ibid.*, chapitres 2 et 3.

23. Voir *ibid.*, chapitres 1 et 4.

24. Voir *ibid.*, chapitre 11 (« Volk und Rasse »).

25. C'est notamment le cas de Richard Walther Darré et Hans Friedrich Karl Günther. Voir B. KIERNAN, *Blood and Soil, op. cit.*, chapitre 11 ; G. MOSSE, *Towards the Final Solution, op. cit.*, parties 1 et 2.

il ne s'agit là que d'hypothèses racistes datant du Romantisme tardif : aucune n'est fondée sur de véritables sources historiques.

En réalité, des études plus récentes ont montré que les populations, trop peu ouvertes et trop peu nombreuses, brassent toujours les mêmes caractéristiques génétiques. Moins fertiles, elles sont plus volontiers sujettes à des maladies. Si la nature encourage, précisément pour cette raison, un certain degré d'exogamie, Hitler, poussé par son désir obsessionnel de prouver le contraire, falsifie radicalement cet argument. Les différences, écrit-il, n'existent que dans la mesure où elles ont un sens du point de vue de la nature. Pour autant, chaque mélange amène la *race* supérieure à voir sa valeur rabaissée : voilà pourquoi les *espèces* (*Arten*) différentes, comme les chats et les souris, s'affrontent au lieu de s'accoupler [26]. Sous les yeux du lecteur, Hitler a subitement changé de concepts. Pourquoi parler d'*espèces* ? Les théories politiques paranoïaques sont *racistes*, pas *spécistes*. Au reste, l'argument invoqué est fallacieux : si les espèces différentes ne s'accouplent pas au sein du monde animal, les races différentes, oui. À titre d'exemple, les croisements entre deux races de chiens, dont les dissemblances sont parfois plus marquées que celles entre deux êtres humains, sont non seulement fertiles mais donnent souvent naissance à des petits plus résistants que ceux issus d'une union au sein d'une même race.

Au final, Hitler nous a laissé, sous la forme d'un livre imprimé à des millions d'exemplaires, un archétype de l'erreur à laquelle des chercheurs ont plus tard donné le nom de « pseudo-spéciation ».

Même quand elles ne décrivent pas le moment où se forment les idées de base d'Hitler, les pages de *Mein Kampf* adoptent toujours le ton de la « révélation ». Dès son plus jeune âge, c'est en proie à une agitation silencieuse qu'il attend les moindres nouvelles en provenance des théâtres de guerre – car c'est seulement là, prétend-il, qu'on peut connaître la vérité sur le destin des peuples. Il guette ainsi les journaux pour tout savoir de la guerre des Boers et du conflit russo-japonais [27]. Finalement, le ciel s'ouvre et le coup de tonnerre du conflit mondial résonne.

---

26. Voir *Mein Kampf, op. cit.*, chapitre 11.
27. Voir *ibid.*, chapitre 5.

À partie de 1913, Hitler vit à Munich, où il se sent bien mieux qu'à Vienne : la ville ne compte pratiquement que des Allemands. En juin 1914, à l'annonce de l'assassinat du François-Ferdinand, Hitler est d'abord préoccupé. Le fait est qu'il a ardemment souhaité la mort de l'héritier au trône d'Autriche, notoirement favorable à une reconnaissance plus marquée du caractère multiethnique de cet État et à sa transformation en Empire austro-hongrois *et* slave. Il s'interroge alors sur les motivations de celui qui l'a tué et prend peur : et si l'assassin était un nationaliste allemand radical, comme lui ? Lorsqu'il apprend le déroulement des faits, la crainte cède le pas à une profonde satisfaction : « Le plus grand ami des Slaves tomba sous les balles de fanatiques slaves. » Désormais, ajoute-t-il en utilisant une image que nous avons régulièrement croisée, « la pierre [a] commencé à rouler et [...] il ne saurait plus y avoir d'arrêt pour elle » [28]. Au moment où la guerre est enfin déclarée, cette satisfaction laisse place à l'illumination et à l'extase [29].

Du théoricien au chef d'État

Au terme d'une ascension fulgurante, Hitler arrive au pouvoir en janvier 1933. Dès cet instant, ce que nous savons de lui est surtout lié aux événements officiels. Les traces de ses « certitudes révélées » impliquent des recherches indirectes, même si elles restent fréquentes et nombreuses.

Bien avant d'entrer au gouvernement, le futur dictateur était obsédé par le fait que l'Allemagne manque de nombreuses matières premières [30]. À ses yeux, la résolution de ce problème passait par des annexions territoriales à l'Est. Il jugeait nécessaire d'attendre environ la moitié des années 1940 pour que le pays soit militairement prêt à mener une guerre de conquête.

---

28. *Ibid.*

29. Voir *supra*, chapitre 5. Le Reich dont parle Hitler est l'Empire alors dirigé par Guillaume II. Grâce aux travaux des historiens, nous savons néanmoins qu'Hitler a également quitté Vienne pour Munich parce que les autorités autrichiennes étaient à sa recherche : il ne s'était pas présenté à la convocation en vue de son service militaire. Voir J. FEST, *Hitler. Jeunesse et conquête du pouvoir*, *op. cit.*, partie I, chapitre 4 ; I. KERSHAW, *Hitler. 1889-1936*, *op. cit.*, chapitre 2.

30. Voir N. FERGUSON, *The War of the World*, *op. cit.*, chapitre 8 ; I. KERSHAW, *Hitler. 1936-1945*, *op. cit.*, chapitres 1 et 8.

Quant aux réformes intérieures de la société et de l'État, les idées du Chancelier sont exprimées rapidement et de façon claire. Son seul discours aux *Gauleiter* du 2 février 1934 ne laisse aucune place au doute : il prône l'« aveugle obéissance » ainsi qu'une fusion du Parti et des institutions, de manière à ce que le peuple puisse s'identifier à elles et être lui aussi unifié. « Pas de discussions superflues », déclare-t-il avant d'ajouter : « Nous ne pouvons mener qu'un seul combat, mais ces combats doivent être menés les uns après les autres. [...] Le peuple n'est pas en état de comprendre et de mener douze combats en même temps. Nous devons donc imprégner le peuple d'une SEULE idée, d'une SEULE pensée[31]. » Cette stratégie qui a conduit Hitler au pouvoir révèle son flair en matière de communication de masse : il faut un message unique, limpide, que même un idiot puisse comprendre, y compris s'il est absurde, et sans la moindre hésitation. Plus largement, Hitler tente ici de cristalliser et de livrer à la postérité les circonstances exceptionnelles, imprévues et violentes, de son ascension fulgurante. Des circonstances (à ses yeux) indispensables pour permettre l'union mystique entre un peuple et son chef : « Un seul peut prétendre au titre de Führer... Une organisation de ce genre, pourvue de cette force intérieure, durera éternellement[32]. »

Avec une cohérence radicale, et une forme d'inconscience, Hitler projette sur les institutions et sur le peuple cette simplification qu'il a d'abord opérée sur lui-même et qui se traduit par une cristallisation des dynamiques mentales, une *reductio ad unum* (*une* pensée, *une* volonté, *un* combat), l'exclusion absolue des alternatives (ici, le chef naît et meurt avec le mouvement, détaché de tout le reste et potentiellement asexué). En apparence, ce discours s'inscrit dans un temps long, il permet même à Hitler de penser et de programmer ce qui surviendra après sa mort, pour l'éternité. Mais est-ce vraiment un regard d'aigle posé sur d'immenses étendues ? Ne s'agit-il pas plutôt d'un temps pétrifié, d'un égoïsme cosmique qui projette son Moi sur le monde entier ? Du prolongement d'un présent exalté, de l'image que lui renvoie un miroir ?

---

31. Citation dans J. FEST, *Hitler. Le Führer (1933-1945)*, trad. G. Fritsch-Estrangin avec la collaboration de M.-L. Audiberti, M. Demet et L. Jumel, Paris, Gallimard, 1974, partie V, chapitre 3.

32. Citation dans *ibid.*, partie V, chapitre 3. Voir également I. KERSHAW, *Hitler. 1889-1936, op. cit.*, chapitre 12.

L'impatience triomphe

« *L'impatience* et la *volonté d'agir* qui habitaient Hitler trouvèrent leur première expression concrète dans la *conférence secrète* du 5 novembre 1937 » : c'est sur ces mots que s'ouvre un chapitre de la biographie que Joachim Fest a consacrée à Hitler [33]. Un document synthétise cette réunion à laquelle ont participé Hitler, le ministre des Affaires étrangères, Konstantin von Neurath, le ministre de la Guerre, Werner von Blomberg et le commandant en chef de l'Armée de terre, Werner von Fritsch, le chef de la Marine, Erich Raeder, et le chef de l'Aviation, Hermann Göring [34]. Ce *Hoßbach Protokoll*, qui emprunte son nom à son auteur, le colonel Friedrich Hoßbach, a été rédigé cinq jours après la réunion. S'il ne rapporte pas directement les propos, il est probablement assez fiable.

En plus de fournir des informations sur les programmes économiques et militaires du Führer, ce texte laisse surtout entrevoir chez lui un glissement intérieur. La réunion aurait en effet dû aborder des sujets assez spécifiques et se contenter d'examiner la répartition des matières premières entre la Marine et l'Aviation. Pourtant, elle se transforme en monologue sur le destin de l'Allemagne : quatre heures durant, Hitler délivre un discours exalté où il affirme que, dans d'autres pays, un thème de cette ampleur aurait concerné l'ensemble du gouvernement. Pourtant, c'est précisément cet argument qui le pousse à l'aborder *en petit comité et dans le plus grand secret*. En cas de décès du Führer, le contenu de ce texte constituerait aussi *son testament*.

Le but de la politique allemande, lit-on dans le document, est de protéger le peuple et son développement. Sans surprise, Hitler fait ici

---

33. . Voir J. FEST, *Hitler. Le Führer*, *op. cit.*, partie V, chapitre 3. Nous soulignons.

34. Voir *ibid.*, partie VI, chapitre 3 ; I. KERSHAW, *Hitler. 1936-1945*, *op. cit.*, chapitre 1 ; N. DAVIES, *Europe. A History*, *op. cit.*, chapitre 11. Le procès-verbal de cette réunion, dans la transcription qu'en donne le Département d'État américain (17 octobre 1945), constitue le document 386-PS joint aux actes du procès de Nuremberg (voir G. MÜLLER BALLIN, *Die Nürnberger Prozesse (1945-1949). Vorgeschichte, Verlauf, Ergebnisse, Dokumente*, Nuremberg, Bildungszentrum Stadt Nürnberg, 1995, p. 55-60). Ce texte a en effet été cité au cours des débats, par l'accusation (pour prouver que la guerre d'agression nazie s'inscrivait dans un plan prémédité) comme par la défense (pour démontrer que les plans du régime étaient tout autres et que cette guerre n'avait donc pas été préméditée).

allusion à l'expansion économique comme à l'expansion politico-militaire. En parfaite cohérence avec sa conception radicale de l'élément racial, il considère les Allemands comme un ensemble animé d'élans unitaires. Ce qui pose, poursuit-il, un problème d'espace susceptible d'être résolu à la seule condition de remédier à ce besoin. Pour y parvenir, entre une et trois générations pourraient être nécessaires. Entre-temps, affirme Hitler, il est indispensable de faire vivre la dynamique historique, c'est-à-dire l'état d'exaltation que suscite son rapport à la masse. De fait, les projets abstraits ne peuvent perdurer qu'à condition de se traduire par une mobilisation permanente : à travers ce discours, c'est son obsession de garder l'initiative et d'entretenir le souvenir indélébile que lui a laissé la guerre, à la façon d'une véritable expérience mystique, que nous voyons réapparaître, sous une forme extrême.

Après avoir examiné les difficultés pratiques du projet, le document affirme : « La résolution du problème ne peut se faire que par la violence [*könne es nur den Weg der Gewalt geben*], et cela n'est pas possible sans prendre de risques. » Et plus loin : « *Si d'aventure le Führer est encore en vie*, il est *fermement* résolu à ce que, d'ici 1943 ou 1945, au plus tard, le problème de l'espace soit résolu [35]. »

Le discours synthétise de manière particulièrement efficace la *folie lucide*, la *cohérence absurde* et d'autres traits prédominants de la paranoïa. Prises individuellement, les données de départs (comme l'insuffisance des matières premières, la nécessité du développement économique) sont justes, mais la conclusion (à savoir la nécessité absolue d'annexer des territoires à l'Est) est aberrante. Lier aussi étroitement la prospérité d'un pays à la surface de son territoire relève donc d'une fausse logique (ou d'une géopolitique paranoïaque, pourrait-on également dire), typique des tyrans qui regardent la carte du monde comme un miroir qui refléterait leur image [36].

Si, d'un côté, l'Allemagne doit se préparer, poursuit Hitler dans ce même discours, de l'autre, le monde attend qu'elle frappe et se prépare

---

35. Citation dans *ibid.*, p. 57-58.

36. En un sens, l'histoire de la République Fédérale d'Allemagne qui, jusqu'à la réunification de 1989, possédait une surface *deux fois moins grande* que l'Allemagne de 1918 a apporté un démenti sans appel à ce raisonnement absurde : malgré une catastrophe économique, psychologique et géographique sans précédent, cet État a retrouvé le rang de 3e puissance industrielle mondiale en l'espace d'à peine quelques années. Mais pas seulement : il a accueilli sur ce territoire limité une immigration quasiment sans équivalent dans l'histoire, elle aussi, précisément pour affronter ce développement.

à son tour : il convient donc de ne pas trop temporiser. Pour peu que la France soit dans une situation de faiblesse (du fait d'une guerre ou de graves problèmes sociaux), il sera possible d'*agir avant* les dates évoquées en occupant l'Autriche et le territoire tchèque grâce à des *actions foudroyantes.* Au reste, Hitler se dit convaincu que les Anglais ne mobiliseront pas leurs troupes contre l'Allemagne ; dès lors, la France elle-même n'osera pas en faire autant si elle est seule. Malgré tous les efforts du Führer pour impressionner l'assistance avec ses décisions impérieuses, l'ambivalence et la *cohérence absurde* continuent de poindre spontanément dans son discours. *De façon circulaire*, ses démonstrations en arrivent à la conclusion qui, en réalité, est le postulat de départ : il faut agir *au plus vite* ! Pourquoi déclencher une guerre entre 1943 et 1945 ? Parce qu'à ce moment-là, le réarmement allemand sera « presque [*annähernd*] mené à bien ». Pourquoi ne pas attendre qu'il soit vraiment achevé ? Parce qu'à ce moment-là, les armes seront à la pointe de la modernité : à force d'attendre, elles seraient dépassées. Par ailleurs, des « armes spéciales » (c'est-à-dire *secrètes*) sont en cours de préparation : si l'on tarde trop à agir, elles ne pourront peut-être plus être tenues *cachées* ! La réunion du 5 novembre 1937 décide différents réarmements, notamment celui de la flotte du Reich pour contrebalancer l'écrasante supériorité des Anglais. Dans la pratique, ces projets demanderaient néanmoins plusieurs années d'efforts à l'Allemagne – ce qui irait, une fois de plus, à l'encontre de la volonté tout juste exprimée de dominer l'adversaire à la première occasion.

Les critères décisifs ne sont désormais plus l'examen de données objectives mais l'empressement, le secret et la tautologie. Hitler semble s'adresser à des enfants, pas à une immense structure militaire dont la tâche est certes de moderniser les armes et garder secrètes les modèles révolutionnaires. Comme s'il souhaitait radicalement contredire ses propres projets d'éternité annoncés en 1934, il tord chaque argument pour démontrer que tout doit être accompli avant la période fatidique de 1943-1945. Le temps suit son cours jusque-là, puis s'arrête. Les projets vont jusqu'à cette date ; après, c'est le vide. Derrière l'absurdité de cette attitude, on devine presque une prémonition : en 1943, la vie d'Hitler atteindra un point de non-retour et prendra fin en 1945. Tout se passe comme si, inconsciemment, quelque chose en lui avait déjà pris cette décision.

Neurath, Blomberg et Fritsch s'alarment et mettent en garde Hitler sur les risques d'une guerre contre la France et la Grande-Bretagne. Des risques qu'il ne mesure pas suffisamment. Il est en effet convaincu que les deux puissances seront engagées dans un conflit avec l'Italie pour la domination de la Méditerranée – encore une illusion para-noïaque dérivant du faux postulat social-darwinien qu'Hitler appliquait indistinctement, même à des cultures aux mentalités diffé-rentes. La discussion se prolonge et manque de virer à l'affrontement. Puis la réunion se termine, officiellement.

L'année suivante, le ministre de la Guerre, Werner von Blomberg, veuf depuis quelques années, décide de se remarier avec une belle femme qui n'en est pas à sa première expérience. De quoi susciter un certain malaise. Hitler est malgré tout son témoin. Quelques jours après la cérémonie, les archives de la police exhument des photos peu reluisantes de la nouvelle épouse du ministre ainsi qu'un dossier où elle était rangée, sur cette base, dans la catégorie des prostituées. Parallèle-ment, on voit surgir d'autres fiches de police et de faux témoignages qui accusent Werner von Fritsch d'être homosexuel.

Le national-socialisme, comme chacun sait, ne plaisante pas avec ce genre de dépravations. Si Fritsch est aussitôt remplacé, Hitler ne se limite pas à éloigner Blomberg : il abolit purement et simplement la charge de ministre de la Guerre et s'arroge les pouvoirs liés à ce poste. Là-dessus, il achève l'opération en éloignant ou en envoyant à la retraite des dizaines de généraux avant de nommer le fidèle Joachim von Ribbentrop ministre des Affaires étrangères, en lieu et place de Neurath.

Au cours des années précédant la dictature, Hitler avait soigneuse-ment anéanti la gauche allemande. Cette fois, quelques jours lui ont suffi à se libérer également de la droite traditionnelle. Avec elle, c'est le dernier cabinet gouvernemental, la dernière possibilité de débattre et de se confronter à des visions non délirantes qui disparaissent. Dès lors, et jusqu'à sa mort, Hitler va tout décider seul[37]. Après l'entrevue consignée dans la « Note Hoßbach », le temps hitlérien est soumis à une compression sans précédent. Une compression, commente son

---

37. Voir I. KERSHAW, *Hitler. 1936-1945, op. cit.*, chapitre 1.

plus grand biographe, dont les interprétations historiques traditionnelles doivent être complétées par des constats psychologiques [38].

Les choix de mort

Qu'est-il arrivé au Führer ? Pourquoi a-t-il subitement transféré sa
haine de l'ennemi sur ses propres collaborateurs ?

Nous devinons ses va-et-vient angoissés entre claustrophobie et
claustrophilie, ceux d'un homme qui ne s'est jamais senti et qui ne se
sentira jamais à sa place. L'image qu'il a de son pays oscille entre une
Allemagne asphyxiée par ses voisins et une Allemagne maîtresse du
monde. De la même manière, la vie du dirigeant nazi se réduit à deux
extrêmes – les bains de foule et les longues périodes passées dans des
refuges inaccessibles. À mesure que sa méfiance s'accentuera, le monde
clos l'emportera sur le monde ouvert.

Hitler nous donne à voir l'indécision mortelle du paranoïaque,
transposée à une échelle capable de ravager l'Europe et le monde. S'il
a, jusque-là, contribué au redressement matériel de l'Allemagne, il veut
passer à la postérité grâce à des succès de plus en plus éclatants. Une
partie de lui comprend parfaitement qu'un plan grandiose, quel qu'il
soit, demanderait un temps long. Reste qu'une autre partie, un guide
intérieur, une frénésie indescriptible le pousse, toujours un peu plus, à
agir sans délai. Du fait qu'il n'arrive ni à la comprendre, ni à la
contrôler, il finit par résoudre ce conflit en prêtant à cette instance des
arguments en apparence rationnels. Dès cet instant, l'*empressement* se
travestit en *faux présupposé nécessaire*. Dit autrement, il cesse d'être la
conséquence d'une pulsion irrationnelle pour devenir la cause pseudo-
rationnelle de tout le reste, elle-même renforcée par une démonstration
logique, étape par étape. Chez le dictateur, le syndrome de Créon
s'illustre de la façon la plus tragique qui soit : si une partie de lui sait
qu'il serait possible de céder à la « raison », l'autre sent que cela reviendrait à basculer dans le vide, dans un état psychique inconnu. Ce qu'il
souhaite à tout prix éviter. Comme le tyran de Thèbes, Hitler ne sait
pas attendre : il préfère inconsciemment courir au-devant des circonstances plutôt que perdre un instant le contrôle qu'il exerce sur elles et
sur son entourage.

---

38. Voir *ibid.*, chapitre 5.

Dès l'époque de sa participation à la Grande Guerre, Hitler avait tendance à sous-évaluer voire à nier la souffrance et la mort[39]. Si cet aspect a contribué à sa réputation d'homme courageux, il lui a également permis de faire souffrir les autres plus facilement.

Est-il pour autant possible de faire entièrement et indéfiniment obstacle à une perception normale ? Non. Hitler est un être solitaire, comme Ajax, et traumatisé dès l'enfance. Il est le fils d'un père, Alois, qui, à l'instar de Télamon, le père du héros grec, n'a jamais souri. Il souffre d'innombrables troubles psychosomatiques et c'est un insomniaque chronique. Sous l'effet du stress croissant causé par des décisions politiques de plus en plus hasardeuses, il commence à éprouver des angoisses de mort. Pareilles à une présence indésirable, elles font irruption dans le débat du 5 février 1937. Un monde intérieur vient d'abattre les digues de l'individualité pour se déverser à l'extérieur – comme si les terreurs irrationnelles d'un seul être surgissaient sur la scène du monde pour la remplir de hantises bien réelles. Des hantises qui deviendront celles de tout un chacun.

D'un côté, de manière radicalement « altruiste », Hitler vit pour « son peuple ». De l'autre, ce peuple ne semble jamais revêtir une importance propre, sauf s'il lui apporte la satisfaction du succès. D'un coup, ce qui pourrait arriver après la mort du dictateur se réduit à un non-événement. Et c'est ainsi qu'explose son angoisse de manquer de temps[40]. À partir, précisément, de 1937, au moment où son protégé Albert Speer présente les modèles des architectures grandioses qu'il lui a commandés, Hitler soupire : « Si seulement j'étais en assez bonne santé ! » Son entourage a sans cesse l'impression que ses médecins lui diagnostiquent des maladies incurables, une menace dont il utilise l'effet pour imposer cette fébrilité et cet empressement à ses collaborateurs, notamment dans le domaine militaire[41]. Cette pression intérieure a beau être rationalisée (lui seul, argue-t-il, peut assurer à l'Allemagne d'obtenir ce qu'elle mérite), elle va bouleverser et infléchir l'histoire.

---

39. Voir T. DORPAT, *Wounded Monster. Hitler's Path from Trauma to Malevolence*, Lanham, University Press of America, 2002, p. 79 *sq.*

40. Voir *ibid.*, p. 266 ; J. FEST, *Hitler. Le Führer*, *op. cit.*, partie V, chapitre 4 ; I. KERSHAW, *Hitler. 1936-1945*, *op. cit.*, chapitre 1.

41. Voir J. FEST, *Die unbantwortbaren Fragen. Notizien über Gespräche mit Albert Speer zwischen Ende 1966 und 1981*, Hambourg, Rowohlt, 2005, p. 79-80.

Au début de l'année 1938, tout s'accélère brusquement et l'annexion de l'Autriche (*Anschluss*) s'engage. Les hiérarques et les hauts gradés hésitent mais sont pris de vitesse par Hitler. Le Führer a prévu d'agir par étapes mais se retrouve lui-même pris de vitesse, d'abord par le refus des Anglais d'aider l'Autriche face à la menace allemande, puis par les renoncements du gouvernement autrichien et, finalement, par la presse étrangère pour qui l'annexion a pour ainsi dire déjà eu lieu [42]. Après coup, Hitler laisse croire que tout s'est déroulé conformément à ses plans et, sous l'effet d'une distorsion mentale caractéristique, s'en persuade sans doute lui-même. Une conviction superstitieuse se trouve ainsi renforcée – chez lui et, symétriquement, au sein des masses : plus ses initiatives sont rapides, plus elles sont couronnées de succès et portent la marque d'un destin. Le signe d'une forme extrême de *pseudologie fantastique* [43], une déformation mentale où, simultanément, le sujet invente toutes sortes de mensonges et arrive à se convaincre qu'ils sont vrais.

Des obstacles faire table rase

Quelques mois plus tard, à la date du 5 puis du 29 mai 1938, le chef d'état-major, le général Ludwig Beck, écrit dans ses mémoires que la préparation militaire de l'Allemagne nécessiterait encore des années. Dans les conditions actuelles, une guerre contre les Alliés devrait être menée dans des conditions d'infériorité encore plus graves qu'au cours du précédent conflit. Même si Beck partage l'objectif d'annuler le Traité de Versailles, il n'en reste pas moins un officier d'une époque antérieure au nazisme, cultivé et cosmopolite. Il poursuit en notant que les divergences autour des questions culturelles, religieuses, raciales ont déjà creusé un abîme entre les Allemands et leurs adversaires, ce qui n'avait fait qu'accroître la haine à l'égard du Reich. À en croire Beck, un éventuel conflit ne dépendrait pas des premiers succès ou insuccès survenus très tôt. Et pour cause : il s'étendrait dans le temps et dans l'espace, jusqu'à devenir une guerre européenne et probablement

---

42. Voir I. KERSHAW, *Hitler. 1936-1945, op. cit.*, chapitre 2.
43. Voir C. G. JUNG, « Après la catastrophe », dans *Aspects du drame contemporain*, trad. R. Cahen, Paris, Buchet-Chastel, 1993 [1948] (nouvelle édition).

mondiale. Cet élargissement ne ferait que détruire l'Allemagne, vu la disproportion des ressources en présence. En somme, ce chef d'état-major réaliste et anti-paranoïaque ne fait que prévoir ce qui s'est produit ensuite. Et s'il est convaincu de la nécessité d'améliorer les forces armées, il sait également qu'il faut éviter de faire appel à elles.

En juillet 1938, Beck rédige un mémorandum à destination des généraux allemands. En plus de rappeler l'insuffisance des lignes défensives à l'Ouest, l'opposition populaire à la guerre (effectivement forte, après l'expérience tragique de 1914-1918) et le risque d'un conflit étendu, il leur propose une véritable objection de conscience – ou, plus exactement, ce qu'on a également appelé une « grève générale des généraux ». L'obéissance qu'ils doivent aux autorités politiques et militaires n'est que secondaire, rappelle-t-il : dans les moments décisifs, c'est surtout leur conscience qu'il leur faut suivre. En attendant de faire connaître son texte, Beck cherche à rallier d'autres personnes à son idée, à commencer par Walther von Brauchitsch, le successeur de Fritsch à la tête de l'armée.

Le 4 août, Brauchitsch convoque une conférence des généraux et donne à lire le mémorandum de Beck. Le discours fait mouche. Si une majorité de généraux, dont Brauchitsch, se déclare d'accord, c'est pourtant là que le projet se heurte à la part d'ombre de la psyché. D'aucuns auraient dû structurer ce consensus et mettre Hitler devant le fait accompli dans la mesure où les hauts commandements s'opposaient à cette politique agressive qui prenait la forme d'ultimatums incessants. Toujours est-il que l'organisation d'une opposition contre le chef du gouvernement en place tient quelque part du *complot*. Des généraux éduqués dans la tradition prussienne sont les moins bien placés pour la mettre en œuvre. Brauchitsch, bien que d'une tout autre trempe que Beck, n'ose pas lancer la « grève des généraux », qui en restera au stade du fantasme. Pire : quelque temps plus tard, il fait parvenir à Hitler une copie du mémorandum.

Le 18 août, voyant que le Führer continue de brandir la menace d'une guerre, Beck met en pratique son appel à la conscience de la seule façon qui lui semble possible et démissionne de son poste de chef d'état-major. Il s'est retrouvé à l'un de ces carrefours invisibles où peut se décider l'histoire. Hélas, à quelques centimètres près, les événements ont bifurqué et pris le mauvais chemin.

Hitler tente de refuser cette démission. Sans doute y a-t-il une part de tactique, mais celle-ci reste difficile à évaluer. Finalement, on arrive à un compromis : il l'acceptera à condition que Beck accepte à son tour qu'elle ne soit pas rendue publique. Inutile d'alarmer le pays à un moment aussi critique [44]. Si on venait à l'apprendre, cela déclencherait de nombreuses *rumeurs*. La population se demanderait : « D'où viennent ces dissensions entre le gouvernement et les forces armées ? » Les fantasmes se déchaîneraient et écorneraient ce mythe d'unité dont Hitler aimait s'entourer. Paradoxalement, il ne se passera rien. Si le développement de la communication de masse augmente incontestablement les possibilités de diffuser la paranoïa collective, cet épisode nous apporte un parfait contre-exemple.

Franz Halder, le successeur de Beck à la tête des forces armées, le général Erwin von Witzleben, le commandant du district militaire de Berlin, un nombre considérable de hauts gradés et des figures du monde culturel font malgré tout progresser les idées de Beck de manière moins abstraite et moins naïvement loyale. Si Hitler ordonne l'invasion de la Tchécoslovaquie, ces hommes ont un plan pour l'arrêter. Tout est prévu dans les moindres détails [45] : l'occupation de la radio, l'ouverture des portes de la Chancellerie et les formules juridiques pour conduire le dictateur devant un tribunal militaire. Une variante du plan envisage même une commission psychiatrique qui le déclarerait atteint d'une maladie mentale [46] ! Un diagnostic qui correspond en tout point aux conclusions de notre analyse.

Cette fois, le complot existe vraiment. Des émissaires de l'opposition contactent le gouvernement anglais, à Londres, et lui demandent d'exprimer, sans la moindre ambiguïté, son intention de protéger militairement la Tchécoslovaquie d'une agression allemande. De leur point de vue, cela devrait suffire à dissuader Hitler. Et ils ont raison : le dictateur ne cesse de bluffer, convaincu que la Grande-Bretagne ne bougera pas. S'il tente également d'attaquer, les dissidents s'engagent à l'arrêter

44. Voir I. KERSHAW, *Hitler. 1936-1945*, *op. cit.*, chapitre 2, p. 181-186 ; A. BULLOCK, *Hitler et Staline*, *op. cit.*, II, chapitre 14.

45. Voir W. HOFER (dir.), *Le National-socialisme par les textes*, trad. G. et L. Marcou, Paris, Plon, 1959, chapitre 8 et document 177 ; J. FEST, *Hitler. Le Führer*, *op. cit.*, partie VI, chapitre 3.

46. Voir *ibid.*

grâce à un soulèvement militaire[47]. Dès le mois d'avril 1938, Hitler a en effet préparé des plans d'agression, sous le coup d'une impatience particulièrement exacerbée : la Tchécoslovaquie possède un territoire équivalent à la moitié de la France, avec d'importantes chaînes montagneuses et des défenses militaires non négligeables. Et pourtant, à en croire son plan, quatre jours devraient suffire à remplir les principaux objectifs[48].

En plus de ces nombreux généraux, la majorité de la population refuse un nouveau conflit : la Grande Guerre appartient encore à l'histoire récente et les souffrances qui l'ont marquée sont loin d'avoir été oubliées. Par ailleurs, les Sudètes, ces millions de Tchèques germanophones qu'on souhaite rattacher au Reich, n'ont jamais été des sujets de l'Allemagne, mais de l'Autriche ! Prendre autant de risques pour eux a-t-il grand sens ?

La garantie de l'intégrité territoriale de la Tchécoslovaquie par l'Angleterre – et par la France – ne deviendra jamais réalité. Les événements semblent relever d'un climat paranoïaque qui plane désormais au-dessus des frontières. Le gouvernement anglais s'entretient avec le gouvernement français : l'un et l'autre cèdent à l'influence de la suspicion qui fleurit également chez eux. Doutent-ils des informations données par les généraux hitlériens, du sérieux de leur plan ou de la force de ceux qui souhaitent le mettre en pratique ? Bien au contraire : c'est pour ainsi dire un *excès de suspicion* qui les pousse à laisser sans réponse les sollicitations et les informations qu'ils ont reçues. Les Anglais se méfient : les intérêts de l'Allemagne, pensent-ils, sont traditionnellement à l'Est, alors pourquoi ces hauts gradés s'allieraient-ils avec des Occidentaux ? Le choix semble se faire « entre Hitler et les Prussiens », or Hitler pourrait être plus favorable à l'Occident. Les Français, eux, paraissent encore plus soupçonneux : « Qui garantit que l'Allemagne ne deviendra pas communiste ? », demande le chef d'état-major français, le général Maurice Gamelin, au Premier ministre anglais, Neville Chamberlain, tandis que le président du Conseil,

---

47. Voir W. HOFER (dir.), *Le National-socialisme par les textes, op. cit.*, document 178 ; J. FEST, *Hitler. Le Führer, op. cit.*, partie VI, chapitre 3.

48. Voir W. HOFER (dir.), *Le National-socialisme par les textes, op. cit.*, document 106.

Édouard Daladier, va même jusqu'à citer Napoléon : « Les Cosaques domineront l'Europe [49]. »

Nous sommes à la fin du mois de septembre 1938. À Berlin, les conspirateurs au sein de l'armée seraient encore prêts. Hitler, lui, a lancé un ultimatum à la Tchécoslovaquie : à son échéance, il occupera les Sudètes, avec ou sans accord. Pour autant, le Führer ne se rend pas à la Chancellerie pour ordonner aux troupes d'attaquer. De façon tout à fait inattendue, il s'envole pour Munich à la dernière minute discuter d'un compromis avec Mussolini, Daladier et Chamberlain. Il en reviendra avec des documents signés par chacun d'eux, et même par les Tchèques : il a obtenu l'annexion qu'il souhaitait sans tirer un coup de fusil.

Hitler et Mussolini (qui a initié ces pourparlers) sont au sommet de leur popularité : ils sont les hommes qui obtiennent la rectification de frontières injustes sans effusion de sang. Face à cette exaltation, les pays démocratiques voient eux aussi de nombreuses personnes réévaluer les fascismes – des régimes qui éliminent le chaos en inspirant non pas la peur, mais le respect.

Une fois encore, l'histoire se perd à un carrefour qui aurait pu lui épargner la guerre. Les Français et les Anglais qui, en 1919, avaient voulu la naissance de la Tchécoslovaquie, n'ont pas bougé. Les Tchèques eux-mêmes ont signé le compromis par lequel ils cèdent aux exigences d'Hitler. Seuls les opposants d'Hitler ont gardé leur cohérence et restent prêts à prendre les armes, évidemment pas pour défendre les frontières décidées à Versailles mais pour se débarrasser d'un fou qui menace le monde et qui s'apprête à conduire l'Allemagne au fond du précipice. S'ils ont certes sorti l'épée du fourreau à un moment crucial, un soupçon commence alors à grandir chez eux : et si l'Allemagne estimait non pas qu'ils l'avaient libérée d'un tyran mais qu'ils avaient torpillé une patrie à laquelle Hitler offrait sans cesse de nouveaux succès ? Les coups de bluff du paranoïaque semblent gagnants et admirés par ses ennemis eux-mêmes. Il n'en faut pas davantage pour que l'opposition intérieure, perdue, se désarticule. Dès lors, elle n'arrivera plus à construire un front et à prendre l'initiative.

Les généraux vivent dans un milieu qui prétend servir le peuple mais qui le connaît peu. En outre, ils ne se sentent pas en phase avec

---

49. Voir *ibid.*

leur époque parce qu'ils ne sont pas assez paranoïaques. Implicitement, ils finissent par accepter le délire hitlérien comme étant normal.
À partir de ce moment-là, le chef des forces armées et de la tentative
de complot, Franz Halder, les incite en personne à suivre l'infaillible
Führer.

Très peu de temps s'est écoulé depuis l'annexion des Sudètes quand,
au mépris des engagements qu'il a pris, Hitler efface définitivement ce
qui reste de l'État tchécoslovaque, en l'occupant. L'optique du darwinisme social est la seule qui compte, il en est chaque jour un peu plus
persuadé : les Tchèques sont désormais faibles, la sélection des peuples
les range parmi ceux qui sont voués à disparaître. Une fois que cet état
de fait est « compris », autant qu'ils disparaissent tout de suite [50].

Au printemps 1939, la pente se fait ainsi de plus en plus raide. Hitler
se laisse glisser et savoure cette sensation, comme un enfant. Ses
biographies le décrivent comme un homme qui roule de plus en plus
vite, comme si, au lieu de décider, il se laissait attirer par une force
gravitationnelle [51]. À en croire la propagande, le génie du Führer tient
au fait qu'il sait attendre : il n'en est plus capable, désormais.

Durant le dernier été de paix, il commande en secret un rapport sur
la possibilité d'éliminer les citoyens allemands déficients. La réponse
des spécialistes à ce plan d'eugénisme est positive. *Dans le secret le plus
absolu, et sans promulguer la moindre loi*, Hitler signe alors un décret
confidentiel qui donne le feu vert à cette politique [52]. Toutes les frontières de la barbarie ont désormais été franchies : le régime a perdu
jusqu'à l'apparence de la légalité, il fait fi des procédures institution-
nelles les plus élémentaires et commet ses crimes dans l'ombre.

---

50. Rappelons qu'au cours du printemps 1939, Hitler va conclure le Pacte d'acier
avec le régime mussolinien. Une alliance qu'il pense, là encore, uniquement en termes
social-darwiniens : cette décision est dictée par le *dogme granitique* de la survie du plus
fort. Une grille de lecture qui est loin d'être appliquée par tout le monde : si Mussolini
avait adhéré aux thèses du darwinisme social, l'opinion publique italienne aurait
marqué son désaccord et rendu cet accord caduc.
51. Voir J. FEST, *Hitler. Le Führer, op. cit.*, partie VI, chapitre 4 ; I. KERSHAW,
Hitler. 1936-1945, op. cit., chapitre 6.
52. Voir *ibid.*

« Qui parle encore du massacre des Arméniens, aujourd'hui ? »

Le 22 août 1939, à Obersalzberg, Hitler prépare les responsables de l'armée à deux grands événements désormais tout proches : l'accord entre l'Allemagne et l'Union soviétique ainsi que la guerre[53]. Les circonstances, explique-t-il, l'obligent à attaquer à l'Est avec plusieurs d'années d'avance sur son projet, mais ses ennemis d'Europe de l'Ouest (qu'il a rencontrés à Munich) ne sont que du menu fretin. Le monde ne compte que trois chefs d'État : Mussolini, Staline et lui-même. À cet instant, tout repose sur lui : c'est la première fois de l'histoire qu'une telle force politique et un tel pouvoir sont concentrés entre les mains d'un seul homme. Par ailleurs, c'est le moment ou jamais : personne ne peut savoir s'il sera encore en vie dans quelques années. L'ordre du monde est en jeu, tout dépend de sa présence sur terre. Difficile d'imaginer une identification plus parfaite avec la figure messianique. La compensation toute-puissante de l'insécurité propre au paranoïaque, dont Hitler a d'ailleurs souffert dans sa jeunesse (ce qu'il a admis lui-même dans *Mein Kampf*), atteint ainsi des sommets inédits. Après avoir exposé des mesures relatives au futur conflit, il aurait adressé aux responsables de l'armée l'un de ses discours les plus violents :

> Notre force réside dans notre rapidité et notre brutalité. Gengis Khan a envoyé des millions de femmes et d'enfants à la mort, en toute conscience et le cœur léger. L'histoire le retient uniquement comme un grand fondateur d'États. [...] [J'ai donné l'ordre], uniquement sur le front Est pour le moment, de tuer les hommes, les femmes et les enfants de race et de langue polonaise. [...] Qui parle encore du massacre des Arméniens, aujourd'hui[54] ?

Lors du procès de Nuremberg, la transcription de ce discours n'a pas été retenue parmi les pièces à conviction : la majorité des ordres

---

53. Voir *ibid.*, chapitre 5 ; J. FEST, *Hitler. Le Führer, op. cit.*, partie VI, chapitre 4. Les deux historiens accordent une grande importance à la réunion du mois d'août 1939 mais ne développent pas la référence d'Hitler au génocide arménien.

54. Pour le texte complet de ce discours, voir *Akten der deutschen auswärtigen Politik. 1918-1945*, Baden-Baden, Imprimerie Nationale, 1956, Série D (*1937-1945*), VII (*Die letzten Wochen vor Kriegsausbruch. 9 August bis 3 September 1939*), document 193. La Friedrich-Ebert-Stiftung permet en outre de consulter cette documentation sur son site, library.fes.de. Notons qu'il s'agit là d'une des rares occasions où Hitler prend la peine de faire une distinction entre le concept de « race » et celui de « langue ».

criminels d'Hitler n'étaient pas mis par écrit [55]. Certains membres de l'assistance notaient ce qu'il disait et se chargeaient ensuite de les appliquer. À ceci près que la rencontre du 22 août 1939 est si délicate qu'on interdit explicitement de prendre des notes [56]. Il existe malgré tout différentes versions de ce qu'a déclaré Hitler à cette occasion [57]. De notre point de vue, psychologique et non historiographique, elles contiennent l'essentiel.

Mais revenons à cette question rhétorique d'Hitler qui touche à un dilemme toujours aussi actuel qu'à l'époque où elle a été énoncée : *Wer redet heute noch von der Vernichtung der Armenier ?* Qui parle encore du massacre des Arméniens, aujourd'hui ? Par le biais d'une contamination psychique d'ordre paranoïaque, il est possible de mettre en œuvre assez rapidement un crime collectif. Si tel est le cas (et l'histoire l'a démontré), cela signifie que la masse peut accepter progressivement une autre déformation mentale : le vide mental de la psychopathie, qui vient s'agréger à la paranoïa collective. Il découle en outre de ce phénomène une « contre-contamination », à savoir la facilité avec laquelle on oublie ce qui s'est produit. Ce consensus inconscient explique peut-être pourquoi une majorité de personnes ne tient pas à se souvenir des génocides. S'ils ne se jouent pas sous leurs yeux, l'indifférence domine chez les individus – souvent conscients, en un sens, que la plupart des gens pourraient être complices de ces actes [58].

---

55. Ces petits détails révèlent eux aussi cette obsession du secret. À mesure que sa carrière progresse, Hitler va réduire sa correspondance personnelle au strict minimum. Avec le temps, il va également limiter l'usage de l'écriture manuscrite. Ce qui explique pourquoi les documents significatifs dont il est incontestablement l'auteur sont peu nombreux. Pour une étude de sa correspondance et de ses notes, voir W. MASER, *Hitler inédit. Écrits inédits et documents*, trad. J.-M. Fitère, Paris, Albin Michel, 1975, les chapitres 3 et 4 en particulier.

56. Voir I. KERSHAW, *Hitler. 1936-1945, op. cit.*, chapitre 6.

57. La recherche historiographique semble aujourd'hui avoir trouvé des copies suffisamment fiables du discours d'Hitler, publié pour la première fois dès 1942, aux États-Unis. Pour un traitement synthétique de la question, voir R. ALBRECHT, « *Wer redet denn heute noch von der Vernichtung der Armenier ?* » *Adolf Hitlers zweite Rede von den Oberkommandierenden auf dem Obersalzberg am 22. August 1939. Eine wissenschaftliche Skizze*, Aix-la-Chapelle, Shaker, 2007. S'agissant des liens déjà évoqués entre paranoïa et nationalisme, il est intéressant de constater que la majorité des textes qui tentent de réfuter l'authenticité de ce discours d'Hitler sont l'œuvre de groupes nationalistes turcs désireux d'empêcher tout rapprochement entre l'extermination des Arméniens (à leurs yeux exagérée ou inventée par un propagandiste arménien pour jeter le discrédit sur eux) et celle des Juifs, voulue par Hitler et désormais largement étudiée.

58. Nous reviendrons sur cet aspect dans l'avant-dernier chapitre.

Si personne n'en parle – telle est la conclusion implicite qu'Hitler veut étendre à son auditoire –, il est alors possible d'effectuer n'importe quel massacre. Mais ce n'est pas tout : si nous répondons, aujourd'hui encore, qu'on ne parle plus de ce génocide, dès lors, *cette provocation ne constitue pas un énième raisonnement paranoïaque, mais un diagnostic cynique et pertinent. Et Hitler a raison.*

Dans son testament du 29 avril 1945, quelques heures avant de mourir, le dictateur reconnaîtra qu'il s'était trompé dans ses prévisions sur la guerre, mais se vantera que sa paranoïa antisémite était justifiée : il continuera d'avoir la conviction inébranlable que le monde lui saura gré d'avoir autant œuvré à la résolution du problème juif [59]. La « question d'Hitler sur les Arméniens » est donc actuelle et posée à tout le monde. Indépendamment du fait qu'Hitler l'ait, oui ou non, formulée exactement de cette façon, elle reste l'une des rares choses vraies qu'il nous ait laissées.

Finalement, la guerre

La Seconde Guerre mondiale et le génocide engagé par les nazis sont des événements immenses, sur lesquels il existe une littérature foisonnante. Nous nous limiterons donc à évoquer certains de leurs aspects où la paranoïa semble jouer un rôle particulièrement significatif.

La Conférence de Versailles avait entériné un nouveau tracé des frontières entre l'Allemagne et la Pologne. En plus de ne pas coïncider avec la répartition ethnique, elles étaient absurdes car elles coupaient l'Allemagne en deux. Même s'il s'est engagé, après l'annexion de l'Autriche et de la Tchécoslovaquie, à ne pas avancer d'autres revendications territoriales, Hitler menace de façon toujours plus hystérique les Polonais et les Alliés au cours de l'été 1939. À la fin du mois d'août, les nazis et les Soviétiques surprennent le monde en signant un pacte

---

59. Voir le testament politique d'Hitler dans W. MASER, *Hitler inédit, op. cit.* Les originaux de ces documents sont consultables sur le site de la bibliothèque de la Brigham Young University, lib.byu.edu, section *NS-Archiv.* Le testament d'Hitler se referme précisément sur une invitation à continuer le combat contre le judaïsme : si la guerre proprement dite est perdue, cet autre conflit semble presque gagné, au vu de l'emploi de techniques d'extermination à grande échelle.

de collaboration et de non-agression. Il contient également un document secret pour se répartir les pays que la géographie a stupidement intercalés entre les deux colosses. Au début du mois de septembre, Hitler envahit la Pologne.

À la différence de l'épisode des Sudètes, cette fois, les exigences du Führer n'ont pas été satisfaites par un compromis. En conséquence de quoi, les troupes allemandes ne se contentent plus d'occuper certaines zones préalablement négociées : elles attaquent frontalement le pays selon un plan d'invasion. Par comparaison avec la Tchécoslovaquie, la Pologne est considérée comme un pays militairement beaucoup plus fort : deux décennies plus tôt, elle avait mis en difficulté l'Union soviétique. Là encore, Hitler reste convaincu que la France et la Grande-Bretagne n'interviendront pas. La tâche de l'armée n'en demeure pas moins difficile dans la mesure où il s'agit de conquérir un vaste pays le plus rapidement possible afin de mettre les Alliés devant le fait accompli. Il s'agit là d'une fuite en avant encore plus radicale : fort de son dernier succès, Hitler sait qu'il peut compter sur l'appui des militaires et celui d'une bonne partie de l'opinion publique.

Pareil à un joueur, il continue de faire grimper les enchères. Les ordres qu'il rédige, aussi exaltés soient-ils, évoquent la possibilité que les choses ne se passent pas comme prévu : Hitler le devine *mais ne l'envisage pas comme une alternative.* De plus en plus pressé, il choisit toujours la mise la plus forte, sous l'effet d'une exaltation qui s'alimente d'elle-même à la manière d'un cercle vicieux. Le *dogme granitique* qui régit son comportement reste le darwinisme social et sous-entend le raisonnement suivant : si l'Allemagne vient à bout des épreuves, toujours plus nombreuses, où il l'entraîne comme un pilote fou, elle aura surmonté la plus importante des « sélections naturelles » parmi les différents peuples et prouvé qu'elle appartient à une race élue. À l'inverse, si elle sombre, elle ne prouvera pas qu'elle est supérieure mais contribuera tout de même à l'élimination de ceux qui ne méritent pas de vivre [60]. Dans tous les cas, la survie du dogme compte plus que la survie de l'Allemagne.

---

60. Voir la citation dans H. RAUSCHNING, *Hitler m'a dit*, *op. cit.*, p. 39 : « Nous ne capitulerons jamais. Nous succomberons peut-être, mais nous entraînerons un monde dans notre chute. »

Le 3 septembre 1939, alors que l'attaque de la Pologne est à peine engagée, Hitler écrit les lignes suivantes à l'une des rares personnes qu'il estime, Benito Mussolini :

> Duce, que je vous remercie tout d'abord de votre dernière tentative de médiation. [Cependant,] les troupes allemandes sont depuis deux jours en pleine avance sur le front polonais ; il aurait été impossible de se laisser frustrer, par des artifices diplomatiques, du prix du sang sacrifié à cette occasion. [...] Ce rapide succès [militaire] eût-il été encore possible d'ici un ou deux ans ? J'en doute. L'Angleterre et la France auraient quand même suffisamment équipé leur alliée, et la supériorité technique de l'armée allemande n'aurait plus pu se manifester aussi puissamment [61].

Hitler a désormais un objectif bien établi : détruire ceux qui se dressent devant lui. S'il pense, c'est avec l'ennemi pour seul point de mire ; s'il respire, c'est en étant pressé de frapper le premier. De quoi lui éviter d'être pris de vitesse (ou dépassé par la force de l'adversaire qui ne manquera pas, tôt ou tard, de l'attaquer). Poursuivre ce but le pousse à faire appel à l'ensemble des forces de la paranoïa – avec, en première ligne, le raisonnement circulaire. De fait, c'est la menace anglaise, française et polonaise qui a déclenché son attaque. Dès cet instant, il ne lui reste plus qu'à se servir des premiers morts qui lui imposent de continuer. Faute de quoi, ils seraient « [frustrés] par des artifices diplomatiques » (*durch Ränke* [...] *entwerten zu lassen*).

En apparence, l'empressement que trahit cette attaque est la conséquence d'un calcul militaire. En réalité, il est la condition de départ de la moindre décision d'Hitler : l'analyse militaire n'est qu'une couverture élaborée *a posteriori*. Le seul réarmement de l'Allemagne est d'une ampleur largement plus importante que celui de la Pologne : avec le temps, le Reich devrait voir son avantage s'accroître, pas diminuer. Quant à la France et l'Angleterre, le dictateur est convaincu qu'elles n'interviendront pas. Alors, pourquoi cette précipitation ? Le cadre stratégique brossé à l'intention de Mussolini est dépourvu de toute logique et Hitler devrait être le premier à le savoir. Deux ans plus tard, même après avoir disséminé les forces armées allemandes dans pas moins de trois directions (au nord, en Norvège et au Danemark ; à

---

61. Voir W. HOFER (dir.), *Le National-socialisme par les textes, op. cit.*, document 124.

l'ouest, en France, en Belgique et aux Pays-Bas ; au sud, dans les Balkans), il ouvrira un front à l'est et attaquera l'Union soviétique, un adversaire dix fois supérieur à la Pologne en termes de ressources, de troupes et de population. Mais avec la conviction de pouvoir la battre en quelques mois.

En quelques semaines à peine, la Pologne n'est plus. La moitié ouest est englobée par le Reich et la moitié est, par les Soviétiques, conformément à ce qui avait été conclu. En 1945, après avoir remporté cette guerre où ils étaient entrés pour défendre les Polonais (et respecter enfin l'un de leurs engagements), les Alliés laisseront à Staline sa part du butin, presque sans broncher. En un sens, la Seconde Guerre mondiale a été la première guerre « morale » ou, selon la terminologie que nous adoptons ici, *anti-paranoïaque* : il s'agissait de répondre à une agression condamnée par le droit international (l'invasion de la Belgique lors de la Première Guerre mondiale était illégitime, elle aussi, mais elle était survenue après le début du conflit). Pourtant, à la fin de la guerre, au moment du procès de Nuremberg, l'un de ces deux criminels sera assis sur le banc des accusés et l'autre, du côté des juges. À ce titre, le fait que le régime soviétique ait assumé ce rôle sans difficulté semble donner raison à l'une des affirmations cyniques mais véridiques d'Hitler : au bout du compte, seuls comptent les vainqueurs, pas ceux qui avaient le droit pour eux au début de la guerre [62].

En apparence, Hitler semble s'apercevoir qu'il ne peut pas indéfiniment faire grimper les enchères : le 6 octobre 1939, il propose donc la paix aux Occidentaux, mais ces derniers refusent. Ils ont appris à ne plus accorder leur confiance. Non sans raison, d'ailleurs.

Alors qu'il ne s'y attendait pas, le Führer se retrouve en guerre sur le front Ouest, face à la France qui a fortifié sa frontière en construisant la ligne Maginot. Un système de défense redouté par les Allemands qui avaient espéré que ce coup de bluff en resterait là. Néanmoins, les Français n'ont pas de projet d'offensive à proprement parler : hormis une incursion dans la Sarre en septembre 1939, ils n'attaquent pas. Commence ainsi cette étrange attente, silencieuse et dépourvue de véritables affrontements, tandis qu'ailleurs, le combat commence à

---

62. « *Die Welt glaubt nur an den Erfolg* » (« Le monde ne croit qu'au succès »), déclare-t-il dans son discours d'Obersalzberg du 22 août 1939.

s'engager. C'est la « drôle de guerre ». Dès lors, que faire ? En 1914, la possibilité de contourner la frontière fortifiée en passant plus au Nord, à travers les pays neutres, avait constitué pour les Allemands un cas de conscience dramatique, avant de s'imposer. Pour Hitler, c'est une évidence. Lisons les instructions qu'il diffuse le 9 octobre 1939 :

> 2) Une attente prolongée mène non seulement à la disparition de la neutralité belge – et peut-être aussi hollandaise – au profit des Occidentaux, mais encore au renforcement du potentiel militaire de nos adversaires, faisant ainsi perdre aux Neutres leur confiance en la victoire finale de l'Allemagne et ne contribuant pas à faire de l'Italie notre alliée militaire.
> 3) C'est pourquoi j'ordonne, pour la suite des opérations militaires, [...] à l'aile nord du front occidental, de préparer une opération offensive à travers le territoire belgo-luxembourgeois et hollandais. Cette offensive doit être conduite *aussi puissamment et aussi rapidement que possible* [63].

Si, en soi, chacune des étapes de ce raisonnement correspond à une logique, militaire et dénuée de scrupules, c'est bien le dogme de départ, jamais révélé, qui les détermine. Avec les individus comme avec les États, Hitler redoute l'encerclement, il se méfie de tout le monde et se laisse guider par le besoin d'attaquer chaque adversaire *préventivement*. Militairement parlant, envahir le minuscule Luxembourg ne coûte quasiment rien et permettra de percer le flanc de la défense française. Peut-on néanmoins isoler cet aspect du contexte politique mondial ? Ce serait oublier que cette décision est susceptible d'avoir des conséquences démesurées, à commencer par une haine accrue de l'Allemagne dans différents pays, comme l'avait d'ailleurs prévu Ludwig Beck.

Certes, rien n'empêche de prendre chaque cas séparément et d'arguer qu'il vaut mieux devancer la partie adverse, qu'elle soit hostile ou neutre, en l'attaquant avant qu'elle ne s'en charge elle-même. Malgré tout, c'est en généralisant cet argument qu'on en arrive à justifier la nécessité de faire la guerre à un nombre de pays toujours plus important, voire au monde entier. Une aberration, devenue aussi *militaire*, qui ne peut que mener à la défaite. Au passage, nous venons de

---

63. Voir W. HOFER (dir.), *Le National-socialisme par les textes, op. cit.*, document 125. Nous soulignons.

retrouver une vieille connaissance : le raisonnement composé d'étapes logiques mais, dans l'ensemble, absurde car fondé sur un fantasme paranoïaque.

Sur le front franco-allemand, la « drôle de guerre » sans combats (ou presque) se poursuit. Hitler est-il revenu sur sa décision ? Non, car il est trop occupé par sa paranoïa préventive. Durant cette période d'attente, le décret du 1ᵉʳ mars 1940 [64] ordonne l'invasion de la Norvège et du Danemark pour « prévenir » (*vorbeugen*) les « usurpations » (*Übergriffe*) de ces territoires par les Anglais. Il décrète, cette fois, que l'emploi de la force doit rester le plus modéré possible, afin de donner l'impression qu'il s'agit d'une invasion « *pacifique* » (le mot est souligné dans l'original), visant à protéger leur neutralité [65].

C'est en mai 1940 qu'est finalement lancée l'attaque sur le front Ouest. Même si elles envahissent les Pays-Bas en plus de la Belgique et du Luxembourg, même si les troupes allemandes sont, au départ, moins nombreuses que les troupes ennemies [66], la France est contrainte de déclarer l'armistice en à peine six semaines – c'est-à-dire le temps dont les Allemands pensaient avoir besoin pour atteindre Paris lors de la Première Guerre mondiale. Le résultat est dévastateur : on gratifie Hitler d'une réputation de stratège, mais surtout de visionnaire, de leader capable d'illuminations prophétiques. L'attaque, qui aurait pu s'enliser pendant des années, comme au moment de la Grande Guerre, tire profit des aspects positifs de l'empressement et du goût du secret (la rapidité et la surprise) avant de se solder par un succès total.

Et si les prophéties du visionnaire étaient effectivement véridiques, après tout ? Les hauts gradés allemands qui avaient comploté contre le dictateur se plient à une obéissance encore plus déférente tandis que l'homme de la rue, qui avait réagi avec bien moins d'enthousiasme à

---

64. Voir *ibid.*, document 126.

65. Il n'est pas infondé de penser que l'oxymore employée par Hitler, cette « invasion militaire pacifique », véritable contradiction dans les termes, dérive d'une ambivalence non résolue. Le dogme paranoïaque du dictateur souhaite que le moindre obstacle soit détruit, mais un autre principe « granitique », celui du darwinisme social, considère les Scandinaves comme une « race supérieure », à l'image de la « race germanique ».

66. Voir I. KERSHAW, *Hitler. 1936-1945*, *op. cit.*, chapitre 7 ; E. J. HOBSBAWM, *L'Âge des extrêmes*, *op. cit.* ; N. DAVIES, *Europe at War, 1939-1945. No Simple Victory*, Londres, Macmillan, 2006, p. 77 ; A. BULLOCK, *Hitler et Staline*, *op. cit.*, II, chapitre 15, p. 112-115.

cette nouvelle guerre qu'en 1914, change d'avis. L'exaltation du leader paranoïaque se transmet aux masses qui l'accentuent encore davantage en retour. Ce mouvement circulaire finit par tutoyer des sommets : en Allemagne comme dans toute l'Europe soumise à la domination du Reich, il est désormais difficile de faire la différence entre les simples opportunistes et tous ceux qui se rangent avec enthousiasme aux côtés des fascistes et des nazis [67].

Dans le même temps, les ténèbres de la suspicion paranoïaque descendent une fois encore sur la Belgique. Mais cette fois, ce sont les Anglais qui déraisonnent. Faute de s'expliquer la précision des Stukas, ces fameux bombardiers légers, ils croient aux *rumeurs* selon lesquelles nombre de paysans belges collaboreraient avec les nazis : pour les guider, ils auraient coupé l'herbe de leurs champs de manière à tracer des flèches. Et c'est ainsi que les soldats britanniques fuyant vers la Manche se rendent coupables d'exécutions sommaires parmi les civils, dont celle des malheureux agriculteurs évoqués [68]. À Londres circulent les légendes les plus invraisemblables : des soldats allemands auraient été parachutés dans les campagnes anglaises et se déguiseraient en prêtres pour se rendre indétectables. Quant à Hitler, il aurait à sa disposition une arme secrète prête à fondre sur eux d'en haut : un Panzer volant [69].

L'effondrement de l'armée française donne matière à discussion depuis plusieurs générations. Sans entrer dans les aspects militaires, nous nous contenterons de constater qu'il relève d'une contamination psychologique de masse. Tandis qu'Hitler reçoit la preuve de la validité de ses principes, une partie non négligeable de l'Europe se convertit à un « mythe » d'essence social-darwinienne. Activé dans l'imaginaire collectif par les *mass media* qui rendent compte des succès hitlériens (encore qu'une simple carte géographique suffise à en faire la démonstration), le mythe de la supériorité allemande s'alimente tout seul, de

---

67. Il n'a pas été trop difficile, vu ce climat, de constituer de nouvelles divisions de légionnaires pro-Allemands et de *Waffen SS* hors des frontières du Reich. À la fin de la guerre, seules 13 sur 38 divisions étaient composées d'Allemands : les autres appartenaient à des nationalités diverses et variées. Voir N. DAVIES, *Europe at War, 1939-1945*, *op. cit.*, annexe 3 ; P. LONGERICH, *Himmler, op. cit.*

68. Voir N. FERGUSON, *The War of the World, op. cit.*, chapitre 11.

69. Informations contenues dans un film projeté au Second World War Museum de Londres.

façon tout à fait similaire aux processus paranoïaques. Malgré des racines fragiles, cette plante réussit à croître rapidement à la faveur de ce nouveau climat : c'est d'ailleurs tout sauf si un hasard si *l'empresse-ment* est à la fois le contenant et le contenu de cette *forma mentis*. Inconsciemment, les deux masses, celles des vainqueurs et celle des vaincus, ont contribué à ce qu'une prophétie « se réalise d'elle-même ».

Si la France capitule, le gouvernement anglais, lui, refuse une nouvelle proposition de paix. En plus d'avoir un tout autre rapport à l'empressement, il ne part pas, contrairement à Hitler, d'un présupposé granitique selon lequel un lien de parenté racial devrait fatalement rapprocher les Britanniques et les Allemands. Le 16 juillet 1940, Hitler ordonne alors la préparation d'un débarquement en Angleterre à des fins *préventives* – en l'occurrence, « l'empêcher de servir de base à la continuation de cette guerre contre l'Allemagne et, si cela s'avérait nécessaire, l'occuper entièrement » [70]. À elle seule, la première étape de ce projet demanderait des années avant d'être mise en œuvre. Et pour cause : les Britanniques ont une supériorité maritime écrasante. L'idée d'Hitler étant, dans sa nature même, inconciliable avec l'idée d'impa-tience, elle finira tout bonnement aux oubliettes.

Hitler incarne ici un autre trait central de la paranoïa, le « déni » (*denial*). À partir du moment où il ne peut pas l'anéantir *tout de suite*, il laisse en plan sa campagne contre son principal adversaire, la Grande-Bretagne. Deux semaines plus tard, le 31 juillet 1940, sa volonté obses-sionnelle d'attaquer lui dicte déjà une tout autre stratégie.

La toute-puissance définitive

L'espoir de l'Angleterre, c'est la Russie et l'Amérique. Si l'espérance en Russie s'évanouit, l'Amérique disparaît aussi car la disparition de la Russie serait suivie d'une revalorisation énorme du potentiel japonais en Extrême-Orient. La Russie [est l']épée de l'Angleterre et de l'Amérique contre le Japon. [...] La Russie est le facteur sur lequel l'Angleterre compte le plus. [...] Mais si la Russie est écrasée, le dernier espoir de l'Angleterre s'éteint.

---

70. Voir W. HOFER (dir.), *Le National-socialisme par les textes*, *op. cit.*, docu-ment 129.

[...] Décision : à la suite de cette discussion, la Russie doit être liquidée. Printemps 41 [71]...

Voici donc une nouvelle série de syllogismes insensés. Ainsi qu'une autre absurdité : faute de vaincre son principal ennemi, Hitler décide, sur la base de raisonnements « logiques », d'attaquer un deuxième adversaire, encore plus invincible.

La formation culturelle des Anglais les amenait, certes, à se méfier de la Russie communiste, mais aussi à redouter un rapprochement entre cette dernière et les Allemands. Une crainte encore plus marquée chez les Américains, devenue réalité lorsque l'Union soviétique et le Reich ont signé en 1939 les accords ignobles qui leur ont permis de s'emparer de la Pologne et des États baltes. En outre, ils s'étaient engagés en 1940 dans des échanges commerciaux d'une ampleur inédite [72]. S'il existait des contacts diplomatiques et une riche tradition de collaboration entre les États-Unis et la Grande-Bretagne, les deux pays étaient loin d'être sur la même ligne que les Russes.

Malgré tout, la façon dont Hitler souhaite implacablement confronter l'Allemagne à un triangle composé de l'Union soviétique, des États-Unis et de la Grande-Bretagne semble reproduire à l'échelle mondiale certains des fantasmes de complot et d'encerclement qui sous-tendent la mentalité paranoïaque. Au cours de l'été 1940, les trois puissances sont encore bien loin d'avoir planifié une alliance entre elles : comme souvent en matière de psychopathologie, *c'est le paranoïaque qui cause lui-même sa perte* en transformant ses fantasmes d'alliances entre ses ennemis en une prophétie qui se réalise d'elle-même.

Le texte cité révèle, une fois encore, un présupposé erroné. Le raisonnement d'Hitler part d'un préjugé raciste. La Russie est vue comme un simple pion dans le jeu des Anglais et des Américains – qu'il respecte néanmoins en tant que « race ». La Russie n'existe pas en soi car elle est composée de Slaves « inférieurs ». Au reste, le fil de la pensée hitlérienne explique la conséquence qu'aura l'élimination de la Russie pour les Anglo-saxons mais *ne se demande pas si elle sera menée à bien*. Et pour cause : elle ne fait aucun doute.

À l'automne 1940, la toute-puissance d'Hitler s'accorde apparemment un mouvement de repli. Le dictateur semble envisager plusieurs

---

71. Voir *ibid.*, document 130.
72. Voir N. FERGUSON, *The War of the World*, *op. cit.*, chapitre 12 et tableau 12.1.

options, signe d'une *indécision inavouée*. Un mécanisme caché typique de la paranoïa. Il a gagné, mais la guerre n'est pas terminée. Il hésite. Doit-il chercher un nouvel équilibre, en rebattant les cartes des alliances, ou garder l'initiative des combats, en faisant monter les enchères ? Après avoir tenté de convaincre l'Espagne et la France, désormais inféodée au Reich, d'entrer en guerre, il essaie de planifier une répartition de l'Eurasie avec les Soviétiques. Les entretiens avec, respectivement, Franco, Pétain et Molotov sont décevants : ils semblent eux aussi prendre leurs distances face à sa personnalité exaltée. Sur un nouveau coup de tête, Hitler décide de jouer l'option la plus risquée : l'attaque de l'Union soviétique [73].

Les mesures prises en vue de l'invasion – l'Opération Barbarossa – insistent avant tout sur la nécessité d'une action *rapide* [74]. Pourtant, une fois n'est pas coutume, le projet, prévu pour le printemps 1941, prend du retard. Hitler doit d'abord organiser les invasions de la Grèce et de la Yougoslavie pour épauler Mussolini. Le régime fasciste est enfin entré en guerre à ses côtés et l'imite en déclenchant des attaques – mais au lieu d'apporter son aide, c'est lui qui finit par en avoir besoin.

On notera par ailleurs qu'après avoir fait mine d'évaluer à fond l'ensemble des possibilités et pris une décision implacable qui mettra l'Europe à feu et à sang, Hitler la justifie encore en recourant à un raisonnement circulaire cousu de fil blanc. La guerre avec la Russie, explique-t-il en février au chef des forces armées, Franz Halder, est désormais inévitable. Si la Grande-Bretagne avait été éliminée avant l'invasion de l'URSS, il n'aurait plus été en mesure de convaincre les Allemands de se mobiliser contre Staline [75]. Ainsi, alors même que son principal objectif était de forcer les Anglais à sortir du conflit, Hitler contredit brusquement la ligne qu'il a suivie jusque-là et prétend désormais se réjouir que l'Angleterre ne se soit pas encore rendue.

Difficile d'imaginer une illustration plus explicite de la *cohérence absurde* et de l'*inversion des causes*. Contrairement au principe démagogique et stratégique des plus élémentaires qu'il avait lui-même exposé

---

73. Voir I. KERSHAW, *Hitler. 1936-1945*, *op. cit.*, chapitre 7 ; J. FEST, *Hitler. Le Führer*, *op. cit.*, partie VII, chapitre 1.
74. Voir W. HOFER (dir.), *Le National-socialisme par les textes*, *op. cit.*, document 131. Le mot est en italique dans l'original.
75. Voir I. KERSHAW, *Hitler. 1936-1945*, *op. cit.*, chapitre 7.

dans son discours du 2 février 1938, puis appliqué lors de ces opérations spécifiques (contre l'Autriche ou la Tchécoslovaquie, par
exemple), le dictateur soutient désormais que la guerre idéale implique
d'agresser plusieurs adversaires en même temps : l'urgence absolue de
l'attaque, présentée comme la conclusion du raisonnement, est en
réalité son point de départ, qui relève d'une logique falsifiée. Le monde
glisse alors dans un abîme sans fond en obéissant aux syllogismes paranoïaques d'Hitler, grossièrement travestis en doctrine politique et
stratégique.

Les campagnes dans l'ouest de l'Europe n'ont été qu'un court
moment de répit. Lorsque Hitler regarde vers l'est, tout ravive sa paranoïa. Dans ce jeu où les deux monstres se méfient l'un de l'autre, il est
tout à fait possible qu'Hitler ait eu raison de craindre une attaque
soviétique et de l'anticiper. De fait, Staline s'est avancé en Europe de
l'Est et dans les Balkans en le *devançant* constamment [76] : la force et les
menaces dont il joue alternativement lui ont permis de récupérer une
partie du territoire de la Roumanie. Il en a fait autant avec la Finlande
après l'avoir attaquée. Après la moitié est de la Pologne, il a envahi et
annexé l'Estonie, la Lettonie et la Lituanie. Autant dire qu'Hitler a des
raisons d'éprouver pour le dictateur soviétique une *haine envieuse* : à la
différence de l'Allemagne, Staline empoche tout ce butin sans
combattre, ou presque. Des historiens ont cependant fait remarquer
que si certaines de ces annexions faisaient l'objet d'accords secrets liés
à l'ignoble pacte germano-soviétique (également connu sous le nom de
pacte Ribbentrop-Molotov), d'autres y contrevenaient [77]. Non content
d'enfreindre ces accords, Staline est donc en train de se rapprocher du
territoire allemand. En conséquence, le Führer se forge définitivement
la conviction qu'il ne dispose plus que d'une solution : le devancer – en
d'autres termes, attaquer le premier [78].

---

76. Voir N. FERGUSON, *The War of the World*, op. cit., chapitre 12.
77. Voir *infra*, chapitre 8 ; N. FERGUSON, *The War of the World*, op. cit.,
chapitre 12.
78. Percevoir deux mondes inconciliables comme *dangereusement proches* est
d'ailleurs un trait typique de la paranoïa, sans être une nouveauté imputable à Hitler,
loin de là. Un autre Autrichien célèbre, le chancelier Metternich, n'estimait-il pas que
« l'Asie [commençait] à la Landstraße », à savoir dans un quartier assez central de
Vienne ?

Le début de l'opération Barbarossa est le théâtre du plus grand affrontement de troupes de l'histoire et, une fois encore, d'une spectaculaire avancée – due à l'enthousiasme et à la compétence des militaires allemands autant qu'à l'impréparation de Staline, souvent considérée comme la plus grande erreur stratégique du siècle. Le match entre les deux dictateurs, marqué par la suspicion et d'immenses prises de risques, semble avoir été remporté haut la main par Hitler. En 1941, c'est-à-dire au bout d'à peine six mois de conflit, l'Allemagne a déjà fait 3 millions de prisonniers. Un chiffre d'autant plus incroyable que le nombre total de captifs oscillera entre 5 et 5,7 millions sur l'ensemble du conflit [79].

Dès le début, cette avancée est aussi inimaginable que la brutalité qui l'accompagne. Au cours des toutes premières semaines de guerre, l'armée allemande aurait fusillé jusqu'à 600 000 prisonniers [80]. Dans l'ouvrage monumental qu'il a consacré à l'extermination des Juifs, Raul Hilberg rappelle que le coup de projecteur qu'on a jeté sur l'événement a peut-être relégué dans l'ombre d'autres crimes qui défient, eux aussi, l'entendement : au moins 40 % des innombrables prisonniers russes ne sont jamais rentrés chez eux.

À ce titre, l'affrontement en Europe de l'Est est bien différent de ceux qui se jouent sur les autres fronts. Plus que d'une guerre totale, il s'agit là d'une guerre marquée par une intolérance absolue [81]. Paradoxalement, il ressort de ce massacre que Staline a lui-même fourni le seul argument en faveur d'Hitler : par *méfiance*, l'Union soviétique n'avait pas signé la Convention de Genève sur la protection des prisonniers.

Comme souvent chez les « paranoïaques à succès », l'enthousiasme suscité par les conquêtes territoriales (qui ont multiplié par deux le territoire allemand en l'espace de quelques semaines) conduit la toute-puissance d'Hitler à s'exalter d'elle-même. Dès lors, ses projections

---

79. Pour les chiffres les plus bas, voir A. YAKOVLEV, *Le cimetière des innocents. Victimes et bourreaux en Russie soviétique, 1917-1989*, trad. J.-F. Hel-Guedj, Paris, Calmann-Lévy, 2007, chapitre 7 ; pour les chiffres les plus élevés, voir I. KERSHAW, *Hitler. 1936-1945, op. cit.*, chapitre 9 ; R. HILBERG, *La destruction des Juifs d'Europe, op. cit.*

80. Voir N. FERGUSON, *The War of the World, op. cit.*, chapitre 13.

81. Voir M. HASTINGS, *Armageddon. The Battle for Germany, 1944-1945*, Londres, Pan Books, 2004.

agressives ne connaissent plus aucune limite. Cette avancée lui permet de lancer son projet : déplacer vers l'est une trentaine de millions de Slaves afin qu'ils laissent la place à des colons allemands. Mais aussi engager, parallèlement à l'extermination des Tziganes, des homosexuels et des handicapés, la destruction des Juifs, fortement représentés en Pologne, en Ukraine et en Russie, ce qui a contribué à accélérer sa planification [82].

Des calculs absurdes

À la faveur de ces succès sur le terrain, un enthousiasme guerrier s'est emparé de l'Allemagne mais aussi des anticommunistes d'Europe de l'Ouest et d'une grande partie d'Europe de l'Est – une région qui, historiquement, craignait la Russie. De notre point de vue, la masse a reçu du leader une contamination psychique, facilitée par le contrôle absolu des médias et par des circonstances militaires favorables. Mais s'agissait-il vraiment de la révélation d'une guerre gagnée de façon foudroyante et qui démontrait la supériorité germanique ? Est-ce que cette audace indéniable, unie à des circonstances favorables particulières, n'avait pas plutôt créé de faux postulats de base ?

En 1939, au début de la guerre, l'Allemagne pointait au troisième rang mondial, après les États-Unis et la Grande-Bretagne, en termes de

---

82. Si l'ensemble de ces éléments concourent à la rationalisation de ces assassinats, élevés au rang d'immense projet industriel, il serait un peu trop simple de faire d'Hitler le seul responsable de l'extermination à grande échelle des Juifs et des Slaves. De fait, ses postulats culturels s'étaient créés au fil des siècles, dans l'ensemble de l'Occident. Si les précédents ont tant d'importance dans l'histoire, c'est parce qu'ils offrent des modèles préexistants et des explications. Comme nous l'avons vu, ils comptaient beaucoup pour Hitler. Celui-ci était conscient du fait que l'Amérique du Nord s'était peuplée en repoussant constamment ses frontières par la force et en exterminant ou en soumettant les populations autochtones (sur ce point voir B. KIERNAN, *Blood and Soil*, *op. cit.*, p. 422). Avec la désinvolture qui le caractérisait, il a tenté de transposer cette brutalité en Europe et de la concentrer dans un seul projet. Si les différences toutes relatives entre les êtres humains nous amènent aujourd'hui à penser qu'ils appartiennent à une seule et même espèce (dont certaines caractéristiques, comme la pigmentation de la peau, relèvent d'une distribution quantitative variable), il était normal au XIXᵉ siècle et pendant les premières années du siècle suivant de parler de race blanche, noire, rouge, jaune. La pensée d'Hitler et ses mécanismes paranoïaques ont ainsi augmenté à l'infini le nombre de divisions raciales, de plus en plus précises – la « race polonaise », « russe », « tchèque », comme s'il s'agissait d'« espèces » différentes.

production de biens manufacturés [83]. Mais deux ans plus tard, les Anglais, qui, en temps de paix, produisaient à peu près le même nombre d'avions de guerre que l'Allemagne, en fabriquaient déjà deux fois plus [84]. Par ailleurs, au moment de l'attaque d'Hitler, l'Union soviétique n'avait pas seulement un produit intérieur brut à peu près équivalent à celui de l'Allemagne et la possibilité d'enrôler un nombre infiniment supérieur de soldats (à savoir jusqu'à 12 millions en comptant les réservistes) : d'emblée, au sein des deux camps qui s'affrontaient, *les Soviétiques possédaient une supériorité numérique* d'autant plus importante que les forces du Reich étaient éparpillées sur plusieurs fronts. Il y avait 2 500 ou 2 700 avions allemands contre 8 000, 9 000, et peut-être 10 000 avions russes ; 3 600 tanks d'un côté (voire un peu moins) contre 12 000, 14 000, voire 15 000 tanks de l'autre [85].

Sans surprise, Hitler présente au peuple cette attaque comme nécessaire pour *prévenir* une agression soviétique sur laquelle on dispose d'informations fiables. Au cours du conflit, il parvient, en pratiquant, comme à son habitude, cette *pseudologie fantastique*, à *se convaincre lui-même* que c'est la vérité. La stratégie du Führer s'en remet, une fois de plus, à la *Blitzkrieg*, la guerre éclair. Une fois encore, il s'agit là d'une tromperie dont Hitler est *à la fois l'auteur et la victime* : alors qu'il doit affronter les immenses étendues russes, seul un cinquième des divisions allemandes est motorisé, les 80 % restants devant se débrouiller avec 625 000 chevaux de trait [86]. À la fin de sa vie, Ernst Jünger ironisera sur le fait qu'il n'avait jamais croisé l'ennemi au cours de la campagne si

---

83. Voir J. KEEGAN, *La Deuxième Guerre mondiale*, trad. M.-A. Revellat et J. Vernet, Paris, Perrin, coll. « Tempus », 2010 [1990], chapitre 10.

84. Voir J. ELLIS, *Brute Force. Allied Strategy and Tactics in the Second World War*, New York, Penguin, 1990, prologue.

85. L'avantage n'était peut-être pas aussi évident au niveau des pièces d'artillerie. Quant au nombre de soldats sur le terrain, il était équivalent au début du conflit. Les premiers chiffres figurent dans I. KERSHAW, *Hitler. 1936-1945, op. cit.*, chapitre 9, les seconds dans J. ELLIS, *Brute Force, op. cit.*, tableau 2. Toutes ces données sont confirmées, à de légères différences près, par S. SEBAG MONTEFIORE, *Staline. La cour du tsar rouge*, trad. F. La Bruyère et A. Roubichou-Stretz, Paris, Éditions des Syrtes, 2005, chapitre 32, et N. FERGUSON, *The War of the World, op. cit.*, chapitre 12.

86. Voir I. KERSHAW, *Hitler. 1936-1945, op. cit.*, chapitre 9 ; N. FERGUSON, *The War of the World, op. cit.*, chapitre 12.

rapide où la France avait été conquise : son régiment était toujours à la traîne car il utilisait des chevaux pour se déplacer [87].

Les premiers succès, dévastateurs, s'expliquent surtout par l'effet de surprise et par un avantage inconsciemment offert par Staline. Le dictateur soviétique a en effet choisi de *se montrer soupçonneux à l'égard ses propres troupes* plus encore qu'à l'égard de ses ennemis. À force d'effectuer des « purges » visant les officiers qui ne lui inspiraient pas confiance, il a décapité les plus hauts grades de l'armée. C'est donc progressivement que l'Union soviétique a mobilisé ses immenses ressources puis reçu l'aide massive des Anglais et des Américains.

Hitler, lui, conquiert un territoire gigantesque mais n'a pas encore obtenu la reddition des Soviétiques à l'arrivée de l'hiver russe qui gèle le front. Tout comme la reddition de la Grande-Bretagne, cet objectif n'a rien d'inéluctable, il ne s'agit là que d'une étape de ce raisonnement « logique » tiré du faux postulat que constitue la supériorité raciale de l'Allemagne. Si, dans sa toute-puissance, il sous-estime la force et la détermination des Anglais, il considère l'ensemble des Slaves comme quantité négligeable. Le mépris qu'il éprouve à leur endroit est même tel qu'il est convaincu que l'immense armée soviétique s'effondrera après les premières victoires allemandes. Au lieu de quoi, même si les succès de la Wehrmacht s'avèrent plus importants que prévu, l'Armée rouge continue de se retirer, de se réorganiser et de grossir ses rangs [88]. Signe de l'empressement obsessionnel d'Hitler (cette pathologie originelle présente chez lui bien avant son arrivée au pouvoir), l'esprit du dictateur a créé, de façon perverse, une autre *prophétie capable de se réaliser d'elle-même*. Il devient désormais nécessaire de gagner et de tout jouer tout de suite.

Dès le mois de juillet 1941, les données indiquent que l'opération Barbarossa n'a pas marché [89]. Le 11 août, le chef d'état-major allemand, Franz Halder, note dans son journal que la Russie a été

---

87. Citation dans W. PFAFF, *The Bullet's Song. Romantic Violence and Utopia*, New York, Simon & Schuster, 2004, p. 113.

88. Entre le 22 juin, date du début de l'attaque, et le 1er décembre, les troupes allemandes reçoivent 100 000 hommes en renfort et les Soviétiques, plus de 3 240 000, auxquels viennent s'ajouter 100 000 hommes supplémentaires toutes les deux semaines. L'Armée rouge ne se contente pas de remplacer les morts, les blessés et les prisonniers : elle se renforce en permanence. Voir J. ELLIS, *Brute Force*, *op. cit.*, p. 77.

89. Voir I. KERSHAW, *Hitler. 1936-1945*, *op. cit.*, chapitre 9.

gravement sous-estimée. Le temps joue contre Hitler, mais il n'en a cure : sa capacité à le déformer mentalement est l'arme qui lui permet de se défendre de la réalité. Tantôt il l'accélère de façon paroxystique, tantôt il le suspend pour nier cette progression inéluctable qui rend toute victoire de plus en plus lointaine, de moins en moins possible. En parallèle, il laisse son imagination vagabonder et projette sur le territoire russe des routes, des voies ferrées et des colonies de soldats-agriculteurs germaniques sur le modèle de l'Empire romain [90]. Pendant encore trois ans et demi, sans se soucier des millions des cadavres, Hitler cachera la vérité à ses sujets et à lui-même : la tromperie où se cristallise sa paranoïa tentera de devenir mondiale, à l'image de la guerre elle-même. Faute d'avoir vaincu dès l'hiver 1941-1942, Hitler a déjà perdu.

L'enterrement volontaire

Cet hiver marque également un tournant dans la psychologie du groupe dirigeant nazi. Hitler, Goebbels et, progressivement, tous les autres, vont se mentir les uns aux autres, de façon toujours plus systématique. Le dictateur avait prévu que la campagne de Russie durerait quatre mois mais son ministre de la Propagande n'était pas du même avis : lui croyait que l'opération serait plus courte et se conclurait par un défilé triomphal des troupes allemandes [91].

Voyant que la situation prend une tout autre tournure, les hiérarques commencent alors à falsifier radicalement la réalité, y compris dans les rapports internes [92]. Dans le même temps, leur communauté s'isole progressivement du monde et veille, inconsciemment, à ne pas se retrouver confrontée à des vérités susceptibles de la mettre en crise. Hitler, qui aimait les bains de foule et les visites de propagande, en fait de moins en moins. Dans cette atmosphère de méfiance généralisée, la paranoïa se tourne peu à peu vers l'intérieur

---

90. Voir *ibid.*
91. Voir l'annotation du 16 juin 1941 dans J. GOEBBELS, *Journal. 1939-1942*, trad. O. Mannoni, éd. dir. par P. Ayçoberry, Paris, Tallandier, 2009.
92. Voir I. KERSHAW, *Hitler. 1936-1945*, *op. cit.*, chapitre 9 ; J. FEST, *Hitler. Le Führer*, *op. cit.*, partie VII, chapitre 2.

du Reich. Et c'est ainsi qu'on finit par convoquer la conférence de Wannsee sur la « question juive ».

Lorsque le Japon agresse les États-Unis et mondialise le conflit, le 7 décembre 1941, Hitler et Mussolini déclarent immédiatement la guerre à la puissance américaine. L'élargissement du conflit à l'Amérique vient ainsi compléter l'encerclement de l'Axe et l'empêcher de surmonter son handicap matériel : avec une production dix fois moins importante que celle des Américains, qui fabriquent à eux seuls 42 % des biens manufacturés à l'échelle mondiale[93], le Japon est encore lointain de devenir une puissance industrielle. Pour autant, tous les témoignages s'accordent à dire qu'Hitler est enthousiaste. Comme son *excès de méfiance radical* l'a déjà conduit à ranger les États-Unis parmi ses ennemis, il tente donc de se convaincre que la véritable nouveauté réside, en substance, dans le fait qu'il compte un allié supplémentaire, le Japon, et pas un ennemi de plus.

Pendant une bonne partie du conflit, l'Allemagne parvient à compenser ses pertes et à grossir son arsenal dans certains secteurs. Reste que sa production n'a rien à voir avec celle des Alliés – la Grande-Bretagne et, surtout, les États-Unis – qui la dépassent de très loin. Avant le conflit, les Américains possédaient une flotte d'environ 11 millions de tonnes : ils en fabriqueront 16 millions au cours de la seule année 1944. En 1940, 2 141 avions étaient sortis des usines ; il y en aura 96 318 en 1944[94]. Quant à l'approvisionnement en matières premières, elle témoigne d'une différence encore plus sensationnelle : pendant toute la durée du conflit, les Alliés disposeront d'environ 1 000 millions de tonnes de pétrole brut contre 50 millions pour l'Allemagne, l'Italie et le Japon réunis[95]. Même si nous ignorons l'aspect économique (qui décide toujours de l'issue des guerres prolongées) pour nous concentrer sur les seules données militaires, les forces en présence sont trop déséquilibrées : en Afrique du Nord, les troupes de Rommel posséderont, au fil du temps, quatre fois moins de tanks que les Alliés, puis dix fois moins et quinze fois moins. Au reste, elles seront souvent clouées sur place au

---

93. Voir J. KEEGAN, *La Deuxième Guerre mondiale, op. cit.*, chapitre 10.
94. Voir *ibid.*
95. La disparité est encore plus nette dans le Pacifique : la production américaine de pétrole brut sera *222 fois supérieure* à la production japonaise. Voir J. ELLIS, *Brute Force, op. cit.*, tableaux 22 et 50.

cours des principales batailles, faute d'essence. Il en ira de même dans le Pacifique. Le front n'évolue pas sur un continent mais sur une série d'îles : le conflit décisif oppose donc des porte-avions, un condensé de marine et d'aviation. Durant la guerre, les Japonais en armeront 14, les Américains, 104 [96].

Un autre aspect mérite également d'être pris en considération. Les principaux indicateurs décisifs que nous avons évoqués ici (production nationale, population, ressources naturelles) ne sont pas le fruit de recherches actuelles : on les connaissait déjà à l'époque [97]. Il va sans dire que seules les quantités exactes des productions militaires étaient tenues secrètes mais on pouvait estimer leur ordre de grandeur grâce aux données fondamentales (les *fundamentals*, dans le langage courant de l'économie). Face à ces informations on ne peut plus basiques, soutenir que l'Axe a pu être à un cheveu de la victoire, à une ou plusieurs reprises pendant le conflit, n'a aucun sens.

Si l'Italie entre en guerre par erreur (à tous les sens du terme) avant d'en sortir à la première occasion, ce sont des codes d'honneur désuets qui poussent le Japon à prendre part à un combat qu'il poursuivra sous l'impulsion d'une forme d'esthétisme autodestructeur. Dans le cas d'Hitler, c'est la paranoïa qui le plonge dans cette situation de conflit sur deux fronts, pourtant honnie par la stratégie allemande. Plus largement, le tyran entre en guerre avec les fondamentaux de l'économie, de la démographie, de la géographie – bref, avec la réalité. Si d'innombrables essais ont analysé la Seconde Guerre mondiale dans des perspectives politiques et militaires, la dimension pathologique de l'événement reste encore à traiter : il s'agirait d'analyser non pas la personnalité isolée d'Hitler et ses troubles, manifestes dès l'enfance, mais leur interaction avec les psychopathologies de masse qui ont traversé le XXᵉ siècle. Une incapacité, d'ordre persécutoire, à effectuer la moindre autocritique avait prospéré dès le XIXᵉ siècle et atteint des sommets inédits avec la Première Guerre mondiale : le Traité de Versailles et l'arrivée d'Hitler au pouvoir l'ont définitivement scellée.

---

96. Voir J. KEEGAN, *La Deuxième Guerre mondiale*, *op. cit.*, chapitre 5.

97. L'auteur de ces lignes a pu vérifier bon nombre des données figurant dans des ouvrages récents sur la Seconde Guerre mondiale en consultant l'une des publications italiennes les plus populaires de tous les temps, le *Calendario atlante*, édité chaque année (même en temps de guerre) par De Agostini depuis 1904.

Sous bien des aspects, ce ne sont ni la politique, ni l'économie, ni la pure stratégie militaire, mais la perspective de la paranoïa qui nous laisse entrevoir pourquoi, au lieu de tirer profit de ses succès initiaux en mettant un terme au conflit, Hitler a essayé de l'élargir.

En un sens, toute guerre réveille une mentalité paranoïaque. L'esprit d'Hitler, lui, répondait d'emblée à des mécanismes paranoïaques, y compris en temps de paix. Dès le début de son mandat, il s'est tout naturellement organisé en prévision de la guerre (contrairement à la plupart des autres dirigeants qui voyaient là une possibilité extrême, pas davantage). Une longue préparation qui constitue l'une des raisons de ses succès en début de conflit.

Même si Hitler recourt fréquemment à des coups de bluff, on ne saurait le considérer uniquement comme un menteur et un extrémiste de la propagande – ce qui serait, au fond, l'une des possibilités offertes à un homme politique normal. Hitler, lui, a adopté une attitude pseudo-logique et paranoïaque absolue. Sans jamais douter ou effectuer la moindre autocritique, jusqu'au moment de son suicide au fond d'un bunker, il s'est convaincu lui-même des faux postulats sur lesquels il fondait son action, quitte à jouer sa vie et celle de dizaines de millions de personnes sur de véritables aberrations. Chaque fois, la toute-puissance de sa pensée l'a autorisé à substituer le délire à la réalité. Même s'il avait déclaré à Mussolini qu'il devait attaquer la Pologne en 1939 (faute de quoi, l'armée allemande n'aurait plus été en mesure de l'écraser un ou deux ans plus tard), c'est pratiquement au monde entier qu'il a déclaré la guerre entre 1940 et 1941. Il ne suffit donc pas de dire qu'il avait menti à Mussolini : s'il mentait, et s'il continuait à mentir, c'était d'abord à lui-même.

Le besoin de l'ennemi

Si le paranoïaque affirme sa supériorité (imaginée comme « naturelle », raciale, dans le cas d'Hitler), dans le même temps, il se raccroche presque désespérément à son ennemi fantasmé, dans un renversement pervers. Il est conscient de ne pas exister sans lui. De façon obsessionnelle, même quand il évoque d'autres sujets, Hitler profite de ses discours pour déclarer son intention de détruire le peuple juif [98]. Que se passerait-il, de quoi parlerait-on si, effectivement, ce peuple n'existait plus ? Aucun homme ne peut vivre sans une vérité qui le fait vivre et un phare qui lui indique le chemin : pour Hitler, l'illumination avait été la vision de ce Juif orthodoxe à Leopoldstadt. L'intolérant qu'il était, incapable d'accepter la différence, avait deviné et dû admettre l'existence de l'altérité. Dès lors, il n'a plus su la chasser de lui. Celle-ci ne s'est pas contentée de le hanter : elle a également ouvert la voie qui a conduit le dictateur à se détruire lui-même. La *cohérence absurde* et le renversement des causes, propres à la paranoïa, ne rattachent pas la guerre qu'aux Juifs, accusés d'en être les principaux responsables alors qu'ils en sont les premières victimes : ces deux éléments y relient également leurs persécuteurs, de façon indissociable. « Les nazis ne s'en iront pas seuls en enfer, ils y emmèneront les Juifs avec eux. Ils ne peuvent pas exister sans eux. C'est là une association voulue par le Destin et ils en ont le sentiment profond », avait rappelé Thomas Mann lors d'une de ses émissions contre la propagande du régime [99].

Comme nous le savons, l'extermination n'était pas la seule alternative planifiée par le régime, malgré sa haine des Juifs. Le système de pensée nazi avait élaboré de nombreuses hypothèses qui conservaient un semblant de rationalité, aussi peu réalistes soient-elles.

Si l'émigration avait d'abord été privilégiée à travers toutes sortes d'abus de pouvoir, on a fini par constater qu'une bonne partie des Juifs avaient manifestement l'intention de rester, malgré les persécutions dont ils étaient victimes. Mais au lieu d'en déduire qu'ils se sentaient allemands et liés à leur pays, le régime a eu une nouvelle « raison » de les voir comme des parasites en train de conspirer pour infecter de l'intérieur le corps sain de la nation. Qu'importe si le Führer prétendait se fonder sur une politique absolument claire : son antisémitisme illustrait les symptômes paranoïaques les plus classiques. Il pouvait en effet passer, brusquement, de l'indécision à une impatience irrésistible. La guerre, paradoxalement, a simplifié les choses en écartant certaines alternatives, comme l'expulsion des Juifs vers des pays lointains (on

---

98. Voir par exemple la *Sportspalastrede* du 12 février 1943 ou le testament du 29 avril 1945.

99. *Appels aux Allemands. 1940-1945*, trad. P. Jundt, Paris, Balland-Martin Flinker, 1984, émission du 27 septembre 1942, p. 184.

avait pensé à Madagascar ou à la Palestine). Les tuer tous aurait été insensé vu le grave manque de main-d'œuvre en Allemagne. On a donc envisagé d'en laisser vivre 2 ou 3 millions afin qu'ils participent, par leur travail, à l'économie de guerre. Cette idée a cependant fait renaître la phobie de *contamination génétique* de la population aryenne. Une commission médicale *ad hoc* a alors été chargée de préparer un rapport secret sur la possibilité de stériliser cette population immense, sans l'évoquer officiellement [100].

Ont également été tenus secrets les trente procès-verbaux de la conférence de Wannsee du 20 janvier 1942 où a été décidée la « solution définitive du problème juif en Europe ». Parmi ces documents, on lit :

> Le Führer ayant donné son approbation, l'évacuation des Juifs vers l'Est remplace maintenant l'émigration. [...] Ceux qui sont capables de travailler seront groupés en équipes – hommes et femmes séparément – et conduits dans ces régions. Ils effectueront le trajet en construisant des routes, ce qui provoquera sans doute l'élimination *naturelle* d'une grande partie d'entre eux. Les survivants – étant donné qu'il s'agira incontestablement des éléments les plus résistants – devront recevoir le traitement [*behandelt*] qui s'impose car cette sélection naturelle des Juifs, si elle était libérée, deviendrait la cellule germinative d'un nouveau relèvement juif [101].

Toutes les étapes du raisonnement conservent une certaine logique : elles sont guidées par une « folie lucide ». Seuls leurs postulats « darwiniens » sont complètement faux. Les nazis y croyaient pourtant dur comme fer, même s'ils ont causé leur perte. Comme nous l'avons vu, le régime faisait la guerre dans des conditions de faiblesse structurelles (que rien ne pouvait nier en dehors de la toute-puissance de la paranoïa) et n'était pas en mesure de remplacer ses soldats perdus au front. Malgré tout, au sein de l'immense zone occupée comprise entre l'Allemagne et le front russe, Hitler élève au rang de *priorité* l'organisation de rafles systématiques et du massacre des populations juives, dont le

---

100. Voir les rapports secrets du docteur Viktor Brack en date du 28 mars 1941 et du 23 juin 1942. Ces documents sont consultables sur les sites www.ns-archiv.de et nuremberg.law.harvard.edu.

101. Voir W. HOFER (dir.), *Le National-socialisme par les textes, op. cit.*, document 165. Nous soulignons.

but déclaré est « l'élimination des intellectuels [*Intelligenz*] judéo-bolcheviques » [102]. On commence par les hommes mais, très vite, on y inclut aussi les femmes. Aux millions de Juifs polonais devraient ensuite s'ajouter les 5 millions de Juifs soviétiques qui vivent presque tous dans les régions occidentales envahies par la Wehrmacht [103]. La tâche qui se dessine est colossale : d'après la conférence de Wannsee, l'Europe compte environ 11 millions de Juifs. Comme si cela ne suffisait pas, on augmente leur nombre en élargissant la définition du mot « Juif » : il suffisait en effet d'avoir un seul parent juif pour être considéré comme tel dans ces zones récemment conquises. Ce qui n'était pas le cas au regard des lois raciales en Allemagne.

Si la présentation de ces événements nous a habitués à penser que les camps d'extermination ont été les seuls théâtres du génocide des Juifs, près de la moitié des victimes sont mortes dans d'autres conditions [104]. De fait, environ 1 300 000 Juifs ont été fusillés aux abords immédiats des lieux où avaient eu lieu les rafles de l'*Ordnungpolizei* qui suivait la progression de l'armée [105]. Par la suite, on a également eu recours à des chambres à gaz mobiles. Ces unités n'étaient pas composées de corps spéciaux ou politisés, ni de recrues normales : il s'agissait de réservistes, relativement âgés et en rien préparés à leur mission [106].

Comble de cette obsession du secret, Hitler n'a pas participé à la conférence de Wannsee. Pire : on ignore même s'il s'est tenu au courant des débats [107].

---

102. Voir J. FEST, *Hitler. Le Führer*, *op. cit.*, partie VII, chapitre 2 ; R. HILBERG, *La destruction des Juifs d'Europe*, *op. cit.*, I, chapitre 7.

103. Voir *ibid.*

104. Voir *ibid.*, II, chapitre 9, tableau B/I.

105. Voir *ibid.*, I, chapitre 7 ; I. EHRENBURG et V. GROSSMAN (dir.), *Le Livre noir. Textes et témoignages*, trad. Y. Gauthier, L. Jurgenson, M. Kahn, F.-G. Lorrain, P. Lequesne et C. Moroz, Arles, Solin-Actes Sud, 1995.

106. Comme nous le verrons dans l'avant-dernier chapitre, cette mission a provoqué des angoisses, des pertes de repères et des troubles psychosomatiques chez nombre d'entre eux.

107. Le texte de la conférence de Wannsee n'a été tiré qu'à trente exemplaires. C'est grâce à l'un d'entre eux que nous en avons connaissance. Voir J. MENDELSOHN, *The Holocaust. Selected Documents in Eighteen Volumes*, XI (*The Wannsee Protocol and a 1944 Report on Auschwitz by the Office of Strategic Services*), New York, Garland, 1982, p. 3-17. Voir également le site eudocs.lib.byu.edu.

Le délire jusqu'au bout

Durant la guerre, Hitler retire du vrai front un nombre d'hommes toujours plus important afin qu'ils s'occupent de son « front paranoïaque ». Dans l'ordonnance du 1er mars 1942, il déclare : « Les Juifs, les Francs-Maçons, et les adversaires idéologiques du National-socialisme qui ont partie liée avec eux, sont à l'origine de la guerre actuellement dirigée contre le Reich. La lutte idéologique méthodique contre ces puissances *est une tâche militairement indispensable.* » Il autorise donc les recherches dans les bibliothèques, les archives et toutes sortes d'institutions culturelles dans le but de trouver et de saisir tout le « matériel intéressant [...] afin qu'il serve aux nécessités idéologiques du parti national-socialiste et aux travaux de recherche scientifique que poursuivra l'École Supérieure » [108]. Par ailleurs, si Rommel manquait de pièces de rechange et d'essence en Afrique du Nord, il possédait une *division secrète*, décrite dans des documents qui ont attendu le XXIe siècle avant de refaire surface – à savoir un *Einsatzkommando* autonome, aux ordres du SS Walter Rauff, qui avait organisé l'expérimentation des chambres à gaz mobiles en Europe de l'Est [109]. Dans la prévision toute-puissante d'Hitler, Rommel devait anéantir les Anglais en Égypte. Une fois franchi le canal de Suez, il aurait eu pour mission de remonter vers la Palestine et d'éliminer le noyau le plus ancien du judaïsme.

L'absurdité de ces mesures n'a de sens qu'en tant que corollaire des postulats paranoïaques. Rommel ne pouvait donc pas disposer de ces troupes puisqu'elles étaient censées s'occuper *immédiatement* de l'extermination des Juifs. La *solution finale* ne pouvait pas attendre la fin : elle devait se transformer en *mission principale et première*.

Il est intéressant de noter comment ce type de délire se contredit profondément à mesure qu'il avance, encore et encore, de nouvelles exigences. Si l'*empressement* avec lequel on procédait aux exécutions sommaires a donné lieu à de vastes opérations menées en plein jour et constellé l'Europe de l'Est de fosses communes qui se transformeront

---

108. Voir W. HOFER (dir.), *Le National-socialisme par les textes, op. cit.*, document 135. Nous soulignons.

109. Voir K.-M. MALLMANN et M. CÜPPERS, *Croissant fertile et croix gammée. Le Troisième Reich, les Arabes et la Palestine*, trad. B. Fontaine, Paris, Verdier, 2009.

en acte d'accusation au moment de la chute du nazisme, on cherchait à ce que le génocide reste *un secret absolu*, ce que prouvent de nombreux documents. Les camps de la mort étaient d'ailleurs censés respecter ce principe à la lettre dans la mesure où l'on prévoyait la destruction du camp lui-même en cas d'évacuation. Mais une fois encore, cette volonté est entrée en collision avec d'autres caractéristiques du délire : la *tromperie pseudo-logique* et la *mégalomanie* d'Hitler, conséquences de sa foi « granitique » dans la victoire finale, le conduisaient à sans cesse sous-évaluer les défaites sur le front Est. Résultat : de nombreux camps sont tombés entre les mains des Soviétiques avant que leur évacuation et leur destruction ne soient menées à bien.

Comme souvent chez les cas cliniques, la paranoïa, qui avait initialement avantagé Hitler et fait de lui un parieur acharné, a fini par se retourner contre lui parce qu'il lui imposait des exigences à la fois trop nombreuses et contradictoires.

La « guerre totale »

Le 18 février 1943, le dictateur laisse Goebbels annoncer la *guerre totale* – autrement dit, la condamnation de cette Allemagne qu'il disait tant aimer. Le ministre de la Propagande s'adresse à la foule du Sport-palast de Berlin avec les mots suivants : « Je vous le demande : voulez-vous la guerre totale ? Voulez-vous, si nécessaire, une guerre encore plus totale et radicale que ce que nous pouvons imaginer aujourd'hui [110] ? » La réponse masochiste du peuple délègue son potentiel paranoïaque aux leaders, qui s'en nourrissent [111]. De fait, la face cachée de la guerre totale n'est autre que la défaite totale et la capitulation sans conditions. Un programme qui viendra répondre au penchant nécrophile présent chez Hitler comme chez ses ennemis et qui rendra les dernières années de guerre plus cruelles encore, aussi invraisemblable que cela puisse paraître. De fait, il trouvera un écho dans la cruauté de Staline et dans une tradition militaire américaine qui

---

110. Il est possible de lire ce discours sur de nombreux sites internet (comme par exemple www.dhm.de) ou de le voir sur www.videoportal.sf.tv.

111. Voir S. MENTZOS, *Der Krieg und seine psychosozialen Funktionen*, *op. cit.*, p. 143-148.

s'assure de dominer complètement l'ennemi avant d'engager le combat. Hitler finit ainsi par pousser les Alliés à abandonner leurs ultimes réserves et à les prédisposer, eux aussi, à la guerre totale.

Dans la proclamation autodestructrice du 18 février 1943, le socle de granit du racisme « scientifique » se révèle une fois de plus de manière indirecte. De façon rhétorique, Goebbels pose à l'auditoire dix questions relatives à la volonté de mener une guerre extrême – mais en attribuant toujours le rôle d'adversaire à l'Angleterre (que le nazisme reconnaissait comme son égale d'un point de vue racial) et jamais à la Russie, jugée inférieure [112]. En réalité, c'était bien contre l'Union soviétique que le régime hitlérien déclarait une guerre totale, car c'était de là qu'était en train de partir la contre-attaque qui renverserait le conflit. Peu après, dans un sursaut de réalisme, Goebbels commentera : « C'est l'heure de l'idiotie ! Si j'avais dit à ces gens-là : jetez-vous du troisième étage du *Columbushaus*, ils l'auraient fait [113]. »

Le 8 novembre, Hitler tient un discours à la radio où il mêle ses idées « scientifiques » de sélection raciale à des accents étonnamment religieux. Les projets divins (*Vorsehung* – littéralement, « la Providence »), dit-il, concernent les hommes, mais surtout les peuples. Si une nation ne surmonte pas les épreuves conçues par cette volonté supérieure, cela signifie qu'elle obéit à la loi de la nature où seul le plus fort a le droit de survivre. Par conséquent, Hitler ne versera pas une larme si le peuple allemand vient à céder face à ces épreuves : celui-ci n'aura que ce qu'il mérite [114]. La « folie lucide » a tout prévu. De deux choses l'une : soit le peuple allemand est le plus fort et mérite d'écraser les autres, soit – et c'est là que le doute s'immisce dans les certitudes monolithiques avant d'être résolu par une tautologie – il n'est pas le plus fort et mérite d'être écrasé.

---

112. Le traitement des prisonniers confirme ce préjugé racial : là où près de la moitié des Soviétiques qui se sont rendus ne sont jamais rentrés chez eux, les Anglais qui se sont livrés aux Allemands ont eu le plus de chance, avec une mortalité de 1/29. Voir N. FERGUSON, *The War of the World*, *op. cit.*, p. 551-552.

113. Citation dans M. FERRARIS, *L'imbécillité est une chose sérieuse*, trad. M. Orcel, Paris, Presses Universitaires de France, 2017, p. 70.

114. Voir le CD *Hundert deutsche Jahre, 1900-2000* publié en 2001 par le Deutsches Historisches Museum et la Stiftung Deutsches Rundfunkarchiv (et, plus particulièrement, l'enregistrement 11, *Rundfunkübertragung aus dem Münchner Löwenbräukeller mit der Ansprache von Adolf Hitler*).

Voilà ce qu'ont entendu des millions d'oreilles, faute d'avoir la possibilité d'écouter autre chose.

La révélation ultime et l'abîme

On a souvent dit qu'au plus fort de sa tyrannie, Staline avait pu se montrer encore plus soupçonneux qu'Hitler. Si la grande majorité des collaborateurs militaires et soviétiques du dictateur soviétique ont eu une vie écourtée, le Führer, lui, avait la conviction d'être, *de facto*, inattaquable : jusqu'à la dernière année de son existence, il n'a pas effectué de grandes « purges » au sein de son entourage.

Le 20 juillet 1944, lorsqu'une bombe explose pratiquement sous sa table sans le blesser, Hitler s'avoue presque soulagé. Il savait qu'il existait un *complot*. Celui-ci a désormais été percé à jour [115]. Dans le même temps, cet événement est une nouvelle *révélation* : les puissants explosifs n'ont fait que déchirer son pantalon, le destin voulait qu'il reste en vie. Il n'en reste pas moins inconcevable que le contrôle implacable de l'appareil d'État nazi ait laissé survivre une opposition à la dictature. Sur le moment, on pense que les responsables ne sont autres que les ouvriers affectés au blockhaus où Hitler a tenu cette réunion. L'opposition, il est vrai, s'est réduite à portion congrue, tant et si bien que son chef, le comte von Stauffenberg, a dû s'occuper personnellement de transporter, installer et activer la bombe, le tout de la seule main, ou plus exactement, les trois doigts qu'il lui restait : c'était un mutilé de guerre.

Une fois encore, les opposants n'étaient pas des conspirateurs dignes de ce nom. Pour ce faire, ils auraient dû être le « miroir » du dictateur qu'ils comptaient tuer. Ils auraient dû éprouver à son endroit une haine paranoïaque, absolue. En un sens, notre époque se laisse plus facilement habiter par des sentiments aussi féroces. *À l'heure actuelle, les images de la paranoïa font partie intégrante de notre quotidien ; nous n'avons aucun mal à nous représenter un « kamikaze »* qui se jetterait sans crier gare sur le tyran avant de déclencher sa charge explosive et de mourir avec lui. Stauffenberg avait envisagé de mourir, ce courage ne lui aurait certainement pas fait défaut. Toutefois, du fait qu'il avait

---

115. Voir J. FEST, *Hitler. Le Führer, op. cit.*, partie VIII, chapitre 1.

grandi dans une éthique et une esthétique trop différentes (dans la tradition militaire, le suicide est réservé aux perdants, pas à ceux qui souhaitent vaincre), *il n'y a pas songé*. Et l'histoire a manqué d'un cheveu un nouveau tournant.

Si l'issue du conflit était décidée d'entrée de jeu, ce n'était pas le cas de ses modalités. Il était impossible de supporter cette guerre dans la durée. Dès l'hiver 1941-1942, n'importe qui, à la place d'Hitler, aurait tenté d'y mettre un terme, malgré le mince espoir de succès : l'expérience de 1914-1918 avait signé la fin de cette tradition qui laissait la porte ouverte à des conflits brefs et relativement peu sanglants. Reste qu'après l'attentat de 1944, Hitler fait preuve d'une suspicion stalinienne et cherche à accélérer les opérations de génocide au cours de la dernière période de guerre. Par ailleurs, la reddition des soldats allemands est considérée comme un acte de trahison. On introduit même des lois qui rendent leurs proches complices de leur désertion (*Sippenhaft*) afin de la décourager encore davantage [116]. À mesure que le front se rapproche, tous les habitants des maisons qui affichent un drapeau blanc pour éviter les tirs alliés sont fusillés par les nazis. Au final, c'est aussi à cause de telles mesures qu'au moins la moitié des millions d'Allemands morts au cours de ces six années de conflit a perdu la vie dans les dix derniers mois. Alors que l'aviation allemande est désormais anéantie et que les cieux sont entièrement contrôlés par les Alliés, deux avions du Reich réussiront à décoller avec pour ordre d'attaquer *des villes allemandes*, coupables de s'être rendues.

À partir du discours tristement célèbre de février 1943, Hitler avait laissé les apparitions publiques à Goebbels. Une décision qui a accéléré sa décadence psychologique et l'a conduit à s'enfermer complètement, à l'approche de la fin [117]. Il est ainsi passé d'une paranoïa qui se renforçait de façon circulaire, en rebondissant entre lui et la masse, à une paranoïa qui s'alimentait d'elle-même dans cet isolement artificiel.

Le dictateur avait besoin des autres, pour les agresser ou les convaincre. D'une certaine manière pourtant, la disposition paranoïaque ne lui permettait pas d'être en tête-à-tête avec lui-même : celle-ci n'autorise pas de véritables formes d'autocritique ou d'échange intérieur. Faute

---

116. Voir W. HOFER (dir.), *Le National-socialisme par les textes, op. cit.*, document 139c.

117. Voir J. FEST, *Die unbantwortbaren Fragen, op. cit.*, partie 7, chapitre 3.

de pouvoir dialoguer avec lui-même, il finit, chaque jour un peu plus, par parler à des fantômes, une fois refermé sur lui-même.

Comme si un destin moqueur avait voulu conclure sur une seule et même image les deux guerres mondiales, c'est à la fin de l'année 1944 qu'une colonne militaire allemande traverse la minuscule localité de Troisvierges, au Luxembourg. Exactement comme en août 1914, mais dans la direction opposée. Le capitaine Herbert Rink rentre en Allemagne avec les deux seuls tanks qu'il lui reste. Il passe, sidéré, au milieu de deux rangées de paysans qui lui tendent des fleurs. Les Luxembourgeois se sont trompés : dès qu'ils ont été informés de l'arrivée des Américains, ils sont descendus fêter les libérateurs. Heureusement, le capitaine Rink était trop pressé pour s'occuper d'eux [118].

L'ombre de Néron

Le 19 mars 1945, quarante jours avant de se tuer, Hitler publie une ordonnance passée à la postérité sous l'appellation de *Nero Befehl*, l'Ordre de Néron [119]. Puisque l'ennemi, qui approche par l'Est et par l'Ouest, pénètre toujours davantage en Allemagne, des mesures sont prises pour qu'il ne trouve qu'une terre brûlée. Dans l'intention d'Hitler, cette autodestruction devait être encore plus radicale que ce que les Allemands avaient fait dans les pays occupés – et par conséquent s'étendre à absolument tout, y compris les habitations privées et les œuvres d'art [120]. À cet instant, il manque cependant des moyens pour exécuter ces ordres, mais aussi des exécuteurs assez déterminés pour le faire. Dans un passage de ses Mémoires, confirmé par le général Guderian, Albert Speer a décrit ces motivations qui entendaient apporter une conclusion radicale au tableau apocalyptique prévu dans le discours du 8 novembre 1943 :

> Si la guerre est perdue, le peuple allemand est perdu lui aussi. Il est inutile de se préoccuper des conditions qui sont nécessaires à la survie la plus élémentaire du peuple. Au contraire, il est préférable de détruire même

---

118. Voir M. HASTINGS, *Armageddon*, *op. cit.*, chapitre 1.
119. Voir W. HOFER (dir.), *Le National-socialisme par les textes*, *op. cit.*, document 141b.
120. Voir J. FEST, *Hitler. Le Führer*, *op. cit.*, partie VIII, chapitre 2.

ces choses-là. Car ce peuple s'est révélé le plus faible et l'avenir appartient exclusivement au peuple de l'Est qui s'est montré le plus fort. Ceux qui resteront après ce combat, ce sont les médiocres, car les bons sont tombés[121].

Une fois encore, le paranoïaque semble en savoir davantage que les autres car il est davantage capable de se tromper lui-même. Puisqu'elle ne lui convient plus, Hitler a renversé ce principe de sélection naturelle au cœur des ordres de Wannsee : ce ne sont pas les meilleurs qui survivent aux difficultés, dit-il cette fois, mais les pires, alors autant les éliminer, même s'ils sont Allemands. Comme sa construction s'écroule, Hitler abandonne son peuple sans remords. Il ne tient pas à sauver l'Allemagne mais le « socle de granit » de ses pensées : le principe social-darwinien. Ceux qui l'emportent ne sont pas nécessairement les Aryens, mais nécessairement les plus forts. Ce faisant, Hitler tente de garder en vie, en négatif, sa toute-puissance et offre au monde une sortie de scène jamais observée dans l'histoire.

Une dizaine de jours avant la fin, il accuse Morell, son médecin personnel, que les hiérarques considéraient comme un charlatan mais qu'ils craignaient aussi à cause de l'autorité absolue qu'il exerçait sur lui, de vouloir l'empoisonner[122]. Le 23 avril 1945, un télégramme de Göring parvient au bunker d'Hitler : sur la base des mesures précédemment prises, le Führer est sommé de contacter son ministre de l'Aviation ; faute de quoi, il sera considéré comme introuvable et c'est Göring qui prendra le commandement du Reich[123]. Hitler, qui était jusque-là si apathique qu'il avait même d'ores et déjà annoncé son intention de se suicider, a un sursaut d'énergie. Soudain, il se met à crier qu'il a toujours su que Göring était un traître et qu'il veut le tailler en pièces. À quoi rime ce regain de vitalité, se demande même Traudl Junge, la candide secrétaire du Führer[124] ?

Hitler est un homme qui se retrouve lorsque sa méfiance se radicalise. Jamais un pouvoir aussi illimité n'a été confié à un esprit aussi

---

121. Voir A. SPEER, *Au cœur du Troisième Reich*, trad. M. Brottier, Paris, Perrin, coll. « Tempus », 2010 [1971], chapitre 29 ; W. HOFER (dir.), *Le National-socialisme par les textes, op. cit.*, document 141c.

122. Voir T. DORPAT, *Wounded Monster, op. cit.*, p. 255.

123. Voir A. SPEER, *Au cœur du Troisième Reich, op. cit.*, chapitre 32.

124. Voir T. JUNGE, *Dans la tanière du loup. Les confessions de la secrétaire d'Hitler*, trad. J. Bourlois, Paris, Tallandier, 2014 [2005].

limité. À l'heure de dicter son testament [125], le 29 avril 1945, il note que les « conspirateurs » (*Verschwörer*) juifs ont payé pour leur « faute » (*Schuld*), même si c'était par des « moyens humains ». L'« humanité » en question semblerait se référer au fait que le processus d'anéantissement était industrialisé : il épargnait de longues souffrances aux victimes et des traumatismes émotionnels à leurs bourreaux.

À la date anniversaire du jour où cette paranoïa a explosé pour toujours, au terme de deux décennies de prison qui l'ont amené à se tourner vers la réflexion, le plus intelligent des complices d'Hitler, le seul à ne pas être paranoïaque et à être capable d'autocritique, l'architecte Albert Speer, notera dans son Journal que la paranoïa collective a été présente jusqu'au dernier jour, y compris dans le bunker de Berlin dont le Führer n'est pas sorti vivant [126]. Jusqu'à sa mort, tout le monde a continué d'être contaminé par son exaltation et d'évoquer la victoire. Alors que l'Armée rouge avait désormais mis la main sur Berlin, on échafaudait encore des plans pour que les civils se cachent dans les bois et attaquent ensuite les vainqueurs dans le dos, à vélo. Ou pour construire des flottes de bombardiers quadrimoteurs à réaction qui frapperaient l'Amérique par surprise avant de la forcer à se rendre. Avec une *cohérence absurde* indestructible, tout le monde, même si tout était désormais détruit, continuait à planifier la victoire finale. D'après Speer, deux modes de pensée coexistaient chez Hitler sans jamais se croiser (ce qui n'était pas le cas chez son entourage). La première se conformait parfaitement aux plans militaires et l'amenait à donner aux uns et aux autres des leçons de stratégie pour renverser l'issue de la guerre. La seconde suivait quant à elle des critères social-darwiniens : elle jugeait la guerre perdue mais gardait une cohérence avec le « sens historique » hitlérien et l'esthétique des grands décors de Wagner : elle préparait donc un crépuscule de feu digne de Néron, à jamais inégalable. « Il avait peut-être perdu le sens de la réalité, mais pas le sens de l'Histoire [127]. »

Les Walkyries, équivalents germaniques des Furies, ont donc possédé Hitler dans ses derniers instants. Leur mythe ancien devait

---

125. Voir W. MASER, *Hitler inédit, op. cit.*
126. Voir A. SPEER, *Journal de Spandau*, trad. D. Auclères et M. Brottier, Paris, Robert Laffont, 1975, annotation du 28 avril 1965.
127. *Ibid.*

devenir réalité : à en croire la légende, les Walkyries n'apparaissent pas
à tous les guerriers sur les champs de bataille, mais uniquement à ceux
qui s'apprêtent à mourir.

Hitler avait pour projet un « Reich millénaire ». Face à un tel ordre
de grandeur temporel, pourquoi ne pas laisser au moins une partie de
sa réalisation aux générations futures ? Sur une courte période, il est
bien plus facile de détruire que de créer, nous dit le bon sens. Hitler, lui,
parlait d'un « Reich millénaire » mais ne savait pas attendre, ni mille
jours, ni mille minutes. Il ne pouvait pas laisser du temps au temps, et
c'est ainsi qu'il l'a violemment effacé. Les douze années de son règne
ne se sont résumées qu'à une heure, celle de l'idiotie.

CHAPITRE 9

L'HOMME D'ACIER

Ce qui donna à la terreur stalinienne son caractère d'inhumanité sans précédent, [...] c'était l'application du principe de la guerre totale à chaque instant. [...] Dans les systèmes de pouvoir absolu, [...] la paranoïa est un aboutissement logique.

E. J. HOBSBAWM, *L'Âge des extrêmes*.

Les tendances paranoïaques de Staline vinrent s'ajouter au marxisme pour entreprendre la transformation de la Russie.

N. RIASANOVSKY, *Histoire de la Russie*.

Staline : un nom significatif à plus d'un titre

Joseph Vissarionovitch Djougachvili naît en 1878 (ou 1879) à Gori dans une Géorgie inféodée depuis peu au tsar Alexandre II. Si nous savons aussi peu de chose sur les événements antérieurs à son accession au pouvoir, c'est parce qu'il est issu d'une famille très pauvre et parce que ces informations ont par la suite été *cachées* et modifiées en vue de les adapter à l'image officielle. Surnommé Sosso pendant son enfance, il s'attribue de nombreux pseudonymes dans sa jeunesse révolutionnaire – à commencer par Koba, le nom du héros inflexible du *Parricide* d'Alexandre Kazbegui, un roman populaire décrivant la résistance des Géorgiens lors de la conquête russe. Plus tard, il opte pour le surnom de Staline, à savoir « l'homme d'acier » en langue russe. Au moment de ce choix, il est déjà sûr de trois choses.

En passant d'un nom géorgien à un nom russe, il entend tout d'abord montrer qu'il a dépassé ses origines. Une véritable invention à laquelle il apporte ainsi la touche finale : après avoir adoré les héros de la lutte géorgienne contre la russification, il devient un représentant de l'impérialisme russo-soviétique. En réalité, il n'a pas dépassé ses racines, il les a figées [1]. Comme pour tous les vrais paranoïaques, nier la réalité est une

---

1. Joseph Vissarionovitch Djougachvili n'est d'ailleurs jamais parvenu à éliminer complètement son accent géorgien : lors des discours officiels, il baissait le ton de sa voix

seconde nature pour lui : il a choisi de ne pas être géorgien, il n'est donc pas géorgien.

En second lieu, cette façon de se définir comme un « homme d'acier » montre certainement qu'à ses yeux, l'inflexibilité est et doit rester le trait central de son caractère. Dès sa jeunesse, il aime déjà ce métal. Dans une évocation de son enfance, le petit Sosso est même décrit juché sur un de ses camarades de classe en train de crier « Je suis l'acier ! Je suis l'acier [2] ! » (*Ja stal' !*). Au reste, ce n'est pas la première fois qu'on lie cette préférence à la rigidité d'un trouble mental : Svetlana, la fille de Staline, y avait déjà pensé. En 1967, elle renoncera au patronyme de son père pour prendre celui de sa mère, comme la loi soviétique le lui permet. Le bruit *métallique* du mot lui était devenu insupportable [3].

Enfin, le choix du nom de Staline relève certainement d'une troisième et dernière décision pour Joseph Djougachvili : comme au cours de son enfance et de son adolescence, il est essentiel pour lui de jouer un rôle à l'âge adulte. Il était certes normal d'avoir un surnom à l'époque de l'Empire tsariste ou à celle de l'Union soviétique : c'est même une nécessité chez ceux qui œuvraient à la révolution dans la clandestinité, pour induire la police en erreur. Le pseudonyme de *Staline* fera cependant le tour du monde et restera son nom d'usage jusqu'à sa mort. Il s'agit là d'un élément profondément ancré dans sa nature. Il ne pourrait jamais être remplacé par de simples titres honorifiques comme celui de *Führer* pour Hitler ou celui de Grand Timonier pour Mao. En plus d'indiquer la qualité qui compte vraiment pour lui, ce surnom est un véritable alter ego, l'abord sous lequel il se fait connaître. Dans l'esprit de Staline, le masque est une réalité essentielle. À ses yeux, les autres sont toujours des gens qui *cachent* leur véritable identité, eux aussi. Ce sont des *secrets* à dévoiler.

---

lorsqu'il atteignait des passages où cet accent aurait pu s'entendre davantage (voir R. TUCKER, *Staline révolutionnaire, 1879-1929. Essai historique et psychologique*, trad. É. Diacon, Paris, Fayard, 1975, chapitre 13). La fille du dictateur, Svetlana Allilouïeva, a par ailleurs souligné plusieurs fois comment l'attachement à sa terre natale lui avait été transmise par sa mère. Un attachement que son père niait et que seules quelques habitudes trop profondément ancrées pouvaient révéler (voir *Vingt lettres à un ami*, trad. Jean-Jacques et Nadine Marie, Paris, Seuil-Paris Match, 1967).

2. Voir B. SOUVARINE, *Staline. Aperçu historique du bolchevisme*, éd. revue par l'auteur, Paris, Éditions Ivrea, 1992 [1935], p. 28.

3. Voir S. ALLILOUÏEVA, *En une seule année*, trad. N. Nidermiller, Paris, Albin Michel, 1971 (nouvelle édition), partie 1, chapitre 7. Nous soulignons.

Caractère

Le père de Staline, violent et alcoolique, abandonne très tôt le foyer familial. Faute d'alternative réelle, sa mère, Ekaterina Djougachvili, l'inscrit au petit séminaire de sa ville natale, géré par des Russes orthodoxes et, par conséquent, doublement étranger à l'enfant géorgien et précocement irréligieux qu'il est. Sosso y apprend rapidement les différentes matières scolaires, à l'exception des matières religieuses. Il apprend surtout à échapper aux contrôles et à n'avoir confiance qu'en lui-même, à se méfier et à s'opposer à la discipline. Il est intéressant de noter combien la mère de l'enfant est elle-même une femme *inflexible*. Sosso est le seul fils qu'il lui reste (trois autres sont morts en bas âge) et il ne peut qu'avoir été profondément influencé par elle. Ekaterina est traditionaliste, religieuse et exigeante – avec elle-même autant qu'avec les autres. On a néanmoins avancé des doutes sur l'intégrité qu'elle affichait : on a en effet insinué que Sosso n'était pas l'enfant de son mari, Vissarion, qui aurait cherché à noyer sa jalousie dans l'alcool[4]. Même si nous ne saurons jamais la part de vérité dans toute cette histoire, il nous faut prendre acte du fait que l'environnement où a grandi Staline voit régner en maîtres la médisance et la méfiance : les *rumeurs* sont le principal média de masse chargé de diffuser les informations, ce qui a dû profondément marquer cet enfant. Ekaterina vivra vieille mais restera aussi dure que l'acier, ce que révèle une anecdote survenue en 1936, un avant sa mort. Lors de la dernière de ses rares rencontres avec son fils, elle lui reprochera d'avoir choisi la politique au détriment de la prêtrise[5].

---

4. Ce que nous savons de l'enfance de Joseph Djougachvili repose essentiellement sur des hypothèses non vérifiées, et non sur une documentation fiable. L'existence même du dictateur est cernée par la paranoïa, du moment de sa conception jusqu'à sa mort. Par ailleurs, si les recherches historiques parlent bel et bien d'un père biologique, elles indiquent des personnes différentes. Voir par exemple S. SEBAG MONTEFIORE, *Staline, op. cit.*, chapitre 1 ; R. SERVICE, *Staline*, trad. M. Devillers-Argouarc'h, Paris, Perrin, 2013, chapitre 2.

5. Voir R. MEDVEDEV, « Stalin's Mother », dans Z. et R. MEDVEDEV, *The Unknown Stalin*, Londres-New York, Tauris, 2003, p. 297-305 ; V. E. PILGRIM, *Muttersöhne*, Düsseldorf, Claassen, 1986. Les biographies citées ici se réfèrent surtout au récit de la fille de Staline, Svetlana Allilouïeva (voir *Vingt lettres à un ami, op. cit.*), écrit immédiatement après sa fuite aux États-Unis.

Petit, handicapé par un accident dont il a été victime dans son enfance, Staline ne réussira jamais à acquérir le charisme et le magnétisme hypnotique de Lénine, de Mussolini ou d'Hitler[6]. Il va cependant se forger un caractère plus stable, surtout par comparaison avec les deux fondateurs du fascisme. Malheureusement, au manque d'informations sur son enfance est par la suite venue se superposer une image officielle fondée sur la dimension impénétrable, l'ambivalence et la rareté des déclarations publiques du personnage. Ce qui a parfois contraint les historiens à remplacer les reconstitutions par des interprétations. À titre d'exemple, l'importante biographie de Staline rédigée par Robert Tucker fait souvent appel à la psychanalyse.

Quoi qu'il en soit, les informations à notre disposition nous disent qu'enfant, déjà, Joseph Djougachvili manquait d'empathie[7]. Personne ne l'a jamais vu pleurer. Chose plus surprenante encore aux yeux de certains, il ne riait jamais. Un manque d'humour jugé presque inconcevable chez un Géorgien[8]. Différents témoins ont certes parlé de ses blagues incessantes au cours des réunions politiques (notamment pendant les dîners arrosés de vin et de vodka mais empreints d'une cordialité factice), mais aucun de ces récits ne laisse entrevoir d'auto-ironie, la garantie d'un véritable sens de l'humour. Les « traits d'esprits » de Staline sont grossiers et insidieusement agressifs. Il s'en sert au cours des banquets pour faire réagir son voisin de table et « débusquer » ses véritables pensées. Des pensées toujours *cachées*, du point de vue de Staline, qui projette sa mentalité sur ses interlocuteurs. Dans le même temps, profitant de la tolérance russe pour l'alcool et des innombrables toasts, il cherche à forcer les autres convives à s'enivrer afin de libérer leurs émotions les plus primitives[9]. En rupture totale

---

6. Voir C. G. JUNG, « Diagnostic des dictateurs », dans *C. G. Jung parle, op. cit.*

7. Les sources directes de ces informations sont résumées notamment dans R. SERVICE, *Staline, op. cit.*, chapitres 2 et 3 ; R. TUCKER, *Staline révolutionnaire, 1879-1929, op. cit.*, chapitre 3.

8. Voir *ibid.*

9. Voir S. ALLILOUÏEVA, *En une seule année, op. cit.*, chapitre 17. Enveloppées dans la lourde étreinte de la fumée et de l'alcool, ces joyeuses compagnies parviennent à nous faire poser un regard compatissant sur leur solitude. Plus largement, ces banquets où, sous couvert de générosité, chacun vient avec des bouteilles mais boit uniquement ce qu'il a apporté (pour des raisons que nous pouvons facilement imaginer), sont de véritables compétitions : on y récompense manifestement ceux qui boivent et qui s'aliènent le plus. Au cours de ces réunions qui semblent s'imposer dans les moments qui exigeraient un surcroît de responsabilité, les convives les plus habiles prennent des contre-mesures et parviennent à se faire servir de l'eau colorée à la place

avec son comportement habituel, il lui arrive d'entonner des chansons grivoises en présence de femmes [10].

Même si, de toute évidence, il feint parfois d'être plus saoul qu'il ne l'est, Staline essaie de déstabiliser ses interlocuteurs. En pleine guerre contre le nazisme, il va rire au nez de l'intellectuel yougoslave Milovan Djilas, en lançant : « Djilas boit de la bière comme un Allemand, oui, comme un Allemand qu'il est – c'est un Allemand, pardieu, un Allemand ! » Tout ça parce que ce dernier est simplement en train de boire une bière. Lors d'une autre conversation, à la fin de la guerre, il se tordra de rire en lui criant : « Vous êtes un antisémite vous aussi, Djilas, n'est-ce pas [11] ? » Les circonstances de l'entretien et les sujets évoqués sont trop délicats pour prêter à rire, mais les saillies cyniques du dictateur ne connaissent aucune limite. Alors qu'il décrit le sort réservé à certains Allemands faits prisonniers par l'Armée rouge, Staline va raconter la chose suivante : un Soviétique accompagne jusque dans un camp de nombreux Allemands qui se sont rendus. En chemin, il les tue tous, sauf un. À son arrivée, on lui demande la raison de son geste. Il répond alors qu'il a exécuté l'ordre de les tuer tous, *jusqu'au dernier* [12]. Il arrive même que ces sarcasmes s'invitent dans les affaires officielles. Au moment où il lance son ultimatum à la Finlande, les représentants du pays lui expliquent qu'ils doivent demander l'aval des cinq sixièmes de leur Parlement afin de lui céder une partie du territoire national [13]. Le dictateur se dit alors convaincu que les Finlandais l'approuveraient à 99 %. Une référence évidente à ses méthodes de persuasion [14].

---

du vin. Avec les années, elles se multiplieront et se transformeront parfois en congrégations d'ivrognes pris de vomissements. Voir S. SEBAG MONTEFIORE, *Staline*, *op. cit.*, chapitre 46.

10. Voir R. MEDVEDEV, *Le stalinisme. Origines, histoire, conséquences*, Paris, Seuil, 1971, chapitre 9.

11. Citation dans M. DJILAS, *Conversations avec Staline*, trad. Y. Massip, Paris, Gallimard, 1971 [1962], p. 150 et p. 195. L'auteur, qui estime avoir bien connu le tyran, n'hésite d'ailleurs pas à le définir comme « le plus grand criminel de l'Histoire ». Et d'ajouter : « Il y avait en lui tout ensemble l'insensibilité d'un Caligula, les raffinements d'un Borgia et la brutalité d'un Ivan le Terrible » (p. 232).

12. *Ibid.*, chapitre 1, p. 117.

13. Voir S. SEBAG MONTEFIORE, *Staline*, *op. cit.*, chapitre 30.

14. Un dialogue très similaire avait déjà été décrit par l'un des premiers historiens. Forte d'une supériorité écrasante, l'Athènes de l'Antiquité avait exigé des habitants de l'île de Mélos qu'ils se soumettent complètement. Une demande que les intéressés avaient refusée car elle était injuste. Il va sans dire qu'Athènes avait finalement remporté

Ce sens de l'humour particulier s'exprime également dans un goût pour les spectacles les plus glaçants, comme lorsqu'il se fait minutieusement décrire les derniers instants de ses victimes. Il veut par exemple qu'on lui joue ce que Grigori Zinoviev, une victime des Grandes Purges, a déclaré avant de mourir : il s'amuse tellement qu'il va demander qu'on bisse la scène [15]. Lorsque les acteurs mélangeront aux implorations désespérées du condamné les prières au Dieu d'Israël (Zinoviev était juif), Staline interrompra la représentation parce qu'il s'étouffera de rire. Pour lui, tout est très amusant, mais la cruauté l'est particulièrement. Il n'est pas seulement difficile de savoir avec certitude s'il plaisante ou s'il raconte des faits qui se sont réellement produits : on peine à déterminer jusqu'à quel point il s'attend à ce que ses reparties cyniques deviennent réalité. Seule la suprématie imposée par la force compte. Le reste n'est qu'une apparence qui se diffuse. Comme l'a fait remarquer le psychiatre russe Fédor Lyass qui a étudié la personnalité du tyran, seule la haine de l'ennemi et sa mort étaient vraies et définitives aux yeux de Staline : « Il n'y a rien de plus amusant pour un homme que d'éliminer son ennemi puis de boire une chope de bon vin géorgien », aurait-il déclaré [16].

Au reste, Staline ne croit pas que la réalité soit déjà établie. Pareil au Iago de Shakespeare, il se méfie de ce que les autres considèrent comme étant la réalité. Chez lui, celle-ci se forme progressivement dans son esprit et nécessite d'être « réalisée », pas à pas, encore une fois. Même s'il s'agit là d'un autre point commun non négligeable avec Hitler, leur rapport à la durée est diamétralement opposé. Si une construction mentale doit immédiatement devenir réalité chez Hitler, ce même processus est graduel et silencieux chez Staline.

---

la bataille militaire, mais Mélos avait gagné celle de la mémoire. Dans l'histoire de la démocratie athénienne, le dialogue entre les deux parties suscitera une honte encore vivace des milliers d'années plus tard. Voir THUCYDIDE, *La guerre du Péloponnèse*, V, 84 *sq.*

15. Voir S. SEBAG MONTEFIORE, *Staline*, *op. cit.*, chapitre 17 ; R. MEDVEDEV, *Le stalinisme*, *op. cit.*, chapitre 5 ; R. CONQUEST, *La Grande Terreur. La purge stalinienne des années 1930*, trad. M.-A. Revellat et C. Seban, Paris, Robert Laffont, coll. « Bouquins », 2011 [1968].

16. Voir F. LYASS, « Stalin, o grande paranóico da história umana », septembre 2008, www.mykolaszoma.weebly.com.

Une méfiance radicale

Qu'il s'agisse de mener des activités révolutionnaires interdites ou, par la suite, de consolider une révolution réussie, chacun se doit d'être aux aguets. Quelque chose distingue néanmoins la simple méfiance d'une suspicion pathologique : la capacité à se laisser convaincre par les preuves que nous donne la réalité. Là où l'individu normal baisse progressivement sa garde et accorde à nouveau sa confiance, le paranoïaque, lui, est imperméable aux faits. Même quand il ne réagit pas violemment, Staline est incapable d'accepter la moindre critique et finit par la renverser en y voyant une machination et un acte de sabotage dont il serait la cible [17]. Ainsi, au lieu d'arriver à une conclusion qui tienne compte des observations qu'on lui a adressées, il pose les bases d'une nouvelle vague de soupçons paranoïaques.

Dans sa jeunesse révolutionnaire, Joseph Djougachvili a été plusieurs fois arrêté et déporté en Sibérie mais est parvenu à échapper à ces détentions aux frontières du pays avec une habileté qui lui a valu d'être soupçonné (notamment par Trotski) de connivence avec la police tsariste. Même si ce thème a inspiré des bataillons d'ouvrages et fait verser des litres d'encre, aucune preuve irréfutable n'a jamais été mise au jour. On a cependant démontré une autre vérité, particulièrement importante dans notre perspective : dans son enfance, au petit séminaire comme aux débuts de son activité politique, la vie de Joseph Djougachvili a quotidiennement baigné dans le secret et la délation. Une quantité non négligeable d'opposants exilés menaient, par nécessité, un double ou un triple jeu en promettant des informations à l'Okhrana, la police tsariste. Les documents du service laissent

---

17. Voir S. SEBAG MONTEFIORE, *Staline*, *op. cit.*, chapitre 12 ; A. BULLOCK, *Hitler et Staline*, *op. cit.*, I, chapitre 10 ; B. SOUVARINE, *Staline*, *op. cit.*, chapitres 10 et 11 ; R. CONQUEST, *La Grande Terreur*, *op. cit.*, partie 2 ; R. SERVICE, *Staline*, *op. cit.*, partie 3 ; R. MEDVEDEV, *Le stalinisme*, *op. cit.*, chapitre 9 ; J. STALINE, *Letters to Molotov. 1925-1936*, éd. L. T. Lih, O. V. Naumov et O. V. Khlevniuk, New Haven-Londres, Yale University Press, 1995. Il est intéressant de noter que Robert Service, sans doute le plus bienveillant des biographes du dictateur, déclare dans la préface de son ouvrage sa volonté de montrer que la personnalité du leader soviétique était plus complexe que le monstre décrit par la majorité des chercheurs. Mais il ne doute pas un instant des traits pathologiques du caractère de Staline, qu'il qualifie de *gross personality disorder*.

d'ailleurs entendre qu'on a tenté de l'utiliser mais confirment également qu'il restait un marxiste pur et dur [18]. Au reste, ce système fonctionnait de manière pour le moins brouillonne : beaucoup s'en sont tirés à la faveur de quelques coups tordus. Une expérience, là encore, très formatrice pour le futur dictateur.

Dans ses années de lutte clandestine, Djougachvili-Koba sort du lot par son courage et sa combativité. La police le signale comme un sujet dangereux et implacable. Il choisit les solutions radicales, toujours sans hésiter. Quand, au sein du Parti social-démocrate, les bolcheviks se détachent des mencheviks, plus modérés, il rejoint immédiatement le courant guidé par Lénine [19]. Il le paiera deux fois – en se retrouvant isolé (les mencheviks étaient nettement majoritaires en Géorgie) et humilié. Alors qu'il s'est battu pour la constitution d'un parti autonome géorgien, la ligne officielle demande un parti unique pour l'ensemble de l'Empire tsariste : Koba s'incline et publie une autocritique. Pour un caractère aussi fier et inflexible que le sien, cet effort a dû être traumatisant. Il apprendra qu'il vaut mieux feindre, ne pas montrer ses convictions les plus profondes tant qu'on n'est pas sûr de pouvoir les imposer, rester souple en attendant de sentir où va le vent [20]. L'un des grands talents de Staline sera sa capacité à feindre d'avoir une position médiane, avant de se ranger d'un côté ou de l'autre. Ayant intensément souffert de cette expérience, il apprendra à en faire un instrument de ses revanches : en plus d'imposer ses victoires fulgurantes à ses ennemis, il les obligera à s'humilier eux-mêmes. Arrivé au pouvoir, dans les années 1920, il fera retrouver chaque exemplaire de cette autocritique pour en détruire toute trace. Il n'empêche : la souffrance causée par cet épisode ne va pas constituer un traumatisme intime à dépasser en passant à de nouvelles étapes de sa vie intérieure, alors même que c'est le cas dans les faits. Pour le paranoïaque, *le moindre problème est toujours extérieur et prend toujours corps*. Bien qu'il en soit l'auteur, cette autocritique sera désormais un objet indépendant, un ennemi de papier, bon à brûler.

Chez le dictateur soviétique, la solitude du paranoïaque atteint des sommets inégalés. Sous le coup de son intraitable méfiance, presque

---

18. Voir S. SEBAG MONTEFIORE, *Staline, op. cit.*, chapitre 1.

19. L'épisode a lieu lors du IIe Congrès du Parti, qui se tient au mois de juillet-août 1903, à Bruxelles et à Londres. Voir R. SERVICE, *Staline, op. cit.*, chapitre 5.

20. Voir R. CONQUEST, *La Grande Terreur, op. cit.*, introduction.

tous ses compagnons de route finissent par tomber, petit à petit. Cette tempête ne se contente pas de les éliminer : elle élimine également ce qu'il reste d'eux. Les textes déjà publiés, les photographies officielles en circulation disparaissent et sont remplacées par de nouvelles versions qui *nient d'emblée* le rôle et presque l'existence du « camarade » tombé en disgrâce. Il serait trop simple d'expliquer ces interventions comme une simple manipulation de l'opinion publique : Staline ne mène pas seulement une opération de propagande, *il le fait aussi pour lui-même.* Le fait que l'ennemi ait disparu ne suffit pas car il ne supporte même pas de voir son nom et son image. Il a besoin de s'empêcher de penser que cette personne ait existé et qu'elle ait influencé sa vie. Le fantasme du paranoïaque doit se substituer à la réalité – dans le monde de l'imaginaire, certes, mais aussi dans la vie réelle.

À la publication de textes théoriques, « scientifiques » et histo-riques, Staline intervient pour y imposer des passages louangeurs – des éloges de sa modestie, notamment [21]. C'est un penseur génial qui ne doit rien à personne, hormis à Vladimir Ilitch [22]. Dès lors, on a l'impression que le Lénine stalinien est lui aussi une invention, un dogme d'acier, comme l'est ce génial Staline qui le suit de façon si intransigeante. Lénine se transforme ainsi en un postulat créé après coup pour justifier toutes les folies et les cruautés de son successeur.

Gardons-nous bien sûr de soupçonner Staline de ne pas admirer sincèrement le meneur du parti bolchevik. Il l'a certainement idéalisé dans sa jeunesse et a trouvé en lui à la fois le maître et le père qui lui avaient manqué. Mais il est tout aussi certain que cette confiance – *révélation* exceptionnelle et unique dans la vie de Joseph Djougachvili – a continué de se manifester par la suite, mais à la manière d'un point de repère abstrait, d'un dogme implacable désormais détaché de la personne de Lénine. Dans le même temps, il éprouvera des sentiments toujours plus ambivalents à l'égard de l'homme réel avec lequel il se

---

21. Voir R. MEDVEDEV, *Le stalinisme, op. cit.,* chapitre 15 ; M. AMIS, *Koba la terreur. Les « vingt millions » et le rire,* trad. F. Maurin, Paris, Éditions de l'Œuvre, 2009, p. 301.

22. Boris Souvarine souligne avec force cette incongruité (*Staline, op. cit.,* chapitre 1). L'adoption d'une pensée marxiste nécessite toujours de remonter à Marx, à d'autres textes classiques, ou bien à l'histoire du prolétariat au fil des siècles. Il n'y a rien de tel dans les écrits de Staline, qui ne se réfèrent qu'au seul Lénine. Staline a-t-il été marxiste ?

confondait. À la base des constructions paranoïaques se trouve souvent une part secrète d'envie : il est probable que Staline, en dépit ses efforts pour imiter Lénine, souffrait toujours davantage du fait que ce dernier était un leader charismatique et un idéologue reconnu qui n'avait pas besoin de l'emporter brutalement sur ses camarades. Lénine convainquait, il suscitait l'enthousiasme, c'était un tribun irrésistible. Staline était pour sa part un orateur médiocre, mais qui savait se montrer allusif – en se montrant allusif, il pouvait insinuer et, en insinuant, imposer son autorité par la peur [23].

Allusion et création d'une réalité autonome

L'allusion n'est pas une modalité occasionnelle que le futur tyran réserve à ses ennemis mais sa façon d'argumenter, qui demande à ses interlocuteurs de suivre toutes les étapes du discours, y compris celles qui ne sont pas exprimées directement, car l'ensemble constitue un raisonnement rigide et non négociable. Un procédé déjà bien esquissé dans ses premiers articles de 1905. Staline a l'habitude d'accoler à ses arguments la formule *Kak izvestno* (« Comme nous le savons »), même si le lecteur ou l'auditeur les entend pour la première fois. *Ne sluchaino* (« Ce n'est pas un hasard ») est une autre incise d'une grande importance. L'esprit inflexible connaît d'entrée de jeu le fil logique implacable qui imbrique les événements entre eux [24], il pense de façon objective et indiscutable (à ce titre, il n'a que mépris pour les facteurs personnels, qui relèvent de la psychologie ou du tempérament, parce qu'ils ne constituent pas une base suffisamment solide). Par le biais des haut-parleurs du régime, le message parvient à toutes les oreilles. Le fait que

---

23. Il a souvent été dit que Staline n'a pas inventé le « massacre communiste » mais perfectionné le chemin ouvert par Lénine. À ses yeux d'apprenti qui suivait son maître à la trace, le fait que Lénine n'ait eu besoin que de deux mois, pendant l'année 1918, pour ordonner trois fois plus d'assassinats que les tsars au cours du siècle précédent a certainement dû jouer un rôle significatif. Voir B. BRUNETAU, *Le siècle des génocides, op. cit.*, chapitre 3.

24. Robert Conquest affirme, à juste titre, qu'il s'agit d'une formule typiquement paranoïaque qui permet de renvoyer la moindre idée divergente à l'existence d'un complot (*La Grande Terreur, op. cit.*). Voir également R. TUCKER, *Staline révolutionnaire, 1879-1929, op. cit.*, chapitre 12.

ses composantes soient reliées par ce genre de tournures suffit à ce qu'elles débouchent sur une paranoïa collective diffuse.

Pour obtenir l'autorité de Lénine, qu'il enviait, Staline doit s'en remettre de plus en plus régulièrement à la tromperie et à des institutions tyranniques. Cette obligation minant l'estime qu'il se porte à lui-même, il ne peut pas l'admettre : il va donc la nier et la projeter sur un « responsable » quelconque. En empruntant la même voie, implacable et inexorable, qu'Adolf Schicklgruber (passé à la postérité sous le nom d'Adolf Hitler), Joseph Djougachvili (*alias* Staline) crée encore et encore sa propre « réalité » pour l'appliquer à son pays et au monde. Pour autant, là où la propagande d'Hitler assimile l'ennemi à une autre nation ou une autre ethnie, ce qui permet d'assez bien l'identifier, la propagande de Staline estime qu'il est partout, au cœur du pays, de la même ville, du même immeuble que vous. Dans votre propre famille. Il y a partout des comploteurs et des espions, apprend-on aux gens. Vers la fin des années 1930, le pays est contaminé de façon endémique par cette suspicion [25]. De ce point de vue, la guerre qui le frappe est presque un soulagement : grâce à elle, l'ennemi redevient lointain et visible.

L'héritage de Lénine

Staline a-t-il secrètement douté de lui-même, subodoré qu'il était devenu un sujet trop asocial pour le socialisme ? Voilà qui a certainement dû effleurer Staline, au moins à un moment décisif. Après des années qui l'ont vu, lentement mais sûrement, marcher vers le pouvoir, le « testament » de son maître Lénine vient subitement lui barrer la route. Arrêtons-nous un instant et penchons-nous sur ce document. Ironie incomparable de l'histoire, ou du moins de l'histoire que nous racontons ici, l'immense carrière politique de l'homme le plus suspicieux du monde s'est inscrite entre deux documents qui ont, l'un et l'autre, déclenché un conflit touchant précisément à leur dimension secrète. Le premier est ce qu'on a coutume d'appeler le « Testament de Lénine », le second, le « rapport » de Nikita Khrouchtchev au XXe Congrès du Parti communiste de l'Union soviétique.

---

25. Voir R. MEDVEDEV, *Le stalinisme*, *op. cit.*, chapitre 10.

Le « Testament » est officiellement une lettre rédigée par Lénine, alors gravement malade, et destinée à être rendue publique au Congrès du Parti[26]. Elle contient des recommandations en vue d'une réforme institutionnelle et une évaluation succincte de six leaders. Il y est notamment écrit que Staline a concentré trop de pouvoir en tant que secrétaire du Parti et qu'il risque, à l'avenir, de ne pas savoir en user avec la prudence nécessaire. Pour finir, un post-scriptum préconise clairement de le remplacer par quelqu'un de plus tolérant, plus loyal, moins capricieux et plus soucieux des camarades.

Quatre mois s'écoulent entre la mort de Lénine et l'ouverture du Congrès. Sans faire de bruit, Staline œuvre pour avoir avec lui un nombre de délégués supérieur à ceux qu'il contrôle déjà. Il parvient en outre à faire que le « Testament » ne soit pas rendu public au moment de la séance plénière du Congrès mais uniquement au sein des différentes délégations. Il va même jusqu'à interdire sa reproduction, intégrale ou partielle. Staline obtient *de facto* ce *secret* qu'il cherchait à obtenir et force tout le monde à jouer sur son seul terrain, celui du mystère, des conversations menées tout bas parce qu'elles peuvent vous coûter la vie. Vu son importance, on ne tarde pas à avoir vent de ce document à l'étranger. Si le *New York Times* le publie dans son intégralité dès 1925, en Union soviétique, le secret l'a emporté. Le Congrès du Parti communiste n'en fait rien. Mais ce n'est pas tout : le « Testament » n'est pas porté à la connaissance de l'opinion publique et va même disparaître des discours politiques pendant des décennies[27].

Comme on peut l'imaginer, la société soviétique voit se développer au fil du temps une nouvelle forme de rumeur populaire que nous pourrions qualifier de *ricochet collectif de la paranoïa*. Sous l'effet d'une impulsion venue d'en haut, la suspicion devient l'activité mentale quotidienne de la masse qui imagine, à son tour, des complots derrière des événements on ne peut plus normaux. Après la mort de Lénine, les rumeurs les plus invraisemblables vont ainsi se propager : d'après elles,

---

26. Le « Testament de Lénine » est consultable sur différents sites Internet. Nous avons utilisé le suivant : www.fordham.edu. Voir également les extraits des documents originaux en annexe dans STALINE, *Letters to Molotov, op. cit.*

27. En 1929, l'écrivain Varlam Chalamov, l'une des plus grandes victimes de Staline – et, par la suite, l'un de ses plus grands accusateurs – sera d'ailleurs condamné à trois ans de Goulag pour avoir, précisément, tenté de le diffuser. Il s'agira pour lui de la première d'une interminable série de condamnations.

le leader tant aimé aurait été tué par Staline en personne [28]. Mais dans les faits, c'est justement la mort de Lénine qui va ouvrir la porte du pouvoir absolu à Staline alors qu'elle aurait dû lui barrer la route.

Nadejda Kroupskaïa, la veuve de Lénine, conservera dans un premier temps une certaine influence publique qui lui permettra parfois de contredire le chef de l'URSS. Mais peu à peu, elle va s'adoucir. Une soumission qui n'est pas le fruit du hasard [29]. Si elle avait continué de l'agacer, le dictateur aurait proclamé publiquement que la veuve de Lénine n'était pas Nadejda Kroupskaïa mais une autre vieille bolchevik, plus docile. Devant les objections, il coupera court : « Le Parti peut tout. » En 1939, Kroupskaïa célébrera, comme à son habitude, son anniversaire avec quelques amis. On lui apportera un grand gâteau surmonté de l'inscription : « Bon anniversaire de la part de Staline. » Peu après, la veuve de Lénine mourra. Sans tarder, on verra circuler des rumeurs selon lesquelles la pâtisserie aurait été empoisonnée. Staline avait pourtant envoyé un gâteau à chaque anniversaire de la vieille camarade sans la moindre conséquence. Par ailleurs, les autres convives qui l'avaient mangé n'avaient eu aucun problème de santé [30].

Le Goulag

Les camps de travail forcé constituent un indicateur intéressant des états d'âme staliniens. En 1928, 28 000 personnes seulement y sont internées. Moins de trois ans plus tard, le régime une fois consolidé, les prisonniers sont déjà 2 millions [31]. À la moitié des années 1930, leur population se situe aux environs de 2 400 000 personnes (auxquelles il faudrait ajouter un demi-million de détenus dans des prisons ordinaires [32]). En 1939, l'URSS n'est pas encore en guerre mais elle envahit

---

28. Le grand rival du tyran, Léon Trotski, sera d'ailleurs de ceux qui la propageront. Voir R. MEDVEDEV, *Le stalinisme, op. cit.*, chapitre 1.

29. Voir R. CONQUEST, *La Grande Terreur, op. cit.*, chapitre 4 ; R. MEDVEDEV, *Le stalinisme, op. cit.*, chapitre 6 ; R. MEDVEDEV, *Staline et le stalinisme*, trad. D. Sesemann, Paris, Albin Michel, 1979, chapitre 5.

30. Voir R. MEDVEDEV, *Le stalinisme, op. cit.*, chapitre 6.

31. Voir R. TUCKER, *Stalin in Power. The Revolution from above, 1928-1941*, New York-Londres, Norton, 1990, chapitre 8.

32. Voir O. FIGES, *Les chuchoteurs. Vivre et survivre sous Staline*, trad. P.-E. Dauzat, Paris, Gallimard, 2 vol., 2014 [2009], chapitre 3. Les chiffres fournis par

et annexe de vastes territoires d'Europe centrale : Staline fait alors déporter environ 1 million de personnes originaires des États baltes, de Pologne et de Roumanie, à titre *préventif* dans la mesure où il les juge, non sans raison, peu bienveillants à l'égard du pouvoir soviétique. À partir de 1941, durant la première partie du conflit qui oppose le pays aux nazis, la population du Goulag diminue : parallèlement au fait qu'on autorise de nombreuses personnes à troquer leur emprisonnement contre le front, le taux de mortalité augmente et va même jusqu'à s'élever à 25 % (ce qui permet de calculer qu'au moins 500 000 personnes mourront de privations chaque année[33]). Des décès « naturels » auxquels il conviendrait d'ajouter les condamnations à mort.

Les années de guerre qui suivront verront ce chiffre repartir à la hausse. L'Armée rouge fait d'importantes avancées. De vastes territoires précédemment conquis par les nazis sont repris. Cependant, Staline *se méfie de toute la population qui a survécu à l'occupation allemande* et les envoie au Goulag, en grandes quantités. À la fin de la guerre, le nombre total dépasse à nouveau l'ancien chiffre de 2,4 millions de détenus, auxquels il faudrait ajouter environ 3 millions d'étrangers (2 millions d'Allemands et 1 million d'autres alliés de l'Axe), faits prisonniers et également envoyés aux travaux forcés. Entre 1945 et 1948, les travailleurs-esclaves représentent entre 16 et 18 % de la force de travail de l'ensemble du pays[34]. Vers la fin des années 1940, on estime qu'entre 12 et 14 millions de personnes sont enfermées dans les camps[35]. En 1953, à la mort du tyran, un mémorandum soviétique confidentiel confirmera lui aussi ce chiffre de 12 millions[36]. Comme l'a écrit Alexandre Soljenitsyne : « Le but de l'opération n'était guère dissimulé : il s'agissait de mettre à mort les bagnards. C'était une chambre à gaz bien franche, mais dans la tradition du Goulag, étirée

---

les historiens occidentaux semblent prudents. Alexandre Soljenitsyne affirmait pour sa part qu'au moins 15 millions de paysans avaient été déportés ou assassinés dès 1932, une estimation manifestement exagérée. À ce chiffre, il faudrait ajouter les purges plus politiques des années suivantes, les déportations de groupes ethniques des années 1930 et 1940, et ainsi de suite (voir *L'archipel du Goulag*, trad. G. Johannet, J. Johannet, J. Lafond, R. Marichal et N. Struve, Paris, Seuil, 1974, II, chapitre 7, p. 157).

33. Voir O. FIGES, *Les chuchoteurs*, *op. cit.*, chapitre 6.
34. Voir *ibid.*, chapitre 7.
35. Voir A. BULLOCK, *Hitler et Staline*, *op. cit.*, II, chapitre 19, p. 427.
36. Voir *ibid.* ; R. CONQUEST, *La Grande Terreur*, *op. cit.*

dans le temps, pour que les victimes aient à souffrir plus longtemps et à fournir encore du travail avant leur mort [37]. »

Sans surprise, le Goulag occupe une place déterminante dans la psychologie collective. Tout le monde est au courant de son existence mais peu de gens sauraient expliquer sa fonction de façon claire et homogène. Il semble exister pour entretenir un climat de vague menace, un moyen de dissuader la moindre opposition, mais ne s'inscrit guère dans une application claire et inflexible de la loi. Un jour, durant sa détention au Goulag, on fait sortir l'écrivain Varlam Chalamov pour un interrogatoire. On lui demande son identité et sa profession : « Juriste », répond-il. Cela semble suffire. Par une température qui atteint 60° en dessous de zéro, il se retrouve dans un autocar qui fait étape dans différents camps pour récupérer d'autres détenus. Certains savent déjà qu'ils seront fusillés. Mais où va-t-on ? Et quelle est la finalité de cette opération ? D'un coup, les hommes ballottés dans ces camions se rendent compte d'une chose : tous ceux qui ont été sélectionnés ont fait des études de droit. Impossible d'en savoir plus, on peut simplement deviner que ce motif suffit à être condamné à mort. Pourtant, tout aussi brusquement, chacun est « libéré » sans crier gare (et retourne, en d'autres termes, à ses douze heures quotidiennes de travaux forcés dans des conditions climatiques insupportables). Un homme bien informé livre l'explication : il y a eu contrordre, l'officier qui a lancé l'opération vient justement d'être arrêté [38]. C'est probablement lui qui sera fusillé.

Iakov et Nadia

Iakov, né du premier mariage de Joseph Djougachvili, est un jeune homme sensible, nerveux et taciturne, méprisé par son père. Il vient vivre à Moscou, ce qui irrite encore davantage Staline. Sans doute parce qu'au cœur de la capitale, son fils incarne visiblement ce Géorgien perdu qu'il a tenté d'effacer au fond de lui [39]. En 1928 ou 1929, le jeune homme se

---

37. Voir A. SOLJENITSYNE, *L'archipel du Goulag*, *op. cit.*, III, partie 5, chapitre 1, p. 10.

38. Voir « Le complot des juristes », dans *Récits de la Kolyma*, trad. S. Benech et L. Jurgenson, Paris, Verdier, 2013 [1969] (nouvelle édition).

39. Voir R. TUCKER, *Staline révolutionnaire*, *op. cit.*, chapitre 12.

tire une balle de revolver, sans pour autant parvenir à se tuer. « Ah ! Ah ! Il a raté son coup [40] », aurait commenté son père alors que sa belle-mère, Nadia Allilouïeva, a, semble-t-il, été bouleversée [41].

Enrôlé dans l'Armée rouge à l'irruption de la guerre, Iakov est fait prisonnier dès les premiers jours de l'attaque nazie. D'après Svetlana, la fille de Staline, ce dernier prend la chose *comme un affront personnel*. L'état-major allemand propose un échange de prisonniers mais le dictateur garde l'information secrète. Lors d'une interview à un correspondant étranger au courant de toute l'affaire, il déclare qu'il n'y a pas de prisonniers russes dans les camps d'Hitler, mais seulement des traîtres, auxquels il réglera leur compte plus tard. Le journaliste insiste et l'interroge sur Iakov. « Je n'ai aucun fils qui s'appelle Iakov », rétorque alors Staline. Dans le camp de prisonniers de Sachsenhausen, près de Berlin, cette interview est retransmise par radio. Désespéré, Iakov se dirige vers la clôture, fait mine de l'escalader et crie à la sentinelle de tirer. Cette fois, il ne loupera pas son suicide [42].

À la différence de la première épouse du tyran, Nadejda (Nadia) Allilouïeva-Staline a aussi épousé son mari parce qu'elle partage les mêmes idéaux que lui. Pourtant, dans l'enceinte du Kremlin, sa combativité et son engagement ont cédé le pas à la dépression. À l'occasion du quinzième anniversaire de la Révolution, Nadia cause la première grande déception de son époux depuis qu'il est au pouvoir. Le 7 novembre 1932, durant une célébration, il l'humilie en public. D'aucuns prétendent qu'il aurait bu et courtisé une autre femme. Il est à noter qu'il existe de nombreux avis sur les infidélités de Staline [43],

---

40. Voir S. ALLILOUÏEVA, *Vingt lettres à un ami*, *op. cit.*, chapitre 9, p. 117.

41. Voir R. MEDVEDEV, *Staline et le stalinisme*, *op. cit.*, p. 121. D'après l'historien, c'est probablement à cette époque qu'elle a songé à l'imiter.

42. Voir S. ALLILOUÏEVA, *En une seule année*, *op. cit.*, partie 3, chapitre 17. Le suicide indirect de Iakov, à travers cette tentative d'évasion, est confirmé par les archives du camp de concentration de Sachsenhausen, retrouvées par les Alliés à la fin de la guerre. Voir « Historical notes. The Death of Stalin's Son », *Time*, 1er mars 1968. Cet article est consultable sur le site de la revue (time.com).

43. Si la comparaison de différents auteurs permet de mettre en lumière ces divergences, il arrive que les historiens se contredisent eux-mêmes. À titre d'exemple, Simon Sebag Montefiore affirme que Staline avait la réputation de ne pas être un homme à femmes, mais souscrit presque sans réserve aux informations qui lui attribuent plus d'un enfant illégitime (voir *Staline, op. cit.*, chapitre 1 et chapitre 27).

différents indices mais peu de preuves. Toujours est-il que Nadia vit avec un homme qui est la suspicion incarnée et le soupçonne donc à son tour de flirter dans son dos. De retour au Kremlin, elle lui écrit une lettre de reproche. Puis pointe un revolver contre son cœur et tire [44]. Lors de la cérémonie funèbre, Staline ne s'approchera qu'un instant du cercueil ouvert. Après avoir repoussé son épouse d'un geste, il lancera tout haut : « Elle m'a abandonné comme un ennemi [45] », avant de s'éloigner. Par la suite, même si Nadia est enterrée à Moscou, il ne se rendra jamais sur sa tombe.

D'après Svetlana, sa fille, Staline ne tournera jamais la page. Il va devenir encore plus solitaire, méfiant et dépourvu de tout sentiment : il n'aura que de brèves aventures avec des femmes (aucun de ses enfants illégitimes présumés n'a été reconnu) et ne rencontrera que trois de ses huit petits-enfants [46]. Il voit dans la mort de Nadia – et dans le contenu de sa dernière lettre – le fruit d'une série de manœuvres contre lui. Sans surprise, il circule une autre version, suivant laquelle elle aurait été tuée par Staline lui-même [47]. En règle générale, ces récits prétendent qu'il l'aurait étranglée. Le dictateur était néanmoins le contraire d'un homme physiquement imposant, il était beaucoup plus âgé que sa femme et, surtout, n'avait qu'un bras valide. Mais pour l'imagination collective, gonflée par les rumeurs, aucune version ne pouvait être écartée.

Au fil du temps, Staline ne réagira que d'une seule et même manière, invariablement – en niant sa responsabilité dans la mort de sa femme. Il a initialement éprouvé des remords. Mais ont-ils été profonds ? Difficile à croire. De fait, il aurait dit à Molotov : « J'ai été un mauvais mari. Je n'avais pas le temps de l'emmener au cinéma [48]. » Au frère de

---

44. Voir *ibid.*, chapitre 8 ; R. SERVICE, *Staline*, *op. cit.*, chapitre 26 ; B. SOUVARINE, *Staline*, *op. cit.*, chapitres 10 et 11 ; A. BULLOCK, *Hitler et Staline*, *op. cit.*, I, chapitre 10 ; R. MEDVEDEV, *Le stalinisme*, *op. cit.*, chapitre 4.

45. Voir *ibid.*

46. Voir *ibid.*

47. Voir R. TUCKER, *Staline révolutionnaire, 1879-1929*, *op. cit.*, chapitre 9 ; R. SERVICE, *Staline*, *op. cit.*, chapitre 26 ; B. SOUVARINE, *Staline*, *op. cit.*, chapitres 10 et 11. Ce dernier est par ailleurs le seul historiographe à se déclarer convaincu que la rumeur était vraie. Il n'avance pas de preuves mais l'argument suivant : avec Staline, les pires soupçons s'avèrent toujours réalistes.

48. Voir R. SERVICE, *Staline*, *op. cit.*, chapitre 26 ; S. SEBAG MONTEFIORE, *Staline*, *op. cit.*, chapitre 8.

sa défunte épouse, il montrera un tiroir contenant des liasses et des liasses de billets de banques : « Elle pouvait aller où elle voulait, acheter tout ce qui lui plaisait. Que lui manquait-il [49] ? » Dès lors qu'il s'agit de nier ses responsabilités, Staline est évidemment disposé à faire appel aux arguments les moins marxistes qui soient. Comme cela peut arriver quand une personnalité est dominée par un délire de persécution, ce questionnement critique extrêmement limité est très vite remplacé par la conviction inébranlable d'avoir subi un tort. Lorsqu'un autre de ses beaux-frères tentera de le réconforter en accusant Nadia d'avoir abandonné cruellement ses deux enfants, le tyran lui répondra rageusement : « Comment ça, les enfants ? Eux, quelques jours leur ont suffi pour l'oublier, mais c'est moi qu'elle a rendu infirme pour la vie [50]. » Dans la logique stalinienne, l'important est de comprendre ce qu'il y a derrière un événement. Nadia n'est plus mais, comme avec Iakov, il ne faut jamais s'arrêter aux apparences. C'est à lui, Staline, qu'on a fait du tort : *la vraie victime*, c'est lui.

Le diagnostic de paranoïa

Si nous avons aujourd'hui l'habitude d'associer la neuropsychiatrie russe au nom de Pavlov, Vladimir Bekhterev a été encore plus célèbre dans les premières décennies du XXe siècle avant d'être effacé de la mémoire collective sur intervention de Staline. C'est pourtant lui, la plus haute autorité de son époque (on a alors coutume de dire, chez les psychiatres et les neurologues, qu'ils ne sont que deux à connaître le mystère du cerveau humain : Dieu et Bekhterev), qui diagnostique la paranoïa de Joseph Djougachvili sans la moindre ambiguïté. En décembre 1927, à Moscou, les théories qu'il expose lors d'un congrès de neuropathologie attirent l'attention des délégués étrangers mais aussi celle de Staline, qui demande à le voir. Après un entretien privé avec le dictateur, Bekhterev avoue à son assistant qu'il est extrêmement inquiet : le chef du pays est gravement paranoïaque. L'illustre clinicien n'a même pas le temps de quitter le congrès pour rentrer chez lui : il

---

49. Voir R. MEDVEDEV, *Le stalinisme, op. cit.*, chapitre 4 ; R. MEDVEDEV, *Staline et le stalinisme, op. cit.*, chapitre 4, p. 125.
50. Voir R. SERVICE, *Staline, op. cit.*, chapitre 26.

meurt de « maladie » dans l'hôtel où il se trouve [51]. Suivant un scénario appelé à devenir coutumier, Bekhterev disparaît non seulement de Moscou mais aussi des pages des périodiques, des publications scientifiques, des encyclopédies. On ne se contente pas de cesser d'imprimer son nom : on va même jusqu'à remplacer les œuvres existantes où il est mentionné.

Quelques habitudes quotidiennes

À la différence de la majorité des dirigeants autoritaires, Staline néglige de faire des bains de foule ou d'exploiter médiatiquement un magnétisme qu'il ne possède d'ailleurs pas. Il encourage, quitte à tout falsifier, le culte de sa personnalité en faisant mine d'être effacé – et en l'étant vraiment, pour partie [52]. C'est même tout sauf un hasard s'il travaille plus volontiers la nuit. Convaincu que le monde est un mystère difficile à expliquer, il finit par offrir une image dans le droit fil de cet état de fait. Chacune de ses résidences doit comporter deux sorties et avoir plusieurs chambres à coucher. Chaque lit doit disposer d'une parure de draps : en règle générale, Staline préfère les étendre lui-même sur son matelas. La lampe qui lui sert à lire, quant à elle, n'est jamais fixée au mur car il doit pouvoir la prendre et inspecter sous son lit avant de se coucher [53].

Lorsqu'il se rend dans sa Géorgie natale, le dirigeant soviétique fait généralement partir cinq trains : il s'installe dans l'un d'entre eux tandis que les autres sont occupés par des sosies [54]. Malgré l'immensité du territoire soviétique, il ne prendra l'avion qu'une seule fois dans sa vie, en l'occurrence pour se rendre à Téhéran où aura lieu sa première rencontre avec Churchill et Roosevelt (les suivantes seront pratiquement organisées « chez lui », et pour lui, à Yalta et Potsdam). Là encore, il prendra des précautions extrêmes : son avion volera au milieu

---

51. Voir A. BULLOCK, *Hitler et Staline*, *op. cit.*, I, chapitre 6 ; R. MEDVEDEV, *Le stalinisme*, *op. cit.*, partie 3, chapitre 9 ; V. LERNER, E. WITZTUM, « Vladimir Bekhterev. 1857-1927 », *The American Journal of Psychiatry*, CLXII, 8, 2005, p. 1506.

52. Robert Service a consacré le chapitre 23 de son ouvrage à ce sujet : « Le culte de l'impersonnalité » (*Staline, op. cit.*).

53. Voir R. MEDVEDEV, *Le stalinisme*, *op. cit.*, chapitre 9.

54. Voir N. DAVIES, *Europe. A History, op. cit.*, p. 960.

d'une escorte de 27 appareils. Même s'il y en avait des centaines, ils ne pourraient tout de même pas éviter les trous d'air qui le terrorisent[55]. Depuis des décennies, Staline est habitué à modeler le territoire où il règne et à le contrôler, ce qu'il ne peut pas faire avec le ciel.

Ressemblances et différences avec Hitler

De façon provocatrice, mais avec une part de sincérité, Martin Amis a dit que Staline n'a fait confiance qu'à une seule personne dans sa vie : Adolf Hitler[56]. Une affirmation partagée par l'historien Niall Ferguson qui attribue néanmoins sa paternité à Soljenitsyne[57]. Enfin, pour Souvarine, « Mussolini a commencé par imiter Lénine, Hitler a continué en imitant Mussolini et Staline, celui-ci en retour copie les deux émules, surtout dans ce qu'ils ont de pire »[58]. Tout comme Hitler, Staline a eu une mère extérieurement protectrice mais qui lui témoignait peu d'affection et un père violent, encore moins affectueux, alcoolique, qui frappait sa femme et son fils. En un sens, il se pourrait que l'éducation des deux futurs tyrans ait été indirectement influencée par leurs pères plutôt que par leurs mères : dès leur enfance, la violence a comme parasité leurs âmes et a été utilisée pour dissimuler une insécurité, une peur, un manque de chaleur. Se tourner vers les autres pour les détruire est la modalité relationnelle, ultime et inconsciente, qui reste aux individus incapables de développer de véritables liens.

Les deux dictateurs ont également en commun un rapport tourmenté à leurs origines. Pour personnifier la quintessence de l'Allemand, Hitler a dû faire oublier qu'il venait de la province autrichienne tandis que Staline a tenté d'effacer son ascendance géorgienne afin d'incarner le leader panrusse. Si le premier n'a eu qu'à s'exprimer en corrigeant son accent dialectal, le second a dû passer d'une langue caucasienne à une langue indo-européenne. Un véritable changement de continent. En termes de pathologie, on a souligné que le narcissisme, l'asocialité et la paranoïa constituaient de véritables points de

---

55. Voir M. AMIS, *Koba la terreur, op. cit.*, p. 259.
56. Voir *ibid.*, p. 250.
57. Voir N. FERGUSON, *The War of the World, op. cit.*, p. 428.
58. Voir B. SOUVARINE, *Staline, op. cit.*, p. 552.

convergence entre Staline et Hitler [59]. Pour autant, ce dernier aurait eu une forte composante *borderline*, avec des troubles de la personnalité proches de la folie, des sautes d'humeur extrêmes et une tendance masochiste. Ce qui n'était pas le cas du dictateur soviétique. Sa paranoïa était plus pure.

Contrairement à Hitler, Joseph Djougachvili dirige un État multinational. Longtemps, son leadership au sein de son propre parti est incertain. Ce qui explique pourquoi le travail de la police politique est un pilier absolument essentiel de son pouvoir [60]. Hitler recrute des criminels d'emblée, dès la naissance du NSDAP, et leur abandonne l'appareil répressif dont il s'est presque complètement désintéressé. À l'inverse, Staline recrute surtout des criminels dans les années 1920, à mesure qu'il élimine ses adversaires *au sein du Parti*. Et il continue de s'intéresser directement à la répression. Hitler va même finir par s'apercevoir que le dictateur géorgien dévore les sujets qui constituaient sa base, ce qu'il assimilera à une « maladie mentale ». Hélas, la justesse de ce diagnostic ne fera qu'accentuer la maladie mentale du Führer et le convaincre, chaque jour un peu plus, de la nécessité de détruire Staline [61].

La paranoïa particulière du tyran soviétique lui impose des choix aux antipodes de ceux d'Hitler – tout aussi inhumains, certes, mais plus rationnels : il évite de jouer de façon trop risquée et de tout miser sur des calculs à court terme – une politique adaptée à son pouvoir individuel et dont les effets sur l'évolution du pays seront dévastateurs. Les leaders soviétiques qui lui succéderont hériteront de ce fait d'un empire déjà dans l'impasse. Si Hitler a l'empressement d'Ajax, Staline cultive sa solitude absurde. Là où le premier emprunte la confiance excessive que le héros grec accordait à son épée, le second imite la défiance que le fils de Télamon éprouvait à l'égard des autres. Du fait que l'Allemagne

---

59. Voir L. CANCRINI, *L'océan borderline. Troubles des états limites, récits de voyage*, trad. S. Guzzi, Bruxelles, De Boeck, 2009, p. 261-265.

60. Voir par exemple R. MEDVEDEV, *Le stalinisme, op. cit.*, chapitre 11 ; R. CONQUEST, *La Grande Terreur, op. cit.*, introduction.

61. C'est ce qu'a rapporté Joseph Goebbels. Voir l'annotation du 10 juillet 1937 dans son *Journal. 1933-1939*, trad. D.-A. Canal, éd. dir. par P. Ayçoberry et B. Lambauer, Paris, Tallandier, 2007. Voir également I. KERSHAW, *Hitler. 1936-1945, op. cit.*, chapitre 9.

compte peu de minorités et qu'il a physiquement anéanti l'opposition, Hitler projette la paranoïa à l'extérieur du pays. Staline, lui, évolue dans un empire multiethnique et a du mal à s'imposer sur les autres mouvements politiques et les autres personnalités du Parti : c'est donc vers l'intérieur des frontières soviétiques qu'il la retourne. Pour l'un et pour l'autre, une victoire sur l'ennemi, quelle qu'elle soit, ne peut pas s'inscrire dans la durée : elle est le fruit d'un besoin psychologique rigide et malade, inconciliable avec le moindre succès. Le tyran paranoïaque ne se sent vivant que s'il fait monter les enchères. Tandis qu'Hitler sème les graines de sa défaite militaire, Staline pose les jalons de la méfiance farouche des nations opprimées et de la paralysie économique. La désintégration de l'Union soviétique ne sera donc pas la conséquence d'une guerre perdue : elle sera tout simplement plus progressive.

Comme nous l'avons vu, Hitler affirme que sa force réside dans sa rapidité et sa brutalité : ainsi, il fait définitivement passer les résultats militaires avant les résultats politiques – et les calculs à court terme avant les calculs inscrits dans la durée. Staline, lui, pourrait affirmer que sa force réside dans sa brutalité et son imprévisibilité. Ce faisant, pour ne pas prendre le risque de trahir ses intentions, il s'efforce de tenir secrets une grande partie de ses plans, ce qui renforce le caractère irrationnel et instable d'un appareil d'État, d'une politique et d'une économie déjà très difficiles à coordonner.

Staline sait attendre le temps nécessaire dès lors que ses calculs peuvent pleinement devenir une réalité. Ce qui ne veut pas dire qu'il n'est pas sujet à l'empressement du paranoïaque : si l'impatience d'Hitler est susceptible de se déchaîner dès qu'il s'est fixé un objectif à atteindre, le tyran géorgien lui donne libre cours quand *toutes les conditions matérielles* sont remplies [62]. Dans la phase où l'action se

---

62. Si ces *conditions matérielles* sont centrales dans la personnalité stalinienne, c'est que le *présupposé implacable* de sa paranoïa a surtout retenu de la théorie marxiste le principe de matérialisme. Une fois poussé à l'extrême, celui-ci se traduira exclusivement par une attention excessive portée aux rapports de force, signe que les valeurs se seront perdues en cours de route depuis longtemps. En ce sens, Staline est un paranoïaque moins éclatant qu'Hitler. Il n'a eu qu'une seule révélation originelle : il lui faut conduire la mission nationale sans faire confiance aux autres pays, la mission du Parti sans faire confiance aux autres formations et la mission qui le concerne personnellement sans faire confiance aux camarades du Parti.

concrétise, l'empressement n'est pas seulement permis mais nécessaire. Les plans de Staline sont alors similaires à ceux d'Hitler : ce qu'on fait par surprise devient plus facilement irréversible. À titre d'exemple, la déportation de populations entières sur un autre continent peut être tout à fait inattendue : les gens n'ont que quelques minutes pour rassembler leurs affaires. Au final, les massacres commis par Hitler, survenus dans un laps de temps relativement bref, feront l'objet d'archives détaillées et, par la suite, ouvertes par la République Fédérale d'Allemagne, précisément née du rejet du nazisme. Les exactions de Staline, elles, sont moins connues – parce qu'elles seront davantage étalées dans le temps et dans l'espace, certes, mais également parce qu'elles subiront le culte du secret orchestré par le chef du régime, la désorganisation du système ainsi que la responsabilité de successeurs guère enclins à ouvrir ces dossiers.

Pour Norman Davies, un auteur sévère avec le « réalisme socialiste », les victimes de la violence soviétique sont au nombre d'environ 54 millions [63]. Un chiffre moyen par rapport à d'autres estimations (surtout celles de Medvedev et de Conquest) et qui concerne la période 1917-1953 : les crimes en question pèsent donc, pour l'essentiel, sur la conscience de Staline. Au total, on y dénombre « seulement » 1 million de prisonniers de guerre morts de privations : tous les autres, c'est-à-dire au moins 53 millions de personnes, sont des *victimes de l'intérieur*, c'est-à-dire des citoyens de l'Union soviétique.

Eric Hobsbawm regarde, pour sa part, d'un œil moins dur l'expérience soviétique [64] et rappelle (sans commenter cette donnée) qu'en 1937, lorsque le recensement prévu a été brusquement annulé, on pouvait estimer que la population de l'URSS s'élevait à moins de 164 millions d'habitants. Autrement dit, 16 700 000 de moins que les prévisions démographiques du Plan quinquennal 1933-1938. Que faut-il en conclure ? Tout simplement qu'en à peine quatre ans, de 1933 à 1937, 10 % de la population cet immense pays avait disparu. À ce rythme, une grande partie des citoyens soviétiques aurait pu disparaître durant les décennies où Staline a été au pouvoir mais ses politiques d'exterminations se sont concentrées dans les années 1930 et

---

63. *Europe. A History*, *op. cit.*, annexe 2.
64. *L'Âge des extrêmes*, *op. cit.*, chapitre 13.

1940. Même en suivant ce calcul, les massacres imputables au dictateur (et à ses choix politiques, et non militaires) sont gigantesques, supérieurs, au moins quantitativement, à ceux commis par Hitler. Et c'est ainsi que plusieurs auteurs, avec des sensibilités politiques diverses et en adoptant des méthodes différentes, parviennent, en substance, à des résultats plus ou moins équivalents.

D'une certaine manière, en plus d'« expliquer » les quelques actes que la politique n'arrive pas à expliquer, la paranoïa représente l'arme absolue avec laquelle le tyran écrase ses ennemis quand les moyens « traditionnels » n'y parviennent pas complètement. En accentuant démesurément cette part de ténèbres de la psyché, le leader totalitaire se rend incompréhensible aux yeux de l'adversaire non paranoïaque et réussit, *pendant une durée relative*, à le mystifier et à le tenir en son pouvoir. Dans le même temps, il contamine psychiquement les masses pour leur apparaître exemplaire.

Comme nous l'avons vu avec Hitler, Staline réussit lui aussi à imposer aux foules sa réalité imaginaire. Pendant un certain temps, ce versant « positif » de la paranoïa va tromper le citoyen moyen et même les intellectuels. Une anecdote raconte qu'un jour, deux connaissances se croisent dans une rue de Moscou durant la Grande Terreur et soupirent : « Si seulement quelqu'un pouvait en parler à Staline ! » Reste qu'il ne s'agit pas de deux naïfs anonymes mais de deux grands écrivains russes de l'époque, Boris Pasternak et Ilya Ehrenbourg [65]. Espionner des dizaines de millions de personnes va d'ailleurs mobiliser sans cesse une main-d'œuvre gigantesque, tant et si bien qu'à la veille de la Seconde Guerre mondiale, le pays comptera un fonctionnaire pour deux travailleurs [66]. Mais l'URSS repose également sur d'innombrables fictions personnalisées : le vieux Gorki, qui oscille entre compromis opportunistes et critiques, est l'une des vitrines du régime. Pour le garder sous contrôle, l'édition de la *Pravda* qu'il reçoit est un exemplaire unique, imprimé spécialement pour lui, où l'annonce des arrestations est parfois remplacée par des articles sur la pêche au crabe [67].

---

65. Voir M. AMIS, *Koba la terreur, op. cit.*, p. 269.
66. Voir E. HOBSBAWM, *L'Âge des extrêmes, op. cit.*, chapitre 13.
67. Voir M. AMIS, *Koba la terreur, op. cit.*, p. 287.

Hitler et Staline vont également être conditionnés par la façon dont ils s'espionnent l'un l'autre, à distance. De même que l'honnête citoyen dissimule toujours une part d'immoralité (*l'ombre*, dans la psychologie jungienne), l'inconscient du paranoïaque criminel peut receler une bienveillance réprimée. Si nous acceptons cette hypothèse, qui est tout sauf invraisemblable, cela nous oblige également à supposer que « l'autre » suscite souvent une admiration et une émulation chez les monstres, même si c'est de manière inconsciente. Des chercheurs comme Bullock, Snyder, Ferguson et Furet ont noté des ressemblances entre les deux leaders et, par voie de conséquence, entre les deux États totalitaires[68]. Des liens dont le fondement théorique réside peut-être dans le concept même de totalitarisme par lequel Hannah Arendt a rapproché des systèmes idéologiquement très différents. Dans la mesure où les deux régimes, alliés de 1939 à 1941, ont connu des fortunes diverses à la fin de la Seconde Guerre mondiale (l'un se retrouvant détruit et l'autre, du côté des triomphateurs), ces motifs historiques évidents expliquent pourquoi plusieurs décennies ont passé sans que les similitudes entre eux ne soient jamais mises en évidence. Tout le monde sait, par exemple, que l'entrée des camps nazis était surmontée de l'invraisemblable formule *Arbeit macht frei* (« Le travail rend libre »), mais peu de gens se souviennent que, des années auparavant, on pouvait lire l'inscription *Trudom domoï* (« Il faut travailler pour pouvoir rentrer ») au-dessus des portes des camps[69]. En outre, de même que le génocide arménien avait inspiré à Hitler l'affirmation cynique que nous avons rappelée au précédent chapitre, Staline aurait lancé quelque chose de très similaire au sujet de ses victimes :

> Staline grommela, ne s'adressant à personne en particulier : « Qui se rappellera cette racaille dans dix ou vingt ans ? Personne... Qui se rappelle le nom des boyards dont Ivan le Terrible s'est débarrassé... Il fallait que les gens sachent qu'il se débarrassait de tous ses ennemis ? En fin de compte, ils ont tous eu ce qu'ils méritaient. »[70]

---

68. Voir A. BULLOCK, *Hitler et Staline, op. cit.* ; T. SNYDER, *Terres de sang. L'Europe entre Hitler et Staline*, trad. P.-E. Dauzat, Paris, Gallimard, 2012 ; N. FERGUSON, *The War of the World, op. cit.*, chapitre 12 ; F. FURET, *Le Passé d'une illusion, op. cit.*, chapitre 7.
69. Voir N. DAVIES, *Europe. A History, op. cit.*, p. 330.
70. Citation dans N. M. NAIMARK, *Les génocides de Staline*, trad. J. Pouvelle, Paris, L'Arche, 2012, p. 33.

En 1986, Ernst Nolte a suscité une polémique énorme chez les historiens en posant la question suivante : « l'archipel du Goulag » n'a-t-il pas précédé Auschwitz[71] ? « L'extermination de classe » des bolcheviks n'a-t-elle pas été le précédent logique et factuel de « l'extermination de race » des nationaux-socialistes ? Dès lors, beaucoup de gens ont tenté de déterminer si le nazisme avait inventé l'horreur de façon autonome ou s'il avait été stimulé dans ce domaine par l'horreur bolchevique qui avait débuté plus tôt. Si Staline avait ouvert la voie aux déportations et à l'extermination de classe, c'est que ces phénomènes correspondaient à une idéologie classiste arrivée pour la première fois au pouvoir. Pour autant, le dictateur soviétique avait également précédé le dictateur nazi en matière de déportations et d'extermination des nationalités puisqu'il s'y était attelé dès 1937, ce qu'avait fait remarquer Alexandre Soljenitsyne, bien avant Nolte[72].

Chronologiquement parlant, le « travail totalitaire » et la « prophylaxie paranoïaque » de Staline ont été engagés près d'une décennie avant ceux d'Hitler. Malgré ce surcroît d'expérience, le dictateur soviétique est resté enclin à prendre exemple sur le dirigeant nazi. Le 30 juin 1934, Hitler met au pas la Sturmabteilungen (SA) – ses vieux compagnons de route, peu recommandables pour un régime désormais consolidé – en faisant assassiner ses dirigeants lors de la nuit des Longs Couteaux. « *Molodec, kak on zdorovo eto sdelal !* Quel type fantastique, quelle opération magistrale ! », se serait exclamé Staline en apprenant la nouvelle. D'une manière générale, il a observé avec beaucoup d'attention les décisions du Führer et ses commentaires à son endroit sont

---

71. Voir E. NOLTE, « Vergangenheit, die nicht vergehen will », *Frankfurter Allgemeine Zeitung*, 6 juin 1986.

72. « Quant à l'expérience d'extirpation des Juifs et des Tziganes que nous devons à Monsieur Son Frère Hitler, elle a eu lieu plus tard, après le début de la Seconde Guerre mondiale, alors que cela faisait déjà un moment que notre petit père Staline était penché sur le problème » (*L'archipel du Goulag, op. cit.*, III, partie 6, chapitre 4, p. 312). Dans le rapprochement qu'il fait entre les deux tyrans l'écrivain ne témoigne pas de la même prudence que l'historien britannique Alan Bullock mais plutôt de sa passion de lettré russe : pour lui, les victimes de Staline « qui avaient souffert dans leur propre chair vingt-quatre années de bonheur communiste savaient dès 1941 ce que personne au monde ne savait encore : qu'il n'a jamais existé sur la planète entière ni tout au long de l'histoire de régime plus méchant, plus sanglant et, en même temps, plus perfidement industrieux que le régime bolchevique usurpateur du nom de "soviétique" ». Et d'ajouter : « [Ils savaient] qu'aucun régime terrestre ne soutient avec lui la comparaison, pas même le régime de ce novice d'Hitler » (*ibid.*, III, partie 5, chapitre 1, p. 26).

étonnamment sincères [73]. À la fin de la guerre la plus meurtrière de tous les temps, celle entre l'Union soviétique et l'Allemagne nazie, il exprimera de véritables regrets, non pas face à ces monceaux de cadavres, mais parce qu'« avec les Allemands, [ils auraient] été invincibles » [74].

« L'inversion des causes », ou l'esprit du leader comme origine de la société

En l'absence de tout attachement à la fidélité, aux sentiments ou à la parole donnée, Staline ne croit qu'aux seuls rapports de force, qu'il fait pencher en sa faveur de la plus irréversible des manières, à savoir en éliminant ses adversaires. À cet égard, nul ne se sera montré aussi cohérent que lui : sur les 1 827 délégués du XVIIᵉ Congrès du Parti communiste de l'Union soviétique, qui se tient en 1934, 37 seulement seront encore là à l'occasion du XVIIIᵉ Congrès, cinq ans plus tard, en 1939. Soit *à peine 2 % d'entre eux* [75] ! On a observé que le Parti n'était plus le même après de telles transformations, et dans de telles proportions : il était devenu quelque chose de radicalement nouveau [76]. Mais comment aurait-il pu en être autrement alors que 98 % de ceux qui le représentaient avaient disparu ? Leur élimination violente ne signifiait-elle pas que le criminel qui avait pris le Parti en otage le détestait et comptait pratiquement le détruire ?

Comme nous l'avons vu, Staline pousse jusqu'à son paroxysme une furie paranoïaque déjà présente chez Lénine et chez une bonne partie des révolutionnaires, mais en la séparant toujours davantage de la réalité. La source de la vérité n'est plus les faits, mais « le Parti ». Reste que celui-ci n'est plus – et c'est une nouveauté – un groupe d'hommes uni par un but politique commun, mais une idée, constamment changeante et pourtant inflexible, conçue par l'esprit du leader.

---

73. Voir N. FERGUSON, *The War of the World*, *op. cit.*, chapitre 12 ; R. SERVICE, *Staline*, *op. cit.*, chapitre 30. Le témoin qui a rapporté cette phrase est Anastase Mikoyan, élu membre du Politburo en 1935.

74. Voir M. AMIS, *Koba la terreur*, *op. cit.*, p. 244.

75. Voir E. HOBSBAWM, *L'Âge des extrêmes*, *op. cit.* ; R. CONQUEST, *La Grande Terreur*, *op. cit.*, p. 944. Dans son Rapport secret de 1956, Khrouchtchev sera le premier à révéler que 98 des 139 membres du Comité central avaient été fusillés, essentiellement en 1937-1938. Voir le Modern History Sourcebook sur le site www.fordham.edu.

76. Voir R. CONQUEST, *La Grande Terreur*, *op. cit.*

Seule cette réalité mentale doit correspondre à une révélation définitive et à une vérité implacable. En ce sens, le Parti se fond dans une *cohérence absurde*, individuelle et autoalimentée, mais qui se veut collective. Ce trait paranoïaque se traduit sans cesse par des *inversions des causes*. Le mode de fonctionnement de cette perversion mentale n'est pas fondamentalement différent de celle que nous avons observée dans les contorsions psychiques d'Hitler et chez l'extrême-droite raciste – et ce, même si l'une et l'autre sont antithétiques. S'agissant, par exemple, du développement du pays, l'affirmation du Parti n'est pas le point d'aboutissement d'une économie industrialisée, contrairement à ce que prévoit la théorie marxiste, mais son point de départ. Et pas parce que les conditions matérielles le permettraient vraiment, mais parce que le leader l'a envisagé de cette manière.

La main silencieuse de Staline déclenche *un renversement supplémentaire du processus de causalité*. Alors que le parti devrait être la grande nouveauté fixant le cap politique d'une société nouvelle, elle aussi, le tyran devient sous nos yeux l'origine de tout, comme dans les régimes absolus les plus anciens. Les représentants du peuple ne comptent pas. La preuve : on peut se dispenser de 98 % d'entre eux. Mais pas seulement : les 2 % restants sont certainement trop occupés à se demander « Comment se fait-il que je sois encore là ? » pour prendre part à de véritables décisions. En quelques années, le Parti n'est plus qu'une écurie d'esclaves. Curieux destin pour un mouvement qui voulait abolir à tout jamais la servitude de la condition humaine.

À ce titre, l'explication des suicides constitue la manifestation la plus extrême de l'*inversion des causes* stalinienne. Lorsqu'un individu persécuté est tellement acculé qu'il en vient à se suicider, cela ne veut pas dire qu'on l'a bien trop torturé. Au contraire, c'est un aveu de culpabilité. La victime se sait coupable et use d'une méthode déloyale pour échapper à la punition [77].

Les massacres : les « koulaks »

L'ampleur des massacres staliniens permet-elle de les qualifier de « génocides » ? Cette question donne souvent matière à discussion.

---

77. Voir N. M. NAIMARK, *Les génocides de Staline, op. cit.*, chapitre 2.

Raphael Lemkin, à qui nous devons ce concept, a répondu par l'affirmative [78]. Alexandre Yakovlev [79], lui, préfère le mot de « démocide » tandis que Bernard Brunetau [80] parle de « politiques génocidaires » ; Michael Mann se réfère, on s'en souvient, à l'idée de « classicide » [81] même si l'expression d'« ethnocide » [82] est également valable. Quoi qu'il en soit, on trouve à la base de cette frénésie homicide un ensemble de préjugés de classe et, officiellement, antinationalistes (c'est-à-dire désireux d'empêcher la réapparition de mentalités propres aux bourgeois ou aux paysans-propriétaires, mais aussi celle de cultures nationales distinctes). Le nouveau régime veut l'industrialisation de la Russie : avant même de la mener à bien dans le domaine de l'économie, il la parachève déjà à travers ces assassinats.

L'élimination des koulaks, ces paysans-propriétaires, incarnations mineures du capitalisme, en 1929-1932, est le premier grand massacre stalinien, mené parallèlement à la collectivisation forcée. Examinons les caractéristiques de ce processus, qualifié de politique « à caractère génocidaire » par Brunetau [83].

Le 27 décembre 1929, dans la *Pravda*, Staline annonce l'objectif de « liquider les koulaks en tant que classe ». À cette époque, le mot « koulak » n'a pas de définition à proprement parler [84]. Il existe néanmoins un préjugé bolchevik selon lequel le paysan-propriétaire s'apparente à un « petit-bourgeois » [85]. Derrière cette impression, c'est une idéologie qui s'exprime : la méfiance vis-à-vis de la classe paysanne, déjà déclarée dans le *Manifeste du Parti communiste*. Mais du point de vue de la paranoïa collective, il existe surtout le besoin de pointer les

---

78. Voir A. WEISS-WENDT, « Hostage of Politics. Raphael Lemkin on "Soviet Genocide" », *Journal of Genocide Research*, VII, 4, 2005, p. 551-559.

79. *Le cimetière des innocents, op. cit.*, chapitre 1.

80. *Le siècle des génocides, op. cit.*, chapitre 3.

81. *The Dark Side of Democracy, op. cit.*, p. 17 et p. 321-322.

82. L'expression a initialement été créée par les anthropologues Robert Jaulin et Jean Malaurie avant d'être développée par le sociologue Rodolfo Stavenhagen. Elle était habituellement réservée à l'extermination de cultures tribales.

83. *Le siècle des génocides, op. cit.*, chapitre 3.

84. Dans *Le stalinisme* (*op. cit.*, partie 1, chapitre 3), Roy Medvedev propose un excursus sur l'usage qu'on faisait auparavant de ce terme dans la pensée marxiste : celui-ci témoignait d'une tolérance toute relative. C'est uniquement avec Staline qu'on basculera dans un extrémisme paranoïaque.

85. Voir A. SOLJENITSYNE, *L'archipel du Goulag, op. cit.*, III, partie 6, chapitre 2, p. 285.

conspirateurs du doigt pour la masse, en essayant de contaminer sa psyché par le biais de la propagande. On essaie ainsi de former l'idée que le koulak équivaut à un ennemi. Dès que le sujet est évoqué, chacun se doit d'acquiescer et de montrer qu'il sait parfaitement qui sont ces parasites. En réalité, comme pour d'autres projets staliniens, on ne cherche même pas à connaître, avant toute chose, le nombre de ces koulaks – un calcul pourtant simple en théorie vu qu'on crée la catégorie. Au lieu de quoi, on *prédétermine* les quantités de koulaks à exproprier et à déporter.

La pensée suspicieuse ne cherchant pas la vérité mais la confirmation du dogme de départ, les listes de koulaks sont établies à partir de ce critère. Chaque localité reçoit préalablement un quota d'ennemis *qu'il faut débusquer car ils existent forcément.* Le village natal de l'écrivain Vassil Bykov ne compte pas de paysans-propriétaires : il n'y a là que des pauvres. Mais comme la « dékoulakisation » est obligatoire, les activistes locaux en choisissent tout de même trois : un paysan qu'on considère propriétaire de bétail car sa vache a eu un veau ; un autre dont la jument a donné naissance à un poulain ; et un troisième qui peut rentrer dans la catégorie d'employeur car l'une de ses proches est venue l'aider à faire les récoltes [86]. Comment ne pas démasquer l'ennemi avec un arsenal rhétorique aussi imparable ?

Au bout du compte, on crée la définition du koulak pour « dékoulakiser » au lieu d'inventer la « dékoulakisation » parce qu'on a identifié les koulaks [87]. Cette idée, fruit d'une préconception idéologique et non d'une connaissance acquise sur le terrain, est à la fois stricte et vague. Pour plus de précision, on crée opportunément la catégorie des *sous-koulaks* : « Par koulak, nous entendons le porteur de certaines tendances politiques très souvent discernables chez le sous-koulak, homme et femme [88]. » Pour définir les koulaks, on se fonde sur les sous-koulaks qui sont eux-mêmes une émanation du concept de koulak : la tautologie et la circularité atteignent des sommets. À cet égard,

---

86. Voir R. TUCKER, *Stalin in Power, op. cit.*, chapitre 8.
87. Voir *ibid.* ; et R. CONQUEST, *Sanglantes moissons, op. cit.*, chapitre 6 ; B. BRUNETAU, *Le Siècle des génocides, op. cit.*, chapitre 3 ; B. SOUVARINE, *Staline, op. cit.*, chapitre 10 ; A. SOLJENITSYNE, *L'archipel du Goulag, op. cit.*, II, partie 6, chapitre 2.
88. Citation dans R. CONQUEST, *Sanglantes moissons, op. cit.*, chapitre 6, p. 127.

expliquer le communisme en disant qu'il est le contraire de l'anticommunisme n'aurait rien de surprenant.

Le raisonnement circulaire est imperméable à la réalité extérieure,
mais il peut contenir, en son sein, tout ce dont il a besoin pour s'autoalimenter. Ainsi, n'importe quel citoyen, sur la base de n'importe quel
caprice, est susceptible d'être rangé pour toujours dans cette catégorie
infernale : « Une maison en briques, simplement, dans une rangée de
maisons en bois, une maison à étage dans une rangée qui n'en a pas, et
ça y est : koulak ! Fais tes paquets, salaud, on te donne une heure [89] ! »
En principe, on intègre cette classe sur la base d'un critère économique
(un paysan qui s'enrichit peut devenir un koulak), mais celui-ci cesse
de s'appliquer dès qu'il s'agit de sortir de ce groupe : le koulak
appauvri reste un koulak. Définir cette population ne sert manifestement pas à identifier les propriétés à réquisitionner mais à désigner un
bouc émissaire. Identifier le mal est indispensable quand on gouverne
à travers la paranoïa de masse. De temps en temps, le régime est forcé
d'admettre qu'il existe des problèmes de malnutrition : la création de
cette catégorie permet désormais de les imputer à un coupable [90].

Les ordres qui frappent les koulaks sont exécutés par un système
impersonnel, désireux de satisfaire le pouvoir, libre d'agir à sa guise [91]
(même si c'est officiellement la loi qu'on applique) et endoctriné par
une propagande persécutrice qui *déshumanise* les victimes pour faciliter
leur déportation ou leur élimination, exactement comme au temps des
tsars, lors des pogroms. Celles-ci sont *décrites comme des animaux* :
éprouver de la culpabilité à leur endroit serait hors de propos [92].
Contrairement à ce qu'on pourrait croire, l'animalisation de l'ennemi
(qui constitue une étape logique quasiment indispensable pour s'en
débarrasser sans remords autant qu'une invitation à la « pseudospéciation ») n'est pas l'apanage du racisme national-socialiste.

---

89. Voir A. SOLJENITSYNE, *L'archipel du Goulag, op. cit.*, III, partie 6,
chapitre 2, p. 288.

90. Voir R. CONQUEST, *Sanglantes moissons, op. cit.*, épilogue.

91. Voir A. SOLJENITSYNE, *L'archipel du Goulag, op. cit.*, III, partie 6, chapitre 2,
p. 291 : « Pâques 1935. Saouls, les dirigeants d'un kolkhoze parcourent leur village
minable et réclament aux *paysans indépendants* de l'argent pour boire. "Sinon vous serez
dékoulakisés ! déportés !" Mais oui ! Puisque vous êtes des indépendants. » Ces abus de
pouvoir se poursuivront des années après la dékoulakisation officielle.

92. Voir B. BRUNETAU, *Le siècle des génocides, op. cit.*, chapitre 3.

Il prospérait dès 1920 en Union soviétique. Staline ne l'a pas inventée, il s'est contenté de s'inspirer de Lénine[93].

Toute la campagne contre les koulaks témoigne d'un excès de sadisme élevé au rang de fin en soi. Nous avons qualifié de paranoïaque cette agressivité collective que les raisons politiques, économiques, ou les dynamiques psychologiques normales, ne suffisent pas à expliquer : ce résidu profond est un potentiel de la psyché qui s'active et s'autoalimente à travers la contamination de masse.

La pathologie mentale n'exclut naturellement pas une certaine dose de calcul rationnel et « militaire » : la perversion psychologique sert un but à atteindre, du moins lors de cette courte période. Vu les conditions dans lesquelles s'effectuent les déportations, une partie de ces « ennemis » meurt inévitablement pendant le déplacement (la « baisse » oscille entre 15 % et 20 %, mais elle est plus forte chez les enfants : le pouvoir est donc assuré qu'il y aura une nouvelle baisse, « naturelle », avec la génération suivante[94]). Lorsque les déportés rejoignent leurs nouveaux lieux de résidence, la mortalité diminue légèrement pour plafonner autour de 10-13 %[95]. De façon rampante, sans un bruit, les sinistres catégories staliniennes s'engagent sur un plan incliné irréversible et se rapprochent des catégories absolues du nazisme. Pour l'hitlérisme, naître de parents juifs ou tziganes est irréparable car cela revient à souffrir d'une tare génétique : après les avoir partiellement épargnés, les nazis décideront en 1941-1942 qu'il est également nécessaire de tuer les enfants juifs. Pour le stalinisme, naître de parents koulaks (puis, peu à peu, de parents issus de minorités nationales, de groupes culturellement ou économiquement suspects, et ainsi de suite) revient à souffrir d'une tare sociale qui deviendra fondamentalement irrécupérable[96]. En conséquence, on ne donne pas de travail aux enfants des koulaks. Ces derniers sont parfois déportés avec leur progéniture, parfois sans. Dans le second cas, les jeunes sont susceptibles d'être envoyés dans des instituts où ils seront « éduqués » en vue de

---

93. Voir M. MANN, *The Dark Side of Democracy, op. cit.*, p. 322.
94. Voir A. SOLJENITSYNE, *L'archipel du Goulag, op. cit.*, III, partie 6, chapitre 2, p. 291 : « Depuis la mort d'Hérode, seule la Théorie d'Avant-garde [staliniste] a été capable de nous expliquer comment on extermine jusqu'aux nourrissons. Hitler ? Un élève, mais qui a eu de la chance : on a fait grand bruit de ses abattoirs, tandis que les nôtres, voyez-vous, n'intéressent personne. »
95. Voir B. BRUNETAU, *Le siècle des génocides, op. cit.*, chapitre 3.
96. Voir R. CONQUEST, *Sanglantes moissons, op. cit.*, chapitre 15.

devenir des agents de la répression. Mais la plupart du temps, ils sont tout bonnement abandonnés. Et c'est ainsi que de véritables armées de mineurs vont errer dans les villes et les campagnes à la recherche de nourriture. Instinctivement, ils chercheront à former des groupes pour se serrer les coudes et mendier ou voler ensemble.

Sous l'effet d'un nouveau renversement, cette situation n'est pas vue comme la *conséquence* de la violence qu'ils ont subie, mais comme la *preuve* que l'appartenance à une classe est une pathologie qu'on ne saurait guérir. Les koulaks, leurs enfants et les enfants de leurs enfants sont et restent des êtres asociaux. Staline décide alors que les plus jeunes peuvent faire l'objet de punitions exemplaires. Le 7 avril 1935, avec une logique implacable, il promulgue une loi qui abaisse à douze ans l'âge minimal d'application de la peine de mort [97]. De nombreux intellectuels français protesteront, en vain : la paranoïa a toujours raison. Lors d'un entretien privé, Staline expliquera patiemment à Romain Rolland que cette mesure a un but éducatif avant d'être répressif : *prévenir* le mal est sa principale préoccupation.

Les massacres : la famine en Ukraine et ailleurs

Dans la première partie des années 1930, la famine déclenchée par les ordres de Staline en Ukraine (et connue sous le nom d'*Holodomor*) s'est soldée par un nombre de pertes humaines compris entre 3,5 et 10 millions de personnes, bien que le manque de statistiques et la manipulation intentionnelle des recensements rendent ces calculs difficiles [98]. Le chiffre le plus communément admis tourne autour de 5 millions de victimes, dont la moitié étaient des enfants. Un bilan énorme, semblable à celui de la Shoah, mais atteint plus rapidement et dans un seul pays. Même en prenant ce chiffre avec prudence, on estime que 18,8 % de la population de l'Ukraine auraient disparu [99]. Sans

---

97. Voir R. CONQUEST, *La Grande Terreur, op. cit.* ; A. APPLEBAUM, *Goulag. Une histoire*, trad. P.-E. Dauzat, Paris, Gallimard, 2008 [2005], chapitre 15.

98. Notons par ailleurs que des millions de personnes ne se diront plus Ukrainiens et chercheront à se faire passer pour des Russes. Un choix compréhensible après une expérience pareille.

99. Voir R. CONQUEST, *Sanglantes moissons, op. cit.*, chapitre 16. On trouve des chiffres plus élevés dans B. BRUNETAU, *Le Siècle des génocides, op. cit.*, chapitre 3 ; N. DAVIES, *Europe. A History, op. cit.* ; M. DREYFUS *et al.* (dir.), *Le siècle des*

surprise, la mortalité a été bien plus forte parmi les catégories cultivées qui inspiraient la plus grande méfiance chez Staline. Là encore, les nombres sont loin d'être précis, mais 80 % des écrivains sont susceptibles d'avoir trouvé la mort [100].

La situation est telle que les trains finissent par ne plus effectuer les déportations et se contentent de déplacer les cadavres pour qu'ils n'encombrent pas les rues des villes [101]. En parallèle, pour gagner du temps, les transports locaux acheminent à la fois les morts et les vivants qui ont atteint un stade de dénutrition irréversible, jusqu'aux fosses communes [102]. Même lorsque ce fléau sera derrière eux, les survivants continueront de trouver la mort pour des raisons qui seront la suite logique et la conséquence de ces événements. Tous ceux qui *parleront* du manque de nourriture, de quelque manière que ce soit, seront déférés au tribunal, qui les condamnera à des peines allant de cinq ans d'emprisonnement au Goulag à la peine capitale [103]. La famine, officiellement, n'existe pas, d'autant que l'Union soviétique, désireuse de développer son commerce extérieur, *continue d'exporter d'importantes quantités de blé* [104]. Un problème inattendu finit néanmoins par survenir : certains ont survécu en mangeant les plus faibles. On s'aperçoit alors qu'il n'existe aucune loi interdisant le cannibalisme. Le culte du secret invite cependant à penser qu'il serait peu judicieux de laisser aux cannibales la possibilité de relater de telles histoires dans une salle de tribunal. Ils seront donc livrés à la police qui les éliminera sans déranger les juges [105].

Cet épisode voit la mortalité infantile atteindre à nouveau des sommets. Lors du recensement de 1970, l'Union soviétique compte, dans son ensemble, 12,4 millions de personnes nées en 1929-1931, mais

---

communismes, Paris, Éditions de l'Atelier-Éditions Ouvrières, 2008 [2004] (nouvelle édition augmentée et mise à jour).

100. Voir R. CONQUEST, *Sanglantes moissons, op. cit.*, chapitre 13.

101. Voir B. BRUNETAU, *Le siècle des génocides, op. cit.*, chapitre 3.

102. Voir R. CONQUEST, *Sanglantes moissons, op. cit.*, chapitre 12.

103. Ces condamnations sont moins déséquilibrées qu'on pourrait le croire : survivre à cinq ans de Goulag n'était pas donné à tout le monde. Voir A. APPLEBAUM, *Goulag, op. cit.*, « Annexe ». D'après Robert Conquest, sur l'ensemble des personnes mises en état d'arrestation en 1937-1938, seuls 10 % de ceux qui ont été envoyés au Goulag ont survécu (*La Grande Terreur, op. cit.*, conclusion).

104. Voir R. MEDVEDEV, *Le stalinisme, op. cit.*, partie 1, chapitre 3.

105. Voir *ibid.*

seulement 8,4 millions nées en 1932-1934. Puisqu'il n'existait alors aucun contrôle spécifique des naissances, une conclusion s'impose : au moins 4 millions de nouveau-nés sont morts au cours de ces trois années [106].

Étant donné qu'une grande partie des terres était déjà collectivisée, la politique économique ne suffit pas à expliquer les confiscations drastiques des récoltes qui ont tout simplement conduit des millions de personnes à mourir de faim. Comme ailleurs en Union soviétique, une renaissance culturelle de l'Ukraine avait été auparavant tolérée. Mais à en croire la majorité des historiens, la pensée stalinienne regardait avec toujours plus de *suspicion* le potentiel nationaliste du pays. C'est ainsi qu'il a cherché à le dénationaliser en brisant la classe paysanne, colonne vertébrale de ses traditions [107]. D'après Khrouchtchev, Staline aurait eu l'intention de *déporter tous les habitants* d'Ukraine. Malgré les coupes sombres déjà engagées, leur nombre restait trop important pour permettre cette opération [108].

Grâce à la *vérité révélée* dont il dispose, le pouvoir peut accuser d'emblée les paysans de cacher les récoltes. Du fait qu'il pratique l'*inversion des causes*, ce dogme n'est pas contredit, pas même par le spectacle des paysans qui avalent tout ce qui leur tombe sous la main. S'ils creusent la neige à mains nues pour se nourrir de glands, cela ne montre pas qu'ils n'ont rien à manger mais simplement qu'ils font « tout plutôt que de travailler » [109]. De façon tout à fait significative, ceux qui n'ont pas l'air d'avoir été décimés par la faim ne rassurent en rien les autorités. Bien au contraire : ils provoquent de la *suspicion* et font aussitôt l'objet de perquisitions [110]. Les autorités *s'attendaient* donc à ce que la population soit gravement sous-alimentée. Dès lors, difficile de croire qu'elles aient pu être de bonne foi [111].

---

106. Voir R. MEDVEDEV, *Staline et le stalinisme*, *op. cit.*, chapitre 4 ; R. MEDVEDEV, *Le stalinisme*, *op. cit.*, partie 1, chapitre 3.

107. Voir R. SERVICE, *Staline*, *op. cit.*, chapitre 29 ; R. CONQUEST, *Sanglantes moissons*, *op. cit.*, chapitre 2 ; R. TUCKER, *Stalin in Power*, *op. cit.*, chapitre 18 ; A. BULLOCK, *Hitler et Staline*, *op. cit.*, chapitre 10 ; B. BRUNETAU, *Le siècle des génocides*, *op. cit.*, chapitre 3.

108. Voir M. AMIS, *Koba la terreur*, *op. cit.*, p. 262-263.

109. Citation dans R. CONQUEST, *Sanglantes moissons*, *op. cit.*, chapitre 12, p. 253.

110. Voir *ibid.*

111. Ces mêmes statistiques montrent également que l'URSS produisait moins de blé que la défunte Russie tsariste. Faut-il en conclure que le régime stalinien a mis en

Ressentir uniquement de la méfiance et de la haine à l'endroit des déshérités que le marxisme aurait voulu arracher à leurs conditions impliquait de les ignorer, à tous les points de vue, de réprimer toute humanité et tout désir de connaissance. De 1928 à 1953, l'année de sa mort, soit pendant un quart de siècle, Staline ne visitera *jamais* les campagnes d'URSS [112]. De la même façon, la prison de la Loubianka était le cœur d'un appareil répressif auquel le dictateur consacrait le plus clair de son temps [113]. Mais il ne s'y est jamais rendu. Faire durer une révélation paranoïaque nécessite de s'appuyer sur une tromperie pseudo-logique et une forme de déni. Quoi qu'il en soit, indépendamment de tout mécanisme mental pervers, ces millions de morts interdisent de croire que Staline ignorait la condition réelle des campagnes. Comment prétendre qu'il ne s'acharnait pas spécialement et intentionnellement sur l'Ukraine ? Les habitants n'avaient, de fait, pas le droit de se rendre en Russie et il était impossible de faire entrer dans le pays du blé venu de Russie. La frontière entre les deux nations, qui n'était pas censée exister, était bloquée par les troupes [114] : une telle décision ne pouvait être prise que par le chef suprême.

Si nous avons souvent entendu parler de la famine en Ukraine, c'est parce que ce pays se trouve en Europe. Des politiques génocidaires ont cependant été menées dans d'autres républiques soviétiques. Ce fut le cas au Kazakhstan. Puisque la majorité de la population était nomade et que sa vie dépendait des animaux, ces politiques se sont accompagnées d'un zoocide et d'une tentative, partiellement réussie, d'ethnocide : on a en effet cherché à détruire à la fois leur civilisation nomade et leurs moyens de subsistance. Le nombre de Kazakhs morts de faim a été estimé à environ 1 450 000 personnes, soit près de 38 % de la population [115].

œuvre une politique économique désastreuse ? Non, elle s'est simplement contentée de truquer les données. Voir *ibid.*, conclusion.

112. Voir A. BULLOCK, *Hitler et Staline, op. cit.*

113. Voir R. SERVICE, *Staline, op. cit.*, chapitre 31.

114. Voir R. CONQUEST, *Sanglantes moissons, op. cit.*, chapitre 18 ; R. SERVICE, *Staline, op. cit.*, chapitre 31.

115. Voir N. M. NAIMARK, *Les génocides de Staline, op. cit.*, p. 74. Le pays a par ailleurs perdu plus de 90 % de ses brebis, dont le nombre est passé de près de 22 millions à 1 700 000 unités (Voir R. CONQUEST, *Sanglantes moissons*, chapitre 9). Plus largement, il est intéressant de noter à quel point le zoocide accompagne les politiques génocidaires avec une détermination tout aussi cohérente : plus d'un quart des animaux de l'ensemble de l'Union soviétique a disparu en février-mars 1930 et environ la moitié

Les massacres : la Terreur et les procès-spectacle

Même un tyran cultivant, comme Staline, un tel goût du secret finit, du fait même de son pouvoir sans limites, par laisser des traces de sa perversion. Vu le peu de fiabilité des publications officielles, les lettres du dictateur deviennent particulièrement intéressantes, surtout celles adressées au fidèle Viatcheslav Molotov. Le Staline qu'elles dessinent est un travailleur acharné qui s'occupe du moindre problème politique, économique et militaire, mais aussi un être impitoyable qui ne consacre pas une seule ligne aux questions personnelles. Pas un mot ne laisse percer une quelconque humanité. Le seul problème « psychologique » qui l'intéresse tient aux complots qu'il souhaite percer à jour [116]. La moindre adresse à son correspondant se pare d'allusions vaguement menaçantes. Pourquoi un certain « ennemi » n'a-t-il pas encore été éliminé ? Pourquoi un autre n'a-t-il pas encore avoué ? Pire : pourquoi Molotov part en vacances maintenant ? Serait-il en train de fuir [117] ? Dans ces lettres manuscrites, Staline souligne sans cesse certaines expressions : « la plus grande sévérité », « la plus grande diligence », et ainsi de suite. Une façon de mettre en relief des traits paranoïaques bien connus, mais qui ne révèle pour ainsi dire rien de neuf.

Si cette attitude témoigne de l'angoisse permanente du dictateur entre la seconde moitié des années 1920 et la seconde moitié des années 1930, l'année 1937 marque un tournant. La méfiance et la brutalité de Staline atteignent de tels sommets que les historiens ont été forcés de s'interroger sur leurs véritables motivations – c'est encore le cas aujourd'hui. Au début de cette année, la Commission Nationale de Statistique s'apprête à rendre public le dernier recensement de la population soviétique [118]. Staline cède alors à l'autosatisfaction – une réaction étonnante vu la prudence dont il fait preuve – et proclame officiellement que la population du pays progresse chaque année de 3 millions d'habitants, un chiffre équivalent alors à la population de la Finlande.

---

au cours de la collectivisation (1928-1933). Sur ce point, voir R. TUCKER, *Stalin in power, op. cit.*, chapitre 8.

116. Nous renvoyons au profil psychologique dressé par Robert Tucker dans la préface de J. STALINE, *Lettres à Molotov, op. cit.*

117. Voir les lettres 50, 78 et 79 dans *ibid.*

118. Voir B. SOUVARINE, *Staline, op. cit.*, chapitre 11 ; E. HOBSBAWM, *L'Âge des extrêmes, op. cit.*, chapitre 13 ; R. CONQUEST, *La Grande Terreur, op. cit.*, conclusion.

Elle devrait même atteindre le nombre de 180 millions à la fin du Plan quinquennal, prévue en 1938. De façon encore moins prudente, la Commission s'attache, pendant ce temps, à rassembler les données réelles. Résultat : entre 16 et 30 millions d'habitants manquent à l'appel par rapport à cette estimation – tout particulièrement en Ukraine et au Kazakhstan, pour des raisons qu'on devine sans peine. Un problème qui n'est pas difficile à résoudre... Le Kremlin déclare que les experts ont comploté pour discréditer le glorieux Plan quinquennal [119]. En conséquence de quoi le recensement de 1937 est annulé et les membres de la Commission Nationale de Statistique sont fusillés. Leurs successeurs se montreront plus souples : ils comprendront qu'avant de se pencher sur les données à publier, il est important de savoir ce que les autorités veulent voir paraître. Par prudence, après un dernier recensement « rectifié », en 1939, on se dispensera d'en effectuer pendant vingt ans, jusqu'en 1959.

C'est également au printemps de cette même année que se lève la plus grande vague de répression de l'histoire humaine [120]. En un clin d'œil, les condamnations à mort officielles passent, à elles seules, d'un millier à 350 000 entre 1936 et 1937 [121]. L'afflux dans les camps est tel que l'organisation de la main-d'œuvre sur laquelle on se fondait jusque-là vole pratiquement en éclats : en 1938, le programme de production ne sera réalisé qu'à hauteur de 71,6 %, le plus mauvais résultat de toute la décennie [122].

Tous les sommets de la pensée paranoïaque semblent être atteints en même temps. La *cohérence absurde*, tout d'abord : depuis des années, on répète que Trotski n'a pas de partisans – et ce, alors même que la période écoulée a été indubitablement mise à profit pour l'éliminer, lui, et en faire autant avec tous ceux qui le suivaient. Mais du jour au lendemain, voilà qu'on annonce que les trotskistes sont

---

119. C'est ce que rapporte la *Pravda* du 27 juillet 1938.
120. Voir R. CONQUEST, *Sanglantes moissons, op. cit.* ; R. SERVICE, *Staline, op. cit.*, chapitre 31 ; R. TUCKER, *Stalin in Power, op. cit.*, chapitres 17-19 ; B. SOUVARINE, *Staline, op. cit.*, chapitre 11 ; N. M. NAIMARK, *Les génocides de Staline, op. cit.*, chapitre 6.
121. Voir R. MEDVEDEV, *Le stalinisme, op. cit.*, partie 2, chapitre 6.
122. Voir N. WERTH, *L'ivrogne et la marchande de fleurs. Autopsie d'un meurtre de masse, 1937-1938*, Paris, Points, 2011 [2009], chapitre 4.

partout [123]. *L'inversion des causes* triomphe, elle aussi. On dénonce la présence d'ennemis qui seront rapidement et inexorablement démasqués mais sans attendre le résultat des enquêtes : les différentes localités du pays reçoivent aussitôt des ordres qui *indiquent à l'avance* le nombre de « traîtres » à arrêter [124]. Désormais, le renversement est jugé normal. Attendre que quelqu'un avoue pour le ranger dans la catégorie des traîtres serait une perte de temps : on le considère aussitôt comme tel. Par conséquent, il lui faudra admettre qu'il en est un. Au fur et à mesure que la cohérence politique de l'opération devient de plus en plus insaisissable, sa cohérence psychopathologique s'impose.

Précisons cependant que les ordres à travers lesquels une quantité d'individus préétablie est condamnée à mort ne sont pas une nouveauté absolue. Staline et Lénine en avaient donné tous les deux par le passé – de manière moins systématique, cependant [125]. Cette fois, l'application de ces dispositions d'un bout à l'autre de la chaîne de commandement subit une nouvelle accélération. Celle-ci vient confirmer à quel point la persécution se diffuse comme une contamination psychique : les responsables de chaque zone entrent en compétition pour dépasser le quota de condamnations à mort qui leur a été imposé [126].

Toute l'année 1937 et toute l'année 1938 voient se poursuivre la Grande Terreur (deux mots qui, jusque-là, n'avaient pas encore été écrits tous les deux avec une majuscule). Celle-ci prend fin en 1939, exactement comme elle était venue, de manière si inattendue et inexpliquée qu'on peine encore aujourd'hui à faire toute la lumière sur ce qui l'a déclenchée. De façon similaire à ce qui s'était passé au début des années 1930, le nombre de victimes a atteint des records. Robert Conquest, l'historien qui a le plus étudié cet épisode, évalue à plusieurs

---

123. Voir B. SOUVARINE, *Staline, op. cit.*, chapitre 11.

124. C'est par exemple le cas du décret administratif (*prikaz*) n° 00447 du 30 juillet 1937, où sont listés des motifs d'arrestation aux intitulés les plus larges et les plus généraux. À l'inverse, le nombre de personnes à envoyer aux travaux forcés (193 000) et à fusiller (75 950) sont d'emblés précis et contraignants. Les « peines » doivent être décrétées par une troïka de politiciens locaux, sans qu'il soit évidemment possible de se défendre ou de faire appel. Voir R. CONQUEST, *La Grande Terreur, op. cit.*, introduction ; R. SERVICE, *Staline, op. cit.*, chapitre 31.

125. S'agissant de Staline, voir le courrier n° 57 dans le volume *Lettres à Molotov, op. cit.*

126. Voir N. M. NAIMARK, *Les génocides de Staline, op. cit.*, chapitre 6.

millions le nombre des victimes [127]. Mais si l'on se penche sur leurs
caractéristiques, on remarque une différence entre cette politique de
persécution et celle des années précédentes. Alors qu'on frappait
jusque-là des classes sociales qui avaient survécu au passé, cette fois, on
s'acharne en grande partie sur des classes émergentes et des membres
du Parti, pris entre les mailles d'un filet si large que des légions de tout
petits poissons apolitiques se retrouvent coincées dans la nasse [128].
Auparavant, la persécution concernait les campagnes ; c'est maintenant les villes qu'on persécute. Mais à la différence de ce qui se passait
précédemment, on détruit principalement des personnes qui se
sentaient en sécurité car elles n'étaient ni considérées comme des
ennemis, ni coupables d'une quelconque infraction [129]. Comment ne
pas avoir l'impression que le despote, malgré un pouvoir de plus en
plus démesuré, se sent toujours plus assiégé par des « ennemis »
toujours plus proches ?

L'usage généralisé des tribunaux et des autocritiques extorquées
aux victimes constitue l'autre nouveauté de la fin des années 1930 :
celles-ci ne se contentent pas de se défendre mais contribuent de façon
retentissante à la propagande du régime. Mais bien souvent, cette
marée finit par être si gigantesque (Soljenitsyne parle de « torrents »),
si exagérée, qu'elle met en péril sa crédibilité. Comme nous l'avons déjà

---

127. Voir R. CONQUEST, *La Grande Terreur, op. cit.*, conclusion. L'ouvrage avance
ces estimations approximatives : 7 millions de personnes arrêtées en 1937-1938 ;
1 million de fusillés ; 2 millions de personnes mortes dans les camps ; 1 million détenues
en prison ; et 7 millions de morts supplémentaires dans les camps à la fin de l'année
1938. Environ 800 000 personnes arrêtées ou déjà présentes dans les camps en 1936 ont
survécu.

128. Voir N. Werth, *L'ivrogne et la marchande de fleurs, op. cit.* Le titre de ce livre
est tiré d'un de ces épisodes absurdes. Une vieille femme se rend chaque jour au cimetière pour vendre des fleurs. Il est évidemment important qu'elle sache combien de fleurs
apporter : elle demande donc au croque-mort combien de fosses il a creusé en prévision
du lendemain. Celui-ci, qui noie sa peur dans l'alcool, devient alors bavard et lui confie
que ce ne sera pas nécessaire : de nombreux corps seront enterrés, certes, mais en pleine
nuit, dans des fosses communes, car ils ont tous été fusillés. La fleuriste estime qu'il ne
s'agit pas d'un secret d'État et répète la nouvelle en toute bonne foi. Résultat : elle sera
également passée par les armes pour « propagation de nouvelles subversives ».

129. On comparera surtout les ouvrages de Robert Conquest (*La Grande Terreur*
et *Sanglantes moissons, op. cit.*) et celui de Roy Medvedev, *Staline et le stalinisme*
(*op. cit.*, chapitres 4 et 5).

noté, le mécanisme de persécution, une fois poussé à l'excès, risque d'être contre-productif. Jusqu'à quel point l'assistance pouvait-elle croire aux autocritiques d'un accusé qui affirmait encore le contraire la veille ?

Il n'empêche : faute d'autres sources d'information, une partie non négligeable du public finit par se laisser abuser. Beaucoup se persuadent qu'une nouvelle morale collective a été créée : en avouant avoir commis des erreurs, les méchants reviennent eux aussi dans le droit chemin et confirment le portrait que le système aime à faire de lui-même. Ceux qui n'ont pas connu « l'homme ancien » (les plus jeunes, surtout) peuvent croire qu'on a véritablement créé un « homme nouveau » [130]. Au-delà de cette fonction « médiatique », le « théâtre judiciaire » revêt, semble-t-il, une grande importance aux yeux de Staline. Celui-ci ne s'intéresse pas qu'à la conclusion : il veut les détails et a même fait aménager un poste d'observation secret d'où il peut contempler le « procès » sans être vu [131]. La satisfaction qu'il éprouve en assistant à la chute de ses rivaux fera naître d'innombrables rumeurs et, encore une fois, beaucoup d'exagérations. De fait, le jour de la grande première de ces procès-spectacles, le 19 août 1936, le dictateur s'est déjà éloigné de la capitale pour congés. Seuls quelques membres de sa garde rapprochée, chargés de lui rapporter les détails, se tiennent devant la fenêtre cachée, invisible aux yeux du public [132].

Même s'il est profondément caché et nié, la personnalité de Staline abrite certainement un besoin humain de réconciliation, de retour au sein d'une communauté d'idées et de sentiments (sous-entendue à

---

130. Roy Medvedev, devenu par la suite l'un des critiques les plus implacables du stalinisme, se souvient qu'il en était réellement convaincu vers l'âge de douze, treize ans. Voir *Le stalinisme*, *op. cit.*, chapitre 5.

131. Voir *ibid*. Sur ce point, les reconstitutions divergent également.

132. Voir S. SEBAG MONTEFIORE, *Staline*, *op. cit.*, p. 209. Il circulait également une rumeur qui tentait d'expliquer pourquoi les accusés se montraient si dociles et coopératifs : grâce à l'éclairage particulier de la salle, les accusés étaient remplacés par des sosies, sans que les spectateurs ne s'en aperçoivent. Roy Medvedev a recueilli des témoignages directs (notamment celui d'Ilya Ehrenbourg, qui a assisté au procès de Nikolaï Boukharine, son ami d'enfance) : une trop grande partie du public connaissait bien les accusés. Il est donc peu réaliste de croire qu'ils aient été remplacés. En revanche, d'après l'historien, on amenait les accusés à se montrer coopératifs grâce à un mélange efficace de psychotropes et de torture, mais surtout par un dernier espoir : celui de ne pas mourir seuls et méprisés s'ils rendaient un ultime service au Parti. Voir *Le stalinisme*, *op. cit.*

l'origine du mot « camarade », dépourvu de toute signification pour le dictateur). Voilà sans doute pourquoi il est, simultanément, incapable d'assister à certains procès-spectacle et désireux de savoir si la victime était vraiment émue, si elle a pleuré, demandé pardon pour les torts qu'elle a commis : ce sont pour lui des expériences vraisemblablement « thérapeutiques », à la fois parce qu'elles semblent l'absoudre de ses fautes monstrueuses et parce qu'il a besoin de faire l'expérience de ces sentiments « chauds » qui lui sont inconnus depuis l'enfance. Pour autant, sa raideur l'oblige à les vivre par personne interposée uniquement. Tout cela lui est nécessaire et lui est indirectement fourni par la vraie passion d'une vraie personne. Ce même besoin de projeter sur un autre les émotions les plus profondes l'aurait également conduit à s'intéresser personnellement à toutes les enquêtes importantes et même à imposer aux agents le type d'interrogatoire et de torture qu'ils devaient pratiquer [133].

Ces parodies de justice sont, certes, un spectacle, mais elles sont également une « réalité », conçue par l'esprit du tyran, qui l'emporte sur la réalité préexistante. Le mouvement circulaire et le renversement des processus mentaux caractéristiques de la paranoïa ont profondément contaminé les salles d'audience. Les futurs condamnés s'accusent eux-mêmes de fautes imaginaires – ce qu'ils savent tous, eux comme leurs accusateurs. Là-dessus, d'un ton implorant, ils ajoutent : « Camarades de la Tchéka [le service de contre-espionnage], camarade Staline, si vous le pouvez pardonnez-moi [134]. » L'inversion de la logique est totale, on a l'impression que la victime a fait du mal à ses bourreaux, et non l'inverse.

Staline souffre donc d'une forme extrême de dissociation. Les aspects les plus pervers de sa personnalité sont niés, son angoisse paranoïaque est sans cesse à la recherche d'adversaires qui lui permettent de « punir » le criminel en lui, par personne interposée. Tout cela suffit-il à le distinguer de n'importe quel autre paranoïaque ? Non. L'habileté de Staline est d'avoir inventé un rituel cathartique grandiose qui, en plus d'une propagande publique, peut faire office de thérapie privée [135]. S'il se libère, au sein de la société, d'un adversaire supposé, il

---

133. *Ibid.*, chapitre 9.
134. Voir *ibid.*
135. Cette hypothèse est confirmée par Robert Tucker (voir *Stalin in Power, op. cit.*, chapitre 18).

cherche à se libérer d'« ennemis » intérieurs au cœur de sa personnalité ténébreuse. En éliminant les « traîtres », veut-il se débarrasser de cet informateur secret de la police tsariste qu'il a peut-être été ? Ou de la responsabilité d'avoir été – selon ce mot de Trotski qui a déchaîné la rancœur du dictateur – « le fossoyeur » [136] qui a enterré la révolution et poussé l'utopie communiste sur un plan tellement incliné qu'elle ne pourra jamais le remonter ?

Joseph Djougachvili se libère du mal qu'il portait en lui en inventant, d'un côté, des adversaires qu'il fait éliminer et, de l'autre, en créant un mal nouveau, impitoyable, dont il confie l'incarnation à une véritable bête de scène : l'accusateur public Andreï Vychinski. Pour Staline, la « thérapie judiciaire » est donc totale : le mal est évacué deux fois par personne interposée.

Le discours du vingtième anniversaire

Cette même année 1937 intervient également le vingtième anniversaire de la révolution d'Octobre. Staline se sent au faîte de son pouvoir. Chose inhabituelle, il adresse aux membres du Politburo un discours relativement clair, au contenu à la fois historique et programmatique [137]. L'ancienne Russie, explique-t-il, se trouve désormais intégrée économiquement, politiquement et culturellement dans un État unitaire. L'égalité prévaut parmi les différents peuples qui le composent. Pour autant, « de tous ces États et pays égaux de l'URSS, la nation russe est la plus soviétique et la plus révolutionnaire » [138]. En

---

136. Citation dans R. TUCKER, *Staline révolutionnaire, 1879-1929, op. cit.*, chapitre 12. L'expression est elle-même tirée des récits d'Isaac Deutscher, Victor Serge et Trotski lui-même.

137. Staline n'autorisera pas la publication de ce discours. Il est cependant parvenu jusqu'à nous grâce aux notes prises par le général Raphael P. Khmelnitsky. Malheureusement, comme souvent avec les documents indirects, il existe différentes versions de ce texte, auxquelles se réfèrent Robert Tucker (*Stalin in Power, op. cit.*, chapitre 18) et Robert Service (*Staline, op. cit.*, chapitre 29). S'agissant des extraits cités ici, les deux ouvrages sont identiques.

138. Si Staline n'a jamais expliqué le sens de cette phrase péremptoire, celle-ci nous indique néanmoins de quoi s'est inspiré George Orwell pour écrire *La Ferme des animaux*, la plus célèbre des critiques du communisme. Dans ce texte, les cochons font la révolution en libérant les bêtes de la tyrannie de l'homme mais inventent aussitôt après le slogan sibyllin : « Tous les animaux sont égaux, mais il y en a qui le sont plus que d'autres » (trad. J. Quéval, Paris, Gallimard, coll. « Folio », 1984).

s'identifiant avec cette puissance immense, Staline s'échauffe à mesure que le discours se poursuit. Ceux qui affaiblissent le pouvoir seront considérés comme des ennemis du peuple et détruits en même temps que leurs clans. Les traîtres ont toujours existé : Staline en dresse une longue liste. Il s'agissait de gibiers de potence qui avaient comploté ou œuvré main dans la main avec les envahisseurs étrangers. Mais désormais, l'URSS est forte et solide, elle anéantira tous ceux qui tenteront de l'affaiblir – y compris les membres du Parti, y compris les anciens bolcheviks – concrètement ou *même intellectuellement*. Car la paranoïa veut également contrôler les pensées et le paranoïaque veut faire trembler tous ceux qui pensent encore dans l'assistance.

À cet instant, Djougachvili reprend son souffle et propose de porter un toast, non pas à l'Union soviétique, mais à la *destruction des traîtres* – ce qui lui tient évidemment le plus à cœur. Il parle ensuite des ennemis, en les gratifiant de métaphores homériques : Lénine était l'aigle, les autres, des poules. Il n'y a plus qu'à laisser le rapace fondre sur ces volatiles et les faire fuir. Certes, les leaders sont censés être de bons orateurs et lui-même n'est, de son propre aveu, qu'un orateur modeste. Mais au fond, en quoi les chefs sont-ils importants ? Ils vont, ils viennent. Seul le peuple demeure, seul le peuple est immortel.

Si la violence de cette harangue est particulièrement explicite, il n'est pas évident de savoir à qui elle s'adresse. Avec ses allusions des plus vagues, Staline est ici à son « meilleur ». Chaque membre de l'auditoire peut se reconnaître dans ce personnage en apparence imposant, mais dont le destin est aussi indécis que le souffle du vent. Quant à ce *traître caché* en train de saper l'URSS, il est effectivement présent, il est tout près, il se cache parmi les plus hautes autorités. Il est même plus près que ne le pense Staline car, à en juger par les événements, il n'est autre que Staline en personne.

Les « dénationalisations » et l'idéologie sous-jacente

À l'heure où les fascismes balaient l'Europe, les déportations staliniennes s'orientent, elles aussi, vers un extrémisme nationaliste. Pourtant, si elles font écho à celles des extrémismes de droite, elles en constituent le reflet inversé : on ne cherche pas à renforcer les nationalités, mais à dénationaliser – à ceci près que la nation russe est la seule à ne jamais être attaquée en tant que telle. On déporte avant tout les populations frontalières vers des lieux inaccessibles, au centre de l'immense pays [139]. On déplace l'ensemble des 171 000 Coréens d'Extrême-Orient en direction des steppes kazakhes. Staline ayant fait main basse sur la moitié de la Pologne, il est impossible de transporter la totalité des Polonais. Reste que sur 1,5 million de déportés, seuls 613 000 d'entre eux reviendront. Malgré l'absence de preuves attestant de plans concrets allant dans ce sens, on ne peut qu'être frappé par la profonde ressemblance entre la politique stalinienne et le projet nazi de faire de la Pologne un simple pays d'esclaves, privé de ses classes cultivées. Le programme hitlérien prévoit, après l'occupation allemande, d'arrêter l'instruction au niveau moyen-supérieur ; Staline, lui, fait disparaître avant tout les intellectuels, les bourgeois et, afin d'anéantir l'armée, tous les officiers. Au final, ces opérations représentent l'une et l'autre la première phase de ce qu'on a appelé un génocide à la suite de Raphael Lemkin [140].

La méfiance stalinienne entraînera des massacres que le seul argument du calcul politique peinera de plus en plus à justifier. S'il est difficile d'identifier clairement le présupposé idéologique inflexible de son raisonnement, les préjugés de Staline pourraient avoir été influencés par le darwinisme social – ils auraient donc, à nouveau, une origine parallèle à ceux du nazisme. De fait, on estime alors sans le moindre doute que certains groupes nationaux, tarés par nature, sont *fondamentalement* incapables de collaborer avec la société soviétique : il convient donc de frapper également leurs enfants [141]. Dans le même temps, le dictateur intervient pour condamner les théories de Mendel

---

139. Voir N. FERGUSON, *The War of the World*, *op. cit.*, tableau 6.2 ; B. BRUNETAU, *Le Siècle des génocides*, *op. cit.*, chapitre 3.

140. Voir S. POWER, *A Problem from Hell*, *op. cit.*, chapitre 4. Au fil du temps, Lemkin lui-même affirma que la qualification de génocide s'appliquait aux politiques de Staline. Voir « Lemkin Calls Soviet Guilty of Genocide », *The New York Times*, 18 janvier 1953 ; A. WEISS-WENDT, « Hostage of Politics. Raphael Lemkin on "Soviet Genocide" », *op. cit.* ; T. ELDER, « What You See before Your Eyes. Documenting Raphael Lemkin's Life », *Journal of Genocide Research*, VII, 4, 2005, p. 469-499 ; R. SERBYN, « Raphael Lemkin on the Ukrainian Genocide », *Holodomor Studies*, www.lucorg.com/news.php/news/3282.

141. Voir N. FERGUSON, *The War of the World*, *op. cit.*, p. 212 *sq.* ; S. COURTOIS *et al.* (dir.), *Le Livre noir du communisme. Crimes, terreur, répression*, Paris, Robert Laffont, 1997, partie 1.

et réhabiliter Lamarck, que la biologie juge dépassé [142]. D'après le naturaliste français, les caractères génétiques mais aussi ceux acquis progressivement par l'éducation peuvent se transmettre de génération en génération. Aux yeux de Staline, cette flexibilité est plus conforme au communisme que l'hérédité rigide et « fasciste » de la génétique telle que la conçoit Gregor Mendel. Avec ce présupposé théorique, les options totalitaires restent confortablement ouvertes : on peut envoyer toute une population dans les camps de travail de la zone arctique pour une longue « rééducation ». Après quoi, le nouveau sens social du groupe survivra au cours des générations suivantes. Une autre option est néanmoins possible : exterminer à la fois les adultes et les enfants sans trop de remords, dans la mesure où leur peu d'aptitudes sociales se reproduira chez leurs enfants. Dans les faits, on optera pour les deux solutions, à tour de rôle.

Si la violence paranoïaque est une prothèse destinée à combler un vide de l'expérience psychique, le caractère protéiforme, intentionnellement ambigu du programme stalinien dénote un but cohérent qui a en partie été atteint : mener à bien l'*extermination psychologique* de certains groupes. Étymologiquement, *exterminer* signifie conduire au-delà des termes, des limites ou des frontières naturelles, vers une condition invivable. Cela revient à supprimer une identité nationale sans nécessairement tuer l'ensemble de la population. Dans la perspective stalinienne, les survivants sont censés être dénationalisés, certes, mais aussi « rééduqués », c'est-à-dire « vidés » psychologiquement, prêts à intégrer un nouveau groupe ethnique et une nouvelle idéologie. Derrière cette pratique, on devine un dogme marxiste du XIXᵉ siècle qui s'est avéré faux (ou du moins très exagéré) au XXᵉ siècle : le nationalisme était perçu comme un stade passager et bourgeois que la modernisation était censée rendre de moins en moins pertinent.

L'impréparation à la guerre

Comment se fait-il que l'homme le plus soupçonneux de l'histoire ait été pris de court par l'attaque d'Hitler, le 22 juin 1941 ? Au fur et à mesure que les documents sortaient des archives soviétiques, différents

---

142. Voir J. GLOVER, *Humanity, op. cit.*, chapitre 29.

travaux ont affirmé que Staline n'était pas mal préparé à cette guerre, que ce soit matériellement ou psychologiquement : il se méfiait d'Hitler et était lui-même en train de s'organiser pour agresser l'Allemagne. En admettant que cela ait été le cas, le jeu de la paranoïa et des « attaques préventives » qu'elle inspire a fait que le Führer est arrivé en premier, tout simplement – il s'agit d'ailleurs de l'exemple le plus spectaculaire où son tempérament impulsif et son culot lui ont assuré un triomphe temporaire.

D'un point de vue militaire, Staline aurait été surpris dans une phase de préparation qui s'avérait bien plus longue que celle de l'Allemagne, pour différentes raisons : la méfiance du dictateur soviétique à l'endroit des chefs de sa propre armée, la superficie immense de l'URSS et sa désorganisation chronique. Avec le pacte germano-soviétique d'août 1939 et la répartition des territoires intercalés entre les deux pays (laquelle était largement le fruit de nouvelles agressions menées par Staline), les frontières de l'URSS s'étaient notablement déplacées vers l'ouest. D'après cette reconstitution, au moment où l'Armée rouge a été la cible de l'opération Barbarossa, une bonne partie des anciennes lignes défensives avait déjà été démontée, mais l'édification des nouvelles lignes, plus à l'ouest, n'avait pas encore été menée à bien.

Une interprétation controversée sur le plan historique, mais intéressante sur le plan psychologique, a été proposée par Constantine Pleshakov [143]. Celui-ci fait remarquer que les nouvelles installations militaires que Staline voulait reconstruire passaient très près de la nouvelle frontière. Un contresens pour une ligne *défensive* puisqu'une violente attaque par surprise aurait aussitôt été en mesure de l'atteindre, de la percer et, ce faisant, de la rendre inutile. En revanche, une telle ligne était pertinente en tant que *base en vue d'une attaque-surprise*, car elle permettait de pénétrer immédiatement en territoire ennemi. D'après cette analyse, Staline aurait prévu d'agresser l'Allemagne en 1942. Reste qu'Hitler a envahi l'URSS un an plus tôt et que ses divisions ont réussi à détruire des ennemis encore mal préparés : ils ont encerclé un grand nombre de Soviétiques qu'ils ont fait prisonniers. Et pour cause : ces derniers établissaient en effet des installations militaires près de la frontière, sans même prévoir de zone tampon pour encaisser le premier choc

---

143. Voir *Stalin's Folly. The Tragic First Ten Days of World War II on the Eastern Front*, Boston, Houghton Mifflin, 2005.

et se réorganiser (ce que les grandes étendues de l'Union soviétique auraient pourtant permis).

Quoi qu'il en soit, la majorité des historiens s'accordent sur le fait que Staline se préparait à une guerre avec l'Allemagne, mais qu'il lui aurait fallu du temps, beaucoup de temps, pour être prêt [144]. En déplaçant les lignes fortifiées plus à l'ouest, le dictateur avait renoncé à exploiter l'un des grands avantages de la Russie : l'immensité de son territoire, qui aurait permis de garder les installations militaires dans des lieux inaccessibles pour l'ennemi. Résultat : les Allemands ont fondu en quelques minutes sur l'aviation russe qu'ils ont largement détruite alors que les avions étaient encore au sol.

La méfiance avait également conduit Staline à décimer, purement et simplement, les hauts commandements de l'Armée rouge. En comparant les forces armées de 1935 avec celles de la période précédant immédiatement l'attaque allemande, on note l'élimination de : 3 des 5 maréchaux ; 13 des 15 commandants d'armée ; 8 des 9 amiraux de flotte et de premier échelon ; 50 des 57 commandants de corps d'armée ; 154 des 186 commandants de division ; 16 des 16 commissaires d'armée ; 25 des 28 commissaires de corps d'armée ; 58 des 64 commissaires de division [145].

En fonction des grades, la formation de nouvelles élites militaires aurait demandé entre dix et vingt ans [146]. Aucun chef de guerre n'avait jamais décapité aussi radicalement une armée ennemie. Staline y était parvenu avec la sienne. Hitler n'aurait jamais pu choisir un meilleur allié.

En dernier lieu, la *rigidité des postulats idéologiques* de Joseph Djougachvili a accentué cette impréparation encore davantage. De fait, il croyait dur comme fer à l'anticapitalisme révolutionnaire, ce qui l'amenait souvent à sous-estimer le danger que pouvait représenter Hitler : ce dernier était issu des révolutions de 1918-1919, c'était un double de Mussolini, un dictateur né sur les barricades de gauche. Pour Staline, les vrais ennemis restaient les démocraties libérales, ce qui l'a conduit à renverser les informations utiles en source de paranoïa.

---

144. Voir R. SERVICE, *Staline, op. cit.*, chapitre 36 ; N. DAVIES, *Europe. A History, op. cit.*, p. 95 *sq.* ; R. TUCKER, *Stalin in Power, op. cit.*, chapitre 22 ; A. BULLOCK, *Hitler et Staline, op. cit.*, chapitre 16.

145. Voir R. CONQUEST, *La Grande Terreur, op. cit.*, chapitre 15.

146. Voir *ibid.*

Ainsi, les échanges à travers lesquels Churchill tâchait de le mettre en garde sur Hitler étaient assimilés à de la « propagande capitaliste ». Un mois avant le déclenchement de l'opération Barbarossa, Rudolf Hess, le dauphin d'Hitler au sein du NSDAP, s'envole, seul, pour l'Écosse. Si les historiens peinent, aujourd'hui encore, à faire toute la lumière sur ce voyage, Staline, lui, a une explication toute trouvée : voilà bien la « preuve » que les Anglais et les Allemands se mettent d'accord, sans faire de bruit. Et aux dépens de qui, sinon de la Russie communiste ? En réalité, même si l'hypothèse selon laquelle Hess souhaitait conclure un quelconque accord entre la Grande-Bretagne et l'Allemagne prévaut, des décennies de recherches historiques ne sont pas parvenues à démontrer qu'il avait des contacts avec les Anglais ni que son coup d'éclat avait été ordonné par Hitler. Et pour cause : on peut seulement dire avec certitude que Hess était atteint de troubles mentaux.

En un sens, plus le jour de l'attaque allemande approche, plus la paranoïa de Staline l'éloigne, par un mécanisme paradoxal, de son imagination. D'après certains historiens, il reçoit au moins 84 signalements de l'agression imminente – plus de 100 selon d'autres [147]. La plus décisive d'entre elles passe même par les ambassades. Le 7 mai 1941, le comte von der Schulenburg, ambassadeur du Reich allemand en URSS, invite (pour un petit-déjeuner, un déjeuner ou un dîner, selon les différentes sources) Dekanozov, l'ambassadeur soviétique à Berlin, brièvement rentré à Moscou. Il prend alors une décision certainement assez rare dans la tradition diplomatique en révélant à son interlocuteur que l'Allemagne compte lancer une attaque. Il va même jusqu'à donner la date exacte : le 22 juin, ce qui sera le cas. Schulenberg est un vieux bismarckien. Comme les comploteurs qui tenteront, par la suite, de tuer Hitler, ces hommes qu'il a rejoints et en compagnie desquels il sera condamné à mort, il estime que sauver son pays mérite qu'on en paie le prix. Hélas, rien à faire. Lorsqu'on lui rapporte cette conversation, Staline répond d'un ton sarcastique au Politburo que « la désinformation touche désormais les ambassades » [148]. De fait, le dictateur a éliminé de ses services d'espionnage tous ceux qui

---

147. Voir N. FERGUSON, *The War of the World*, *op. cit.*, p. 433 ; T. SNYDER, *Terres de sang*, *op. cit.*, chapitre 5, p. 267.
148. Voir N. FERGUSON, *The War of the World*, *op. cit.*, chapitre 12 ; R. TUCKER, *Stalin in Power*, *op. cit.*, chapitre 22 ; S. SEBAG MONTEFIORE, *Staline*, *op. cit.*, chapitre 31 ; R. MEDVEDEV, *Le stalinisme*, *op. cit.*, partie 4, chapitre 12.

n'envoyaient pas des informations en phase avec ce qu'il avait déjà en tête. Malgré tout, Richard Sorge (un communiste allemand, l'espion le plus légendaire de la Seconde Guerre mondiale) le prévient des plans de l'attaque allemande, depuis le Japon. Des renseignements que Staline, là encore, n'hésite pas à négliger.

Le leader soviétique est donc imperméable à tout, non pas parce qu'il se méfie *peu*, mais parce qu'il se méfie *trop*. Plus les informations s'accumulent, plus il a la « preuve » qu'on cherche à le tromper. Faute de pouvoir s'en prendre aux hiérarchies des autres, Staline se retourne vers la sienne : quelques jours avant l'attaque, il fait arrêter 300 officiers supplémentaires, y compris dans les grades les plus élevés [149]. Il parachève ainsi l'opération que son inconscient (masochiste, comme souvent chez les paranoïaques) avait engagée depuis longtemps, en éliminant ceux qui l'aidaient et en appuyant l'ennemi.

Les messages signalant que des avions allemands pénètrent en territoire soviétique pour photographier une dernière fois les objectifs à attaquer continuent de se multiplier. Mais Staline interdit formellement à son aviation de répliquer : ce sont encore des provocations, probablement échafaudées par les généraux allemands, à l'insu d'Hitler, ou par Ribbentrop, si peu digne de confiance. Joseph Djougachvili sent qu'il ne contrôle pas entièrement le pays et croit, par projection, qu'Hitler se trouve dans une situation analogue, alors même qu'il faudra attendre l'année 1944 pour qu'une opposition digne de ce nom parvienne à s'organiser contre le Führer [150].

Il ne reste plus que quelques heures avant l'Apocalypse. Un militaire allemand déserte et passe chez les Soviétiques avec les derniers détails de l'attaque. En récompense, il est fusillé sur-le-champ [151]. Lors de la dernière nuit, deux autres soldats d'Hitler (sans doute des communistes qui ont survécu à la répression) franchissent les lignes, comme si de rien n'était. Puisque les nouvelles qui remontent jusqu'à

---

149. Voir N. FERGUSON, *The War of the World*, *op. cit.*, p. 434.

150. On signale également des mouvements de la flotte allemande, mais pour Staline, il s'agit, là encore, d'une provocation, et même d'une *provocation des Anglais* (qu'il soupçonne très volontiers de comploter). Il ordonne ainsi qu'on punisse séance tenante celui qui lui a rapporté cette nouvelle. Voir S. SEBAG MONTEFIORE, *Staline*, *op. cit.*, chapitre 32.

151. Voir S. SEBAG MONTEFIORE, *Staline*, *op. cit.*, chapitres 31 et 32.

Staline ne font que renforcer son incrédulité, les intermédiaires politiques et les militaires sont désormais trop habitués à sa méfiance et aux punitions qui en découlent. Ils cherchent ainsi la moindre excuse pour discréditer ces informations et ne pas le contredire [152]. Paradoxalement, dans une circonstance aussi grave, *leur attitude est motivée par la peur qu'inspire Staline, leur chef bien-aimé, plus que par celle qu'inspire Hitler, leur ennemi juré.*

Quand les nouvelles de l'attaque commencent à parvenir de toutes parts, le matin du 22 juin, la réaction de Staline consiste, une fois encore, à nier [153]. L'ambassadeur von der Schulenburg a beau lui demander un rendez-vous urgent, il refuse de croire que le diplomate s'apprête à lui remettre la déclaration de guerre : il s'attend plutôt à une série de demandes qu'Hitler tente d'appuyer en faisant gronder les canons, pour l'impressionner [154].

Paradoxalement, ceux qui vivent dans la méfiance en planifiant, jour après jour, des actes de violence peinent parfois à la comprendre quand celle-ci vient à se manifester. Comme nous l'avons vu, Hitler se trompe en apprenant la nouvelle de l'assassinat de François-Ferdinand : à ses yeux, cela ne peut être que l'œuvre d'un nationaliste allemand radical, car lui-même aurait voulu tuer l'héritier du trône d'Autriche. De la même façon, Staline réagit en s'identifiant excessivement à l'ennemi et pense que les plus hautes sphères de la hiérarchie allemande *sont en train de comploter contre Hitler* – ce double qu'il admire inconsciemment – en le provoquant, lui. Les canons tonnent de la mer Baltique à la mer Noire, mais il hésite encore à donner le feu vert à la contre-attaque sur l'ensemble du front. Il ne s'arrache à cette paralysie que lentement, mollement. Il ne sort pas à proprement parler d'une dépression mais d'une sorte de stupeur muette. La dépression, telle qu'on la conçoit en général, implique en effet des doutes, un sentiment de culpabilité et des accusations que le sujet s'adresse à lui-même. En d'autres termes, elle

---

152. Voir R. SERVICE, *Staline, op. cit.*, chapitre 36 ; R. TUCKER, *Stalin in Power, op. cit.*, chapitre 22 ; S. SEBAG MONTEFIORE, *Staline, op. cit.*, chapitre 32 ; A. BULLOCK, *Hitler et Staline, op. cit.*, II, chapitre 16.

153. Voir *ibid.*, p. 169-171.

154. D'après Robert Tucker, cet épisode marque le seul moment de sa vie où Staline a pu douter (*Stalin in Power, op. cit.*, chapitre 22). D'après Martin Amis, Staline a été forcé, pour la première fois depuis longtemps, à « réintégrer » la réalité (*Koba la Terreur, op. cit.*, p. 246).

exprime, même dans sa forme psychopathologique, une autocritique, chose dont le paranoïaque est constitutivement incapable.

La contre-attaque et la conclusion du conflit

Penchons-nous à présent sur la dernière phase de l'affrontement entre l'empire nazi et l'empire soviétique. Sur les fronts Ouest et Est se déroulent deux guerres différentes [155]. Aussi invraisemblable que cela puisse paraître, après les horreurs auxquelles l'histoire du nazisme nous a habitués, la Wehrmacht va respecter en grande partie les conventions de Genève dans les combats qui l'opposent aux troupes anglo-américaines. À rebours des lignes directrices de la politique allemandes établies à Wannsee, les soldats capturés seront généralement envoyés dans des camps de travail normaux pour prisonniers de guerre, même s'ils sont juifs.

Le front Est, lui, ne se trouve pas en Europe, mais en Asie – à moins que ce ne soit au cœur de l'enfer. Après le coup d'arrêt de Stalingrad, la marée change définitivement de direction en 1943. C'est maintenant à la Wehrmacht de se retirer et à l'Armée rouge d'avancer : elle ne s'arrêtera qu'à Berlin. Les millions de personnes tuées par les nazis, les conditions de détention inhumaines, les rafles de Juifs et de suspects doivent être vengées. L'Armée rouge est frappée par une contamination paranoïaque de masse que la propagande vient encourager encore davantage. Cette situation va malheureusement faire traîner en longueur une guerre dont l'issue était déjà décidée. Même s'ils combattent, chaque jour un peu plus, en infériorité numérique, les Allemands reculent très lentement et ne choisissent presque jamais de se rendre : ils savent en effet qu'ils sont à des années-lumière de la convention de Genève pour la protection des prisonniers de guerre (à laquelle les Soviétiques n'avaient pas adhéré et que les nazis n'avaient donc pas appliquée, avec un plaisir sadique).

C'est à Yalta qu'on trace le décor global de l'après-guerre. Cela comprend un déplacement de grande ampleur des frontières, aux dépens de l'Allemagne, en grande partie pour laisser de la place aux millions de Polonais qui avaient fui ou qu'on avait expulsés en 1939,

---

155. Voir M. HASTINGS, *Armageddon*, *op. cit.*

lors de l'invasion de la moitié est du pays par les Soviétiques. Reste que pour mener à bien cette opération, il ne suffit plus de déplacer les frontières comme on le faisait autrefois au terme d'une guerre. Pour couper à la racine le problème des minorités, on déplacera également les populations. Après 1945, on chasse, on expulse, on déporte environ 15 à 16 millions d'Allemands de territoires qu'ils avaient habités pendant des siècles. Entre 2 et 2,5 millions de personnes ne survivront pas à ce « déplacement »[156]. Par ailleurs, cette migration forcée n'est pas uniquement la plus vaste de l'histoire humaine : il s'agit également du premier exemple de ce qu'on appelle aujourd'hui une « épuration ethnique », considérée comme un crime contre l'humanité[157]. Staline avait déjà acquis de l'expérience dans ce domaine en pratiquant ces expulsions à l'intérieur des frontières de l'URSS : il ne lui restait plus qu'à se lancer dans une opération encore plus grandiose, mais *à l'extérieur des frontières*, dans d'autres pays.

Malgré son ampleur, et le fait qu'il soit presque impossible à planifier, ce projet sans précédent se lance tout seul, progressivement, avec pour moteur la paranoïa collective. Si les autorités politiques et militaires des vainqueurs finissent par se contenter de le surveiller et de le canaliser, un élément nouveau survient quand, au cours de son avancée vers l'ouest, l'Armée rouge laisse la Pologne derrière elle pour entrer en Allemagne. À la violence impitoyable des combats vient s'ajouter une brutalité extrême à l'endroit de la population civile[158]. Les hommes étant, pour la plus grande partie d'entre eux, appelés sous les drapeaux et en train de reculer avec le front, il faut également convaincre les femmes. On assiste ainsi au plus terrible épisode de viol collectif jamais observé dans l'histoire[159]. Après les premiers succès dus à son extrême

---

156. Voir N. M. NAIMARK, *Fires of Hatred. Ethnic Cleansing in Twentieth-Century Europe*, Londres-Cambridge (Mass.), 2001, introduction ; R.-D. MÜLLER et G. R. ÜBERSCHÄR, *Kriegsende 1945, op. cit.*, chapitre 8 ; A. M. DE ZAYAS, *Anmerkungen zur Vertreibung der Deutschen aus dem Osten*, Stuttgart, Kohlhammer, 1986.

157. Voir N. M. NAIMARK, *Fires of Hatred, op. cit.* ; N. M. NAIMARK, *Les génocides de Staline, op. cit.*

158. Voir A. BEEVOR, *La Chute de Berlin*, trad. J. Bourdier, Paris, Éditions de Fallois, 2002 ; M. HASTINGS, *Armageddon, op. cit.*, chapitre 10 ; R.-D. MÜLLER, G. R. ÜBERSCHÄR, *Kriegsende 1945, op. cit.* ; N. FERGUSON, *The War of the World, op. cit.*, chapitre 16 ; M. MAZOWER, *Le continent des ténèbres, op. cit.*, chapitre 7 ; K. E. FRANZEN, *Die Vertriebenen. Hitlers letzte Opfer*, Munich, Ullstein, 2001.

159. Voir L. ZOJA, *Centauri. Mito e violenza maschile*, Rome-Bari, Laterza, 2010.

rapidité et son absence de scrupules, Hitler enclenchera – comme beaucoup de paranoïaques – un processus qui réalisera ce qu'il redoutait précisément le plus : l'abâtardissement racial. De fait, un nombre incalculable d'enfants qui naîtront entre la fin de l'année 1945 et le début de l'année 1946 auront pour père un Soviétique [160].

Les Allemands ne sont cependant pas les seuls à résister jusqu'à la mort, conscients qu'il leur est impossible de se rendre. Tandis que les Italiens et les autres alliés de l'Axe – Roumains, Hongrois, Slovaques – s'en vont de leur côté, un mélange de nationalités officiellement soviétiques reste jusqu'au bout avec la Wehrmacht : des Lettons, des Ukrainiens, mais aussi des Russes sous les ordres du général Vlassov. La plupart ont fait la guerre dans le mauvais camp mais avec une motivation louable : se libérer de Staline. Ne pouvant plus compter sur quoi que ce soit, ils résistent jusqu'à la mort ou reculent le plus possible, de façon à « glisser » sur le front Ouest, avec l'espoir d'être capturés par les Alliés. Les Cosaques qui se sont battus avec les Allemands réussissent à tomber entre les mains des Anglais qui occupent l'Autriche. Les troupes de Sa Majesté les font prisonniers mais les livrent ensuite à Staline. On assiste ainsi à une véritable hécatombe, près de Linz, dans le Tyrol. De nombreux Cosaques résistent aux Britanniques tandis que d'autres se suicident avec toute leur famille. À la grande surprise des Alliés, nombre de ceux que les Allemands avaient pris à l'est pour les envoyer dans des camps de travail s'opposent par tous les moyens à leur retour en URSS [161].

Après le partage de l'Europe de l'Est avec Hitler, c'est à Yalta que Staline commence à se répartir le monde avec les Alliés, qui ont promis de lui remettre tous les ressortissants soviétiques. Il considère pour sa part que les militaires de l'Armée rouge tombés entre les mains des Allemands sont non pas des prisonniers de guerre, mais des traîtres. Au

---

160. Voir *ibid.*
161. Voir N. FERGUSON, *The War of the World, op. cit.*, chapitres 13 et 16 ; N. DAVIES, *Europe. A History, op. cit.*, partie 3. La source principale des informations relatives à l'épisode de Linz est N. TOLSTOY, *Victimes de Yalta*, trad. S. Manoliu et J. Joba, Paris, France-Empire, 1980 [1977], chapitres 9 et 10. Les prisonniers de guerre français refusent eux aussi d'être libérés par l'Armée rouge et préfèrent suivre les Allemands qui les avaient pourtant mis au travail obligatoire. Voir A. BEEVOR, *La Chute de Berlin, op. cit.*

reste, l'article 270 du Code militaire, qu'il a signé, le lui permet : quiconque se rend, y compris dans une situation particulièrement désespérée, devient automatiquement un déserteur. À ce titre, il ne peut être que condamné à mort. Par ailleurs, afin que la mesure soit plus persuasive, toute la famille de l'intéressé est susceptible d'être arrêtée et déportée ou soumise à des punitions similaires [162]. Tous ceux qui ont été enfermés de force dans les camps de travail ou qui étaient restés dans des zones occupées par les Allemands étaient, pour cette raison, *suspects*. Nombre d'entre eux ont été tués sur-le-champ (au motif qu'ils ne s'étaient pas battus jusqu'à la mort et n'avaient pas intégré les réseaux de résistance), mais la plupart ont été envoyés au Goulag. Avec la fin de la guerre, celui-ci a d'ailleurs accueilli des millions de nouveaux arrivants et, sans doute, atteint une population record [163].

La suspicion frappe les Juifs

Alors que l'avancée finale contre les nazis se prépare, Staline donne l'ordre de déterrer des milliers de corps de Juifs tués, de les aligner le long de la route qu'empruntent les troupes et de leur dire qu'il s'agit de citoyens soviétiques, et pas de Juifs. Il s'agit simplement d'inciter les soldats à se montrer impitoyables. Évoquer le caractère hors normes de ce qu'on appellera par la suite l'Holocauste ou la Shoah est considéré comme un crime politique. Staline, qui avait été un précurseur, puis un imitateur et, au final, un allié d'Hitler, anticipe ce qui sera après la mort du Führer une caractéristique des néonazis : la négation de l'extermination des Juifs.

Même dans cette circonstance, la jalousie et l'envie, qui, comme nous le savons, sont présentes chez les paranoïaques, n'épargnent pas le dictateur. Après la victoire sur le nazisme, il regarde avec une *suspicion* croissante tout ce qui pourrait montrer que les Juifs ont été les premières victimes du IIIe Reich, de la façon la plus radicale qui soit. Dans l'esprit de Staline, nul n'est autorisé à reléguer au second plan le

---

162. Voir N. DAVIES, *Europe. A History*, *op. cit.*, partie 4.
163. Voir N. WERTH, *L'ivrogne et la marchande de fleurs*, *op. cit.*, chapitres 12 et 13 ; A. APPLEBAUM, *Goulag*, *op. cit.* Voir également les chiffres rapportés par Alan Bullock, *supra*.

véritable vainqueur de la lutte contre les fascismes : l'URSS. Il ne saurait y avoir de préséance.

À ce titre, le destin du *Livre noir*, établi sous la direction des écrivains Ilya Ehrenbourg et Vassili Grossman, est des plus révélateurs. Appelé à constituer la première étude d'ampleur consacrée à l'extermination des Juifs soviétiques par les nazis, l'ouvrage est prêt à être mis sous presse dès 1947. Sa publication est néanmoins interdite, même si la censure était déjà intervenue par deux fois sur le texte et même s'il contenait une préface où Grossman faisait un éloge appuyé de Staline [164]. Si la justice des tribunaux est longue, celle de la culture l'est encore davantage : Grossman est mort dans le dénuement, exclu du milieu littéraire officiel, et plusieurs décennies se sont écoulées avant que *Vie et destin*, son grand roman censuré par le régime soviétique, paraisse en Russie. Mais ce n'est pas tout : l'original russe du *Livre noir* n'est paru qu'en 1993, dans une édition à tirage limité imprimée non pas en Russie mais en Lituanie, un pays qui avait retrouvé son indépendance dans l'intervalle.

Le fait qu'il soit défendu de souligner les appartenances ethniques ou nationales est un corollaire cohérent de l'internationalisme communiste. Longtemps, la politique stalinienne va veiller à ne pas accuser les Juifs en tant que Juifs, ce qui aurait paradoxalement pu confirmer les accusations des nazis sur leur influence excessive en Union soviétique. Mais avec le temps, Staline fera montre d'une suspicion grandissante à leur égard.

Dès le début de la guerre contre Hitler, l'URSS encourage la constitution d'un comité antifasciste juif visant à inciter les Juifs du monde entier à se battre contre le nazisme : il doit notamment faciliter une alliance et un soutien des États-Unis à travers les Juifs d'Amérique. Reste que ces échanges ont lieu entre des personnalités du monde culturel : ils ne sont donc pas seulement *internationaux*, mais aussi *cosmopolites* – une qualité suspecte aux yeux des dictateurs, et à ceux de Staline en particulier. La fin des années 1940 et le début de la décennie suivante se traduisent par la dissolution du comité puis par l'arrestation de ses membres et d'un nombre toujours plus important de personnalités juives. Les procès débouchent sur des condamnations

---

164. Voir I. EHRENBURG et V. GROSSMAN (dir.), *Le Livre noir*, « Avant-propos ».

à mort ou à des dizaines d'années d'emprisonnement tandis que cette chasse aux sorcières s'étend aux pays satellites d'Europe de l'Est.

Ce qui se passe à partir de ce moment-là reste encore méconnu. Dès le printemps de l'année 1952, le nombre de Juifs enfermés dans les camps augmente de façon notable [165]. Au début de l'année 1953, on révèle, avec fracas, un « complot des médecins ». Neuf importants spécialistes, dont six Juifs, qui s'occupent des plus hautes personnalités soviétiques sont accusés d'ourdir un complot pour les tuer et ont déjà « avoué ». Les révélations s'accumulent et se mélangent à des accusations de nationalisme, de cosmopolitisme, de sionisme [166]. On ne saura jamais exactement si, comme beaucoup l'ont suggéré, ces annonces étaient le coup d'envoi d'une campagne antisémite en plus d'une nouvelle « grande purge ».

On ne saura pas non plus si Staline s'était consciemment inspiré de l'histoire de Rodrigo Lopez, un Juif converti né au Portugal, installé à Londres, devenu médecin de la reine Élisabeth I : accusé d'avoir voulu la tuer, il a été pendu, écartelé et décapité en 1594. Savoir si un fou a pu être attiré par un mythe avant de se l'approprier n'est pas d'une importance décisive car c'est souvent le mythe qui cible un fou et décide de se servir de lui. Il n'est même pas nécessaire de savoir dans quelle mesure le mythe en question correspond à une vérité historique : de même que Lopez était peut-être coupable, il n'est évidemment pas exclu qu'un ou plusieurs de ces scientifiques aient vraiment conspiré. Le mythe fonctionne quoi qu'il en soit. Les récits du complot de Lopez doivent sans doute beaucoup au personnage de Shylock, l'une des figures les plus fortes du théâtre de Shakespeare. Tout comme les Juifs convertis sous la contrainte qu'on soupçonnait de rester israélites dans la sphère privée, des médecins ou des intellectuels ont été soupçonnés par Staline de ne pas s'être suffisamment « convertis » à la nouvelle identité soviétique et d'être restés, au fond, des Juifs cosmopolites, bourgeois et intellectuels.

---

165. C'est ce qu'a immédiatement remarqué Karlo Štajner, qui avait connu le Goulag pendant des décennies, de l'intérieur. Voir *7000 Days in Siberia*, Londres, Corgi Books, 1989.

166. Voir R. SERVICE, *Staline, op. cit.*, chapitre 53 ; J.-J. MARIE, *1953, les derniers complots de Staline. L'affaire des Blouses blanches*, Bruxelles, Éditions Complexe, 1993 ; F. FURET, *Le Passé d'une illusion, op. cit.*, chapitre 12 ; T. SNYDER, *Terres de sang, op. cit.*, chapitre 11 ; M. AMIS, *Koba la terreur, op. cit.*, p. 280.

Mort du tyran

Paradoxalement, la mort de Staline n'est pas la conséquence d'une intervention médicale, mais d'une *absence* d'intervention médicale. Le tyran ayant tendance à prendre lui-même les décisions les plus importantes, il n'existe alors pas de procédure pour le remplacer en cas de maladie, décider de le soigner ou le déclarer dans l'incapacité de gouverner.

Dans la nuit du 28 février au 1er mars 1953, le dictateur géorgien connaît de graves problèmes cardiaques qui le laissent paralysé et presque inconscient. Le lendemain, les gardes ne le voient pas sortir de sa chambre mais ne bougent pas, par peur d'être punis. C'est seulement vers le soir, avec l'excuse de l'arrivée du courrier, qu'ils se hasardent à frapper à la porte. Joseph Vissarionovitch Djougachvili râle par terre, baignant dans son urine. On appelle finalement Lavrenti Beria et Gueorgui Malenkov, deux de ses proches collaborateurs. Ils ne rejoignent la datcha qu'aux premières heures du 2 mars. Plus tard, on fait enfin appel à un médecin. Malheureusement, toutes les personnes qui ont soigné les problèmes circulatoires de Staline (qui n'a jamais cessé de boire alors qu'il venait de renoncer au tabac, après avoir été un fumeur acharné pendant un demi-siècle [167]) sont en prison. Les mains des nouveaux docteurs tremblent devant cette situation clinique complexe, mais surtout devant la responsabilité qui pèse sur eux. Le temps passe à nouveau : on tente finalement une consultation médicale en s'adressant à la prison de la Loubianka où se trouvent les meilleurs spécialistes du pays [168].

À cette époque, il existe déjà plusieurs techniques pour retirer différents caillots sanguins, mais elles sont risquées. Les médecins sont tenaillés par l'indécision. Leur patient est visiblement dans un état très grave, mais s'il vient à mourir après leur intervention (ce qui est très probable), ils seront soupçonnés de l'avoir tué. En revanche, s'ils renoncent à intervenir, on pensera qu'ils ont voulu le laisser mourir. Au final, le choix médical est dicté par la suspicion. Dans la peur générale, l'inaction ne tarde pas à s'imposer d'elle-même. En contaminant tout le monde, la paranoïa prend sa énième revanche sur le paranoïaque.

---

167. Voir S. SEBAG MONTEFIORE, *Staline, op. cit.*, chapitre 57.
168. Voir R. SERVICE, *Staline, op. cit.*, chapitre 54.

Beria, l'homme cruel et débauché qui a longtemps occupé le poste de chef du NKVD, figure parmi les favoris à la succession. Comme le racontera par la suite Nikita Khrouchtchev, il reste un long moment à côté du corps, tantôt pour le maudire, tantôt pour se mettre à genoux et lui baiser les mains – mais sans jamais convoquer les médecins [169]. Puis, sans attendre la mort de Staline, il se précipite au Kremlin, très vite suivi par Khrouchtchev et Malenkov, afin de « mettre de l'ordre » dans les documents du chef jugés urgents. C'est ainsi que disparaît une grande quantité de papiers que Staline conservait dans son bureau pour faire chanter absolument tout le monde – pour l'essentiel des preuves, assez anciennes, sur ceux qui avaient mené un double jeu, et ils n'étaient pas rares.

Finalement, tard le soir du 5 mars 1953, Staline meurt. Avec sa tendance à l'exubérance, Beria se persuade que ces atermoiements ont accéléré la mort du dictateur, ce qui l'a amené au sommet du pouvoir : alors que les membres du Politburo accourent, il se vante de les avoir libérés [170].

Le groupe respire et engage une gestion collégiale. On préfère destiner Beria au peloton d'exécution plutôt qu'au commandement suprême : vu les circonstances, la chose ne fait guère scandale. L'appareil répressif finit ensuite par s'assouplir. La population des camps de travail (qui s'élève à 12 millions, soit deux fois la population de la Suisse [171]) diminue rapidement : sans surprise, les monstruosités des décennies écoulées dépendaient de la personnalité de Staline plus que du système. Khrouchtchev accède au pouvoir et se montre – par comparaison avec son prédécesseur – ouvert au dialogue, tant sur le plan intérieur que sur le plan international. À peine trois ans plus tard, en 1956, il dénoncera les massacres du tyran. Outre la révélation fracassante des crimes staliniens, son intervention lors du XXe Congrès du Parti communiste d'Union soviétique contient une observation intéressante dans la perspective qui nous occupe. Staline est en effet décrit comme l'inventeur du concept d'« ennemi du peuple », adaptable à l'ensemble du pays, c'est-à-dire, paradoxalement, à tout le

---

169. Voir J. GLOVER, *Humanity, op. cit.*, chapitre 25 ; S. SEBAG MONTEFIORE, *Staline, op. cit.*, chapitre 58.

170. Voir *ibid.*

171. Voir A. BULLOCK, *Hitler et Staline, op. cit.*, chapitre 19 ; R. CONQUEST, *La Grande Terreur, op. cit.*, conclusion.

peuple. Véritable coquille vide, cette tautologie devenue le fondement des répressions avait permis d'éliminer n'importe qui sans avoir besoin de démontrer quoi que ce soit. Au bout du compte, une hypostase inébranlable aura pris en otage trois décennies et un pays de la taille d'un continent, en mélangeant politique et psychopathologie.

Paradoxes du totalitarisme paranoïaque

La paranoïa est contraire à la pensée humaine normale et, en tous les cas, à la raison. À force d'excès, elle finit par rencontrer des limites. Si sa tendance au déni a encore le dessus, elle les dépasse. Dès lors, elle participe à un processus d'autodestruction – il suffit de penser à l'absurdité du dernier décret d'Hitler, l'Ordre Néron. Le nouveau bain de sang que Staline était probablement en train de mettre au point au début de l'année 1953 restera lettre morte, lui aussi. Avant même de mourir physiquement, le dictateur était sans doute à l'agonie en vertu de cet effet paradoxal, en plus de différents motifs historiques : une trop grande part des hautes sphères du pouvoir avait peur de figurer parmi les cibles potentielles. Quel que ce soit ce qu'il planifiait, il aurait eu plus de mal à diriger cette répression. Et dire qu'auparavant, à « l'âge d'or » de sa terreur, il suffisait d'un « décret gouvernemental » (*ukaz*) et d'une campagne médiatique *ad hoc* pour que des cohortes de délateurs se lèvent, à tous les niveaux de la société, prêts à hurler : « Oui, c'est vrai, ce crime existait depuis longtemps, j'ai de nombreux cas à dénoncer ! » Si l'historien américain Daniel Goldhagen a accusé la majorité des Allemands d'avoir été les « exécuteurs volontaires » du nazisme, ce phénomène n'est pas le propre d'un régime politique en particulier, mais de toute société où l'on a su développer une paranoïa de masse. Heureusement, celle-ci semble avoir des cycles physiologiques et ne saurait durer infiniment, quel que soit l'endroit.

Le système stalinien des accusations réciproques et croisées permettant de contrôler la société de façon totalitaire nécessitait de s'infiltrer partout et donner à la suspicion un socle institutionnel stable. Une suspicion que le tristement célèbre article 58 s'est chargé de diffuser dans les moindres recoins d'URSS [172]. Un article que l'appareil

---

172. « Le grand, le puissant, l'abondant, le ramifié, le diversifié, l'omni-raflant article 58 qui englobe le monde, non pas tant dans la formulation de ses paragraphes que par leur large et dialectique interprétation. [...] Il n'est pas sous la voûte des cieux

judiciaire a appliqué à tout ce qui pouvait être soupçonné, c'est-à-dire à tout le monde – par extension, par analogie ou sur la base de l'intime conviction du juge quand les preuves n'étaient pas suffisantes –, grâce à la contribution décisive de l'accusateur public Andreï Vychinski, qu'Alexandre Soljenitsyne a résumée de la façon suivante :

> [En 1937,] Vychinski fit un exposé [où] il rappela qu'en ce qui concernait les hommes, il n'était jamais possible d'établir de vérité absolue, mais seulement relative. À partir de là, il fit un pas que, depuis deux mille ans, les juristes n'avaient jamais osé franchir : il déclara qu'en conséquence, la vérité établie par l'instruction et le tribunal ne pouvait être absolue, elle non plus, mais seulement relative. [...] Concrètement, il s'ensuit que c'est une pure et simple perte de temps que de rechercher des pièces à conviction absolues [...]. Quant à trouver des preuves *relatives*, approximatives, de la culpabilité, cela, le commissaire instructeur peut fort bien y arriver sans pièces à conviction et sans témoins, sans sortir de son bureau, « en s'appuyant [...] sur ses *forces morales* [173].

Une fois les preuves objectives de culpabilité remplacées par sa *force morale*, le juge d'instruction n'a plus qu'à ériger le *processus mental* de la paranoïa en fondement de l'enquête et lui donner une priorité, tant logique que psychologique, sur le processus juridique. Dès lors, tous ceux qui collaborent de leur plein gré avec le leader s'attachent exclusivement à une *révélation originelle* de ce qui est juste, dans la droite ligne de celle du chef. Ce qui permet de manipuler les autres étapes de la procédure judiciaire. La *circularité* de la paranoïa est elle aussi assurée : l'intime conviction du juge, qui devrait être le résultat du processus, *devient son point de départ.*

D'après Jonathan Glover, Staline est le parfait exemple du tyran tel que le décrivait Aristote [174]. Il a gouverné en faisant en sorte que les hiérarques du régime se méfient les uns des autres et sans jamais faire confiance à personne. Un *manque de confiance systématique de type*

---

de délit, d'intention, d'action ou d'inaction qui ne puisse être châtiée par la main de fer de l'article 58 », écrira Soljenitsyne dans *L'archipel du Goulag* (*op. cit.*, partie I, chapitre 2, p. 51).

173. *Ibid.*, I, chapitre 3, p. 81-82.
174. *Humanity, op. cit.*, chapitres 25 et 29.

paranoïaque qui a trouvé un équivalent dans l'appareil policier et judiciaire. Mais si cette caractéristique du régime stalinien était cruciale dans la perspective qui nous occupe, elle le différenciait, dans une certaine mesure, du régime hitlérien. Le traitement des hauts responsables nazis par le Führer était en effet plus « collégial » tandis que son attitude à l'égard de ses ennemis était apparemment plus tranchée. Les choses semblaient plus claires : les ennemis étaient conscients d'être considérés comme tels et savaient, ou devinaient, ce qui les attendait. Avec Staline, tout était plus complexe. Moins cruel de prime abord, il se révélait, au fond de lui, plus sadique. Il vous détruisait lentement. Avant de s'emparer de votre corps, il prenait possession de votre âme.

Cette cruauté subtile nous ramène encore à la paranoïa car elle est le fruit pervers d'une *conviction de base implacable*. Aussi paradoxal que cela puisse paraître, elle dérive précisément du fait que l'idéologie qui la sous-tend est plus généreuse que l'idéologie nazie. Il reste en elle un peu de la doctrine sociale marxiste : tous les hommes sont égaux et doivent pareillement coopérer, sans exceptions ou passe-droits au cas par cas. La perversion de ce postulat tient au fait que le bien commun est établi par l'une des deux parties uniquement – en l'occurrence, le pouvoir politique ou judiciaire – tandis que l'autre incarne son contrepoids inconscient : elle est le mal, le bouc émissaire.

Avant de vous discréditer et de vous humilier, le régime vous demandait de vous discréditer et de vous humilier vous-même, de manière à vous dépouiller de la dernière ombre d'identité que peut avoir une victime : la haine à l'égard de l'agresseur. Plus encore que le bourreau, vous deviez haïr son collaborateur le plus zélé, à savoir vous-même. La société malveillante des nazis telle que l'a décrite Goldhagen était alors reproduite dans le microcosme intérieur du sujet stalinien dont le sort était *scellé*, à plus d'un titre. Après vous avoir longuement torturé, psychiquement et physiquement, sans jamais vous informer de vos droits [175], le juge pouvait vous demander de signer le procès-verbal (truqué) de l'interrogatoire, mais aussi de parapher au bas de l'article 206 – avec un excès de prudence paranoïaque, celui-ci vous promettait une seconde condamnation si vous révéliez à quelqu'un la *méthode*

---

175. Paradoxalement, le Code soviétique était plutôt éclairé et prévoyait de larges garanties pour les personnes visées par une enquête.

suivant laquelle avait été menée l'instruction [176]. Pourquoi ? Difficile de ne pas penser à l'usage propagandiste qu'on pourrait faire des autocritiques et des aveux extorqués. Reste que l'argument est faible. Le pouvoir dominait ses plus irréductibles adversaires, mais aussi les moyens de communication, et ce, depuis longtemps : il était en mesure de calomnier autant qu'il le souhaitait et faire publier ce que bon lui semblait, quoi qu'il advienne.

La recherche de cette collaboration perverse étant vaste, complexe et, en même temps, sans précédent, il est impossible d'invoquer des causes strictement politiques pour l'expliquer. Si la politique tyrannique élimine l'ennemi, ici, le tyran ne se contentait pas de l'éliminer, il lui demande son aide, comme pour lever un doute angoissant, combler un vide et une insécurité qui résident, à tous les points de vue, dans l'enfance de la paranoïa et s'expriment dans un reste irréductible de conscience morale.

En plus de cet ultime semblant d'éthique, la parodie de justice stalinienne exprime parfois une cruauté supplémentaire – qui n'est pas, à proprement parler, contradictoire dans la mesure où elle témoigne, de façon criante, d'une ambivalence non résolue. Toute cette construction est parcourue par une dualité inconciliable entre un présupposé moral et des conséquences immorales, entre un idéal de vie et une réalité de mort. Elle est en suspens sur un pont sans parvenir à atteindre l'autre rive. Le syndrome de Créon s'est solidifié : l'hésitation morale qui le caractérise ne se traduit plus par une oscillation, mais par une inertie vide. Nous tenons là une nouvelle différence avec Hitler. Car le national-socialisme (qui ne faisait pratiquement qu'un avec son chef emblématique, ce qui simplifie la compréhension du phénomène) avait franchi le pont. Après avoir laissé derrière lui une bonne partie de la société (en maintenant debout l'édifice économique et, dans une certaine mesure, l'édifice scientifique, universitaire, ecclésiastique), il était passé de l'autre côté, vers une « morale social-darwinienne ». Le communisme stalinien, lui, a proclamé la renaissance de la société tout entière, ce qui impliquait la mort de la société antérieure, dans son ensemble. Cette irrésolution entre la vie qu'elle promettait et la mort

---

176. Voir A. SOLJENITSYNE, *L'archipel du Goulag, op. cit.*, partie I, chapitre 3.

qu'elle a distribuée n'était donc pas uniquement le signe d'un pervertissement mais d'une *cohérence absurde dont le présupposé était si implacable qu'il en est devenu inhumain*. Du fait de ce projet strict de renouvellement, le moindre lien personnel, le moindre rôle social était *soupçonné d'être une continuation de la réalité préexistante*. S'il subsistait des vestiges de ce monde ancien qui, par erreur, n'étaient pas morts, leur disparition n'était pas un phénomène autonome, mais une volonté d'effacer cette erreur.

Dans le nazisme, une partie de la société, supposée majoritaire et positive, devait écraser la partie malade. Dans le communiste stalinien, la nouvelle collectivité ne faisait qu'un avec le bien.

Pour survivre, le régime du dictateur géorgien invitait à souscrire à un pacte faustien et à trahir ces valeurs du passé dans lesquelles chacun avait cru [177]. Les amis étaient encouragés à dénoncer leurs parents (une aberration qui sera perfectionnée par la Révolution culturelle en Chine [178]), les intellectuels à être infidèles à eux-mêmes. Il n'est pas facile de déterminer jusqu'à quel point Staline était vraiment convaincu que quelqu'un était son ennemi et, à l'inverse, dans quelle mesure il s'agissait là d'une invention de sa propagande pour éliminer ses adversaires. Il y a des chances pour que la réponse à cette question si complexe soit la plus simple, à savoir celle proposée par Khrouchtchev dès 1956 : Staline disait des choses monstrueuses et les mettait en pratique parce qu'il y croyait. Si, du point de vue de son successeur, il était donc « de bonne foi », cela signifierait, du point de vue de la psychopathologie, qu'il souffrait de *pseudologie fantastique*, comme son jumeau nazi inconscient. Quoi qu'il en soit, cette tragédie personnelle était si immense qu'elle est devenue celle de tout l'URSS et de centaines de millions de personnes. Des millions de personnes qui, aux quatre coins de la planète, la regardaient comme le phare qui éclairait le chemin vers un monde de justice alors même qu'elle replongeait dans des ténèbres qu'on avait oubliées depuis

---

177. Voir J. GLOVER, *Humanity*, *op. cit.*, chapitre 29.

178. Du fait de l'ampleur du sujet, du manque de documents accessibles et des grandes différences culturelles entre la Chine et l'Occident, nous ne nous occuperons pas ici du communisme de Mao. Mais le renouvellement qu'il a engagé a été traversé par la paranoïa. Comme Staline, il n'envisageait pas la possibilité de garder en vie des groupes d'inférieurs : il n'y avait aucune alternative en dehors de la mort et de la conversion.

des siècles. Et pour cause : sous la tyrannie des tsars, tout individu visé par une enquête gardait le droit de ne pas témoigner contre un membre de sa famille proche et était souvent pardonné s'il montrait un repentir [179].

Dernières questions

Même après le ménage effectué par les successeurs de Staline, il restera quelques papiers dans le tiroir du maître de l'Union soviétique [180]. Le plus vieux est une lettre de Lénine qui lui intimait de demander pardon à Nadejda Kroupskaïa tout en lui reprochant la brutalité avec laquelle il l'avait traitée. La plus récente est écrite par Tito et contient, elle aussi, un ultimatum : s'il continue d'envoyer des tueurs pour l'abattre, le dictateur yougoslave promet d'engager un assassin pour l'éliminer. Figure également dans ces documents le dernier message écrit par Boukharine avant d'être traduit en justice : « Koba, pourquoi as-tu besoin que je meure ? »

Il est intéressant de se demander pourquoi Staline a conservé précisément ces lettres parmi les innombrables messages qui sont passés entre ses mains. Toutes ont certes été écrites par des personnes importantes à ses yeux et évoquent des sujets tout aussi importants, mais elles sont – vraisemblablement – *restées sans réponse*. De deux choses l'une. Si ces courriers traînaient dans son tiroir, peut-être est-ce parce que, de façon absurde, une partie de lui aurait voulu y répondre mais était restée paralysée, comme Créon. Pour autant, rien n'empêche de penser qu'il s'agissait de documents précieux et définitifs, confiés à l'éternité car *la réponse à ces courriers était déjà claire et implicite* à ses yeux. À cette interrogation, Robert Conquest, le plus grand historien de la terreur stalinienne, nous donne des éléments de réponses indirects [181]. Malgré son expérience concrète du monde soviétique (il avait été journaliste sur le front ukrainien durant la Seconde Guerre mondiale puis porte-parole de l'ambassade de Grande-Bretagne en

---

179. Voir A. SOLJENITSYNE, *L'archipel du Goulag*, partie I, chapitre 3, p. 85 n.

180. Voir S. SEBAG MONTEFIORE, *Staline, op. cit.*, chapitre 58 ; R. TUCKER, *Stalin in Power, op. cit.*, chapitre 18.

181. Voir *La Grande Terreur, op. cit.*, introduction.

Bulgarie), il n'écrivait dans un premier temps que des romans et de la poésie [182] ; il ne s'est intéressé que progressivement aux massacres staliniens. Un jour, il s'entretient avec Tibor Szamuely, un dissident hongrois très informé qui s'est réfugié à Londres. Conquest lui demande pourquoi Staline a éliminé tous les plus hauts gradés de son armée. Certes, le dictateur avait des raisons de faire fusiller le maréchal Toukhatchevski [183]. Seulement, pourquoi forcer le maréchal Iegorov à subir le même sort ? « Et pourquoi pas ? », répond son interlocuteur. Si cette explication limpide et sidérante a conduit l'historien britannique à consacrer l'essentiel de son temps à ses recherches sur le stalinisme, sans doute tenons-nous la clé pour comprendre le dictateur. À la question de Boukharine, « Pourquoi veux-tu que je meure ? », la réponse de Staline était probablement : « Pourquoi pas ? »

Roy Medvedev a lui aussi cherché à résumer en une question les études qu'il a consacrées sans relâche au stalinisme [184]. Étant donné l'histoire de la Russie présoviétique, d'un côté, et la doctrine marxiste, de l'autre, le successeur de Lénine était-il forcé de devenir aussi cruel que Staline ? Et si oui, faudrait-il au moins reconnaître à Joseph Djougachvili le mérite d'avoir engagé en peu de temps la modernisation d'un pays arriéré ?

D'après Medvedev, ce genre de raisonnement risque de relativiser les pires massacres de l'histoire et d'accepter l'abolition de la dignité humaine. Le chercheur américain s'oppose à ce lien de causalité : Lénine n'était pas le point d'aboutissement inévitable de la révolution. De la même manière, Staline était-il la seule possibilité, après Lénine ?

---

182. C'est d'ailleurs en tant qu'écrivain et poète qu'il était cité dans l'*Annuel de l'Encyclopédie soviétique*.

183. Voir R. CONQUEST, *La Grande Terreur, op. cit.*, chapitre 7. Toukhatchevski venait d'une famille noble et avait acquis une grande popularité qui risquait de faire de l'ombre à Staline. L'une et l'autre de ces raisons pouvaient déjà lui valoir d'être fusillé. Mais en 1937, il avait été également compromis par des documents où il apparaissait lié aux nazis. Ces fausses informations étaient l'œuvre des services secrets allemands et avaient été achetées à Prague par leurs homologues russes, contre de faux marks. Il en allait ainsi à l'époque : la méfiance et la falsification n'étaient pas la conclusion mais le point de départ d'une opération aussi complexe que celle-ci. Même si rien n'était vrai, pas même ces billets de banque, tout s'est soldé par la mort d'un homme.

184. Voir *Le stalinisme, op. cit.*, conclusion ; *Staline et le stalinisme, op. cit.*, conclusion.

L'argumentation qu'il avance s'attache cependant à une perspective politique et historique. Les théories sociopolitiques sont effectivement des postulats qui produisent des conséquences, elles-mêmes variables. En tenant compte de ces circonstances objectives, on est tenté de penser que n'importe quel autre leader aurait fini par adopter le même comportement que Staline. Il suffit pourtant d'introduire la variable psychopathologique pour que la perspective change. Les circonstances historiques et économiques auraient probablement conduit un autre dirigeant à entrer en conflit avec les paysans. *Pour autant, seul Staline souffrait d'une forme de paranoïa si grave qu'elle a influencé son attitude à l'égard des koulaks et de l'Ukraine.* Cette paranoïa a entraîné des exactions qu'aucun objectif sociopolitique ne saurait justifier. Comme le rappelle à juste titre Medvedev, ces dernières ont concrètement fait obstacle à la cohésion sociale comme au progrès économique de l'Union soviétique. Tant et si bien, pouvons-nous ajouter aujourd'hui, qu'elles ont posé les bases de sa chute avec plusieurs décennies d'avance.

CHAPITRE 10

Du feu qui alimente le feu

Destin paradoxal que celui des villes. Pensées à l'origine comme un refuge, comme des citadelles, comme des oasis de sécurité, de protection et de paix, voilà que leur forme moderne, métropolitaine, est de plus en plus associée au danger, à la terreur, à la panique.

M. Deriu, *Dizionario critico delle nuove guerre.*

Les combattants civilisés font tout ce qui est en leur pouvoir pour prendre l'avantage ou affaiblir l'ennemi, à l'exception de certaines choses jugées barbares ou cruelles. Parmi ces exceptions, le massacre des vaincus et de la population civile.

A. Lincoln, lettre à James C. Conkling du 26 août 1863.

Si gagner nécessite de détruire, tuer, dévaster, semer la destruction et la terreur, il ne faut reculer devant rien. [...] Incendier des villages, détruire des chefs-d'œuvre, inspirer partout la terreur [...] sert le but suprême.

G. Douhet, *La Gazzetta del Popolo,* 2 septembre 1914.

Crimes de guerres et double morale des Alliés

Si la politique allemande s'engage sur le *plan incliné* avec la Première Guerre mondiale puis, à partir de là, glisse dans la Seconde, la paranoïa ne va pas disparaître des sentiments collectifs. Elle passe d'une guerre à l'autre mais quitte aussi un camp pour celui d'en face.

Entre 1937 et 1939, les responsables américains et britanniques s'accordent sur un point : les attaques aériennes sur des cibles non militaires effectuées tant par les Allemands (lors de la guerre civile espagnole) que par les Japonais (au moment de la campagne contre la Chine) sont des actes criminels. Un argument qu'ils vont souvent utiliser dans le cadre de leurs délibérations et à des fins de propagande. Ils n'ont pas encore prévu qu'ils frapperont quotidiennement la population civile de 1942 à 1945 : ils finiront par s'en rendre compte et poseront alors des limites, non pas pour mettre un frein à l'atrocité de ces attaques, mais pour empêcher qu'elles soient rendues publiques [1].

À la fin du conflit, l'amiral Dönitz est le chef suprême de la marine allemande. Avant de se suicider, Hitler fait de lui son successeur dans son testament. Pour cette raison, il se retrouvera sur le banc des accusés au procès de Nuremberg. C'est l'un des grands responsables de la guerre totale nazie : il risque une condamnation à mort, comme les autres prévenus. Mais il n'écope « que » de dix ans de prison grâce à une lettre du commandant de la flotte américaine dans le Pacifique, l'amiral Chester William Nimitz : celui-ci déclare que ses sous-marins ont adopté les mêmes procédés « terroristes » que Dönitz [2]. Des années plus tard, Henry L. Stimson, un ancien ministre américain de la Guerre, ira même jusqu'à écrire que son pays était entré dans la Première Guerre mondiale car les États-Unis considéraient les attaques sous-marines allemandes comme des actes criminels mais qu'ils avaient employé les mêmes méthodes lors de la Seconde [3]. Quant au général Curtis Le May, commandant des opérations aériennes américaines dans le Pacifique, il déclarera en toute franchise la chose suivante : si le conflit avait été remporté par le Japon, lui et ses collaborateurs auraient dû être traduits en justice pour crimes de guerre [4].

Paranoïa collective et formes de gouvernement

Profitons de ce chapitre pour rappeler une évidence : cet ouvrage n'a pas vocation à proposer des considérations politiques ou historiques. Si

---

1. Voir J. W. DOWER, *War without Mercy, op. cit.*, p. 38 *sq.* ; M. HASTINGS, *Retribution, op. cit.*, p. 326-327.
2. Voir A. SPEER, *Au cœur du Troisième Reich, op. cit.*, chapitres 34 et 35. Pour la documentation du procès de Nuremberg, nous renvoyons au site nuremberg.law.harvard.edu.
3. Voir H. L. STIMSON, « The Nuremberg Trial. Landmark in Law », *Foreign Affairs*, XXV, 2, 1947, p. 179-89. Le texte figure également dans G. METTRAUX (dir.), *Perspectives on the Nuremberg Trial*, Oxford-New York, Oxford University Press, 2008, p. 617-625. S'agissant de l'inhumanité grandissante des pratiques de guerre et de la similitude fondamentale des méthodes employées dans les deux camps, voir p. 625. Un point de vue que partage Max Hastings (*Armageddon, op. cit.*, introduction).
4. Voir L. V. SMITH, « La guerre entre les États-Unis et le Japon : une guerre totale ? (1941-1945) », dans P. CAUSARANO (dir.), *Le XXᵉ siècle des guerres, op. cit.*, p. 78.

nous nous penchons sur le binôme démocratie-totalitarisme ou le triangle communisme-fascisme-capitalisme libéral, c'est pour y chercher un trouble mental, la paranoïa collective, à savoir une contamination psychique qui finit par influencer la politique et l'histoire. Celle-ci s'alimente d'elle-même et peut prendre le dessus dans les régimes fasciste et communiste, mais ne possède pas la même *autotrophie* dans les sociétés démocratiques. Pour autant, la paranoïa est là aussi susceptible de devenir majoritaire dans au moins deux cas : face à des conditions d'urgence réelle ou fantasmée, à l'image du maccarthysme et du 11 septembre 2001, ou bien à la suite d'une contamination directement causée par l'ennemi paranoïaque, dans le cas des guerres « totales », avec ou sans combats [5].

De fait, la paranoïa de masse semble échapper aux traditions, à l'état de droit et aux institutions démocratiques vieilles de plusieurs siècles. Et pour cause : si ces nations que la rhétorique antifasciste nous demande d'admirer ont souvent autorisé chez leurs soldats des comportements monstrueux et semblables à ceux des troupes d'Hitler, c'est parce que la contamination psychique pousse à imiter non pas les gestes généreux ou pacifiques, mais la haine et la cruauté. Les événements militaires d'une « guerre totale » confirment en permanence le caractère infectieux de ce phénomène. Un constat qui valide l'hypothèse d'un potentiel paranoïaque dans la psyché ordinaire, qu'elle soit individuelle ou collective.

Rappelons que pour Goebbels, la réaction à sa demande de guerre totale marquait l'heure de l'idiotie. Une idiotie qui est la conséquence de l'identification radicale de la masse avec la « nation » et de l'*ombre* nationale (au sens jungien) avec l'ennemi. D'autres peuples (les démocraties les plus anciennes, notamment) n'ont pas connu des perversions psychiques comme celle de l'Allemagne nazie. Leur nationalisme n'a pas connu de tels pics : il s'est diffusé au fil des siècles et, à travers la

---

5. Un homme politique comme l'ancien président du Conseil italien, Silvio Berlusconi, et son rapport au communisme, avec lequel il entretient un contact psychologique constant, sont assez représentatifs de cet état d'esprit. Le fait que cette présence du communisme soit réelle ou fantasmée n'a pas grande importance : dans la mesure où cette doctrine politique possédait structurellement une dimension persécutrice, Berlusconi a toujours exprimé son inquiétude d'être lui aussi persécuté. D'un point de vue psychologique, le Rideau de fer et le duel dramatique entre capitalisme et communisme sont encore d'actualité pour lui.

colonisation, sur différents continents. Pour autant, aucun groupe n'échappe à l'intoxication psychologique parce qu'il l'a diluée sur une grande étendue temporelle ou spatiale : certains pays ont peut-être connu des siècles entiers d'idiotie. En un sens, toute l'histoire de l'Occident est un excès, une mosaïque de dominations progressivement imposées à la nature comme aux peuples minoritaires. Et puisque ce modèle a été adopté dans le monde entier, plus personne ne s'en émeut, désormais.

Une guerre aérienne en forme de guerre totale

L'invention de l'aviation enclenche une mondialisation précoce. Après des expérimentations en Amérique, les frères Wright viennent faire plusieurs démonstrations en France, où l'on reste sceptique. Très vite, le concepteur autrichien Igo Etrich les imite. Sa machine volante, appelée *Taube* (ironie de l'histoire, le nom qu'il a choisi signifie « colombe »), est achetée par l'Italie qui compose la toute première flottille aérienne avec des appareils issus de pays divers et variés. En 1911, l'Italie combat l'Empire ottoman en Libye. Aux commandes d'un des appareils d'Etrich, le sous-lieutenant Gaviotti sort une grenade de sa poche, trois autres d'une petite caisse, et les largue : même s'il ignore leur point de chute, il vient d'effectuer le premier bombardement aérien. Dans la foulée, le poète Gabriele D'Annunzio (lui-même aviateur) écrit un poème où il exalte cette incursion audacieuse sur le continent nouveau des crimes de guerre tandis que les journaux du monde entier discutent cet événement historique [6].

On pense alors qu'il est possible de terroriser la population à la faveur du progrès des bombardements aériens et de la diffusion rapide des nouvelles par le biais des médias de masse : une fois effrayés, les civils deviendraient ingouvernables pour le pouvoir en place. La première partie de la prédiction s'avérera juste, pas la seconde.

C'est dans ce contexte qu'en 1921, le général italien Giulio Douhet devient le prophète autoproclamé d'une nouvelle divinité guerrière.

---

6. Voir M. PATRICELLI, *L'Italia sotto le bombe. Guerra aerea e vita civile, 1940-1945*, Rome-Bari, Laterza, 2007, « Prologue ».

Pour lui, les conflits du futur se gagneront grâce à « la maîtrise de l'air », pour reprendre le titre de son traité militaire [7] dont les thèses centrales reposent sur une paranoïa diffuse. Du fait que toute amélioration des armes à feu traditionnelles renforce l'attitude défensive, inévitablement vouée à l'échec [8], Douhet (qui relie sa vision de l'avenir à la vision classique de Clausewitz) affirme que la victoire ne peut s'obtenir qu'à travers l'offensive absolue. Une certitude qui annonce le futur credo d'Hitler. La nouvelle arme véritablement offensive est l'arme aérienne [9] : en plus de pousser la paranoïa de masse à prendre le dessus sur les anciens codes d'honneur des combattants, les innovations techniques poussent les nations à se tourner vers la guerre totale. Y compris dans les airs. De fait, seule l'aviation permet une attaque *foudroyante* capable de *prévenir* les mouvements de l'ennemi et de le détruire à la racine. Il faut *anticiper* ses adversaires, les détruire non pas grâce à un enchaînement d'actions mais grâce à une agression concentrée, totale et dévastatrice.

Douhet s'explique en donnant un exemple. Lorsqu'un chien enragé menace un village, les paysans ne se postent pas tous sur le pas de leur porte pour l'attendre, un bâton à la main. Ils se regroupent, le cherchent et le massacrent [10]. À travers cette comparaison, le délire qui brûle sous ce raisonnement implacable s'exprime de façon symbolique. Du point de vue des nouvelles techniques de combat, les considérations de Douhet sont certes fondées. Mais prendre comme exemple un animal enragé au lieu d'un homme n'est pas anodin. Planifier froidement la destruction d'êtres humains normaux et sans défense nécessite en premier lieu de les déshumaniser : les comparer à des chiens enragés est donc un excellent point de départ. Comme nous l'avons vu à de

---

7. Voir G. DOUHET, *La maîtrise de l'air*, trad. B. Smith, Paris, Institut de stratégie comparée-Economica, 2007. Douhet écrit ce texte au cours de l'année 1916, en prison : il est en effet condamné à un an de détention pour avoir critiqué la gestion du conflit par le chef des forces armées italienne, le maréchal Luigi Cadorna. La défaite écrasante de Caporetto, à l'automne 1917, montre qu'il a été visionnaire : il est donc remis en liberté et devient brièvement directeur central de l'aviation italienne. *La maîtrise de l'air* paraît pour la première fois en 1922 puis en 1927, dans une version remaniée, et en 1932, dans une édition complétée par d'autres textes. La première traduction française (partielle) date quant à elle de 1932.
8. Voir *ibid.*, chapitres 2 et 3.
9. Voir *ibid.*, chapitres 4 et 5.
10. Voir *ibid.*, p. 68.

nombreuses reprises dans *Mein Kampf* ou dans les massacres en URSS [11], l'animalisation de l'ennemi est un trait commun à l'ensemble des guerres totales du XXᵉ siècle. La théorie de Douhet est logique, certes, mais également symbolique : le militaire italien transforme l'adversaire en bête, tantôt en l'assimilant à un chien, tantôt à un oiseau dont les œufs doivent être détruits dans le nid :

> [Dans le cadre de la guerre traditionnelle], il existait même une distinction légale entre belligérants et non-belligérants. [Dans celui de la guerre aérienne], le bombardement d'en haut ne peut certainement pas atteindre la précision du tir d'artillerie ; mais cela n'a aucune importance, parce que cette précision n'est pas du tout nécessaire. [...] La destruction complète de l'objectif choisi produit, outre l'effet matériel, un effet moral qui peut avoir d'énormes répercussions. [...] Pour détruire ces cibles, il convient d'employer trois types de bombes : explosives, incendiaires et toxiques, dans des proportions adéquates. Les explosives servent à produire les premières destructions, les incendiaires à créer les premiers foyers d'incendie, les toxiques à empêcher que les incendies ne soient éteints par qui que ce soit. L'action toxique doit pouvoir persister longtemps [...] Pour réussir à détruire, complètement et rapidement, une race d'oiseaux, il n'est pas suffisant d'abattre tous ceux qu'on rencontre en vol. Le système le plus efficace, au contraire, est celui qui consiste à détruire systématiquement les nids et les œufs [12].

Dans les faits, cet Hérode moderne parle d'un infanticide général, exactement comme on justifiait le massacre des Indiens d'Amérique à leur plus jeune âge en disant qu'éliminer les poux nécessitait d'écraser leurs œufs [13].

Pour Douhet, l'air représente presque tout ; la terre, presque rien. Une préférence qui est souvent une modalité de l'esprit paranoïaque : puisqu'il ne supporte pas les contraintes imposées par la réalité quotidienne (et symbolisées par la terre), il souhaite se tenir au-dessus d'elle, de l'ennemi et des conventions morales. Il veut voler sur les ailes de ces

---

11. Voir également *infra*, au chapitre suivant.
12. G. DOUHET, *La maîtrise de l'air, op. cit.*, p. 56, 71-73 et 97.
13. Voir D. E. STANNARD, *American Holocaust*, p. 215-216 ; J. WILSON, *La terre pleurera, op. cit.*, chapitre 10.

syllogismes, rationnels en eux-mêmes, mais nés d'un *principe de supériorité* erroné (et passant outre toutes les règles). Sous l'apparence d'un traité de technique militaire, Douhet jette une bonne partie des bases de ce qui dominera le siècle : la guerre totale et ses crimes.

Avant même d'être vérifiées dans la pratique, ces théories se diffusent partout : en plus d'influencer les idées d'un ancien caporal ambitieux du corps des bersagliers, Benito Mussolini, et les vers de ses doubles sanguinaires, les poètes Gabriele D'Annunzio et Filippo Tommaso Marinetti[14], les prophéties de Douhet vont faire de nombreux émules. L'enthousiasme d'Alexander de Seversky, l'as de l'aviation tsariste, est tel qu'il va faire passer ces idées d'une guerre à l'autre[15]. Le commandant de l'aviation britannique, Arthur Harris, est lui aussi un « douhettien » précoce et radical – le seul à appliquer à fond les idées du général italien[16]. Une fois à la tête du Bomber Command, l'instance supervisant les forces de bombardement de la Royal Air Force, il va pousser l'utilisation des frappes aériennes sur les cibles civiles jusque dans ses conséquences les plus extrêmes. Auparavant, c'est dans les années 1920, en Irak, qu'il a l'idée de transformer l'ensemble des avions civils à sa disposition en appareils militaires. Il crée ainsi une force asymétrique et très mobile, capable de terroriser les tribus arabes depuis le ciel. En contrepartie, il commence à annuler la distinction entre cibles militaires et population ordinaire[17].

En 1937, quelques années après la mort de Douhet, ces idées sont appliquées à une grande échelle par Wolfram von Richthofen, le cousin du plus justement célèbre « Baron rouge », lorsque sa Légion Condor anéantit Guernica. Une première. La guerre aérienne totale est expérimentée dans un coin d'Europe, contre une petite ville basque, au

---

14. Cinq ans après la mort de Douhet, en 1935, l'auteur du *Manifeste du Futurisme* rédige son *Aéropoème du Golfe de La Spezia*. Dans ce texte, un aviateur s'envole depuis l'aéroport de Cadimare, en Ligurie, avec l'intention d'affronter l'ennemi. Il va survoler différentes villes de la zone et pousser jusqu'au massif des Alpes Apuanes avant de rentrer à la base, sans avoir eu l'occasion de combattre.

15. Voir *Victory through Air Power*, New York, Simon & Schuster, 1942.

16. Voir R.-D. MÜLLER, *Der Bombenkrieg. 1939-1945*, Berlin, Links, 2004, p. 111-124.

17. Voir H. PROBERT, *Bomber Harris. His Life and Times. The Biography of Marshal of the Royal Air Force, Sir Arthur Harris, the Wartime Chief of Bomber Command*, Londres, Greenhill Books, 2001, chapitre 3.

travers d'un massacre qui catalyse toutes les caractéristiques de
l'attaque d'une population désarmée.

Les premières bombes de la Seconde Guerre mondiale

Comme nous l'avons vu, Hitler entame la guerre contre la Grande-
Bretagne sans suivre de véritable stratégie. Signe que les deux états-
majors gardent encore une attitude non paranoïaque, il y a initialement
plus d'affrontements entre l'aviation anglaise et l'aviation allemande
que de bombardements : on craint en effet une escalade désastreuse
pour tout le monde. Dans cette phase, les Allemands possèdent plus
d'appareils mais n'arrivent pas à en profiter. La Grande-Bretagne, elle,
rééquilibre déjà la situation. En outre, elle met en place un corps
d'aviation autonome destiné spécialement aux bombardements. Ce
dont l'Allemagne ne dispose pas [18].

Le 25 août 1940, une douzaine d'avions allemands (sans doute en
route vers d'autres cibles) attaquent la zone portuaire de Londres. Six
jours plus tard, Churchill envoie 81 appareils anglais frapper Berlin [19].
Dès lors, Hitler envisage des bombardements systématiques [20]. Des
deux côtés, il n'est désormais question que de représailles et on
commence à s'en prendre *intentionnellement* à la population civile.
Pour autant, en s'enfermant irrémédiablement dans des motivations
plus psychopathologiques que stratégiques, le Führer pose les bases
d'une guerre aérienne qu'il ne peut que perdre. Et pour cause : la supériorité numérique qu'obtiennent rapidement les Alliés est écrasante [21].
S'agissant des opérations militaires au sol, Hitler impose ses initiatives
à ses ennemis jusqu'à l'hiver 1941-1942, en prenant tous les risques
avec une hardiesse et une réussite qui impressionne les masses – et dont
il est sans doute le premier surpris. Malgré cela, son habitude de *nier*

---

18. Voir *ibid.*, chapitre 1.

19. Rappelons qu'en 1918, le Premier ministre britannique avait prévu de
bombarder la capitale allemande mais n'avait pas pu mettre son plan à exécution car la
Première Guerre mondiale venait de prendre fin.

20. Voir J. FRIEDRICH, *L'incendie. L'Allemagne sous les bombes, 1940-1945*, trad.
I. Hausser, Paris, De Fallois, 2004, p. 62-63.

21. En plus des études historiographiques déjà citées, voir M. HASTINGS, *Bomber
Command*, Londres, Pan Macmillan, 1999 [1979] (nouvelle édition).

la réalité l'amène à se persuader tout seul, *a posteriori*, qu'il a eu des *visions* prophétiques [22] : à travers la *pseudologie fantastique*, l'agressivité d'Hitler alimente ses idées de toute-puissance à la manière d'un cercle vicieux. En revanche, la guerre aérienne lui fait d'emblée perdre la main et met en lumière sa fragilité psychique. Ce qui ne l'empêche pas de continuer à bluffer quelque temps : les succès au sol se voient sur une carte ; ceux dans les airs, moins. Les décisions du Führer sont impulsives : outre le fait qu'elles ne prévoient rien pour les années à venir, elles sont inspirées par l'*empressement paranoïaque* et se fondent sur un *faux postulat* de supériorité de l'Allemagne. Au final, si Hitler permet l'escalade de la guerre aérienne, c'est qu'il s'attache à des objectifs à court terme, sans parvenir à envisager une défaite totale [23].

Les trois phases des bombardements alliés

S'agissant de la Grande-Bretagne et des États-Unis, les bombardements peuvent se répartir en trois phases de plus en plus importantes.

La première dure jusqu'à l'été 1941. Dans la mesure où l'Angleterre est pratiquement seule dans la guerre aérienne contre Hitler, la mission de l'état-major est de frapper des objectifs militaires. Étant encore loin d'avoir la maîtrise du ciel, les Anglais préfèrent renoncer aux vols de jour (qui leur font perdre trop d'avions) et se limiter aux bombardements nocturnes.

La deuxième phase s'étend de l'été 1941 à l'été 1944. L'Amérique entre en jeu et la supériorité de la flotte aérienne des Alliés ne cesse de

---

22. Longtemps, une célèbre archive a montré Hitler presque en train de sautiller de joie au moment de l'armistice avec la France. Avec le temps, on s'est aperçu qu'il s'agissait d'un faux : ces extraits avaient été montés par un technicien canadien. Selon toute vraisemblance, la débâcle de la France a été une heureuse surprise pour le dictateur lui-même. Une surprise qu'il aurait eu intérêt à dissimuler, pour faire croire qu'il « savait » que les choses se passeraient de cette façon. Le tyran était dominé par la paranoïa et la mythomanie : si quelque chose se passait mieux que prévu, il se persuadait tout seul qu'il avait planifié et, partant, obtenu ce résultat. Au final, il n'aurait pas vraiment « caché » sa surprise : il l'aurait transformée en une véritable conviction. La conviction d'avoir tout prévu.

23. Voir M. HASTINGS, *Bomber Command*, *op. cit.* ; J. FRIEDRICH, *L'incendie*, *op. cit.* ; N. FERGUSON, *The War of the World*, *op. cit.*, chapitre 16 ; J. GLOVER, *Humanity*, *op. cit.*, chapitre 11.

croître. À en croire le mythe officiel de la guerre aérienne, ce *faux postulat paranoïaque* qui dérive d'un ensemble de fantasmes de toute-puissance inspirés par le ciel et que Douhet a transformé en théorie militaire, la nouvelle technique, une fois appliquée de façon rationnelle, peut tout, à commencer par abréger les conflits. Curieusement, ce mythe *est soutenu tant par la propagande nazie que par celle des Alliés, même si les faits montrent le contraire* : la guerre est de plus en plus longue. Des deux côtés, la logique la plus élémentaire a été remplacée par des raisonnements inflexibles, peu perméables à l'évidence. Les Américains peuvent ainsi affirmer qu'un bombardier B17 est capable de centrer un objectif de 25 pieds de diamètre depuis une altitude de 20 000 pieds (c'est-à-dire frapper un cercle de sept ou huit mètres situé à six kilomètres et demi en dessous de lui [24]). En réalité, *un tiers* [25] des bombes larguées (et même *un dixième* seulement, d'après certains chercheurs [26]) tombent *à moins de huit kilomètres de l'objectif.* De la même manière, le mythe de la précision germanique s'avère être un dogme erroné des nazis, un reflet de sa paranoïa : lors de sa première attaque sur Londres, la Luftwaffe lâche 500 tonnes de bombes mais 6 % seulement atteignent leur cible, alors même que la capitale anglaise est l'une des villes les plus étendues du monde [27].

En un sens, le fait que les états-majors alliés tentent de *cacher* cette réalité à l'opinion publique est aussi édifiant que ce constat d'inefficacité : ce genre d'informations est en effet fondamental pour décider si une guerre est menée de façon « juste » ou criminelle. Hélas, les Américains agissent comme l'auraient fait Hitler ou Staline et manipulent leurs concitoyens pour mener, avec leur complicité, une forme d'offensive inédite et pourtant assimilée à un crime aux yeux des lois internationales : des attaques aériennes directes sur la population civile.

À mesure que la guerre avance, les hauts commandements prennent partiellement acte du fait que les frappes ciblées sont impossibles. Au début de la deuxième phase des actions aériennes, l'opinion publique du camp allié commence à être informée des massacres de civils. Ce qui suscite un certain débat. Le dilemme est simple : renoncer à l'argument

---

24. Voir P. Fussell, *À la guerre, op. cit.*, chapitre 2.
25. Voir J. Glover, *Humanity, op. cit.*, chapitre 11.
26. Voir P. Fussell, *À la guerre, op. cit.*, chapitre 2.
27. Voir *ibid.*

fallacieux de la précision et autoriser officiellement les pratiques déjà en vigueur (le bombardement d'une zone étendue, sans distinction) ou renoncer à ces frappes élargies pour se concentrer sur des objectifs précis, comme les usines cruciales d'un point de vue militaire. Reste que cette seconde option implique, pour les Alliés, de ne plus se servir sans discernement de leur supériorité aérienne pour garder la supériorité morale, leur meilleur avantage face au nazisme.

C'est finalement la première alternative qui l'emporte, à savoir l'*area bombing*, qui consiste à larguer un véritable tapis de bombes sur une zone entière, indistinctement. Ce qui se produit déjà dans les faits devient une doctrine officielle. Curieusement, on parle également de *morale bombing*, une appellation empruntée à Douhet – à savoir, un moyen de réduire à néant le moral de la population ennemie. Si la possibilité de bombardements ciblés est théoriquement prise en considération, la guerre devient de plus en plus totale et brûle les étapes de plus en plus vite : elle s'alimente d'elle-même, suivant un mécanisme paranoïaque, et s'accompagne de l'emploi de ces frappes sans distinction.

Du fait qu'il repose sur un *plan incliné*, ce raisonnement de base glisse sans qu'il soit possible de revenir en arrière. Si frapper la production de l'industrie de guerre ennemie implique de bombarder les usines d'armement, très vite, on commence également à cibler les fabriques de véhicules, de caoutchouc, de matériaux ou de chaussures (dont les forces armées sont désormais les principales clientes), les industries sidérurgiques, chimiques, textiles, et ainsi de suite : on frappe même les usines de papier vu que la presse est aux mains de l'appareil nazi. Dès lors, tous ceux qui travaillent à ces différents endroits deviennent des objectifs militaires. De même que leurs proches et leurs foyers, cela va sans dire. Les « civils » n'existent plus. Autant bombarder partout où c'est possible. En 1917, les États-Unis avaient jugé criminelle l'attitude de l'Allemagne car celle-ci frappait tous les bâtiments navals qui collaboraient avec l'ennemi – c'est d'ailleurs cette raison qu'avait invoquée le président Woodrow Wilson pour lui déclarer la guerre [28]. Des années plus tard, de 1941 à 1945, l'aviation américaine frappera la France occupée par les nazis sans faire de distinction entre les cibles françaises et les cibles allemandes [29].

---

28. Voir son *War Message to Congress* du 2 avril 1917, consultable sur le site lib.byu.edu.

29. À eux seuls, les bombardements visant à préparer le débarquement en Normandie, en 1944, ont tué un nombre de Français deux fois supérieur à celui des

La troisième phase des bombardements commence à l'été 1944. Lors du débarquement en Normandie (le 6 juin de cette même année), les Alliés ont désormais la maîtrise du ciel (12 000 avions contre 300 seulement du côté de l'Allemagne[30], un avantage qui continuera de s'accentuer au cours de la dernière année de guerre). Ce qui autorise des vols « sûrs » et en plein jour. Les systèmes de visée se sont largement perfectionnés, il est maintenant possible de cibler des objectifs militaires. Pour autant, on continue de donner la priorité aux bombardements des centres urbains – c'est-à-dire, vu que les hommes sont au front, des femmes, des vieillards et des enfants, pour l'essentiel. *Dehousing Germany* (« Priver l'Allemagne de ses habitations ») : voilà comment on décrit cet objectif. Au terme du conflit, environ un quart des maisons sont détruites et un quart supplémentaire endommagé. C'est dans ce paysage de décombres traversant l'Allemagne d'une frontière à l'autre que vont errer près de 50 millions de personnes. Les armées allemandes rentrent chez elles, les étrangers, prisonniers des camps ou mis au travail forcé, repartent, les évacués et les bombardés cherchent un toit qui n'existe plus, tandis que se bousculent les réfugiés des provinces de l'Est qui ont été chassés par l'Armée Rouge ou qui ont fui en la voyant arriver : deux tiers du pays sont littéralement sur la route[31].

Tout au long de cette période, de rares voix tenteront de s'opposer à ces pratiques, comme George Bell, le principal opposant à l'*area bombing*. Animé par un christianisme radical (*God above nation*, « Dieu est au-dessus de la nation », est l'un de ses slogans), cet évêque avait précédemment exhorté la Grande-Bretagne à s'opposer plus énergiquement au nazisme – en vain. Même s'il s'exprimait dans les églises comme à la Chambre des Lords, son combat contre les frappes sans distinction est devenu de plus en plus solitaire. « Les Alliés représentent quelque chose de plus important que le pouvoir », criait celui qui aurait pu devenir primat de l'Église d'Angleterre si cette prise de position ne lui avait pas coûté sa promotion, ce que tous les historiens

---

Allemands morts sous les bombes pendant toute l'année 1942. Voir J. FRIEDRICH, *L'incendie, op. cit.*, p. 113.

30. Voir N. FERGUSON, *The War of the World, op. cit.*, p. 567.

31. Voir P. SPRINGER, « Zerstörung, Hunger und Not », dans B. ASMUSS, K. KAUFEKE et P. SPRINGER (dir.), *Der Krieg und seine Folgen, 1945. Kriegsende und Erinnerungspolitik in Deutschland*, Berlin, Deutsches Historisches Museum, 2005.

reconnaissent unanimement [32]. Malheureusement, la voix de George Bell n'était qu'une piaillerie impuissante. Comme nous le savons désormais, les voix qui mériteraient d'être entendues au milieu de la paranoïa collective se réduisent à des cris dans le désert.

L'infirmation des prévisions de Douhet

Si les historiens s'accordent pour dire que ces bombardements ont eu un impact absolument infime d'un point de vue militaire [33], on a souvent affirmé, au-delà du coût matériel pour les victimes et du coût moral pour leurs agresseurs, que ces mêmes frappes auraient pu être plus efficaces si elles avaient été employées de façon plus précise [34]. Malgré la catastrophe sur tous les fronts, la production allemande n'a pas cessé d'augmenter et a même atteint son meilleur niveau à l'automne 1944. À cette date, la guerre au sol était pratiquement remportée par les Alliés. Pourtant, en dépit d'une supériorité encore plus écrasante, les forces aériennes anglaises et américaines étaient toujours loin, très loin, de mettre le nazisme à genoux. L'idée que la force aérienne est un facteur décisif et, par conséquent, que les nouveaux conflits seront brefs – deux idées fondamentales de Douhet – se trouve ainsi démentie de façon éclatante par la réalité. Mais il est trop tard pour l'admettre. On préfère éviter d'en discuter, hormis entre spécialistes. En Grande-Bretagne, c'est aux bombardiers qu'on a sacrifié la majorité des dépenses de guerre, le plus haut pourcentage de soldats tombés et (dernier élément, mais non des moindres) une bonne partie du « capital moral » d'un pays intervenu pour défendre le droit

---

32. Citation dans M. HASTINGS, *Bomber Command, op. cit.*, p. 177. Voir également N. DAVIES, *Europe at War, op. cit.*, p. 922-923 ; J. FRIEDRICH, *L'incendie, op. cit.*, p. 89.

33. Signalons que dès 1917, Churchill lui-même avait prévu que ces opérations seraient inutiles. Voir M. HASTINGS, *Bomber Command, op. cit.*, p. 48.

34. Voir A. SPEER, *Au cœur du Troisième Reich, op. cit.*, chapitres 20-22, 24 et les notes. Les affirmations de Speer, qui a supervisé la production de guerre allemande, sont en grande partie confirmées par les historiens officiels de l'aviation britanniques (voir H. PROBERT, *Bomber Harris, op. cit.*, p. 331-332) comme par les descriptions figurant dans le *United States Strategic Bombing Survey* (voir P. FUSSELL, *À la guerre, op. cit.*, chapitre 2 et le site stratcom.mil).

international et traditionnellement plutôt respectueux des conventions protégeant les civils.

Néanmoins, pourquoi la production allemande a-t-elle continué d'augmenter pendant la quasi-totalité de la guerre alors que les matières premières et la main-d'œuvre disparaissaient ? Tout simplement parce que les usines n'ont jamais été sérieusement touchées : le taux de perte n'a jamais dépassé 3,8 %. Un résultat infime par comparaison à l'ampleur des moyens déployés. À titre d'exemple, l'attaque des réserves de pétrole aurait certainement accéléré l'effondrement des nazis, mais elle est restée un objectif secondaire [35]. Car la cible de Harris était les villes et leurs habitants [36].

L'« effet psychologique » que devait produire cette *attack of enemy morale* est unanimement mis en doute, lui aussi [37]. Cette guerre aérienne, et toutes celles qui ont suivi, n'a pas vu la population se rebeller contre ses dirigeants à cause des bombardements. Un troisième démenti (décisif, celui-ci) apporté aux théories de Douhet car les attaques aériennes ont offert aux nazis, aux fascistes et aux militaires japonais l'une de leurs rares occasions de parler en toute sincérité : la propagande de l'Axe a affirmé qu'il s'agissait d'agressions délibérées sur les civils, c'est-à-dire de « crimes de guerre ». Une façon de convaincre leurs pays respectifs de résister, même quand cela n'avait plus aucun sens, qui n'a fait que prolonger les combats inutilement.

Les bombardements sur l'Allemagne

C'est à partir du mois de février 1942 que l'Anglais Arthur Harris est placé à la tête de Bomber Command, la division alliée où le taux de mortalité est le plus élevé. Dès 1943, on calcule en effet qu'un tiers des aviateurs est encore en vie après une première session de 30 vols, et 16 % seulement après la deuxième. Animé par une *cohérence implacable* et une sévérité monstrueuse, y compris avec ses hommes, celui qu'on surnomme « Bomber Harris » se montre également inflexible avec le budget anglais en absorbant, à lui seul, un tiers de toutes les

---

35. Voir J. GLOVER, *Humanity, op. cit.*, chapitre 11.
36. Voir M. HASTINGS, *Armageddon, op. cit.*, p. 350.
37. Voir M. HASTINGS, *Bomber Command, op. cit.*, chapitre 7.

dépenses liées au conflit [38]. Aux États-Unis, l'intransigeance à l'égard des civils allemands est représentée par le secrétaire au Trésor, Henry Morgenthau. Si l'on a pu affirmer que Joseph Goebbels s'était acharné à mener une guerre totale (quitte à la prolonger inutilement) après avoir eu vent des plans du ministre de Roosevelt [39], on a retrouvé dans les carnets intimes de Bertolt Brecht une coupure de presse édifiante tirée d'un journal américain : Morgenthau y calcule le coût par habitant de la destruction des villes allemandes. Le trouvant satisfaisant, il propose d'imprimer des bons du trésor pour financer l'anéantissement de Berlin.

L'anecdote intervient après le succès du bombardement de Hambourg. Située au nord du pays, la métropole allemande est la plus accessible depuis l'Angleterre. La première attaque aérienne de l'histoire (et peut-être la plus dévastatrice) se déclenche dans la nuit du 28 juillet 1943. Il règne alors une chaleur inhabituelle qui facilite le travail des bombes incendiaires [40]. Très vite, les différents incendies se confondent. Les flammes montent à 2 000 mètres de haut tandis que la fumée arrive à sept, huit kilomètres d'altitude. L'immense brasier aspire l'air du sol comme une pompe : la population qui s'est réfugiée dans les caves meurt étouffée, ceux qui sont dans les rues sont carbonisés. La température atteint les 1 000 degrés et la force des vents se rapproche de celle d'un ouragan [41].

Les centres de commandement alliés, en quête de nouvelles armes, découvrent progressivement que le moyen le plus économique et le plus dévastateur pour détruire une ville est aussi le plus ancien : au-delà d'un certain seuil, un incendie s'alimente tout seul. Dès lors, les directives stratégiques vont cibler et intensifier les frappes non pas sur les périphéries industrielles mais sur les centres urbains. Plus un bâtiment est vieux, moins il contiendra de béton. C'est le cas de l'essentiel des

---

38. Voir J. GLOVER, *Humanity, op. cit.*, chapitre 11 ; P. FUSSELL, *À la guerre, op. cit.*, chapitre 4 ; J. FRIEDRICH, *L'incendie, op. cit.*, p. 95 ; M. HASTINGS, *Retribution, op. cit.*, p. 282.
39. Voir M. BESCHLOSS, *The Conquerors. Roosevelt, Truman and the Destruction of Hitler's Germany. 1941-1945*, New York, Simon & Schuster, 2002.
40. Voir J. FRIEDRICH, *L'incendie, op. cit.*, p. 102.
41. Voir *ibid.* ; H. E. NOSSACK, *Der Untergang*, Francfort, Suhrkamp, 1976 ; W. G. SEBALD, *De la destruction comme élément de l'histoire naturelle*, trad. P. Charbonneau, Paris, Actes Sud, coll. « Babel », 2014 [2004], chapitre 1.

centres historiques médiévaux des villes allemandes, où prédominent les structures en bois [42].

Berlin fait naturellement l'objet d'une attention toute particulière : une offensive menée par au moins 10 813 avions s'étend du mois d'août 1943 au mois de mars 1944. Chaque habitant reçoit en moyenne huit kilos de bombes, exactement comme à Hambourg. Pour autant, la capitale brûle peu du fait qu'elle est relativement moderne et dotée d'espaces verts [43].

Dans la nuit du 13 au 14 février 1945, Dresde est anéantie. La « Florence du Nord » ne présente pas d'objectifs militaires à proprement parler mais compte, outre les civils, une masse énorme de réfugiés fuyant le front Est [44]. De l'embrasement de la ville, il reste une trace indélébile dans le journal de Viktor Klemperer. Le grand philologue décrit une nuit de rencontre avec des prisonniers de guerre hollandais ou russes qui errent avec les Allemands, à travers des lieux réservés aux Aryens où, en tant que Juif, il n'avait pas pu se rendre, des années durant [45]. En quelques heures, l'attaque de Dresde fera cinquante fois plus de victimes que Guernica.

Au final, ce sont environ 600 000 citoyens allemands qui trouveront directement la mort dans ces bombardements. Un chiffre relativement peu élevé, à l'échelle du conflit tout entier.

---

42. C'est le cas de Wurtzbourg. Le 17 mars 1945, à un cheveu de la fin de la guerre, la ville bavaroise reçoit 300 000 bombes et disparaît en moins de vingt minutes. Progressivement, la charge explosive des bombardiers préfère les petits engins incendiaires aux bombes plus modernes et puissantes. Comme un retour au Moyen Âge. La guerre paranoïaque ne hait pas seulement la vie humaine : elle arrive même à détester un simple matériau, comme le bois. Un matériau qui a le tort d'avoir été *vivant*.

43. Voir J. FRIEDRICH, *L'incendie, op. cit.*, p. 104-105.

44. Dresde possède également une concentration d'œuvres d'art parmi les plus importantes au monde. Une partie de ce patrimoine culturel sera détruit à tout jamais. Car si les maisons peuvent se reconstruire et les êtres humains renaître à travers leurs enfants, les œuvres d'art, elles, disparaissent pour toujours.

45. Voir *Je veux témoigner jusqu'au bout. Journal 1942-1945*, trad. G. Riccardi, M. Kintz-Tailleur et J. Tailleur, Paris, Seuil, 2000, notes du 23-24 février 1945.

Les bombardements sur l'Italie

On croit généralement que l'Italie a été moins bombardée que l'Allemagne car elle n'était qu'un ennemi secondaire et doté d'une industrie de guerre plus restreinte. Ce qui est vrai, mais incomplet. Certes, les frappes subies par l'Italie ne sont pas comparables à celles qu'a connues l'Allemagne, mais il suffit de lire le rapport du Bomber Command, daté du 15 juillet 1943, sur Milan, pour comprendre que ces dégâts limités ne sont pas l'expression d'une attitude plus humanitaire [46]. Le compte rendu subdivise la ville en cinq zones, selon le type de constructions, la densité de population et ainsi de suite. Le critère adopté dans le choix des objectifs est *uniquement celui de la vulnérabilité*. Les autres – la présence d'usines, de bâtiments historiques, de civils – sont hors de propos. On privilégie le centre historique car la concentration de maisons y est plus importante. On signale néanmoins aux pilotes que les matériaux utilisés ne sont pas les mêmes qu'en Allemagne et pourraient s'avérer moins inflammables.

Les frappes surviennent en août et sont importantes : le 25 juillet, Mussolini a été éliminé politiquement et les Alliés concentrent leurs coups sur un ennemi très affaibli pour le mettre hors jeu. Malheureusement, du fait qu'elles contiennent peu de bâtiments en bois, les villes italiennes s'avèrent peu intéressantes pour le Bomber Command. L'armistice avec l'Italie est conclu le 8 septembre 1943. Le fascisme et Mussolini retournent dans l'arène avec l'aide des nazis et prolongent inutilement ce carnage pendant plus d'un an et demi. Les Alliés auraient toutes les raisons de reprendre l'*area bombing* des villes italiennes contrôlées par les nazis et les fascistes pour l'amplifier. L'opération est largement simplifiée, désormais : les Anglais et les Américains ont débarqué dans le sud de l'Italie, ils peuvent décoller des aéroports de la région et rejoindre immédiatement leurs cibles, sans avoir à croiser d'importantes défenses antiaériennes, ce qui est le cas au cours des vols entre l'Angleterre et l'Allemagne. En outre, leur production de bombardiers tourne à un rythme si soutenu qu'elle compense largement les pertes. Les centres historiques allemands et italiens, eux,

---

46. Voir A. RASTELLI, *Bombe sulla città. Gli attacchi aerei alleati, le vittime civili a Milano*, Milan, Mursia, 2000, p. 63 *sq.* Voir également M. HASTINGS, *Armageddon*, *op. cit.*, p. 344 *sq.*

ne sont pas remplacés. C'est ainsi que le temps va faire pencher un plateau de la balance : si, d'un côté, la force de frappe augmente, de l'autre, ses objectifs diminuent.

Le bombardement des villes italiennes restera cependant sporadique. Une décision qui découle certainement d'un choix politique mais aussi d'un critère économique. Le rendement, c'est-à-dire le ratio entre la quantité de bombes employées et les dégâts réalisés, était plus élevé en Allemagne. L'Italie peut remercier ses architectes du Moyen Âge et de la Renaissance d'avoir créé d'innombrables merveilles, certes, mais aussi d'avoir employé d'autres matériaux que le bois.

Dans son analyse morale du XXᵉ siècle, James Glover cite la « dérive militaire » parmi les raisons qui ont accentué ces frappes sans discernement. Si, initialement, les hauts commandements de l'aviation alliée offraient surtout une expertise technique pour aider les politiciens à déterminer les objectifs, au fil du temps, la volonté de mener ces actions développe un fonctionnement autonome. Et c'est ainsi que le rôle d'un Harris a pris une telle ampleur. À l'instar de nombreuses institutions, l'aviation de bombardement est devenue une entité à part, incapable de se mettre au repos alors même qu'elle a atteint son but. La machine a pris de la vitesse, il est désormais difficile de l'arrêter. La destruction des centres historiques allemands s'intensifie précisément à la fin de la guerre, au moment où elle n'a plus aucun sens militairement parlant[47]. Les investissements ont été immenses, il faut montrer qu'ils n'ont pas été inutiles[48].

Passé un certain seuil, l'effort de destruction, oubliant ses finalités originelles, suit la loi du *plan incliné* et s'alimente tout seul, exactement comme la paranoïa collective. En un sens, tel l'univers du camp de concentration ou celui du goulag, le Bomber Command développe un fonctionnement autonome. Même si nous sommes loin de l'empoisonnement psychologique hitlérien et stalinien, l'une des deux plus anciennes démocraties occidentales voit la paranoïa dominer l'un des cœurs de l'État et perdurer grâce à un pacte tacite avec une population qui se trompe elle-même. Si une étude a démontré que 90 % des

47. 127 personnes sont mortes chaque jour sous les bombes en 1944, et 1 023 en 1945. Voir J. FRIEDRICH, *L'incendie*, *op. cit.*, p. 152.

48. Voir à ce sujet l'analyse de l'historien Max Hastings, l'un des plus enclins à justifier les bombardements (*Retribution*, *op. cit.*, chapitre 12).

Anglais ne tenaient pas à avoir de plus amples informations sur les bombardements [49], un célèbre reporter américain a écrit :

> Quand nous avons commencé à réduire Berlin en miettes, on a dit que c'était une ville hideuse et que ses bâtiments n'étaient pas une grande perte. Sans doute avons-nous subi une bonne dose d'endoctrinement, comme les Allemands, pour arriver à une telle indifférence. Sans doute avons-nous été convaincus, tout comme eux l'ont été, que nos ennemis ne sont pas vraiment des êtres humains [50].

Sous le pragmatisme apparent de la pensée militaire moderne, l'impatience paranoïaque avait creusé son sillon. Malgré un arsenal désormais illimité, les états-majors alliés ont concentré leurs efforts et leurs dépenses sur la plus ancienne des armes. Tout comme nos ancêtres, il y a au moins un demi-million d'années, ils étaient restés foudroyés par la révélation de ces flammes qui, au-delà d'un certain seuil, dégagent une force capable de s'alimenter toute seule. L'idée de raser les centres urbains par le feu est partie de quelques ingénieurs avant de se diffuser chez les militaires et, finalement, d'être acceptée par l'opinion publique alliée, par *autotrophie*. La furie destructrice du feu et celle des hauts commandements de l'aviation s'étaient propagées, l'une et l'autre, en suivant un mécanisme similaire à celui de la paranoïa.

---

49. Voir J. FRIEDRICH, *L'incendie, op. cit.*, p. 88.
50. Voir E. WILSON, *Europe without Baedeker. Sketches among the ruins of Italy, Greece & England*, New York, Noonday Press, 1966 [1948], p. 35.

CHAPITRE 11

TOUJOURS PLUS À L'OUEST

Vous êtes infiniment supérieurs à ces ennemis inhumains [...]. Vos ennemis sont une race étrange, un mélange d'être humain et de singe [...]. Nous devons aller jusqu'au bout si nous voulons que la civilisation survive. Nous devons exterminer les Japonais.

Général T. BLAMEY

Si la destruction sans distinction des personnes et des biens continue d'être illégitime en temps de guerre, alors la décision d'employer la bombe atomique au cours de la guerre du Pacifique est la seule chose qui se rapproche de l'attitude [...] des responsables nazis pendant la Seconde Guerre mondiale.

R. PAL, intervention au procès de Tokyo.

Une guerre contre une race inférieure

Si, en Europe, la Seconde Guerre mondiale est le prolongement aggravé de la Première, le Pacifique est le théâtre d'un conflit d'une autre nature, ce que confirme cette citation du général Thomas Blamey, alors commandant en chef des forces armées australiennes. Pour les États-Unis et leurs alliés, cet affrontement est en un sens la poursuite des conflits frontaliers, des guerres indiennes et de la guerre entre les races – une guerre qui, dans l'inconscient de la population, mobilise souvent une méfiance paranoïaque et des pulsions génocidaires. Si une telle position semble quasiment incroyable aujourd'hui, tout le monde à l'époque la partageait dans les grandes lignes. « Un bon Japonais est un Japonais mort depuis six mois [...] Lorsque nous arriverons à Tokyo, [...] nous ferons une fête là où se tenait la ville, autrefois », avait même déclaré l'amiral américain William F. Halsey [1] qui ne perdait jamais une occasion de qualifier les Japonais d'« animaux stupides » ou de « singes » [2].

---

1. Citation dans J. W. DOWER, *War without Mercy, op. cit.*, p. 79.
2. *Ibid.*, p. 85 et p. 125.

Déplacer les frontières vers l'ouest est une constante de l'histoire américaine. Quand commence la guerre contre le Japon, le périmètre extérieur des États-Unis atteint les îles Hawaï (qui l'intégreront après la guerre, devenant ainsi le 50ᵉ État de l'Union). Par le biais des combats, cette frontière va s'approcher de l'archipel japonais, île après île.

À la différence des Italiens et des Allemands, les Nippons sont décrits comme une race[3] non seulement différente, mais aussi incompatible avec la civilisation et même avec l'humanité. Ce n'est d'ailleurs pas un hasard si, pendant la guerre, les citoyens américains d'origine japonaise sont les seuls à être enfermés en masse dans des camps de concentration, exactement comme les Indiens dans leurs réserves : du fait qu'ils sont porteurs d'une responsabilité non pas personnelle mais « génétique », leur internement est une mesure *préventive*. Mais ce n'est pas tout : si, sur le front européen, la propagande alliée parle surtout du nazisme et du fascisme sans stigmatiser l'ensemble des Allemands ou des Italiens, dans le Pacifique, on voit se généraliser l'usage du terme de *japs*, abréviation péjorative de *Japanese* (dont les jeunes Américains se serviront encore pour s'insulter, plusieurs dizaines d'années après la guerre). Tandis qu'en Europe, les affiches de propagande donnent à voir des hiérarques nazis et fascistes ou la personne d'Hitler et de Mussolini, dans le Pacifique, on représente « le Japonais » avec des traits raciaux très marqués. Une caricature qui confond intentionnellement l'homme et le singe[4].

Signalons qu'il ne s'agit pas de la seule façon de déshumaniser l'ennemi. Comme le rappelle la célèbre photo de Ralph Crane où une employée de Phoenix contemple le crâne d'un Japonais tué au

---

3. À cette époque, le concept de « race », centrale dans les idéologies fascistes, était également utilisé de manière imprécise mais fréquente dans les pays démocratiques. Dans « The Decision to Use the Atomic Bomb » (*Harper's Magazine*, vol. 194, n° 1161, fév. 1947, p. 102-103, voir *infra*), le secrétaire d'État à la Guerre américain, Henry L. Stimson, évoque les Japonais en tant que *nation* lorsqu'il les traite comme une entité à respecter et avec laquelle les États-Unis seront de nouveau amenés à collaborer. À l'inverse, il utilise le terme de *race* quand il souligne leur différence inconciliable et leur barbarie. Cette oscillation sémantique perdure encore aujourd'hui en espagnol : le jour où l'on célèbre un groupe national donné est appelé *El día de la raza*, expression que l'on pourrait traduire par la formule (plus précise) « le jour de l'ethnie », ou bien par « le jour de la race », où le terme est pris au sens large.

4. Voir J. W. DOWER, *War without Mercy, op. cit.*, chapitre 2 et ill. 1-14.

combat[5], amputer un ennemi d'une partie de son corps revient à le traiter comme un animal. Un animal dont la dépouille est un trophée, susceptible de devenir un élément de décoration. L'habitude de collectionner des restes humains après une bataille a certes des précédents directs[6], mais le conflit dans le Pacifique voit la liste de ces membres arrachés s'allonger notablement : les Américains récupèrent, entre autres, des mains, des oreilles, des têtes, des scalps[7] et des dents en or sur des cadavres – et, parfois, sur des hommes encore vivants. Les os deviennent des bibelots : un coupe-papier fabriqué à partir d'un os de Japonais sera même envoyé en cadeau au président Roosevelt (qui le refusera)[8].

Une guerre (totale) avec une altérité

Si, dans les faits, les Japonais ne comprennent pas le concept de prisonnier de guerre, c'est que leur éthique militaire leur enjoint de combattre jusqu'à la mort. Par ailleurs, tuer l'ennemi revient à lui témoigner une forme de respect (aussi paradoxale soit-elle). À l'inverse, ils traitent avec un mépris radical tous ceux qui se rendent – mais sans aller jusqu'à les tuer, contrairement à ce que voudraient faire croire certains lieux communs[9]. La preuve : dans le Pacifique, pour un soldat

---

5. Voir N. FERGUSON, *The War of the World*, *op. cit.*, p. 546-547 ; M. HASTINGS, *Retribution*, *op. cit.*, 2007, p. 8 ; et *supra*, chapitre 1.

6. Une institution officielle comme l'Army Medical Museum de Washington recueillait des crânes d'« Indiens » : dans la seconde moitié du XIXe siècle, les militaires en poste dans les zones frontalières leur en ont envoyé 2 000. Voir B. KIERNAN, *Blood and Soil, op. cit.*, p. 356.

7. Durant la conquête de l'Ouest, on avait coutume de découper puis d'arracher une partie du crâne de l'adversaire vaincu avec tous ses cheveux. Un geste pratiqué tant par les natifs que par les Blancs.

8. Voir J. W. DOWER, *War without Mercy, op. cit.*, p. 64-65.

9. Voir N. FERGUSON, *The War of the World*, *op. cit.*, p. 538. Conformément à leurs postulats de départ, les Japonais traitent avec une extrême dureté les prisonniers : le taux de mortalité chez les Anglais et les Américains capturés sur le front Pacifique est de 27 % (voir J. W. DOWER, *War without Mercy, op. cit.*, p. 48). Niall Ferguson donne des pourcentages légèrement inférieurs, mais qu'il est impossible de confronter à ceux de John Dower, faute d'homogénéité dans les critères qui ont permis d'obtenir ces résultats (voir *The War of the World, op. cit.*, p. 496 *sq.* et tableau 14). Par comparaison, les Alliés prisonniers des nazis et des fascistes sur le continent européen ont reçu un traitement qui peut surprendre puisque seulement 4 % d'entre eux sont morts. Notons

allié tué, quatre sont faits prisonniers. En revanche, pour un Japonais capturé, ce ne sont pas moins de quarante militaires qui sont tués. Les alliés ont donc *160 fois plus de chances* d'être faits prisonniers que les Japonais qui, pour leur part, se battent jusqu'à la mort. Mais pour quelle raison, au juste ? Si l'obéissance et l'esprit de sacrifice ont une place plus importante dans l'éducation des Japonais que dans celle des Occidentaux, la propagande paranoïaque et les rumeurs qui circulent ont certainement leur part de responsabilité. On raconte notamment que les Alliés sont particulièrement cruels : 84 % des Japonais faits prisonniers étaient convaincus qu'ils seraient tués juste après avoir levé les mains en l'air [10].

Les slogans employés par les États-Unis pendant la guerre dans le Pacifique illustrent également un prolongement de la guerre frontalière. Résultat : au lieu de se montrer relativement disciplinées, comme sur le front européen, les troupes américaines finissent par être aussi brutale que si elles étaient dans le Far West. Tuer les prisonniers, les blessés, les soldats hospitalisés, les survivants récupérés sur les chaloupes de sauvetage n'a rien d'anormal [11]. Comme nous l'avons rappelé au chapitre 7 et au chapitre 10, les États-Unis sont entrés dans la Première Guerre mondiale pour punir l'Allemagne qui avait étendu ses attaques sous-marines à tous les bateaux qui se rendaient en Grande-Bretagne, y compris ceux qui n'étaient pas des bâtiments militaires. Ce que le *War Message* du président Wilson au Congrès avait dit très clairement : « Je refuse de croire que de telles choses puissent avoir été commises par un gouvernement qui s'était jusqu'ici comporté en pays civilisé. [...] La guerre sous-marine actuellement menée par l'Allemagne contre des navires qui ne sont pas des bâtiments militaires est un acte de guerre contre l'humanité. »

---

cependant que les conditions de détention inhumaines des prisonniers des Japonais constitueront l'un des chefs d'accusation les plus pertinents du procès de Tokyo, où seront jugés 28 hauts officiers nippons (la majorité d'entre eux sera condamnée à mort ou à la perpétuité). Pour autant, même si le nombre de Japonais morts dans les prisons soviétiques a dépassé celui des Alliés détenus par les Japonais, cet aspect ne sera pas évoqué à cette occasion. De fait, les Soviétiques ne figuraient pas sur le banc des accusés : ils étaient représentés par un juge qui s'était fait la main en conduisant les procès-spectacles staliniens (voir J. W. DOWER, *War without Mercy, op. cit.*, p. 68).

10. Voir *ibid.*

11. Voir N. FERGUSON, *The War of the World, op. cit.*, p. 545 ; J. W. DOWER, *War without Mercy, op. cit.*, p. 52 *sq.*

C'est pourtant bien à l'humanité que l'état-major américain déclarera la guerre au cours de la Seconde Guerre mondiale : ils estimeront normal de couler tous les vaisseaux croisant vers le Japon, y compris les navires-hôpitaux [12]. À cet égard, le contre-amiral Robert Carney, protagoniste de nombreuses batailles dans le Pacifique, admet « ne pas avoir respecté les règles vis-à-vis des navires-hôpitaux japonais : certains ont été coulés, d'autres n'ont pas été identifiés, d'autres encore se trouvaient à proximité d'objectifs militaires et s'en sont rapprochés ». Bref, il ne voit aucun inconvénient à les envoyer par le fond, « prêter trop d'attention à ces incidents serait faire preuve d'une méticulosité excessive ». « Ces navires-hôpitaux ont sûrement fait quelque chose d'illégal, ajoute Carney, ils soignent des Japonais que nous n'avons pas pu tuer du premier coup. Tous ceux qui reprennent du service une fois guéris risquent d'abattre nombre de nos hommes [13]. » Comme Hérode avec les enfants qui pourraient devenir adultes, le contre-amiral prend ses précautions vis-à-vis des blessés et des invalides qui pourraient guérir. Il a beau commander la Troisième flotte de l'US Navy, c'est dans les fables de Phèdre qu'il a étudié la stratégie. Le loup reproche à l'agneau de lui avoir causé du tort. Même si ce n'est pas le cas, cela risque d'arriver : il mérite donc d'être mangé sur-le-champ. Les torts de ces navires-hôpitaux, eux, sont, au choix, le point de départ ou la conclusion d'un *raisonnement circulaire*. L'important est qu'ils ne fassent pas perdre de temps au contre-amiral Carney, car celui-ci a déjà pris sa décision d'assassiner ceux qui y sont soignés.

En prévision de la fin de la guerre, on commence à distinguer le « bon Allemand » du nazi. Mais dans le Pacifique, on continue d'adopter les stéréotypes racistes du siècle précédent : si on considérait auparavant qu'un bon Indien était un Indien mort, on dit désormais la même chose au sujet des Japonais. 40 % des aumôniers militaires américains sont convaincus qu'il est légitime de tuer les soldats ennemis capturés et qu'il incombe aux psychologues de savoir éloigner le sentiment de culpabilité des soldats qui ont tué des prisonniers sans défense [14]. Une enquête menée en 1943 montre même que la moitié des militaires américains ont pris les ordres au pied de la lettre et sont

---

12. Voir M. HASTINGS, *Retribution*, *op. cit.*, p. 268.
13. Citation dans *ibid.*, p. 172.
14. Voir N. FERGUSON, *The War of the World*, *op. cit.*, p. 545.

persuadés qu'il faudrait tuer *tous* les Japonais pour arriver à la paix [15]. En parallèle, les moyens de communication rapportent les déclarations de certaines personnalités publiques qui ne correspondent évidemment pas à un véritable programme mais sont susceptibles d'impressionner les esprits les plus simples. Ainsi, il convient d'exterminer environ la moitié des Japonais selon Elliott Roosevelt, le fils du président, la plupart d'entre eux selon l'amiral Halsey, et tout bonnement la population entière selon le président de la Commission du personnel militaire [16]. Un sort ô combien funeste que nul n'osera jamais souhaiter à l'Allemagne nazie. Au gré de ces ricochets, la paranoïa grossit démesurément les informations : une fois parvenus aux oreilles des Japonais sous la forme de *rumeurs,* ces fantasmes menaçants des Américains seront à nouveau amplifiés, même si on peine à croire qu'il soit possible d'imaginer quelque chose d'encore plus invraisemblable. Et pourtant : le Japon voit circuler une rumeur selon laquelle les Alliés auraient l'intention de transformer le pays en un parc international

---

15. Voir J. W. DOWER, *War without Mercy, op. cit.*, p. 53. Dans *Why Not Kill Them All ?*, les historiens du génocide, Daniel Chirot et Clarck McCauley rapportent un aspect intéressant de ces sondages menés pendant la guerre chez les militaires américains. Parmi les soldats qui combattaient les Japonais, 42 % d'entre eux estimaient qu'il fallait éliminer l'ensemble de la population japonaise. Parmi ceux qu'on avait envoyés en Europe, ce pourcentage montait jusqu'à 61 % et même jusqu'à 67 % chez ceux qui étaient encore en phase d'entraînement aux États-Unis (voir *op. cit.*, p. 216). Moins on connaît l'adversaire, plus l'attitude à son égard sera conditionnée par une paranoïa collective : tel est le constat que semblent confirmer ces statistiques. Des décennies plus tard, toujours aux États-Unis, la peur engendrée par les attaques du 11 septembre 2001 viendront confirmer ce phénomène : c'est dans les États du centre du pays que la panique et les rumeurs (essentiellement paranoïaques) de nouveaux attentats atteignent des sommets. Inversement, elles sont réduites dans les territoires de la côte Est et de la côte Ouest : même s'ils ont *a priori* le plus de chances objectives d'être frappés, ils sont beaucoup plus habitués aux interactions avec d'autres pays et accueillent un nombre d'immigrés plus important, musulmans ou pas.

16. Voir J. W. DOWER, *War without Mercy, op. cit.*, p. 55. Malgré la radicalité apparente de ces positions racistes, Halsey ne s'enfermera pas dans une dissociation et une négation de ses responsabilités, contrairement à la majorité des chefs d'état-major américains. Dans l'après-guerre, lorsqu'on commencera à mettre en doute le fait que le recours à la bombe atomique était la seule option possible, il reconnaîtra que le Japon cherchait à négocier sa reddition au moment du bombardement de Hiroshima. Halsey affirmera néanmoins que les savants voulaient tester le « jouet » qu'ils avaient fabriqué. Voir R. J. LIFTON, G. MITCHELL, *Hiroshima in America. Fifty Years of Denial*, New York, Putnam's Sons, 1995, p. 93.

après avoir exterminé l'ensemble des habitants, à l'exception de 5 000 jolies jeunes filles qui serviraient de guides touristiques [17].

Le mauvais calcul de l'attaque préventive

Au point où nous en sommes, une question mérite d'être posée. Quelles logiques perverses ont conduit les Japonais à attaquer le pays le plus fort du monde et, dans le même temps, la moitié de ce qui restait de la planète ? Le Japon est indéniablement en pleine expansion et possède des équipements militaires plutôt modernes. Il n'en reste pas moins une puissance moyenne, sans comparaison avec l'Allemagne et surtout pas avec les États-Unis. Dès le début du conflit, l'économie américaine représente *dix fois* celle du Japon [18]. Sans compter que les USA disposent encore d'immenses ressources : à la fin de la guerre, leur PIB équivaut à près de la moitié du PIB mondial [19]. Le Japon, lui, entre simultanément en guerre avec les États-Unis, mais aussi avec l'Empire britannique et des pays proches comme la Thaïlande, l'Indochine française et l'Indonésie hollandaise. L'Angleterre est loin, certes, mais compte des troupes sur le continent asiatique – à Hong Kong, en Malaisie, à Singapour – tandis que l'Empire des Indes enrôle à lui seul deux millions et demi de soldats contre le Japon [20].

Au moment d'attaquer les États-Unis, les Japonais sont en outre engagés dans un conflit sans fin avec la Chine, un adversaire mal équipé mais avec une population et un territoire immense dont ils n'occupent qu'une part infime après dix ans de combats. Malgré ces nouveaux fronts, le front chinois continue de mobiliser plus de la moitié des militaires nippons [21]. En résumé, si le Japon continue, d'un côté, à faire la guerre à la Chine, de l'autre, il affronte simultanément la première puissance mondiale, le reste de l'Asie, l'Océanie, les Empires coloniaux. Un

---

17. Voir J. W. DOWER, *War without Mercy*, *op. cit.*, p. 61.

18. Voir le *Summary Report* du *United States Strategic Bombing Survey*, United States Government Printing Office, Washington DC, 1946. Ce document est également consultable sur le site anesi.com.

19. Voir M. HARRISON (dir.), *The Economics of World War II. Six Great Powers in International Comparison*, Cambridge, Cambridge University Press, 2000.

20. Voir N. FERGUSON, *The War of the World*, *op. cit.*, p. 517.

21. Voir *ibid.*, p. 485.

délire agressif qui trouve l'un de ses fondements dans la surenchère militariste de ses dirigeants mais aussi un délire d'encerclement qui n'est pas qu'un fantasme paranoïaque [22]. Au début du XXᵉ siècle, le Japon a colonisé plusieurs pays du continent asiatique (la Corée, l'île de Formose et la Mandchourie). Même si la propagande présente ces derniers comme des extensions naturelles du territoire de l'Empire, le Japon est bien conscient d'être un archipel. Des siècles durant, la fierté du pays s'est nourrie du sentiment d'être à la fois différent mais aussi séparé du monde. Cette manière de se sentir « à part » (à tous les sens du terme) n'est pas comparable à ce qu'éprouvent les Occidentaux. Si cet isolement implique inévitablement ce que nous appelons des préjugés et du racisme, il subsiste des différences avec les équivalents européens ou américains de ces phénomènes. Longtemps, le Japon n'a aspiré ni à de nouvelles richesses ni au progrès, mais uniquement à la stabilité.

Un isolement impossible

En 1853, le commodore de la flotte américaine, Matthew C. Perry avait fait son entrée dans la baie de Tokyo [23]. Tout en manœuvrant les canons de ses quatre immenses navires de guerre, il avait remis aux Japonais une série de demandes qui reproduisaient inconsciemment le *Requerimiento* des Espagnols au XVIᵉ siècle. Une stratégie payante puisqu'il avait remporté la première Guerre du Pacifique sans faire parler la poudre. À l'arrivée de Perry, le Japon avait cessé toute relation avec le reste du monde depuis deux siècles et demi. La construction de navires de guerre était même interdite [24]. Les armes à la disposition du gouvernement semi-féodal ne devaient servir qu'à affronter les questions intérieures : mis à part quelques arquebuses vieilles de plusieurs

---

22. Un document intéressant, rédigé en 1943, expose les motifs de la guerre et met en accusation les États-Unis et la Grande-Bretagne en évoquant le « caractère dangereux de l'anneau d'encerclement » (voir J. W. DOWER, *War without Mercy, op. cit.*, p. 60).

23. Voir M. B. JANSEN, *The Making of Modern Japan*, Londres-Cambridge (Mass.), The Belknap Press of Harvard University Press, 2000, chapitre 9 ; G. FEIFER, *Breaking Over Japan. Commodore Perry, Lord Abe, and American Imperialism in 1853*, New York, Smithsonian Books-Harper Collins, 2006.

24. Voir *ibid.*, chapitre 15.

siècles, on était revenu au sabre. Au final, le Japon n'a pas eu d'autre choix que de satisfaire les exigences de Perry et de s'ouvrir au commerce international.

Dès lors, tout se renverse. Le Japon copie les Occidentaux. Un siècle plus tard, il semble à deux doigts de les rattraper. Les progrès techniques sont énormes. Quant à la politique impériale, elle a imité l'expansion américaine vers l'ouest et la progression des Européens sur le continent africain en envoyant des troupes et des colons en Asie. Hélas, le Japon ne peut guère lutter contre la géographie : il reste un archipel. Désormais, il est également tributaire de la navigation, faute de ressources naturelles et surtout de pétrole. Toute sa politique étrangère est fondée sur la peur de l'encerclement naval. Les États-Unis s'opposent à ses nouvelles conquêtes et décrètent un embargo sur les ravitaillements japonais en pétrole, au mois de juillet 1941 [25].

La peur de l'encerclement

Le 16 novembre de cette même année, le secrétaire d'État américain, Cordell Hull, demande le retrait de l'ensemble des forces japonaises présentes en Chine et en Indochine. Il gèle les biens japonais aux États-Unis avant d'envoyer une note qui est interprétée comme un ultimatum [26]. À ce stade, comme nous l'avons vu dans d'autres situations, un *empressement absolu* s'empare des militaires. La marine impériale signale que les bâtiments consomment 400 tonnes de carburant par heure, même quand ils ne sont pas en action. Sans de nouvelles sources de ravitaillement, les réserves ne dureront que six mois. Conclusion : plus vite la guerre commencera, mieux ce sera. Cette logique *apparente* nie une donnée *fondamentale* : environ un tiers des importations du pays, pétrole inclus, provient précisément des États-Unis [27]. Une *cohérence absurde et nourrie d'orgueil* impose au Japon de frapper l'ennemi dont il dépend le plus – quitte à se passer la corde au cou tout seul. S'il faut commencer la guerre au plus vite, il faudrait également la terminer encore plus rapidement, faute de ressources pour une guerre prolongée.

---

25. Voir N. FERGUSON, *The War of the World, op. cit.*, p. 488.
26. Voir M. B. JANSEN, *The Making of Modern Japan, op. cit.*, p. 639 *sq.*
27. Voir N. FERGUSON, *The War of the World, op. cit.*, p. 487 *sq.*

De fait, l'encerclement de l'archipel par la flotte américaine est en passe de se concrétiser. À ce titre, le délire de l'état-major japonais réside non pas dans le fait d'avoir imaginé cet encerclement mais d'avoir entretenu le fantasme de s'en défaire militairement. S'ils sont dans l'impossibilité de rassembler assez de matières premières sur le continent en faisant la guerre à la Chine, comment peuvent-ils croire qu'ils y parviendront en multipliant le nombre de leurs ennemis ? La paranoïa aveugle les militaires par le biais d'un fantasme de toute-puissance – qui en est souvent une conséquence – mais aussi à travers leur code d'honneur qui les enferme dans des raisonnements inflexibles. Le chef des forces armées, le général Hideki Tojo, n'est pas certain de remporter la victoire, loin de là, mais affirme que sans combattre, le Japon devra courber l'échine en à peine deux ou trois ans (ce faisant, Tojo assimile la politique américaine à un véritable *complot* contre son pays). À l'inverse, entrer en guerre offrirait davantage d'opportunités et des perspectives plus durables [28].

Une stratégie fondée sur l'empressement

Le Japon attaque tête baissée sur tous les fronts, sans vraie stratégie permettant des conquêtes inscrites dans un temps long [29]. Une décision qui va pousser jusqu'à ses plus extrêmes conséquences la chute des leaders paranoïaques. L'avancée japonaise est si *foudroyante* qu'elle finit même par prendre au dépourvu ceux qui l'ont ordonnée, surtout en matière de ravitaillements. Ce succès est fondé sur une rigidité : la répétition des attaques, à l'infini. Pour des raisons géographiques et économiques évidentes, la finalité de cette guerre ne saurait se traduire par la domination de l'ensemble de l'Empire britannique et des États-Unis : il s'agit plutôt d'arriver à négocier avec eux la reconnaissance d'une partie de ces conquêtes. Malgré tout, la guerre commence sans un plan digne de ce nom et reste l'otage de la caste militaire dont la force apparente correspond à une réelle faiblesse, à la fois stratégique (l'étendue considérable des territoires occupés les rend progressivement

---

28. Voir *ibid.*, p. 489 *sq.*
29. Voir J. W. Dower, *War without Mercy, op. cit.*, p. 59 ; N. Ferguson, *The War of the World, op. cit.*, chapitre 14.

indéfendables) et psychologique. Les règles de l'honneur, sacrées pour la caste militaire, ont une dimension profondément inflexible, opposée à la souplesse nécessaire pour parvenir à un compromis, quel qu'il soit, avec l'ennemi et sortir de cette guerre au plus vite.

Assurer simultanément l'autosuffisance et le développement du Japon ne saurait être qu'un idéal irréalisable [30]. La seule façon de garantir les ressources énergétiques nécessaires aurait dû passer, dès cette époque, par le dialogue et le calcul commercial. Une fois articulés de façon vertueuse au développement économique et technologique, malgré l'absence de matières premières, ces deux éléments auraient été à même d'offrir au Japon une prospérité jamais observée dans l'histoire humaine [31]. Au moment où explose la guerre du Pacifique, cette vision raisonnable est contrariée par une déformation mentale érigée en fondement de la politique extérieure d'un pays auquel on prête un « esprit » inégalable. Une supériorité qui est le postulat de base « granitique » de son expansion internationale mais aussi, sous l'effet d'un cercle vicieux, le but à atteindre et le moyen d'y parvenir : l'Allemagne nazie elle-même s'inquiétait de ce que feraient les Japonais en cas de victoire [32].

Un élément vient aggraver définitivement les choses : la manière brutale et déshonorante avec laquelle l'agression des États-Unis est conduite. Le gouvernement américain est alors censé recevoir, juste avant l'attaque de Pearl Harbor, un ultimatum et, aussitôt après, une déclaration de guerre. Mais il ne recevra que le premier document, à un moment où les bombes ont déjà commencé à tomber. Une *méfiance* et un *goût du secret excessifs* ont en effet poussé l'ambassade du Japon de Washington à désactiver toutes les lignes par lesquelles arrivent les messages codés, sauf une. Le personnel a également été réduit au strict minimum. Lorsque la déclaration de guerre est enfin prête, l'ambassadeur japonais, Kichisaburō Nomura, doit téléphoner au secrétaire d'État américain, Cordell Hull, pour s'excuser de son retard à ce rendez-vous qui marquera l'histoire [33].

---

30. Le tsunami de 2011 et la fragilité des centrales nucléaires japonaises l'ont d'ailleurs prouvé.

31. Ce sera toutefois le cas après 1945, quand le pays s'engagera dans cette voie et deviendra en peu de temps la deuxième économie mondiale, derrière les États-Unis, et même devant eux en termes de PIB par habitant.

32. Voir B. KIERNAN, *Blood and Soil*, op. cit., p. 455.

33. Voir M. B. JANSEN, *The Making of Modern Japan*, op. cit., p. 641.

Nous savons déjà comment l'agressivité foudroyante du leader paranoïaque lui offre la possibilité de surprendre ses adversaires et de remporter des succès sidérants. Il semble dès lors invincible, ce qui accentue le délire des masses qui le suivent. Hitler en est une illustration parfaite. Pour autant, la stupeur suscitée par les forces armées nipponnes va être encore plus grande. Au lieu de mener des « attaques-éclair » (*Blitzkrieg*) sur un front, puis sur un autre, comme les troupes allemandes, les Japonais percent l'ensemble des lignes ennemies. C'est ainsi qu'ils coulent les vaisseaux américains à Pearl Harbor tout en débarquant à Hong Kong et en Malaisie, puis chassent les Américains des Philippines et conquièrent l'Indonésie, la Thaïlande, la Birmanie, les îles du Pacifique, pour arriver jusqu'aux îles Aléoutiennes, prolongement naturel de l'Alaska.

Cette surprise, qui ne saurait être plus totale, Singapour l'illustre à la perfection. L'île est fortifiée et les experts militaires la considèrent quasiment imprenable. Les Japonais n'arrivent malheureusement pas par la mer, mais du côté opposé, à un endroit où le canal qui sépare la ville du continent est particulièrement étroit. Personne ne s'attendait à ce qu'ils arrivent de ce côté : descendant du nord, ils ont d'abord été obligés de traverser toute la Malaisie, un territoire particulièrement boisé où les routes sont peu nombreuses. Comment ont-ils fait ? Chaque division japonaise a tout simplement fourni à ses soldats une arme secrète : 6 000 vélos [34]. Les soldats ont pédalé jusqu'à vingt heures par jour. Une fois sur place, nombre d'entre eux sont même incapables de marcher. Des rumeurs paranoïaques les ont néanmoins précédés : on a confondu le bruissement de ces milliers de pédales avec l'avancée d'une colonne de chars d'assaut, au loin. Même si les fortifications protectrices permettent d'abattre ceux qui débarquent, les vagues d'assaut japonaises s'avèrent impossible à endiguer. À l'instar de Hong Kong, Singapour ne résiste que quelques jours. S'emparer d'une île fortifiée en partant de positions à découvert implique, d'après la théorie militaire, que la puissance offensive soit nettement supérieure à la puissance défensive. Cette fois, c'est le contraire qui se produit : les soldats à vélo sont à peine plus de 30 000 alors que la garnison singapourienne compte peut-être 100 000 défenseurs, en plus de puissants

---

34. . Voir C. BAYLY, T. HARPER, *Forgotten Armies. Britain's Asian Empire and the Battle with Japan*, Londres, Penguin, 2005, p. 116 ; N. FERGUSON, *The War of the World*, *op. cit.*, p. 493.

canons [35]. Une fois la ville conquise, l'état-major japonais exige que la délégation anglaise chargée de la reddition lève à la fois le drapeau blanc et le drapeau britannique. Les photos font le tour de l'Asie et du monde : le plus grand empire colonial a plié devant une armée d'hommes qui ne sont pas des Blancs. Dans l'imaginaire asiatique et africain, cette défaite signifie que l'heure du crépuscule a sonné pour la domination européenne : les Japonais auront beau perdre la guerre, ce sentiment ne disparaîtra pas.

La méfiance et l'occasion manquée

Singapour devient le synonyme d'une des défaites les plus incroyables de l'histoire [36]. L'enthousiasme des pays libérés du colonialisme atteint des sommets. Même si la brutalité des « libérateurs » japonais conduit très vite une majorité de personnes à changer d'avis, aucun peuple d'Asie ne revient à cette passivité qui les a conduits à accepter la domination européenne. Dans le même temps, la propagande japonaise tente de surfer sur cette vague en recrutant des armées locales pour chasser définitivement les Européens, à commencer par les Anglais. Les volontaires se bousculent, y compris dans les pays qui ne sauraient partager cette expérience de libération puisqu'ils sont des colonies japonaises depuis longtemps : plus de 700 000 Coréens entre 1939 et 1941, 425 000 Taïwanais en 1942.

L'état-major peut-il cependant faire confiance à ces anciens serviteurs des colonisateurs qui viennent grossir leurs rangs en courant ? Peut-il d'un coup dépasser une *méfiance*, une mentalité insulaire et une peur de l'encerclement qui durent depuis des siècles ? Ces raisons psychologiques profondes conduisent le Japon à ne pas frayer avec ces nouveaux alliés. La nouvelle armée birmane, la Burma Independance Army, rassemble 200 000 inscrits mais les Japonais la limitent à 4 000 hommes seulement [37]. Ils en font autant avec l'Indian National

---

35. Voir J. W. DOWER, *War without Mercy, op. cit.*, p. 36. Pour Christopher Bayly et Tim Harper, les défenseurs étaient environ 85 000 après l'évacuation des Européens (*Forgotten Armies, op. cit.*, p. 131). Max Hastings, lui, fournit des chiffres inférieurs mais qui restent deux fois plus importants que les forces japonaises (*Retribution, op. cit.*, p. 7).

36. Voir C. BAYLY, T. HARPER, *Forgotten Armies, op. cit.*, chapitre 2.

37. Voir N. FERGUSON, *The War of the World, op. cit.*, p. 500-501 ; C. BAYLY, T. HARPER, *Forgotten Armies, op. cit.*, p. 170 *sq.*

Army, la matrice d'une armée indienne qu'ils auraient pu lancer contre
les Britanniques. Mais ils laisseront passer cette occasion. Au lieu de
devenir des avalanches qui auraient grossi de triomphe en triomphe, les
pays conquis se transforment en bourbiers où les Japonais vont
progressivement s'enferrer.

Vers la bombe atomique

Ainsi préparé, le terreau que nous venons de décrire va également
recevoir le germe de la paranoïa qui mènera les Américains vers la
bombe atomique. On s'est souvent demandé si les États-Unis se
seraient servis de cette arme contre un pays européen. De fait, dès le
5 mai 1943, le Military Policy Committee décrète que la bombe doit
être larguée sur le Japon, et non sur l'Allemagne. Une décision qui ne
se fonde pas sur une considération stratégique car le mot d'ordre de la
politique officielle reste *Europe First* : l'Allemagne est toujours le
premier ennemi à battre. En réalité, c'est une *volonté de secret* qui est
à l'œuvre. Si d'aventure le lancement se passe mal, les Allemands pourraient récupérer une partie de l'engin et, vu qu'ils sont déjà à un stade
avancé dans l'étude de la fission atomique, l'exploiter à leur
avantage [38].

On a également dit après les explosions atomiques que ce carnage
avait empêché un prolongement de la guerre qui aurait été encore plus
meurtrier. Pourtant, en nous penchant sur ces postulats destructeurs,
nous sommes obligés de nous interroger : l'arme atomique a-t-elle été
utilisée comme un moindre mal (dans un cadre d'une extrême violence
quoi qu'il en soit) ou bien *parce qu'elle impliquait aussi un carnage* ?
Comme nous l'avons rappelé, les stéréotypes racistes précèdent les
atrocités et continuent de mener une existence autonome [39]. Lorsque le
Pacifique devient le théâtre des horreurs engendrées par la guerre
totale, une *inversion des causes* s'engage et les actes inhumains commis
par les deux camps viennent rétroactivement conforter ces *préjugés de
départ*. Si l'atrocité est en grande partie une conséquence du racisme,
elle acquiert une utilité en devenant un postulat capable de le justifier.

---

38. Voir l'inscription sur le Hiroshima Peace Memorial Museum.
39. Voir J. W. DOWER, *War without Mercy, op. cit.*, chapitre 3.

Si le « Projet Manhattan » chargé de produire la bombe atomique reçoit une quantité d'argent, d'experts et de lieux de production que seuls les États-Unis peuvent offrir, à l'époque, le gouvernement américain s'est montré étonnamment peu paranoïaque jusque-là : il a observé les fascismes avec inquiétude, de loin, mais n'a pas spécialement participé à la course à l'armement. Albert Einstein a écrit différentes lettres au président Franklin Roosevelt pour l'inciter à maîtriser la bombe atomique avant Hitler et lui couper l'herbe sous le pied – peut-être s'agit-il d'ailleurs de l'une des rares fois où la science a su se faire écouter par la politique. Vers la fin de la Seconde Guerre mondiale, avec la mort soudaine de Roosevelt, le vice-président américain Harry Truman est propulsé au poste suprême. Le 12 avril 1945, on lui remet la « chose » la plus puissante de l'histoire humaine, dont il ignore tout : le secret était si bien gardé que personne n'était tenu au courant en dehors du chef du gouvernement, pas même son vice-président.

En un sens, Truman enregistre un choc qu'il ne surmontera jamais complètement. En plus de ne pas être préparé à la gestion de l'arme atomique, bientôt prête, le nouveau président, attendu en Europe par les autres vainqueurs pour discuter de la fin de la guerre, n'a aucune expérience en matière de politique internationale. Deux manques qu'il tente de circonvenir en retardant sa rencontre avec Churchill et Staline jusqu'au moment du premier test atomique dans le désert du Nouveau-Mexique, dans le plus grand secret.

Une exaltation contagieuse

En ce 15 juillet 1945, l'Allemagne vient tout juste de se rendre. Truman se trouve à la Conférence de Potsdam lorsqu'on l'informe que les résultats de l'explosion expérimentale dépassent toutes les attentes. Le communiqué de Thomas Farrell, responsable militaire du projet, est particulièrement intéressant dans la perspective qui nous occupe : « Un grondement annonça le Jugement dernier et fit comprendre aux petits êtres que nous sommes que nous commettions un sacrilège en nous emparant des forces réservées jusqu'ici au Tout-puissant [40]. » Plus

---

40. Voir R. J. LIFTON, G. MITCHELL, *Hiroshima in America*, *op. cit.*, p. 153.

qu'un chef militaire, le général semble être un prophète annonçant qu'il
a parlé avec Dieu. Touché par une contamination psychique, Truman
se laisse gagner par l'exaltation de Farrell. Une exaltation entrecoupée
de moments de doute et de dépression.

Le 18, il écrit à sa femme que Staline s'est engagé à entrer en guerre
avec le Japon à la date du 15 août, ce qui suscite chez lui un grand
soulagement. De cette manière, le conflit finira un an plus tôt que
prévu. Il semble donc convaincu que la reddition du Japon est à portée
de main, ce qui permettrait de suspendre l'usage de la bombe. Pourtant, une semaine plus tard, le 25 juillet, Truman note dans son journal
qu'il a pris la décision d'avoir recours à l'arme atomique, mais en
donnant des indications précises à Stimson, son ministre de la Guerre :
il s'agit de frapper des objectifs militaires, pas des femmes et des
enfants [41].

Resurgit alors un contexte où l'*empressement* domine les esprits. Par
ailleurs, difficile de ne pas être frappé par la *cohérence absurde* de ces
intentions et cette *inversion des liens de causalité*. Alors qu'on a travaillé
fébrilement à la préparation de la bombe atomique (de peur qu'Hitler
soit le premier à la maîtriser et pour disposer d'une arme capable de
terminer la guerre en peu de temps), c'est l'angoisse inverse qui
s'insinue maintenant que l'Allemagne a capitulé. Pourtant, *la fin de la
guerre aurait pu survenir avant que l'arme atomique permette d'y mettre
fin*, à travers une démonstration de force.

Cependant, les hésitations profondes du président américain ne se
reflètent pas seulement dans son humeur, tantôt exaltée, tantôt
déprimée, mais dans toute la politique américaine. Suivant la ligne
officielle, Truman a insisté pour que Staline participe à la tentative de
terminer la guerre au plus vite, en attaquant le Japon. Mais ce faisant,
il aurait dû faire face aux exigences ambitieuses du dirigeant géorgien.
Employer la bombe avant que les Russes ne passent à l'action contre
les Japonais permet deux choses : attribuer la reddition du Japon aux
seuls Américains et, dans le même temps, effrayer le dictateur soviétique. Voilà pourquoi il faut agir vite. Sur le bateau qui le ramène aux
États-Unis, l'excitation du président devient irrépressible. Et il parle de
la nouvelle arme, en théorie top secrète, aux journalistes comme aux
membres de l'équipage.

---

41. Voir *ibid.*, p. 148-150.

Des choix de plus en plus limités

Différents chercheurs qui travaillent à la fabrication de la première bombe atomique, dans le cadre du projet Manhattan, se déclarent favorables à une démonstration qui aurait pour cible un objectif sans importance, dans des lieux déserts ou dans le Pacifique plutôt que sur une ville [42]. L'effet sur le Japon, qu'on veut pousser à la reddition, ne serait pas si différent avec un bombardement sur une zone habitée. Et le message envoyé à l'Union soviétique (pressentie pour être le nouvel adversaire de la guerre froide qui suivrait cette guerre « chaude ») serait le même. Le général Marshall, le chef des armées, exprime lui-même des doutes moraux similaires [43].

Hélas, ce « bombardement de démonstration » ne sera jamais pris en considération, pas plus que ne l'avaient été les préventions du scientifique Niels Bohr, un an plus tôt [44]. Comme le prêche du frère Montesinos, la lettre de Benoît XV ou les sermons de George Bell, Marshall et Bohr parlent une langue solitaire et incompréhensible car *incompatible avec la paranoïa collective dominante*. Au final, l'objectif privilégié pour le premier bombardement atomique reste un lieu de production militaire (avec toute l'élasticité de cette définition) « qui emploie un grand nombre de travailleurs, avec leurs habitations à proximité » [45]. Hiroshima possède une grande base militaire même si, en 1945, cette définition peut correspondre à n'importe quelle localité du Japon : depuis l'année précédente, 80 % de la production nationale

---

42. Voir le document 16 de *The Atomic Bomb and the End of World War II. A Collection of Primary Source*, éd. W. Burr, National Security Archive Electronic Briefing Book, n° 162, 2005. Cette publication est consultable sur le site nsarchive2.gwu.edu.

43. Voir le document 11, dans *ibid.*

44. Niels Bohr a fui le Danemark occupé par les nazis en 1943. Avec celles d'Einstein, ses découvertes ont posé les bases de la maîtrise de la bombe atomique et il était prêt à collaborer avec les Alliés pour éviter qu'Hitler ne la fabrique en premier. Fort de cette position, il écrivit à Churchill ainsi qu'à Roosevelt en proposant un contrôle de la nouvelle arme au niveau international. En 1944, il parvint à avoir un entretien privé avec les deux chefs d'État. Ces derniers se réunirent et examinèrent les suggestions du physicien, mais n'en firent rien. Cette rencontre a eu néanmoins un résultat indirect : *on s'est méfié de lui*. Grâce au procès-verbal de l'entretien, nous savons qu'*il a été recommandé d'enquêter* sur les activités de Bohr et de *s'assurer qu'il ne communiquait à personne* ses découvertes, aux Soviétiques notamment. Voir J. GLOVER, *Humanity, op. cit.*, p. 111.

45. Voir le document 12 de *The Atomic Bomb and the End of World War II.*

alimente le secteur militaire [46]. Comme les événements le montreront, l'état-major américain accorde la plus grande importance à l'étude de l'effet de la nouvelle arme sur une population civile étendue. Hélas, ce facteur sera lui aussi décisif.

Hiroshima

Le pont Aioi a un plan en T reconnaissable entre mille qu'on peut voir même à très haute altitude. Au centre de Hiroshima, avant de se jeter dans la mer, le fleuve Ota se sépare en deux bras, Kyobashi et Motoiasu. Quelques mètres en amont, la barre du T unit les deux rives de l'Ota tandis que la hampe relie perpendiculairement le pont à l'île créée par la naissance des deux bras.

Il fait très chaud à Hiroshima en ce 6 août 1945, et le ciel est parfaitement dégagé. La sirène d'alarme aérienne s'apprête à retentir, mais les bombardiers américains ne sont que trois. Tandis que deux d'entre eux restent à distance pour observer, à 9 600 mètres d'altitude, le B-29 *Enola Gay* repère le pont et largue la bombe atomique. À 8 h 15, après une chute de 43 secondes, *Little Boy* explose à environ 600 mètres au-dessus de l'hôpital Shima, légèrement au sud-est de l'objectif. Un dix millième de seconde plus tard, la boule de feu atteint un diamètre de 28 mètres et une température de 300 000 degrés Celsius. Une seconde après l'explosion, son diamètre est de 280 mètres, alors qu'au sol, la chaleur est de 3 000 à 4 000 degrés Celsius [47]. Les bâtiments sont anéantis. Seule la grande Chambre de commerce, située quasiment à l'hypocentre de l'explosion, résiste et ne perd quasiment que son toit. Dans le rayon du premier kilomètre, la luminosité est telle que les pierres blanchissent. Il ne subsiste que l'ombre des personnes qui se trouvaient entre elles et cette lumière : elles se dissolvent instantanément dans le néant. Les vitres explosent à une distance de 27 kilomètres à la ronde, en fichant des millions d'éclats dans les corps des survivants. À la fin de l'année 1945, les autorités calculeront que l'explosion, les brûlures et les radiations ont fait 140 000 victimes [48].

---

46. Voir l'inscription sur le Hiroshima Peace Memorial Museum.
47. Voir F. ENSEKI (dir.), *Eyewitness Testimonies. Appeals from the A-Bomb Survivors*, Hirsohima, Hirohima Peace Culture Foundation, 2009, chapitre 1.
48. Voir l'inscription sur le Hiroshima Peace Memorial Museum.

Le journal de Michihiko Hachiya

L'Hôpital des Communications de Hiroshima se trouve à un kilomètre et demi de l'hypocentre. Le directeur de l'établissement, le docteur Michihiko Hachiya, vient de rentrer chez lui après une nuit de garde où il n'a pas pu fermer l'œil. Il aperçoit un éclair comme on n'en a jamais vu, suivi d'un silence comme on n'en a jamais entendu. Il court vers l'hôpital tandis que sa maison se réduit à un petit tas de poutres. Il remarque qu'il est complètement nu, comme les gens autour de lui, et couvert du sang qui coule de plus de cent blessures. Cette nuit-là, après son travail de médecin, il va prendre la plume et exercer un second métier pendant près de deux mois, celui de témoin [49]. « Dans ce journal, presque chaque page est à prendre en considération. [...] Si cela avait un sens de se demander quelle forme de littérature est aujourd'hui indispensable à quelqu'un de conscient et de lucide, ce serait celle-là », écrira à son sujet Elias Canetti [50].

Le docteur Hachiya est médecin dans tous les sens du terme. Il travaille jusqu'à l'épuisement sous l'impulsion de ces deux devoirs. Il ne juge jamais, car il a une mission plus difficile : comprendre. Il observe également ses propres symptômes. Il cherche une vérité dans cet effondrement général, le salut de son corps mais aussi de son âme. « Le malheur est-il ce que les êtres partagent le plus ? [...] Dans le cas d'Hiroshima, il s'agit de la catastrophe la plus concentrée qui se soit jamais abattue sur des humains », ajoute l'auteur de *La Conscience des mots* [51]. Puisqu'il s'identifie profondément à ce qu'il observe, le texte de Hachiya a une densité qui n'a guère de précédents [52]. Le directeur de l'Hôpital des Communications révèle un professionnalisme inébranlable, sans jamais tomber dans la pédanterie, et une humanité profonde, en évitant toujours de glisser dans le sentimentalisme.

---

49. Voir *Journal d'Hiroshima. 6 août-30 septembre 1945*, trad. S. Duran, Paris, Tallandier, 2015 [1956].

50. « Journal du docteur Hachiya d'Hiroshima », dans *La Conscience des mots*, *op. cit.*, p. 254.

51. *Ibid.*, p. 255. « L'honnêteté et la franchise de ce journal sont au-dessus de tout soupçon. Celui qui l'écrit est un être d'une haute culture morale », écrit encore Canetti au sujet de ce texte et de son auteur (p. 257).

52. Dans la lignée du médecin, Kenzaburō Ōe précédera d'une certaine manière Primo Levi et Elias Canetti en écrivant que la catastrophe de Hiroshima lui a permis de découvrir tout ce que le mot « dignité » veut dire. Voir *Notes de Hiroshima*, trad. D. Palmé, Paris, Gallimard, coll. « Folio », 2012 [1996], chapitre 4.

Si les hommes deviennent humains lorsqu'ils sont au comble du malheur, Hachiya a reçu la bénédiction de l'humanité dans un moment maudit entre tous. Avec sagesse, il n'invective jamais. Au contraire, il rend grâce et exprime une humilité toute japonaise. Alors qu'il traverse une rue en courant, il trébuche dans une tête sans tronc et s'arrête un instant pour demander pardon au mort, tout haut (6 août). Il s'émeut qu'on soit venu voir s'il était encore en vie et dit qu'il n'était pas nécessaire de prendre cette peine (8 août). Il a mal pour les hommes brûlés par le souffle de l'explosion, mais encore plus pour les femmes brûlées qui, en plus de la douleur, éprouvent de la honte devant leur corps nu (14 août). Avant de procéder à une autopsie, il s'incline pour honorer ces cadavres qui l'aident à comprendre pourquoi on meurt (26 août).

Une autre caractéristique universelle rend particulièrement émouvant ce journal d'un Japonais, même pour les Occidentaux. Sans l'avoir calculé, sans citer Aristote, Michihiko Hachiya inscrit ses pages dans le moule de la tragédie classique : les unités de temps, de lieu et d'action sont respectées à la lettre. Les pensées de l'auteur ne sont pas des invectives adressées au destin ou à l'ennemi, mais des réflexions sur la vanité d'une existence pour laquelle il n'est pas vain de combattre : « Que l'homme est une chose faible et fragile face à une telle puissance de destruction ! », écrit-il à la date du 11 août [53]. Si Hachiya évite de se plaindre de sa situation personnelle, c'est parce qu'il est le chroniqueur de la catastrophe, pas un auteur. Sans surprise, ce sont surtout les témoins qu'il fait parler. Tout comme dans la tragédie antique, les scènes d'horreur ne sont pas vues et décrites par lui, mais rapportées par d'autres, qui les annoncent à la façon des messagers grecs : eux-mêmes ont vu ou écouté d'autres raconter.

Les premiers jours proposent essentiellement des descriptions des victimes qu'un collègue de l'auteur, le docteur Tabuchi, compare à des fourmis affolées. Leur peau s'est détachée et pend de leurs corps comme les guenilles des épouvantails (7 août). M. Katsutani déclare que nombre d'entre eux ont perdu leurs yeux, leur bouche, leur nez, leurs oreilles, tout leur visage : plusieurs parents reconnaîtront leurs enfants non pas à leurs visages, mais à leurs voix. Au moment de traverser le pont, il a aperçu un cadavre encore assis sur son vélo,

---

53. *Journal d'Hiroshima, op. cit.*, p. 85.

appuyé au parapet. Si d'aventure Hachiya doit décrire ce qu'il a vu lui-même, il le fait pour nous montrer que les contraires coexistent encore au sein de la vie : celle-ci est toujours synonyme d'existence et de mort, d'horreur et de beauté. Une jeune femme hospitalisée dans l'établissement qu'il dirige est entièrement brûlée mais lève un visage magnifique, et intact, d'un amas de sang et de pus. Elle lui sourit. Hachiya va s'accrocher à ce spectacle et continuer de se réjouir chaque fois qu'il verra la « ravissante jeune fille » (11, 14 et 28 août).

Si le Japon est à moitié détruit, Hiroshima est également victime d'un anéantissement psychologique. Faute de moyens d'information fiables, tout le monde s'en remet aux *rumeurs*. L'hôpital du docteur Hachiya en est rempli. Le 11 août, une nouvelle (véridique) circule : l'Union soviétique a rompu son pacte de neutralité avec un Japon à l'agonie et vient de lui déclarer la guerre. L'encerclement du pays est désormais total. Plus tard au cours de la même journée, on raconte que l'arme secrète qui a frappé la ville a également anéanti Nagasaki. Là encore, c'est vrai.

La troisième nouvelle de la journée, elle, est absurde, mais cela n'empêche pas les gens d'y croire plus massivement qu'aux autres. Si le Japon possède l'arme atomique, il ne s'en est pas servi – par volonté de la garder secrète autant que par refus de l'horreur [54]. Un escadron de

---

54. Nous n'avons ni l'intention ni la possibilité d'explorer ici le sujet soulevé par ce passage. Comme nous l'avons rappelé, les progrès scientifiques obtenus en peu de temps par le Japon n'interdisent pas de croire que des recherches dans le domaine des armes atomiques aient été menées. Il se pourrait même qu'elles aient été interrompues par l'une des rares interventions politiques de l'empereur. Dans sa préface à la réédition du texte que Radhabinod Pal a consacré aux crimes de guerre japonais, Akira Nakamura, professeur à la Dokkyo University, rappelle la façon dont l'ouvrage particulièrement argumenté du juge indien (1 200 pages dans le manuscrit original et près de 800 dans sa version imprimée) a, dans un premier temps, été censuré par les vainqueurs qui l'avaient pourtant choisi pour siéger au procès de Tokyo (voir *International Military Tribunal for the Far East. Dissenting Judgement*, Tokyo, Kokushu-Kankokai, 1999, p. V-VI). Même si cette interdiction a finalement été levée, il est resté difficile de le consulter et il a même fallu attendre un demi-siècle pour qu'il soit réimprimé au Japon. À la différence de qui s'est produit en Europe, et surtout en Allemagne, le Japon a surtout vu circuler publiquement une version officielle des événements, ce qui n'a pas permis au pays d'assumer toutes ses responsabilités historiques. Une attitude qu'est venue renforcer un accord tacite pour regarder vers l'avenir et pour ne pas discuter des causes de la guerre avec les anciens ennemis du pays. Dans son compte rendu pour le procès de Tokyo, Pal levait les charges qui pesaient sur l'ensemble des prévenus japonais (dont la majorité ont été envoyés à l'échafaud) et posait le problème de l'emploi de l'arme nucléaire par les Américains, assimilé à un crime de guerre. Après avoir longuement cherché le *Dissenting*

bombardiers transpacifiques serait cependant en train d'attaquer et de détruire les villes de Californie. De même qu'un regain de vitalité paranoïaque avait conduit Hitler (pourtant déprimé et au bord du suicide) à vouloir punir Göring et ses collaborateurs qui n'étaient plus dignes de confiance, tout l'Hôpital des Communications sort de sa résignation apathique : devant la fausse nouvelle, les malades exultent, chantent, plaisantent. Même si l'existence de ces pauvres mourants n'était pas tournée vers la malveillance, comme celle du dirigeant nazi, le *besoin de dissocier et projeter* sur les autres nos responsabilités (et par conséquent nos punitions), ce besoin que nous appelons la *paranoïa* devient justement extrême dans les moments extrêmes, ceux-là même où une capacité de jugement moral serait nécessaire : la psyché inconsciente le fait exploser de façon imprévisible pour protéger du désespoir le sujet pervers comme le sujet normal, l'individu comme le groupe.

Le reflux des projections et la rencontre avec l'ennemi

Le 15 août, on pressent qu'une annonce capitale aura lieu. Trois jours plus tôt, le 12, on a appris une nouvelle véridique : ce qui a frappé Hiroshima est une bombe atomique. La journée du lendemain a cependant vu naître une rumeur absurde, qui découle évidemment du désir de quantifier la puissance incalculable de la nouvelle arme : Hiroshima restera inhabitable pendant 75 ans ! Cette fois, autour des rares postes de radio, on écoute quelque chose d'absolument inattendu : la voix de l'empereur, que personne n'avait jamais entendue en public, fait part de la reddition du Japon, en demandant de « supporter l'insupportable ». « Le seul mot de "capitulation" avait produit un choc plus considérable que le bombardement de notre ville », commente le médecin [55]. La dissociation et la projection du mal sur l'ennemi n'est plus possible. En sujet loyal, Hachiya introjecte complètement la voix de l'empereur et obéit à son ordre. Au sein de cet archétype du citoyen honnête et

---

Judgement (dont il a dû exister une édition aux États-Unis), tant sur les sites de vente de livres d'occasion qu'auprès des institutions américaines, je suis finalement parvenu à me procurer une copie électronique du texte par l'intermédiaire de Fabrizio Petri, du ministère italien des Affaires étrangères, et de Fabrizio Durante, de l'ambassade d'Italie au Japon. Qu'ils soient ici remerciés tous les deux.

55. *Journal d'Hiroshima, op. cit.*, p. 115.

fidèle, nous voyons se dessiner une simplification de la pensée d'un nouveau genre, qui dominera l'approche des événements par les Japonais au cours des décennies suivantes. Là encore, Pal sera l'un des rares à le souligner. Lors d'une visite au mémorial d'Hiroshima, en 1952, il lit une inscription promettant qu'on ne commettra plus jamais cette erreur. Il observe alors que les Japonais n'ont pas à s'excuser : ce n'est pas eux qui ont lancé la bombe [56]. Comme nous l'avons déjà constaté, la paranoïa s'accompagne fréquemment d'une inversion des causes.

En acceptant la reddition, le docteur Hachiya transfère son agressivité sur les militaires orgueilleux qui ont voulu la guerre et menti sur les chances de l'emporter (1er septembre). Il prépare un article proposant une approche médicale des conditions des personnes brûlées ou atteintes par les radiations et réfute l'information selon laquelle la ville restera inhabitable pendant 75 ans (note du 9 septembre, publiée le 12). Le travail à l'hôpital se poursuit, exténuant. Le temps est suspendu, dans l'attente d'un événement crucial : la venue des troupes d'occupation alliées.

À leur arrivée, Hachiya est à l'écoute, poussé par ce besoin de savoir et d'apprendre, exactement comme avec la maladie. À nouveau, son rôle de médecin et celui de témoin ne font qu'un. De la même manière, guérir les corps de leurs blessures et guérir les esprits de la paranoïa ne sont qu'une seule et même mission. Quand les Américains débarquent, aucun des événements catastrophiques qu'on redoutait ne se produit vraiment. Les occupants sont des êtres civilisés. Mieux : « Ces hommes [lui donnent] l'impression d'être les citoyens d'un grand pays » (29 septembre).

Encore de l'exaltation

Brillant journaliste scientifique du *New York Times*, William L. Laurence est choisi par le gouvernement américain comme porte-parole du Projet Manhattan. Lorsqu'il apprend qu'une explosion de la bombe atomique est prévue dans le désert du Nouveau-Mexique à titre expérimental, la réaction de Laurence prend le contre-pied de la proposition de bombardement dissuasif que les concepteurs de l'arme

---

56. Voir la préface d'A. NAKAMURA, dans R. PAL, *Dissenting Judgement*, *op. cit.*, p. V.

avaient défendue en pure perte. Pourquoi *gâcher* une bombe qu'on pourrait très bien larguer sur le Japon ?

Autorisé à assister à l'expérience secrète, Laurence écrira plus tard qu'il a ressenti une sorte d'explosion au plus profond de lui. « C'était comme être présent au moment de la Création où Dieu a dit : "Que la lumière soit !" » À la question : « Cela va-t-il fonctionner ? [...] Les collines se sont exclamées : oui ! et les montagnes ont fait écho : oui ! C'était comme si la terre avait parlé, comme si les nuages et le ciel iridescents s'étaient réunis pour répondre par l'affirmative. L'énergie atomique : oui ! » Et Laurence de poursuivre : « Pour moi, ce spectacle signifiait la naissance d'un nouveau monde. [...] Prométhée avait brisé ses chaînes et apporté à la Terre une nouvelle flamme [57]. » Le journaliste est censé être chargé de la couverture « en direct » du largage de la bombe sur Hiroshima. Comme s'il avait introjecté une partie du pouvoir immense de l'arme atomique, il décrit l'exaltation que lui procure ce privilège absolu. Une série de circonstances l'empêchera de prendre part à l'événement mais l'excitation qui l'habite est désormais devenue permanente.

Le reporter touche la bombe. Une expérience mystique, selon ses propres mots. Ce n'est pas juste comme embrasser une relique. Non, la « chose » est une divinité bien vivante. Avoir la responsabilité des communiqués de presse d'un tel événement équivaut à devenir un ange, au sens premier du terme, l'annonciateur qui apporte au monde la parole divine.

Nagasaki

William L. Laurence est finalement autorisé à prendre part au lancement de la seconde bombe atomique sur Nagasaki. Il raconte l'expérience visionnaire de fusion avec la divinité qu'il vit dans l'avion. « Tandis que j'écrivais, une étrange interférence du destin s'est produite. » Il fait encore nuit et le reporter pense à la ville japonaise sous ses pieds, dans le noir, « des hommes, des femmes et des enfants,

---

57. W. L. LAURENCE, *Dawn Over Zero. The Story of the Atomic Bomb*, New York, Knopf, 1947, citation dans R. J. LIFTON, G. MITCHELL, *Hiroshima in America*, *op. cit.*, p. 14 *sq.*

[…] pareils à un veau engraissé en vue du sacrifice ». Le Japonais-animal a différents visages. Si lui donner les traits d'un singe l'assimile à un être fruste, le représenter comme un bovin est, en toute logique, le postulat permettant de le conduire à l'abattoir.

La ville, se dit Laurence, est allée se coucher après une journée de travail, « nuit après nuit, semaine après semaine, année après année ». « Et moi, je suis là, ajoute-t-il. Je suis le destin. Je sais. Eux ne savent pas. Mais je sais que cette nuit est la dernière qu'ils passent sur terre. » Et la compassion pour les victimes, ces civils qui ne se doutent de rien, qu'en est-il ? « Vous sentez […] que cela ne vous concerne pas. Cet événement, ce destin a été décidé il y a bien longtemps, par des forces infiniment plus grandes que les forces de l'homme [58]. » Laurence a reçu la vision d'un *destin manifeste*, une illumination qu'il est plus confortable de recevoir lorsque l'on appartient au groupe le plus fort, même si celui-ci ne tient pas à assumer la contrepartie morale qui l'accompagne. L'assassinat d'une masse humaine immense n'est plus la responsabilité d'êtres humains, mais celle d'une loi « supérieure », à l'image de la loi de sélection « naturelle » qui autorisait Hitler à éliminer les plus faibles.

Le communiqué de presse du journaliste est publié à peine un mois après la destruction de Nagasaki, avec quelques coupes. On omet la conclusion où l'auteur parle du « continent nouveau de l'énergie atomique, […] Terre Promise de richesse, santé et bonheur pour le genre humain ». Laurence manifeste tous les traits de l'*inflation psychique* [59] à travers une forme spécifique, celle de l'*exaltation paranoïaque*. Il a eu une *révélation absolue* dont dérivent des *certitudes* tout aussi *granitiques* – comme autant de chemins susceptibles d'être empruntés dans toutes les directions possibles, indifféremment, mais qui finissent toujours par confirmer, *de façon circulaire*, leur point de départ. *Tout-puissant*, le message se dresse sur l'aile de Dieu et devient un impératif biblique.

---

58. Ibid.
59. Voir C. G. JUNG, *Dialectique du Moi et de l'inconscient*, trad. R. Cahen, Paris, Gallimard, coll. « Folio essais », 1986 [1938].

Rationalisations

Le pouvoir politique dont le journaliste est le porte-parole ne s'exprime pas de manière très différente. Après le bombardement de Nagasaki, le président Truman annonce : « Ayant *trouvé* la bombe, nous nous en sommes servis [60]. » À l'instar d'une *révélation*, une illumination ou un commandement divin, la bombe est presque une entité préexistante. Elle n'est pas construite mais découverte, comme les lois de sélection « naturelle » : on peut donc s'y référer sans engager pleinement sa responsabilité. Ce n'est pas un objet dont on dispose, mais une chose qui dispose de nous, comme s'il s'agissait d'une volonté de la Providence.

Outre la toute-puissance, les modalités des bombardements atomiques témoignent d'autres composantes paranoïaques de la classe politique qui les décide : une *projection* extrême de son agressivité et une *disproportion* évidente dans l'usage qu'elle fait des moyens en sa possession. Elle choisit d'employer cette arme d'une puissance incalculable contre la population civile d'un pays qui, s'il a gravement violé les normes internationales, est un ennemi affaibli : les rares avions encore en état de marche n'ont plus de carburant ou tentent de voler en utilisant un distillat de résine de pin [61]. Dans les casernes, on s'entraîne au combat avec des projectiles en bois et des lances en bambou [62]. Étant donné que le Japon est pratiquement dépourvu de défenses aériennes et que la majorité des habitations étaient en bois et en papier, brûler des villes entières était un jeu d'enfant par rapport aux opérations aériennes menées sur l'Allemagne. Le lendemain de la reddition, Tokyo sera transformé en gigantesque brasier pour la dernière fois [63].

Le secret

Après l'explosion de la bombe, les scientifiques se sentent de moins en moins liés à leur obligation de *confidentialité*. De façon raisonnable,

---

60. Citation dans W. L. LAURENCE, *Dawn Over Zero, op. cit.*
61. Voir N. FERGUSON, *The War of the World, op. cit.*, p. 573.
62. Voir M. HACHIYA, *Journal d'Hiroshima, op. cit.*, note du 14 septembre 1945.
63. Voir N. FERGUSON, *The War of the World, op. cit.*, p. 574.

nombre d'entre eux commencent à critiquer le fait que le mystère n'entoure pas seulement la construction de l'arme : ce sont maintenant *ses conséquences* qu'on veut *garder secrètes*. Un mois après les bombardements atomiques et la reddition, tout le sud du Japon reste *off limits*, y compris pour les correspondants de guerre alliés. L'un des plus grands reporters américains, George Weller, débarque en cachette à Nagasaki. Il se fait passer pour un colonel et écrit une série de comptes rendus. Le général MacArthur, commandant des forces armées américaines dans la zone Pacifique, les intercepte et détruit les originaux des articles de Weller. Ils ne seront publiés que soixante ans plus tard, quand le fils du journaliste en retrouvera par hasard des copies, égarées par son père [64].

Un sort similaire frappe les documents visuels tirés des bombardements atomiques. De fait, les images montrent la vérité de façon encore plus immédiate que la description qu'on peut en faire. Les premières photos paraîtront dans *Life* en 1952, le premier film en 1970 [65]. La volonté de tenir les choses secrètes va perdurer et ira même jusqu'à interdire la publication de recherches médicales sur les maladies entraînées par l'explosion entre 1945 et 1952, c'est-à-dire pendant l'occupation américaine du Japon [66]. Une situation qui va encourager l'imagination qui œuvre dans l'ombre. L'inconscient collectif est hypnotisé par l'horreur et, dans le même temps, par la fascination exercée par ce sujet hors normes ; il n'arrive plus à s'en détacher. Dans toutes les langues, aujourd'hui encore, le simple fait de parler du « nucléaire » active inconsciemment un sous-entendu et une peur. Pense-t-on vraiment à ses utilisations productives, en d'autres termes à « l'énergie nucléaire » ou aux « centrales nucléaires » ? N'est-ce pas plutôt « la *bombe* nucléaire » que nous avons en tête, elle qui hante notre esprit, juste sous notre conscience ? Sans le savoir, notre façon de nous exprimer conserve des traits du vocabulaire *tout-puissant et allusif* qui a entouré cette arme, depuis le début. Henry L. Stimson, le secrétaire d'État à la Guerre américain, évitera même de l'appeler par son

---

64. Voir G. WELLER, *First into Nagasaki. The Censored Eyewitness Dispatches on Post-Atomic Japan and its Prisoners of War*, éd. A. Weller, New York, Crown Publisher, 2006.

65. Voir G. MITCHELL, « Life after "Death in Life" », dans C. B. STROZIER, M. FLYNN (dir.), *Genocide, War and Human Survival*, Lanham, Rowman & Littlefield, 1996, p. 41-48.

66. Voir l'inscription sur le Hiroshima Peace Memorial Museum.

nom : dans son journal, il la qualifiera de « chose », de « chose
terrible », de « secret », d'« entité diabolique » et ainsi de suite [67].

Au mois de novembre 1945, l'hebdomadaire *Life* publie quelques
images des conséquences d'une attaque atomique surprise. L'année
suivante, plusieurs personnes ayant pris part au Projet Manhattan,
inquiètes de constater que différents pays ont désormais accès à la
technologie nécessaire pour fabriquer des armes atomiques, forment la
FAS (Federation of American Scientists). Les intentions de la FAS
sont nobles – il s'agit de promouvoir l'usage pacifique de la technologie
atomique et des contrôles au niveau international – mais la puissance
de l'imagination sous-jacente est également à l'œuvre dans l'esprit des
scientifiques, et finit par diffuser l'inverse d'un message pacifique : la
paranoïa. Le principal document de la FAS, en plus de décrire dans les
moindres détails la ville de New York anéantie par une attaque
nucléaire, laisse un doute s'immiscer : de telles armes peuvent se fabriquer n'importe où, dans n'importe quelle cave, même en dessous de
chez vous [68].

Un an après la première explosion, en août 1946, John Hersey
publie dans le *New Yorker* un article de 51 pages où il décrit pour la
première fois les conséquences de cette arme : *Hiroshima. A Noiseless
Flash*. Du fait qu'on avait jusque-là imposé le silence sur ce carnage, le
sous-titre cache un double sens. Le tabou vient d'être brisé par un
magazine parmi les plus prestigieux au monde [69]. Très vite, la panique
croissante du public commence à contaminer les sphères politiques,
mais à travers un autre genre de peur. La justification purement militaire du bombardement d'Hiroshima et Nagasaki avancée par le
président Truman était-elle suffisante ? À l'intérieur des frontières du
pays, de nombreux Américains protestent de ce qu'ils n'ont été vraiment informés tandis que, dans le reste du monde, on regarde les États-
Unis avec une suspicion paranoïaque : que vont-ils faire, maintenant
qu'ils sont les seuls à posséder cette arme absolue ?

C'est là qu'entre en scène James B. Conant, président de l'université
d'Harvard et ancien responsable de la supervision scientifique lors de

---

67. Voir R. J. LIFTON, G. MITCHELL, *Hiroshima in America*, op. cit., p. 119.
68. Voir P. BOYER, « Hiroshima. The First Response », dans C. B. STROZIER,
M. FLYNN (dir.), *Genocide, War and Human Survival*, op. cit., p. 25-26.
69. Voir J. HERSEY, « Hiroshima », *The New Yorker*, 31 août 1946, p. 15-68.

la construction de la bombe. Ce chimiste extrêmement brillant entretient avec la recherche scientifique des rapports compliqués par des blessures d'ordre moral. Dans le passé, une explosion dans son laboratoire a tué trois de ses collaborateurs. Un drame dont Conant avait endossé la faute. Ce qui ne l'a pas empêché, quelque temps plus tard, au cours de la Première Guerre mondiale, d'œuvrer avec ardeur à la fabrication d'armes chimiques – signe qu'il avait manifestement su dépasser le problème de la responsabilité à travers des mécanismes de dissociation et de projection [70]. L'illustre scientifique s'est construit des certitudes « granitiques » : quand la fin est juste, la science ne doit pas se laisser aller à douter mais contribuer à trouver les moyens de l'atteindre, rien de plus. Il écrit à Stimson pour solliciter une justification officielle *a posteriori*, capable de faire taire les préventions morales. La réponse à cette demande consiste en un article, *The Decision to Use the Atomic Bomb*, publié dans *Harper's Magazine*, un autre périodique des plus respectés [71].

Des justifications *a posteriori*

S'il n'est pas inutile de consacrer quelques lignes à ce document politique du milieu du XXᵉ siècle, c'est qu'il a déclenché la course à l'armement de la guerre froide et qu'il continue indirectement à conditionner le débat sur les armes nucléaires, même au XXIᵉ siècle. Stimson y rappelle que la course à la force atomique des États-Unis a commencé en septembre 1941, à savoir avant l'entrée en guerre du pays – la première expérience de fission de l'atome, elle, avait été réalisée en Allemagne en 1938. Pendant toute la durée du conflit, ajoute l'ancien secrétaire d'État à la Guerre, fabriquer et utiliser la bombe en premier a été l'objectif des USA. Au mois de mars 1945, il discute du Projet Manhattan avec le président Roosevelt, mort peu de temps après. Stimson donne le compte rendu de cet entretien en publiant certaines pages de son journal.

---

70. Voir R. J. LIFTON, G. MITCHELL, *Hiroshima in America*, op. cit., p. 96 sq.
71. H. L. STIMSON, art. cit. Même si ces démarches s'inscrivaient dans des perspectives différentes de la nôtre, l'hypocrisie de cet article a souvent été dénoncée. Voir notamment le texte de Murray Sayle, publié pour le cinquantenaire d'Hiroshima (« Did the Bomb End the War ? », *The New Yorker*, 31 juillet 1995).

Les sujets qu'il évoque sont au nombre de deux, liés l'un et l'autre non pas à la politique internationale mais à l'atmosphère empoisonnée par la *suspicion* qui entourait déjà les travaux. Il courait des bruits selon lesquels le Projet était en train de faire payer un « bobard » (*a lemon*) hors de prix aux Américains, en dépit des quatre prix Nobel qui y participaient. Par ailleurs, il se profilait parmi les initiés un affrontement entre deux écoles de pensée : si d'aventure le Projet était mené à bien, un groupe souhaitait garder la chose *secrète* tandis qu'un autre voulait rendre cette invention nouvelle accessible et la soumettre à un contrôle au niveau international.

Le mois suivant, Stimson s'entretient avec Truman, fraîchement proclamé président, au sujet d'un mémorandum décisif en neuf points. Si le cinquième rappelle que la nouvelle arme est susceptible d'anéantir l'humanité, le progrès humain étant un fait technique et non moral, le point final a un aspect logistique : il prévoit la constitution d'un comité *ad interim* afin d'accompagner la fabrication de la bombe dans sa phase finale. Cependant, *tous les autres points ont trait au secret entourant le projet*. Les États-Unis sont les seuls à connaître les technologies qui conduisent à la bombe, certes, mais les informations vont inévitablement fuiter : il se peut que d'autres pays travaillent déjà à sa construction, dans l'ombre. De façon involontairement ironique, une note de l'article explique que ces États sont indiqués dans le mémorandum mais que des arguments de pertinence géopolitique incitent à ne pas publier leurs noms [72]. Bref, alors qu'on a décidé d'ouvrir les portes en faisant connaître ces rapports ultra-confidentiels, c'est l'opacité qui s'impose à nouveau, transformant la transparence revendiquée en une *allusion* transparente.

Le mémorandum est daté du 25 avril 1945. Ce jour-là, le nazisme et le fascisme n'existent plus en Italie. En Allemagne, les fronts Ouest et Est se réunissent, permettant aux Américains et aux Soviétiques de fraterniser sur un *bailey-bridge* (un pont provisoire) reliant les deux rives de l'Elbe. Hitler a déjà armé le pistolet avec lequel il se tuera. L'article de Stimson aurait pu appeler les choses par leur nom : le pays désormais « ennemi » qui prépare la bombe atomique en secret n'est pas l'Allemagne mais l'URSS, à qui les Américains donnent l'accolade.

---

72. . Voir « The Decision to Use the Atomic Bomb », *Harper's Magazine*, art. cit., p. 99 n.

En juin, rapporte Stimson, le comité *ad interim* conseille au président Truman : 1) d'employer au plus vite l'arme nucléaire contre le Japon ; 2) de l'utiliser contre des installations militaires entourées d'habitations et d'autres constructions ; 3) de ne pas faire précéder le bombardement d'un avertissement. Autant de choix qui ont pour seuls critères l'empressement et le besoin de causer le plus de dégâts.

Stimson rappelle alors un autre mémorandum, approuvé le 2 juillet par Truman, et les raisonnements qui avaient guidé la rédaction du document [73]. La marine japonaise, écrit-il, « a pratiquement cessé d'exister » et l'aviation a été réduite aux seuls kamikazes (ces pilotes suicidaires dont la présence avait beaucoup impressionné mais n'avait guère été déterminante d'un point de vue stratégique [74]). Pour autant, l'armée japonaise dispose encore d'environ 5 millions de soldats. Le pays ne donnant pas l'impression de vouloir se rendre, il sera nécessaire d'envahir l'archipel pour remporter la victoire.

D'après les prévisions militaires, ajoute-t-il, ce n'est qu'à partir du 1er novembre qu'on sera en mesure de procéder à un débarquement sur l'île de Kyushu, la plus au sud. Autour du printemps 1946, on pourra envahir Honchu, l'île principale. Dans l'ensemble, les combats risquent de se terminer, au plus tôt, vers la fin de l'année 1946. Pour affronter ces 5 millions de Japonais, un nombre au moins équivalent de soldats américains sera nécessaire. On estime qu'un million d'entre eux seront tués, sans parler du fait que le bilan sera encore plus lourd côté japonais.

Pour éviter un futur carnage, jugé *possible*, un raisonnement *préventif* décide d'en commettre un *vrai*, immédiatement. Même si cet argument est faux du point de vue militaire et inacceptable du point de vue moral, c'est lui qui va justifier les bombardements – et autoriser une éventuelle utilisation de l'arme atomique dans le futur. Pourtant, comment décemment comparer des victimes réelles et des victimes simplement imaginées – *a fortiori* quand elles sont imaginées par ceux qui ont intérêt à légitimer le recours à la nouvelle arme ? On ne peut pas non plus mettre sur le même plan des soldats tombés au combat et des civils qu'on massacre en enfreignant les conventions de guerre internationales.

De tout temps, justifier un bain de sang en prétextant qu'il était capable d'en prévenir d'autres a souvent autorisé des crimes

---

73. Voir *ibid.*, p. 102.
74. Voir le *Summary Report* du *United States Strategic Bombing Survey, op. cit.*, p. 10.

collectifs [75]. En un sens, la manipulation de Stimson est encore plus inquiétante. Dans la plus grande démocratie du monde, un homme politique élu démocratiquement *affirme qu'il sauve des vies alors qu'il décide un carnage.* Est-il seulement un hypocrite, comme tant de politiciens, ou a-t-il été transformé en un sujet pseudo-logique et paranoïaque par la nécessité de séduire à travers la communication de masse ? En d'autres termes, Stimson aurait-il fini par croire à sa propre « psychopathologie préventive » à force de respecter une *cohérence absurde,* coûte que coûte ? À ce stade, il entretient quoi qu'il en soit un rapport perverti à sa responsabilité et ses décisions. Peut-être se débat-il avec un problème de conscience irrésolu : il s'efforce avant tout de se convaincre lui-même que l'usage de la puissance nucléaire est nécessaire et moral.

Signalons que le débat politique autour des « morts épargnés » fait son apparition *après* les bombardements atomiques. Par ailleurs, les chiffres de l'estimation établie par les Américains tendent à augmenter de façon suspecte : on évoque initialement 250 000 personnes, puis 500 000, et finalement, 1 million. Plus le nombre de ces « morts encore vivants » s'accroît, plus la décision de recourir à la force atomique semble, rétrospectivement, morale. En réalité, même avant les deux attaques atomiques, on a procédé à l'estimation du nombre de victimes potentielles dans le cas où il faudrait envoyer des troupes afin d'envahir le Japon. Les chiffres sont néanmoins restés *confidentiels,* d'autant qu'ils étaient très nettement inférieurs : ils oscillaient en effet entre 20 000 et 63 000 victimes, soit cinquante et quinze fois moins que le million de personnes évoqué [76]. Des calculs qu'ils auraient été difficiles d'avancer pour justifier un massacre atomique.

---

75. Une méthode déjà employée par Olivier Cromwell en Irlande, dès 1600 (voir R. CLIFTON, « An Indiscriminate Blackness ? Massacre, Counter-Massacre and Ethnic Cleansing in Ireland, 1640-1660 », dans M. LEVENE, P. ROBERTS (dir.), *The Massacre in History, op. cit.,* p. 120. Par ailleurs, avant Hitler et Staline, qui ont essentiellement eu recours à ce genre d'excuses pour commettre les pires atrocités, le génocide arménien, le premier du XXᵉ siècle avait été déclenché pour éviter aux soldats ottomans d'être potentiellement attaqués dans le dos et encerclés par une révolte des Arméniens (voir *supra,* chapitre 1).

76. Voir R. J. LIFTON, G. MITCHELL, *Hiroshima in America, op. cit.,* p. 179-180. L'analyse des deux auteurs précise également que les estimations les plus élevées étaient l'œuvre des responsables politiques alors que celles fournies par les chefs d'état-major américains, c'est-à-dire par de vrais experts, étaient toutes sensiblement plus basses : le général Marshall semble avoir approuvé un chiffre de 46 000 victimes potentielles.

Si l'article de Stimson est rédigé en 1947, c'est dès le 1er juillet 1946 qu'ont été rendues les conclusions du *United States Strategic Bombing Survey* (le rapport stratégique dressé par une commission composée de plus de mille experts et nommé par le secrétaire d'État à la Guerre, à savoir *Stimson lui-même*) sur la guerre dans le Pacifique : la guerre aurait *indiscutablement* pris fin en 1945, selon toute probabilité avant le mois d'octobre, *sans la bombe atomique, ni menace d'invasion, ni même sans l'entrée en guerre de l'Union soviétique*[77]. Et pour cause : le Japon était désarmé et sa population vivait avec une moyenne de 1 680 calories par jour seulement, une ration proche de celles des camps de concentration nazis[78]. Toutefois, si la guerre s'était conclue avant le mois d'octobre, l'invasion américaine, programmée pour novembre, n'aurait pas causé des millions de morts. Mieux : elle n'aurait même pas commencé. Comment échapper à l'impression que cette histoire de victimes épargnées était le véritable « bobard » que l'ex-secrétaire d'État racontait au monde ? En attirant notre attention sur elles, il faisait en sorte qu'on ne regarde pas celles et ceux qui avaient véritablement été tués[79].

---

77. Voir le *Summary Report* du *United States Strategic Bombing Survey*, p. 26.

78. *Ibid.*, p. 20.

79. Lorsqu'il rédige le document qui tracera la future politique atomique des États-Unis, Stimson veille bien à passer sous silence les conclusions de l'organisme titanesque qu'il a lui-même nommé pour étudier cette question (en l'occurrence, le *United States Strategic Bombing Survey*). Il raisonne comme si son bureau de secrétaire d'État à la Guerre ne disposait ni d'une carte du monde, ni d'un simple boulier pour compter les unités. Au moment de lister les positions des 5 millions de militaires japonais (un chiffre qui s'avérera assez juste), Stimson précise que la majorité d'entre eux sont disséminés en dehors de leurs frontières : les soldats présents sur le territoire national un peu moins de 2 millions. Par ailleurs, comme ils sont les seuls à ne pas avoir été envoyés au front, nous pouvons raisonnablement présumer qu'il ne s'agissait pas des meilleures recrues mais des réservistes. À cause de la mise en œuvre du blocus naval (que Stimson rappelle lui-même), les 3 millions de militaires japonais affectés outre-mer sont complètement hors-jeu. En plus de ne pas pouvoir défendre le Japon, ils ne reçoivent plus ni munitions, ni nourriture. Ce qui reste des armées japonaises en Asie du Sud ne reçoit pas de renforts depuis longtemps, les hommes vivent de ce qu'ils parviennent à piller. Ils meurent même à l'économie en se suicidant, comme le veut la tradition après une défaite, mais avec une seule grenade pour tout un groupe (voir C. BAYLY, T. HARPER, *Forgotten Armies, op. cit.*, chapitre 7). Étant donné que le débarquement attaquera les quatre îles du Japon l'une après l'autre, les Américains affronteront à chaque fois un quart de ces 2 millions de soldats, soit environ un demi-million d'hommes. Soit dix fois moins que les 5 millions initialement estimés par Stimson.

Afin d'impressionner le lecteur grâce à un tableau apocalyptique, Stimson feint de croire que la reddition du Japon impliquait forcément de conquérir toutes les îles ou – comme le disaient les théories racistes citées en épigraphe de ce chapitre – de tuer tous les Japonais. Cela faisait pourtant un moment que le gouvernement américain avait déchiffré les messages codés émis par l'ennemi : il savait que le pays cherchait à se rendre par l'entremise de son ambassade à Moscou[80]. Même si ces pourparlers étaient déjà en cours depuis trois mois au moment des frappes nucléaires[81], on a fait mine de ne pas être au courant car les savants n'avaient pas encore achevé la bombe. Il fallait la terminer en vitesse, *non pas pour mettre rapidement fin à la guerre mais, bien au contraire, parce que la guerre risquait de se terminer trop tôt*. Avant qu'il soit possible d'utiliser cette bombe censée y mettre un terme.

On a objecté qu'il avait été demandé au Japon de se rendre sans conditions, mais l'argument ne tient pas : le Conseil de guerre japonais était partagé, trois membres étaient d'accord pour une reddition sans conditions, les trois autres en demandaient quelques-unes[82]. Si cette fracture du Conseil découlait de la tradition de prendre une décision en arrivant au consensus plutôt qu'à travers une majorité, elle existait déjà au mois de mai. Une paralysie qui n'était toujours pas résolue en août, *après* les deux explosions atomiques. La seule vraie condition était que l'empereur ne soit pas destitué, ce que les Américains étaient prêts à accorder (de l'aveu de Stimson[83]), et même très volontiers : une monarchie constitutionnelle leur semblait être la meilleure garantie en vue d'une transition vers la démocratie plutôt que vers le communisme. Devant l'impasse où se trouvait le Conseil de guerre, on a décidé de consulter l'empereur, qui a appuyé la reddition. Par conséquent, dire que l'emploi de la force nucléaire a été le facteur décisif qui a obligé le pays à s'incliner ne correspond en rien à la vérité. Car l'élément crucial

---

80. Voir le *Summary Report* de l'*United States Strategic Bombing Survey*, *op. cit.*, p. 26 ; M. J. SHERWIN, « Hiroshima and the Politics of History », dans C. B. STROZIER, M. FLYNN (dir.), *Genocide, War and Human Survival*, *op. cit.*
81. Voir le *Summary Report* du *United States Strategic Bombing Survey*, *op. cit.*, p. 26.
82. Voir *ibid.*
83. Voir « The Decision to Use the Atomic Bomb », *Harper's Magazine*, art. cit., p. 104.

a été la présence de l'inaccessible dirigeant qui, traditionnellement, ne prenait pas part à l'activité politique. En d'autres termes, un éclatement dramatique, non pas du front militaire, mais des coutumes japonaises. Comme l'avait dit le docteur Hachiya dans sa note du 15 août 1945, entendre la voix du souverain à la radio avait été un traumatisme supérieur à celui de l'explosion atomique. La nouveauté décisive n'était pas militaire mais culturelle.

En résumé, Stimson a offert non pas une démonstration de la nécessité de ces frappes mais uniquement du fait qu'il avait déjà tranché en faveur de leur utilisation. Il a feint d'arriver prudemment à une conclusion qui n'était que le point de départ de son raisonnement, sur la base de postulats erronés mais implacables. Au lieu de convaincre en agissant de la sorte, il est parvenu à favoriser la pérennisation du climat paranoïaque. Le *Survey*, le rapport conclusif de cette enquête de grande ampleur qu'il supervisait par ailleurs, contredit avec fracas tout ce qu'il affirme. Malheureusement, cette réalité est passée quasiment inaperçue : ce compte rendu n'était qu'un document réservé aux spécialistes alors que le texte publié dans le *Harper's Magazine* et signé par Stimson était promis à une circulation à grande échelle. L'article est médiatique et pro-paranoïaque, le *Survey* raisonnable et anti-paranoïaque. Véritable tentative pour sauver ce qui ne peut désormais plus l'être, une préface à l'édition du *Survey* que l'on peut aujourd'hui trouver sur Internet indique au point 4 : « Le *Survey n'affirme pas* [l'italique est dans l'original] et ne laisse pas non plus entendre que l'emploi de la bombe nucléaire contre le Japon était malvenu. Au contraire. » Cette introduction invite également à consulter un autre document écrit de façon rétrospective, intitulé *How the United States Strategic Bombing Survey Reports Endorsed the Use of Atomic Bombs*. Celui-ci tente de justifier la décision du carnage nucléaire prise par Stimson en qualité de secrétaire d'État : pendant la guerre, celui-ci n'aurait pas reçu assez d'informations signalant à quel point le Japon était tout près de se rendre. Mais il finit surtout par contredire le Stimson auteur de l'article du *Harper's Magazine*. Au moment où les faits se sont produits, le responsable américain savait tout : le *Survey* lui avait été remis un an plus tôt.

Au fil des ans, la polémique sur l'emploi de la force nucléaire va se raviver. À l'occasion de la guerre de Corée, en 1950, il devient particulièrement important pour le gouvernement américain de montrer les muscles. Truman va répéter à plusieurs reprises qu'il n'a jamais regretté d'avoir employé la bombe atomique contre le Japon et *évoque allusivement* la possibilité de s'en servir une fois de plus. Il sèmera ainsi derrière lui les affirmations spontanées d'une certitude morale. Au bout du compte, si, sur le plan personnel, le président américain a laissé un souvenir où se mêlent des traits persécutoires et hypomaniaques, on peut se demander, d'un point de vue historique, dans quelle mesure cette ligne de son gouvernement a contribué à la future prolifération des armes atomiques dans différents pays.

En 1995, année du 50ᵉ anniversaire du bombardement d'Hiroshima et Nagasaki, une rétrospective, assortie de contenus critiques, en cours d'organisation au National Air and Space Museum de Washington sera censurée par les deux Chambres du Congrès américain et annulée à la suite de polémiques et de mobilisations de responsables politiques nostalgiques de l'emploi de la force atomique. Elle sera simplement remplacée par une exposition du B-29 *Enola Gay* et par la présentation de quelques aspects techniques d'un bombardement jugé « nécessaire » car fondé sur des certitudes « granitiques ». Et c'est ainsi qu'un demi-siècle après cette boucherie, la négation, la dissociation et la projection resteront les postures officielles. Août 1945 est associé aux missions héroïques menées par les aviateurs, pas au massacre des civils. Pas à Hiroshima et à Nagasaki.

Le procès de Tokyo

Le procès de Tokyo, qui durera deux ans et demi, de 1946 à 1948, cherchera à obtenir la peine capitale pour les principaux responsables des agressions japonaises, comme on le fera en Europe en condamnant les hiérarques nazis au procès de Nuremberg. Le cinquième chef d'accusation dont doit répondre le Japon est d'avoir « conspiré [aux côtés de l'Allemagne et de l'Italie] pour obtenir la domination du monde en faisant la guerre à tous les pays qui se seraient opposés à leur intention »[84]. Du fait que les victimes des attaques nippones n'étaient pas uniquement des nations occidentales, on inclut également des magistrats asiatiques dans le jury. C'est dans ce contexte que le juge

---

84. Préface d'A. NAKAMURA, dans R. PAL, *Dissenting Judgement, op. cit.*, p. VI.

indien Radhabinod Pal argue que les Américains sont au moins aussi responsables du déclenchement de la guerre que les Japonais. Par ailleurs, eux aussi ont commis des crimes de guerre en bombardant des masses énormes de civils. « La conspiration est fondamentalement un crime mental, ajoute-t-il, [...] elle comporte une intention de commettre d'autres actes. [...] Fonder l'arrestation et la peine sur la seule intention peut s'avérer très dangereux [85]. » À l'instar des écrits journalistiques et des études médicales sur les conséquences des bombardements atomiques, la publication de sa prise de position sera interdite jusqu'en 1952.

Le réveil d'Ajax

Si nous avons bien souvent constaté que le temps, en nous soustrayant à l'urgence des émotions, rend tôt ou tard justice à la raison, nous avons également noté à quel point les progrès de la technique bouleversent cet équilibre naturel à mesure que nous nous rapprochons de notre époque. Avec les conséquences immenses et irréversibles de ces inventions de plus en plus innovantes, ne risque-t-on pas de voir arriver cette justice trop tard ? À cet égard, la préparation de la bombe atomique est un bon exemple, dans la mesure où elle a échappé à des savants cultivés et scrupuleux pour glisser progressivement entre les mains pressées de politiciens cyniques. Elle a ainsi fini par être utilisée de façon destructrice, à tous les sens du terme.

Nombre de ceux qui ont participé au Projet Manhattan – des scientifiques, ainsi que des hommes politiques et des militaires – avaient eu des doutes. Pourtant, c'est en groupe qu'ils avaient œuvré à la réalisation du projet, un groupe particulièrement soudé par l'état de guerre et cette course contre la montre. Ainsi, ceux qui avaient choisi de rester à l'écart et d'exprimer des objections – à l'image de Niels Bohr, ou du prix Nobel Isidor Isaac Rabi – sont devenus des *individus* isolés et *privés de l'effet multiplicateur offert par les médias de masse combinés à la paranoïa collective*. Parallèlement, ceux qui étaient à l'intérieur de ce cercle fermé étaient incapables de sentir que *leur groupe avançait d'un seul bloc, en faisant obstacle à cette conscience morale qui commence par*

---

85. *Ibid.*, p. 571.

les doutes de chacun, malgré toute leur intelligence scientifique et morale. Un constat auquel la lecture de Freud, Jung et Canetti devrait désormais nous avoir préparés. En un sens, cette cohésion sans faille a dévalé le *plan incliné* de la guerre en même temps que l'ensemble de la société américaine, au point de se brutaliser en fin de conflit, précisément quand c'était le moins nécessaire.

Après les événements du mois d'août 1945, les combats ont pris fin et cette cohésion avait volé en éclats. Un nombre non négligeable de savants se sont dissociés de cette unanimité, mais toujours un par un. Une sorte de réveil d'Ajax. La lumière est désormais revenue dans leurs consciences. Tels Ajax, ils constatent le bain de sang qui vient d'avoir lieu et le réveil inutile de leur morale. L'exemple le plus célèbre, et peut-être le moins compris, vu la complexité tragique du personnage, reste celui de Robert Oppenheimer. Si le responsable en chef du Projet Manhattan a continué de défendre son choix d'y prendre part, il s'est mis à adopter un langage symbolique hautement émotif en déclarant qu'il sentait ses mains souillées de sang et qu'il avait connu le péché.

Ceux que leurs consciences tourmentaient le plus étaient naturellement plus nombreux chez les savants que chez les hommes politiques. Tandis que les uns se détournaient de l'agressivité absolue qui avait été projetée sur l'ennemi pendant la guerre pour commencer à introjecter la responsabilité immense liée à la bombe, les autres ont fait bloc en tant que groupe : ce faisant, ils ont renforcé le postulat, imperméable à toute critique, selon lequel ils étaient dans le vrai. Pire : ils ont inclus dans leurs projections de « l'ennemi » les savants eux-mêmes. Progressivement, la solitude d'Ajax, le sang de Macbeth et la méfiance d'Othello ont fleuri autour d'Oppenheimer [86]. Dans le même temps, les Soviétiques étaient eux aussi entrés en possession de ces nouvelles armes et les États-Unis étaient le théâtre des premières chasses aux « activités antiaméricaines ». On a alors « découvert » que Robert Oppenheimer avait eu des sympathies marxistes et que son frère Frank, qui travaillait à ses côtés, avait été membre du Parti communiste américain. Ce que les services secrets savaient depuis toujours. Pourtant, durant la guerre, faire sortir ces informations n'aurait eu aucun sens tant que les deux frères travaillaient à la bombe nucléaire et que Staline

---

86. Voir P. MCMILLAN, *The Ruin of J. Robert Oppenheimer and the Birth of the Modern Arm Race*, New York, Viking, 2005.

était un allié. Maintenant que le savant était devenu critique et que les Soviétiques étaient devenus les ennemis de l'Amérique en lieu et place des nazis et des Japonais, ces dernières produisaient un tout autre effet. Robert Oppenheimer est mort incompris et tourmenté, même si on commençait à lui dédier quelques rues, un peu partout dans le monde.

Les adieux du docteur Hachiya

Dans la conclusion de son texte, le docteur Hachiya nous fait presque entrevoir une sérénité de bon augure qui, peut-être, inaugurait avec un temps d'avance ce cheminement antiparanoïaque vers l'apaisement que la société japonaise a pu accomplir après-guerre. Ce qui, curieusement, n'empêchera pas la paranoïa de refaire son apparition dans le pays, du côté opposé, celui des envahisseurs tranquilles qui poseront le pied sur le territoire japonais en 1945.

Le 30 septembre, Hachiya rédige la dernière de ses notes dans son Journal, en rapportant un dialogue qu'il a eu avec un officier américain. À la question de ce dernier, « Que pensez-vous de ce bombardement ? », le docteur répond : « Je suis bouddhiste, et on m'a appris depuis l'enfance à être résigné devant l'adversité. J'ai perdu ma maison et mes biens, et j'ai été blessé, mais je n'y pense pas et je m'estime heureux, puisque ma vie et celle de ma femme ont été épargnées. » « Je ne peux partager vos sentiments. Si j'étais vous, je poursuivrais le pays en justice », réplique alors son interlocuteur. L'officier s'attarde encore un peu, en regardant par la fenêtre. Puis s'éloigne avec ses hommes. « "Poursuivre le pays ! Poursuivre le pays !", commente Hachiya [87]. Je me répétai ces mots encore et encore. Mais j'avais beau me les répéter sans cesse, ils ne m'en paraissaient pas moins incompréhensibles. »

Au cours des générations postérieures aux événements de 1945, les États-Unis et le Japon continueront de se rapprocher. L'ancien Empire nippon va s'occidentaliser, en matière d'économie, certes, mais aussi dans sa vie quotidienne et même dans ses coutumes les plus enracinées. On a néanmoins observé que les contentieux juridiques constituent une

---

87. *Journal d'Hiroshima, op. cit.*, p. 277.

divergence radicale entre les deux pays. Le système judiciaire américain tend en effet à encourager les demandes de compensations économiques pour des dommages d'ordre privé ou public. Il s'agit là d'une forme d'équité importante, que de nombreux pays négligent. Mais cette forme de justice a sa part d'ombre dans la mesure où elle incite à la projection des responsabilités et à la suspicion. Bref, d'un point de vue culturel global, elle encourage la paranoïa.

En 2007, le nombre d'avocats aux États-Unis était d'environ 941 000, soit 1 pour 290 citoyens. Au cours de la même période, les avocats japonais étaient environ 20 000, soit 1 pour 6 300 habitants. Le système judiciaire japonais a néanmoins engagé une réforme pour favoriser une plus grande adéquation avec l'État de droit et un éloignement des systèmes d'obligations archaïques inspirés du confucianisme et que la loi ne formalise pas. Ce changement demandera une augmentation sensible du nombre d'avocats et de juges, ce qui, là aussi, conduira le pays à ressembler encore un peu plus à son voisin américain [88].

---

88. Voir H. HASHIMOTO, « Legal Reform in Japan. The Establishment of Legal Style Law Schools », *Annual Meeting of International Studies Association*, 28 février-3 mars 2007. Le texte de ce professeur en Sciences politiques à l'université de Knoxville, dans le Tennessee, est consultable sur le site allacademic.com.

CHAPITRE 12

Un projet pour le XXIᵉ siècle ?

Vrai ou faux, / Toujours est-il qu'un soupçon de ce genre, / Moi, je le tiens pour sûr.

Shakespeare, *Othello*, I, 3, v. 385-387.

Libérez l'action politique de toute forme de paranoïa unitaire et totalisante.

M. Foucault, Préface à l'édition américaine de *L'Anti-Œdipe* de G. Deleuze et F. Guattari.

Paranoïa et nouveau siècle

La paranoïa, dont nous avons suivi la trace sanglante, existe dès le début de notre histoire. Elle semble n'avoir ni commencement, ni fin, comme si son mode de fonctionnement historique reproduisait son mode de fonctionnement psychologique. Elle est immuable. La paranoïa feint d'être la vie – à travers sa normalité apparente, sa façon de se fondre dans la vie de tous les jours – mais elle n'est pas la vie. Elle ne fléchit jamais, ne bouge jamais, ne guérit jamais. Elle fait semblant, pour mieux frapper ceux qui baissent leur garde. Si elle a pu sauter des rivages de Troie jusqu'à notre porte, de la nuit homérique jusqu'à la feuille du calendrier arrachée la veille, nous sommes bien obligés de reconnaître qu'elle est un mal originel et presque invincible.

Comment et quand sommes-nous entrés dans le XXIᵉ siècle ? La réponse s'impose d'elle-même : non pas le 1ᵉʳ janvier 2000 mais le 11 septembre 2001. Une date qui a offert aux psychologues une occasion insolite d'évoquer la paranoïa [1]. Plus que l'attaque des intégristes islamistes, ce sont surtout les déclarations dont elle s'est accompagnée qui nous intéressent tout particulièrement. Toute revendication terroriste

---

1. Voir L. Zoja, « 11 settembre. Riflessioni sui due lati dell'Atlantico », dans L. Zoja (dir.), *L'incubo globale, op. cit.*

est l'indication d'une paranoïa. Elle part d'un postulat de base qui n'est pas démontré mais offert comme une révélation. Elle s'assortit de mégalomanie, de comportements obsessionnels, d'inflexibilité. D'impatience. De délire de référence. D'incapacité à négocier, mais aussi à dialoguer. D'une suspicion radicale à l'égard du moindre interlocuteur.

La politique américaine a largement répondu de façon tout aussi implacable. Mais avant de poursuivre, revenons légèrement en arrière.

La guerre froide

La guerre froide aurait pu donner aux États-Unis une occasion d'entretenir un rapport à l'ennemi relativement normal, sans les pertes humaines et la paranoïa extrême typiques des guerres où l'on mène bataille. Cela n'a pas été le cas.

Au moment où s'achève la Seconde Guerre mondiale, la mobilisation bat encore son plein en Amérique et le pays est équipé pour plusieurs années de conflit supplémentaires. Reconvertir l'économie et les forces armées est une tâche titanesque. Mais il est encore plus difficile de reconvertir la psychologie collective. S'il est plus facile, pour les moyens de communication de masse et les responsables politiques, de continuer à projeter le mal au loin, c'est que cette forme de morale assure un consensus très simple. Et c'est ainsi que l'axe fasciste, ennemi de la guerre « chaude », est remplacé par l'Union soviétique, adversaire de la guerre froide. Quelque temps plus tard, en 1948, celle-ci entre en possession de l'arme nucléaire.

Il n'empêche : aucun pays, à aucune époque de l'histoire humaine, n'a joui d'une suprématie aussi écrasante que celle des États-Unis dans l'après-guerre. Une part considérable de la production nationale (équivalente, rappelons-le, à environ la moitié du PIB mondial) est employée pour apporter de l'aide aux pays appauvris, les ennemis d'hier y compris. Pour autant, les groupes les plus nationalistes ne sauraient accepter qu'on donne un « coup de frein psychologique » au combat traditionnel entre le bien et le mal. Les États-Unis sont un géant lancé dans une quête effrénée de justice à qui certains essaient de couper l'herbe sous le pied : l'existence de l'ennemi est le sol indispensable pour continuer cette marche.

La réticence à accepter une phase historique plus pacifique trouve une aide extérieure dans le Rideau de fer et la guerre de Corée. Au sein du pays, la dissociation et la projection extrême du mal sont encouragées par le Comité pour les activités antiaméricaines et par les campagnes du sénateur McCarthy contre le communisme. Jamais l'activité d'un politicien élu n'a pris aussi clairement la forme d'un délire paranoïaque. L'intuition d'un complot à l'intérieur des frontières du pays, auquel on *fait allusion* constamment *mais sans jamais en donner la preuve*, permet à McCarthy d'engager un *raisonnement circulaire*. Il peut dès lors assimiler la moindre difficulté rencontrée par l'Amérique à la conséquence d'une *conspiration* qui n'a jamais été percée à jour : à force de *prendre de l'ampleur*, elle a pu compter sur un nombre croissant de *complices* qui l'ont dissimulée.

Quelques lignes tirées d'un de ses discours suffisent pour prendre la mesure de cette pathologie :

> Comment pouvons-nous expliquer la situation actuelle si ce n'est en acquérant la conviction que des personnalités haut placées du gouvernement sont en train de comploter pour nous faire courir au désastre ? Il s'agit forcément du fruit d'une conspiration si grande qu'elle écrase tous les événements du même genre dont l'histoire humaine a été le théâtre. Une conjuration d'une noirceur si abjecte que ses auteurs seront maudits à tout jamais par tous les honnêtes citoyens lorsqu'elle sera enfin percée à jour. [...] Que pouvons-nous penser d'une série ininterrompue de décisions et d'actes qui mènent tous à la défaite ? On ne saurait les expliquer par une simple forme d'incompétence. [...] La seule loi des probabilités devrait faire en sorte qu'au moins une partie d'entre elles profite au pays [2].

Les comportements paranoïaques amenant facilement le sujet à s'engager sur un *plan incliné* sans qu'il puisse reprendre le contrôle, quelques années suffisent à ce que McCarthy devienne un personnage particulièrement marginal et redouté. Une situation qui va le conduire à s'exclure tout seul de la scène politique : l'inconscient du sénateur américain a agi comme un homme de théâtre qui mettrait en scène le syndrome d'Ajax [3]. McCarthy en imposait, il n'inspirait pas la sympathie. Si le

---

2. *Congressional Record*, LXXXIIᵉ Congrès, 1ʳᵉ session, 14 juin 1951.
3. Même si McCarthy est lui-même catholique, son optique relève typiquement de la tradition puritaine. Une radicalité qu'incarne également Ajax : de tous les héros de *l'Iliade*, il est le seul dont on ne raconte pas les aventures amoureuses ou les moments de débauche en compagnie de ses amis.

paranoïaque parvient à ses fins, c'est aussi parce qu'il communique de la peur. Pour autant, passé un certain seuil, la masse toujours plus importante de ceux qu'il menace peut faire bloc contre lui.

McCarthy hors du jeu, les relations internationales semblent progressivement se détendre sous la double impulsion de la déstalinisation et de la présidence Kennedy. Si l'assassinat du président américain ravive des fantasmes de complot (dans les milieux de gauche plus que chez les conservateurs, cette fois), l'Amérique voit manifestement s'imposer une réflexion sur les responsabilités nationales et une tendance à l'autocritique qu'illustre parfaitement la chanson *Talkin' John Birch Paranoid Blues*, où Bob Dylan brocarde précisément la paranoïa anticommuniste.

La disparition de l'ennemi soviétique

Alors que les années 1970 marquent la fin de la guerre du Vietnam, une défaite qui ne laisse derrière elle qu'un champ de ruines matériel et moral, la volonté d'autocritique continue de prendre de l'ampleur aux États-Unis. Un phénomène sans précédent auquel viendra s'ajouter, lors de la décennie suivante, l'opportunité (sans précédent, elle non plus) offerte par la détente promue par Gorbatchev et par l'effondrement de l'Europe communiste, en 1989. Hélas, cette occasion n'a duré qu'un temps, comme si la psyché humaine était invariablement soumise à des modèles plutôt rigides, tant dans les comportements collectifs que dans les comportements individuels. Si l'adversaire concret dont elle a besoin vient à manquer, elle se met en mouvement pour se trouver un adversaire fantasmé. Traditionnellement, l'ennemi du bien est le diable qui, étymologiquement, est « celui qui divise », qui crée des oppositions – le mot vient du grec *diaballeín*, « jeter en travers » et donc, « séparer ».

Que s'est-il passé ? Une première explication tient à l'un des points forts constitutifs de la culture politique américaine qui, eu égard à sa détestation des autoritarismes européens, est liée dès ses origines à l'idée suivante : à chaque pouvoir doit correspondre un contre-pouvoir qui lui sert de limite et le contrôle. Un principe connu sous le nom de *check and balance*. Si ce mécanisme a fonctionné sans interruption à l'intérieur des frontières du pays depuis l'indépendance, la politique internationale des États-Unis l'a vu brusquement prendre fin avec la chute du Mur de Berlin. L'Amérique s'est retrouvée déséquilibrée d'un coup, au risque de basculer, faute d'ennemis.

Grâce à cette situation inédite, d'énormes ressources cessent d'être investies dans l'armement et sont mises à la disposition de la société civile. On semble entrer dans une nouvelle phase de prospérité. Le taux de chômage chute à des niveaux que l'on n'avait plus connus depuis longtemps et la criminalité diminue d'année en année. Mais étonnamment, c'est au cours de cette même période que la presse va relayer l'inquiétude suscitée par de nouveaux risques supposés en matière d'économie, par de nouvelles épidémies hypothétiques, et ainsi de suite. D'après les sondages d'opinion, les deux tiers de la population des États-Unis imaginent que les crimes sont en augmentation alors que c'est tout l'inverse [4]. On voit s'affirmer des mouvements chrétiens apocalyptiques, pour qui des complots contre la foi se cachent partout [5]. Le très célèbre télévangéliste Pat Robertson va, lui, jusqu'à dénoncer tous les projets de nouvel ordre mondial produits *au cours des deux siècles précédents* comme des tentatives de destruction du christianisme. Le dernier, à en croire Robertson, serait le projet politique de George Bush père [6]. La paranoïa regarde toujours plus loin que ce qu'elle a sous les yeux, toujours au-delà – des frontières nationales, mais aussi temporelles.

En un sens, c'est à cause de ses origines récentes et liées au monde des pionniers que la culture américaine (du moins dans ses formes populaires) semble plus que d'autres avoir besoin d'ennemis. Le second amendement de la Constitution autorise aujourd'hui encore chaque citoyen adulte à porter des armes. Au-delà de toute considération pratique, ce droit – né pour disposer, en très peu de temps, d'une milice populaire pouvant être opposée à une attaque ennemie, mais qui existe encore dans le pays le plus inattaquable du monde – reste profondément symbolique.

---

4. Voir B. GLASSNER, *The Culture of War. Why Americans are Afraid of the Wrong Things*, New York, Basic Books, 1999, et en particulier les chapitres 2 et 3.

5. Voir M. V. ADAMS, *The Fantasy Principle. Psychoanalysis of the Imagination*, Hove-New York, Brunner-Routledge, 2004.

6. Voir P. ROBERTSON, *The New World Order*, Dallas-Londres, Word Publishing, 1991.

L'apparition de l'ennemi islamiste

Le terrorisme islamiste et les programmes agressifs de l'administration de George Bush fils ont permis d'entrer dans le nouveau millénaire en comblant le vide d'ennemis de la décennie précédente. Comme si elle avait des intentions autonomes, l'histoire a fait de son mieux pour confirmer les attentes de complot. Ceux qui conspirent sont, par définition, des gens sans visage. Il est donc logique que la déclaration de Bush, aussitôt après l'attaque du 11 septembre 2001, ait commencé de la manière suivante : « Ce matin, la liberté même a été attaquée par un lâche sans visage » (*Freedom itself was attacked this morning by a faceless coward*).

Néanmoins, en plus d'être issus de germes historiques dont nous avons parlé précédemment, les postulats de la « réponse » américaine au terrorisme islamiste étaient déjà prêts avant le 11 septembre 2001. Certaines de ses grandes lignes avaient été anticipées par la déclaration de principes du *Project for the New American Century* (PNAC), le « Projet pour le nouveau siècle américain »[7]. Dans une page forte, datée du 3 juin 1997, le PNAC demande un rôle radicalement nouveau pour la politique extérieure américaine. Pour la première fois de leur histoire, rappelle-t-on, les États-Unis sont en mesure de détenir l'exclusivité du pouvoir mondial. Ils sont donc invités à donner à cette occasion sans précédent une réponse sans précédent, par le biais d'une augmentation significative des dépenses militaires et des interventions actives dans le monde. Le manifeste est signé par des responsables politiques et des intellectuels que nous pourrions définir comme des radicaux de droite. Le document ne contient qu'une seule référence à d'autres formations politiques : le préambule, qui critique durement la politique vide et faible des *conservateurs* américains.

Le PNAC fera rarement parler de lui avant le 11 septembre 2001, même si, dans l'intervalle, nombre de ses signataires ont obtenu des charges centrales dans le gouvernement de George W. Bush. Le groupe attend que quelqu'un leur ouvre la porte. Le terrorisme islamiste va s'en charger. Simple manifeste théorique, le PNAC peut désormais se

---

7. Voir le site web.archive.org/web/20130609154959/http://www.newamericancentury.org/.

transformer en politique impérialiste grâce à une contamination psychique bienvenue.

Quand la paranoïa prend la forme d'un document gouvernemental

Une fois ces postulats acquis et consolidés, la réponse officielle à l'attaque terroriste est résumée dans un document sur la Stratégie pour la Sécurité nationale des États-Unis d'Amérique[8]. Celui-ci s'accompagne d'une lettre de George W. Bush qui s'ouvre sur les mots suivants : « America is at war. » Nous savons que le paranoïaque obtient souvent des résultats en forme de paradoxe. À force de voir des ennemis, il finit, pendant quelque temps, par trouver de nombreux « amis » (ou, plus précisément, des collaborateurs inconscients) – des paranoïaques en sommeil, qui sont « réveillés » et convertis à sa méfiance, ainsi que des adversaires latents, contaminés par son hostilité et transformés en ennemis actifs. Au final, il engendre une atmosphère d'affrontement en le rendant plus réel.

À la différence de la déclaration de principes du PNAC, qui était une opinion privée du groupe de signataires, le document sur la Stratégie nationale des États-Unis d'Amérique devient un manifeste à valeur de programme du gouvernement américain. Il n'est pas inutile de se pencher sur quelques-unes de ses déclarations d'une gravité telle que leur caractère pathologique a marqué un long moment de son empreinte la politique extérieure du pays et les relations internationales, même si la présidence Obama a ensuite cherché à suivre un autre chemin. Dès le préambule de la première édition, datée du mois de septembre 2002, on souligne que les vraies menaces qui pèsent sur l'Amérique ne sont plus les puissances rivales mais les « États-voyous » (*rogue States*) et les groupes terroristes. Le document *suppose* (sans fournir de preuves) que leur but principal est de se procurer des technologies dangereuses, les fameuses « armes de destruction massive ».

---

8. Voir *The National Security Strategy of The United States of America*, sept. 2002 et mars 2006. Le document se compose de neuf chapitres dans la première édition et de onze chapitres dans l'édition suivante. L'administration Obama a finalement remanié ce texte.

Pour autant, il n'est pas question d'attaques contre l'Amérique mais de leur *préparation invisible*, qu'on imagine déjà engagée. Les États-Unis se doivent donc d'agir *avant que la phase préparatoire soit achevée*. On propose donc de vaincre non pas l'ennemi mais *ses plans* (*defeat our enemies' plans*). Et qu'importe s'ils sont inconnus ou impossibles à connaître : il faut les *prévenir* [9].

À travers ce document, c'est le concept de légitime défense dans les rapports entre les États qui se trouve ainsi remis en discussion. En règle générale, écrit-on dans le texte, les spécialistes du droit international peuvent juger légitime une attaque préventive – littéralement, une *évacuation* préventive : le terme employé est *preemption* (construit à partir de l'adjectif *empty*, « vide »), et non celui de *prevention*, qui serait une simple « prévention ». À condition, néanmoins, qu'il y ait une *menace visible*, comme la mobilisation de forces armées qui s'approchent des frontières. Des moyens que n'adoptent pas les mouvements terroristes et les *rogue States*. Leurs attaques se matérialisent *brusquement*, elles viennent *de nulle part*. Il faut donc étendre l'idée de légitime défense entre les États pour l'adapter à cette situation nouvelle. Implicitement, on sous-entend que, par comparaison, la *Blitzkrieg* d'Hitler était un pachyderme prévisible.

Malgré sa longueur, le document entre rarement dans les détails. Il se contente de considérations générales dans des passages délicats comme celui-ci, alors même qu'ils altèrent les fondements du droit international. Aussi absurde que puisse nous sembler une légalité fondée sur des convictions subjectives, l'un des buts de ce texte est précisément de donner une *légitimité préventive* à de futures *actions militaires préventives* : il suffira de *supposer subjectivement* que l'ennemi prépare une attaque. À travers sa mouture du 17 septembre 2002 et celle du 16 mars 2006, le document de l'administration Bush est, sous bien des aspects, le *Requerimiento* du XXIᵉ siècle et témoigne de la

---

9. Le verbe *to prevent* (« prévenir », « empêcher ») revient à de très nombreuses reprises dans les deux éditions du document. À titre d'exemple, le troisième chapitre s'intitule « Strengthen Alliances to Defeat Global Terrorism and to Prevent Attacks Against Us and Our Friends » (« Renforcer des alliances pour vaincre le terrorisme mondial et *prévenir* les attaques contre nous et nos amis »). Le cinquième, lui, a pour titre : « Prevent Our Enemies from Threatening Us, Our Allies, and Our Friends with Weapons of Mass Destruction » (« *Empêcher* nos ennemis de menacer les États-Unis, nos alliés et nos amis avec des armes de destruction massive »).

même psychologie que la proclamation historique des Espagnols. Tel
le loup de la fable, il se méfie aussi bien des ennemis réels que des
agneaux, et fabrique le « droit » qui lui permettra de les attaquer, à tout
moment.

Quelles sont ses caractéristiques ? Tout d'abord la *centralité de la
suspicion*. La conviction qu'il existe un *complot* caché, lequel, puisqu'il
est caché, n'est jamais démontrable. Mais le fait qu'il soit invisible le
rend encore plus dangereux. Une fois acceptée du fait qu'elle est indé-
montrable, l'existence de ce complot justifie *circulairement* le reste du
raisonnement et légitime la *punition anticipée* qu'on entend infliger à
ceux qui l'ont fomenté. Ce qui dénote un *manque de souplesse*. Et, en
conséquence, une façon *obsessionnelle* de marteler cette conviction.
La *certitude inébranlable* d'être du côté de la raison. Un recours incessant à l'*allusion*, qui oscille entre vérité, exagération manipulatrice et
fantasme. Si, d'un côté, le sujet persécuteur espère que ses allusions
menaçantes fassent encore plus peur, de l'autre, il vit dans l'angoisse de
trop se découvrir : il prête aux autres des intentions cachées tout en
cachant les siennes. Si les termes de terrorisme et de *rogue States*
semblent eux-mêmes des tautologies particulièrement vagues, ils
répondent d'une volonté de faire sans cesse allusion à des complots
ainsi qu'à des activités secrètes qui ne sauraient être précisées
autrement.

Notons au passage que la façon dont les nazis s'en prenaient aux
Juifs était, en un sens, plus objective. Les postulats de cette démarche
étaient délirants, certes, mais elle identifiait l'ennemi qu'elle combattait. Ce faisant, les représentants des communautés juives pouvaient –
en théorie, du moins – essayer de répondre aux accusations, demander
l'aide de la communauté internationale, inviter leurs membres à
émigrer. À l'inverse, le populisme actuel, à part quelques allusions
fugaces aux *rogue States*, qualifie ses principaux ennemis de terroristes
uniquement. Un jugement que les principaux intéressés ne sauraient
contredire en se présentant comme tels. Au bout du compte, l'ennemi
n'est plus humain. L'attaque paranoïaque peut prendre d'autres
formes, plus variées les unes que les autres, car elle se fonde sur des
substitutions fantasmatiques imprévisibles : elle ne vise pas une forme
d'altérité (ce qui permettrait de la contester) mais *le mal* (ce qui oblige
ceux qui ne sont pas d'accord à se taire ou à feindre un accord de
principe).

Une guerre née de la suspicion

Même si l'administration de George W. Bush avait à sa disposition les services d'espionnage les plus développés et les plus sophistiqués de tous les temps, ce sont ces différents départements qui ont entraîné les États-Unis dans une guerre *préventive* contre l'Irak, en 2003, afin de détruire des armes de destruction massive qui n'existaient même pas. Comment ? En s'influençant les uns les autres par le biais de leurs attentes paranoïaques. Comme la foule, les groupes de travail rationnels subissent la loi qui conduit le niveau d'intelligence à baisser et le niveau de paranoïa à augmenter de façon proportionnelle à l'ampleur de l'ensemble en question. Au début de l'année suivante, les inspecteurs de l'*Irak Survey Group* déclarent qu'ils n'ont pas trouvé d'armes de destruction massive. Lors de sa conférence du 5 février, le directeur de la CIA va alors expliquer les raisons pour lesquelles on avait pu croire à leur existence, à commencer par la suivante : si les inspecteurs des Nations Unies ne les avaient pas trouvées, eux non plus, ils avaient continué de *soupçonner* qu'elles existaient.

Deux ans plus tard, au mois de mars 2006, la seconde édition du document sur la Stratégie pour la Sécurité nationale des États-Unis d'Amérique doit faire l'objet de quelques modifications afin de prendre en compte les échecs non négligeables qui avaient été essuyés – notamment du fait que personne n'avait trouvé d'armes de destruction massive en Irak. Mais étonnamment, au lieu d'entraîner une autocritique, ces camouflets donnent lieu à des conclusions qui confirment le style persécutoire et circulaire déjà adopté : si les services d'*espionnage* doivent progresser, écrit-on, il y aura toujours une part d'*incertitude* autour de la situation de ces projets *cachés* [10]. Seulement, comment peut-on être certain de quoi que ce soit s'ils sont cachés ? À cet égard, le document ne semble pas être l'œuvre du gouvernement de la plus vieille démocratie occidentale, mais celle de M. de La Palice.

Le pays qui influe le plus sur les équilibres du monde a ainsi créé un précédent important en imposant, de façon unilatérale et dans un style apparenté à la plus grave des formes de psychopathologie, la modification des normes internationales qui ont régi le monde depuis la paix de

---

10. Voir *The National Security Strategy of The United States of America*, mars 2006, p. 23-24 : « First, our intelligence must improve ; second, there will always be some uncertainty about the status of hidden programs. »

Westphalie. Le droit d'attaquer un pays *en l'absence* d'une menace visible et prouvée revient à pouvoir attaquer n'importe quel pays à n'importe quel moment, sur la base de la rivalité, d'intérêts conflictuels, de la suspicion, de motivations subjectives et persécutrices. Une modalité qui n'est pas sans rappeler celle employée par le Japon au moment de frapper les États-Unis en décembre 1941 – à ce titre, elle tend presque à remettre en question l'historiographie américaine qui considère l'agression de Pearl Harbor comme l'archétype des actes de guerre criminels.

Si cette conception de la légitime défense entre les nations élimine un critère important du droit international, elle ne le remplace pas par un nouveau critère mais par le *droit à la suspicion*. De cette manière, elle confère à la subjectivité de la paranoïa (l'évaluation du danger est laissée au jugement unilatéral de l'intéressé) la capacité de résoudre les conflits mondiaux. Face à cette subversion de l'*ordre mental*, le fait que l'invasion de l'Irak ou des décisions du même acabit subvertissent l'*ordre juridique ou militaire* mondial est, pour ainsi dire, secondaire. Dans sa toute-puissance, la conviction d'être protégé par une justification morale abstraite et capable de masquer l'absence de soutiens extérieurs n'en reste pas moins inquiétante. Faute d'être protégé par les dieux ou ses amis, Ajax brise lui aussi sa solitude en la remplaçant par le sentiment délirant de subir une injustice.

Diffusion de messages paranoïaques et responsabilité

Comme nous l'avons vu aux chapitres 7 et 8, c'est par le biais d'arguments catastrophistes et conspirationnistes que le nationalisme allemand a préparé la Seconde Guerre mondiale au sein de la fragile République de Weimar. *La paranoïa se nourrit toujours de fausses informations.* L'une des sources à laquelle s'abreuvait la paranoïa d'Hitler était les *Protocoles des Sages de Sion*, fabriqués par l'Okhrana (la police secrète tsariste) et publiés en Russie dans différentes éditions entre 1903 et 1907 [11]. Savoir si ces *Protocoles* étaient contrefaits ou pas n'avait pas d'importance à ses yeux. Et pour cause : l'histoire du siècle

---

11. Voir N. COHN, *Histoire d'un mythe, op. cit.* ; C. DE MICHELIS, *La giudeofobia in Russia. Dal libro del « Kahal » ai Protocolli dei Savi di Sion*, Turin, Bollati Boringhieri, 2001.

précédent prouvait leur véracité [12]. Pour le dictateur, les Juifs n'avaient pas d'échappatoire : si le texte était vrai, celui-ci s'avérait accablant pour eux ; s'il était faux, la réalité se chargeait de le confirmer. S'il surgissait partout des mouvements qui accusaient les Juifs, c'était donc bien parce qu'ils avaient quelque chose à se reprocher.

De manière pas si éloignée, les documents de la Stratégie pour la Sécurité nationale des États-Unis d'Amérique sont en mesure de justifier, *quoi qu'il arrive*, une attaque visant les pays soupçonnés. Avec deux options : si le complot est percé à jour, l'attaque est légitimée en tant que mesure de *prévention* (*preemption*, dans le vocabulaire du texte) ; dans le cas contraire (ce qui s'est produit en Irak), cela ne veut pas dire qu'il n'existait pas, et l'attaque reste justifiée en tant que mesure de *précaution*.

La logique de suspicion envisage toutes les alternatives : si l'on sait qu'un pays prépare une attaque, il est permis de l'agresser ; si ce n'est pas le cas, il est permis d'entretenir une suspicion qui permet, par ricochet, de justifier une agression. Le document sur la Stratégie pour la Sécurité nationale du mois de septembre 2001 a élevé la paranoïa au rang de critère d'évaluation des relations internationales. En plus des immenses dégâts matériels des guerres, l'interprétation paranoïaque provoque, comme nous l'avons constaté dans des circonstances diverses et variées, *des dégâts durables au sein de la psychologie collective*.

Adolf Hitler était également l'une des incarnations de ce populisme allemand nationaliste qui soutenait – pour partie en falsifiant les statistiques, pour partie en les rapportant sans faire d'erreurs mais en attisant tout de même l'affrontement entre les communautés – que Vienne était en train de se dégermaniser. Les arguments auxquels recourt la droite américaine sont évidemment moins délirants ; ils n'en restent pas moins tendancieux et encouragent dangereusement la paranoïa. L'un des plus grands intellectuels dont la pensée est prise en exemple par les *neocons* est Samuel Huntington, mondialement connu pour avoir diffusé le concept de « choc des civilisations ». Dans un autre traité catastrophiste, il a également prédit la désaméricanisation (ou, pour être plus précis, la désanglicisation) des États-Unis comme

---

12. Voir A. HITLER, *Mein Kampf, op. cit.*

étant la conséquence de l'immigration et d'un taux de natalité supérieur chez les Latino-américains [13].

Le risque est que ces analyses chatouillent une fois encore le potentiel paranoïaque qui dort même chez les gens normaux. De fait, elles le tentent à travers une *logique de suspicion qui envisage toutes les alternatives*. De deux choses l'une : soit le groupe minoritaire dont le poids grandit est composé d'individus malveillants et doit donc être préventivement rejeté comme on rejette le mal ; soit le mal relève d'une contamination et reflète alors la disparition de la pureté (*casticismo* en espagnol) de celui qui était jusque-là le groupe dominant. Malgré tout, le moyen de l'éviter reste le même : rejeter les nouveaux venus. Une fois la méfiance et l'agressivité mises en branle, toutes les prophéties se réalisent d'elles-mêmes. Hitler, lui, avait su faire basculer l'antisémitisme sur un plan très incliné et pouvait dire que l'histoire « démontrait » que le choc entre Juifs et Aryens prévus par les *Protocoles* était tout proche. Reste qu'en soufflant sur les braises de la méfiance à l'égard des Hispaniques, les mouvements anti-immigration américains pourraient tôt ou tard « démontrer » que les plus sombres prophéties de Huntington étaient véridiques.

Certes, les États-Unis du début du XXIᵉ siècle sont une démocratie bien plus solide que l'Allemagne de Weimar et leurs moyens de communication, même s'ils sont influencés par la sphère commerciale, obéissent à des critères éthiques. Pour autant, comment faire abstraction du fait que le consensus recherché par le président George W. Bush après les attentats du 11 septembre 2001 était surtout fondé sur la peur ? Quant à la désinformation, ou du moins la mauvaise information, il suffira de rappeler que les États américains auxquels Bush a dû sa réélection en 2004 étaient tous éloignés de New York et même des deux côtes (c'est-à-dire des lieux où l'on pouvait raisonnablement envisager de nouvelles attaques terroristes) ; que la très influente auteur à succès Oriana Fallaci, résidente new-yorkaise, avait commenté les attentats en écrivant qu'ils avaient fait plus de 10 000 victimes (alors qu'ils n'en avaient fait que 2 900 environ) ; et que, pendant plusieurs mois après le 11 septembre, la plus grande

---

13. Voir S. HUNTINGTON, *Qui sommes-nous ? Identité nationale et choc des cultures*, trad. B. Hochstedt, Paris, Odile Jacob, 2004.

menace relayée par les médias de masse américains avait été celle de lettres empoisonnées à l'anthrax (qui existaient vraiment, encore qu'elles aient eu des conséquences très limitées – on n'a d'ailleurs pas tardé à découvrir qu'elles n'avaient pas été envoyées par des islamistes mais par une organisation d'extrême-droite).

Le soutien patriotique fourni à Bush par les moyens de communication, mais aussi par des auteurs habituellement critiques, comme Michael Walzer [14], a souffert d'un *empressement causé par la peur*, susceptible de s'articuler à la paranoïa. Le vrai problème n'est pas d'éviter l'affrontement militaire, mais l'affrontement « culturel » que les attaques du 11 septembre 2001 ont mis en lumière de façon provocatrice. Si les principales batailles des guerres indiennes ont été remportées en moins d'une journée par les Américains, il a fallu qu'un siècle s'écoule après leur conclusion pour qu'un débat sur l'« ethnocide », et sur ce qu'on a appelé le « génocide américain » des natifs [15], puisse être ouvert en toute équité.

La puissance contagieuse de la paranoïa

La face cachée des peurs irrationnelles de l'Occident (et tout particulièrement des États-Unis) est l'absence de peur raisonnable au sein du fondamentalisme islamiste, signe d'une véritable incompatibilité culturelle. Les « martyrs » prêts à se faire exploser apparemment sans cette caractéristique humaine qu'est l'hésitation, sans peur de la mort, constituent une masse transformée en « armes de destruction massive », à tous les sens du terme. Si les partisans de la dernière forme de résistance indienne aux États-Unis, la Ghost Dance Religion, se faisaient tuer en se croyant immortels, eux aussi, une différence majeure les sépare des terroristes : ils ne possédaient pas d'explosifs et leur mouvement est aujourd'hui devenu un sujet d'étude anthropologique, et non pas militaire. Les terroristes islamistes, eux, sont pour le moment une puissance impossible à désarmer dans la mesure où la vie

---

14. Voir « Can There Be a Decent Life ? », *Dissent*, XL, 2, 2002 ; L. PINTO, « La croisade antiterroriste du professeur Walzer », *Le Monde diplomatique*, n° 578, mai 2002, p. 36.

15. Voir D. E. STANNARD, *American Holocaust, op. cit.*

de chacun tient lieu d'arme. Une arme qui ne pourrait être rendue inoffensive qu'à la seule condition de tuer par avance les membres de ces groupes. En d'autres termes, accomplir un génocide préventif. De cette impossibilité découle cette terreur de l'Occident qui dégénère dans une pandémie psychique exploitée par la sphère politique. Pour prendre toute la mesure du problème, il nous faut revenir en arrière et évoquer un concept utilisé au cours de la guerre froide notamment.

En général, on parle de terreur quand la peur devient une émotion bouleversante, au-delà du moment de la menace. Étirer la peur dans le temps et l'étendre à l'ensemble de la population – par le biais d'une contamination psychique –, tel était l'objectif de la guerre aérienne proposée par Giulio Douhet. C'est néanmoins au cours de la guerre froide que l'état-major américain a progressivement élargi le sens du verbe *to deter* (« éloigner par la terreur ») et celui du substantif *deterrence* (« la dissuasion ») : on entendait alors désigner la façon dont l'armement des deux blocs, capable de détruire plusieurs fois la planète, provoquait par sa seule existence une *terreur réciproque*. De quoi *décourager préventivement* la moindre attaque.

Ce raisonnement suppose néanmoins une proximité culturelle entre les adversaires, et par conséquent des émotions similaires – comme la terreur généralisée de la mort, qui pouvait constituer un point de convergence entre les États-Unis et l'URSS. De fait, tout cela n'est plus valable face à des masses impatientes de devenir des martyrs. Au cours de la première décennie du nouveau siècle, de nombreuses personnes ont jugé *non-deterrable* le groupe Al-Qaïda – il se passe la même chose avec Daech aujourd'hui. À juste titre : cet ennemi ne peut pas être terrorisé, et donc découragé – pas seulement parce qu'il est impossible d'identifier ses membres et de savoir où ils sont, mais parce que leur destruction est un aspect qu'ils mettent d'emblée dans la balance et qu'ils recherchent souvent de façon très active. Quel genre de martyrs seraient-ils, autrement ?

Au bout du compte, « la guerre contre le terrorisme » est déjà à l'origine d'un contresens incapable d'atteindre son but premier. Dans ce cas, pourquoi basculer dans un conflit de ce genre par le biais d'une attaque préventive ? Toute extrémiste que soit cette stratégie contaminée psychiquement par le terrorisme, celle-ci souhaite (légitimement, en un sens) remonter à l'origine du mal, de plus en plus loin : il ne s'agit pas de tailler la plante vénéneuse à la hauteur du tronc, mais à la racine. Pour autant, la racine décisive n'est pas militaire, ni même politique ou religieuse : elle tient à la façon dont des différences culturelles se métastasent à travers une paranoïa collective contagieuse. Pour s'en convaincre, il suffit de considérer ceux qui ont passé une longue période de détention sur la base américaine de Guantánamo (transformée en prison extraterritoriale pour les individus simplement *soupçonnés* de terrorisme, sans la moindre preuve) : une part non négligeable d'entre eux a effectivement fini par adhérer à des organisations terroristes comme Al-Qaïda.

Un camp comme celui de l'islamisme radical, dont les membres choisissent délibérément leur propre destruction en s'imaginant détruire le Mal (le « Grand Satan » que sont les États-Unis et le « Petit Satan » qu'est Israël), est paranoïaque au sens où l'entendent les principales définitions psychiatriques en vigueur. Pour autant, que dire du camp qui répond à ce genre d'attaque en acceptant la guerre que son adversaire lui a déclarée – et en décidant de le détruire entièrement et préventivement, faute de pouvoir le dissuader de nuire, c'est-à-dire de le faire plier ? Lui aussi bascule dans la contamination psychique, incapable de comprendre que la menace psychologique est encore plus forte que la menace militaire, et se laisse gagner par son mécanisme. Les années de la présidence Bush, couronnée par une réélection, ont marqué la victoire historique et – à travers la prééminence américaine sur la politique internationale – mondiale d'un style paranoïaque *soft*, si diffus et latent qu'il semble invisible. La paranoïa est parmi nous, même si ce n'est pas de la même façon qu'au XXe siècle, lorsque Hitler et Staline avaient assuré le triomphe de sa version *hard*.

Avec la fin du XXe siècle et le début du XXIe, la paranoïa a échappé au langage clinique et n'est presque pas assimilée à un danger dans la mesure où elle a profondément infiltré le langage de tous les jours. Sous une forme inconsciente et indirecte, elle a corrompu de nombreuses idées relevant de la politique et de la justice. Les dernières décennies l'ont vue échapper souvent à tout contrôle en Amérique et contaminer également l'Europe. Les conséquences qu'elle entraîne pourraient confronter la planète à des problèmes d'une extrême gravité. Les dépenses militaires, et notamment le fait que la part versée par les États-Unis représente près de la moitié du total mondial, font l'objet de débats permanents, même si les investissements de ce type ne sont heureusement utilisés qu'en partie.

Les échos dans la vie quotidienne

À l'inverse, le coût des procédures judiciaires est autrement plus concret : s'il est vrai que ces démarches répondent à une exigence de justice dans la gestion des litiges, tout le monde souhaiterait voir ces dépenses diminuer dans la mesure où il s'agit, dans l'ensemble, d'un jeu à somme nulle. En 1987, les États-Unis sacrifiaient déjà 2,45 % de leur Produit intérieur brut en frais de justice. Un pourcentage exorbitant. Si les Européens arrivent derrière avec une part équivalente à 0,5 % de leur PIB, la tendance de fond est à la hausse partout [16]. La « justice » actuelle ne tend plus à remédier aux problèmes des groupes sociaux *désavantagés*, mais aux problèmes des *victimes* – une catégorie définie par de nouveaux concepts potentiellement paranoïaques et à laquelle un nombre grandissant d'individus s'identifie. Ce faisant, la charge des indemnités passe de l'État ou des groupes avantagés à ceux qui font pendant aux victimes, les *coupables* ou les *bourreaux*. Dans le même temps, leur estimation passe de l'appareil politique à l'appareil judiciaire. En France, même si la part représentée par les avocats sur l'ensemble de la population reste six fois moins importante qu'aux États-Unis, c'est dès 1986 qu'a été créé l'INAVEM, l'Institut national d'aide aux victimes et de médiation [17] : celui-ci se donne pour mission d'informer et d'assister cette catégorie autrefois éclatée (c'est-à-dire pas encore transformée en marché) qui tend aujourd'hui à catalyser le concept social de diversité et celui, philosophico-théologique, de souffrance, plus difficiles à exprimer en termes économiques.

D'après différents sociologues, de tels groupes de pression sont aujourd'hui destinés à assumer le rôle qui était celui des syndicats au siècle dernier. Mais tandis que le droit syndical naissait d'une négociation, le droit « victimaire » tend à invoquer la violation d'un droit indiscutable ou une injustice subie. Contrairement au syndicat, la victime échappe ainsi au contrat social pour se référer à une condition originelle et transcendante. La couverture que les médias assurent à ce

---

16. Voir S. M. Lɪᴘꜱᴇᴛ, *American exceptionalism*, *op. cit.*, tableau 1.

17. L'INAVEM est aujourd'hui devenue la fédération France Victimes, regroupant plus de 130 associations d'aide aux victimes partout en France (voir leur site www.france-victimes.fr). Nous renvoyons également aux différents articles de Cécile Prieur (« L'Affaire Marie L. révèle une société obsédée par ses victimes », *Le Monde*, 22-23 août 2004).

sujet n'est pas celle du débat politique auquel le public participe, mais celle du spectacle de la douleur, avec de fausses révélations auxquelles il se contente d'assister.

En canalisant les larmes pour faire avancer une croisade, le sentimentalisme pousse le troupeau vers une confrontation irréelle entre justice et injustice, là où les rares sociétés qui ont pris en main leur amélioration l'ont fait en confrontant, quotidiennement et difficilement, des droits avec d'autres droits. Dans le même temps, sous l'impulsion de la marchandisation des médias, le concept de victime devient un stéréotype qu'on dramatise et qu'on dilue au point de le rendre vide de sens. Les innombrables complots qui ont été évoqués pour expliquer la mort de la princesse Diana et de son fiancé en sont un excellent exemple. Du fait que son statut d'héroïne a automatiquement rangé Lady Di dans la catégorie des victimes, on peine à imaginer qu'un couple en train de traverser un centre-ville à une vitesse folle puisse d'abord être victime d'une arrogance à laquelle il s'est trop habitué.

L'Occident actuel se retrouve ainsi aux antipodes de l'antiquité tragique d'où nous sommes partis – ce monde qui enseignait que là où il y a la souffrance, il y a le destin, et non pas des victimes et des coupables. Le destin se réalise toujours : il ne respecte pas nos règles et nous ne connaissons pas les siennes. Le destin est le contraire de l'incident évitable. Pour lui résister, c'est vers l'identification tragique et la compassion qu'il faut se tourner, pas vers les tribunaux.

CHAPITRE 13

RÉFLEXIONS NON CONCLUSIVES

Les délires paranoïaques [...] ne reposent pas sur une croyance – ils semblent vrais *a priori* et n'ont pas besoin de la croyance pour mener une existence active et valide. Dans les cas qui nous occupent, la question de savoir si la croyance ou la critique l'emportera est encore ouverte. Cette alternative, le vrai trouble mental ne la connaît pas.

C. J. JUNG, *Die Struktur des Unbewussten.*

Sa Majesté la foule, le grand tyran de notre temps.

H. ARENDT, *Les origines du totalitarisme.*

Ce que la littérature doit raconter et explorer aujourd'hui, c'est le problème principal de l'humanité. [...] Les atteintes à l'amour-propre éprouvées par les sociétés, les fragilités, les craintes de l'humiliation, les colères de tout ordre, les susceptibilités et les vantardises nationales... Je peux comprendre ces paranoïas, qui sont le plus souvent exprimées dans un langage irrationnel et excessivement sensible, chaque fois que je fixe l'obscurité qui est en moi.

O. PAMUK, *La valise de mon papa.*

Comprendre le mal

Dans le passage qui constitue l'acmé de l'Évangile, Jésus demande à ce que soient pardonnés ceux qui le persécutent « car ils ne savent pas ce qu'ils font » [1]. Ces mots nous concernent. La paranoïa est également appelée « syndrome persécutoire » et l'absence de conscience des paranoïaques a dévasté le monde. Pouvons-nous pardonner leurs crimes cachés partout dans l'histoire, simplement parce qu'ils ne savent pas ce qu'ils font ? Avant de pardonner, nous aimerions comprendre. Si le pardon est un dilemme individuel, la volonté de comprendre la paranoïa – pour ne pas être ses complices – est une mission collective.

---

1. *Évangile selon saint Luc*, 23, 34.

Tout le monde se mobilise face au mot « psychologie », écrivait déjà
Freud. Tout le monde sait qu'il a trait à l'esprit. S'il relevait de l'ingé-
nierie aéronautique, on la laisserait à ceux qui s'occupent des avions.
Seulement, comme ce mot concerne l'esprit, chaque esprit souhaite
prendre part à la discussion. Nous éprouvons une curiosité sincère
pour les troubles psychiques : « Expliquez-moi ce que ressent un schi-
zophrène », demande-t-on au psychiatre. Avec la paranoïa, les choses
sont particulièrement compliquées. Beaucoup de gens reconnaissent en
eux des pensées ou des sentiments dont ils ont fait l'expérience, mais
sont gênés d'en parler.

À peine avons-nous l'intuition que la paranoïa peut empoisonner
tout un chacun – même à petites doses, même de façon latente – que
nous tentons de changer de sujet ou d'avouer : oui, peut-être, il se pourrait bien que nous ayons eu ce genre d'idées, mais c'est du passé,
maintenant. Et la paranoïa collective ? Elle aussi est derrière nous : elle
concerne d'autres peuples et d'autres époques. Même si nous tâchons
de nous libérer de notre gêne en projetant la pathologie loin de nous,
cette projection est précisément un premier pas vers la paranoïa. Tout
déni a un visage double : si, d'un côté, il est potentiellement complice
du mal, de l'autre, il montre que nous sentons sa présence et que nous
essayons de nous en défendre.

« Il existe une contagion du mal : celui qui est non-homme déshumanise les autres, chaque crime irradie, se propage, corrompt les
consciences et s'entoure de complices », a écrit Primo Levi [2]. Ces
contaminations psychiques, les chapitres de ce livre les ont également
évoquées. J'ai intentionnellement employé un concept apparenté à la
psychopathologie et qualifié de paranoïa collective le processus à
travers lequel une société ou un groupe renonce à ses responsabilités et
projette toutes les fautes sur des « ennemis ». À travers cette perspective, nous espérons avoir proposé des analyses qu'une majorité de
personnes pourront partager plutôt que des opinions moralement ou
politiquement discutables. L'heure des réflexions finales étant maintenant arrivée, il nous faut bien admettre que la paranoïa collective, plus
qu'une catégorie clinique, est un équivalent psychopathologique de ce

---

2. Préface à J. PRESSER, *La nuit des Girondins*, trad. S. Margueron (néerlandais) et
F. Asso (italien), Paris, Maurice Nadeau, 1990, p. 12.

que Levi appelle « le mal » : elle possède la capacité de mutiler la chair de l'histoire.

Le XXᵉ siècle mériterait d'être qualifié de « siècle du mal ». Chez ses plus grands représentants, Hitler et Staline, pathologie paranoïaque et mal moral sont presque impossibles à distinguer. Or si les démocraties occidentales sont les seules à se doter structurellement de différents moyens pour leur faire obstacle, les instruments qu'elles possèdent sont nécessaires, mais pas suffisants. Leurs projets de justice et d'humanisme ont été trahis sans que la masse de la population réagisse et presque sans qu'elle s'en aperçoive. Les *Fourteen Points* de Wilson, en conclusion de la Première Guerre mondiale ; la Charte de l'Atlantique de 1941, ce programme qui souhaitait clore la Seconde ; la Charte de San Francisco devenue le socle des Nations Unies, en 1945 : toutes les grandes déclarations sur lesquelles devait se fonder le nouvel ordre mondial sont restées des textes de propagande, vides, ou presque. Les droits énoncés par ces documents ont été en grande partie remplacés par la force économique et militaire.

La contamination du mal peut survenir à n'importe quelle époque. La modernité lui oppose plus de lucidité, mais lui offre également davantage de moyens de diffusion. Il se transmet à travers la paranoïa collective, ce ciel sombre qui enveloppe les nuits du monde. Aucun événement historique ne l'a aussi bien illustré que la Grande Guerre. Si celle-ci a été décrite à d'innombrables reprises comme étant le premier conflit industriel, où des dizaines de millions de vies ont été anéanties, nous avons voulu souligner ici comment cet événement a détruit à la fois la vie physique et la vie psychique en faisant basculer dans le néant des centaines de millions d'esprits. Les rares individus à être restés du côté de la Raison – Romain Rolland, Stefan Zweig, Bertrand Russell et même le pape Benoît XV, qui disposait de puissants moyens de communication – n'ont été que des esprits isolés.

C'est seulement aujourd'hui, à un siècle de distance, qu'une conscience suffisante de cet état de fait est en mesure de s'imposer [3]. Des décennies durant, une identification nationaliste, *folle* au sens

---

3. Adam Hochschild en propose une bonne synthèse dans *To End All Wars. How the First World War Divided Britain*, New York, Houghton Mifflin Harcourt, 2011. En réalité, comme l'ont observé certains recenseurs de ce livre, comme Andrew Motion (*The Guardian*, 7 mai 2011), la Grande-Bretagne n'était pas divisée. Seuls des individus isolés se sont opposés à la guerre.

premier du terme, a continué de prévaloir en Europe. Le 16 avril 1933, Joseph Roth écrivait à Stefan Zweig : « Cher ami, [...] êtes-vous d'accord avec le fait que les 40 millions de personnes qui écoutent Goebbels ne voient aucune différence entre Thomas Mann, Arnold Zweig, Tucholsky et moi ? Le travail de toute notre vie a été – au sens le plus littéral – inutile [4]. » Au final, c'est la paranoïa collective qui fera de la Première et de la Seconde Guerre mondiale une seule et même guerre civile européenne, ininterrompue.

L'une des intentions de ces pages est de venir en aide à la morale plus qu'à la psychopathologie, en évitant cependant les croisades et les réflexions moralisatrices. Si suggérer une *thérapie* pour un problème aussi complexe serait irréaliste, il n'est peut-être pas inutile d'évoquer une *honte* et un *cas de conscience* – à des degrés divers, nous avons tous apporté au moins une fois notre contribution à cette entité malveillante.

À l'été 1914, les ténèbres sont tombées sur l'Europe. Peu de lumière est revenue. Certes, les guerres « chaudes » et la guerre froide ont laissé d'importants enseignements, mais la massification et la marchandisation ont eu pour effet de plonger les consciences dans le noir le plus total. L'humanité avait connu des périodes sombres, parfois plus longues, mais il n'y avait pas encore eu la Renaissance, les Lumières, l'éthique de Kant, les Droits de l'homme. Pour comprendre la force terriblement destructrice qui a déferlé sur le monde à partir de l'Occident, la psychopathologie pourrait être aussi éclairante que l'économie ou la politique internationale. Tant que nous dirons que l'insécurité actuelle est due à la mondialisation ou à la fin de la guerre froide, personne ne se sentira responsable. Personne n'aura honte. En revanche, rappeler que nous sommes tous porteurs d'une psychopathologie écorne l'image que nous avons de nous-mêmes, l'estime que nous nous portons (au sens le plus commun du terme). La honte est un sentiment très simple et, si elle n'est pas manipulée d'en haut, ramène une justice tout aussi simple dans les rapports sociaux : elle relève d'une autocritique instinctive dès lors qu'on trouble les règles – *mores*,

---

4. Voir *Die Filiale der Hölle auf Erden. Schriften aus der Emigration*, éd. H. Peschina, Cologne, Kipenheuer & Witsch, 2003, p. 27. Une partie des textes de cet ouvrage a été traduite en français sous le titre *La filiale de l'enfer. Écrits de l'émigration*, trad. C. de Oliveira, Paris, Seuil, 2005.

en latin, d'où la « morale » – de la société. Ce potentiel ne demande pas de formation intellectuelle particulière, nous en sommes dotés depuis la naissance.

Cette honte ne représenterait-elle pas l'envers de la contamination malveillante – peut-être pas une « force contagieuse du bien », lequel n'est malheureusement pas aussi infectieux que le mal, mais un pas vers davantage de conscience ? Il n'est pas interdit de l'espérer. Il serait trop confortable que les crimes correspondent toujours à des choix conscients. Le mal est précisément une contamination, une infection psychique. Il peut être une double forme d'inconscience – à savoir un manque de conscience morale et un manque de clairvoyance. Pendant des siècles, la théologie chrétienne a spéculé sur l'Antéchrist. Une pensée ultraconservatrice cherche aujourd'hui à réveiller son spectre et à nous faire peur en assimilant la modernité au début de la fin. Reste que le mal n'est pas tant la modernité que la méfiance et les projections négatives démesurées qui ont accompagné ses progrès indéniables.

Nous voulions donner au monde Jésus, la science et les arts. Nous y avons adjoint le colonialisme, les guerres religieuses et raciales, le génocide et l'ethnocide.

Encore de la paranoïa et de la psychopathie

Comme nous l'avons rappelé au premier chapitre, les traités psychiatriques définissent la psychopathie comme un manque de sens moral. La paranoïa, elle, conduit à commettre les pires atrocités, du moins dans sa forme collective, mais elle est autre chose. La paranoïa est convaincue d'avoir une fonction morale fondamentale, elle confère un rôle central aux responsabilités, qu'elle projette néanmoins sur les autres – et c'est précisément ce sens de la responsabilité qui fait défaut à la psychopathie. La paranoïa a besoin d'idées, d'un cadre interprétatif gauchi qui, par son entremise, devient un postulat de base rigide. Ce n'est pas le cas de la psychopathie. Si la paranoïa a une dimension collective des plus significatives, c'est parce qu'elle est susceptible de contaminer la société, là où la psychopathie reste essentiellement individuelle. Le lien qui les réunit est différent, et très insidieux : en déchaînant les pulsions agressives au sein de la masse, *la paranoïa encourage les psychopathes.* Bien souvent, elle va même jusqu'à les sélectionner, en leur confiant l'exercice du pouvoir.

Dans une fable Cherokee, un vieillard dit à un enfant : « Au fond de toi, deux loups se livrent une lutte à mort. L'un est bon, généreux, serein, humble et sincère. L'autre est dévoré par la rancœur, l'agressivité, l'orgueil, le sentiment de sa supériorité, l'égoïsme. » « Lequel des deux va l'emporter ? », demande alors l'enfant effrayé. « Celui que tu nourris », répond l'adulte. Si nous nous inspirons de cette fable pour représenter la distinction que nous établissons entre ces deux notions, le psychopathe est celui qui nourrit le loup malveillant. Le paranoïaque, lui, est incapable de sentir le conflit intérieur entre les deux animaux. Pour lui, il n'y a de loups qu'à l'extérieur. Rappelons un point important : se montrer soupçonneux et ne pas s'exposer aux dangers constitue, à condition de rester dans les limites du raisonnable, un moyen de survie utile. De la même manière, pour ce qui concerne la psychopathie, une capacité raisonnable à faire des compromis avec les règles est utile et acceptable : souvent, au lieu de se ranger du côté du bien, il est nécessaire d'opter pour le moindre mal et de s'y adapter, voire de le choisir volontairement. En ce sens, tous les hommes possèdent une même capacité à commettre des actes contraires aux règles. À titre d'exemple, mentir de façon particulièrement virtuose peut servir un but positif, pour tromper les individus malveillants (comme cela a toujours été le cas vis-à-vis d'un pouvoir tyrannique).

L'individu normal peut également adopter un comportement psychopathe dans des circonstances extrêmes, mais il lui suffit de revenir à son état normal pour qu'il retrouve son équilibre moral et qu'il soit angoissé par le mal qu'il vient de commettre. Dans son analyse des interrogatoires et des dépositions des victimes de Staline [5], Robert Conquest rapporte qu'à la suite de la répétition interminable des tortures tant physiques que psychologiques, la part de ceux qui « avouaient » pouvait atteindre 99 %. Bien souvent, il leur arrivait de trahir, voire de calomnier, les membres de leurs familles et leurs amis. Si une telle faiblesse est humaine, le contact prolongé avec des personnages essentiellement psychopathes (les tortionnaires) ne provoquait pas chez ces victimes une véritable « contamination psychique » : il s'agissait simplement d'une suspension de leurs fonctions morales, de

---

5. R. CONQUEST, *La Grande Terreur*, *op. cit.*, partie 1, chapitre 5.

courte durée et dans un but précis. La psychopathie du bourreau ne contaminait pas la personne interrogée, au contraire : elle renforçait souvent son sens éthique.

À l'inverse, une bonne partie des sujets « normaux » d'Hitler et de Staline, et notamment ceux qui occupaient des charges publiques, étaient soumis quotidiennement à une propagande paranoïaque : ils finissaient ainsi par être convaincus par les accusations qu'ils entendaient et étaient prêts à haïr les Juifs ou les « ennemis de classe ». La paranoïa est donc bien plus contagieuse que la psychopathie. Malgré l'océan d'horreurs que nous avons traversé tout au long de cet ouvrage, nous restons tout de même relativement optimistes. Si des sociétés entières, pendant de longues périodes, semblent avoir « fait le choix du mal », il ne s'agit pas – littéralement – d'une volonté de se tourner vers le mal moral. Nous ne croyons en aucune façon que les Allemands ou les Russes soient « constitutionnellement » des peuples plus malveillants que les autres. L'adhésion à la paranoïa – qui est un mal psychique – s'accompagne presque toujours d'autres maux qui peuvent être d'ordre moral, mais ce n'est pas la même chose.

S'ils finissent par s'arracher à la masse troublée, à la propagande criminelle, à une éducation pervertie, la majorité des individus reviennent à la raison. Dans des circonstances historiques particulières, le fascisme et le nazisme sont parvenus, en Italie et en Allemagne, à accéder au pouvoir en étant élus (c'est-à-dire en obtenant au moins la majorité relative des voix). Après la guerre, une fois passée l'intoxication psychologique et une fois leurs propagandes respectives interdites, les néofascistes et les néonazis se sont réduits à des groupes résolument minoritaires, composés d'individus particulièrement instables et ignorants.

Individu, masse et leader

Ce chapitre s'est ouvert sur une citation de Jung. Le paranoïaque pur, suggère-t-il, est un cas limite, peu fréquent dans la réalité quotidienne. Le vrai paranoïaque clinique ne connaît ni le doute, ni le moindre problème de foi : sa vérité est un à priori, qui existe depuis toujours. Est-ce le cas des agitateurs publics, des « paranoïaques à succès » ? Difficilement. Ces individus ont fait leur chemin en choisissant parmi différentes options et s'en sont rendu compte, en partie du moins. Ils ont souffert de ce que nous avons appelé le « syndrome de Créon » : céder à la raison ou s'enfermer dans une méfiance farouche ? Tout comme le tyran de l'Antiquité, ces individus ont fini par préférer la paranoïa à l'humanité, en parachevant – à tous les niveaux – la tragédie de leur histoire et de la nôtre. Chez ces personnes réelles et terribles, car investies d'un pouvoir réel et terrible, faire un choix, en l'occurrence celui de l'entêtement, lie de façon indissoluble le problème moral au problème clinique. Si la psychopathologie est un cas limite susceptible d'échapper à cette responsabilité, les pathologies psychiques les plus redoutables et les plus vraies sont des cas de conscience.

L'un des grands défis des années à venir sera de réussir à garder, dans l'indifférence de la masse et dans l'anesthésie de la société de consommation, une capacité à s'indigner. Celle-ci devrait prendre deux directions : une volonté de redresser les torts des autres et, tout à la fois, une honte des transgressions dont nous sommes les auteurs. Tout compte fait, la mobilisation de sentiments moraux crédibles survient dans la solitude de la conscience individuelle, elle se méfie des croisades proposées à la masse et propagées par le pouvoir démultiplicateur des médias.

Même si la paranoïa naît sous l'impulsion d'une passion juste (ou d'une passion pour la justice), elle se rationalise et ne se reconnaît bientôt plus comme une passion : les reconstitutions historiques nous ont montré que dans le cas de Staline, c'est la rébellion légitime face aux humiliations qu'il avait subies au petit séminaire qui a encouragé sa transformation en un cynique calculateur et un paranoïaque froid. De la même manière, la paranoïa de masse s'enthousiasme plus qu'elle ne se passionne. La véritable passion est capable d'élaborer des projets qui s'inscrivent dans un temps long et s'accompagnent d'une grande autodiscipline. Sur des périodes limitées, le délire du leader peut manifestement différer de celle qui habite la majorité de ses suiveurs et semble voir plus loin. Pour des raisons en partie fondées, Hitler voulait annuler le Traité de Versailles. Des années durant, il a porté ce projet avec une cohérence acharnée. À la faveur des premiers succès, son enthousiasme s'est lié de façon circulaire à celui de la foule, ce qui a alimenté la paranoïa d'un côté comme de l'autre. Au fil du temps, comme nous l'avons vu, le dictateur a de moins en moins été guidé par un projet : il a improvisé, en se laissant conduire par l'empressement. Si, officiellement, c'était au leader – le Führer – de guider la masse, la réalité a montré que c'était surtout le manque d'horizon personnel et les enthousiasmes éphémères de la masse qui guidaient le dirigeant nazi. Si tous les hommes ont besoin d'enthousiasme, de moments d'adhésion positive et forte à quelque chose qui ressemble à une vision du futur, cet état de fait ne transforme pas cette émotion en un projet – un projet qui ne devient pas possible ou humain pour autant.

Les guerres stimulent presque toujours. Si quelques-unes seulement correspondent à un projet, elles sont quasiment toutes inhumaines et ont pour essence l'empressement – alors même que tout enthousiasme aurait besoin de se confirmer dans le temps. À l'inverse, la paix ne stimule pas. Elle n'a aucune corrélation paranoïaque : elle ne réveille ni un homme simple et fier, comme Ajax, ni un homme méfiant et sanguinaire, comme Iago. La guerre est une maladie, la paix est pareille à la santé : nous sentons quand nous sommes malades ; quand nous allons bien, nous ne sentons rien. Est-ce malgré tout une raison suffisante pour mépriser le fait d'être en bonne santé ? Non. Pourtant, beaucoup le négligent, avant de pleurer de remords quand il est trop tard. De la même manière, la paix n'est pas une condition toujours préétablie, quelque chose de naturel qui ne demande pas d'efforts : elle est, comme l'écrivait déjà Spinoza, une vertu à pratiquer. Pour l'homme, la paranoïa collective mais aussi la violence et l'intolérance qui l'accompagnent sont des conditions relativement « naturelles »[6].

La lettre de Joseph Roth à Zweig citée plus haut évoque à la fois le silence de la paix et le rapport pervers entre le leader qui suggère et le potentiel paranoïaque de la masse à laquelle il s'adresse. Il va sans dire que d'autres époques ont vu l'histoire se retrouver à un carrefour, comme avec le général Beck et Adolf Hitler. L'opposition entre un leader délirant et le chef de son armée aurait-elle forcément amené le premier à s'imposer ? Rien n'est moins sûr. La nouveauté de l'Europe moderne, avec sa technologie et sa forme démocratique, est qu'Hitler a pu mobiliser toute une pyramide paranoïaque : le Parti et un auditoire de plus de 40 millions de personnes. Une interview de Beck à la radio

---

6. Voir la préface d'Umberto Eco à M. JACOBUCCI, *I nemici del dialogo. Ragioni e perversioni dell'intolleranza*, Rome, Armando, 2005.

ou à un journal aurait laissé cette impression que nous donnent parfois un savant, un théologien ou un philosophe : on ne leur rétorque pas qu'ils font fausse route, mais ceux qui les ont compris les oublient en quelques jours. Le leader paranoïaque, lui, est difficilement oubliable [7].

Trois générations de médias de masse

Après celui de la *yellow press* anglo-saxonne, le deuxième grand triomphe de la manipulation médiatique a été l'emploi de la radio par les nazis, les fascistes et, presque au même moment, par les communistes. Aujourd'hui, une troisième frontière a été rajoutée – une frontière qui n'est plus devant nous mais qui *nous encercle*, avec une habileté persécutrice. Le médium visuel nous parle chez nous, par le biais de notre poste de télévision, dans les transports publics ou dans les salles d'attente grâce à des écrans prévus à cet effet, dans la rue à travers la publicité mais aussi l'indépendance apparente des graffitis. Même sans la puissance destructrice *hard* des totalitarismes, le *mass medium* diffuse la nouvelle culturelle paranoïaque *soft*. En suivant une logique propre, acceptée comme normale car elle s'impose effectivement en tant que norme, il véhicule des messages qui contiennent déjà leur propre interprétation (tantôt simplifiée, tantôt compliquée par des soupçons superflus). Tout en continuant la tradition du journal et de la radio populiste, il tente d'agrémenter ces messages de sentiments préfabriqués.

Le *but* de la publicité, mais aussi celui des émissions télévisées, correspond généralement à un format clair et standardisé. Une telle clarté sémantique semble être un gage d'antiparanoïa rassurant : cette réclame veut seulement vous vendre ces gâteaux ; cette émission veut seulement vous faire rire. Si, subitement, ce but vient à manquer, l'esprit du public est soumis à un choc inattendu, il est profondément bousculé. D'un coup, le processus psychique devient « intransitif ».

---

7. J'ai connu quelques personnes âgées, sincèrement antifascistes, qui se souvenaient exactement de certains discours de Hitler ou de Mussolini entendus dans leur enfance et même, souvent, de l'endroit où ils se trouvaient à ces moments-là. Outre le contenu de la déclaration (parce qu'il est généralement très simple), on se rappelle surtout, des années après, l'émotion irrationnelle qu'elle souhaitait procurer et qu'elle a laissée chez les membres de l'auditoire, tous très différents.

Impossible de projeter la signification escomptée. Que veut dire ce message ? Une suspicion paranoïaque vient effacer notre sourire niais.

« Obey Giant »

À la fin des années 1980, des quartiers entiers de la ville américaine de Providence (dans l'État de Rhode Island) se retrouvent remplis d'autocollants et de graffitis à la gloire des groupes d'amateurs de skate-board. Shepard Fairey, un étudiant qui travaille dans un magasin spécialisé dans ce sport, s'interroge : que se passerait-il si on diffusait une image qui ne correspondrait pas à un groupe précis et qui ne signifierait rien ? Il dessine alors un visage stylisé dont les traits assez grossiers s'inspirent d'une star du catch d'origine française, surnommé *André the Giant*. Accompagné du mot *Obey* (« Obéis »), ce visage est imprimé sur des autocollants dont Fairey parsème les rues de Providence, au milieu des autres affiches. Le milieu des adeptes du skate-board voit fleurir les interprétations les plus invraisemblables. Tout le monde en parle. L'inventivité du jeune homme l'amène à réaliser d'autres autocollants qu'il envoie à ses amis de New York et d'autres localités. En peu de temps, sa création devient célèbre. Fairey assimile les réactions à des processus « paranoïaco-conservateurs » mais admet avoir également rencontré des jeunes « [paranoïaco]-alternatifs », absolument convaincus qu'il s'agissait d'une propagande fasciste. Courtisé par les médias, il déclare avoir voulu faire « une expérience de phénoménologie » dont l'une des sources aurait été Heidegger. Si Shepard Fairey a d'abord créé un studio de graphisme, puis une série de gadgets vendus sur Internet voire par le biais de musées d'art moderne, il fait désormais partie des *street artists* les plus connus du monde [8] : il a donné naissance à une multinationale de la suspicion qui l'a rendu riche et célèbre. Que nous montre cet exemple ? Qu'obtenir un succès médiatique n'implique même pas d'avoir un *contenu* paranoïaque : le *style* suffit. L'allusion et la suspicion aident toujours à relayer un message, même s'il est vide.

---

8. Voir son site, obeygiant.com.

Dictateurs

Comme le veut le dicton, le pouvoir corrompt, et le pouvoir absolu corrompt de façon absolue. Peut-être devrions-nous ajouter : l'idéologie raidit l'esprit, et l'idéologie absolue la raidit de façon absolue. C'est sa forme mentale qui peut résolument orienter une idéologie vers la persécution, pas seulement son contenu. De fait, alors que le national-socialisme était injuste dès son origine, une idéologie potentiellement plus juste comme l'était le communisme a fini, une fois appliquée à l'esprit du leader, puis *par* l'esprit du leader, par avoir des comportements criminels – ceux dont n'importe quel despote de l'Antiquité était capable –, voire génocidaires. En paraphrasant le *Manifeste* de Marx et d'Engels, on pourrait dire que le communisme a construit l'une des maladies qui devaient l'entraîner vers la mort. Pour autant, si la paranoïa et la rigidité interprétative de l'idéologie sont liées de façon circulaire, c'est également le cas de la tyrannie et de la paranoïa. Pour deux raisons : la paranoïa aide – souvent – les usurpateurs à émerger, mais le pouvoir absolu réveille lui aussi chez le leader sa prédisposition à la paranoïa. La perspective psychopathologique que nous évoquons est donc complémentaire aux études historiques.

Mussolini, Hitler, Staline, Mao. La force destructrice objectivement plus limitée du premier a contribué – façon de dire – à une « légende blanche » qui a forgé cette image de « braves gens » accolée aux Italiens, pour reprendre une expression qui a fait florès après la Seconde Guerre mondiale. Des études historiques ont néanmoins remis en question cette prédisposition, incapable de la moindre critique, à se dédouaner de ses responsabilités[9]. Le fascisme a-t-il été constitutivement moins destructeur que le nazisme ? Certes, Mussolini a disposé de moyens de destruction techniques, économiques, sociaux – qui ont eu des conséquences, mais là n'est pas la question : le fait est que ces moyens étaient inférieurs à ceux d'Hitler. Il s'est également comporté en égocentrique, tout-puissant, souvent frivole et prompt à mentir. Mais, pour l'essentiel, pas en paranoïaque. Si son délire n'était

---

9. Voir A. DEL BOCA, *Italiani, brava gente ? Un mito duro a morire*, Vicence, Neri Pozza, 2005 ; F. FOCARDI, *Il cattivo tedesco e il bravo italiano. La rimozione delle colpe della seconda guerra mondiale*, Bari, Laterza, 2013. Mentionnons pour finir le film *Italiani, brava gente*, réalisé en 1965 par Giuseppe De Santis.

pas nécessairement plus sain, il ne s'agissait pas d'une force *autotrophique* qui s'alimentait d'elle-même, sans cesse. L'embourgeoisement, la satisfaction apparente et l'impréparation militaire de Mussolini une fois au pouvoir sont, très probablement, liés également à cette réalité : il était confortablement installé dans son fauteuil, pas sur le plan incliné qui sous-tend toute paranoïa.

Malgré tout, le dictateur fasciste avait bien conscience de ce que nous avons appelé la *rente de position paranoïaque* et la *rente de Pandare*. En 1915, au moment d'abandonner la neutralité des socialistes pour soutenir l'intervention de l'Italie dans la guerre contre l'Autriche, Mussolini savait que la majorité des députés et la majorité de la population étaient contre lui. Il est cependant parvenu à propager une contamination psychique jusqu'à ce que surviennent les premiers morts. Dès lors, le fait d'être minoritaire ou majoritaire n'avait plus aucune importance, car tout le monde se devait de participer. Ce qui l'a conforté dans l'idée que les décisions importantes autorisent à mépriser la société, le Parlement, et leurs majorités respectives.

Tout comme Homère dans sa description de « l'intervention » de Pandare, Mussolini savait qu'une guerre est pareille à un incendie. Ceux qui n'en veulent pas et ceux qui souhaitent jeter de l'huile sur le feu ne jouent pas à armes égales. Les uns sont forcés d'être sur le qui-vive, chaque jour, chaque minute : s'ils réussissent à échapper au brasier, ce qu'ils auront accompli sera un non-événement. Les autres n'ont pas à se donner tant de peine : il leur suffit d'attiser une seule petite flamme, rien qu'une seule fois. L'événement – glorieux ou meurtrier, la distinction importe peu ici – aura lieu, de façon irréversible, spectaculaire, définitive.

Si nous ne disposons pas des documents nécessaires pour comparer les dictatures communistes, toutes très différentes les unes des autres, Staline, Mao et Pol Pot ont tout de même été encouragés dans leurs crimes par une composante paranoïaque très forte. Castro, lui, s'est contenté d'être un dictateur – maniaque et manipulateur, entre autres, mais pas paranoïaque.

La junte militaire argentine était, quant à elle, habitée par une obsession paranoïaque spécifique qui permet de comprendre pourquoi ce régime a massacré sans bruit environ 30 000 personnes – bien plus que le régime du Brésil, pourtant plus peuplé. Alors que les généraux putschistes d'autres pays sud-américains étaient convaincus d'exécuter, en substance, une répression (en d'autres termes de rétablir l'ordre *après coup*), celle engagée par les Argentins était d'abord *préventive* : ils avaient dès le départ une liste de citoyens à tuer – une mesure prophylactique pour empêcher ces personnes de contaminer le peuple avec leurs idées. Cette liste comprenait environ 20 000 noms, auxquels sont venus s'ajouter certains de leurs proches [10]. Ces 30 000 disparitions n'ont donc pas été la *conséquence* de la violence incontrôlable des combats : elles correspondaient, de façon assez réaliste, à un *projet préalable*.

De tels indices laissent penser que la contamination paranoïaque est moins favorisée par la concentration constante du pouvoir entre les mains d'un ou plusieurs leaders que par l'idéologie à laquelle la dictature se rattache officiellement. Peut-être sera-t-on un jour en mesure de montrer que la faillite des communismes historiques a été influencée par la contamination entre la paranoïa des chefs et leurs sujets. Si les écrits de Marx et Engels témoignent d'un intérêt précoce pour les dynamiques de masse, ils ne semblent pas avoir prévu cette éventualité.

Rendre les médailles

Si le concept d'héroïsme a toujours eu des contours délicats, il est aujourd'hui devenu aussi mince qu'un rasoir. Marcher sur le fil d'une lame demande beaucoup d'équilibre et l'on risque de se blesser gravement. L'un des deux côtés de la lame est le plus traditionnel : en s'identifiant à l'héroïsme, on régresse vers des émotions profondes. Comme dans un rêve, le Moi s'annule, tandis que l'action s'oriente vers la toute-puissance. Un état que le monde classique a décrit comme une possession divine et qui se trouve narré dans les mythes. Avoir un dieu au fond de soi : c'est précisément ce que signifie le mot *enthousiasme*. Depuis les temps les plus anciens, cette propension a été exploitée par

---

10. Voir J. TIMERMAN, *Mémoires d'un « disparu »*, trad. B. Pelegrin, Paris, Mazarine, 1981, chapitre 5, p. 78 ; M. MÁNTARAS, *Genocidio en Argentina*, Buenos Aires, Cooperativa Chilavert, 2005, chapitres 7-9. La façon dont étaient définis les « opposants » à anéantir était assez large : les personnes chargées de les traquer pouvaient donc, dans une certaine mesure, interpréter cette définition de façon à l'appliquer à leurs ennemis personnels également.

les chefs militaires, qui cherchaient à transformer chaque sujet en un Achille, c'est-à-dire en machine à tuer.

L'autre côté de la lame, sur lequel glisseront ceux qui n'ont pas su garder l'équilibre, est celle, plus moderne, que représente la paranoïa. Si elle n'est pas résolue instantanément, la guerre moderne tend aussitôt à devenir totale, soit parce que les processus économiques et technologiques dont elle se nourrit sont totalisants, soit parce qu'elle fait partie d'une compétition globale [11]. Les États modernes ajoutent à la guerre l'idéologie – de façon directe pour les régimes totalitaires, à travers le marketing de la « guerre juste », devenue un véritable produit de consommation dans les démocraties. Chaque soldat doit être transformé en fanatique dont la priorité est de donner la mort. En apparence, parce que l'adversaire n'a plus rien de chevaleresque, il est le mal absolu : si vous ne le tuez pas, il vous tuera quoi qu'il arrive ; en substance, parce qu'investir dans la guerre est plus rentable lorsqu'on rend chaque militaire paranoïaque.

Comme nous l'avons vu avec Niall Ferguson, Max Hastings et John Ellis, une grande part de l'historiographie anglo-américaine actuelle pointe le fait que les Allemands se sont montrés plus efficaces que leurs adversaires lors des deux conflits mondiaux. Malgré les situations d'infériorité dont ils partaient, ils ont remporté de très larges succès. Leur « rendement » était toujours supérieur. Durant la Première Guerre mondiale, leur infériorité initiale s'est accentuée mais ils sont longtemps parvenus à la compenser en augmentant leur « productivité ». De la même manière, leur handicap était encore plus net pendant la Seconde, mais il a été atténué pendant des années grâce à des performances de plus en plus efficaces, par comparaison avec celles des Alliés. C'est d'ailleurs l'une des questions soulevées par ces historiens : comment se fait-il que la guerre se soit terminée en 1945, et pas avant ?

Ce constat nous permet de réexaminer la psychologie de « l'héroïsme » lors de ces deux conflits. En dehors de quelques cas isolés, il est le fruit d'une falsification, de la part des Soviétiques comme des Anglais et des Américains. Ce qui nous met face à un dilemme. Si personne ne veut courir le risque de célébrer le nazisme, ne serait-ce qu'indirectement, toute célébration honnête de « l'héroïsme » devrait

---

11. Voir E. J. HOBSBAWM, *L'Âge des extrêmes*, *op. cit.*, chapitre 1.

louer non pas les capacités guerrières des vainqueurs, mais celles de ces Allemands pourtant soumis à la pire tyrannie de tous les temps. Comment ont-ils fait pour se battre encore mieux qu'au moment de la Grande Guerre, époque à laquelle ils vivaient sous une monarchie somme toute constitutionnelle ?

Un préjugé romanesque voit dans le courage une qualité personnelle de l'individu-héros. Mais il s'agit là d'un cas limite, en équilibre sur le fil du rasoir, surtout dans le cadre des guerres modernes. L'ensemble d'agressivité et de technique qui décide du sort de nombreuses batailles est en réalité une régression vers la psyché de groupe, qui implique un renoncement à la conscience individuelle. Une situation qui, à l'heure actuelle, se traduit en grande partie par le fait d'être possédé, collectivement, par la paranoïa et non, individuellement, par un mythe héroïque. L'étude de l'entraînement militaire germanique a montré qu'il était meilleur et qu'il tendait à faire du soldat un « combattant total », et ce, dès la Grande Guerre [12]. Si les Allemands entrent dans le second conflit mondial bien moins motivés qu'en juillet 1914, les premiers succès politiques et militaires d'Hitler surprennent et les poussent à glisser sur le plan incliné des simplifications paranoïaques. Entouré par la clameur de la propagande nazie, ce peuple déçu par la vie politique après la chute de la République de Weimar adhère à la guerre totale et régresse vers un climat de persécution, plus profondément que les Alliés. Au reste, la dictature avait d'ores et déjà entraîné la population à renoncer au Moi individuel [13]. En conclusion, l'efficacité militaire allemande au cours des deux conflits mondiaux plonge ses racines dans les zones d'ombre d'un trouble psychique collectif moderne plus dans un héroïsme traditionnel.

---

12. Voir M. GEYER, « Comment les Allemands ont-ils appris à faire la guerre ? », dans P. CAUSARANO (dir.), *Le XXᵉ siècle des guerres, op. cit.*, p. 98-109.

13. Ce constat aurait également dû valoir pour les Soviétiques, les sources d'information étant entièrement manipulées par le régime. Reste que les soldats de cet empire multiethnique ne faisaient pas autant corps avec ce fanatisme idéologique – mais pas nécessairement parce qu'ils avaient un sens critique plus développé que celui des Allemands. Si la paranoïa polluait de façon constante la société de l'URSS, c'était surtout vers l'intérieur : elle se traduisait par une méfiance entre les individus, mais aussi entre les professions, les « classes », les groupes ethniques. Comme nous l'avons rappelé au chapitre 10, les phases finales de la Seconde Guerre mondiale se sont traduites, pour le régime, par une régression vers une paranoïa collective à l'endroit de l'ennemi. Voir L. ZOJA, *Centauri, op. cit.*, chapitre 4.

Le héros a été séquestré et corrompu d'abord par la transformation du nationalisme en populisme et en totalitarisme, puis par la médiatisation de ces derniers. L'héroïsme voudrait toujours sous-entendre une qualité morale et consciente, mais il s'en éloigne de plus en plus. La solidarité du héros avec la réalité sociale qu'il souhaiterait défendre est devenue inconsistante : ceux qui bénéficient de son sacrifice ne sont plus tellement des femmes et des enfants, mais le pouvoir qui lui donne des ordres et la propagande qui investit dans son sang. Dans le même temps, les massacres dont sont directement victimes les civils – à rebours de toutes les traditions héroïques – sont devenus de plus en plus présents.

Le dernier combattant qui, au lieu de la déposer, déclenche une dernière bombe contre ses ennemis pour mourir avec eux est par ailleurs inconscient et paranoïaque. Tel Créon, il a laissé la haine remporter ses conflits intérieurs. La recherche d'une émotion symbolique ou de symboles correspondants est trop ancienne pour être complètement dépassée [14]. Reste qu'elle a de plus en plus de mal à être satisfaite par un processus massifié et technologique comme l'est celui de la guerre moderne. La paranoïa de masse des guerres totales est aussi la perversion ultime d'un besoin de lutte héroïque qui ne trouve plus d'expressions symboliques adaptées et tombe dans un cercle vicieux, en réduisant la combativité originelle à une haine devenue une fin en soi.

Le danger représenté par la superposition possible entre le héros et le paranoïaque exige une révision du concept d'héroïsme. Et, s'il est impossible de s'accorder sur une définition psychologiquement fiable, l'abolition des rites ambigus qui concourent à le célébrer.

80 % ?

Les travaux de Stanley Milgram sont sans doute parmi les plus cités de l'histoire de la psychologie académique [15]. L'expérience qu'il a

---

14. Voir S. MENTZOS, *Der Krieg und seine psychosozialen Funktionen, op. cit.*, p. 62-68.

15. Voir « Behavioral Study of Obedience », *Journal of Abnormal and Social Psychology*, LXVII, 4, 1963, p. 371-378 ; *Soumission à l'autorité. Un point de vue expérimental*, trad. E. Molinié, Paris, Pluriel, 2017 [1974]. Stanley Milgram n'a cependant pas

menée – et celles d'autres chercheurs qui l'ont imité – ne prend pas directement pour objet la paranoïa mais démontre plutôt une *capacité à suivre des règles inflexibles et à participer à des activités violentes* chez la majorité des personnes normales. Deux présupposés qui constituent néanmoins les fondements de la paranoïa collective dont nous nous occupons. L'« obéissance » stricte et incapable de la moindre critique de Milgram pourrait donc être une manifestation extérieure et comportementale de ce potentiel paranoïaque dont nous avons parlé sur le plan intérieur et fantasmatique.

Au début des années 1960, Stanley Milgram rassemble des volontaires pour une expérience auprès de l'université de Yale. Les sujets recrutés sont informés qu'ils participeront à une étude sur la mémoire et l'apprentissage. Lorsqu'une personne, située dans une autre pièce, répond de façon incorrecte aux questions qu'on lui pose, les participants doivent lui envoyer des décharges électriques de plus en plus fortes (de 15 à 430 volts, c'est-à-dire modérées d'abord, puis très élevées pour finir). Face à eux, des boutons correspondant aux différents voltages leur indiquent l'intensité (et la gravité) des décharges. En réalité, ce sont les volontaires qui sont l'objet de l'expérience. La « victime », visible à travers une vitre, ne reçoit aucun impact électrique mais a appris à montrer des signes de souffrance toujours plus marqués. Les volontaires ont donc l'impression de lui « faire du mal ».

Ce sont quarante volontaires de sexe masculin, âgés entre 20 et 50 ans, presque tous originaires de la petite ville voisine, qui participent à cette expérience. Chacun d'eux est informé qu'ils peuvent l'interrompre à tout moment, sans que cela prête à conséquence (ils garderont même la somme d'argent qui leur a été promise en échange de leur participation). Et pourtant, la majorité de ces hommes vont continuer, uniquement parce que l'« instructeur » d'une université prestigieuse leur en donne l'ordre. La plupart d'entre eux souffrent visiblement de provoquer ces « décharges électriques » mais personne ne s'arrête avant celle de 300 volts. 35 personnes (soit 87,5 % du total) vont dépasser ce seuil et 26 d'entre elles (65 %) finiront par « administrer » la décharge maximale, celle de 450 volts.

---

fait carrière à l'université – notamment du fait de la sincérité avec laquelle il décrit la violence dont est capable le citoyen moyen.

Un autre aspect de l'expérience est moins connu [16]. Avant de l'effectuer, Milgram s'entretient avec 110 sujets issus de trois groupes différents (40 adultes de la classe moyenne, 31 étudiants à l'université et 39 psychiatres) pour leur expliquer ce qui va se passer. Puis il leur pose deux questions. La première est : comment vous comporteriez-vous si vous étiez appelé à participer à cette expérience ? De façon tout à fait prévisible, les personnes interrogées répondent qu'elles finiraient tôt ou tard par ne plus obéir à l'ordre d'augmenter le voltage. La seconde question est : d'après vous, comment se comporteraient 100 Américains moyens, choisis au hasard ? On leur demande également d'indiquer quel pourcentage arrivera à administrer la décharge maximale. La moyenne de réponse est de 1,2 %, personne ne s'aventure à dire plus de 3 %. La quasi-totalité du panel prédit que les sujets seront amenés à se rebeller contre l'expérience à mesure que le voltage augmentera. Les personnes interrogées ont donc fait des prévisions complètement erronées.

Cette enquête préliminaire confirme un préjugé optimiste très répandu et particulièrement dangereux. L'homme moyen croit posséder un sentiment de justice qui l'empêchera fondamentalement de faire le mal. Il est ensuite convaincu que ses semblables ont eux aussi une conscience morale et que celle-ci guide leurs actions. Les membres du panel croient en effet que les sujets de l'expérience refuseront d'« administrer des décharges » trop fortes : c'est tout le contraire qui s'est produit. Notons que les psychiatres eux-mêmes, dont la profession consiste précisément à démasquer la façon dont les hommes se trompent eux-mêmes, se sont complètement trompés dans leurs prévisions, avec le même taux d'erreur que les étudiants et les adultes issus de la classe moyenne. Cette étude a donc eux deux résultats fracassants.

En premier lieu, les citoyens ordinaires que nous sommes sont disposés – plus que nous le pensons – à obéir à des ordres violents, même si nous les trouvons injustes. En second lieu, nous croyons que le sentiment commun de justice est une prévention suffisante pour nous empêcher d'obéir à une autorité violente. Lorsque nous comprenons enfin que la majorité est composée d'exécuteurs passifs, il est trop tard et la violence a déjà eu lieu. Ce qui s'est passé, de façon éclatante, avec le nazisme.

---

16. Voir S. MILGRAM, *Soumission à l'autorité*, *op. cit.*, chapitre 3.

Tout le monde sait que l'être humain moyen surévalue les motivations morales de ses actes. Si l'étude de Milgram le confirme de façon dramatique, elle ajoute que nous nous trompons également en attribuant une moralité similaire aux autres. Les gens « normaux » que nous sommes ont paresseusement tendance à se convaincre que la conscience empêche la majorité des êtres humains de faire le mal. Il n'en est rien.

Les expériences de Milgram ont soulevé d'innombrables polémiques. Elles ont notamment été renouvelées à plusieurs reprises, avec des résultats encore plus impressionnants. C'est ce qu'a fait David Rosenham à l'université de Princeton : ceux qui ont obéi jusqu'au bout représentaient 80 % du total. En 1970, c'est au tour du Max-Planck-Institut de Munich : on atteint 85 %. En définitive, seule une minorité, qui n'excède jamais 20 % de la population (de n'importe quel panel), semble posséder assez d'anticorps pour ne pas être contaminée par un conformisme que nous avons qualifié de paranoïaque. Plus près de nous, en 2009, une équipe de chercheurs transpose, pour un documentaire, l'expérience dans le cadre d'une fausse émission de divertissement [17]. Les sujets sont informés qu'ils participent à la mise au point d'un jeu où ils ne gagneront rien. Tout se déroule non plus dans l'isolement d'un laboratoire scientifique mais sur un plateau de télé, face à une animatrice chargée d'incarner l'autorité et en présence d'un public (dont les membres sont dans les mêmes conditions que les « candidats » : ils ignorent que le dispositif est factice et qu'aucune décharge n'est infligée à la « victime »). Là encore, le taux d'obéissance atteint 80 %.

Plongeons-nous maintenant dans l'épisode de violence étudié par l'historien Christopher Browning. En 1942, après l'avancée rapide de la Wehrmacht, le 101ᵉ bataillon de réserve de la police allemande (l'Ordnungspolizei) est envoyé à l'arrière du front Est. Cette part importante de la Pologne et de l'URSS occupées est peuplée d'importantes communautés juives. Dans certaines villes, ils représentent même la majorité : n'oublions pas que la Russie tsariste les avait chassées loin vers l'ouest, tandis que l'avancée nazie avait provoqué des

---

17. Ce film documentaire écrit par Christophe Nick et intitulé *Le Jeu de la mort* est disponible sur YouTube, dans son intégralité.

départs précipités vers l'est. C'est dans cette zone immense, qu'un historien a appelée les « terres de sang » (*Bloodlands*) [18], que se concentre une bonne partie des Juifs d'Europe. Les premiers temps, l'Ordnungspolizei est surtout chargée de rafler et de tuer les hommes adultes, mais très vite, les ordres incluent également les femmes et les enfants. On encercle la population juive, avant de la fusiller sur place. C'est progressivement seulement que cette mission va impliquer de la capturer et de l'acheminer vers les camps de concentration [19].

Comme nous l'avons déjà observé, seule la cohérence implacable à l'égard des postulats paranoïaques de la guerre raciale pouvait induire les hautes sphères du pouvoir, déjà engagées dans le plus grand affrontement militaire de l'histoire, à confier cette mission à une force armée si importante. L'idéologie inflexible est, encore une fois, la base d'une altération mentale de toutes les institutions et débouche sur ce que nous avons appelé la *cohérence absurde*. Avant l'attaque visant la Russie, l'Ordnungspolizei comptait déjà plus de 244 000 hommes et continuait à en recruter [20]. En 1942, les seules unités auxiliaires représentent 300 000 personnes [21]. Par ailleurs, les massacres dont elles ont la responsabilité sont tels qu'ils paralysent des activités essentielles à la guerre où est engagé le Reich : on fusille ainsi des prisonniers juifs qui, dans un premier temps, avaient été chargés du ravitaillement en munitions de la Wehrmacht. Des ordres dont l'inefficacité sera déplorée par différentes autorités [22].

Le bataillon analysé par Browning se compose d'environ 500 personnes. À sa tête, le major Wilhelm Trapp. Cet officier de police de 53 ans est bouleversé au moment d'expliquer à ses hommes les ordres qu'il vient de recevoir. Il termine son discours par une concession assez rare chez les militaires : les membres les plus âgés qui ne se sentent pas en mesure d'exécuter les ordres peuvent demander à en être exemptés.

---

18. Voir T. SNYDER, *Terres de sang, op. cit.*
19. Voir R. HILBERG, *La destruction des Juifs d'Europe, op. cit.*, I, chapitre 7.
20. Voir C. BROWNING, *Des hommes ordinaires. Le 101ᵉ bataillon de réserve de la police allemande et la Solution finale en Pologne*, trad. É. Barnavi et P.-E. Dauzat, Paris, Tallandier, 2007 [1994] (nouvelle édition), chapitre 2.
21. Voir *ibid.*, chapitre 4.
22. Voir *ibid.*, chapitre 3 ; R. HILBERG, *La destruction des Juifs d'Europe, op. cit.*, I, chapitre 7. Rappelons qu'on employait des hommes relativement âgés, sans formation particulière, pour remplir ces missions.

Sur une compagnie d'environ 150 hommes, seule une douzaine va sortir des rangs [23].

Dès le début de la mission, d'autres se sentent mal et demandent à se retirer. Certains vomissent ou sont sur le point de s'évanouir. Mais d'autres essaient de tenir malgré tout. Par ailleurs, comme c'est souvent le cas dans ce genre de situations, beaucoup s'habituent. Si quelques-uns qui n'avaient pas montré de réticences au début sont atterrés par cette barbarie, d'autres, qui ont montré des signes de malaise, apprennent à les cacher, voire à les dépasser. Il est intéressant de noter que ceux qui se défilent ont tendance à dire « Je n'y arrive pas », et non « Cela me pose un problème de conscience ». On tâche discrètement de changer de sujet tandis que les officiers font circuler de plus en plus d'alcool.

Comme en témoignent différents documents d'archive, la hiérarchie nazie fait montre d'une sorte de « compréhension » à l'égard de ceux qui sont en proie à un conflit intérieur. Elle s'avoue solidaire tant que le comportement des intéressés reste étiqueté comme pathologique. À plusieurs endroits de l'immense front Est, de nombreux militaires pourront ainsi être dispensés de participer aux exécutions sans subir de conséquences [24]. Pour autant, en vertu d'une *cohérence raciste implacable*, ce ne sont pas les victimes qui sont prises en pitié, mais les bourreaux uniquement : on fait preuve d'une relative indulgence vis-à-vis de ces Allemands sentimentaux tandis que les mises à mort sont déléguées à des milices auxiliaires d'autres nationalités [25].

Au bout du compte, Browning estime qu'au moins 80 %, et même plus probablement 90 % des membres du 101e bataillon de réserve ont participé à ces massacres. Il s'agit naturellement d'évaluations approximatives. Dans les interrogatoires d'après-guerre, nombre d'entre eux diront par exemple qu'ils avaient visé à côté intentionnellement ou eu recours à d'autres expédients pour ne pas verser tout ce sang. Quoi qu'il en soit, il est impossible de distinguer ceux qui ont dit la vérité et

---

23. Voir C. BROWNING, *Des hommes ordinaires, op. cit.*, chapitre 7.

24. Voir E. KLEE, W. DRESSEN, V. RIESS, *Pour eux, « c'était le bon temps ». La vie ordinaire des bourreaux nazis*, trad. C. Métais-Bührendt, Paris, Plon, 1989.

25. Voir R. HILBERG, *La destruction des Juifs d'Europe, op. cit.*, I, chapitre 7, et II, chapitre 10 ; W. HOFER (dir.), *Le National-socialisme par les textes, op. cit.*, document 62 ; B. BRUNETAU, *Le Siècle des génocides, op. cit.*, annexes (et notamment le discours d'Himmler du 6 octobre 1943) ; T. JUNGE, *Dans la tanière du loup, op. cit.*

ceux qui ont simplement cherché à minimiser leur rôle lorsqu'on les a accusés de crimes de guerre.

Pour comprendre ce taux de participation effroyablement élevé, l'historien convoque Stanley Milgram. S'il pointe la similitude avec les pourcentages tirés des expériences du psychologue comportemental américain [26], il signale naturellement les différences radicales entre ces deux situations, au moment de les comparer : le 101e bataillon de réserve était au front et baignait dans la propagande de la « guerre totale » là où les hommes sélectionnés à Yale vivaient dans un contexte pacifique et prospère. D'autre part, ces derniers avaient été informés que leur « victime » ne subirait pas de dommages irréversibles alors que la troupe du bataillon était consciente de tuer. Si Browning, à l'instar de Milgram, étudie l'obéissance à des ordres violents, nous nous intéressons quant à nous à la façon dont le conformisme de la majorité a été plus fort que la moindre conviction morale de l'individu. Dans les deux cas, la conscience a cédé le pas à une *furie « paranoïaque » impersonnelle* : les sujets se sentent mal, mais ils continuent. Par la suite, lorsqu'on les interrogera, ils se souviendront d'avoir été mal à l'aise et auront des difficultés à expliquer pourquoi ils avaient continué. Il va sans dire qu'une contamination psychique collective rapproche les deux situations : celle-ci peut survenir en temps de guerre comme en temps de paix, dans un contexte qui encourage une perte d'identité et de responsabilité individuelle. La paranoïa de groupe ne transforme pas en psychopathe, elle cause néanmoins une « suspension psychopathique » de la prééminence que la morale devrait conserver au sein de la personnalité de chacun.

D'autres facteurs peuvent se combiner de façon circulaire à ces situations. Au Vietnam, les Américains vont soupçonner (à juste titre) les Viet-Cong de se cacher parmi la population. On prendra donc l'habitude d'inclure les civils morts dans le nombre total d'« ennemis tués ». L'exemple le plus célèbre est celui du village de My Lai, où des centaines d'innocents sont tués : le fait de *pouvoir* tuer les habitants va contaminer les hommes de la compagnie C, pour qui il *faudra* les tuer. Sans compter que l'impatience grandit au même rythme que l'extermination de la population. En effet, les chances de recevoir une *promotion* (nous parlons toujours de l'armée américaine, pas de l'armée nazie)

---

26. C. BROWNING, *Des hommes ordinaires*, *op. cit.*, chapitre 18.

augmentent en fonction de l'importance du *body count*, le décompte des « ennemis » tués, où l'on inclut les femmes et les enfants [27].

Mais revenons à Browning. D'autres aspects des atrocités qu'il a étudiées finissent par se rapprocher de l'expérience menée par le laboratoire de Yale. Le bataillon de Trapp est composé d'hommes ayant entre 20 et 50 ans, tout comme les sujets de Milgram. Les membres de ces groupes – qui peuvent compter plusieurs centaines de personnes – n'ont certainement pas été éduqués de façon particulière à l'agressivité : le groupe de Yale rassemble des gens de toutes les classes, issus d'une communauté proche de l'université, la ville de New Haven, dans le Connecticut, l'une des localités les plus progressistes des États-Unis. Les hommes du 101e bataillon de réserve, eux, sont en majorité des ouvriers et des petits-bourgeois de Hambourg, la ville allemande dont les traditions « de gauche » sont les plus enracinées et où le nazisme avait peu percé. Vu leur âge, la plupart d'entre eux n'avaient pas d'expérience de la guerre et n'avaient pas été endoctrinés par le national-socialisme dès l'enfance.

Pour finir, signalons que de nombreuses études ont été consacrées aux rares personnes qui, durant la période sombre des régimes nazi et fasciste, ont risqué leur liberté et leur vie pour aider les Juifs. Dans un texte resté célèbre, Eva Fogelman procède à une longue analyse de ce type de personnalité [28], comme s'il s'agissait d'une identité en soi ou d'une particularité clinique bouleversée. Ce qui, au bout du compte, est tout aussi alarmant. Cette minorité n'a peut-être rien de particulier, en dehors du fait que les circonstances ont révélé qu'elle était une minorité. Une telle « rareté statistique » peut malheureusement se répéter partout, à n'importe quelle époque.

Le renoncement à la morale chez les intellectuels et le peuple

Outre certains individus, c'est l'inconscient collectif des groupes, grands et petits, qui abrite un paranoïaque potentiel. Des circonstances historiques bien précises peuvent l'amener à s'exprimer : l'humiliation

---

27. Voir R. J. LIFTON, *Home from the War, op. cit.*, chapitre 2.
28. Voir *Conscience & Courage. Rescuers of Jews during the Holocaust*, Londres, Anchor, 1994. Ce sujet est abordé dans le chapitre 5 (« The Rescuer Self »).

inattendue infligée à la France par la petite Prusse sera le terreau particulièrement fertile où croît la haine à l'égard de Dreyfus tandis que la
reddition de l'Allemagne en 1918, inattendue elle aussi, permet à la
légende du « coup de poignard dans le dos » de se développer.
L'enthousiasme des lettrés au déclenchement de la Grande Guerre et
la participation des savants à la fabrication de la bombe atomique
prouvent également que la paranoïa est susceptible de devenir majoritaire une fois activée par certaines circonstances : beaucoup de gens
exultent en entendant la radio annoncer que la bombe a atteint sa cible
et que Hiroshima a été réduite en poussière, comme s'il s'agissait d'une
victoire sportive [29]. Étant plus conscients que la moyenne, les groupes
composés d'hommes de science oscillent entre conformisme de masse
et raison individuelle. L'essayiste Julien Benda a parlé de « trahison des
clercs » [30] au sujet de l'asservissement des intellectuels au pouvoir et
l'historien Robert Jay Lifton de *retirement syndrome* au sujet des
remords tardifs de nombreux politiciens américains, une fois à la
retraite [31]. En réalité, cette définition qui semble impliquer un regard
jeté sur le passé s'avère prophétique. En 1995, l'artisan de la guerre du
Vietnam, le général McNamara, publie un livre où il livre la conclusion
suivante : même si l'Amérique a suivi des postulats qui semblaient
justes (encore qu'ils avaient des aspects paranoïaques, pourrions-nous
ajouter), elle s'est incontestablement trompée [32]. Un an avant l'attaque
contre les Twin Towers, un autre artisan de la politique impérialiste
américaine signalera que les abus commis auront de graves répercussions [33].

Si la formation intellectuelle aide potentiellement à comprendre les
processus violents lorsqu'on regarde en arrière après avoir emprunté ce
chemin, elle ne donne aucune certitude *préalable* d'avoir choisi la

---

29. Voir R. J. LIFTON, G. MITCHELL, *Hiroshima in America, op. cit.*, p. 30-31.

30. Voir *La trahison des clercs*, Paris, Grasset, coll. « Les Cahiers Rouges », 2003
[1927].

31. Voir R. J. LIFTON, G. MITCHELL, *Hiroshima in America, op. cit.*, p. 192.

32. Voir R. S. MCNAMARA, avec B. VAN DE MARK, *Avec le recul. La tragédie du
Vietnam et ses leçons*, trad. P. Chemla, Paris, Seuil, 1996.

33. Voir C. JOHNSON, *Blowback. The Costs and Consequences of American Empire*,
New York, Holt & Co., 2000. Dans son avant-propos, l'auteur mentionne explicitement
Ben Laden.

meilleure voie [34]. Même s'ils ne sont pas à proprement parler des exécuteurs incapables de la moindre critique, les hommes de culture finissent
eux aussi par être soumis à un pouvoir – pas toujours celui de l'autorité
au sens strict, mais celui, aveugle, de l'émotion collective dominante. Au
fur et à mesure que les intellectuels retrouvent leur sens critique, ils sont
recrachés par les puissants comme des coquilles vides. Ils tentent alors
de se racheter, mais une autre perversion vient naître des raisons pour
lesquelles ils ont été écartés. À l'image de ces soldats allemands qu'on
dispense de participer aux exécutions au motif d'une maladie nerveuse,
Oppenheimer est mis sur la touche pour « graves insuffisances de caractère ». Notons que le scientifique était déjà étiqueté comme pro-
communiste à un moment où l'on entrait dans la période sombre du
maccarthysme. Le qualifier de traître n'aurait pas été très compliqué :
pour beaucoup, il en était déjà un. Seulement, plus un pouvoir est paranoïaque, plus il rechigne à affronter directement ceux qu'il a décidé
d'éliminer : il se montre *allusif* et *affronte son adversaire en se cachant
derrière la psychiatrie*, avec une *cohérence absurde* sidérante.

C'est en 1937 que Joseph Roth écrit ces lignes où il pressent que la
paranoïa deviendra majoritaire dans n'importe quel pays :

> L'antisémitisme du Troisième Reich est l'un de ses moyens de propa-
> gande les plus efficaces. Il correspond exactement à l'instinct bestial de
> *chaque quidam*, [même] *en dehors du Troisième Reich*, qui [...], ne pouvant
> pas l'exercer dans son pays parce que la loi le lui interdit, se lance avec une
> énergie décuplée contre le moindre élément que la loi protège peu ou pas [35].

Frappé par les 40 millions de personnes qui écoutaient Goebbels,
Roth note que le consensus autour d'Hitler s'alimente tout seul. En
retranchant les enfants en bas âge, les sourds et les personnes qui
n'avaient pas de radio, on peut supposer que cet auditoire représentait
déjà au moins les deux tiers des Allemands. En d'autres termes, lorsque

---

34. Voir K. ŠTAJNER, *7000 Days in Siberia, op. cit.* Il est à noter qu'Hitler et
Staline possédaient, l'un comme l'autre, de nombreux livres et qu'ils étaient, à leur
manière, des êtres cultivés. On attribue au premier une bibliothèque personnelle de
16 000 volumes (voir T. W. RYBACK, *Dans la bibliothèque privée d'Hitler. Les livres qui
ont modelé sa vie*, trad. G. Morris-Dumoulin, Paris, Librairie générale française, coll.
« Le Livre de Poche », 2010 [2009], nouvelle édition), et d'au moins 20 000 volumes
pour le second.

35. *Die Filiale der Hölle auf Erden, op. cit.*, p. 105. Nous soulignons.

les circonstances et les lois l'encouragent, les entrailles du *peuple* donnent naissance à la *populace* – un terme qui implique ici une irrationalité et un potentiel destructeur que reprendra Hannah Arendt au moment de le promouvoir[36]. Cette métamorphose est donc un processus extérieur collectif correspondant au glissement personnel et intérieur de la mentalité ordinaire vers la mentalité paranoïaque. La mission de pouvoirs publics devrait également être de maintenir cette dignité de peuple chez les citoyens. Ce n'est pas le cas. Car les immenses médias commerciaux et les gouvernants eux-mêmes cèdent à la tentation de gaver le public de contenus de communication (dans la presse, à la télévision) qui n'ont ni profondeur morale, ni profondeur temporelle. En effaçant les horizons les plus éloignés dans le temps et la responsabilité qui en découle, ce *fast-food* informatif transforme quotidiennement le peuple en *populace* et l'expose à la contamination des lieux communs paranoïaques.

Dans des circonstances dont nous n'avons proposé ici que quelques exemples, la voix du conseiller méfiant domine dans la psyché : un seul et même processus d'*autotrophie* peut la voir s'imposer, tant chez l'individu que le groupe, et devenir l'expression de la « normalité ». En principe, plus un groupe est grand, plus sa diffusion est confiée non pas à la communication personnelle mais à un *médium collectif*, si ce n'est de masse, à tous les sens du terme – les défilés des fascistes et des communistes, hier, les accès solitaires mais uniformisés à la télévision et à Internet, aujourd'hui. Le nombre ne fait qu'accélérer la propagation.

La nature nous a dotés de mécanismes qui limitent notre potentiel destructeur. Les sujets de Milgram étaient troublés par les hurlements et les contorsions des présumées victimes. Certaines variantes de l'expérience ont démontré, sans le moindre doute, que le fait de voir et d'être tout près des « torturés » était le principal obstacle qui empêchait les sujets d'administrer des décharges plus fortes. De la même manière, les réservistes du 101e bataillon étaient particulièrement inhibés si les victimes parlaient allemand ou si elles avaient un accent qui ne leur était pas inconnu. Ils l'étaient encore plus quand ils les connaissaient personnellement. Plus elle est rapprochée, plus la

---

36. Voir *Les Origines du totalitarisme*, trad. J.-L. Bourget, R. Davreu, M. Leiris, P. Lévy, éd. P. Bouretz, Paris, Gallimard, coll. « Quarto », 2002 [1972-1982], partie 1, chapitre 4.

présence d'une personne provoque de l'empathie [37]. À l'inverse, le médium, et surtout le médium de masse, est impersonnel : aucun contact humain ne « perce » les pages des quotidiens ou les écrans.

Passés certains seuils, l'empathie, c'est-à-dire l'élan qui conduit à partager les émotions des autres, un élan que l'homme possède en tant qu'animal social, se brise [38]. Lors des rassemblements de foule que la vie moderne a multipliés – les queues dans les bureaux de poste, les cohues dans les transports en commun –, on voit facilement naître et se transmettre réciproquement un ressentiment qui essaie (comme ce fut sûrement le cas au sein des groupes pré-civilisés) de se décharger sur un bouc émissaire : il n'est pas rare que l'agressivité soit absorbée par empathie. *Il en va autrement avec la souffrance.* La douleur des autres ne nous atteint qu'en partie, car de nombreux tabous viennent la censurer. Les maladies graves et la mort, même celle de nos proches, n'ont plus droit de cité sous notre toit, on les juge déplacées et obscènes [39]. Et tandis que nous apprenons l'existence de souffrances peu compréhensibles par le biais de médias froids, comme les massacres au Darfour ou au Rwanda, nous désapprenons l'empathie de la souffrance, tout en conservant celle de l'agressivité.

Pourquoi la modernité offre de nouveaux espaces à la paranoïa

C'est avec la fin du XIXᵉ siècle que sont apparus les médias de masse dont nous avons discuté la capacité à encourager des styles d'expression

---

37. Voir L. ZOJA, *La morte del prossimo, op. cit.*, chapitre 1.

38. L'un des paradoxes d'Internet réside précisément dans le fait qu'il permet aux relations humaines de connaître une augmentation vertigineuse, mais au risque de les vider de toute émotion : le groupe d'amis cesse d'être un groupe et ne permet plus une circulation de l'amitié. L'homme normal serait capable de maintenir des relations avec, au maximum, 150 personnes – ce qu'on appelle le « nombre de Dunbar », du nom de l'anthropologue qui s'est penché sur ce problème (voir *How Many Friends Does One Person Need? Dunbar's Number and Other Evolutionary Quirks*, Londres, Faber & Faber, 2010). D'après les anthropologues, les groupes humains les plus simples rassemblent entre 40 et 250 personnes pour rester fonctionnels : ils disparaissent quand ils descendent en dessous de ce seuil, et se scindent quand ils le dépassent. C'est ce que rappelait déjà Claude Lévi-Strauss voici plusieurs décennies (voir *Le Regard éloigné*, Paris, Plon, 1983, chapitre 22).

39. Voir P. ARIÈS, *Essais sur l'histoire de la mort en Occident. Du Moyen Âge à nos jours*, Paris, Points, coll. « Histoire », 2014 [1974].

simplifiés et paranoïaques et l'influence politique, économique et sociale, évidente dans les événements historiques que nous avons abordés. Avec le passage du XXᵉ au XXIᵉ siècle, ce qu'on appelle la mondialisation unifie les nombreuses formes de vie de peuples très éloignés les uns des autres. Une seule chose augmente : les disparités économiques, entre les pays et au sein de chacun d'entre eux. On s'attendrait donc à ce que ce phénomène atténue la méfiance réciproque entre l'Occident et le reste du monde. Ce n'est pas le cas. Si l'Europe était jadis intriguée par la *diversité lointaine* des peuples colonisés, elle est maintenant effrayée par ce que ces mêmes peuples, en tant qu'immigrés, rendent *proche* – une réaction en un sens justifiée car cette diversité s'inscrit dans la réalité de tous les jours, et pas dans les pages d'un livre. Le monde riche a donc une nouvelle raison de s'en remettre à la suspicion.

La modernité est néanmoins faite de nouveaux processus immatériels qui mobilisent la part paranoïaque de la psyché. Ce que nous appelons la culture occidentale moderne est caractérisé par la diffusion, d'abord chez les gens cultivés et, lentement, dans toute la société, de deux convictions :

1) l'existence en chacun de nous d'un *monde intérieur*, d'une dimension psychologique personnelle, et de son corollaire, à savoir le droit d'en user, de l'explorer et de faire appel à lui comme source de connaissance. Une idée qui est le stade final d'une conception développée par l'humanisme : l'homme est un microcosme ;

2) l'affirmation de la *condition existentielle* de l'homme, de chaque homme, c'est-à-dire la reconnaissance de son indépendance (ou de sa solitude), même s'il est croyant. L'homme s'est aperçu qu'il n'est pas inclus dans la totalité et entre les bras de Dieu. Une condition qui va se généraliser dans la philosophie du XXᵉ siècle, mais qui avait été anticipée par Kierkegaard au siècle précédent. En d'autres termes, l'importance que prend le microcosme intérieur a un prix : l'affaiblissement de l'appartenance organique à un cosmos extérieur.

Le paranoïaque pourrait être un « dinosaure », un survivant du monde pré-moderne, incapable de s'adapter à cette condition inédite – c'est-à-dire aux deux nouveautés psychologiques que nous venons de mentionner. À la présence inévitable d'un certain pourcentage de paranoïaques cliniques, à toutes les périodes de l'histoire, notre époque pourrait avoir ajouté des difficultés structurelles qui « embrasent » le potentiel paranoïaque des sujets normaux. Tout le monde vit dans une nouvelle ère, celle de la « mort de Dieu », et dans le nouveau royaume de la psychologie. Il n'empêche : une grande partie d'entre nous n'en sont pas conscients et de nombreuses personnes ne parviennent pas à sauter le pas existentiel que cela implique. Parmi eux, d'aucuns n'arrivent pas à interroger leur dimension intérieure ou sont structurellement incapable de la moindre autocritique et doivent continuer à projeter leurs responsabilités sur le macrocosme extérieur, dont ils ne peuvent pas s'isoler.

Ce point soulève une question importante, qui reste sans réponse : au fur et à mesure que la modernisation et la mondialisation se font de plus en plus agressives, graduelles, irréversibles, que le changement se fait toujours plus rapide et, par conséquent, déstabilisant, et qu'il atteint les contrées les plus reculées, le nombre de ces exclus (qui ont adopté les inventions modernes sans pour autant réussir à vivre cette nouvelle condition intérieure) peut-il continuer de croître et, après avoir été une minorité, devenir majoritaire ?

La psyché paranoïaque est un espace fragile, qui ne sait ni se fier à elle-même, ni constituer une entité à part entière. Le « microcosme intérieur », la « solitude existentielle » ne sont pas faits pour elle. Il lui est particulièrement difficile de se vivre en tant que « chose séparée » dans une société sécularisée et indifférente à la métaphysique. Le paranoïaque ne peut pas être séparé : il a besoin de l'autre sans le savoir, il est le survivant de la condition naturelle originelle de l'homme, cet animal social. S'il a perdu cet « autre », car la modernité noie la solidarité, il a au moins besoin d'un autre à soupçonner, à envier et, au bout du compte, à haïr. Ce dont il n'a pas conscience. Il recrée ainsi en négatif le lien positif perdu tout en ayant la conviction d'être une personne normale, pour qui le monde matérialiste et laïc est normal. Il n'a donc pas conscience d'être antihistorique. Ce qui, paradoxalement, le rend « normal » : ne pas être conscient d'une grande partie de ses problèmes et de sa situation historique a toujours été la norme, toutes époques confondues.

Pour autant, ce rejet de l'intériorité, ce besoin de projections de plus en plus radicales et simplistes, est aussi l'une des raisons pour lesquelles l'ensemble de l'Occident voit s'affirmer le populisme, cette mise en scène bruyante de la *populace*. Ses formes agressives et intolérantes ne correspondent pas uniquement à un refus des immigrés, de la complexité du monde multiethnique porté par la globalisation : elles sont avant tout un refus de la complexité intérieure, qui est elle-même la conséquence de la laïcisation et de la psychologisation de notre époque.

Dans des cas et des moments extrêmes, la nostalgie d'une métaphysique et la négation du monde intérieur se combinent et explosent : quand la compréhension devient insoutenable, plusieurs images fortes du monde intérieur resurgissent brusquement sous des formes affirmées, convaincantes, indiscutables. Avec, instantanément, un double bénéfice : l'intériorité torturée et refusée a trouvé un exutoire tandis que le besoin d'appartenir à un macrocosme, le besoin de valeurs et de liens à partager sont satisfaits par une « révélation » vécue comme une réalité extérieure.

En un sens, il se passait autrefois la même chose avec les visions des mystiques. Reste que ces dernières étaient en harmonie avec la nature environnante et que les intéressés pouvaient soit les garder pour eux, soit les relayer. Le paranoïaque moderne, lui, ignore que ses visions annoncent une nostalgie de la métaphysique et une recherche de liens désespérée, une révolte privée, « héroïque », contre la solitude de la condition moderne. Étant inconscientes et pathologiques, les visions du populiste, vindicatif et déboussolé, se présentent uniquement sous des formes négatives. Peut-il en faire part aux autres ? Il se méfie – à juste titre. Dans la solitude de son esprit, le fantasme se peuple d'ennemis qui font obstacle à sa réalité. Cet exercice mental a un rôle crucial et, en lui-même, légitime : il demande la réappropriation de valeurs supérieures, de transcendance et de justice, à opposer à la grisaille d'un monde dont le seul but est la satisfaction de nécessités consuméristes. Même si elle a commencé à la façon d'un conflit intime, même si sa logique est absurde, l'attaque du paranoïaque est ressentie comme une lutte entre le bien et le mal. Pour lui, cette mission est plus importante que le quotidien. Mais le prix à payer pour que cette importance soit reconnue est un renoncement à la réalité. Tel est le coût de cet échange inégal entre des faits objectifs et des révélations subjectives.

Le rapport aux « -ismes »

La diffusion, au sein de la modernité, de doctrines politico-sociales a offert des espoirs de renouvellement à toute la population. Si, autrefois, les grands changements suivaient surtout des événements dynastiques et militaires, l'affirmation des livres et des périodiques a permis pour la toute première fois à de véritables masses de participer aux nouvelles idées. Malgré tout, ces nouvelles doctrines fournissent également des cadres adaptés à la paranoïa. Sur l'ensemble des mouvements qui se diffusent en Occident, l'un d'entre eux acquiert durablement son droit de cité : le nationalisme. Le XVIIIe siècle voit les Lumières gagner les classes cultivées. Au siècle suivant, le Romantisme obtient une diffusion sociale et géographique un peu plus vaste, mais toujours limitée à des groupes circonscrits. De la seconde moitié du XIXe siècle jusqu'à la première moitié du XXe, c'est au communisme de pénétrer lentement en Europe, puis dans les lieux atteints par la colonisation européenne. Mais à l'heure des comptes, il s'avérera moins répandu que le nationalisme, tant dans les classes intellectuelles que dans les classes populaires.

Seul le nationalisme – qui est un produit du Romantisme, des Lumières, des idées sociales et d'autres facteurs – semble avoir fait son apparition pour ne plus jamais partir, même s'il ne progresse que modérément dans toutes les classes sociales et dans tous les pays. S'il est peu visible dans l'Occident du XXIe siècle, il est toujours potentiellement présent, ce que montrent certains groupes ou certains pays qui se disent communistes ou socialistes : lorsqu'on cherche à concrétiser la solidarité *sociale* qui devrait les lier, la réponse nécessaire tarde à venir. À l'instar de la paix, cette solidarité n'est pas un état de fait mais une qualité active, qui implique une volonté permanente et qui coûte cher. À l'inverse, la solidarité *nationale* apparaît bien plus rapidement et constitue surtout un événement « passif », une contamination psychique aux teintes souvent paranoïdes. Avant d'être une forme de culture, le nationalisme est une émotion collective latente qui se sent autorisée à se manifester à des moments précis – une vraie paranoïa, comme nous l'ont rappelé Kiš et Pamuk. Ces occasions, l'Occident post-héroïque du XXIe siècle les trouve dans les exploits sportifs de l'équipe nationale, voire quand une multinationale du pays concerné bat un concurrent étranger dans un duel économique.

À la différence du Romantisme, des Lumières ou du marxisme, le nationalisme se communique presque spontanément au sein des masses. Il suffit parfois d'une retransmission d'un match de football à la télévision pour mobiliser des groupes non négligeables et les préparer à tuer dans l'impunité de la foule. La continuité entre la violence nationaliste et le sport est évidente, même en inversant le lien qui les unit. En 1978, la dictature argentine est mise en grande difficulté, à l'intérieur comme à l'extérieur de ses frontières, par la multiplication des révélations sur ses abus de pouvoir. Toujours est-il que le pays remporte la Coupe du Monde de football : les médias vont alors immédiatement redécouvrir que leur devoir est de s'occuper de cet événement. De quoi renforcer doublement la junte militaire. La banalité du mal est surtout une complicité indirecte. Le sport, la télévision, la presse peuvent être les plateaux sur lesquels on nous la sert jour après jour.

Si Eric Hobsbawm et Ernest Gellner ont décrit le nationalisme comme le plus grand fossoyeur de la planète, cette étude nous a permis d'arriver à la conclusion suivante : l'espace psychologique occupé par la paranoïa collective est précisément celui qui abrite aussi le nationalisme, du moins dans ses formes agressives. Avec la diffusion médiatique, le nationalisme perd ses origines cultivées et romantiques pour devenir le populisme. À travers une extension scientifique factice, il renaît sous les traits du darwinisme social et du racisme. Des courants que l'Europe de la Grande Guerre va voir glisser ensemble sur les parois d'un même entonnoir. Ils en ressortiront transformés en fascisme. Au passage, le peuple démocratique se sera métamorphosé en *populace* paranoïaque.

Il n'est pas rare que le communisme soit lui-même perçu comme la transposition des luttes nationales en confrontation entre les classes. Ces dernières vivant mêlées les unes aux autres au sein d'une même société et sur le même territoire, leurs affrontements peuvent s'avérer paranoïaques, voire génocidaires, quoiqu'ils surviennent sur des périodes plus limitées. Et s'ils s'avèrent sanglants, c'est surtout lorsqu'ils sont guidés dans cette direction, d'en haut. Les régimes communistes manifestent des pathologies de masse dans la mesure où ils sont des nationalismes déguisés. Au final, après trois quarts de siècle de doctrine communiste, la Russie débouchera directement sur une version *soft* du fascisme.

L'homme est un être social dans tous les sens du terme. Si se réunir au sein d'un groupe facilite le déchaînement d'agressivités primordiales, cette appartenance limite l'agressivité à l'endroit des autres membres. Les rares esclaves noirs qui ont profité de la guerre de Sécession pour changer de vie voulaient fuir les maîtres avec qui ils avaient vécu plutôt que se venger d'eux – des siècles plus tôt, au cœur de la Rome antique, ceux qui avaient cherché à rejoindre Spartacus avaient eu une démarche similaire. Les bataillons de la police militaire nazie qui opéraient à l'arrière du front Est s'habituaient progressivement à leur mission, mais ils usaient de tous les subterfuges possibles pour désobéir à leurs officiers lorsque les ordres d'exécution concernaient des prisonniers juifs qui avaient travaillé pour eux comme cuisiniers ou dans des fonctions similaires. Faire du mal à ceux qui nous ont nourris est particulièrement éloigné de notre instinct [40]. Si la propagande persuade assez aisément de projeter la haine sur un inconnu, elle ne peut guère changer les sentiments que nous éprouvons déjà envers les individus que nous connaissons.

En définitive, l'affrontement entre deux couches d'une même société reste surtout cet événement exceptionnel que nous appelons une révolution. Même si celle-ci s'accompagne parfois de préjugés, de stéréotypes et de projections paranoïaques de masse, le fonctionnement de la société en question exige (plus elle est moderne et complexe) qu'on revienne, tôt ou tard, à un certain degré de collaboration : l'autre n'est pas définitivement autre, il fait également partie de « nous ». Le nationalisme, lui, est antérieur à la lutte de classe. Tandis qu'il perd de son influence sur le plan culturel et creuse d'autres sillons, comme le racisme, il incite à la haine, devenue un langage, et au mépris, érigé en valeur collective. Les affrontements nationaux – et leur version extrême, les affrontements raciaux – peuvent se poursuivre pendant des siècles, surtout quand les deux groupes communiquent peu : la colonisation européenne de l'Amérique, et notamment celle du nord du continent, a été qualifiée de génocide « étalé » dans le temps. L'« instinct social » qui s'opposait à l'élimination des Indiens était faible, car les natifs n'appartenaient pas à la société des Blancs et avaient du mal à être reconnus en tant qu'êtres humains. Presque tout ce qu'on racontait à leur sujet relevait du stéréotype, du préjugé, voire de l'animalisation.

D'autres bains de sang ont été inspirés par le présupposé d'une supériorité raciale mais restent des événements peu connus car lointains et répartis sur plusieurs siècles : il s'agit des massacres de

---

40. Voir C. BROWNING, *Des hommes ordinaires, op. cit.*, chapitre 18.

populations entières dont se sont rendus responsables les empires coloniaux, par omission ou par incurie de l'administration. En Inde, le
dernier quart du XIXe siècle a vu périr à lui seul entre 12,2 et 29,3
millions de personnes [41]. Les disettes avaient beau être récurrentes,
constituer des stocks suffisants était impossible dans la mesure où la
production agricole devait nourrir la Grande-Bretagne. L'administration anglaise est même allée jusqu'à fournir aux travailleurs qui
exécutaient les travaux les plus difficiles des rations alimentaires inférieures à celles des camps nazis, lesquelles étaient intentionnellement
insuffisantes (un tel choix était en parfaite cohérence avec les postulats
social-darwiniens et entendait contribuer à l'élimination des plus
faibles [42]).

Il est assez facile de faire soi-même l'expérience du potentiel raciste
latent en chacun de nous. Il suffit de passer une heure dans un trans-
port public où la moitié des passagers a une apparence physique
différente et/ou parle une autre langue pour se sentir différent. Si, à
mon arrivée, on me demande qui se trouvait avec moi, je serai immédiatement en mesure de répondre qu'il y avait « beaucoup de Chinois »
ou « beaucoup d'Africains », même si j'ai passé tout mon temps à lire
le journal. Inversement, si ces personnes étaient toutes de la même
nationalité que moi, je répondrais, perplexe : « Je ne sais pas, je n'ai pas
fait attention. » Si je n'ai rien remarqué, c'est parce que je me suis senti
intégré, même sans en être conscient. Même si je suis un Italien ou un
Français pauvre, je peux m'imaginer en Italien ou en Français riche :
est-ce que cela ne correspond pas de plus en plus à l'idéal que me
proposent les moyens de communication ? En revanche, j'aurai plus de
mal à m'imaginer africain ou chinois. Je ne m'identifie pas à eux. Ce
sentiment est précisément le présupposé qui rend étranger à leur souffrance, puis indifférent à leur massacre et, au bout du compte, complice
de leur extermination. L'étrangeté est un premier pas sur le plan
incliné.

Coïncidence frappante, nous avons vu que la circularité est l'une des
constantes du faux raisonnement paranoïaque. Au lieu de formuler une

---

41. Voir M. DAVIES, *Late Victorian Holocausts. El Niño Famines and the Making
of the Third World*, Londres, Verso, 2002, tableau P1.

42. Les rations alimentaires des travailleurs indiens étaient même plus faibles que
celles du camp de Buchenwald au cours de l'année 1944-1945, période à laquelle
l'Allemagne nazie a souffert des pires pénuries. Voir *ibid.*, tableau 1.3.

vraie pensée, celui-ci croit avancer alors même qu'il revient sur ses pas. Il s'exprime par tautologies, répète ce qu'il a dit au départ, en changeant simplement la formulation. À ce titre, le concept de nationalisme est en grande partie aussi insaisissable et circulaire qu'une idée paranoïaque. En dépit de tout ce qu'ils ont pu écrire, les historiens ne sont jamais arrivés à le définir de façon cohérente. Impossible de déterminer l'élément le plus important pour faire une nation. Est-ce la langue ou la religion ? la culture ou les caractéristiques ethniques ? Tôt ou tard, c'est la plus sûre des définitions possibles qu'on finit par adopter : ce qui constitue une nation, c'est ce groupe d'individus qui se reconnaît comme telle.

Posons maintenant une question : est-ce la nation qui finit par vouloir fonder également un État ou est-ce l'État qui veut également être une nation ? Les deux peuvent arriver, répond l'historien. La circularité est toujours sauve. En se plaçant du côté de la définition de ce terme, la nation est à la fois le sujet et l'objet de la description qu'elle fait d'elle-même. En se plaçant du côté des événements historiques, la nation est aussi bien le groupe national désireux de devenir une entité juridique que l'État déjà existant et désireux de se définir également comme une nation. Un phénomène très proche se produit avec le racisme, ce grand frère violent du nationalisme : on sait qu'il ravage le monde mais on ignore ce qu'il est. Les racistes eux-mêmes peinent à le définir. Depuis le développement de la génétique, discipline susceptible de donner des réponses concrètes, le racisme ne se présente plus comme scientifique. Il préfère revenir à l'évocation cousue de fil blanc d'une tradition ou se cacher pour survivre dans les plaisanteries de mauvais goût à l'égard des étrangers.

La rente paranoïaque

Ce sont peut-être le nationalisme et le racisme qui permettent, plus encore que d'autres idées, d'encaisser ce que nous avons appelé la *rente de position paranoïaque*. Au milieu du tsunami de paranoïa qui a frappé l'Allemagne au début de la Première Guerre mondiale, Karl Liebknecht et Rosa Luxemburg ont été isolés, étiquetés comme des révolutionnaires intolérants et, finalement, tués. En réalité, il s'agissait de deux personnes qui étaient restées attachées à des idéaux de paix et de progrès qui, jusqu'à peu de temps auparavant, avaient été partagés par une grande partie du pays, ou du moins par la principale formation politique, le Parti socialiste. Après avoir guidé les socialistes qui s'opposaient à la guerre, Mussolini va, pour sa part, passer brusquement dans le camp d'en face : il a pressenti que l'*interventismo*, ce mouvement politique visant à ce que l'Italie participe à la guerre, était susceptible de faciliter la création d'un plan incliné irréversible. L'entrée du pays dans le conflit a même été décidée par trois personnes seulement (le roi Victor-Emmanuel III, le Premier ministre Antonio Salandra et le ministre des Affaires étrangères Sidney Sonnino), sans consulter le Parlement. Les socialistes ont été battus dans la mesure où ils sont restés les seuls vrais pacifistes pendant la première moitié du XXe siècle. La paix aurait dû être construite par chacun, jour après jour. Assurer la paix exige bien davantage que trois personnes. Quant à la guerre, il suffit peut-être d'un seul paranoïaque qui décoche la flèche de Pandare avant d'aller dormir du sommeil du juste.

La *rente paranoïaque* réveille la suspicion cachée dans les strates les plus profondes de chaque personnalité et les manipule. L'*Othello* de Shakespeare explique de façon convaincante comment y parvenir chez un individu. Mais puisque l'intelligence des membres d'un groupe tend à s'aligner sur celle des sujets les plus simples et les plus instinctifs, réveiller cette tentation au sein de la masse est paradoxalement plus facile que chez un individu. On en retire même une rente supérieure. Sans avoir besoin de les faire descendre dans la rue, les moyens de communication populistes vont directement chercher chez eux chacun des éléments qui constituent une masse, et actionnent les ressorts paranoïaques de leurs âmes.

Les groupes clandestins révolutionnaires

Un exemple spécifique mais flagrant de *rente paranoïaque* nous est donné par les organisations relativement restreintes, comme les Brigades rouges et la RAF (Rote Armee Fraktion). L'une et l'autre ont trouvé un espace particulier dans une Italie et une Allemagne qui n'avaient pas digéré leurs dictatures et leurs défaites désastreuses à l'issue de la Seconde Guerre mondiale.

Les Brigades rouges décollent à la suite de l'attentat à la bombe de Piazza Fontana, à Milan, en décembre 1969. Le futur « parti armé » l'interprète, non sans fondement en un sens, comme un acte de guerre de la part des pouvoirs les plus réactionnaires de l'État. Préformatés par l'idéologie, des concepts comme celui d'« État », celui de « guerre » et celui de « pouvoir », employés par les brigadistes, sont néanmoins très abstraits et dogmatiques. Si, d'un côté, ils sont enclins à être aussi inflexibles que les postulats paranoïaques, de l'autre, ils s'adaptent afin de signifier tout et son contraire, comme dans les raisonnements paranoïaques. Ils permettent d'expliquer trop de choses. Dans le brigadisme, l'argumentation circulaire s'articule avec une action au développement circulaire, qui se refermera sur elle-même. En s'autoalimentant de la sorte, la réponse aux événements de Piazza Fontana déclenche ce mouvement d'exclusion auquel elle prétend pourtant s'opposer et déclare la guerre dont elle se sent victime.

Dans ce premier pas vers la clandestinité, nous remarquons d'emblée une composante paranoïaque. On motive le choix de la lutte armée par l'impossibilité d'obtenir des changements sociaux significatifs. À plusieurs décennies de distance, cette affirmation semble bien plus liée à des postulats persécutoires qu'à la réalité. D'aucuns ont noté – à juste titre – qu'à l'échelle du XXe siècle, les années 1970 ont très certainement été la période où l'Italie a connu la plus grande concentration de transformations sociales – parmi elles, l'introduction du droit au divorce et à l'avortement, la généralisation de l'accès aux études supérieures et aux soins, le rôle des syndicats, et ainsi de suite [43]. C'est précisément au cours de cette décennie que va se dérouler toute la parabole de la lutte armée, dont les étapes sont marquées par des développements significatifs pour le sujet qui nous occupe, la paranoïa.

Le premier tient au constat effectué par les brigadistes que l'État peut être abattu par les armes, pas modifié par les réformes. Ce *faux postulat* ne dérive évidemment pas du monde extérieur, qui se trouve pour la première fois face à ce dilemme, mais du monde intérieur où se libère une « révélation » préexistante.

---

43. Voir C. BEEBE TARANTELLI, « Terrorismo e psicoanalisi », *Micromega*, 3, 1999, p. 51-72.

Dans un deuxième temps, le déploiement de l'action brigadiste et de ses communiqués amène les médias à devenir leurs collaborateurs inconscients. De façon *circulaire*, ils rassemblent des indices et alimentent d'innombrables allusions, plus variées les unes que les autres. Ce sont cependant les interprétations marquées par la suspicion qui l'emportent. Comment concevoir qu'un groupe clandestin puisse prendre en otage la tranquillité de toute l'Italie sans d'importants soutiens politiques ou économiques ? Les journalistes sont les porte-paroles d'Ajax : on ne peut pas se contenter de ce qu'on voit, il doit forcément y avoir des forces occultes *derrière* les événements – une attitude à laquelle de nombreux commentateurs donneront par la suite le nom de *dietrologia* (néologisme fondé sur le mot *dietro*, « derrière » en italien). Indirectement, sans le vouloir, la paranoïa brigadiste, contamine l'information et celle-ci, le public.

Pour les Brigades rouges italiennes, le virage vers le gouffre coïncide avec la victoire qu'ils ont apparemment obtenue avec l'enlèvement de l'ancien président du Conseil, Aldo Moro. D'un côté, elle renforce les illusions paranoïaques des plus extrémistes, en creusant les fractures internes au groupe de façon irréparable [44]. De l'autre, les longs interrogatoires du prisonnier rendent à ceux qui les mènent une complexité humaine que leurs présupposés idéologiques avaient tenté de nier [45]. Et c'est ainsi que refont surface, chez les plus sensibles, des fractures psychologiques qui avaient survécu à la négation. Pour se cacher à elles-mêmes l'exil loin du monde auquel elles se sont condamnées, les Bridages rouges font dans leurs messages un emploi immodéré de *postulats de base indémontrables*. Au centre des arguments des neuf communiqués sur l'enlèvement d'Aldo Moro (du 16 mars au 5 mai 1978) figure une hypothèse spécifique : l'existence d'un État impéria-liste des multinationales qui, dans la vision brigadiste, est en train de remplacer les vieux États-nations [46]. Dans cet esprit mécanisé par le militantisme au sein du groupe, ce concept finit par acquérir une vie propre et une réalité concrète.

44. Voir M. WIEVIORKA, *Sociétés et terrorisme*, Paris, Fayard, 1988, partie 3, chapitre 4.

45. Voir G. BOCCA, *Noi terroristi. Dodici anni di lotta armata ricostruiti e discussi con i protagonisti*, Milan, Garzanti, 1985.

46. Les documents des Brigades rouges et d'autres organisations révolutionnaires de ces années ont été publiés dans M. R. PRETTE (dir.), *Le parole scritte, op. cit.* Pour les communiqués sur l'enlèvement d'Aldo Moro, voir *ibid.*, p. 111-129.

Par contamination psychique, ce présupposé « granitique » devient la base des raisonnements d'autres organisations révolutionnaires. Le 28 mai 1980, la Brigata XXVIII Marzo livre le communiqué suivant : « Les instruments de l'analyse marxiste nous ont permis d'identifier et d'anéantir un personnage comme Walter Tobagi, qui occupait un rôle de direction dans le processus politique de restructuration, qui a pour fin l'asservissement total de la presse aux directives de l'État impérialiste des multinationales (EIM) [47]. » En substance, cet « État impérialiste des multinationales » n'est plus un modèle abstrait, quelque chose que personne n'a vu mais qui peut servir à élaborer des explications (comme le concept marxiste de capital). Non, c'est une organisation concrète, comme la CIA (Central Intelligence Agency), et où travaillent de nombreuses personnes, qu'il faut désormais frapper. Elle est même si concrète qu'on la désigne par un acronyme. Les tracts franchissent alors une nouvelle étape « logique » et insèrent l'EIM dans la liste de véritables structures où travaillent de vraies personnes – « État impérialiste des multinationales, FMI, CEE... », liste un autre document émanant des Brigades rouges [48]. Le postulat de base irréel a produit quelque chose de réel : sur un trottoir de Milan, Tobagi trouve *véritablement* la mort car il occupe « un rôle de direction » dans une *fausse* entité, l'EIM.

Comme nous l'avons déjà vu dans diverses circonstances historiques, et notamment avec Hitler, cette phase voit la furie brigadiste *s'autoalimenter* de ce succès inattendu. De fait, c'est surtout à travers la voix des médias que les Brigades rouges ont un rôle. Et si elles sont sur les lèvres des médias, c'est surtout à la suite d'un processus d'*autotrophie* paranoïaque. Celui-ci va les exalter, mais également contribuer à ce qu'elles se détachent encore plus de la réalité. Au bout du compte, si la deuxième phase avait diffusé le langage de la paranoïa, la troisième semble encaisser une *rente paranoïaque*.

Dans la phase finale, l'organisation révolutionnaire concrétise irrévocablement ses fantasmes et l'impasse dont elle ne peut plus sortir. « Tous les groupes paranoïaques dotés d'une idéologie totalisante

---

47. « Rivendicazione dell'attentato mortale contro Walter Tobagi », dans *ibid.*, p. 397. Figure respectée du journalisme italien, Walter Tobagi avait consacré plusieurs enquêtes aux groupes armés de l'époque.

48. Cette « Risoluzione della Direzione Strategica » du mois de février 1978 figure dans *ibid.*, p. 60.

tournée vers la violence sont dangereux, mais ceux qui ont une idéologie utopique *égalitaire* le sont particulièrement », rappelle Carole Beebe Tarantelli[49]. À force de rêver d'une société utopique d'égaux, ils croisent de plus en plus de diversité, de plus en plus d'hommes différents, ce qui les pousse à les éliminer, en parfaite cohérence avec leur postulat de base rigide. L'égalitarisme, abstrait et dogmatique, fait lui aussi court-circuit avec la paranoïa, qu'il renforce. *De façon circulaire, il lui sert à la fois de conséquence et de cause.* Le besoin d'égalité met en évidence une plus grande dureté et une différence paradoxale par rapport à l'extrême-droite, pour laquelle l'altérité peut être inférieure, mais est tolérée. Comme à la fin des pires guerres, cette phase témoigne d'une radicalisation de la violence, même s'il est clair qu'elle n'aura plus les moyens d'atteindre son but. L'organisation glisse sur un plan toujours plus incliné, toujours plus éloigné de la réalité.

La continuité entre agressions limitées et génocides

Dans les États multiethniques, la *rente de position paranoïaque* est particulièrement visible et bouleverse la structure interne du pays. Des groupes d'exaltés ou des personnages intolérants occupant des rôles de pouvoir, parviennent à faire basculer des équilibres anciens, comme ce fut le cas lors des pogroms tsaristes et du génocide arménien, alors même que dans d'autres pays, comme les États-Unis, la composition multiethnique née de l'immigration est rapidement soudée par l'unité nationale : s'il n'est pas nécessaire d'imposer l'assimilation par la violence, c'est que les immigrés eux-mêmes veulent apprendre la langue et demandent à être intégrés. Ici, le discours paranoïaque qui agrège tout le monde participe à une épuration ethnique du continent : il efface ses frontières intérieures et réduit les natifs à une quasi-extinction pour construire un nationalisme fort, capable de mener toutes les guerres extérieures en s'appuyant sur une force militaire et un idéal de « justice ». Le XXe siècle a également vu les États-Unis se lancer dans des guerres peu justifiées : au fur et à mesure que ces motivations continuaient de s'amoindrir, on a accentué l'effort de guerre en disant « Pas question de laisser nos soldats tout seuls » ou « Nos gars ne doivent

---

49. « Terrorismo e psicoanalisi », *op. cit.*, p. 62.

pas être morts pour rien ». Inspirée par des postulats relevant d'un nationalisme « granitique » (par conséquent indiscutable et potentiellement paranoïaque), la nécessité d'une guerre, contestable d'emblée, est démontrée en arguant que la guerre est déjà là et qu'elle a fait des morts. La guerre apporte la mort et cela devient une raison pour la faire, au lieu d'être une bonne raison de ne pas la faire. La guerre se justifie par le constat qu'il y a la guerre, tout comme le paranoïaque justifie son agressivité incessante en reformulant, sans les modifier fondamentalement, les postulats agressifs qui l'ont déchaînée.

Les études historiques [50] nous ont convaincus que le glissement du nationalisme vers « l'épuration ethnique » et, à partir de là, vers le génocide est une forme incontrôlable de paranoïa collective, évidente dans le cas de la déportation des Arméniens et leur massacre. Il existe néanmoins une circonstance aggravante qui conduit ces persécutions partielles à basculer dans le génocide : la guerre. Psychologiquement parlant, la guerre est synonyme d'*agressivité*, d'*empressement* et de *projection* : elle contient donc différentes conditions psychologiques en profonde symbiose avec celles de la paranoïa. Elle reste par ailleurs fondamentalement pathologique et inconsciente, même quand elle reçoit des justifications rationnelles. Une fois sur le seuil du plan incliné, la guerre s'autoalimente, à l'image de la paranoïa, et sa motivation initiale est oubliée. De fait, la persécution tend à s'aggraver, à la fois quand la guerre tourne à l'avantage des persécuteurs et quand elle s'avère désastreuse pour eux.

Tout comme la recherche historique, la psychologie nous indique également que les épurations ethniques peuvent échapper aux gouvernements qui les ont encouragées ou tolérées et glisser vers le génocide.

---

50. Comme nous l'avons déjà noté au chapitre 2, certains auteurs tendent à employer de façon très générale le concept de « nettoyage ethnique », dont les autres formes de violence collective deviennent des sous-catégories. Voir surtout M. MANN, *The Dark Side of Democracy, op. cit.* Voir également N. M. NAIMARK, *The Russians in Germany, op. cit.*, et *Les génocides de Staline, op. cit.* ; J. GLOVER, *Humanity, op. cit.* ; D. NIRENBERG, *Violences et minorités au Moyen Âge, op. cit.* ; M. LEVENE, P. ROBERTS (dir.), *The Massacre in History, op. cit.* ; F. R. CHALK, J. JONASSOHN (dir.), *The History and Sociology of Genocide, op. cit.* ; J. SÉMELIN, *Purifier et détruire, op. cit.* ; E. BOUDA, *Crimes et réparations, op. cit.* ; R. GELLATELY, B. KIERNAN (dir.), *The Specter of Genocide, op. cit.* ; O. BARTOV, P. MACK (dir.), *In God's name, op. cit.* ; G. BENSOUSSAN, *Europe, une passion génocidaire, op. cit.* ; B. KIERNAN, *Blood and Soil, op. cit.* ; R. J. LIFTON, E. MARKUSEN, *The Genocidal Mentality, op. cit.* ; D. CHIROT, C. MCCAULEY, *Why Not Kill Them All ?, op. cit.*

À leur tour, les épurations ethniques peuvent dériver de persécutions occasionnelles qui ont échappé à ceux qui les ont engagées et ces dernières au « simple » préjugé collectif. Un préjugé, pour finir, qui naît parfois du nationalisme le plus commun. Au bout du compte, c'est une seule et même chaîne, composée de maillons imperceptibles, qui peut conduire de l'orgueil national, mis en mouvement par un poète naïf, jusqu'au crime absolu.

En 1915, les Turcs engagent la déportation et le massacre des Arméniens face à une avancée réelle des Russes, qui déchaîne chez eux une « paranoïa d'encerclement » typique. La population arménienne qui se trouve derrière eux met-elle en danger l'existence de l'Empire ottoman ? Il est permis d'en douter même si cela ne fait aucune différence dans la perspective qui nous occupe. Et pour cause : l'état-major en est persuadé. Pour eux, il s'agit désormais d'une « réalité psychologique » [51]. Pour autant, la défaite de la Russie, qui se retire de la guerre, ne les conduit pas à suspendre cette stratégie génocidaire. Comme nous le savons, les contaminations psychiques collectives peuvent s'embraser rapidement, mais reculent avec lenteur.

Au cours de la Seconde Guerre mondiale, les nazis inaugurent le massacre systématique des Juifs sur le front Est au moment où ils avancent avec une rapidité stupéfiante. Cette extermination se transforme cependant en un processus industrialisé pendant les années suivantes, alors même qu'ils sont en train de perdre définitivement la guerre. Elle atteint même son paroxysme dans la dernière période du conflit, dans une phase où la chute du IIIe Reich est désormais certaine : il est clair, même pour les plus fanatiques, que ce massacre n'apporte rien de bon à l'Allemagne et qu'il constituera un immense obstacle à sa renaissance future. Hitler y met un point d'honneur dans son testament.

Staline, lui, ordonne des déportations génocidaires à la fois quand il est écrasé par l'avancée de la Wehrmacht et quand l'Armée rouge a définitivement repris le dessus.

Enfin, si les Alliés décident pour leur part de bombardements massifs sur la population civile adverse alors qu'ils sont sur la défensive lors des premières phases de la guerre et hésitent encore sur la stratégie

---

51. Voir D. CHIROT, C. MCCAULEY, *Why Not Kill Them All ?*, *op. cit.*, p. 5.

à adopter, ils les poursuivront en utilisant même la bombe atomique, à un moment où ils ont déjà gagné.

Les événements dont l'humanité devrait le plus avoir honte usent de raisons militaires comme d'un prétexte, puis continuent à glisser tout seuls, de plus en plus bas, même quand les raisons qui les ont initialement motivés se sont renversées. La pensée collective paranoïaque révèle donc une dynamique psychique autonome : elle attend silencieusement, parfois pendant des siècles, l'occasion d'exploser, cachée derrière des rationalisations apparentes. Chaque pays a une histoire et un inconscient collectif propres qui affrontent cette question ô combien délicate. La Tchécoslovaquie n'avait pas encore vidé ses caves du sang hitlérien et stalinien lorsqu'elle s'est séparée civilement en République Tchèque et en République de Slovaquie. De la même manière, le Québec pourrait un jour se séparer du reste du Canada ou la Belgique se scinder entre la Flandre et la Wallonie. À l'inverse, il est impossible d'évoquer la séparation entre la Palestine et Israël, celle de la Tchétchénie et de la Russie, ni même celle du Pays Basque et de l'Espagne, désormais pacifique, sans susciter des sentiments persécutoires.

Acceptation des responsabilités et négationnisme

Si la paranoïa consiste à tenter, inconsciemment, de soigner un équilibre psychique déficient en projetant ses responsabilités sur un adversaire, tout en lui niant la moindre qualité humaine, un processus similaire se joue entre les peuples : les rapports entre nations fondés sur un sentiment de supériorité demandent toujours une dose de folie et de déshumanisation des « autres ». Même s'ils ont rasé Carthage et Jérusalem, les Romains pouvaient combattre loyalement des adversaires qu'ils considéraient aussi humains qu'eux. En revanche, ils ont crucifié les esclaves qui s'étaient rebellés au côté de Spartacus. De la même manière, les Anglais et les Français se sont affrontés en égaux sur le continent américain, mais les conflits contre les natifs se sont soldés par le massacre des femmes et des enfants. De telles situations présupposent d'avoir longtemps perçu l'autre comme différent. À force (par exemple après des siècles de colonialisme et d'esclavage), la conscience de son humanité disparaît loin à l'horizon.

Cette projection de la différence aurait dû être qualifiée de paranoïa collective, mais elle a été jugée normale durant des siècles. De tels comportements mentaux ont été si communs et si prolongés que l'apparition du négationnisme ne doit pas nous surprendre. Si un peuple en a méprisé un autre de façon paranoïaque pendant des centaines d'années, il se peut qu'il le massacre comme on le fait avec les animaux. Pour cette raison, il n'est pas impossible de le voir un jour nier qu'il a commis un tel « crime contre l'humanité ». Et pour cause : l'humanité des victimes n'est jamais entrée dans la conscience collective. Un processus proche de ce qui s'est joué dans les rapports entre les Européens et les peuples d'autres continents. Signalons cependant que les négationnismes du Vieux Monde sont plus typiquement liés à l'idéologie. La politique officielle turque a ainsi longtemps nié que le génocide arménien de 1915 avait eu lieu et la Russie a faussement imputé aux Allemands le massacre des officiers polonais à Katyn, en 1940. Tandis que le perfectionnement de la recherche historique conduisait aux premières reconnaissances de responsabilités, l'honneur national des Turcs et des Russes n'a pas sombré. Au contraire : il a tiré parti de cette nouvelle donne [52].

Le négationnisme historique a pour l'imaginaire collectif une fonction assez proche de celle du « déni » (*denial*) pathologique individuel : il s'agit d'une sorte de tranchée psychique, perçue comme la dernière (et indispensable) ligne de défense. En réalité, il n'en est rien – même s'il est souvent nécessaire de vivre le déchirement jusqu'au bout et de ne pas avoir d'alternatives pour faire un saut dans le vide, hors de la paranoïa. C'est ce qui arrive à Créon dans *Antigone* : l'inflexible tyran

---

52. Au terme de la Première Guerre mondiale, Enver Pacha, qui avait codirigé l'Empire ottoman à partir de 1913, a été condamné à mort par contumace en Turquie pour sa responsabilité dans les massacres de 1915. Mais il est mort libre et en exil. Le temps s'est ensuite chargé de redorer son image, comme s'il obéissait à la fameuse question lancée par Hitler : « Qui se souvient encore du génocide des arméniens ? » (voir *supra*, chapitre 8). En 1993, alors que la Turquie se modernisait et s'ouvrait sur l'Europe, ses restes ont été rapatriés et inhumés au cimetière des héros de la Colline de la Liberté (*Abide-i Hürriyet*). Sur ce point, voir D. BRANDES, H. SUNDHAUSSEN, S. TROEBST, *Lexikon der Vertreibungen, op. cit.*, p. 223-224. Rappelons, pour finir, que l'important travail de l'historien turc Taner Akçam sur le génocide arménien est paru en 1999. L'auteur avait cependant publié des recherches sur cette question en Allemagne, où il s'était réfugié après avoir été persécuté et emprisonné par les autorités turques.

ne revient à la raison qu'avec la mort de son fils. *Le déni relève sous bien trop d'aspects de la psychopathologie pour n'être envisagé qu'avec des critères historiographiques.* Dans ce contexte, le XXe siècle a peut-être introduit une véritable nouveauté : contrairement à la défunte Allemagne communiste, à l'Autriche, à l'Italie, au Japon, la RFA a promu institutionnellement une autocritique, en érigeant le refus du nazisme et de toute politique expansionniste en fondement constitutionnel – ce qui l'a amenée à être considérée comme le premier État « postnational ». La loi et la culture ont collaboré pour faire obstacle au négationnisme, qui est une continuation de la paranoïa nationaliste.

L'histoire va et vient, en manifestant plus ou moins de paranoïa. Il serait naïf de penser que les rapports entre les peuples connaissent des embellies irréversibles mais il serait faux de ne pas reconnaître qu'avec la fin des deux conflits mondiaux et de la guerre froide, le XXe siècle s'est refermé, en Europe, par des ouvertures, des pacifications, des dialogues presque sans précédent dans l'histoire humaine. La Grande Guerre a commencé près d'un pont de Sarajevo, où a été tué l'héritier au trône d'Autriche. De cette guerre est née la Yougoslavie, qui a baptisé cette construction du nom de l'assassin. Finalement, la dernière décennie du siècle a vu la Bosnie se séparer de la République fédérative socialiste de Yougoslavie et l'ancien pont Princip a repris son nom de pont des Latins.

Étant donné la nature d'animal grégaire de l'homme, on ne saurait éviter une dose de localisme et de nationalisme, c'est-à-dire d'identification avec un « nous » constitué de la somme d'innombrables « je ». Néanmoins, vu l'imprévisibilité de la dynamique paranoïaque, qui peut conduire presque directement du simple préjugé de supériorité au génocide, nous ne pouvons pas nous permettre d'établir une distinction entre un nationalisme *hard*, inacceptable, et un autre *soft*, que nous réserverions au folklore et aux matchs de foot. Le nationalisme devrait être considéré comme un mal en soi. Les hommes ne se sont jamais contentés de donner libre cours à ces pulsions collectives en regardant un simple ballon : tôt ou tard, cette horde veut aussi que le sang coule sous ses pieds.

Qui a gagné ?

Même s'il n'a jamais existé en tant qu'idéologie organisée ou même cohérente, au vu de ses résultats concrets et visibles, le darwinisme social semble avoir gagné. Il a eu du succès dans le Vieux Monde et en a encore là où l'Occident a imposé sa présence par la force – l'ensemble du continent américain, l'Australie, l'Afrique, le sous-continent indien.

Au cours du siècle dernier, plusieurs peuples qui vivaient en symbiose depuis des siècles ou des millénaires ont été séparés à travers des massacres ou la déportation de millions de personnes. Hitler voulait voir disparaître les minorités afin que les Allemands ne soient pas contaminés en vivant avec d'autres groupes ethniques. Comme il le rappelait avec acharnement dans son « Testament », il est parvenu à éliminer la majorité des Juifs habitant en Europe centrale et en Europe de l'Est – ces Juifs à qui le continent devait une bonne partie des sommets qu'il avait atteints en matière de culture dans la première moitié du XXe siècle. Dans le même temps, il a obtenu la séparation qu'il souhaitait aussi pour les Allemands – mais, comme cela arrive souvent au leader paranoïaque (et comme Hitler l'avait inconsciemment présagé dans son discours du 8 novembre 1943[53]), de façon renversée, à leurs dépens. De la culture yiddish, on a surtout effacé la langue (à forte composante germanique) et la littérature – la musique a, elle, survécu plus facilement grâce à son caractère plus international.

La fin de la Seconde Guerre mondiale a permis à Staline de déplacer ses frontières jusqu'au cœur de l'Europe, en chassant une quantité de personnes encore inégalée dans l'histoire des migrations humaines. De grandes zones peuplées de millions de germanophones avaient existé en dehors de l'Allemagne et de l'Autriche, dans différents pays qu'ils avaient enrichis de façon assez proche de ce qu'avaient fait les Juifs dans les territoires qui les accueillaient[54]. Le dictateur géorgien a vaincu de façon paradoxale, lui aussi. Même si ses déportations

---

53. Voir *supra*, chapitre 9.

54. À Riga, en Lettonie, où avaient été publiées quelques-unes des œuvres les plus importantes de Kant (et c'était tout sauf un hasard), la population germanophone représentait 43 % du nombre total d'habitants et 23,5 % seulement pratiquaient le letton en 1867 (voir D. BRANDES, H. SUNDHAUSSEN, S. TROEBST, *Lexikon der Vertreibungen, op. cit.*, p. 126). Jusqu'à la fin de la Première Guerre mondiale, près de 2 millions de personnes de langue et de culture allemande vivaient en Hongrie (voir

ont à moitié détruit la richesse culturelle de groupes ethniques très anciens, le tyran est inconsciemment parvenu pendant quelque temps à faire revivre son pire ennemi, l'Empire tsariste, et à le faire croître. Par la suite, son délire a également eu des effets renversés : avec la chute du Mur, les pays satellites ont tourné le dos à l'ex-URSS, qui s'est recroquevillée autour d'une Russie nouvelle, expression d'un fascisme *soft* mais d'un capitalisme *hard*, où les injustices sociales sont parmi les plus dramatiques du monde.

La pire crainte du paranoïaque n'a pas seulement marqué de son empreinte la mort d'Hitler et celle de Staline, elle a également été payée au fil du temps par la totalité de leurs sujets car l'agression de peuples entiers a appauvri l'ensemble du continent. Si l'épuration ethnique de l'Europe avait commencé plus tôt, avec l'affirmation d'un nationalisme qui s'était mis à rouler sur un plan de plus en plus incliné, avec ces deux fous, ce dernier s'est tout simplement ouvert en grand, pour devenir un gouffre. L'éviction de ceux qui parlent une autre langue s'intensifie avec la fin des deux conflits mondiaux [55]. On présume en effet que rendre un pays ethniquement pur évite de nombreux conflits. L'expérience semble néanmoins enseigner qu'il est souvent poussé sur une pente dangereuse. C'est d'ailleurs tout sauf un hasard si le seul pays qui échappe à cette folie, la Suisse, a atteint une prospérité inégalée.

C'est également le culte du « nous » national qui a séparé les peuples de la Méditerranée d'une façon dont le fascisme ou les bouchers turcs n'auraient jamais osé rêver. Depuis des millénaires, avant de se retirer en Grèce et en Israël, Juifs et Grecs habitaient partout sur ses côtes – les plus beaux poèmes en langue grecque du XXe siècle, ceux de Constantin Cavafy, n'ont pas été écrits en Grèce, mais à Alexandrie, en Égypte. Après la guerre gréco-turque de 1919-1922, on décide d'un échange de populations : les 1,5 million de Grecs forcés de quitter les régions de Turquie où ils vivaient depuis des temps immémoriaux correspondent à environ 30 % de cette population grecque qui doit les accueillir. La côte méridionale de la Méditerranée a également vu l'« épuration » l'emporter sur la complexité fertile.

---

ibid., p. 193). La Tchécoslovaquie de 1930 comptait 3,2 millions d'« Allemands », soit environ un quart de la population, qui formaient un groupe linguistique qui avait produit Rilke et Kafka (voir *ibid.*, p. 133-134).

55. Voir l'article « Nettoyage ethnique » dans S. KOTT et S. MICHONNEAU (dir.), *Dictionnaire des nations et des nationalismes dans l'Europe contemporaine, op. cit.*

Avec l'indépendance des anciennes colonies et le nationalisme arabe, Français, Italiens et Espagnols sont rentrés en Europe tandis que les Juifs ont fui en Israël. Aujourd'hui, ceux qui naissent au sud de la Méditerranée sont presque assurés de ne parler qu'arabe, de côtoyer presque exclusivement la religion musulmane et, économiquement parlant, d'être destinés à la pauvreté.

En ce sens, la paranoïa est une catastrophe qui gagne toute seule, grâce à sa force de gravité. À la fin de chaque conflit, on cherche à signer des accords, on proclame le retour de la paix et de la raison, mais c'est souvent la « folie lucide » qui a gagné du terrain, au propre comme au figuré, en séparant les peuples et en leur apprenant à se méfier les uns des autres pour les temps à venir. De nouvelles générations naissent, les dégâts matériels se réparent, mais la richesse culturelle apportée par la variété est souvent perdue pour toujours. De ce point de vue, la paranoïa s'avère être une substance qui perdure, parfois en s'accentuant, sous des dehors que notre paresse mentale trouve pratique de juger plus pacifiques.

Désarmement et historiographie

Depuis toujours, les processus de réarmement et la paranoïa se renforcent l'un l'autre. Un réarmement, apparemment engagé pour rééquilibrer les forces armées par rapport au pays voisin, alimente en réalité celui de l'adversaire, lequel a un effet rétroactif sur notre propre industrie en nous induisant à nous réarmer encore davantage. La course à l'armement possède donc une *autotrophie*, tout comme la paranoïa. Elle ne se nourrit de rationalité que les premiers temps, et de façon limitée. Une fois qu'elle a acquis une certaine dynamique, elle avance toute seule. Hélas, on trouve l'expression extrême de ce processus dans un domaine dans lequel les équilibres sont ô combien délicats et dans lequel le plus grand sang-froid serait nécessaire : le réarmement nucléaire.

Un outil vital pour la survie de l'humanité sur Terre a été créé par le Traité de non-prolifération des armes nucléaires (TNP). Le public a été informé de son existence mais a été relativement peu tenu au courant du fait qu'il n'était pas respecté. Si de nouveaux pays ont rejoint le cercle très fermé des possesseurs d'armes nucléaires, ceux qui ont promu ce Traité (en l'occurrence les pays qui avaient déjà cette arme absolue) n'ont qu'en partie tenu leur promesse de se débarrasser de leurs bombes, alors même qu'ils s'étaient engagés à le faire, les uns après les autres, de façon réciproquement équilibrée. Le TNP a été l'accord emblématique de la guerre froide et visait à faire baisser la tension paranoïaque entre les deux blocs. Aujourd'hui, l'URSS n'existe plus, ce qui a conduit à un désintérêt pour les normes de ce document. Mais il existe de nouvelles puissances, petites ou moyennes, qui possèdent des armes nucléaires.

Le désarmement prévu par ce traité et d'autres du même type n'est pas impossible, mais seulement difficile. Malheureusement, il ne constitue presque jamais une priorité dans les programmes électoraux. Les armes nucléaires impliquent trop d'intérêts économiques, politiques, militaires. Le simple fait de détruire sans risques leurs vieux stocks coûte très cher.

Il existe cependant des désarmements bien moins onéreux, engagés à d'autres époques. Ils ne concernent pas les états-majors des forces armées ou les hautes sphères du pouvoir, mais l'être humain moyen et la vie de tous les jours. Malgré le climat nationaliste explicite ou latent qui a conduit à la Grande Guerre, les professeurs d'histoire français et allemands du début du XXe siècle étaient conscients de la responsabilité particulière de leur discipline. Ils cherchaient à tenir des colloques internationaux pour confronter leurs idées respectives. Le dernier a eu lieu en juin 1914, le mois de l'assassinat de l'archiduc François-Ferdinand, le premier acte d'une catastrophe aux dimensions européennes [56]. Avec la guerre, les historiens des deux pays n'ont plus été en mesure de se rencontrer et les manuels scolaires allemands ont été réécrits pour accuser la France – les manuels français, eux, attribuaient à l'Allemagne la faute d'une guerre éventuelle, avant même qu'elle n'éclate. Mais juste après le début de « l'inutile carnage », les contacts ont repris. Quelques années plus tard, Jules Isaac a organisé une Conférence internationale pour l'enseignement de l'histoire [57]. Issu d'une famille de Juifs alsaciens qui avaient opté pour la France au

---

56. Voir R. BENDICK, « La Guerre et la paix dans les manuels scolaires. Allemagne et France (1918-1940) », dans P. CAUSARANO, Le XXe siècle des guerres, op. cit., p. 331-342.

57. Voir ibid.

moment de l'annexion de la région par l'Empire allemand en 1870, il avait encouragé des rencontres entre chrétiens et juifs. Les participants allemands et français à cette rencontre ont réussi à produire et à faire publier dans leurs pays respectifs une déclaration commune où étaient listées 39 thèses historiques très délicates sur lesquelles ils étaient tombés d'accord. L'année de cette Conférence est encore plus extra-ordinaire et nous prouve que la paranoïa n'est pas inévitable : c'était en 1935, et Hitler était au pouvoir depuis le mois de janvier 1933. Ces historiens avaient compris ce que les psychiatres n'ont pas encore suffisamment pris en considération : si chacun part de ses propres postulats de base inflexibles, l'historiographie risque elle aussi de se transformer en un territoire atteint de troubles psychiques.

Si l'on pouvait essayer d'œuvrer au *désarmement des manuels scolaires* dans l'Allemagne nationaliste de 1935, pourquoi n'est-ce pas le cas dans la Bruxelles européiste du XXIe siècle ? En 1972, durant une phase de dégel de ce qu'on a appelé la guerre froide, on a assisté à la création d'une Commission germano-polonaise. Son but : fournir des directives afin que les ouvrages d'histoire et de géographie destinés aux élèves de RFA et de Pologne ne se contredisent pas [58]. Après la chute des régimes communistes, on a réuni une Commission d'historiens allemands et tchécoslovaques pour la reconstitution bilatérale des événements ayant trait aux relations entre les deux pays [59]. Mais ce travail s'est aussitôt multiplié. La Tchécoslovaquie s'est scindée en République tchèque et en République de Slovaquie. Étant donné les déplacements de frontières occasionnés par les traités et par les guerres mondiales, ces travaux ont finalement inclus les pays limitrophes : la Pologne, la Hongrie et l'Autriche, dont la Tchécoslovaquie faisait partie jusqu'à la Grande Guerre.

L'Union européenne est composée de 27 pays qui se sont affrontés, conquis et séparés au fil des siècles. Cette réalité ne peut être effacée : elle devrait cependant pousser à réfléchir et à instituer au moins un observatoire européen sur le nationalisme des pays membres, chargé d'étudier les mensonges national-paranoïaques relayés par les moyens de communication, comme l'avaient fait Zweig et Rolland dans la solitude, voici près d'un siècle. Il s'agit d'un devoir moral à remplir sans

---

58. Voir D. BRANDES, H. SUNDHAUSSEN, S. TROEBST, *Lexikon der Vertreibungen*, *op. cit.*, p. 205.

59. Voir *ibid.*, p. 210-211.

illusions : des organismes de ce genre ne sont pas toujours synonyme de popularité, ils rencontrent même des résistances. Ils seraient pourtant peu coûteux et constitueraient le socle d'une fonction éducative indispensable, si l'on souhaite que l'Europe ne soit pas uniquement un ensemble d'accords économiques et d'institutions bureaucratiques.

Poèmes et hymnes

Parmi les poèmes traditionnellement inclus dans la littérature scolaire allemande figurait souvent *Aufruf* de Theodor Körner, un poète nationaliste qui a même été cité par Goebbels dans son discours sur la « guerre totale » :

> *Frisch auf, mein Volk ! Die Flammenzeichen rauchen.*
> *Du sollst den Stahl in Feindes Herzen tauchen. [...]*
> *Der Hütte Schutt verflucht die Räuberbrut,*
> *Die Schande deiner Töchter schreit um Rache,*
> *Die Meuchelmord der Söhne schreit nach Blut* [60].

Aujourd'hui encore, plusieurs manuels scolaires allemands publient ce poème, heureusement en guise de mise en garde, afin d'illustrer un chemin qui, à partir d'un romantisme trop larmoyant, a conduit au nazisme sans qu'il soit possible de garder l'équilibre sur cette pente fatale. Ce renouvellement a justement permis d'élire une composition allemande pour représenter l'hymne européen, l'*Ode à la joie*, dont le texte écrit par Schiller a été mis en musique par Beethoven.

Les pays de l'Union européenne ont également conservé leurs hymnes nationaux. Mais sont-ils compatibles avec elle, eux qui dérivent en grande partie de guerres qui ont opposé ces mêmes nations, et qui les exaltent ? Faire le tour des hymnes européens constitue un parcours virtuel qui, en quelques minutes, renseigne mieux sur l'Europe que d'innombrables voyages avec les meilleurs guides en poche [61]. Les pays

---

60. « Réveille-toi, mon peuple ! Les fanaux brûlent. / Tu dois plonger le fer dans le cœur de l'ennemi. [...] / Les ruines de tes maisons maudissent la lignée des pillards, / Le viol de tes filles crie vengeance, / Tes enfants assassinés lâchement exigent que le sang soit versé. »

61. Voir le site www.national-anthems.net.

les plus petits exaltent leurs cieux et leurs douces collines (ce que le Vatican ne possède même pas) là où les plus grands affichent un air féroce. Le refrain* de la *Marseillaise*, qui ne devrait pas émouvoir uniquement les Français car ses notes ont permis de diffuser à travers toute l'Europe une conception moderne de l'État et de la liberté, clame encore aujourd'hui : « Qu'un sang impur / Abreuve nos sillons ! » Cet hymne est l'antichambre de la démocratie. Mais l'idée de *sang impur* n'est-elle pas aussi la porte d'entrée du racisme ? Et que dire de ces deux vers qui ne sont pas sans rappeler Körner : « Ils viennent jusque dans vos bras / Égorger vos fils et vos compagnes ! »

La tradition des hymnes nationaux est européenne. Jusqu'à une époque récente, elle était étrangère aux pays des autres continents (peut-être à l'exception du Japon, qui a engagé une modernisation à l'européenne), ce qui les a contraints à s'adapter rapidement car ils risquaient de passer inaperçus aux Jeux olympiques. L'Occident a également appris le nationalisme à ces pays. La paranoïa existe potentiellement chez tous les peuples, précisément en tant qu'êtres humains, mais c'est bien l'Occident qui la transforme en unité cohérente : il lui suffit pour cela de l'articuler à différentes expressions « culturelles » et à la diffuser partout grâce au vol *low cost* du débat démocratique et des *mass media*. Concentrer beaucoup de rage en quelques strophes : voilà ce que cherchent à faire les hymnes.

Monuments

La plupart des sculptures qui décorent les places, même dans des pays avec des traditions artistiques comme l'Italie, pourraient disparaître sans que l'histoire de la culture s'en aperçoive. La sculpture possède sur les autres arts, à commencer par la peinture, une supériorité inégalable, ce qu'affirmait notamment Michel-Ange, qui les fréquentait toutes les deux. À l'instar de la psychanalyse parmi les disciplines de l'esprit, la sculpture possède la profondeur, la troisième dimension que n'ont pas les autres arts figuratifs. Étonnamment, c'est pourtant cela qui manque aux monuments – tout particulièrement en Italie, où le nationalisme et le fascisme les ont chargés, avec pléthore de créations peu spontanées, de servir de moyens de communication partiellement de masse, avant l'affirmation des vrais *mass media*[62]. Les monuments, surtout ceux dédiés à des événements militaires, et aux soldats morts au combat en particulier, sont une affirmation de l'évidence et du kitsch. Ils ont oublié leur raison d'être originelle (le mot vient du latin *monere*, « mettre en garde » – sur la vacuité des passions terrestres) et orientent les projections paranoïaques du mal sur l'ennemi, même quand ils ne le nomment pas. Ils se nourrissent du même enthousiasme, infantile et criminel à la fois, qui avait produit une vague de poèmes héroïques au début de la Grande Guerre. Même si on en comptait des millions, comme ces textes de 1914, ils resteraient eux aussi nuls et non avenus d'un point de vue esthétique.

Rien n'est sacré *a priori*, si ce n'est la parole, dans les religions du Livre. Pourtant, certaines statues trahissent le rôle d'un « monument » et illustrent, dans le même temps, des « sacrifices » qui trahissent le sens du mot « sacré » (*sacrifice* vient en effet du latin *sacrum facere*, « rendre sacré »). Ces sculptures rappellent une mort qui ne pourra jamais devenir aussi sacrée que celle décrite dans l'Ancien ou le Nouveau Testament. Et pour cause : ceux qui l'ont subie ne l'avaient pas choisie et ceux qui y ont assisté n'ont pas compris ce qu'elle signifiait. Il s'agit d'une mort transformée en un événement non pas exemplaire mais utile, car elle donne lieu à une « rente de position collective » par rapport à un autre peuple – en d'autres termes, un crédit supposé exploité à l'infini par les gouvernants. Elle est une sous-catégorie, faussement historicisée, de la *rente de position paranoïaque*. À la différence de ces poèmes, dont l'esthétique apparaît très vite pitoyable, mais qu'il est possible de cacher à condition de ne pas ouvrir certains livres, ces gros objets en bronze ou en pierre continuent d'occuper les places.

En réalité, le principal monument que mériterait la Première Guerre mondiale n'a pas encore été bâti. Car il n'existe pas de mémorial consacré à la partie de football disputée le jour de Noël, en 1914 : après avoir échangé des vœux, des cigarettes et des verres, Allemands et Britanniques ont joué au milieu du *no man's land* entre les tranchées[63],

---

62. Voir O. JANZ, « Célébrer la mort, écrire le deuil. La mémoire de la Grande Guerre en Italie », dans P. CAUSARANO, *Le XXᵉ siècle des guerres, op. cit.*, p. 343-352.

63. Voir S. WEINTRAUB, *Silent Night. The Story of World War I Christmas Truce*, Londres, Penguin, 2002 ; M. JÜRGS, *Der kleine Frieden im Grossen Krieg. Westfront 1914, als Deutsche, Franzosen und Briten gemeinsam Weihnachten feierten*, Munich, Bertelsmann, 2003.

preuve que le citoyen européen moyen de l'époque n'était pas complè-tement idiot. Il n'empêche : plus d'un siècle après les faits, personne n'a encore trouvé de fonds pour célébrer le match le plus glorieux de toute l'histoire du football. Alors même que l'Europe connaît une période de paix et de stabilité depuis soixante-dix ans.

La République Fédérale d'Allemagne a une « chance » particulière. Elle a accepté d'hériter d'un sentiment de culpabilité collectif sans précédent inspiré par des crimes sans précédent dans l'histoire. Un sentiment qui s'exprime à travers des monuments « dépressifs » et non pas triomphalistes, un contrepoids historique à l'attitude du nazisme. Le mémorial de Berlin qui rappelle le génocide des Juifs en Europe (significativement situé au croisement d'une rue dédiée à Ebert et d'une autre dédiée à Hannah Arendt) est une immense construction inspirée non pas par la gloire, mais par la honte. La façon dont il évoque la paranoïa est aux antipodes des monuments traditionnels. Il est composé de grands blocs de béton. En marchant au milieu des espaces étroits qui les séparent, le visiteur ne voit que des bandes de ciel au-dessus de lui. Très vite, il se sent perdu, seul, angoissé. Persécuté, comme les victimes de la dictature.

Parmi ces monuments emblématiques dont la fonction est « renversée » – à savoir qui suscitent la honte plutôt que la satisfaction – figurent également les *Stolpersteine* de l'artiste Günter Demnig, des pavés en béton ou en métal de 10 centimètres de côté qu'on trouve dans diffé-rentes villes allemandes depuis 1993, encastrés dans la chaussée[64]. Financé par les municipalités mais aussi par les simples citoyens, chacun rappelle une victime de la persécution nazie. L'Allemagne fédérale est également le premier pays à avoir érigé un monument à ses déserteurs, afin d'honorer la mémoire de ces militaires qui avaient jeté leur uniforme nazi au cours de la Seconde Guerre mondiale. Les peuples, avait écrit Adolf Hitler en pensant à Versailles, sont anéantis quand, en plus d'une défaite militaire, ils reçoivent « le solde de leur paresse mentale, de leur lâcheté, de leur manque de caractère, bref : de leur indignité »[65]. À l'image de ses autres dogmes paranoïaques, ce postulat de base hitlérien contient lui aussi une certaine vérité, mais renversée. Si l'Allemagne a dû payer pour

---

64. Les deux premières années, ces cubes ont été encastrés dans le sol à l'initiative de l'artiste, avant même qu'il reçoive l'autorisation de le faire.

65. *Mein Kampf, op. cit.*, chapitre 10.

une ignominie sans précédent, elle s'est construit une identité nouvelle, là encore, d'une manière sans précédent. Hitler sous-entendait que le courage et le caractère correspondent à l'usage de la force et de la guerre ; la cohérence de la culture nouvelle qui a engendré ces monuments, elle, s'est manifestée à travers leur refus. Le nationalisme a fait l'objet de remises en question critiques, notamment à travers la nouvelle relation entre la France et l'Allemagne, devenue le fondement de l'Europe. Comme pour expier les responsabilités des médias de masse dans les conflits mondiaux, ces deux pays ont institué ce qui est peut-être le seul médium antiparanoïaque qui existe aujourd'hui : la chaîne de télévision bilingue Arte, l'une des meilleures au monde, et c'est tout sauf un hasard.

Tâchons de résumer l'ensemble de ces éléments. La communication des événements collectifs a toujours une responsabilité, qu'il s'agisse de relayer ceux d'aujourd'hui (à travers les médias de masse, mais aussi les simples *rumeurs*) ou d'évoquer ceux du passé (à travers les livres d'histoire, mais aussi les monuments, les musées, etc.). Parallèlement au message informatif, il est possible de communiquer la paranoïa (consciemment ou pas, la différence importe peu). La qualité de la vie que nous mènerons dans un futur proche dépend, certes, du progrès technique ou économique, mais peut-être encore plus du rapport entre communication et paranoïa. Tout le monde veut éviter le bacille de la peste ou celui du VIH. Pour se prémunir de celui de la paranoïa, la règle est *a priori* simple : la communication des faits actuels et la commémoration des faits passés devraient inviter chacun à réfléchir à ses responsabilités, pas à celles des autres. Au reste, *faire allusion* aux responsabilités des autres sans désigner un bouc émissaire revient également à soutenir la paranoïa. L'allusion contrarie la communication de façon peut-être plus efficace qu'une agression directe : on peut répondre à une critique agressive, mais pas à une allusion si celle-ci reste vague, sans qu'on sache clairement à qui elle s'adresse.

L'une des limites à cause desquelles l'élan progressiste des années 1970 s'est perdu a justement été le recours à des allusions trop vagues et, par conséquent, trop peu adultes. Parmi les événements médiatiques de cette période, l'un d'eux a marqué l'histoire : le débat entre Noam Chomsky et Michel Foucault, qui s'est tenu en novembre 1971 à la télévision hollandaise. Le maître français l'a perdu, en même temps que sa patience, quand il a commencé à soutenir qu'au sein de la société occidentale, l'université et d'autres institutions étaient manœuvrées par des pouvoirs occultes. Les nommait-il pour autant ? Non, il se contentait de répéter : « On sait. » Mais qui sait quoi, quand et comment ? En plus des monuments traditionnels, ces objets vides qui occupent les places aussi glorieusement que les voitures occupent les parkings, il m'arrive parfois de passer devant un « monument alternatif », dédié à deux étudiants antifascistes tués au printemps 1975 [66]. La stèle serait l'un des rares exemples de ces corrections apportées avec dignité à l'art monumental officiel s'il n'y figurait pas, immortalisée dans le bronze, une allusion violente et générique, typique de ces années : « Vous le paierez cher, vous le paierez jusqu'au bout. » *Qui* paiera *quoi*, et *pourquoi* ? Cela n'est pas dit : cette inscription n'exprime que de la haine.

Des contradictions ouvertes

On ne discute pas avec la paranoïa. Avec elle, impossible de ne faire appel qu'à la logique, à la raison, au bon sens. Comme nous l'indique sa définition, les arguments qu'elle emploie sont déjà les étapes d'un raisonnement logique. Des étapes qui découlent néanmoins d'un postulat erroné qui a la force d'une révélation, et qui n'est donc pas discutable. Il faudrait faire voler en éclats cette base dogmatique, mais celle-ci est appelée à rester inchangée. De par sa structure originelle, la paranoïa est antipsychologique. Par voie de conséquence, le fait de négocier sur son terrain est tout aussi antipsychologique. Même si traiter avec un paranoïaque clinique est voué à l'échec, nous nous sommes donnés pour mission de traiter la paranoïa comme potentiellement présente dans l'esprit de tous. La psychologie collective est, entre autres choses, le résultat d'une éducation. L'éducation ne fait pas plier le paranoïaque irréductible, comme Hitler ou Staline, mais elle peut faire en sorte que la personnalité paranoïaque partielle ne prenne pas le dessus chez le citoyen moyen.

Les médias – nous l'avons rappelé à de nombreuses reprises – ont presque une responsabilité historique. Les moyens de communication, en réunissant des masses immenses d'auditeurs, recréent ce que l'on a

---

66. Ce monument à la mémoire de Giannino Zibecchi et Claudio Varalli se trouve à Milan, place Santo Stefano.

appelé la « place virtuelle » – une définition incorrecte car les places publiques permettaient encore au citoyen de répondre, même si c'était à ses risques et périls. Les médias classiques, eux, ne marchent que dans un sens : ils vendent – ils *se* vendent – à l'acquéreur, qu'il soit auditeur ou spectateur, mais ne lui permettent pas de répondre. Seul le temps nous dira si Internet, en autorisant une communication dans les deux sens, fera vraiment sortir la majorité de la population de cette condition de minorité où la télévision et la presse tendaient à la reléguer.

S'il est bien difficile de créer l'Aphrodite de Praxitèle ou la Vénus de Botticelli, il est très simple de vendre des images sexualisées du corps féminin : les unes étaient exposées en public (le concept de *place publique* avait encore tout son sens), les autres sont destinées à une consommation privée, elles relèvent donc de la « pornographie », même quand elles figurent dans une réclame publicitaire ou une émission de divertissement [67]. De la même manière, il est difficile de fournir de véritables informations en matière d'économie mondiale ou de politique nationale : toute simplification empruntant un raccourci paranoïaque s'avère plus vendable. Au lieu de stimuler l'espace intérieur où réside le désir sexuel (à savoir l'instinct de rapprochement), le moyen d'information stimule le public dans les recoins de sa méfiance (à savoir l'instinct d'éloignement). Ce qu'il lui vend pourrait à bon droit être qualifié de *porno-paranoïa*.

Quelques exemples de paranoïa quotidienne

Le XXe siècle a imposé la Chine jusqu'aux réseaux d'information qui traitent rarement des questions internationales. Étant donné le rythme auquel elle se développe, la Chine devrait devenir la première puissance mondiale, non pas d'ici la fin du XXIe siècle, mais dès ses premières décennies. Elle le sera sur le plan économique, et une partie de sa richesse sera dépensée pour amener ses institutions, y compris ses forces armées, à un niveau équivalent. En un sens, peu de problèmes complexes sont aussi clairs que celui-ci.

Et pourtant, les moyens de communication populistes ou simplement de masse ne le traitent pas de cette manière. Les Unes de la presse

---

67. Voir L. ZOJA, *Giustizia e Bellezza*, Turin, Bollati Boringhieri, 2007.

parlent difficilement du *développement* chinois. Il est beaucoup plus facile d'évoquer l'*inconnue* chinoise, le *péril* chinois, la *menace* chinoise, l'*écrasante supériorité* chinoise. Le premier pas vers la simplification paranoïaque est fait. Pour un Occident qui compte parmi ses fondements le libre marché, le fait qu'un pays cherche à remporter la bataille de l'économie devrait être on ne peut plus normal. Historiquement, la domination occidentale dans le monde – celle des Espagnols, des Français, des Anglais, des Américains – est une nouveauté assez récente et de courte durée, d'abord exportée par les navires de guerre. Contrairement à elle, la domination chinoise dans le monde s'affirme surtout dans le domaine commercial, et ne sera qu'un juste retour des choses : des siècles durant, pendant notre Moyen Âge et au début de l'ère moderne, la Chine était le premier pays du monde, par sa population, certes, mais aussi d'un point de vue économique et culturel. Aucune de nos nations n'a été écrasée par cette domination : à l'inverse des Occidentaux, la Chine du XVe siècle a renoncé à l'exporter, même si elle avait encore une immense supériorité maritime, et à coloniser d'autres continents.

À l'été 2005, une attaque menée par des extrémistes islamistes a frappé Londres. La presse et la télévision en ont longuement parlé, car les attentats ont été ressentis comme l'indice de la vulnérabilité des centres urbains de l'Occident dans son ensemble. Le débat qui a suivi s'est néanmoins concentré sur la nécessité de mieux *contrôler* l'immigration, à commencer par celle des musulmans, et de *contrôler* les activités des minorités extrémistes en Europe.

Les médias ont également rapporté d'autres informations qui n'ont pas donné lieu à un aussi vif débat, mais elles l'auraient mérité. En premier lieu, les auteurs de ces attentats étaient des immigrés de la deuxième génération, c'est-à-dire des citoyens anglais nés en Angleterre, même s'ils étaient les enfants de Pakistanais implantés en Grande-Bretagne des décennies plus tôt, une époque où le contrôle de l'immigration n'était pas à l'ordre du jour. Dans la seconde moitié du XXe siècle, on pensait essentiellement au développement économique, favorisé par la main-d'œuvre à bas coût des immigrés [68].

---

68. En Suisse, pays prospère qui accueillait un nombre particulièrement élevé d'immigrés, l'écrivain Max Frisch avait été le prophète de la paranoïa à venir : « Quel malheur ! avait-il ironisé. On a demandé de la main-d'œuvre, mais ce sont des hommes qui arrivent ! »

En second lieu, ces attentats nous ont permis de savoir que la Grande-Bretagne contrôle non seulement l'immigration, mais aussi la vie quotidienne. Dès le mois de juillet 2005, *chaque habitant de Londres* était filmé en moyenne *300 fois par jour* par des caméras de surveillance. Si l'installation de caméras avançait déjà à un rythme soutenu, ces nouveaux problèmes de sécurité ont poussé les autorités à s'engager à l'accélérer. Et c'est ainsi qu'un pays souvent considéré avec admiration comme le plus soucieux des libertés individuelles se retrouve, de façon surprenante, à marcher vers le *Panopticon* de Bentham et le Big Brother d'Orwell. Les États de droit où l'on vit sont aussi ceux où l'on mène des expérimentations allant dans le sens d'un « État de paranoïa ». Voilà donc quelle était la véritable révélation sans précédent. Les attentats avaient été particulièrement violents mais n'étaient pas une nouveauté en soi. Pour annoncer la nouveauté absolue – la vidéosurveillance totale –, les médias ont eu besoin d'une nouveauté relative, l'attentat.

Signe de cette extension du contrôle, d'autres technologies ont élargi la surveillance de chaque citoyen d'une manière que les intéressés eux-mêmes auraient peine à imaginer. Alors qu'il s'occupait des questions de vie privée, un dirigeant des Verts allemands a demandé à la Deutsche Telekom les données provenant de son téléphone portable. Après avoir saisi les tribunaux, le jeune politicien est finalement parvenu à savoir qu'en l'espace de six mois seulement, Deutsche Telekom avait enregistré et archivé 35 831 fois l'endroit exact où il se trouvait [69].

L'indifférence et l'Europe

Les dictatures semblent descendre d'en haut. C'est ce que démontre une grande partie des tyrannies des pays du Sud vers la fin du XXe siècle et le début du suivant. Dans le cas présent, nous nous sommes occupés de la synergie entre la politique criminelle qui descend d'en haut et l'exaltation qui lui répond en bas. Quand ces deux

---

69. Voir N. COHEN, « Your Phone Company Watches your Every Move », *International Herald Tribune*, 28 mars 2011 ; K. BIERMANN, « Was Vorratsdaten über uns verraten », *Die Zeit Online*, 24 février 2011.

éléments fonctionnent en circuit fermé, le crime se répand à tous les niveaux de la société. Il la rend totalitaire, à tous les sens du terme. Mais ce qui définit ce type de société n'est pas une orientation politique. La preuve : elle peut se manifester dans des dictatures « de droite » et/ou « de gauche ». Comme nous l'avons vu, les démocraties occidentales elles-mêmes ne possèdent pas les anticorps culturels absolus contre ces contaminations susceptibles de naître dans chaque psyché. Ce qui les prémunit aujourd'hui contre la menace de la dictature semble plutôt être un « conservatisme commercial ». L'économie a une place si centrale dans la vie euro-américaine que la plupart des gens souhaitent mener leurs affaires en toute sérénité. Ils se rendent donc peu perméables aux émotions collectives.

L'Union européenne est une étape sans précédent dans l'histoire : on n'avait jamais vu une construction si antihéroïque, raisonnable, fondé sur la prééminence de l'économique. L'UE a néanmoins commencé à rencontrer une opposition qui grandissait à l'extrême-droite comme à l'extrême-gauche, précisément du fait qu'elle est si laïque et pacifique. Ces opposants ont le sentiment d'être – et sont en grande partie – plus respectueux que les européistes car ils ne font pas passer l'argent avant la vie (en apparence, du moins). Dans le même temps, tout ce que les adversaires de l'Europe ont à offrir ne va guère plus loin qu'une réédition inconsciente du pacte Ribbentrop-Molotov : une alliance entre extrémismes politiques opposés, désireuse de faire obstacle à la première vraie structure internationale et, osons le dire, à la première époque antiparanoïaque d'Europe. Dans leurs argumentations simplistes, émotionnelles, méfiantes, les anti-européistes montrent les symptômes d'une nostalgie des affrontements totalitaires.

Comme l'Europe est peu héroïque ! Comme elle est dépourvue de valeurs ! Aussi irritante que le spectacle d'un convive un peu obèse qui, entre deux renvois étouffés, s'attarde à table alors que les plats ont tous été servis. Cet agacement, un sentiment compréhensible et commun, était déjà répandu à l'été 1914. Nous vivons désormais dans des circonstances historiques différentes – deux carnages à l'échelle planétaire sont passés par là, notamment – et le bien-être est général. Voilà pourquoi la crispation inspirée par Bruxelles ne parvient pas à descendre dans la rue, dans un cortège de fleurs, de drapeaux, de fanfares.

Pour toutes ces raisons, l'Union européenne aurait dû qualifier les mois de juillet et d'août 2014 de « mois de la mémoire ». Du fait que l'homme ne peut pas toujours rester enfermé devant un écran et qu'il a besoin de se souvenir de ce que vivre au cœur de la société et de l'histoire signifiait, on cherche à ramener les arts plastiques ou le théâtre sur la place publique tandis que dans les campagnes, on fait revivre (d'abord et surtout) les batailles du passé, dans les moindres détails. Le centenaire du début de la Première Guerre mondiale n'aurait pas uniquement dû être une occasion d'organiser des congrès de spécialistes et des reconstitutions sanglantes. Il aurait également dû être une opportunité pour comprendre les conséquences ultimes d'enthousiasmes qu'on croyait porteurs de vie. Car c'était dans ces rues remplies de fleurs de l'été 1914 que se préparait Auschwitz, et dans ces rondes émouvantes, où personne ne semblait vouloir le mal, qu'avait lieu la répétition générale d'un acquiescement à un génocide.

CONCLUSION

LE MURMURE DE IAGO

Toute vraie tragédie met en scène la proximité mortelle entre le bien et le mal. Mais un chef-d'œuvre tragique fait encore mieux : il les mêle, il montre leur unité. Shakespeare confond, jusqu'à les rendre indissociables, ces deux principes, mais aussi ses deux protagonistes, Othello et Iago. Avant d'être dévalué par la modernité, qui l'a réduit à un signe, à une étiquette, le symbole était un objet qu'on brisait afin qu'un jour, les deux parties soient recomposées – le mot vient du grec ancien *synballein*, c'est-à-dire « jeter ensemble », au sens de « s'appartenir réciproquement, de manière essentielle ». Au moment où leurs chemins se séparaient, deux amis cassaient une pièce de monnaie. Seul celui qui possédait l'autre moitié pouvait par la suite être reconnu comme l'héritier de ce lien.

Créée en 1604, *The Tragedy of Othello, Moor of Venice* est l'histoire de la contamination, de la séduction et de la possession d'Othello par Iago. C'est l'histoire des deux moitiés du monde – le bien et le mal – qui se cherchent. L'histoire de l'écoute et de son pouvoir, celui de transmettre le mal. L'histoire de la contagion par le récit, c'est-à-dire *l'inversion du pouvoir salvateur de la parole.*

Et indubitablement, sans vouloir humilier Othello (comme l'ont fait T. S. Eliot, qui le jugeait creux, ou Harold Bloom, qui l'a décrit comme sexuellement impuissant), c'est l'histoire du génie et du triomphe de Iago.

Iago exprime aussitôt l'*envie* que lui inspire Cassio, devenu lieutenant d'Othello à sa place [1], et sa *jalousie* à l'égard du Maure, qui a peut-être séduit sa femme, Emilia. Il ignore si c'est vrai, mais « le [tient] pour sûr » (*will do as if* [2]). Il *hait* Othello, le Maure [3]. Iago est une machine à produire le mal. Il est l'inflation du mal. Si, au dénouement,

---

1. SHAKESPEARE, *Othello*, I, 1.
2. *Ibid.*, I, 3, v. 327.
3. *Ibid.*, I, 1, v. 323.

il sera vaincu, c'est uniquement par l'effet d'une crise de surproduc-
tion : sa récolte est, précisément, excédentaire, et va bien au-delà de ce
qui a été semé.

Et le bien ? Le drame peut-il exister sans le bien ? Si le bien apparaît,
c'est uniquement pour jouer sa fragilité tragique, comme dirait Martha
Nussbaum. Le bien, que représente Othello, existe. Mais il existe pour
être contaminé par le mal, que représente Iago – à savoir de façon à ce
qu'Othello lui-même puisse briser de ses propres mains le bien qu'incarne Desdémone. Desdémone elle-même est un bien fragile,
complémentaire avec celui, si précaire, qu'exprime Othello. Desdémone
est d'abord un personnage à part entière, puis se mue en prétexte pour
construire l'unité Othello-Iago. Une fusion qui s'opère dans le creuset du
mal, rendu incandescent par la flamme de la paranoïa.

La séduction domine le drame. Est-elle un mal en soi ? Non, elle est
une identification profonde, totale, la fusion apparente de deux âmes
en une et une connaissance réciproque dans cette profondeur.

Quand débute l'histoire, nous savons que Desdémone a déjà été
séduite par les aventures qu'Othello relatait à son père, Brabantio [4]
– tout comme Didon était tombée amoureuse d'Énée en écoutant le
récit des péripéties du héros troyen. L'écoute et la séduction sont indirectes. Ulysse lui-même avait raconté ses voyages au roi Alcinoos. Ce
faisant, il avait conquis la fille du roi, Nausicaa. Ainsi fonctionnent la
tragédie et l'épopée. C'est parce qu'elles sont une narration qu'elles
lient l'amour à un récit ; et c'est parce qu'elles racontent un monde
patriarcal qu'elles font parvenir ce récit jusqu'à la femme-enfant à
travers les oreilles des pères.

Desdémone n'aime pas Othello, écrit René Girard, mais une image
mimétique née derrière une porte, pendant qu'elle l'écoutait raconter
ses exploits à son père Brabantio [5]. Mais qu'est-ce que cela veut dire,
ne pas aimer ? Peut-on aimer une personne sans se prendre de passion
pour un symbole, pour une image, pour un récit – bref, sans trahir,
dans une certaine mesure, l'être humain ? Dans le drame, cet événement universel est plus explicite, c'est tout. Shakespeare veut préparer
ceux qui écoutent à un fait très simple : Desdémone est capable de

----

4. *Ibid.*, I, 3, v. 127 *sq.*
5. Voir R. GIRARD, *Shakespeare. Les feux de l'envie*, Paris, Grasset, 1990,
chapitre 21.

trahir, mais sans s'avilir. Peu après, elle trahira son père pour se donner à Othello. Avant de devenir un instrument, elle est introduite comme une véritable figure tragique – tout à fait capable de trahir, mais aussi tout à fait capable d'être fidèle.

Que veut la paranoïa dans *Othello* ? Dominer la scène, comme les Furies, qui représentaient cette folie dans l'*Énéide*. Comme toute vraie folie, elle veut être unique. Elle envahira le plateau et fondra deux personnes en une, Othello-Iago. Au reste, on a remarqué que le final de l'*Otello* de Verdi use des sons pour exprimer ce bouleversement mental, comme s'il cherchait à faire de la paranoïa le protagoniste d'une partition.

Seulement, pourquoi cette « folie pressée » avance-t-elle si lentement ? Pourquoi la paranoïa s'annonce-t-elle d'emblée si c'est pour triompher au cours du dénouement uniquement ? Le génie du mal plane sur toute la tragédie, mais c'est uniquement par opposition à l'immense troupe des naïfs qui semble régner sur les premières scènes, à Venise, comme sur les suivantes, à Chypre. En apparence, Iago s'accorde une patience infinie, mais c'est parce que le vrai paranoïaque possède déjà une vérité éternelle. Il réside donc hors du temps. Il doit calculer. Au comble de la duplicité, il s'offrira même le plaisir de faire l'éloge de la patience [6].

Iago commence à instiller le doute sur la fidélité de Desdémone chez Othello. Mais pour mieux insinuer, il doit lancer des provocations, puis les retirer presque en s'excusant : c'est l'éternelle différence entre une publicité grossière et une publicité séduisante. Il doit faire un pas en avant, un pas sur le côté, un pas en arrière : comme chaque vrai séducteur, Iago ne marche pas, il danse. Il ne peut pas aller droit au but car son but est complexe, ou plutôt, compliqué.

La mort d'Othello ne lui suffirait jamais. Il doit d'abord détruire la respectabilité de Desdémone, puis celle du Maure : il veut goûter l'humiliation et la mort sociale du mari et de la femme. Alors seulement viendra le moment de la mort physique qu'Othello – c'est ce que veut le perfectionnisme du mal de Iago – donnera consciemment à sa femme, et qu'elle recevra consciemment en cadeau de mariage de la

---

6. SHAKESPEARE, *Othello*, II, 3, v. 372.

part de son mari. Iago ne colorera pas ses mains d'un rouge sang, cela est bon pour les tâcherons du mal : il s'efforce de teindre toute sa conscience en noir.

Comme nous l'avons vu dans les gènes historiques de la paranoïa, la planification obsessionnelle, perfectionniste, lente, sur la pointe des pieds, peut coexister avec l'empressement. Le temps échelonné, et même très lent, du paranoïaque n'est jamais la marque d'une patience, la marque d'une sagesse. C'est un *empressement contenu*. Dès qu'il tombe sur un chemin de traverse dégagé, cet empressement fuse littéralement, avec une telle intensité que ce jet devient une lame capable de tuer. Iago brûle d'impatience. Quand il s'avoue à lui-même – ou au naïf Rodrigo – ses plans haineux, les vers élégants de Shakespeare se brisent, se tordent dans un rythme frénétique, dans une prose martelée et irrépressible, animée par le besoin d'entrer dans un esprit et d'y clouer quelque chose. En un instant, Iago passe de l'instrument de musique au maillet.

Nous le savons déjà, Iago est moderne. Communiquer et convaincre, voilà ses valeurs – encore qu'il ne s'intéresse pas aux contenus de la communication et de la conviction, mais à leur pouvoir. Aussi moderne soit-il, Iago est adaptable à chaque époque : il pourrait indifféremment être un protagoniste des *fashion week* d'aujourd'hui ou un personnage d'Eschyle qui préfère paraître plutôt qu'être [7]. Les hommes, dit-il, devraient être ce qu'ils paraissent [8].

Que veut dire cette allusion ? Est-ce un éloge de la sincérité ou de la duplicité ? L'allusion se rapproche-t-elle de la vérité ou s'en éloigne-t-elle ? Tout est relatif. Au fur et à mesure qu'il écoute Igao, tout devient incertain pour Othello. Au fur et à mesure qu'il l'écoute, les hommes ne sont plus ce qu'ils paraissent. Ils sont autre chose. Pas nécessairement pires, mais inévitablement faux.

Le Maure, ce solide soldat qui n'a pas l'habitude de danser, pas l'habitude de sauter, et qui sait ? ni même celle de marcher autrement qu'au pas cadencé, découvre avec effroi que des deux côtés du moindre sentier, il existe l'immensité de la terre. Pour la première fois de sa vie, il fait un pas de côté – pas sur des sables mouvants, mais seulement sur

---

7. ESCHYLE, *Agamemnon*, v. 788.
8. SHAKESPEARE, *Othello*, III, 3, v. 125-126.

l'herbe qui encadre la route. « Dis ce que tu rumines », ordonne-t-il à Iago. Et Iago de répondre, lui qui habite les chemins de traverse depuis toujours :

Mon bon seigneur, pardon : je suis tenu,
Bien sûr, à tous les actes du devoir,
Mais pas à ce dont un esclave est libre,
Énoncer mes pensées. [...]
Car, oui, c'est le fléau de ma nature,
D'être à l'affût du mal, et oui, souvent
Ma jalousie s'imagine des fautes
Qui n'en sont pas [9].

La voilà, la voie négative. Quitter la route principale ne donne pas lieu à de nouvelles connaissances, mais à de nouveaux doutes. Le chemin de la suspicion va dans toutes les directions, il se transforme en réseau autoroutier. Les étapes suivantes sont celles qui mènent à la jalousie, à l'envie, au voyeurisme, à la *Schadenfreude*, à la projection du mal. C'est le chemin vers la modernité. L'homme est plus seul, moins capable de sentiments. Son besoin des autres meurt-il pour autant ? Non, mais une fois que la chaleur et la pitié sont mortes, tout comme la voie positive de la communication, il cherche les autres de la seule façon qui lui reste, en empruntant la voie négative. Il les cherche dans la suspicion, dans l'interprétation persécutoire de ce que les autres font et, si ça ne suffit pas, dans la haine.

« Oh craignez, Seigneur, la jalousie [10] ! » Et voilà. Iago a inoculé chez Othello cette qualité qu'il possède, de son propre aveu : la jalousie. L'infection s'est transmise, les différences se fondent en unité. Prises en tenailles par la paranoïa, les deux personnalités n'en font plus qu'une. Il existe, suggère-t-il, une vraie solution à la jalousie, une seule : savoir qu'on est trahi et ne pas aimer la personne qui a trahi. Converti par une révélation cynique et laïque, Othello voit s'effondrer le chemin pavé médiéval sur lequel il se tenait.

À peine a-t-il emprunté ce nouveau sentier que le Maure avance de façon trop *pressée*, lui aussi. Le doute a glissé vers la suspicion, et la

---

9. *Ibid.*, v. 138-141 et v. 150-153.
10. *Ibid.*, v. 169.

suspicion vers la certitude, en un éclair. Othello le résume très bien :
douter une fois, c'est passer d'un bond à une nouvelle forme de
connaissance, à une nouvelle foi. C'est une nouvelle *certitude*, paradoxale. Iago l'a contaminé avec le style paranoïaque, avec la rigidité
paranoïaque, avec l'empressement paranoïaque. Mais il ne lui a pas
transmis sa manière inégalable de gérer la paranoïa : « Laissez le temps
au temps ! » (*leave it to time*), exhorte le génie de la suggestion, qui sait
bien qu'Othello fera exactement le contraire[11].

Car Othello se déchaîne. Mais si, d'un côté, le triomphe d'Iago est
total, de l'autre, il commence à perdre le contrôle de sa victime. Othello
veut des preuves. Si elles existent, il tuera la traîtresse ; sinon, il tuera le
calomniateur. Mais Iago se rebelle contre cette simplification à travers
laquelle le soldat tente désespérément de se raccrocher à la possibilité
de définir les individus – c'est-à-dire à ce qu'ils semblent être, bons ou
mauvais. Il fait appel à un chantage à la sincérité. Othello l'a supplié
d'être sincère et voilà qu'il retourne cette sincérité contre celui qui la
revendique ? « Être franc et honnête est dangereux », en conclut-il[12].
L'homme nouveau n'a plus de certitudes. Pas même des certitudes
négatives : Iago ne promet pas les *preuves* de la trahison de Desdémone,
contrairement à ce que ce dernier voudrait, mais seulement des
« circonstances fortes » (*strong circumstances*)[13].

L'homme nouveau dans lequel se transforme le Maure, imprégné
des mots de Iago, veut connaître des vérités nouvelles ou, simplement,
aller au fond de ces choses qu'il acceptait auparavant comme un
dogme. Hélas, tel Œdipe apprenant les vérités les plus intimes, il
bascule dans l'angoisse, ne supporte pas de les voir, s'arrache les yeux.

Être vrai et honnête n'est pas sûr. Il est plus sûr de serpenter dans
la suspicion. C'est sur la base d'un tel raisonnement que Iago tente une
fois de plus de gagner la fidélité d'Othello. Le Maure, lui, voit sa vertu
ancienne, limitée mais claire, se transformer en une névrose moderne et
vide de sens.

Comme Ajax, Othello est d'emblée apparu trop simple, peu capable
de développer des relations, monopolisé par sa vertu naïve de soldat
– mais aussi courageux et loyal. Le conseiller infaillible lui apprend que

---

11. *Ibid.*, III, 2, v. 250.
12. *Ibid.*, III, 3, v. 382-383.
13. *Ibid.*, v. 411.

le manque de relations n'est pas un obstacle, mais une nécessité : toi, Othello, tu fais bien de ne pas faire confiance à ta femme, qui te trompe sûrement – malgré l'absence de preuves concrètes. Moi, Iago, je ne dois pas te faire confiance car, si je te dis ce secret, tu me menaceras toi aussi de ta colère. *It is not safe !* Dorénavant, ajoute-t-il, je n'aurai plus d'amis [14].

En refusant les certitudes, l'homme nouveau voit s'ouvrir les portes de la curiosité, mais aussi celles du doute permanent, et entre dans un Éden renversé où il est rongé par l'obsession de la sécurité. Iago est cet homme. Othello, lui, n'a pas d'alternatives : il doit enterrer son identité pré-moderne et entrer pour toujours dans ce jardin des doutes à ses côtés. Les accidents, les maladies, et même la malchance, se préparent à être exclus des *destins possibles* pour être considérés comme des *injustices* commises à nos dépens par les autres, par ces non-amis : ce sont désormais des complots. Tout change. Il faut être pragmatique. Sur le blason de ce monde nouveau, rappelle Othello, les cœurs sont remplacés par les mains. Autrefois, c'est le cœur qui tendait la main, à présent c'est la main qui contrôle le cœur [15].

Le lecteur moderne fuit lui aussi le symbole qui habitait le cœur de Shakespeare et est frappé par cette contamination réductrice. À quoi bon s'échiner, comme Harold Bloom, à se demander si le coït entre Othello et Desdémone a eu lieu, oui ou non [16]. Ne faut-il pas plutôt se demander si un lecteur moderne comme le critique américain (ou un spectateur moderne qui verrait *Othello* au théâtre) n'est pas victime, lui aussi, de la contamination d'Othello ? N'a-t-il pas laissé le regard observant être infecté par la perversion observée ? N'est-il pas précisément tombé dans le piège de l'interprétation obsessionnelle qui emprisonne les mentalités d'Othello et de Iago, qui ne font désormais plus qu'une ?

Par ailleurs, si la tragédie confirmait l'existence d'un acte sexuel, elle ne le révélerait pas sur scène – non pas par puritanisme, mais parce qu'il cesserait d'être un symbole, un signifiant total, pour se réduire à

---

14. *Ibid.*, v. 378-379.

15. *Ibid.*, III, 4, v. 46-47 : « Dans le temps / Les cœurs donnaient les mains, mais nos blasons / À nous, ce sont des mains, et non des cœurs » (*The hearts of old gave hands, / But our new heraldry is hands not hearts*).

16. Voir H. BLOOM, *Shakespeare. The Invention of the Human*, New York, Riverhead Books, 1998, p. 457 *sq.*

une seule et même signification. La passion amoureuse est le symbole d'une recherche de totalité qui a pour centre l'étreinte, mais qui ne se réduit pas à elle. La passion amoureuse, ici tordue en passion jalouse, recherche l'étreinte, mais se déploie indépendamment de celle-ci. De même que les dieux avaient voulu la passion de Pâris et d'Hélène pour qu'il y ait la guerre de Troie, et la guerre de Troie pour qu'elle soit racontée [17], Shakespeare – ou simplement l'esprit de la tragédie – veut la passion d'Othello et de Desdémone pour qu'elle déborde dans la jalousie, et la jalousie dans une mort tragique qu'il faut raconter. La paranoïa est aussi une nostalgie des symboles totalisants et de leur caractère indicible. Mais, n'ayant pas conscience de l'être, elle les réduit à des explications implacables. Ce qui a contaminé à la fois Othello et Harold Bloom.

À mesure que le dénouement approche, il devient évident que la suspicion est un mouvement contraire à l'individualité, elle est une tragédie totalisante qui enchaîne en groupe. La suspicion est ressentie comme personnelle, comme solitaire, même. Mais elle rend collectif. Aucun personnage ne vit plus sa vie directement. Rodrigo voudrait conquérir Desdémone, mais pleurniche devant Iago afin que celui-ci intercède en sa faveur. Cassio veut regagner l'estime d'Othello mais n'ose pas faire le premier pas et demande l'intervention de Desdémone. Iago, lui, a besoin d'Othello comme Achille a besoin d'Hector. Tuer son ennemi ne lui suffit pas : il doit triompher sur son cadavre.

Iago inaugure la guerre contre l'homme des fidélités obsolètes, que l'homme moderne de la suspicion doit écraser. Personne ne saura plus exister ici et maintenant : celui qui en est le moins capable est précisément Othello, dévoré par la hâte, qui passe brusquement d'un présent à un futur à la fois craint et désiré, animé par la conviction que celui-ci confirmera ses soupçons. Par ailleurs, si Othello existe, c'est uniquement dans la mesure où il se sent observé par les autres, qui – de façon paranoïaque, il en est certain, désormais – le regardent d'un œil moqueur [18].

Si ce duel où tous les coups sont permis et où s'affrontent des personnalités initialement opposées représente également une guerre contre

---

17. HOMÈRE, *Odyssée*, VIII, v. 579-580.
18. SHAKESPEARE, *Othello*, IV, 2, v. 51-54.

cette partie de nous-mêmes que nous refusons, c'est bien la graine semée jadis par Caïn, et capable de récolter jusqu'à la guerre totale, qu'on voit refleurir. La méfiance gagnera la partie car elle désire la chose la plus facile – la mort de l'adversaire – de la plus facile des manières : en acceptant la suspicion plutôt que ce que les personnes semblent être. Dans ce délire agressif conjugué au masculin, le féminin est une concession à l'esthétique pour nous faire passer la plus amère des pilules. Les figures d'Emilia, honnête mais désabusée, et Desdémone, fragile mais cohérente, ne sont pas essentielles. Desdémone existe surtout en tant que fonction, en tant qu'objet de la conversation entre Iago et Othello. Le seul moment où elle cesse d'être inconditionnellement disponible pour devenir réelle et humaine arrive trop tard. « *Kill me tomorrow ; let me live tonight* », « Tuez-moi demain, mais pas ce soir », implore-t-elle [19]. Hélas, Othello ne sait plus attendre. Sa seule préoccupation est de suivre ce qu'il croit être des règles mais qui sont en réalité les étapes implacables de la paranoïa. Desdémone doit être tuée, même s'il y a chez Othello un présupposé obsessionnel pré-moderne qui n'a pas été déboulonné : pour ne pas se contaminer elle-même ou contaminer son assassin, la jeune femme doit être tuée après avoir fait ses prières [20].

Au bout du compte, l'unité Othello-Iago apparaît comme le seul vrai personnage et a joué son vrai sujet, le triomphe de la paranoïa. Une paranoïa qui est une fiction, certes, mais qui relève aussi de l'histoire. Dans cette Venise et cette île de Chypre, en partie réelles et en partie imaginaires, nous retrouvons la Légende noire, l'un des préjugés les plus paranoïaques que nous ayons croisés au fil de ces pages. De fait, le grand Shakespeare lui-même était marqué par cette idée préconçue caractéristique de l'Angleterre de cette époque : le mal venait de l'Espagne. L'incarnation de la malveillance ne pouvait pas s'appeler Giacomo, ce qui aurait pourtant été logique à Venise, mais Iago, son équivalent espagnol [21].

Lecteur, voici que le rideau tombe. Pris de remords, Othello s'est tué. Pour ses infâmes calomnies, Iago a été arrêté. Nous ignorons le

---

19. *Ibid.*, V, 2, v. 87.
20. *Ibid.*, v. 26.
21. Voir A. BURGESS, *Shakespeare*, New York, Carroll & Graf, 2002 [1970], chapitre 17.

sort qui lui sera réservé. Nous ignorons s'il sera tué lui aussi et nous ne souhaitons guère nous prononcer sur la question. Il ne nous appartient pas de faire régner la justice : nous avons appris qu'il est trop dangereux d'avoir un coupable entre nos mains et de nous croire justes.

En revanche, nous avons une mission, plus difficile. Au fond de nous, nous devons continuer de dire non à la suspicion et à l'allusion. Car elles sont la vraie, la seule tentation qui renaît toujours. C'est le mal qui traverse à la fois chacun de nous et l'histoire tout entière. Lui continuera tous les jours à nous tenter. À nous de dire non à Iago.

REMERCIEMENTS

Ce texte ne serait pas parvenu à sa forme actuelle sans les lectures, les avis, les rectifications de nombreuses personnes. Parmi elles, j'aimerais au moins remercier : Carole Beebe Tarantelli, Eugenio Borgna, Ferruccio et Anna Cabibbe, Marina Conti, Marco Deriu, Nicole Janigro, Franco Livorsi, Martin Mumelter, Roberto Scarpa, Massimo Tafi.

Je remercie en outre Caterina Grimaldi pour son aide dans l'établissement de la bibliographie et Mariuccia Tresoldi pour les corrections.

En plus de ses innombrables remarques, Eva Pattis m'a offert l'espace pour écrire.

BIBLIOGRAPHIE

Les citations de la Bible sont tirées de la *Traduction œcuménique de la Bible* (TOB), accessible sur Internet.

14-18. Les traces d'une guerre, Hors-série *Le Monde*, 2008.

ABRIL CASTELLÓ (V.), « Experiencias evangelizadoras en los Andes en el siglo XVI. ¿ Quién pagó las consecuencias ? », dans RAMOS (G.) et URBANO (H.) [dir.], *Catolicismo y Estirpación de Idolatrías, siglos XVI-XVIII*.

ADAMS (M. V.), *The Fantasy Principle. Psychoanalysis of the Imagination*, Hove-New York, Brunner/Routledge, 2004.

Akten der deutschen auswärtigen Politik. 1918-1945, Baden-Baden, Imprimerie Nationale, 1956.

ALBRECHT (R.), « *Wer redet denn heute noch von der Vernichtung der Armenier ?* » *Adolf Hitlers zweite Rede von den Oberkommandierenden auf den Obersalzberg am 22. August 1939. Eine wissenschaftliche Skizze*, Aix-la-Chapelle, Shaker, 2007.

ALLEN (J.), ALS (H.), LEWIS (J.) et LITWACK (L. F.), *Without Sanctuary. Lynching Photography in America*, Santa Fe, Twin Palms, 2000.

ALLILOUÏEVA (S.), *En une seule année* (1969), trad. N. Nidermiller, Paris, Albin Michel, 1971 (nouvelle édition).

–, *Vingt lettres à un ami* (1967), trad. Jean-Jacques et Nadine Marie, Paris, Seuil/Paris Match, 1967.

AMIS (M.), *Koba la terreur. Les « vingt millions » et le rire*, trad. F. Maurin, Paris, Éditions de l'Œuvre, 2009.

ANDERSON (B.), *L'imaginaire national. Réflexions sur l'origine et l'essor du nationalisme*, trad. P.-E. Dauzat, Paris, La Découverte, 2006 [1996].

APPLEBAUM (A.), *Goulag. Une histoire*, trad. P.-E. Dauzat, Paris, Gallimard, 2008 [2005].

ARENDT (H.), *Les Origines du totalitarisme*, trad. J.-L. Bourget, R. Davreu, A. Guérin et P. Lévy, éd. P. Bouretz, Paris, Gallimard, coll. « Quarto », 2002.

ARIÈS (P.), *Essais sur l'histoire de la mort en Occident. Du Moyen Âge à nos jours*, Paris, Points, coll. « Histoire », 2014 [1974].

ARISTOTE, *Poétique*, trad. J. Hardy, Paris, Les Belles Lettres, 2002.

AUCHINCLOSS (L.), *Woodrow Wilson*, trad. D. Bouchard, Saint-Laurent (Québec), Fides, 2003.

BAILYN (B.) [dir.], *The Debate on the Constitution. Federalist and Antifederalist Speeches, Articles and Letters during the Struggle over Ratification*, New York, The Library of America, 2 vol., 1993.

BAIROCH (P.), *Victoires et déboires. Histoire économique et sociale du monde du XVIe siècle à nos jours*, Paris, Gallimard, 1997.

BALZAC (H. de), *Maximes et pensées de Napoléon*, Paris, Éditions de Fallois, 1999.

BANCEL (N.) et al. [dir.], *Zoos humains et exhibitions coloniales. 150 ans d'invention de l'Autre*, Paris, La Découverte, 2011 [2002].

BARTH (R.) et BEDÜRFTIG (F.), *Taschenlexicon zweiter Waltkrieg*, Munich, Piper, 2000.

BARTOV (O.) et MACK (P.) [dir.], *In God's name. Genocide and Religion in the Twentieth Century*, New York-Oxford, Berghahn Books, 2001.

BASTIAN (T.), *Das Jahrhundert des Todes. Zur Psychologie von Gewaltbereitschaft und Massenmord im 20. Jahrhundert*, Göttingen, Vandenhoeck & Ruprecht, 2000.

BAUDELAIRE (C.), « Mon cœur mis à nu », dans *Œuvres complètes*, I, éd. C. Pichois, Paris, Gallimard, « Bibliothèque de la Pléiade », 2006 [1975].

BAUER (A.), *Rainer Maria Rilke*, Berlin, Colloquium Verlag, 1998 [1970].

BAYLY (C.) et HARPER (T.), *Forgotten Armies. Britain's Asian Empire and the Battle with Japan*, Londres, Penguin, 2005.

BEEBE TARANTELLI (C.), « Terrorismo e psicoanalisi », *Micromega*, 3, 1999.

BEEVOR (A.), *La Chute de Berlin*, trad. J. Bourdier, Paris, Éditions de Fallois, 2002.

BENDA (J.), *La trahison des clercs*, Paris, Grasset, coll. « Les Cahiers Rouges », 2003 [1927].

BENDICK (R.), « La Guerre et la paix dans les manuels scolaires. Allemagne et France (1918-1940) », dans CAUSARANO (P.), *Le XXe siècle des guerres.*

BÉNOT (Y.), « La destruction des Indiens de l'aire caraïbe », dans FERRO (M.) [dir.], *Le Livre noir du colonialisme. XVIe-XXIe siècle : de l'extermination à la repentance.*

BENSOUSSAN (G.), *Europe, une passion génocidaire. Essai d'histoire culturelle*, Paris, Mille et une nuits, 2006.

BERGHAN (V. R.), « Introduction », dans CAUSARANO (P.) [dir.], *Le XXe siècle des guerres.*

BESCHLOSS (M.), *The Conquerors. Roosevelt, Truman and the Destruction of Hitler's Germany. 1941-1945*, New York, Simon & Schuster, 2002.

BIERMANN (K.), « Was Vorratsdaten über uns verraten », *Die Zeit Online*, 24 février 2011.

BLACK (E.), *War Against the Weak. Eugenics and America's Campaign to Create a Master Race*, New York, Thunder Mouth Press, 2003.

BLEULER (E.), *Lehrbuch der Psychiatrie*, Berlin-Göttingen-Heidelberg, Springer, 1955.

BLOCH (M.), *Apologie pour l'histoire ou Métier d'historien*, dans BLOCH (M.), *L'Histoire, la Guerre, la Résistance*, éd. A. Becker et É. Bloch, Paris, Gallimard, coll. « Quarto », 2006.

–, « L'erreur collective de la Grande Peur comme symptôme d'un état social », dans *ibid.*

–, « Réflexions d'un historien sur les fausses nouvelles de la guerre », dans *ibid.*

BLOOM (H.), *Shakespeare. The Invention of the Human*, New York, Riverhead Books, 1998.

BLUNDEN (E.), *Undertones of War*, Londres, Penguin Books, 2000 [1928].

BOCCA (G.), *Noi terroristi. Dodici anni di lotta armata ricostruiti e discussi con i protagonisti*, Milan, Garzanti, 1985.

BOLTANSKI (L.), « Une épidémie de paranoïa ? », *Le Monde*, 7 septembre 2012.

BOUDA (E.), *Crimes et réparations. L'Occident face à son passé colonial*, Bruxelles, André Versaille, 2008.

BOYER (P.), « Hiroshima. The First Response », dans STROZIER (C. B.) et FLYNN (M.) [dir.], *Genocide, War and Human Survival.*

BRANDES (D.), SUNDHAUSSEN (H.) et TROEBST (S.) [dir.], *Lexikon der Vertreibungen. Deportation, Zwangsaussiedlung und ethnische Säuberung im Europa des 20. Jahrhunderts*, Vienne-Cologne-Weimar, Böhlau, 2010.

BRZEZINSKI (Z.), « To lead, U.S. must give up paranoid policies », *International Herald Tribune*, 15-16 novembre 2006.

BRIGATA XXVIII MARZO, « Rivendicazione dell'attentato mortale contro Walter Tobagi », dans PRETTE (M. R.) [dir.], *Le parole scritte.*

BROWNING (C.), *Des hommes ordinaires. Le 101ᵉ bataillon de réserve de la police allemande et la Solution finale en Pologne*, trad. É. Barnavi et P.-E. Dauzat, Paris, Tallandier, 2007 [1994] (nouvelle édition).

BRUNETAU (B.), *Le Siècle des génocides. Violences, massacres et processus génocidaires de l'Arménie au Rwanda*, Paris, Armand Colin, 2004.

BULLOCK (A.), *Hitler et Staline. Vies parallèles*, trad. S. Quadruppani, Paris, Albin Michel/Robert Laffont, 2 vol., 1994.

BURGESS (A.), *Shakespeare*, New York, Carroll & Graf, 2002 [1970].

CAMERON (N.), « Paranoid Conditions and Paranoia », dans ARIETI (S.) [dir.], *American Handbook of Psychiatry*, New York, Basic Books, 1959.

CANCRINI (L.), *L'océan borderline. Troubles des états limites, récits de voyage*, trad. S. Guzzi, Bruxelles, De Boeck, 2009.

CANETTI (E.), *Masse et puissance* (1960), trad. R. Rovini, Paris, Gallimard, coll. « Tel », 2013 [1966].

–, « Hitler, d'après Speer », dans *La Conscience des mots* (1972), trad. R. Lewinter, Paris, Albin Michel, 1984.

–, *Histoire d'une jeunesse. La langue sauvée, 1905-1921* (1977), trad. B. Kreiss, Paris, Albin Michel, 1980.

–, « Journal du docteur Hachiya d'Hiroshima », dans *La Conscience des mots* (1972).

CANTÚ (G. G.), *Las invasiones norteamericanes en México*, Mexico, Fondo de Cultura Económica, 1996.

CAPDEVILA (L.), *Une guerre totale. Paraguay, 1864-1870*, Rennes, PUR, 2007.

CAUSARANO (P.) [dir.], *Le XXᵉ siècle des guerres*, Paris, Éditions de l'Atelier/Éditions Ouvrières, 2004.

CHALAMOV (V.), « Le complot des juristes », dans *Récits de la Kolyma*, trad. S. Benech et L. Jurgenson, Paris, Verdier, 2013 [1969] (nouvelle édition).

CHALK (F. R.) et JONASSOHN (J.) [dir.], *The History and Sociology of Genocide. Analyses and Case Studies*, New Haven-Londres, Yale University Press, 1990.

CHIROT (D.) et MCCAULEY (C.), *Why Not Kill Them All? The Logic and Prevention of Mass Political Murder*, Princeton, Princeton University Press, 2006.

CLAUDEL (P.), *Poèmes et paroles durant la guerre de Trente ans*, dans *Œuvre poétique*, éd. J. Petit, Paris, Gallimard, coll. « Bibliothèque de la Pléiade », 1977.

CLIFTON (R.), « An Indiscriminate Blackness ? Massacre, Counter-Massacre and Ethnic Cleansing in Ireland, 1640-1660 », dans LEVENE (M.), ROBERTS (P.) [dir.], *The Massacre in History*.

COATES (P.), « "Unusually Cunning, Vicious and Treacherous." The Extermination of the Wolf in United States History », dans *ibid.*

COHEN (N.), « Your Phone Company Watches your Every Move », *International Herald Tribune*, 28 mars 2011.

COHN (N.), *Histoire d'un mythe. La « conspiration » juive et les protocoles des sages de Sion*, trad. L. Poliakov, Paris, Gallimard, coll. « Folio histoire », 1992 [1967].

COLOMB (C.), *Journal de bord*, dans *La découverte de l'Amérique*, trad. J.-P. Clément, S. Estorach, M. Lequenne et J.-M. Saint-Lu, Paris, La Découverte, 2015.

CONQUEST (R.), *La Grande Terreur. La purge stalinienne des années 1930*, trad. M.-A. Revellat et C. Seban, Paris, Robert Laffont, coll. « Bouquins », 2011 [1968].

COOK (N. D.), « Epidemias y dinámica demográfica », dans PEASE (F.) et MOYA PONS (F.), *Historia General de América Latina*.

COURTOIS (S.) *et al.* [dir.], *Le Livre noir du communisme. Crimes, terreur, répression*, Paris, Robert Laffont, 1997.

CROUCH (C.), *Post-démocratie*, trad. Y. Coleman, Paris, Diaphanes, 2013.

DAHL (S.), *Histoire du livre*, Paris, Lamarre-Poinat, 1967 [1933].

DANTE, *La Divine Comédie*, trad. J. Risset, Paris, Garnier-Flammarion, 2010.

DAVIES (M.), *Late Victorian Holocausts. El Niño Famines and the Making of the Third World*, Londres, Verso, 2002.

DAVIES (N.), *Europe at War, 1939-1945. No Simple Victory*, Londres, Macmillan, 2006.

–, *Europe. A History*, New York, HarperCollins, 1998 [1996].

DAY (M.) et SEMRAD (E. V.), « Schizophrenic Reactions. Paranoia and Paranoid States », dans NICHOLI (A.) [dir.], *The Harvard Guide to Modern Psychiatry*.

DERIU (M.), *Dizionario critico delle nuove guerre*, Bologne, EMI, 2005.

DE MICHELIS (C.), *La giudeofobia in Russia. Dal libro del « Kahal » ai Protocolli dei Savi di Sion*, Turin, Bollati Boringhieri, 2001.

DE ZAYAS (A. M.), *Anmerkungen zur Vertreibung der Deutschen aus dem Osten*, Stuttgart, Kohlhammer, 1986.

DEL BOCA (A.), *Italiani, brava gente ? Un mito duro a morire*, Vicence, Neri Pozza, 2005.

DJILAS (M.), *Conversations avec Staline*, trad. Y. Massip, Paris, Gallimard, 1971 [1962].

DORPAT (T.), *Wounded Monster. Hitler's Path from Trauma to Malevolence*, Lanham, University Press of America, 2002.

DOUHET (G.), *La maîtrise de l'air*, trad. B. Smith, Paris, Institut de stratégie comparée/Economica, 2007.

DOWER (J. W.), *War without Mercy. Race and Power in the Pacific War*, New York, Pantheon Books, 1986.

DREYFUS (M.) *et al.* [dir.], *Le Siècle des communismes*, Paris, Éditions de l'Atelier/Éditions Ouvrières, 2008 [2004] (nouvelle édition augmentée et mise à jour).

DROUIN (M.) [dir.], *L'affaire Dreyfus*, Paris, Flammarion, 2006 [1994].

DUBY (G.), *L'An Mil*, Paris, Gallimard, coll. « Folio histoire », 1993 [1967].

DUNBAR (R. I.), *How Many Friends Does One Person Need? Dunbar's Number and Other Evolutionary Quirks*, Londres, Faber & Faber, 2010.

ECO (U.), « Préface », dans JACOBUCCI (M.), *I nemici del dialogo. Ragioni e perversioni dell'intolleranza*, Rome, Armando, 2005.

EHRENBURG (I.) et GROSSMAN (V.) [dir.], *Le Livre noir. Textes et témoignages*, trad. Y. Gauthier, L. Jurgenson, M. Kahn, F.-G. Lorrain, P. Lequesne et C. Moroz, Arles, Solin/Actes Sud, 1995.

EIBL-EIBESFELDT (I.), *Die Biologie des menschlichen Verhaltens. Grundriß der Humanethologie*, Munich, Piper, 1984.

ELDER (T.), « What You See before Your Eyes. Documenting Raphael Lemkin's Life », *Journal of Genocide Research*, VII, 4, 2005.

ELLIS (J.), *Brute Force. Allied Strategy and Tactics in the Second World War*, New York, Penguin, 1990.

ENSEKI (F.) [dir.], *Eyewitness Testimonies. Appeals from the A-Bomb Survivors*, Hiroshima, Hiroshima Peace Culture Foundation, 2009.

ERIKSON (E.), *Adolescence et crise. La quête de l'identité*, trad. J. Nass et C. Louis-Combet, Paris, Flammarion, coll. « Champs essais », 2011 [1972].

ESCHYLE, *Agamemnon*, trad. P. Mazon, Paris, Les Belles Lettres, 2009.

EY (H.), BERNARD (P.) et BRISSET (C.), *Manuel de psychiatrie*, Issy-les-Moulineaux, Elsevier/Masson, 2010 [1960] (nouvelle présentation de la 6ᵉ éd. de 1989).

FABREGAT (C. E.), « Mestizaje y aculturación », dans PEASE (P.) et MOYA PONS (F.), *Historia General de América Latina*.

FEIFER (G.), *Breaking Over Japan. Commodore Perry, Lord Abe, and American Imperialism in 1853*, New York, Smithsonian Books/Harper Collins, 2006.

FERGUSON (N.), *The War of the World. History's Age of Hatred*, Londres, Penguin, 2006.

–, *The Pity of War*, New York, Basic Books, 1999.

FERRARIS (M.), *L'imbécillité est une chose sérieuse*, trad. M. Orcel, Paris, PUF, 2017.

FERRO (M.) [dir.], *Le Livre noir du colonialisme. XVIe-XXIe siècle : de l'extermination à la repentance*, Paris, Fayard, coll. « Pluriel », 2010 [2003].

FEST (J.), *Die unbantwortbaren Fragen. Notizien über Gespräche mit Albert Speer zwischen Ende 1966 und 1981*, Hambourg, Rowohlt, 2005.

–, *Hitler. Jeunesse et conquête du pouvoir (1889-1933)*, trad. G. Fritsch-Estrangin avec la collaboration de M.-L. Audiberti, M. Demet et L. Jumel, Paris, Gallimard, 1974.

–, *Hitler. Le Führer (1933-1945)*, trad. G. Fritsch-Estrangin avec la collaboration de M.-L. Audiberti, M. Demet et L. Jumel, Paris, Gallimard, 1974.

FIGES (O.), *Les chuchoteurs. Vivre et survivre sous Staline*, trad. P.-E. Dauzat, Paris, Gallimard, 2 vol., 2014 [2009].

FINKEL (C.), *Osman's Dream. The Story of Ottoman Empire, 1300-1923*, Londres, Murray, 2005.

FLORESCANO (E.), « Conceptiones de la historia », dans ROBLES (L.) [dir.], *Enciclopedia Iberoamericana de Filosofía*.

FOCARDI (F.), *Il cattivo tedesco e il bravo italiano. La rimozione delle colpe della seconda guerra mondiale*, Bari, Laterza, 2013.

FOGELMAN (E.), *Conscience & Courage. Rescuers of Jews during the Holocaust*, Londres, Gollancz, 1996 [1994].

FOSTER (G.), *Culture and Conquest. America's Spanish Heritage*, New York, Wenner-Gren Foundation for Anthropological Research, 1960.

FOUCAULT (M.), « Préface à l'édition américaine de *L'Anti-Œdipe* de G. Deleuze et F. Guattari », dans *Dits et Écrits II, 1976-1978)*, Paris, Gallimard, 2001 [1994].

–, *Surveiller et* punir, Paris, Gallimard, coll. « Tel », 1993 [1975].

FRANZEN (K. E.), *Die Vertriebenen. Hitlers letzte Opfer*, Munich, Ullstein, 2001.

FREEMAN (D.) *et al.*, « Psychological Investigation in the Structure of Paranoia in a Non-clinical Population », *The British Journal of Psychiatry*, CLXXXVI, mai 2005.

FREUD (S.), « Résistances à la psychanalyse », dans *Résultats, idées, problèmes. 1921-1938*, trad. J. Altounian, Paris, PUF, 1998 [1985].

–, « Manuscrit H » (1895), dans *La naissance de la psychanalyse*, trad. A. Berman, Paris, PUF, 1956, p. 98-102.

FREUD (S.) et BULLITT (W.), *Le Président T. W. Wilson. Portrait psychologique*, trad. M. Tadié, Paris, Payot, coll. « Petite Bibliothèque Payot », 2005 [1967].

FRIEDRICH (J.), *L'incendie. L'Allemagne sous les bombes, 1940-1945*, trad. I. Hausser, Paris, Éditions de Fallois, 2004.

FROMM (E.), *La passion de détruire. Anatomie de la destructivité humaine*, trad. T. Carlier, Paris, Robert Laffont, 2001 [1973].

FROST (E. C.), « La visión providencialista de la historia », dans ROBLES (L.) [dir.], *Enciclopedia Iberoamericana de Filosofía*.

FURET (F.), *Le Passé d'une illusion. Essai sur l'idée communiste au XXe siècle*, Paris, Robert Laffont/Calmann-Lévy, 1995.

FUSSELL (P.), *The Great War and Modern Memory*, Oxford-New York, Oxford University Press, 2013 [1975].

–, *À la guerre. Psychologies et comportements pendant la Seconde Guerre mondiale* (1989), trad. P. Chemla, Paris, Seuil, 2003 [1992].

GABBARD (G. O.), *Psychodynamic Psychiatry in Clinical Practice*, Londres-Washington, American Psychiatric Press, 2000.

GALTON (F.), *Probability. The Foundation of Eugenics*, Oxford, Clarendon, 1907.

–, *Hereditary Genius. An Enquiry Into Its Laws and Consequences*, Londres, Macmillan, 1869.

GEARY (P. J.), *Quand les nations refont l'histoire. L'invention des origines médiévales de l'Europe*, Paris, Flammarion, coll. « Champs histoire », 2011 [2004].

GELLATELY (R.) et KIERNAN (B.) [dir.], *The Specter of Genocide. Mass Murder in Historical Perspective*, Princeton, Princeton University Press, 2002.

GELLNER (E.), *Nations et nationalisme*, trad. B. Pineau, Paris, Payot, 1989.

GEYER (M.), « Comment les Allemands ont-ils appris à faire la guerre ? », dans CAUSARANO (P.) [dir.], *Le XXe siècle des guerres*.

GIBSON (C.), *The Spanish Tradition in America*, New York, Harper & Row, 1968.

–, *Spain in America*, New York, Harper & Row, 1966.

GILBERT (M.), *First World War*, Londres, Weidenfeld & Nicolson, 1994.

GINZBURG (C.), *Mythes, emblèmes, traces. Morphologie et histoire*, trad. M. Aymard, C. Paoloni, E. Bonan et M. Sancini-Vignet, Paris, Verdier, 2010 [1989] (nouvelle édition).

GIRARD (R.), *Shakespeare. Les feux de l'envie*, Paris, Grasset, 1990.

–, *Le Bouc émissaire*, Paris, Librairie générale française, coll. « Le Livre de Poche-Biblio Essais », 1986 [1982].

GLASSNER (B.), *The Culture of War. Why Americans are Afraid of the Wrong Things*, New York, Basic Books, 1999.

GLOVER (J.), *Humanity. A Moral History of the Twentieth Century*, New Haven, Yale University Press, 2000 [1999].

GOEBBELS (J.), *Journal. 1939-1942*, trad. O. Mannoni, éd. P. Ayçoberry, Paris, Tallandier, 2009.

–, *Journal. 1933-1939*, trad. D.-A. Canal, éd. P. Ayçoberry et B. Lambauer, Paris, Tallandier, 2007.

GORDON-REED (A.), *The Hemingses of Monticello. An American Family*, New York-Londres, Norton, 2008.

GRILLPARZER (F.), *Epigramme*, Berlin, Holzinger, 2013.

GROVER (S.), GUPTA (N.) et MATTOO (S. K.), « Delusional Disorders. An Overview », *The German Journal of Psychiatry*, IX, 2006.

HACHIYA (M.), *Journal d'Hiroshima. 6 août-30 septembre 1945*, trad. S. Duran, Paris, Tallandier, 2015 [1956].

HALPERIN DONGHI (T.), *Histoire contemporaine de l'Amérique latine*, trad. A. Amberni, Paris, Payot, 1972.

HAMANN (B.), *La Vienne d'Hitler. Les années d'apprentissage d'un dictateur* (1996), trad. J.-M. Argelès, Paris, Éditions des Syrtes, 2014 [2001]

–, *Der erste Weltkrieg. Wahrheit und Lüge in Bildern und Texten*, Munich, Piper, 2004.

HAMPSEY (J. C.), *Paranoia and Contentment. A Personal Essay on Western Thought*, Charlottesville-Londres, University of Virginia Press, 2004.

HARRIS (A.), *Victory through Air Power*, New York, Simon & Schuster, 1942.

HARRISON (M.) [dir.], *The Economics of World War II. Six Great Powers in International Comparison*, Cambridge, Cambridge University Press, 2000.

HASHIMOTO (H.), « Legal Reform in Japan. The Establishment of Legal Style Law Schools », *Annual Meeting of International Studies Association*, 28 février-3 mars 2007.

HASTINGS (M.), *Retribution. The Battle for Japan, 1944-1945*, New York, Knopf, 2007.

–, *Armageddon. The Battle for Germany, 1944-1945*, Londres, Pan Books, 2004.

–, *Bomber Command*, Londres, Pan Macmillan, 1999 [1979] (nouvelle édition).

HECKSCHER (A.), *Woodrow Wilson*, New York-Oxford, Scribner's, 1991.

HÉRODOTE, *Histoires*, trad. P.-E. Legrand, Paris, Les Belles Lettres, 2003.

HERSEY (J.), « Hiroshima », *The New Yorker*, 31 août 1946.

HILBERG (R.), *La destruction des Juifs d'Europe*, trad. M.-F. de Paloméra, A. Charpentier et P.-E. Dauzat, Paris, Gallimard, coll. « Folio histoire », 3 vol., 2006 [1988].

HILLMAN (J.), *A Terrible Love of War*, New York, Penguin, 2004.

–, « On paranoia », *Eranos Jahrbuch*, LIV, 1985.

–, *Re-visioning Psychology*, New York, Harper & Row, 1975.

HIRSCHFELD (G.), KRUMEICH (G.) et RENZ (I.) [dir.], *Enzyklopädie erster Weltkrieg*, Paderborn, Schöningh, 2003.

HITLER (A.), *Mein Kampf. Eine kritische Edition*, Munich-Berlin, Institut für Zeitgeschichte, 2016, 2 vol.

HOBSBAWM (E. J.), *L'ère des empires. 1875-1914* (1987), Paris, Fayard, coll. « Pluriel », 2012 [1989].

–, *L'Âge des extrêmes. Histoire du court XXe siècle* (1994), trad. A. Leasa, Bruxelles, André Versaille, 2008 [1999].

–, *Nations et nationalisme. Programme, mythe, réalité* (1990), trad. D. Peters, Paris, Gallimard, coll. « Folio histoire », 2001 [1997].

HOBSBAWM (E. J.) et RANGER (T.) [dir.], *L'invention de la tradition*, trad. C. Vivier, Paris, Éditions Amsterdam, 2012 [2006].

HOCHSCHILD (A.), *To End All Wars. How the First World War Divided Britain*, New York, Houghton Mifflin Harcourt, 2011.

–, *Les Fantômes du roi Léopold. La terreur coloniale dans l'État du Congo, 1884-1908*, trad. M.-C. Elsen et F. Straschitz, Paris, Tallandier, coll. « Texto », 2007 [1998].

HOFER (W.) [dir.], *Le National-socialisme par les textes*, trad. G. et L. Marcou, Paris, Plon, 1959.

HOFSTADTER (R.), *Le style paranoïaque. Théories du complot et droite radicale en Amérique*, trad. J. Charnay, Paris, François Bourin Éditeur, 2012.

HOLZER (A.), « Der lange Schatten von Abu Grahib », *Mittelweg 36. Zeitschrift des Hamburger Instituts für Sozialforschung*, XV, 1, 2006.

HOMÈRE, *Odyssée*, trad. V. Bérard, Paris, Les Belles Lettres, 2012.

–, *Iliade*, trad. P. Mazon, Paris, Les Belles Lettres, 2009.

HORNE (J.) et KRAMER (A.), *1914, les atrocités allemandes. La vérité sur les crimes de guerre en France et en Belgique*, trad. H. Benoît, Paris, Tallandier, 2011 [2005].

HOROWITZ (D.), *The Deadly Ethnic Riot*, Berkeley, University of California Press, 2000.

HUNTINGTON (S.), *Qui sommes-nous ? Identité nationale et choc des cultures*, trad. B. Hochstedt, Paris, Odile Jacob, 2004.

HUNT JACKSON (H.), *Un siècle de déshonneur*, trad. É. Viel, Paris, 10/18, 1997 [1972].

JANSEN (M. B.), *The Making of Modern Japan*, Londres-Cambridge (Mass.), Belknap Press of Harvard University Press, 2000.

JANZ (O.), « Célébrer la mort, écrire le deuil. La mémoire de la Grande Guerre en Italie », dans CAUSARANO (P.), *Le XXe siècle des guerres*.

JASPERS (K.), *Psychopathologie générale*, trad. A. Kastler et J. Mendousse, Paris, Librairie Félix Alcan, 1933 [1928].

JENNINGS (F.), *The Invasion of America. Indians, Colonialism and the Cant of Conquest*, Chapel Hill, University of North Carolina Press, 1975.

JOHNSON (C.), *Blowback. The Costs and Consequences of American Empire*, New York, Holt & Co., 2000.

JUNG (C. G.), « Réflexions théoriques sur la nature du psychisme » (1954), retitré *Les racines de la conscience*, trad. Y. Le Lay, Paris, Librairie générale française, coll. « Le Livre de poche », 1995 [1975].

–, « Après la catastrophe » (1945), dans *Aspects du drame contemporain*, trad. R. Cahen, Paris, Buchet-Chastel, 1993 [1948] (nouvelle édition).

–, *Dialectique du Moi et de l'inconscient* (1928), trad. R. Cahen, Paris, Gallimard, « Folio essais », 1986 [1938].

–, « Diagnostic des dictateurs » (1939), dans *C. G. Jung parle. Rencontres et interviews*, éd. W. McGuire et R. F. C. Carrington, trad. M.-M. Louzier-Sahler et B. Sahler, Paris, Buchet Chastel, 1985.

–, « Die Struktur des Unbewussten » (1916-1928), dans *Zwei Schriften über Analytische Psychologie*, Düsseldorf, Patmos-Walter-Verlag, 1981 [1964], p. 292-337.

JUNGE (T.), *Dans la tanière du loup. Les confessions de la secrétaire d'Hitler*, trad. J. Bourlois, Paris, Tallandier, 2014 [2005].

JÜRGS (M.), *Der kleine Frieden im Grossen Krieg. Westfront 1914, als Deutsche, Franzosen und Briten gemeinsam Weihnachten feierten*, Munich, Bertelsmann, 2003.

KANN (R. A.), *A History of Habsburg Empire. 1526-1918*, Chicago-Londres, University of California Press, 1974.

KEEGAN (J.), *La Deuxième Guerre mondiale*, trad. M.-A. Revellat et J. Vernet, Paris, Perrin, coll. « Tempus », 2010 [1990].

KERÉNYI (K.), *Die Heroen der Griechen*, Rhein-Verlag, Zürich, 1958.

KERSHAW (I.), *Hitler. 1936-1945*, trad. P.-E. Dauzat, Paris, Flammarion, 2000.

–, *Hitler. 1889-1936*, trad. P.-E. Dauzat, Paris, Flammarion, 1999.

KESSELRING (A.), *Soldat jusqu'au dernier jour*, Paris, Lavauzelle, 2002 [1956].

KEYNES (J. M.), *Sur la monnaie et l'économie*, trad. M. Panoff, Paris, Payot, coll. « Petite Bibliothèque Payot », 2009 [1933].

–, *Les Conséquences économiques de la paix*, trad. D. Todd, Paris, Gallimard, coll. « Tel », 2005 [1920].

KIERNAN (B.), *Blood and Soil. A World History of Genocide and Extermination from Sparta to Darfur*, New Haven-Londres, Yale University Press, 2007.

KIPLING (R.), *Poèmes*, trad. J. Castier, Paris, Robert Laffont, 1949.

KIŠ (D.), *Homo poeticus*, trad. P. Delpech, Paris, Flammarion, 1993.

KLEE (E.), DRESSEN (W.), RIESS (V.), *Pour eux, « c'était le bon temps ». La vie ordinaire des bourreaux nazis*, trad. C. Métais-Bührendt, Paris, Plon, 1989.

KLEMPERER (V.), *LTI, la langue du IIIe Reich. Carnets d'un philologue* (1955), trad. É. Guillot, Paris, Pocket, 2002 [1996].

–, *Mes soldats de papier. Journal 1933-1941* (1995), trad. G. Riccardi, Paris, Seuil, 2000.

–, *Je veux témoigner jusqu'au bout. Journal 1942-1945* (1995), trad. G. Riccardi, M. Kintz-Tailleur et J. Tailleur, Paris, Seuil, 2000.

KLIBANSKY (R.), PANOFSKY (E.) et SAXL (F.), *Saturne et la mélancolie. Études historiques et philosophiques : nature, religion, médecine et art*, trad. F. Durant-Bogaert et L. Évrard, Paris, Gallimard, 1989.

KOTT (S.) et MICHONNEAU (S.) [dir.], *Dictionnaire des nations et des nationalismes dans l'Europe contemporaine*, Paris, Hatier, 2006.

KRASTEV (I.), « The ascent of paranoia in politics », *The New York Times*, 16 mars 2017.

KRAUS (K.), *Les Derniers Jours de l'humanité*, trad. J.-L. Besson et H. Christophe, Marseille, Agone, 2005.

–, *Cette grande époque*, trad. E. Kaufholz-Messner, Paris, Rivages, 1990.

KROEBER (A. L.), *Cultural and Natural Areas of Native North America*, Berkeley-Los Angeles, University of California Press, 1939.

LAQUEUR (W.), *Weimar. Une histoire culturelle de l'Allemagne des années 20*, trad. G. Liébert, Paris, Librairie générale française, coll. « Le Livre de Poche-Pluriel », 1979 [1978].

LAURENCE (W. L.), *Dawn Over Zero. The Story of the Atomic Bomb*, New York, Knopf, 1947.

LEED (E. J.), *No man's land. Combat and Identity in World War I*, Cambridge, Cambridge University Press, 2009 [1979].

LEMISTRE (A.), « Les origines du *Requerimiento* », dans *Mélanges de la Casa de Velásquez*, VI, Paris, Éditions de Boccard, 1970.

LERNER (V.) et WITZTUM (E.), « Vladimir Bekhterev. 1857-1927 », *The American Journal of Psychiatry*, CLXII, 8, 2005.

LEVAGGI (A.), « Los tratados entre la Corona y los indios, y el plan de conquista pacifica », *Revista Complutense de Historia de América*, vol. 19, 1993, p. 81-92.

LEVENE (M.) et ROBERTS (P.) [dir.], *The Massacre in History*, New York-Oxford, Berghahn Books, 1999.

LEVI (P.), *Si c'est un homme* (1947), trad. M. Schruoffeneger, Paris, Pocket, 2003 [1987].

–, « Préface » (1977), dans PRESSER (J.), *La nuit des Girondins*, trad. S. Margueron (néerlandais) et F. Asso (italien), Paris, Maurice Nadeau, 1990.

LEVI-STRAUSS (C.), *Le Regard éloigné*, Paris, Plon, 1983.

LIFTON (R. J.), *Home from the War. Learning from Vietnam Veterans*, New York, Other Press, 2005 [1973].

–, *Death in Life. Survivors of Hiroshima*, Chapel Hill-Londres, University of North Carolina Press, 1991 [1967].

LIFTON (R. J.) et MARKUSEN (E.), *The Genocidal Mentality. Nazi Holocaust and Nuclear Threat*, New York, Basic Books, 1990.

LIPSET (S. M.), *American exceptionalism. A Double-Edged Sword*, New York, W. W. Norton & Company, 1997.

LONGERICH (P.), *Himmler*, trad. R. Clarinard, Paris, Perrin, 2013 [2010].

LORENZ (K.), *L'agression : une histoire naturelle du mal*, trad. V. Fritsch, Paris, Flammarion, coll. « Champs sciences », [2010] 1969.

MACK SMITH (D.), *Modern Italy. A Political History*, New Haven-Londres, Yale University Press, 1997.

MACMILLAN (M.), *Paris, 1919. Six Months that Changed the World*, New York, Random House, 2001.

MALLMANN (K.-M.) et CÜPPERS (M.), *Croissant fertile et croix gammée. Le Troisième Reich, les Arabes et la Palestine*, trad. B. Fontaine, Paris, Verdier, 2009.

MANJOO (F.), *True Enough. Learning to live in a Post-Fact society*, Hoboken, Wiley, 2008.

MANN (M.), *The Dark Side of Democracy. Explaining Ethnic Cleansing*, Cambridge, Cambridge University Press, 2005.

MANN (T.), *Considérations d'un apolitique* (1918), trad. L. Servicen et J. Naujac, Paris, Grasset, 2002 [1975].

–, *Appels aux Allemands. 1940-1945* (1945), trad. P. Jundt, Paris, Balland-Martin Flinker, 1984.

MÁNTARAS (M.), *Genocidio en Argentina*, Buenos Aires, Cooperativa Chilavert, 2005.

MAO, *Le petit Livre rouge. Citations du président Mao Tsé-toung*, Paris, Seuil, 1967.

MARIANI (O.), « Intuizione, delirio e rivelazione », dans AVERSA (L.) [dir.], *Psicologia analitica e teorie della mente. Complessi, affetti, neuroscienze. Atti del XII convegno nazionale del CIPA*, Milan, La Biblioteca del Vivarium, 2005.

MARIE (J.-J.), *1953, les derniers complots de Staline. L'affaire des Blouses blanches*, Bruxelles, Éditions Complexe, 1993.

MASER (W.), *Hitler inédit. Écrits inédits et documents*, trad. J.-M. Fitère, Paris, Albin Michel, 1975.

MAY (A. J.), *The Habsburg Monarchy. 1867-1914*, Cambridge (Mass.), Harvard University Press, 1951.

MAZOWER (M.), *Le continent des ténèbres. Une histoire de l'Europe au XXe siècle*, trad. R. Bouyssou, Bruxelles, Éditions Complexe, 2005.

MCCARTHY (J.), *Congressional Record*, LXXXIIe Congrès, 1re session, 14 juin 1951.

MCMILLAN (P.), *The Ruin of J. Robert Oppenheimer and the Birth of the Modern Arm Race*, New York, Viking, 2005.

MCNAMARA (R. S.) avec VAN DE MARK (B.), *Avec le recul. La tragédie du Vietnam et ses leçons*, trad. P. Chemla, Paris, Seuil, 1996.

MEDVEDEV (R.), « Stalin's Mother », dans MEDVEDEV (Z.) et MEDVEDEV (R.), *The Unknown Stalin*, Londres-New York, Tauris, 2003.

–, *Staline et le stalinisme* (1979), trad. D. Sesemann, Paris, Albin Michel, 1979.

–, *Le stalinisme. Origines, histoire, conséquences* (1971), Paris, Seuil, 1971.

MELVILLE (H.), *Moby-Dick*, dans *Œuvres*, III, trad. P. Jaworski, Paris, Gallimard, coll. « Bibliothèque de la Pléiade », 2006.

MENDELSOHN (J.), *The Holocaust. Selected Documents in Eighteen Volumes*, New York, Garland, 1982.

MENTZOS (S.), *Der Krieg und seine psychosozialen Funktionen*, Göttingen, Vandenhoeck & Ruprecht, 2002 [1993].

MICHEL (B.), *Nations et nationalisme en Europe centrale. XIXe-XXe siècle*, Paris, Aubier, 1995.

MILANI (L.), *L'Obéissance n'est plus une vertu*, trad. F. Hautin, Paris, Le Champ du Possible, 1974.

MILGRAM (S.), *Soumission à l'autorité. Un point de vue expérimental* (1974), trad. E. Molinié, Paris, Pluriel, 2017 [1974].

–, « Behavioral Study of Obedience », *Journal of Abnormal and Social Psychology*, LXVII, 4, 1963.

MITCHELL (G.), « Life after "Death in Life" », dans STROZIER (C. B.) et FLYNN (M.) [dir.], *Genocide, War and Human Survival*.

MOMMSEN (W. J.), *Der erste Weltkrieg. Anfang vom Ende des bürgerlichen Zeitalters*, Francfort, Fischer, 2004.

MONK (M.), *Awful Disclosures*, Philadelphie, Peterson, 1836.

MONTESQUIEU, *Pensées*, Paris, Robert Laffont, coll. « Bouquins », 1991.

MORRIS (R. B.) [dir.], *Encyclopedia of American History*, New York, Harper & Row, 1996 [1982].

MORSE (F. B.), *Foreign Conspiracy against the Liberties of the United States*, New York-Boston, Leavitt-Crocker & Brewster, 1835.

MOSSE (G.), *De la Grande Guerre au totalitarisme. La brutalisation des sociétés européennes* (1990), trad. É. Magyar, Paris, Fayard, 2014 [1999].

–, *Les racines intellectuelles du Troisième Reich. La crise de l'idéologie allemande* (1964), trad. C. Darmon, Paris, Seuil, coll. « Points Histoire », 2008 [2006].

–, *Towards the Final Solution. A History of European Racism*, Londres, Dent & Sons, 1978.

MÜHLHAUSEN (W.), *Friedrich Ebert, 1871-1925. Reichspräsident der Weimarer Republik*, Bonn, Dietz, 2006.

MÜLLER (R.-D.), *Der Bombenkrieg. 1939-1945*, Berlin, Links, 2004.

MÜLLER (R.-D.) et ÜBERSCHÄR (G. R.), *Kriegsende 1945*, Francfort, Fischer, 1994.

MÜLLER BALLIN (G.), *Die Nürnberger Prozesse (1945-1949). Vorgeschichte, Verlauf, Ergebnisse, Dokumente*, Nuremberg, Bildungszentrum Stadt Nürnberg, 1995.

NAIMARK (N. M.), *Les génocides de Staline* (2010), trad. J. Pouvelle, Paris, L'Arche, 2012.

–, *Fires of Hatred. Ethnic Cleansing in Twentieth-Century Europe*, Londres-Cambridge (Mass.), 2001.

–, *The Russians in Germany. A History of the Soviet Zone of Occupation. 1945-1949*, Cambridge (Mass.), The Belknap Press of Harvard University Press, 1995.

NAKAMURA (A.), Préface de PAL (R.), *International Military Tribunal for the Far East. Dissenting Judgement*, Tokyo, Kokushu-Kankokai, 1999.

NICHOLI (A.) [dir.], *The Harvard Guide to Modern Psychiatry*, Cambridge (Mass.), The Belknap Press of Harvard University Press, 1978.

NIETZSCHE (F.), *Ainsi parlait Zarathoustra*, dans *Œuvres philosophiques complètes*, VI, trad. M. de Gandillac, Paris, Gallimard, 1971.

–, *Par-delà bien et mal*, dans *Œuvres philosophiques complètes*, VII, trad. C. Heim, éd. G. Colli et M. Montinari, Paris, Gallimard, 1971.

NIRENBERG (D.), *Violences et minorités au Moyen Âge*, trad. N. Genet, Paris, PUF, 2001.

NOLTE (E.), « Vergangenheit, die nicht vergehen will », *Frankfurter Allgemeine Zeitung*, 6 juin 1986.

NOSSACK (H. E.), *Der Untergang*, Francfort, Suhrkamp, 1976.

ÔE (K.), *Notes de Hiroshima*, trad. D. Palmé, Paris, Gallimard, coll. « Folio », 2012 [1996].

O'GORMAN (E.), *L'invention de l'Amérique. Recherche au sujet de la structure historique du Nouveau Monde et du sens de son devenir*, trad. F. Bertrand González, Laval, Presses de l'université de Laval, 2007.

ORWELL (G.), *La Ferme des animaux*, trad. J. Quéval, Paris, Gallimard, coll. « Folio », 1984.

O'SULLIVAN (J.), « The Great Nation of Futurity », *The United States Democratic Review*, 1839, VI, 23.

PAGDEN (A.), *Peoples and Empires. A Short History of European Migration, Exploration and Conquest, from Greece to the Present*, New York, The Modern Library, 2001.

PAL (R.), *International Military Tribunal for the Far East. Dissenting Judgement*, Tokyo, Kokushu-Kankokai, 1999.

PALERMO (G. B.), *Il fenomeno della paranoia. Aspetti storico-culturali, psicologici, psichiatrici e legali*, Rome, Magi, 2004.

PAMUK (O.), « La valise de mon papa », dans *D'autres couleurs*, trad. V. Gay-Aksoy, Paris, Gallimard, coll. « Folio », 2011 [2009].

PATRICELLI (M.), *L'Italia sotto le bombe. Guerra aerea e vita civile, 1940-1945*, Rome-Bari, Laterza, 2007.

PEASE (F.) et MOYA PONS (F.), *Historia General de América Latina*, II, Paris-Madrid, UNESCO/Trotta, 1999.

PEREÑA VICENTE (L.), « El proceso a la conquista de América », dans ROBLES (L.) [dir.], *Enciclopedia Iberoamericana de Filosofía*.

PFAFF (W.), *The Bullet's Song. Romantic Violence and Utopia*, New York, Simon & Schuster, 2004.

–, *The Wrath of Nations. Civilization ans the Furies of Nationalism*, New York, Simon & Schuster, 1993.

PHÈDRE, *Fables*, trad. A. Brenot, Paris, Les Belles Lettres, 2009.

PILGRIM (V. E.), *Muttersöhne*, Düsseldorf, Claassen, 1986.

PINDARE, *Isthmiques*, trad. A. Puech, Les Belles Lettres, 2003.

–, *Néméennes*, trad. A. Puech, Paris, Les Belles Lettres, 2003.

PINTO (L.), « La croisade antiterroriste du professeur Walzer », *Le Monde diplomatique*, n° 578, mai 2002, p. 36.

PLESHAKOV (C.), *Stalin's Folly. The Tragic First Ten Days of World War II on the Eastern Front*, Boston, Houghton Mifflin, 2005.

PLUMELLE-URIBE (R. A.), *La férocité blanche. Des non-blancs aux non-aryens*, Paris, Albin Michel, 2001.

POHLENZ (M.), *Der hellenische Mensch*, Vandenhoeck & Ruprecht, Göttingen, 1947.

POWER (S.), *A Problem from Hell. America and the Age of Genocide*, New York, Perennial, 2002.

PRETTE (M. R.) [dir.], *Le parole scritte*, Rome, Sensibili alle foglie, 1996.

PRIEUR (C.), « L'Affaire Marie L. révèle une société obsédée par ses victimes », *Le Monde*, 22-23 août 2004.

PROBERT (H.), *Bomber Harris. His Life and Times. The Biography of Marshal of the Royal Air Force, Sir Arthur Harris, the Wartime Chief of Bomber Command*, Londres, Greenhill Books, 2001.

RAMOS (G.) et URBANO (H.) [dir.], *Catolicismo y Estirpación de Idolatrías, siglos XVI-XVIII. Charcas, Chile, México, Perú*, Cuzco, Centro de Estudios Regionales Andinos « Bartolomé de Las Casas », 1993.

RASTELLI (A.), *Bombe sulla città. Gli attacchi aerei alleati, le vittime civili a Milano*, Milan, Mursia, 2000.

RAUSCHNING (H.), *Hitler m'a dit*, trad. A. Lehman (revue et corrigée par R. Girardet et M. Pauline), Paris, Pluriel, 2012 [1939] (nouvelle édition).

REINACH (J.), *Histoire de l'affaire Dreyfus*, Paris, Robert Laffont, coll. « Bouquins », 2 vol., 2006.

RENAN (E.), *Qu'est-ce qu'une nation ?*, Paris, Mille et une nuits, 1997 [1882].

RIASANOVSKY (N. V.), *Histoire de la Russie*, trad. A. Berelowitch, Paris, Robert Laffont, coll. « Bouquins », 2014 (nouvelle édition).

ROAZEN (P.), « Oedipus at Versailles. New Evidence of Freud's Part in a Study of Woodrow Wilson », *Times Literary Supplement*, 22 avril 2005.

ROBERTSON (P.), *The New World Order*, Dallas-Londres, Word Publishing, 1991.

ROBLES (L.) [dir.], *Enciclopedia Iberoamericana de Filosofía*, I, Madrid, Trotta, 1992.

ROLLAND (R.), *Au-dessus de la mêlée*, Paris, Payot, coll. « Petite bibliothèque Payot », 2013 [1916].

ROLLAND (R.) et ZWEIG (S.), *Correspondance*, éd. J.-Y. Brancy, Paris, Albin Michel, 3 vol., 2014-2016.

ROSSANDA (R.), « Il discorso alla DC », *Il manifesto*, 28 mars 1978.

ROTH (J.), *Die Filiale der Hölle auf Erden. Schriften aus der Emigration*, éd. H. Peschina, Cologne, Kipenheuer & Witsch, 2003.

RUIZ (R. E.), « Raza y destino nacional », dans SCHUMACHER (E.) [dir.], *Mitos en las relaciones México-Estados Unidos*.

RUSSELL (B.), *La conquête du bonheur*, trad. N. Robinot, Paris, Payot & Rivages, 2001 [1949].

RYBACK (T. W.), *Dans la bibliothèque privée d'Hitler. Les livres qui ont modelé sa vie*, trad. G. Morris-Dumoulin, Paris, Librairie générale française, coll. « Le Livre de Poche », 2010 [2009] (nouvelle édition).

SAYLE (M.), « Did the Bomb End the War ? », *The New Yorker*, 31 juillet 1995.

SCHUMACHER (E.) [dir.], *Mitos en las relaciones México-Estados Unidos*, Mexico, Secretaría de Relaciones Exteriores, 1994.

SEBAG MONTEFIORE (S.), *Staline. La cour du tsar rouge*, trad. F. La Bruyère et A. Roubichou-Stretz, Paris, Éditions des Syrtes, 2005.

SEBALD (W. G.), *De la destruction comme élément de l'histoire naturelle*, trad. P. Charbonneau, Paris, Actes Sud, coll. « Babel », 2014 [2004].

SÉMELIN (J.), *Purifier et détruire. Usages politiques des massacres et génocides*, Paris, Seuil, coll. « Points Essais », 2012 [2005].

SERBYN (R.), « Raphael Lemkin on the Ukrainian Genocide », *Holodomor Studies*, 2009.

SERVICE (R.), *Staline*, trad. M. Devillers-Argouarc'h, Paris, Perrin, 2013.

SHAKESPEARE, *La tragédie d'Othello, le Maure de Venise*, trad. A. Markowicz, Paris, Les Solitaires Intempestifs, 2007.

SHERWIN (M. J.), « Hiroshima and the Politics of History », dans STROZIER (C. B.) et FLYNN (M.) [dir.], *Genocide, War and Human Survival*.

SLOTERDIJK (P.), *Die Verachtung der Massen. Versuch über Kulturkämpfe in der modernen Gesellschaft*, Francfort, Suhrkamp, 2000.

SMITH (L. V.), « La guerre entre les États-Unis et le Japon : une guerre totale ? (1941-1945) », dans CAUSARANO (P.) [dir.], *Le XXᵉ siècle des guerres*.

SNYDER (T.), *Terres de sang. L'Europe entre Hitler et Staline*, trad. P.-E. Dauzat, Paris, Gallimard, 2012.

SOLJENITSYNE (A.), *La roue rouge. Premier nœud : Août 1914*, trad. A. et M. Aucouturier, P. Nivat, J.-P. Sémon, Paris, Fayard, 1983 [1972].

–, *L'archipel du Goulag*, trad. G. Johannet, J. Johannet, J. Lafond, R. Marichal et N. Struve, 3 vol., Paris, Seuil, 1974-1976.

SOPHOCLE, *Ajax*, trad. P. Mazon, Paris, Les Belles Lettres, 2002.

–, *Antigone*, trad. P. Mazon, Paris, Les Belles Lettres, 2002.

–, *Philoctète*, trad. P. Mazon, Paris, Les Belles Lettres, 2002.

SOUVARINE (B.), *Staline. Aperçu historique du bolchevisme*, éd. revue par l'auteur, Paris, Éditions Ivrea, 1992 [1935].

SPEER (A.), *Au cœur du Troisième Reich* (1969), trad. M. Brottier, Paris, Perrin, coll. « Tempus », 2010 [1971].

–, *Journal de Spandau* (1975), trad. D. Auclères et M. Brottier, Paris, Robert Laffont, 1975.

SPRINGER (P.), « Zerstörung, Hunger und Not », dans ASMUSS (B.), KAUFEKE (K.) et SPRINGER (P.) [dir.], *Der Krieg und seine Folgen, 1945. Kriegsende und Erinnerungspolitik in Deutschland*, Berlin, Deutsches Historisches Museum, 2005.

ŠTAJNER (K.), *7000 Days in Siberia*, Londres, Corgi Books, 1989.

STALINE (J.), *Letters to Molotov. 1925-1936*, éd. L. T. Lih, O. V. Naumov et O. V. Khlevniuk, New Haven-Londres, Yale University Press, 1995.

STANNARD (D. E.), *American Holocaust. Columbus and the Conquest of the New World*, Oxford-New York, Oxford University Press, 1992.

STEINER (G.), *Dans le château de Barbe-Bleue. Notes pour la redéfinition de la culture*, trad. L. Lotringer, Paris, Gallimard, coll. « Folio essais », 1986 [1973].

STEPHANSON (A.), *Manifest Destiny. American Expansion and the Empire of Right*, New York, Hill & Wang, 1995.

STEVENSON (D.), *1914-1918. The History of the First World War*, Londres, Penguin, 2005.

STIMSON (H. L.), « The Nuremberg Trial. Landmark in Law », dans METTRAUX (G.) [dir.], *Perspectives on the Nuremberg Trial*, Oxford-New York, Oxford University Press, 2008.

–, « The Decision to Use the Atomic Bomb », *Harper's Magazine*, vol. 194, n° 1161, février 1947.

STINNETT (R.), *Day of Deceit. The Truth about FDR and Pearl Harbor*, New York, Touchstone, 2000.

STROZIER (C. B.) et FLYNN (M.) [dir.], *Genocide, War and Human Survival*, Lanham, Rowman & Littlefield, 1996.

TAYLOR (A.), *La Guerre des plans. 1914, les dernières heures de l'ancien monde*, trad. M. Fougerousse, Lausanne, Éditions Rencontre, 1971.

The American Heritage Stedman's Medical Dictionary, Boston, Houghton Mifflin, 2002 (nouvelle édition).

The National Security Strategy of The United States of America, sept. 2002 et mars 2006.

THOMAS (H.), *Rivers of Gold. The Rise of the Spanish Empire, from Columbus to Magellan*, New York, Random House, 2003.

THOMPSON (M.), *The White War. Life and Death on the Italian Front, 1915-1919*, Londres, Faber & Faber, 2008.

THORNTON (J.), « Contactos forzados. Africa y América », dans PEASE (F.) et MOYA PONS (F.), *Historia General de América Latina*.

THUCYDIDE, *La Guerre du Péloponnèse*, éd. J. de Romilly, Paris, Les Belles Lettres, 2009.

TIMERMAN (J.), *Mémoires d'un « disparu »*, trad. B. Pelegrin, Paris, Mazarine, 1981.

TODOROV (T.), *Face à l'extrême*, Paris, Seuil, 1994 [1991].

TOLSTOÏ (L.), *Confession*, trad. L. Jurgenson, Paris, Pygmalion, 1998.

TOLSTOY (N.), *Victimes de Yalta*, trad. S. Manoliu et J. Joba, Paris, France-Empire, 1980 [1977].

TUCHMAN (B. J.), *Août 1914*, trad. R. Jouan, Paris, Presses de la Cité, 1962.

TUCKER (R.), *Stalin in Power. The Revolution from above, 1928-1941*, New York-Londres, Norton, 1990.

–, *Staline révolutionnaire, 1879-1929. Essai historique et psychologique* (1973), trad. É. Diacon, Paris, Fayard, 1975.

ULRICH (B.), « Der 68er Komplex », *Die Zeit*, 28 mai 2009.
URBANO (H.), « Ídolos, figuras, imágenes. La representacíon como discurso ideológico », dans RAMOS (G.) et URBANO (H.) [dir.], *Catolicismo y Estirpación de Idolatrías, siglos XVI-XVIII.*

VÁZQUEZ (J. Z.) [dir.], *México al tiempo de su guerra con Estados Unidos. 1846-1848*, Mexico, Secretaría de Relaciones Exteriores/El Colegio de México/Fondo de Cultura Económica, 1997.
VINCENT (B.) [dir.], *Haydn's Dictionary of Dates and Universal Information Relating to All Ages and Nations*, Londres, Ward, 1892.
VIRGILE, *Énéide*, trad. J. Perret, Paris, Les Belles Lettres, 2014.

WALZER (M.), « Can There Be a Decent Life ? », *Dissent*, XL, 2, 2002.
WEBER (M.), « De la culpabilité du déclenchement de la guerre », dans *Discours de guerre et d'après-guerre*, éd. H. Bruhns, trad. O. Coureau et P. de Larminat, Paris, Éditions de l'EHESS, 2015.
–, « La profession et la vocation de politique », dans *Le savant et le politique*, trad. C. Colliot-Thélène, Paris, La Découverte, 2003 (nouvelle édition).
WEIL (S.), *Note sur la suppression générale des partis politiques*, Paris, Allia, 2017 [1957].
WEINTRAUB (S.), *Silent Night. The Story of World War I Christmas Truce*, Londres, Penguin, 2002.
WEISS-WENDT (A.), « Hostage of Politics. Raphael Lemkin on "Soviet Genocide" », *Journal of Genocide Research*, VII, 4, 2005.
WELLER (G.), *First into Nagasaki. The Censored Eyewitness Dispatches on Post-Atomic Japan and its Prisoners of War*, éd. A. Weller, New York, Crown Publisher, 2006.
WERTH (N.), *L'ivrogne et la marchande de fleurs. Autopsie d'un meurtre de masse, 1937-1938*, Paris, Points, 2011 [2009].
WIEVIORKA (M.), *Sociétés et terrorisme*, Paris, Fayard, 1988.
WILSON (E.), *Europe without Baedeker. Sketches among the ruins of Italy, Greece & England*, New York, Noonday Press, 1966 [1948].
WILSON (J.), *La terre pleurera. Une histoire de l'Amérique indienne*, trad. A. Deschamps, Paris, Albin Michel, 2002.

YAKOVLEV (A.), *Le cimetière des innocents. Victimes et bourreaux en Russie soviétique, 1917-1989*, trad. J.-F. Hel-Guedj, Paris, Calmann-Lévy, 2007.

ZINN (H.), *Une histoire populaire des États-Unis. De 1492 à nos jours*, trad. F. Cotton, Marseille, Agone, 2003.

ZOJA (L.), *Centauri. Mito e violenza maschile*, Rome-Bari, Laterza, 2010.

–, *La morte del prossimo*, Turin, Einaudi, 2009.

–, *Contro Ismene. Considerazioni sulla violenza*, Turin, Bollati Boringhieri, 2009.

–, *Giustizia e Bellezza*, Turin, Bollati Boringhieri, 2007.

–, *Storia dell'arroganza. Psicologia e limiti dello sviluppo*, Bergame, Moretti & Vitali, 2003.

–, « 11 settembre. Riflessioni sui due lati dell'Atlantico », dans ZOJA (L.) [dir.], *L'incubo globale. Prospettive junghiane a proposito dell'11 settembre*, Bergame, Moretti & Vitali, 2002.

ZWEIG (S.), *Le Monde d'hier. Souvenirs d'un Européen*, trad. J.-P. Zimmermann, Paris, Les Belles Lettres, 2013.

TABLE DES MATIÈRES

CHAPITRE 3. LE NATIONALISME EUROPÉEN. DE LA RENAISSANCE CULTURELLE À LA PARANOÏA

CHAPITRE 4. LES PERSÉCUTEURS NAÏFS

CHAPITRE 5. L'EUROPE DANS LES TÉNÈBRES

CHAPITRE 6. FREUD, KEYNES ET LE PRÉSIDENT NAÏF

CHAPITRE 7. SIEGFRIED

CHAPITRE 8. LE SOCLE DE GRANIT ET L'HEURE DE L'IDIOTIE

CHAPITRE 9. L'HOMME D'ACIER

CHAPITRE 10. DU FEU QUI ALIMENTE LE FEU

CHAPITRE 11. TOUJOURS PLUS À L'OUEST

CHAPITRE 12. UN PROJET POUR LE XXIE SIÈCLE ?

CHAPITRE 13. RÉFLEXIONS NON CONCLUSIVES

Cet ouvrage a été mis en pages
par Pixellence
59100 Roubaix

Ce volume,
publié aux Éditions Les Belles Lettres
a été achevé d'imprimer
en mai 2018
sur les presses
de l'imprimerie La Source d'or
63039 Clermont-Ferrand

Dans le cadre de sa politique de développement durable,
La Source d'Or a été référencée IMPRIM'VERT® par son organisme consulaire de tutelle.
Cet ouvrage est imprimé - pour l'intérieur -
sur papier bouffant Munken Print Cream 80 g main de 1.8
provenant de la gestion durable des forêts, produit par des papetiers dont les usines
ont obtenu les certifications environnementales ISO 14001 et E.M.A.S.

N° d'éditeur : 8995
N° d'imprimeur : 20355N
Dépôt légal : juin 2018
Imprimé en France